Udo Schmitz, Bernd Steinmann, Bernd Weidtmann
Herausgeber: Bernd Weidtmann

# Wirtschaftsbezogene Qualifikationen

Basisqualifikation für Fachwirte und Fachkaufleute

Band 1

1. Auflage

Bestellnummer 19050

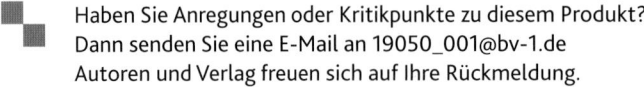

Haben Sie Anregungen oder Kritikpunkte zu diesem Produkt?
Dann senden Sie eine E-Mail an 19050_001@bv-1.de
Autoren und Verlag freuen sich auf Ihre Rückmeldung.

Die in diesem Werk aufgeführten Internetadressen sind auf dem Stand zum Zeitpunkt der Drucklegung. Die ständige Aktualität der Adressen kann vonseiten des Verlages nicht gewährleistet werden. Darüber hinaus übernimmt der Verlag keine Verantwortung für die Inhalte dieser Seiten.

**Bildquellenverzeichnis:**
www.fotolia.com: Umschlagfoto (Image Source); S. 12 (fotodo); 47 (Alterfalter), 237 (moonrun), 257 (fovito)
MEV Verlag, Augsburg: S. 11
Bildungsverlag EINS, Köln/Angelika Brauner, Hohenpeißenberg: S. 61, 73, 112, 149,
INFOGRAFIK Pilavas&Heller: S. 104
picture-alliance/dpa Infografik: S. 107, 108, 116, 122, 155, 165
Bergmoser + Höller Verlag AG, Aachen: S. 166

www.bildungsverlag1.de

Bildungsverlag EINS GmbH
Hansestraße 115, 51149 Köln

ISBN 978-3-427-**19050**-9

© Copyright 2012: Bildungsverlag EINS GmbH, Köln
Das Werk und seine Teile sind urheberrechtlich geschützt. Jede Nutzung in anderen als den gesetzlich zugelassenen Fällen bedarf der vorherigen schriftlichen Einwilligung des Verlages.
Hinweis zu § 52a UrhG: Weder das Werk noch seine Teile dürfen ohne eine solche Einwilligung eingescannt und in ein Netzwerk eingestellt werden. Dies gilt auch für Intranets von Schulen und sonstigen Bildungseinrichtungen.

# Vorwort

Die Rahmenlehrpläne für zahlreiche Fortbildungsprüfungen von Fachwirten sehen in der ersten Stufe der Ausbildung die Inhalte von vier Qualifikationsbereichen vor, die unter dem Titel **„Wirtschaftbezogene Qualifikationen"** zusammengefasst sind.
In diesen Fächern werden folgende Prüfungen abgenommen, deren Bestehen für die Zulassung zu den Prüfungen für die „Handlungsorientierten Qualifikationen" eine zwingende Voraussetzung ist:

1. Volks- und Betriebswirtschaft    60 Minuten
2. Rechnungswesen    90 Minuten
3. Recht und Steuern    60 Minuten
4. Unternehmensführung    90 Minuten

Die meisten Prüfungsteilnehmer bereiten sich anhand von berufsbegleitenden Lehrgängen auf ihre Prüfung vor der IHK vor. Das stellt besondere Anforderungen an ihre Leistungsfähigkeit und setzt eine hohe Motivation und Leistungsbereitschaft voraus.

Verlag und Herausgeber haben sich deshalb entschlossen, ein Lehrwerk zu veröffentlichen, das die Lerninhalte der "Wirtschaftsbezogenen Qualifikationen" nach dem Rahmenlehrplan in besonderer Weise vermittelt. Großer Wert wurde auf eine verständliche Sprache, zahlreiche Praxisbeispiele, Grafiken, Struktogramme, Übersichten, Merksätze und ein große Anzahl von Wiederholungsfragen jeweils am Ende eines Kapitels gelegt. Die Farbigkeit der Aufmachung und die zahlreichen Elemente sollen dem Nutzer helfen, motivierter und damit leichter durch den Stoff zu finden, Zusammenhänge herzustellen und das in den Seminaren Erfahrene leichter zu vertiefen. Ein am Lehrplan orientiertes Inhaltsverzeichnis und ein umfangreiches Sachwortverzeichnis erleichtern das Auffinden der Lerninhalte.

Herausgeber und Autoren verfügen über eine langjährige berufliche Praxis in der Wirtschaft, als Dozenten von Fortbildungslehrgängen und als Prüfer in Ausschüssen der IHK.
Der vorliegende Band 1 vermittelt die Inhalte der Module

- **Volks- und Betriebswirtschaftslehre,**
- **Rechnungswesen** sowie ,
- Lern- und Arbeitstechniken (Inhalt des Rahmenlehrplans, nicht prüfungsrelevant).

Der Band 2 dieser Reihe widmet sich den Bereichen **Recht und Steuern** und **Unternehmensführung**. Der Band 3 ist als Übungsband angelegt: Er enthält die Lösungen zu den Wiederholungsfragen, zahlreiche klausurtypische Übungen mit Musterlösungen sowie zu jedem Fach eine an den Prüfungsanforderungen orientierte Musterklausur mit Lösungen und Punkten.

Ein Wort noch an unsere vermutlich zahlreichen Leserinnen: Wir wissen, dass der Anteil von Prüfungsteilnehmerinnen kontinuierlich zunimmt. Wenn wir gleichwohl durchgängig die männliche Form im Text gewählt haben, so dient das lediglich dazu, dass unsere Texte durch einen leichteren Textfluss lebendig und lesbar bleiben. Sie als Leserinnen sind selbstverständlich auch dann angesprochen, wenn im Text z. B. von "dem Vorgesetzten" oder "dem Mitarbeiter" zu lesen ist.

Mögliche Aktualisierungen und Ergänzungen erhalten Sie im BuchPlusWeb-Angebot auf der Internetseite des Bildungsverlag EINS.

Wir wünschen allen Leserinnen und Lesern eine erfolgreiche Arbeit mit diesem Buch, vertiefende Erkenntnisse, substanziellen Wissenszuwachs und schließlich eine erfolgreiche Prüfung vor der IHK. Für Anregungen und konstruktive Kritik sind wir dankbar.

Verlag, Herausgeber und Autoren

# Inhaltsverzeichnis

## Lern- und Arbeitstechniken — 11

| | | |
|---|---|---|
| 1 | Einleitung | 12 |
| 2 | Subjektive und objektive Rahmenbedingungen und deren Einfluss auf das Lernen | 14 |
| 2.1 | Motivation | 14 |
| 2.2 | Lerntypen | 18 |
| 2.3 | Lernrhythmus | 20 |
| 2.4 | Lernumgebung | 22 |
| 3 | Lerntechniken | 24 |
| 3.1 | Lernstoff erfassen | 24 |
| 3.2 | Lernstoff strukturieren und ordnen | 25 |
| 3.3 | Lernstoff reduzieren und zusammenfassen | 27 |
| 3.4 | Lernstoff lernen und wiederholen | 28 |
| 4 | Zeitmanagement | 31 |
| 5 | Lernmethoden und einzusetzende Lernmedien | 34 |
| 6 | Gruppenarbeit | 37 |
| 7 | Grundlagen der Rede- und Präsentationstechniken | 40 |
| 7.1 | Statements und Präsentationen | 40 |
| 7.2 | Zielgruppengerechte Manuskripte | 43 |
| 7.3 | Diskussionstechniken | 44 |

## Modul 1 – Volks- und Betriebswirtschaft — 47

| | | |
|---|---|---|
| 1 | Volkswirtschaftliche Grundlagen | 48 |
| | Einführungsexkurs: Volkswirtschaftliche Grundbegriffe | 48 |
| I | Bedürfnisse | 48 |
| II | Bedürfnis – Bedarf – Nachfrage | 49 |
| III | Güter | 50 |
| IV | Ökonomisches Prinzip | 51 |
| V | Arbeitsteilung | 52 |
| VI | Produktionsfaktoren und Produktion | 54 |
| VII | Wirtschaftskreislauf | 60 |
| 1.1 | Markt, Preis und Wettbewerb | 65 |
| 1.1.1 | Preisbildung auf den unterschiedlichen Märkten | 67 |
| 1.1.1.1 | Volkswirtschaftliche Nachfrage | 67 |
| 1.1.1.2 | Volkswirtschaftliches Angebot | 74 |
| 1.1.1.3 | Preisbildung auf dem vollkommenen Markt | 76 |
| 1.1.1.4 | Preisbildung auf dem unvollkommenen Markt: Die Realität | 81 |

| | | |
|---|---|---|
| 1.1.2 | Wettbewerbspolitik | 87 |
| 1.1.2.1 | Kartellrecht | 87 |
| 1.1.2.2 | Eingriffe des Staates in die Preispolitik | 91 |
| 1.2 | Volkswirtschaftliche Gesamtrechnung | 97 |
| 1.2.1 | Bruttoinlandsprodukt und Bruttonationaleinkommen | 100 |
| 1.2.1.1 | Nominales und reales Bruttoinlandsprodukt | 103 |
| 1.2.1.2 | Volkswirtschaftliches Wachstum | 103 |
| 1.2.2 | Primär- und Sekundärverteilung des Einkommens | 105 |
| 1.2.2.1 | Funktionale Einkommensverteilung | 107 |
| 1.2.2.2 | Personelle Einkommensverteilung | 108 |
| 1.2.2.3 | Kritik am Wachstum als Wohlstandsindikator | 110 |
| 1.2.2.4 | Alternative Ansätze zur Berechnung des Sozialprodukts | 110 |
| 1.3 | Konjunktur und Wirtschaftswachstum | 116 |
| 1.3.1 | Ziele der Stabilitätspolitik | 122 |
| 1.3.1.1 | Preisniveaustabilität | 123 |
| 1.3.1.2 | Hoher Beschäftigungsstand | 126 |
| 1.3.1.3 | Stetig angemessenes Wirtschaftswachstum | 128 |
| 1.3.1.4 | Außenwirtschaftliches Gleichgewicht | 129 |
| 1.3.1.5 | Zielkonflikte | 130 |
| 1.3.2. | Wirtschaftspolitische Maßnahmen und Konzeptionen | 130 |
| 1.3.2.1 | Geldpolitik | 130 |
| 1.3.2.2 | Fiskalpolitik | 139 |
| 1.3.2.3 | Wachstumspolitik | 142 |
| 1.3.2.4 | Tarifpolitik | 143 |
| 1.3.2.5 | Beschäftigungspolitik | 144 |
| 1.3.2.6 | Umweltpolitik | 146 |
| 1.3.2.7 | Angebots- und nachfrageorientierte Wirtschaftspolitik | 149 |
| 1.4 | Außenwirtschaft | 154 |
| 1.4.1 | Freihandel und Protektionismus | 155 |
| 1.4.1.1 | Gründe für die internationale Arbeitsteilung | 156 |
| 1.4.1.2 | Außenwirtschaftspolitik | 157 |
| 1.4.2 | Besonderheiten der EU und Internationale Organisationen | 159 |
| 1.4.2.1 | Europäische Union | 159 |
| 1.4.2.2 | Europäischer Binnenmarkt | 162 |
| 1.4.2.3 | Europäische Wirtschafts- und Währungsunion EWWU | 163 |
| 1.4.2.4 | Internationale Organisationen | 164 |
| 1.4.3 | Exkurs: Zahlungsbilanz und Wechselkurse | 167 |
| 1.4.3.1 | Zahlungsbilanz | 167 |
| 1.4.3.2 | Wechselkurssysteme | 170 |
| | | |
| **2** | **Betriebliche Funktionen und deren Zusammenwirken** | **176** |
| 2.1 | Ziele und Aufgaben der betrieblichen Funktionen | 179 |
| 2.1.1 | Produktion | 179 |
| 2.1.1.1 | Ziele der Produktion | 179 |
| 2.1.1.2 | Aufgabenbereiche der Produktion | 181 |
| 2.1.2 | Logistik | 183 |
| 2.1.2.1 | Ziele der Logistik | 184 |
| 2.1.2.2 | Aufgaben und Bereiche der Logistik | 185 |
| 2.1.3 | Marketing | 187 |
| 2.1.3.1 | Ziele des Marketing | 188 |

| | | |
|---|---|---|
| 2.1.3.2 | Bereiche und Aufgaben des Marketings | 188 |
| 2.1.4 | Rechnungswesen | 190 |
| 2.1.4.1 | Ziele des Rechnungswesens | 191 |
| 2.1.4.2 | Aufgaben und Bereiche des Rechnungswesens | 192 |
| 2.1.5 | Finanzwirtschaft | 193 |
| 2.1.5.1 | Ziele der Finanzwirtschaft | 194 |
| 2.1.5.2 | Aufgabenbereiche der Finanzwirtschaft | 194 |
| 2.1.6 | Controlling | 196 |
| 2.1.6.1 | Ziele des Controllings | 197 |
| 2.1.6.2 | Aufgaben des Controllings | 197 |
| 2.1.7 | Personalwesen | 199 |
| 2.1.7.1 | Ziele des Personalwesens | 200 |
| 2.1.7.2 | Aufgaben des Personalwesens | 200 |
| 2.2 | Zusammenwirken der betrieblichen Funktionen | 201 |
| | | |
| **3** | **Existenzgründung und Unternehmensrechtsformen** | **206** |
| 3.1 | Voraussetzungen der Existenzgründung | 206 |
| 3.1.1 | Wirtschaftliche Voraussetzungen | 206 |
| 3.1.1.1 | Marktchancen | 206 |
| 3.1.1.2 | Wettbewerbsfähigkeit | 207 |
| 3.1.1.3 | Kapitalbedarf und Finanzierung | 207 |
| 3.1.1.4 | Bestimmung des Standorts | 208 |
| 3.1.2 | Rechtliche Voraussetzungen | 209 |
| 3.1.2.1 | Gewerbefreiheit | 209 |
| 3.1.2.2 | Anmeldung des Gewerbes | 210 |
| 3.1.3 | Persönliche Voraussetzungen | 211 |
| 3.1.3.1 | Fachliche Kompetenz | 211 |
| 3.1.3.2 | Unternehmerische Kompetenz | 211 |
| 3.1.3.3 | Persönliche Kompetenz | 212 |
| 3.2 | Gründungsphasen | 213 |
| 3.2.1 | Geschäftsidee | 213 |
| 3.2.2 | Beratung | 213 |
| 3.2.3 | Businessplan | 214 |
| 3.2.4 | Umsetzung des Businessplanes | 217 |
| 3.2.4.1 | Anmeldung des Unternehmens | 217 |
| 3.2.4.2 | Abschluss von Verträgen | 220 |
| 3.2.4.3 | Weiteres Vorgehen | 220 |
| 3.3 | Rechtsformen der Unternehmen | 221 |
| 3.3.1 | Rechtsformen und deren Kombinationen | 222 |
| 3.3.1.1 | Einzelunternehmung | 222 |
| 3.3.1.2 | Gründung von Gesellschaften | 223 |
| 3.3.1.3 | Personengesellschaften | 223 |
| 3.3.1.4 | Unvollständige Gesellschaftsformen | 227 |
| 3.3.1.5 | Kapitalgesellschaften | 229 |
| 3.3.1.6 | Gemischte Gesellschaftsformen | 237 |
| 3.3.1.7 | Besondere Gesellschaftsformen | 238 |
| 3.3.2 | Ansprüche an Haftung, Geschäftsführung und Vertretung sowie Gewinn- und Verlustbeteiligung | 241 |

| | | |
|---|---|---:|
| **4** | **Unternehmenszusammenschlüsse** | 245 |
| 4.1 | Formen der Kooperation | 245 |
| 4.1.1 | Unterscheidung der einzelnen Kooperationsformen | 247 |
| 4.1.1.1 | Gelegenheitsgesellschaft | 247 |
| 4.1.1.2 | Joint Venture | 248 |
| 4.1.1.3 | Kartell | 248 |
| 4.1.1.4 | Interessengemeinschaft (IG) | 250 |
| 4.1.2 | Ziele und Beurteilung der Kooperation | 251 |
| 4.2 | Formen der Konzentration | 251 |
| 4.2.1 | Unterscheidung der einzelnen Konzentrationsformen | 252 |
| 4.2.1.1 | Konzern | 253 |
| 4.2.1.2 | Fusion | 253 |
| 4.2.2 | Ziele und Beurteilung der Konzentration | 254 |

## Modul 2 – Rechnungswesen ... 257

| | | |
|---|---|---:|
| **1** | **Grundlegende Aspekte des Rechnungswesens** | 258 |
| 1.1 | Bereiche des Rechnungswesens | 258 |
| 1.2 | Grundsätze ordnungsgemäßer Buchführung | 260 |
| 1.3 | Buchführungspflichten nach Handels- und Steuerrecht | 261 |
| 1.3.1 | Buchführung nach Handelsrecht | 262 |
| 1.3.2 | Buchführung nach Steuerrecht | 263 |
| 1.4 | Bilanzierungs- und Bewertungsgrundsätze | 264 |
| 1.4.1 | Formeller Bilanzansatz | 264 |
| 1.4.2 | Materieller Bilanzansatz (Bewertung) | 266 |
| 1.4.2.1 | Bewertung des Anlagevermögens | 271 |
| 1.4.2.2 | Bewertung des Umlaufvermögens | 275 |
| 1.4.2.3 | Bewertung der Verbindlichkeiten | 278 |
| **2** | **Finanzbuchhaltung** | 282 |
| 2.1 | Grundlagen | 282 |
| 2.1.1 | Adressaten der Finanzbuchhaltung | 282 |
| 2.1.2 | Bereiche der Finanzbuchhaltung | 283 |
| 2.1.2.1 | Bereich Buchführung | 283 |
| 2.1.2.2 | Bereich Jahresabschluss | 284 |
| 2.1.3 | Aufgaben der Finanzbuchhaltung | 285 |
| 2.2 | Jahresabschluss | 285 |
| 2.2.1 | Aufbau der Bilanz | 287 |
| 2.2.1.1 | Inventur und Inventar | 287 |
| 2.2.1.2 | Bilanz | 289 |
| 2.2.1.3 | Bilanzveränderungen | 296 |
| 2.2.2 | Bestandskonten und Erfolgskonten | 298 |
| 2.2.2.1 | Buchung auf Bestandskonten | 298 |
| 2.2.2.2 | Buchung auf Erfolgskonten | 301 |
| 2.2.3 | Gewinn- und Erfolgsrechnung | 303 |
| **3** | **Kosten- und Leistungsrechnung** | 309 |
| 3.1 | Einführung in die Kosten- und Leistungsrechnung | 309 |
| 3.1.1 | Ausrichtung der Kosten- und Leistungsrechnung | 309 |

| | | |
|---|---|---|
| 3.1.2 | Bereiche der Kosten- und Leistungsrechnung | 310 |
| 3.1.3 | Aufgaben und Ziele der Kosten- und Leistungsrechnung | 310 |
| 3.1.4 | Abgrenzungsrechnung von der Finanzbuchhaltung zur Kosten- und Leistungsrechnung | 311 |
| 3.1.4.1 | Begriffe der Unternehmensrechnung | 311 |
| 3.1.4.2 | Begriffe der Kosten- und Leistungsrechnung | 312 |
| 3.1.4.3 | Abgrenzung der Begriffe aus Unternehmens- und Kosten- und Leistungsrechnung | 312 |
| 3.1.4.4 | Durchführung der Abgrenzungsrechnung | 315 |
| 3.2 | Kostenartenrechnung | 321 |
| 3.2.1 | Erfassung der Kosten | 321 |
| 3.2.1.1 | Erfassung der Grundkosten und Leistungen | 321 |
| 3.2.1.2 | Kalkulatorische Kosten | 322 |
| 3.2.2 | Gliederung der Kosten | 325 |
| 3.3 | Kostenstellenrechnung | 330 |
| 3.3.1 | Kostenzurechnung auf die Kostenstellen im Betriebsabrechnungsbogen (BAB) | 330 |
| 3.3.2 | Ermittlung der Zuschlagssätze | 334 |
| 3.4 | Kostenträgerzeit- und Kostenträgerstückrechnung | 340 |
| 3.4.1 | Kostenträgerzeitrechnung | 341 |
| 3.4.2 | Zuschlagskalkulation | 343 |
| 3.4.2.1 | Zuschlagskalkulation als Angebotskalkulation (Vorkalkulation) | 344 |
| 3.4.2.2 | Zuschlagskalkulation als Nachkalkulation | 346 |
| 3.4.3 | Maschinenstundensatzkalkulation | 347 |
| 3.4.4 | Divisionskalkulation | 349 |
| 3.4.4.1 | Einstufige Divisionskalkulation | 349 |
| 3.4.4.2 | Mehrstufige Divisionskalkulation | 350 |
| 3.4.5 | Äquivalenzziffernkalkulation | 350 |
| 3.4.6 | Handelswarenkalkulation | 352 |
| 3.4.6.1 | Bezugspreiskalkulation zur Ermittlung des Bezugspreises | 353 |
| 3.4.6.2 | Interne Kalkulation zur Ermittlung der Selbstkosten | 354 |
| 3.4.6.3 | Absatzkalkulation (Verkaufspreiskalkulation) | 355 |
| 3.4.6.4 | Vereinfachung der Handelswarenkalkulation | 357 |
| 3.5 | Vergleich von Vollkosten- und Teilkostenrechnung | 361 |
| 3.5.1 | Begründung der Teilkostenrechnung | 361 |
| 3.5.2 | Absolute einstufige Deckungsbeitragsrechnung | 362 |
| 3.5.2.1 | Deckungsbeitragsrechnung für einen Einproduktbetrieb | 363 |
| 3.5.2.2 | Deckungsbeitragsrechnung in Mehrproduktbetrieben | 364 |
| 3.5.2.3 | Break-Even-Analyse (Gewinnschwellenmenge) | 365 |
| 3.5.2.4 | Optimales Produktionsprogramm | 367 |
| 3.5.2.5 | Preisuntergrenzen | 371 |
| 3.5.2.6 | Make-or-Buy-Entscheidungen | 373 |
| **4** | **Auswertung der betriebswirtschaftlichen Zahlen** | **375** |
| 4.1 | Aufbereitung und Auswertung der Zahlen | 376 |
| 4.1.1 | Adressaten der Auswertungen | 376 |
| 4.1.1.1 | Innerbetriebliche Adressaten | 376 |
| 4.1.1.2 | Außerbetriebliche Adressaten | 378 |
| 4.1.2 | Betriebs- und Zeitvergleiche | 378 |
| 4.2 | Rentabilitätsrechnungen | 381 |

| | | |
|---|---|---|
| 4.2.1 | Eigenkapitalrentabilität | 382 |
| 4.2.2 | Gesamtkapitalrentabilität | 382 |
| 4.2.3 | Umsatzrentabilität | 383 |
| 4.2.4 | Zusammenhänge | 384 |
| 4.2.4.1 | Leverage-Effekt | 384 |
| 4.2.4.2 | ROI und Kapitalumschlag | 386 |
| | | |
| **5** | **Planungsrechnung** | **388** |
| 5.1 | Inhalt der Planungsrechnung | 388 |
| 5.1.1 | Aufgaben der Planung | 389 |
| 5.1.2 | Arten und Wesen der Planung | 389 |
| 5.1.3 | Interdependenz der Teilpläne | 391 |
| 5.1.4 | Planungsprozess | 392 |
| 5.1.5 | Planungsrealisierung | 392 |
| 5.2 | Zeitliche Ausgestaltung | 393 |
| 5.2.1 | Planungshorizont | 394 |
| 5.2.2 | Planungsrhythmus | 394 |
| 5.2.3 | Planungsverfahren/Planungsprinzipien | 394 |

**Sachwortverzeichnis** . . . . . . . . . . . . . . . . . . . . . . . . . . . . . . . . . . . . . . . . . . . . . . 397

# Lern- und Arbeitstechniken

1. Einleitung
2. Subjektive und objektive Rahmenbedingungen und deren Einfluss auf das Lernen
3. Lerntechniken
4. Zeitmanagement
5. Lernmethoden und einzusetzende Lernmedien
6. Gruppenarbeit
7. Grundlagen der Rede- und Präsentationstechniken

# 1 Einleitung

**Max und Moritz – Vierter Streich (1865)** | Wilhelm Busch

Also lautet ein Beschluss:
Dass der Mensch was lernen muss. –
Nicht allein das Abc
bringt den Menschen in die Höh';
nicht allein in Schreiben, Lesen
übt sich ein vernünftig Wesen;
nicht allein in Rechnungssachen
soll der Mensch sich Mühe machen,
sondern auch der Weisheit Lehren
muss man mit Vergnügen hören.
*Quelle: Wilhelm Busch*

Guten Tag! Schön, dass Sie dieses Buch gekauft haben oder kaufen wollen. Sie sind gegenwärtig vermutlich in einer Weiterbildungsmaßnahme, in der Sie sich für höhere berufliche Aufgaben qualifizieren wollen. Zu diesem Zweck werden Sie irgendwann eine Prüfung vor einer Industrie- und Handelskammer ablegen. Vielleicht stehen Sie aber auch am Anfang eines Studiums der Betriebs- oder Volkswirtschaft. Oder Sie haben einfach nur Interesse an wirtschaftsspezifischem Grundlagenwissen und wollen sich anhand dieses Buches einen Überblick über Betriebs- und Volkswirtschaftslehre und das Rechnungswesen verschaffen.

Wie auch immer, Ihnen allen ist gemeinsam, dass Sie sich entschieden haben, etwas zu lernen. Genau darum geht es im ersten Teil dieses Buches: Wir wollen Ihnen Wege aufzeigen, das Lernen zu lernen. Deshalb sollten Sie diesen ersten Teil nicht überschlagen, sondern sich hier zunächst ein wenig umschauen, es sei denn, Sie sind ein „Lernprofi" und haben schon reichlich Erfahrung. Dann verlieren Sie keine Zeit und beginnen mit den nächsten Modulen.

Was ist das: Lernen? Auf jeden Fall ist es nicht etwas, was „en passant", also einfach im Vorübergehen, erfolgt, zumindest dann nicht, wenn es sich um völlig neue Lerninhalte handelt.

*Beispiel:* Immer wieder wird in Prüfungen vor der IHK festgestellt, dass Prüfungsteilnehmer durchfallen, die ohne große Vorbereitung oder ohne ein gewisses Engagement an der Prüfung teilnehmen. Auf den Widerspruch hingewiesen, dass es doch eigentlich unwirtschaftlich sei, viel Geld für eine Bildungsmaßnahme auszugeben, ohne ein akzeptables Ergebnis zu erzielen, sagen die Befragten: „Ich wollte es einfach mal so probieren. Es hätte ja klappen können."

Nein, es klappt nicht! Die Autoren sind selbst in verschiedenen Bildungseinrichtungen als Dozenten und in Prüfungsausschüssen tätig. Ihre Erfahrungen zeigen, dass nur diejenigen am Ende ein befriedigendes Ergebnis erzielen, die nachhaltig, d.h. motiviert und unter Anwendung geeigneter Lern- und Arbeitstechniken, ihren Lernstoff erfasst, systematisch aufgearbeitet, sich gemerkt und angewendet haben. Denn wer tritt schon an, um später eine magere „Vier" als Gesamtergebnis zu präsentieren?

Lernen ist, so eine der vielen Definitionen, jede Veränderung des Verhaltens. Lernen im Kontext von Bildungsmaßnahmen bedeutet letztlich auch den Verzicht auf die gewohnte Freizeitbeschäftigung, Einschränkungen im Umgang mit Freunden und Familie und persönliches Engagement.

Da muss auf der anderen Seite eine Belohnung winken. Es ist schon so, wie Goethe den Faust deklamieren lässt: *„Zwei Seelen wohnen, ach in meiner Brust."* Wer sich entscheidet, an einer mitunter mehrjährigen Weiterbildung oder einem Studium teilzunehmen, hat diese beiden Seelen in seiner Brust.

Übertragen auf unser Thema bedeutet das, dass auch das Lernen zwei Seiten hat.

Die **„Kosten"** des Lernens sind:
- lange Abende in einer Bildungseinrichtung, u. U. nach einem anstrengenden Arbeitstag,
- Auseinandersetzung mit Fachliteratur, die nicht immer einfach zu verstehen ist,
- Verzicht auf die Ausübung von Hobbys,
- weniger Zeit mit Freunden und Familie,
- Frustrationen bei nicht bestandenen Prüfungen oder schlechten Ergebnissen.

Die **„Erträge"** des Lernens sind:
- das Wohlgefühl oder gar der Triumph nach einer bestandenen Prüfung,
- das erwünschte Zertifikat, mit dem man sich um eine bessere Position bewerben kann,
- daraus resultierend ein höheres Einkommen,
- Anerkennung im Familien- und Freundeskreis,
- besseres Verständnis der Arbeitswelt.

Lernen soll Spaß machen, es soll Sie und Ihr berufliches Fortkommen bereichern, denn alle Untersuchungen belegen, dass eine berufliche Weiterbildung immer mit Weiterentwicklung der Persönlichkeit verbunden ist: Sie werden selbstsicherer, wirken erfolgreicher, können sich in der Regel besser ausdrücken und verständlich machen, überschauen komplexe Situationen besser, können Probleme besser analysieren und schneller sinnvolle Lösungen anbieten.

Um aber all das zu bewältigen, brauchen Sie ein Handwerkszeug. Dieses Handwerkszeug sowie den dazu passenden Werkzeugkoffer wollen wir Ihnen in diesem Teil zur Verfügung stellen. Wir wollen Ihnen mit den folgenden Seiten helfen,
- die subjektiven und objektiven Rahmenbedingungen des Lernens zu erkennen,
- für Ihre künftigen Studien die erforderlichen Lerntechniken anzuwenden,
- die geeigneten Techniken der Zeit- und Themenplanung anzuwenden,
- sich einen Überblick über die geeigneten Lernmedien zu verschaffen,
- die Vorteile der Gruppenarbeit zu erkennen,
- Grundlagen der Rede- und Präsentationstechnik anzuwenden.

# 2 Subjektive und objektive Rahmenbedingungen und deren Einfluss auf das Lernen

*Es gibt zahlreiche Definitionen für das Lernen. Für unsere Zwecke wollen wir das Lernen hier als den absichtlichen und individuellen Erwerb von geistigen Fähigkeiten und Fertigkeiten verstehen, wobei mit jedem Lernschritt auch ein Prozess der Veränderung des Denkens und Verhaltens aufgrund neu gewonnener Einsichten verbunden ist.*

Folgt man dieser Definition, dann ist die Fähigkeit zu lernen für den Menschen eine der wichtigsten Voraussetzungen für den Erwerb von Bildung.

Ob das Lernen vom gewünschten Lernerfolg gekrönt wird, hängt im Wesentlichen von folgenden Einflussfaktoren ab:

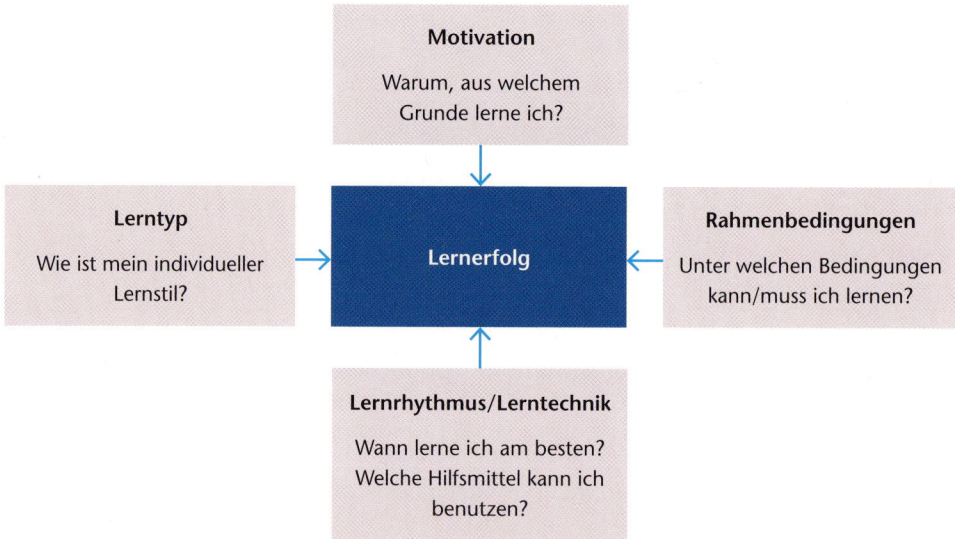

## 2.1 Motivation

Die Frage „Warum lerne ich?" ist letztlich der allgemeinen Frage unterzuordnen: „Warum tun Menschen etwas, warum verhält sich ein Mensch so oder anders?". Die Antwort darauf gibt die Lehre von der Motivation von Menschen.

*Unter Motivation ist das auf der Basis von Gefühlen, Willen oder Trieben (Motive) beruhende Streben nach Zielen oder wünschenswerten Zielobjekten zu verstehen. Es stellt damit die Triebkraft für menschliches Verhalten dar.*

**Beispiel:** *Jemand geht durch eine Straße auf dem Weg von der Arbeit nach Hause und bekommt plötzlich ein Hungergefühl. Er nimmt in seiner Umgebung drei Dinge wahr: einen Schnellimbiss, einen Obststand und einen Supermarkt. Wie er sich jetzt verhält, hängt von verschiedenen Motiven und Einstellungen ab. Er kann am Schnellimbiss eine Bratwurst oder eine Portion Pommes frites zu sich nehmen. Er kann am Obst- und Gemüsestand einen Apfel und eine Banane kaufen und diese essen, oder er kann sich im Supermarkt die Zutaten für ein Abendessen kaufen, nach Hause gehen und das Abendessen zubereiten.*

Beim Motivationsprozess spielen also folgende Elemente eine Rolle:

- die Motive (Triebe, Gefühle, Willen)
- die psychischen und physischen Hilfsmittel (Wahrnehmung, Gedächtnis, Kraft, Fertigkeiten)
- das zu erreichende Ziel

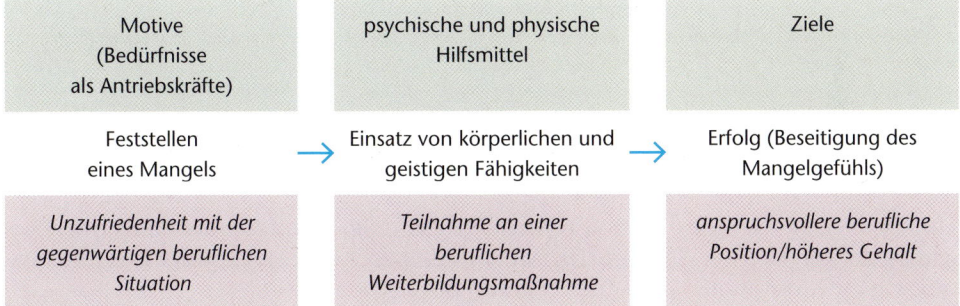

Die Motive, die jemanden dazu bewegen, mit dem Lernen zu beginnen, können höchst unterschiedlich sein. Dazu müssen wir einen Blick auf die Motivationstheorien werfen.

- Die Psychoanalyse nach Freud führte alles menschliche Verhalten letztlich auf die menschliche Libido (den Sexualtrieb) zurück.
- Der Behaviorismus (vor allem nach Skinner) führte das menschliche Verhalten auf die in früheren Situationen empfangene positive oder negative Verstärkung zurück, also im Wesentlichen auf Belohnung und Bestrafung.
- Die humanistischen Theorien (insbesondere Maslow und Herzberg) führten eine Reihe von Motiven zur Erklärung menschlichen Verhaltens an, die sie in einer beobachteten Hierarchie anordneten.

Am bekanntesten dürfte wohl die Bedürfnispyramide nach Abraham Maslow sein. Maslow sah die menschlichen Bedürfnisse in Form einer Pyramide angeordnet. Dabei ging er davon aus, dass das Bedürfnis auf der nächsthöheren Stufe erst auftaucht, wenn die Bedürfnisse auf den jeweils vorhergehenden Stufen befriedigt worden sind.

**Beispiel:** *Eine Gruppe von Schiffbrüchigen strandet auf einer Insel – wofür werden sie zuerst sorgen? Für Essen und Trinken und ein Dach über dem Kopf. Sind diese Bedürfnisse befriedigt, werden sie sich um eine Hütte oder eine Höhle kümmern. Erst wenn das Problem gelöst ist, so Maslow, werden die Menschen beginnen, intern soziale Beziehungen zueinander zu entwickeln usw.*

**Bedürfnisse nach Selbstverwirklichung**
(Erfüllung von Interessen)

**Bedürfnisse nach Wertschätzung**
(soziale Anerkennung: Selbstschätzung, Ansehen)

**Bedürfnisse nach Liebe und Zuneigung**
(soziale Beziehungen: Sehnsucht nach Freunden, Partnern, Kindern)

**Bedürfnisse nach Sicherheit**
(Stabilität, Zugehörigkeit, Vermeidung von Angst, Unordnung und Furcht)

**Physiologische Bedürfnisse**
(Bedürfnisse des menschlichen Körpers: Hunger, Durst, Sexualität, Schutz vor Hitze und Kälte)

Diese Theorie ist zwar sehr anschaulich und unmittelbar verständlich, deswegen wohl auch immer noch sehr populär, gilt jedoch aufgrund fehlender empirischer Untersuchungen und anderer Angriffsflächen als gescheitert.

Vorteilhafter für die Erklärung von Lernerfolgen sind die Ergebnisse der Motivationsforschung der vergangenen 20 Jahre. Danach unterscheidet man eine intrinsische und eine extrinsische Motivation, deren Ansätze gänzlich verschieden sind.

| Intrinsische Motivation | Extrinsische Motivation |
| --- | --- |
| Von intrinsischer Motivation sprechen wir, wenn Menschen etwas um ihrer selbst willen tun, weil sie Freude daran haben, weil es ihre Neugier oder ihre Interessen befriedigt oder weil es eine Herausforderung für sie bedeutet. | Eine extrinsische Motivation liegt vor, wenn der Mensch etwas tut, weil er sich von dem Ergebnis entweder einen Vorteil, also eine Belohnung, erwartet oder einen Nachteil, z. B. eine Bestrafung, vermeiden möchte. |
| *Beispiele: Jemand hat Freude an Musik und lernt das Klavierspielen; ein Kind nimmt ein Spielzeugauto auseinander und untersucht den Antriebsmechanismus; ein Koch, der ein Restaurant übernommen hat, nimmt an einem betriebswirtschaftlichen Lehrgang für Führungskräfte teil, weil er sein Unternehmen effektiver führen will.* | *Beispiele: Ein Student der Betriebswirtschaft versucht sein Studium mit einer sehr guten Note abzuschließen, weil ihm dann ein Trainee-Vertrag bei einer angesehenen Unternehmensberatung winkt. Ein kaufmännischer Sachbearbeiter besucht einen Weiterbildungslehrgang mit Abschluss, weil diesen bereits vier Kollegen in seiner Abteilung haben (Gruppendruck).* |

Es versteht sich von selbst, dass intrinsische Motivation tragfähiger ist und nachhaltiger wirkt als extrinsische Motivation. Lernende sollten also versuchen, sich selbst so intensiv wie möglich „aus sich selbst heraus" zu motivieren. Die wichtigste Voraussetzung dafür ist, dass man in seinem Vorhaben einen Sinn erkennt, z. B. indem man sich klar macht, dass die Weiterbildung oder das Studium in den persönlichen Lebensplan passt und der individuellen beruflichen und persönlichen Entwicklung dient. Sollte der Sinn eines Lernvorhabens eher im Nebel liegen, muss sich die betreffende Person deutlich kritisch fragen, ob dieses Vorhaben aktuell in ihr Leben passt.

Der Sinn eines Lernvorhabens wird also erst in Verbindung mit dem Ziel deutlich. Das erfordert, dass das Lernziel möglichst genau und klar formuliert wird.

*Beispiel:* „*Ich will nach Absolvierung des gesamten Lehrgangs in genau zwei Jahren meine Weiterbildungsprüfung vor der IHK mit der Durchschnittsnote ‚gut' abschließen und mich danach auf eine Stelle als Abteilungsleiter in einem anderen Unternehmen bewerben."*

Ein solches „Fernziel" sollte man sich immer wieder bewusst machen. Allerdings taucht bei diesem Beispiel ein Problem auf: Ein zu hoch gestecktes Ziel kann auch demotivieren, weil die „Trauben zu hoch hängen", um sie zu erreichen. Denn das Ziel muss ausreichen, um den Lernenden – im Beispiel – für zwei Jahre zu motivieren. Das reicht u. U. nicht aus, die Durststrecke ist zu lang. Der lernende Mensch benötigt also Teilerfolge, um die gesamte Grundmotivation zu erhalten und zu erneuern.

Deshalb ist es sinnvoll, das Gesamtziel in verschiedene, mittlere bis kleine Teilziele zu unterteilen. Werden diese erreicht, können die erzielten Erfolgserlebnisse dazu dienen, die vorhandene Motivation zu halten oder gar zu verstärken.

Allerdings sollte man bei diesem Motivationsprozess nicht die extrinsische Motivation aus dem Auge verlieren. Ideal sind dazu Belohnungen für Erfolge, die man sich vorher als Anreize setzt.

*Beispiel: Das erfolgreiche Durcharbeiten einer Lektion oder eines Kapitels in einem Buch oder die erfolgreiche Nacharbeitung des letzten Seminarblocks könnte mit einem guten Essen oder einem Kinobesuch belohnt werden, das Bestehen einer Zwischenprüfung oder einer Semesterklausur mit einem Wochenendtrip gefeiert werden.*

Hier stellt sich allerdings gerade bei Weiterbildungsprüfungen heraus, dass in der Regel eine lange Durststrecke zurückzulegen ist, bevor man erste Teilerfolge erzielt. Zumeist muss erst einmal ein Jahr die Schulbank gedrückt werden, bevor die erste Zwischenprüfung (z. B. in den „Wirtschaftszweigspezifischen Qualifikationen") abgelegt werden kann bzw. muss.

Lernende sollten – im Zweifel gemeinsam mit dem Dozenten oder anderen Studierenden – eigene Zwischenziele definieren oder festlegen. Das kann z. B. die fehlerlose Kenntnis der entsprechenden Karten eines Faches aus der Lernkartei sein (siehe hierzu Näheres im Kapitel Lerntechniken) oder die zufriedenstellende Bearbeitung einer beim Dozenten angeforderten Übungsklausur oder die Bearbeitung von geeigneten Kapiteln eines Übungsbuches zu einem Fach.

An dieser Stelle noch ein Wort zu den Motivationsstörungen: Die meisten Menschen sind leider so konstruiert, dass sie sich „gerne" von bestimmten Vorhaben ablenken lassen: Der Anruf, die SMS oder die Mail eines Freundes, ein toller Spielfilm im Fernsehen, der Schwatz mit dem Nachbarn oder das Spielen mit den Kindern können dann eine höhere Wichtigkeit bekommen als das unbearbeitete Manuskript des letzten Seminarabends. Hier ist es unabdingbar, dass eine gewisse Disziplin aufgebaut wird, um solche Störungen zu vermeiden, vor allem, wenn die Gefahr dafür nachhaltig und wiederholt besteht. Dann ist es hilfreich, sich das Gesamtziel und die Teilziele noch einmal vor Augen führen.

*Beispiel: Eine Studentin, die im Seminar etwa die Hälfte der Zeit ihre SMS bearbeitete, erhielt von ihrem Dozenten den Rat, das Handy auszumachen oder das Seminar zu verlassen. Zu Recht! Denn wer sich nachhaltig ablenken lassen „will", dem fehlt die Grundmotivation für das große Ganze.*

- Erkennen Sie den Sinn Ihres Lernvorhabens! Wer nicht klar und deutlich begründen kann, warum er eine Weiterbildung oder ein Studium anstrebt, der sollte es sein lassen, denn dann ist es unwirtschaftlich!
- Machen Sie sich Ihr Hauptziel klar! Beschreiben Sie es möglichst genau in Bezug auf die Zeit, auf den Inhalt und das gewünschte Ergebnis!
- Zerlegen Sie das Hauptziel in sinnvolle Teilziele! Versuchen Sie, möglichst viele Teilziele zu entwickeln, die Ihnen einen Teilerfolg innerhalb eines Monats oder innerhalb einer Woche bieten!
- Freuen Sie sich über Ihre Teilerfolge und lassen Sie andere an Ihrem Erfolg teilhaben!
- Überlegen Sie sich möglichst viele Motive, aus denen heraus Sie Ihr Lernvorhaben mit Erfolg abschließen wollen! Es motiviert Sie stärker!
- Legen Sie für Ihre Teilerfolge oder Arbeitsergebnisse Belohnungen fest und genießen Sie diese!
- Versuchen Sie, eine bestimmte Grunddisziplin hinsichtlich Ihres Lernvorhabens aufzubauen und vermeiden Sie damit Motivationsstörungen! Nehmen die Störungen überhand, sollten Sie prüfen, ob Sie das Gesamtziel noch im Fokus haben!

## 2.2 Lerntypen

Das Lernen setzt die Aufnahme von Informationen voraus.

Die oder der Lernende

- hört den Vortrag des Dozenten,
- sieht die Grafiken und Tableaus auf der Projektionswand und in Büchern oder liest einen Text,
- diskutiert mit anderen Seminarteilnehmern und dem Dozenten,
- schaut sich eine Animation an oder probiert etwas in einem Experiment aus.

Zum Lernen benötigen wir unsere Sinnesorgane. Neben Augen und Ohren gehören dazu auch der Geruchs-, Geschmacks- und Tastsinn. Der Lernstoff gelangt über die beteiligten Sinnesorgane in unser Gedächtnis. Je nachdem, wie stark einer der genannten Sinne auf die oder den Lernenden wirkt, spricht man von folgenden Lerntypen:

| Lerntyp | Beschreibung | Lernform |
| --- | --- | --- |
| **auditiver Lerntyp** | Der auditive Lerntyp nimmt die Informationen vorwiegend über die Ohren auf und<br>– kann in der Regel gut zuhören,<br>– nimmt gehörte Informationen gut auf,<br>– folgt gut mündlichen Erklärungen,<br>– kann Erklärungen leicht verarbeiten,<br>– kann gehörte Erläuterungen gut wiedergeben. | Der auditive Lerntyp lernt am besten, wenn er dem Lehrenden oder einer anderen Person zuhört oder sich einen Text laut vorliest. Er fühlt sich durch Nebengeräusche im Unterricht oder durch Musik beim Lernen gestört. |

| Lerntyp | Beschreibung | Lernform |
|---|---|---|
| visueller Lerntyp | Der visuelle Lerntyp nimmt die Informationen über die Augen auf und<br>– liest und erfasst gut Texte in Skripten und Lehrbüchern,<br>– beobachtet gerne Handlungsabläufe und leitet daraus Informationen ab,<br>– merkt sich Lerninhalte besonders gut, wenn diese in Form von Grafiken oder Bildern veranschaulicht werden,<br>– stellt Zusammenhänge gerne grafisch dar. | Der visuelle Typ arbeitet gerne mit Schaubildern und Grafiken sowie Texten. Diese sollten farbig markiert werden und mit Randbemerkungen versehen werden. Er sollte Mindmaps und Strukturbilder anfertigen, um sich Zusammenhänge zu merken. |
| motorischer Lerntyp | Der motorische Lerntyp bewegt sich gerne und<br>– sammelt gerne eigenständige Erfahrungen,<br>– führt gerne Versuche selber durch,<br>– löst gerne Probleme und „knobelt" gerne an Aufgaben,<br>– beteiligt sich aktiv an Lernprozessen,<br>– ist interessiert am „learning by doing",<br>– erkundet gerne Themen und erarbeitet sich Zusammenhänge. | Der motorische Lerntyp muss sich beschäftigen, er muss selbst etwas ausführen und ausprobieren. Für ihn sind Problemstellungen und Aufgaben sowie Recherchen gut geeignet, um Gelerntes aufzunehmen und zu behalten. Für ihn eignet sich auch gut das Lernen im Internet. |
| kommunikativer Lerntyp | Der kommunikative Lerntyp unterhält sich gerne mit anderen und<br>– nimmt Informationen am besten durch Gespräche und Diskussionen auf,<br>– braucht die sprachliche Auseinandersetzung mit anderen Personen (Mitschüler und Dozenten), um den Lernstoff zu verstehen,<br>– stellt gerne und wiederholt Fragen, um einen Sachverhalt zu diskutieren,<br>– nimmt dabei sowohl die Position des Fragenden wie auch des Erklärenden ein. | Der kommunikative Lerntyp braucht den Austausch und die Auseinandersetzung mit anderen. Er sollte bei Unklarheiten Fragen stellen und sich intensiv an Diskussionen im Seminar beteiligen. Außerdem sollte er versuchen, anderen Seminarteilnehmern oder seiner Lerngruppe etwas zu erklären. |

Diese Übersicht der Lerntypen stellt selbstverständlich nur Tendenzen dar, niemand lernt in einer Reinform, weil zumeist mehrere Sinne beim Lernen in mehr oder weniger starkem Umfang angesprochen werden. Gleichwohl kann es hilfreich sein, sich klarzumachen, welchem Typus dieser Lernformen Sie am ehesten entsprechen.

Aus der folgenden Tabelle lässt sich die Bedeutung des visuellen Kanals ablesen. Die Tabelle stellt die Menge an Informationen dar, die von unseren Sinnesorganen pro Sekunde aufgenommen werden kann. Es handelt sich dabei um einen groben Überblick. Ein Bit stellt dabei die kleinste mögliche Informationseinheit dar.

| Sinnesorgan | Bandbreite in Bit pro Sekunde (gerundet) |
|---|---|
| Augen | 10.000.000 |
| Haut | 1.000.000 |
| Ohren | 100.000 |
| Geruch | 10.000 |
| Geschmack | 1.000 |

In jedem Fall ist es sinnvoll, wenn Sie sich den Lernstoff über möglichst viele Kanäle aneignen und verarbeiten. Der Grund liegt darin, dass es beim Lernen im Gehirn zu Verknüpfungen zwischen den Synapsen kommt, in denen das Wissen in Eiweißverbindungen abgelegt wird. Je mehr Sinnesreize dabei angesprochen werden, desto dichter und nachhaltiger werden die Verknüpfungen. Das Wissen kann so besser im Langzeitgedächtnis abgelegt werden.

Jede vom Menschen aufgenommene Informationsaufnahme unterliegt einer sogenannten Vergessenskurve. Diese Vergessenskurve ist individuell nach Mensch und Inhalt der Information völlig unterschiedlich. Die Menge dessen, was vergessen wird, kann durch intensivere Lernreize verringert werden. Anders ausgedrückt: Die Erinnerungsquote nimmt zu, je mehr Sinne in den Lernprozess einbezogen werden.

*Wir lernen:*

*20 % von dem, was wir hören,*
*30 % von dem, was wir sehen,*
*50 % von dem, was wir sehen und hören,*
*70 % von dem, was wir sehen, hören und besprechen,*
*90 % von dem, was wir sehen, hören, besprechen und selber tun.*

## 2.3 Lernrhythmus

Jeder Mensch, der kontinuierlich über den Tag eine bestimmte Leistung erbringen muss, stellt bei sich fest, dass ihm das über den Tag verteilt mehr oder weniger gut gelingt. Das hängt mit der physiologischen Leistungsbereitschaft zusammen, die wiederum von der biologischen Leistungskurve des Menschen abhängt. Diese bietet zwei Leistungsspitzen am Tag und sieht – standardisiert – etwa so aus:

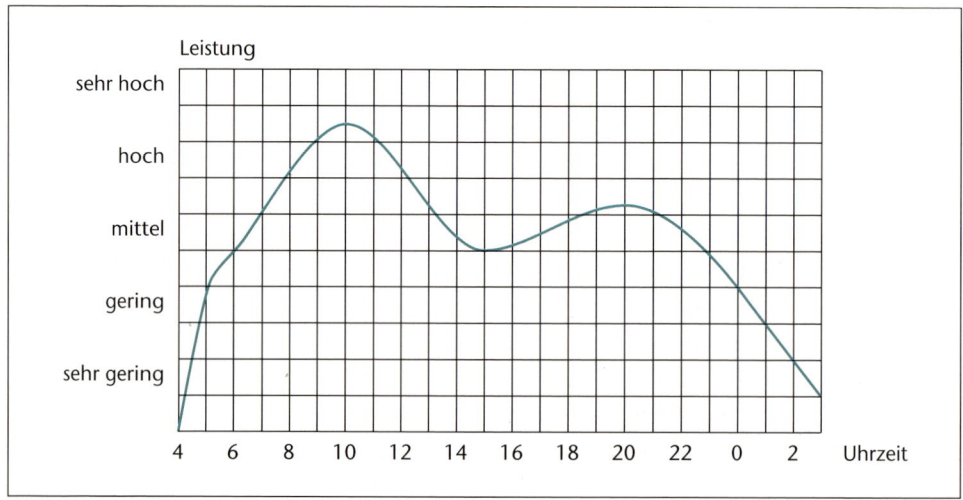

Wie zu erkennen ist, steigt die Leistungskurve am frühen Morgen steil an und erreicht am Vormittag gegen 10 Uhr ihren ersten Höhepunkt. Über die Mittagszeit sinkt die Leistungsfähigkeit wieder ab, um ab etwa 15 Uhr einem neuen niedrigeren Höhepunkt gegen

Abend zuzustreben. Danach fällt sie stark ab und erreicht zwischen 2 und 4 Uhr nachts ihr Minimum. Praktisch bedeutet das, dass ein Mensch im Durchschnitt eines Tages etwa

- über ca. zwei Stunden sehr anspruchsvolle Tätigkeiten,
- über ca. vier weitere Stunden anspruchsvolle Tätigkeiten,
- über ca. sechs Stunden weniger anspruchsvolle Tätigkeiten,
- über ca. drei bis vier weitere Stunden lang eine nur gering anspruchsvolle Tätigkeit

durchführen kann.

Allerdings gibt es sogenannte Tag- bzw. Nachtrhythmiker, bei denen sich die Kurve individuell nach vorne oder nach hinten verschieben kann. So ist mit manchen Menschen abends nach 21 Uhr nichts mehr anzufangen, während andere zu dieser Zeit aufblühen und noch mehrere Stunden leistungsfähig sind.

In jedem Fall: Die Nacht ist zum Schlafen da, und nur ein ausgeruhter Mensch ist leistungsfähig. Sorgen Sie deshalb vor anstrengenden Tagen (tägliche Arbeit + Seminar am Abend) oder geplanten Lerntagen unbedingt für guten und ungestörten Schlaf. Jeder Mensch kennt seinen eigenen Leistungsrhythmus im Prinzip recht gut und kann danach sein zu bewältigendes Arbeitspensum einteilen. Für das Lernen können aus der Leistungskurve einige nützliche Rückschlüsse gezogen werden. Insbesondere der Mensch, der neben einer täglichen regelmäßigen Arbeitszeit von acht oder mehr Stunden noch lernen will, sollte Folgendes beachten:

- Zwischen Arbeitsende und Abendschule sollte eine Pause liegen, die durch einen Spaziergang, eine Tasse Kaffee oder ein andere Ablenkung ausgefüllt werden sollte.
- Anstrengende geistige Tätigkeiten wie Lesen von Fachliteratur oder Skripten, Nacharbeiten von Seminarstunden und Durcharbeiten von Aufgaben sollten auf das Wochenende verlegt werden. Diese Tätigkeiten eignen sich im Laufe der Woche allenfalls für den Nachtrhythmiker.
- Leichte, eher mechanische Tätigkeiten wie das Bearbeiten und Abschreiben von Seminaraufzeichnungen oder das Ordnen von Unterlagen können auch innerhalb der Woche abends erledigt werden.
- Für die in der Leistungskurve ausgewiesenen Leistungsspitzen sollten sich Lernende am Wochenende störungsfreie Zeiten reservieren und in diesem Zeitrahmen die anstrengendsten Lernaktivitäten verrichten.

Eine weitere biologische Besonderheit gilt es beim Lernen zu beachten: Lernen ist eine anstrengende Tätigkeit, die den Köper beansprucht und folglich ermüdet. Der Körper braucht seine Erholung, und entweder bekommt er sie „freiwillig" geliefert oder er holt sie sich, was letztlich bedeutet, dass die Tätigkeit nicht mehr konzentriert ausgeführt werden kann und sich Fehler einschleichen. So berichten Seminarteilnehmer immer wieder davon, dass sie zu Hause zwei oder drei Stunden „am Stück" gelernt haben und am Ende dann merkten, dass sie davon doch nichts behalten haben.

Hier liegt ein Missverständnis vor. Nicht die Zeitdauer insgesamt spielt eine Rolle für den Lernerfolg, sondern 1. die zeitliche Lage (s. o.) und 2. die Aufteilung dieser Zeit in Aktivität und Pausen. Denn Pausen sind enorm wichtig für Lernende, um ein Gleichgewicht zwischen Ermüdung und Erholung herzustellen. Zu diesem Zweck sollten Sie nach allen Erfahrungen der Lernpsychologie Erholungspausen einbauen. Als günstig hat sich dabei folgender Lern-Pausen-Rhythmus gezeigt:

| Aktivität/Pausen | Kommentar: |
|---|---|
| 1. Lerneinheit: 25 Minuten | |
| kleine Pause: 5 Minuten | Arbeitsplatz verlassen, etwas Bewegung, etwas trinken |
| 2. Lerneinheit: 25 Minuten | |
| kleine Pause: 5 Minuten | Arbeitsplatz verlassen, etwas Bewegung, etwas trinken |
| 3. Lerneinheit: 25 Minuten | |
| große Pause: 20 Minuten | Arbeitsplatz verlassen, Tageszeitung überfliegen, Tee oder Kaffee trinken, Routinearbeit erledigen, z. B. Spülmaschine leeren oder Ähnliches |
| 4. Lerneinheit: 25 Minuten | |
| kleine Pause: 5 Minuten | Arbeitsplatz verlassen, etwas Bewegung, etwas trinken |
| 5. Lerneinheit: 25 Minuten | |
| große Erholungspause: 60 bis 90 Minuten | Arbeitsplatz verlassen, entspannen, Spaziergang machen, einen Mittagsschlaf von max. 30 min. machen |

Selbst während der Lernphasen sollten Sie darauf achten, ob Ihr Körper eine kurze Erholungspause benötigt: Dabei reicht es schon aus, sich einfach für etwa eine Minute zu recken, tief durchzuatmen, kurz aus dem Fenster zu sehen und kurz die Gedanken schweifen zu lassen, um das eben Gelernte oder Gelesene sich setzen zu lassen und einzuordnen.

Wie Sie Ihre Pausen letztlich gestalten, hängt von Ihrem individuellen Ermüdungs-Erholungs-Rhythmus ab. Für den einen ist es wichtig, einen kurzen Spaziergang zu machen, der andere isst lieber eine Kleinigkeit, ein Dritter sieht sich kurz die Nachrichten an, ein Vierter checkt seine Mails. Wichtig ist dabei allerdings, sich nicht zu sehr zu konzentrieren, um dem Geist die notwendige Ruhe und Entspannung zu geben.

## 2.4 Lernumgebung

Jeder Mensch, der studiert oder sich weiterbildet, sollte sich zu Hause einen Platz schaffen, an dem er oder sie zukünftig lernen kann. Wer einen nachhaltigen Lernerfolg anstrebt, benötigt einen ergonomisch sinnvoll eingerichteten und störungsfreien Arbeitsplatz. Nicht immer ist ein gesondertes Arbeitszimmer vorhanden, aber ein ruhiger Platz wird sich immer finden, wo ein Schreibtisch von mindestens ca. 100 x 60 cm stehen kann. Dieser Platz sollte ausschließlich zum Lernen genutzt werden und auch dafür eingerichtet sein. Es fällt nach kurzer Zeit der Eingewöhnung leichter, mit dem Lernen zu beginnen, wenn der Platz mit der Tätigkeit verbunden wird. Es versteht sich von selbst, dass die Möglichkeit bestehen sollte, störungsfreie Zeiten für das Lernen einzurichten. Um das Lernen und vor allem das Lernbeginnen zu erleichtern, sollte man also Arbeits- und Entspannungsplätze unbedingt voneinander trennen.

Hier einige Empfehlungen und Anregungen für die Einrichtung eines Arbeitsplatzes unter physiologischen und lernpsychologischen Aspekten:

- Sorgen Sie für eine gute **Beleuchtung**: Der Lichteinfall sollte stets von links erfolgen und bei künstlicher Beleuchtung möglichst blendfrei sein.

- Der Arbeitsplatz sollte ein angenehmes **Raumklima** haben, was zumeist bei einer Raumtemperatur von 21 Grad und guter Belüftung erreicht wird.
- Der Raum sollte einem **geringen Lärmpegel** ausgesetzt sein. Vor allem sollten alle störenden Nebeneffekte wie Radio, Fernsehen oder Gespräche anderer Personen ausgeschlossen werden.
- Schaffen Sie sich einen **ergonomischen Schreibtischstuhl** an, auf dem Sie bequem und längere Zeit ohne Rückenschmerzen sitzen können.
- In unmittelbarer Nähe des Schreibtisches sollte ein **Regal** angebracht sein, in dem alle benötigten Hilfsmittel und Zubehör, die nicht auf den Schreibtisch passen, wie Ordner mit Skripten, Fachbücher, Lexika, Ringbücher, Papier, schnell erreichbar untergebracht sein sollten.
- Sofern möglich, ist eine Pinnwand sinnvoll, auf der Stundenpläne, Termin- und Arbeitspläne, Hinweise, schwierige Formeln und Ähnliches angebracht werden können.
- Richten Sie den Arbeitsplatz so ein, dass Sie sich **persönlich wohl fühlen** und gerne daran Platz nehmen. Das erhöht die Motivation, sich auch „zwischendurch" mal dort hinzusetzen und etwas nachzuarbeiten. Versuchen Sie eine möglichst **inhaltliche und räumliche Ordnung** einzuhalten. Dazu gehört es, Seminarunterlagen nach logischen Kriterien abzuheften, Unterlagen und Geräte, die Sie häufig benötigen, in Griffnähe zu haben. Alles andere sollte in einer sachlichen Ordnung schnell auffindbar sein.
- Am Arbeitsplatz sollten auch die **kleinen Dinge und Helfer verfügbar sein**, die immer wieder benötigt werden wie Ordner, Hefter, Klarsichthüllen, Papier, Heftstreifen, Post-its, Papierkorb, Lineal, Schere, Locher, Büroklammern, Hefter, Klebestifte, Tesafilm und ein Grundsortiment an Stiften (Bleistift, Filzstifte, Kugelschreiber, Markierungsstifte).

Nicht an den Arbeitsplatz oder in seine unmittelbare Nähe gehören Dinge wie Zeitschriften, persönliche oder geschäftliche Briefe, der aktuelle Roman und alle Dinge, die beim Lernen ablenken und die Konzentration behindern.

Generell sollten folgende Störungen zu Beginn des Lernens ausgeschlossen werden:

- **Direkte Störungen** durch die Umwelt wie Telefonate, Besuche, Wünsche der Kinder oder des Partners können durch die konsequente Einrichtung von störungsfreien Zeiten beseitigt werden.
- **Innere Ablenkungen** beim Lernenden selbst wie unerfüllte Wünsche, unerledigte Tätigkeiten, nicht ausgetragene Konflikte sollten dem Grundsatz folgen: „Störungen haben Vorrang", was bedeutet, dass man zunächst versuchen sollte, diesen Störungen nachzugehen und sie – wenn möglich – zuerst zu beseitigen oder zu lösen, bevor man sich mit dem Lernstoff auseinandersetzt.

Daneben sind alle indirekten Störungen akustischer, klimatischer und visueller Art auszuschließen, bis der Lernende das Gefühl hat, in einem störungsfreien Raum entspannt mit der Lernarbeit zu beginnen.

# 3 Lerntechniken

## 3.1 Lernstoff erfassen

**Quellen für den Lernstoff**

Der Lernstoff für ein neues Wissensgebiet gelangt über folgende „Quellen" an den Lernenden:

- das Seminar bzw. die Weiterbildungsveranstaltung, in der der Dozent in mehr oder weniger interessanter Weise sein Wissen vermittelt, unterstützt durch verschiedene Medien wie Flipchart, Powerpoint-Präsentation mit dem Beamer oder Overhead-Projektor
- Skripte oder Fotokopien des Dozenten
- Textbände der IHK
- Fachbücher
- Lexika
- Internet (Wikipedia, Wirtschaftslexika u. a.)

Während neben den Seminarinhalten zumeist die Skripte und Textbände nahezu automatisch an die Studierenden gelangen bzw. verfügbar sind, werden Sie häufig mit der Auswahl der Fachbücher und Lexika relativ allein gelassen. Buchempfehlungen sind eine subjektive Auswahl des Dozenten, und nicht alles, was dem Dozenten gefällt, gefällt auch den Studierenden. Aus diesem Grunde hilft nur ein Besuch einer guten Buchhandlung und ein ausgiebiges Stöbern in der dort vorhandenen Literatur. Studierende sollten sich hier von zwei Grundsätzen leiten lassen:

- Das Fachbuch muss Ihnen persönlich zusagen, sonst werden Sie es ungern in die Hand nehmen. Ob es zusagt, hängt vom Schreibstil des Autors ab, von seiner Art, den Stoff aufzubereiten, und von der Vielzahl der Darstellungsmittel ab, die verwendet werden.
- Das Fachbuch sollte mit den Inhalten des Rahmenlehrplans, der den Studierenden oder Weiterbildungswilligen vorliegt, weitgehend übereinstimmen.

Ergänzend sollten Studierende sich mit ein oder zwei guten Lexika ausstatten; am Ende dieses Buches werden einige Wirtschaftslexika empfohlen.

**Protokolltechniken in Seminaren und Meetings**

Ein nicht unerhebliches Problem stellt für manche Seminarteilnehmer die Erfassung des vom Dozenten „Gesagten" dar. Er muss es mitschreiben, wenn es nicht wortgetreue Skripte des Dozenten gibt, und das ist relativ selten. Das Mitschreiben hat für den Seminarteilnehmer einige Vorteile:

- Das Gehörte wird schriftlich fixiert und kann damit später nachvollzogen werden.
- Das Gedächtnis wird mehr oder weniger entlastet, weil die Informationen gespeichert sind.
- Durch das Mitschreiben wird eine erhöhte Spannung und eine höhere Aufmerksamkeit hervorgerufen.

Aus Rückmeldungen von Seminarteilnehmern wissen wir, dass bei vom Dozenten vorgeführten Powerpoint-Präsentationen das gesprochene Wort, welches häufig vom Inhalt her ein Vielfaches der gezeigten Folien darstellt, verlorengeht, wenn die Studierenden sich ausschließlich auf die Kopien der gezeigten Folien verlassen. Gerade anschauliche Beispiele, Bonmots oder gedankliche Abläufe, die vom Dozenten parallel zu den Folien entwickelt werden, sind dann später nicht oder nur bruchstückhaft nachvollziehbar.

Aus diesem Grund empfehlen wir eine Mitschrift, die in der nebenstehenden Form sinnvoll erscheint.

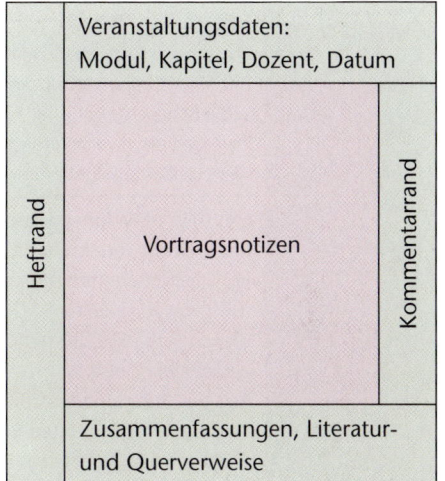

## 3.2 Lernstoff strukturieren und ordnen

Niemand kann zwei Gedanken oder eine Kette von Gedanken zugleich verarbeiten. Deshalb müssen Lerninhalte gegliedert werden.

Strukturierung eines Lernstoffes bedeutet, durch überschaubares und umfassendes Zusammenfügen von einzelnen Lerninhalten zu größeren Einheiten einerseits sowie Gliedern und Aufteilen von komplexen Sachverhalten und unübersichtlichen Vorgängen andererseits die Übersicht zu behalten, um später den Lernstoff besser wiederholen zu können. Dazu können u. a. folgende Techniken dienen:

| Strukturbaum | Ein Strukturbaum stellt die hierarchische Gliederung der Inhalte, die zu einem Oberbegriff gehören, optisch dar. Die Inhalte, die den Oberbegriff in all seinen Aspekten ausmachen, werden gewissermaßen in Menüform dargestellt. Strukturbäume verschaffen eine gute Übersicht über alle wesentlichen Aspekte und zugehörigen Bestandteile eines komplexen Wissensbegriffs. 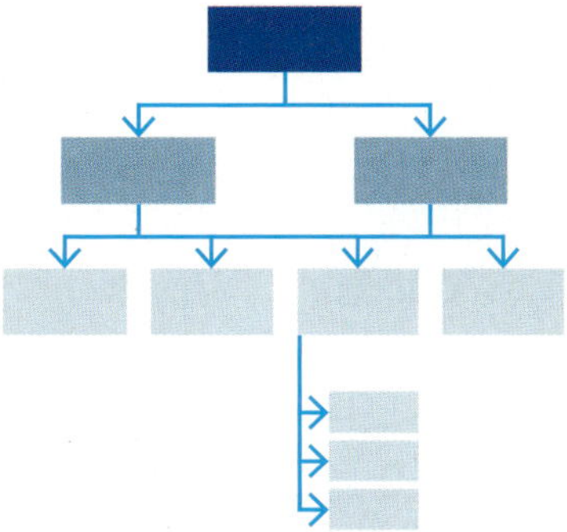 |
|---|---|

| | | |
|---|---|---|
| Mindmap | Eine Mindmap (aus dem englischen: Gedankenlandkarte) ist eine Darstellungstechnik, die zum Erschließen und visuellen Darstellen eines Themengebietes oder für Vortragsmitschriften genutzt werden kann. In die Mitte einer Seite wird das zentrale Thema oder ein Begriff geschrieben. Davon ausgehend werden die Hauptthemen mit Hauptlinien verbunden. Danach schließen sich in dünner werdenden Zweigen die zweite und dritte sowie weitere Gedankenebenen an. |  |
| Cluster | Das Cluster-Verfahren (auch Clustering), ist ein Verfahren, das sehr gut für Vortragsmitschriften und zur Strukturierung von komplexen Wissensgebieten dienen kann. Ein Cluster funktioniert ähnlich wie eine Mindmap, nur werden hier die Verbindungen zum zentralen Begriff nicht nach festen Regeln, sondern völlig frei dargestellt. Außerdem können zwischen den um den zentralen Begriff herum angeordneten Unterbegriffen Verbindungen hergestellt werden. | 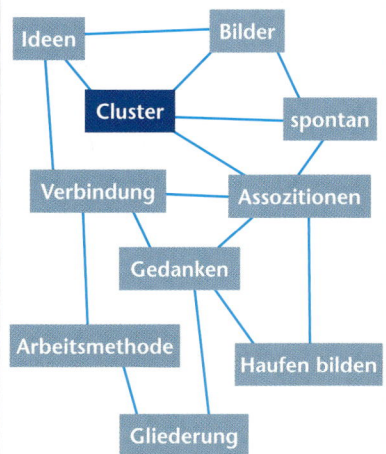 |
| Flussdiagramm | Ein Flussdiagramm oder Ablaufdiagramm ist eine Veranschaulichung von Abläufen, z. B. um die Funktionsweise von Geschäftsprozessen, juristischen Sachverhalten, Geschäftsmodellen oder den Datenfluss innerhalb eines Unternehmens darzustellen. Dabei werden im Wesentlichen Aktionen (mit Rechtecken), Entscheidungen (mit einem Rhombus) und Flussrichtungen (mit Pfeilen) verdeutlicht. | 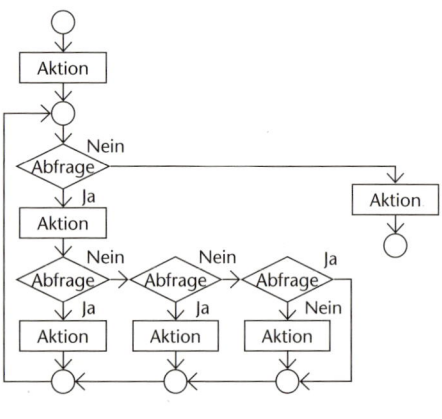 |

## 3.3 Lernstoff reduzieren und zusammenfassen

Wie bereits erwähnt, sieht sich der lernende Mensch im Studium oder in der Weiterbildung mit einer Fülle von Informationen aus Fachbüchern, Aufzeichnungen, Skripten und dergleichen konfrontiert. Um den Überblick nicht zu verlieren, ist es erforderlich, die Lerninhalte zu verdichten, d. h. sie zu reduzieren und zusammenzufassen, um sie für Wiederholungszwecke rasch zur Verfügung zu haben.

Zwei Techniken möchten wir Ihnen aus der Fülle möglicher Lerntechniken vorstellen, die es Ihnen leichter machen, den Lernstoff zu verdichten, um ihn dann abrufbar für Wiederholungen bereitzustellen:

### Texte aus Fachbüchern und Skripten zusammenfassen

**1. Schritt: Lernstoff direkt im Lehrbuch oder Skript bearbeiten**

Lesen Sie den Text und markieren Sie bestimmte Textstellen nach einem vorher selbst festgelegten Muster, z. B. rot für Definitionen, Formeln oder wichtige Leitsätze, grün für Beispiele und gelb für treffende Erläuterungen, die merkenswert sind. Versehen Sie die Ränder mit sogenannten Marginalien, d. h. mit Randnotizen, die z. B. am Beginn eines neuen Absatzes mit einem oder zwei Worten den Inhalt dieses Absatzes quasi als Überschrift wiedergeben. Machen Sie mit Bleistift Randnotizen mit folgenden Kürzeln:

| ! | wichtig, interessant | Σ | Zusammenfassung |
|---|---|---|---|
| + | gut formuliert, treffend | → | Querverweis |
| − | schlecht formuliert, falsch | D | Definition |
| ? | fraglich, verstehe ich nicht | ↻ | unklar, nochmal nachsehen |

**2. Schritt: Lernstoff direkt schriftlich verarbeiten und versuchen, ihn zu durchdringen**

Schreiben Sie wichtige Kernbegriffe heraus. Machen Sie sich zu diesen Begriffen Notizen, schreiben Sie Definitionen, Zusammenhänge und Beispiele heraus. Diese Notizen helfen Ihnen, den Text zu verstehen. Insbesondere reine Textabsätze lassen sich mit den bereits besprochenen grafischen Darstellungen strukturieren. Versuchen Sie, den Lernstoff mit eigenen Worten wiederzugeben. Die Höchstform solcher schriftlicher Notizen sind Exzerpte (Zusammenfassungen), in denen Sie höchstens 10 bis 15 % des Volumens des Fachbuchs oder des Skripts darstellen, gleichzeitig aber einen möglichst hohen Anteil der zentralen Informationen.

### Lernkartei anlegen

Die Lernkartei wurde zunächst als Lernhilfsmittel für das Vokabeltraining verwendet. Aber auch für andere Wissensdisziplinen lässt sie sich verwenden. Besorgen Sie sich zu diesem Zweck linierte Karteikarten von der Größe DIN A6 (Postkartenformat). In dieser Größe passen sie in die Jackentasche und bieten dennoch Platz genug, um auch umfangreiche Definitionen oder grafische Übersichten darauf festzuhalten. Die Karteikarte legen Sie wie in dem folgenden Beispiel an:

| Vorderseite | Rückseite |
|---|---|
| *Was sind die betrieblichen Produktionsfaktoren?* | *betriebliche Produktionsfaktoren (auch Input, Inputfaktoren) sind alle materiellen und immateriellen Mittel und Leistungen, die an der Bereitstellung von betrieblichen Leistungen mitwirken*<br><br>*Arbeit, z. B. leitende (dispositive) Arbeit, ausführende Arbeit* — *Betriebsmittel, z. B. Maschinen, Fuhrpark, Gebäude, BuG* — *Werkstoffe, z. B. Rohstoffe, Hilfsstoffe, Betriebsstoffe, Handelswaren, Zukaufteile* |

Sollte sich aus dem Inhalt der Karte die Notwendigkeit ergeben, einen dieser Begriffe genauer zu erklären, wird eine neue Karte angelegt. Wie die Lernkartei genutzt wird, erfahren Sie im nächsten Abschnitt.

## 3.4 Lernstoff lernen und wiederholen

Der so komprimierte und archivierte Lernstoff muss natürlich immer wieder so weit verfestigt werden, dass er am Tage der Prüfung abrufbar bereitsteht. Wiederholungen sind aus folgenden Gründen notwendig:

- Das im ersten Schritt erfasste Wissen wird besser gefiltert. Beim ersten Bearbeiten des Lernstoffs erscheint dem Lernenden fast alles wichtig, er kann noch nicht selektieren. Nach mehrmaligen Wiederholungen nimmt die Bedeutung des zuerst Gelernten ab, weil es nun zum „Wissensbestand" gehört.
- Der Lernstoff wird besser verstanden. Ab einem gewissen Zeitpunkt tritt nach mehrmaligen Wiederholungen eine Art „Aha-Erlebnis" auf; was vorher unklar war, wird plötzlich verstanden.
- Das Gelernte wird mit dem bisherigen Wissen vernetzt. Alles, was wir lernen, wird mehr oder weniger mit unserem bisherigen Wissen verknüpft. Wenn man sich zum Beispiel in einem Lernfeld mit den betrieblichen Produktionsfaktoren auseinandersetzt und später in einem anderen Lernfeld mit Kosten beschäftigt, fügt sich plötzlich deren Beziehung im Hinblick auf variable und fixe Kosten zusammen.
- Das gesamte Wissen wird sich zunehmend verfestigen. Somit steigt die Wahrscheinlichkeit, dass das Wiederholte behalten wird.

Nun stellt sich die Frage nach der Art der Wiederholung. Dazu sollten Sie folgende Tipps beachten:

| | |
|---|---|
| **Art der Wiederholung** | Jede Wiederholung braucht Abwechslung. Deshalb sollte die Art und Weise der Wiederholung möglichst oft gewechselt werden, z. B.<br>– das Gelernte nochmal lesen (Lernkartei, Zusammenfassungen)<br>– anderen das Gelernte vermitteln<br>– das Gelernte kritisch hinterfragen<br>– Fragen zum Lernstoff aufbauen |
| **Intervall der Wiederholung** | Hier ist zu unterscheiden zwischen dem aktuell gelernten Wissen, dem Wissen, das vor einer Woche gelernt wurde, und dem Wissen, das zur Prüfung bereitgestellt werden muss.<br>– Das aktuell gelernte Wissen sollte durch eine kurze gedankliche Überlegung wiederholt werden, z. B. was auf einer gelesenen Buchseite oder beim Ausarbeiten einer Seminarmitschrift an Wissen aufgenommen wurde.<br>– Einen Tag später sollten die Aufzeichnungen noch einmal überblickt werden, um zu sehen, an was man sich gut erinnert und was wiederholt werden muss.<br>– Das in einer Woche Gelernte sollte an einem Tag der folgenden Woche noch einmal komplett wiederholt werden.<br>– Etwa acht Wochen vor den Prüfungen sollte der relevante Stoff nach einem vorher festgelegten Wiederholungsplan systematisch wiederholt werden. |
| **Dauer der Wiederholung** | Je nachdem, um welche Form der Wiederholung es sich handelt, sollte länger oder kürzer wiederholt werden. So genügt es am Anfang, das Ganze gedanklich durchzugehen, während später eine intensivere Wiederholung stattfinden sollte. |
| **Zeit für die Wiederholungen** | Zeitlich sind keine besonderen Empfehlungen zu geben. Über die Leistungskurve wurde bereits berichtet. Sie sollten intensivere Wiederholungen dann angehen, wenn Sie ausgeruht sind, und nicht nach einem anstrengenden Arbeitstag. Andererseits: Wir alle wissen, dass wir an vielen Stellen des täglichen Lebens kleine Auszeiten haben, z. B. beim Arzt, in der U-Bahn, im Waschsalon usw. Hier kann die Lernkartei genutzt werden. Sie sollten möglichst immer ein kleines Päckchen von Lernkarten dabei und sich die Wartezeiten damit vetreiben, anhand der Lernkarten zu wiederholen: Eine gut genutzte Zeit! |
| **Umgebung für die Wiederholungen** | Grundsätzlich sollten Sie Ihre intensiven Lernzeiten an dem bereits beschriebenen Arbeitsplatz durchführen, weil Sie dort alle Unterlagen zur Hand haben, aber es empfiehlt sich, gelegentlich die Umgebung zu wechseln. Warum nicht mal im Park auf einer Bank oder in einem ruhigen Café die Unterlagen durchsehen? Wenn das Wissen dort präsent ist, wird es das auch in der Prüfung sein. |

## Lernkartei

Die Lernkartei wurde im vorigen Abschnitt schon angesprochen. Die effektive Umgehensweise damit erfordert das Einhalten von ein paar einfachen Regeln. Die Lernkartei ist ein Hilfsmittel zum systematischen Lernen von abfragbarem Wissen. Zu diesem Zweck wird auf die Vorderseite einer Karte eine Frage, ein Begriff, eine Vokabel oder eine Person geschrieben und auf der Rückseite folgt die Antwort auf die Frage, die Erklärung des Begriffs, die Übersetzung der Vokabel oder die Bedeutung der Person, mithin die Fakten, die gelernt werden sollen. Mithilfe mehrerer unterschiedlich großer Fächer, denen eine bestimmte Bedeutung zugewiesen wird, ist es möglich, eine höchst effiziente Form der Wiederholung auch von komplexen Lernstoffen zu erreichen.

Praktikabel ist ein Karteikasten für Karten der Größe DIN A6 mit einer Länge von ca. 30 cm. Benutzen Sie keine fertigen Lernkarteikästen mit Größen von DIN A5 und kleiner. Die mögen sich als Vokabeltrainer eignen. Für komplexere Lerninhalte, die für unsere Zwecke benötigt werden, eignen sie sich nicht. Außerdem sind neutrale Karteikarten und Kästen im Bürofachhandel oder Warenhaus wesentlich günstiger zu beschaffen. Sinnvoll wäre es, für jedes Studienmodul eine andere Farbe für die Karteikarten zu verwenden. Die Fächer teilen Sie mit Reitern in folgende Größen auf:

Fach 1: ca. 1 cm, Fach 2: ca. 2 cm, Fach 3: ca. 4 cm, Fach 4: ca. 8 cm, Fach 5: ca. 16 cm. Unter Umständen wird gegen Ende der Weiterbildung ein zweiter Kasten erforderlich sein.

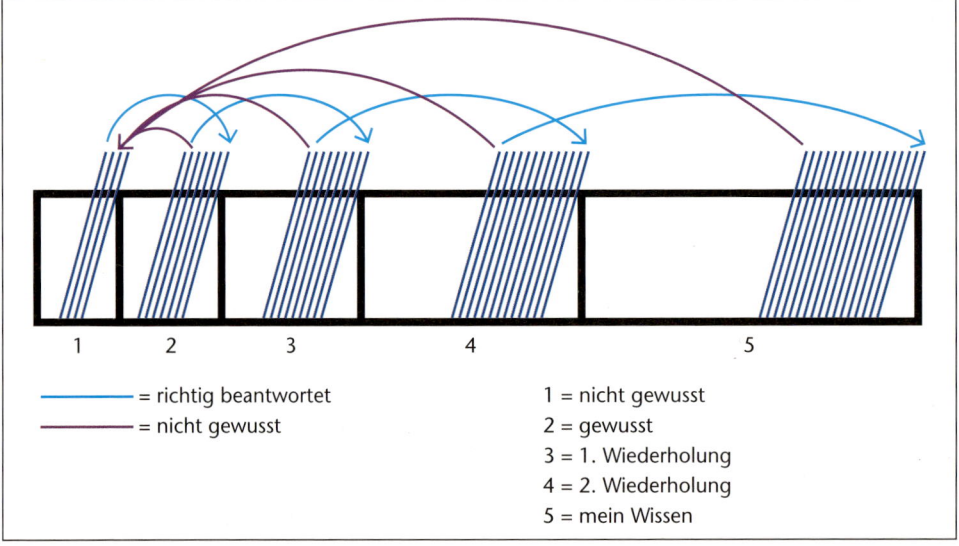

Das wiederholte Lernen bis zur Verfestigung des Lernstoffs könnte nun wie folgt ablaufen:

- Anfangs befinden sich alle Karten mit dem neuen Wissen in Fach 1. Dort werden sie nach Anfertigung abgelegt. Dieses Fach wird einmal täglich bearbeitet. Ist der Inhalt der Karte gewusst, kommt sie in Fach 2.
- Fach 2 wird einmal wöchentlich wiederholt, spätestens dann, wenn es voll ist. Ist der Karteninhalt gewusst, wandert sie in Fach 3.
- Fach 3 wird einmal im Monat wiederholt, oder wenn er voll ist. Sofern gewusst, wandert der Inhalt in Fach 4.
- Fach 4 wird einmal pro Vierteljahr abgefragt oder auch, wenn er fast voll ist. Ist die Karte auch dann gewusst, wandert sie in das letzte Fach, den „Wissenstank" (Fach 5).
- Dieser sollte mit Reitern/nach Modulen oder alphabetisch sortiert sein, damit Sie die relevanten Karten wiederfinden, wenn Sie sich systematisch auf die Prüfung vorbereiten wollen. Aber auch dieser Teil des Kastens kann nach dem Zufallsprinzip zwischendurch abgefragt werden.

Bei all diesen Stationen der Abfrage gilt: Ist eine Antwort nicht gewusst, wandert die Karte wieder in das Fach 1 zurück und muss nun wieder so oft gewusst werden, bis sie im „Wissenstank" landet.

# 4 Zeitmanagement

Es ist nicht zu wenig Zeit, die wir haben,
sondern es ist zu viel Zeit,
die wir nicht nutzen.
*Quelle: Lucius Annaeus Seneca,
römischer Philosoph und Staatsmann*

Man sollte nie so viel zu tun haben,
dass man zum Nachdenken
keine Zeit mehr hat.
*Quelle: Georg Christoph Lichtenberg,
deutscher Schriftsteller und Physiker*

Über nichts wird so häufig geklagt wie über die rasende Zeit oder die mangelnde Zeit. Dies gilt besonders für Menschen, die neben ihrer normalen Arbeit noch eine Weiterbildung anstreben oder – anders herum – für Studierende, die neben ihrem Studium noch arbeiten müssen. Zunächst müssen wir uns die Zusammenhänge klarmachen:

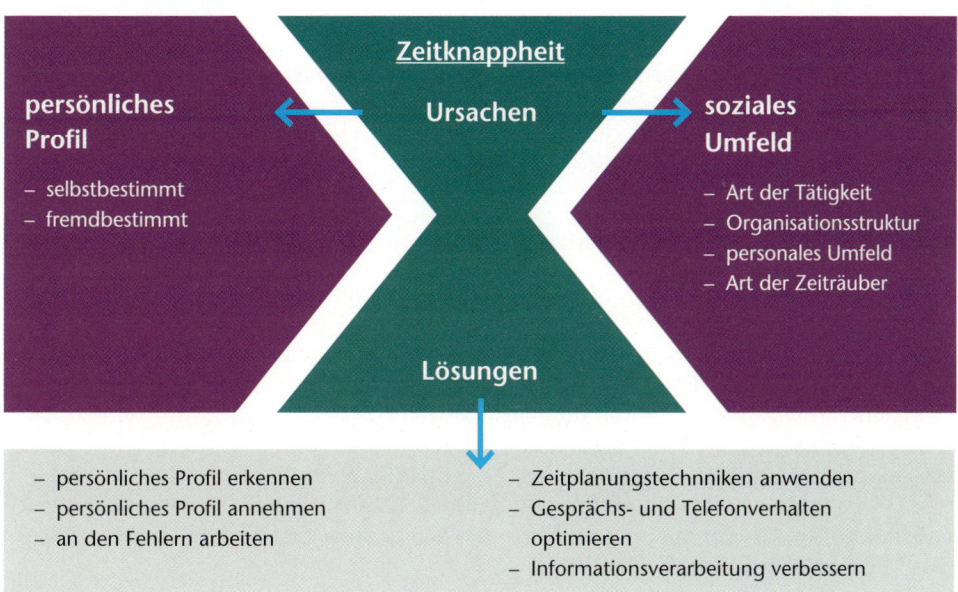

Wie zu sehen ist, ist die individuelle Zeitaufteilung abhängig von

- dem persönlichen Profil, also der Art und Weise, wie jemand geprägt ist, und was er in seinem Leben über den Gebrauch der Zeit gelernt hat,
- dem sozialen Umfeld, das dem Einzelnen mehr oder weniger Zeit gibt,
- der Art und Weise und der Effizienz der angewendeten Techniken, die mit dem Verbrauch der Zeit zu tun haben.

Die Problematik des Zeitmanagements kann hier nur angerissen werden. Wer mit der Zeit zu viele Probleme hat oder wer der Ansicht ist, die Dinge würden ihm über den Kopf wachsen, der sollte ein Zeitmanagement-Seminar besuchen, denn viele Probleme im persönlichen Zeitmanagement lassen sich bereits durch eine gute Analyse des eigenen Zeitnutzungsverhaltens lösen. Gleichwohl erhalten Sie hier eine Reihe von nützlichen Tipps rund um die Zeitnutzung.

## Das Eisenhower-Prinzip

Zunächst müssen Sie sich die Prioritäten für Ihre Vorhaben bzw. Arbeiten verdeutlichen. Dazu müssen Sie sich klarmachen, was ihnen 1. wichtig und 2. dringlich ist. Wichtigkeit und Dringlichkeit sind die beiden Komponenten, nach denen eine Prioritätensetzung erfolgt, die auf den amerikanischen Präsidenten Dwight D. Eisenhower zurückgehen soll. Dafür fertigen Sie eine Liste Ihrer zu bearbeitenden Tätigkeiten, Projekte und Vorgänge an und ordnen diese nach folgendem Schema:

|  | dringlich | nicht dringlich |
|---|---|---|
| wichtig | Aufgaben, die wichtig und gleichzeitig dringlich sind, haben die höchste Priorität, weil sie Ihnen Erfolge und Vorteile bringen. Diese Aufgaben erledigen Sie selbst, und zwar sofort. | Aufgaben, die zwar wichtig, aber im Moment noch nicht dringlich sind, sind zwar im Fokus, stehen aber noch nicht auf der Tagesordnung. Diese Aufgaben planen und erledigen Sie später ebenfalls selbst. |
| unwichtig | Aufgaben, die zwar dringend, aber nicht so wichtig sind, bringen Ihnen wenig Vorteile, sind lästig, müssen aber dennoch erledigt werden. Diese Aufgaben sollten Sie delegieren oder nachrangig erledigen. | Diese Aufgaben sind weder wichtig noch dringend und haben folglich für Sie nur geringe Bedeutung. Sie rauben Ihnen unnötig Zeit. Diese Vorgänge werden nicht erledigt. |

## Die ALPEN-Methode

Bei den meisten berufstätigen Menschen ist der tägliche Zeitablauf durch eine Reihe von Eckdaten verplant. Dazu gehören die regelmäßige Arbeitszeit, darin fest vereinbarte Gesprächstermine oder Besuche, Besuch von Weiterbildungsveranstaltungen oder Seminaren, sportliche Aktivitäten oder sonstige Freizeitaktivitäten. Gleichwohl ist es sinnvoll, eine Übersicht zu gewinnen und Ihren individuellen Zeitverbrauch zu steuern. Das erreichen Sie am besten durch eine Wochen- und Tagesplanung. Die ALPEN-Methode kann dabei helfen. Sie gehen wie folgt vor:

| A<br>Alles aufschreiben | Sie schreiben alle Aufgaben und Termine auf und ordnen diese bereits nach der vermutlichen zeitlichen Lage. |
|---|---|
| L<br>Länge schätzen | Sie schätzen die Länge dieser Aktivitäten. Das gilt für Gespräche, Telefonate, Bearbeitungen von Vorgängen oder Lernphasen. |
| P<br>Pufferzeiten reservieren | Sie planen Pufferzeiten ein. Dabei sollten Sie beachten, dass Sie nur 60 % Ihrer Zeit verplanen sollten und 40 % für Eventualfälle einplanen. Denn es gilt immer noch: „1. kommt es anders und 2. als man denkt." |

| | |
|---|---|
| **E**<br>Entscheidungen treffen | Wenn Ihr Zeitkontingent nun nicht ausreicht für das, was Sie aufgeschrieben haben, müssen Sie Entscheidungen treffen und Prioritäten setzen. Das bedeutet, Sie müssen u. U. Gesprächstermine kürzen, bestimmte Aufgaben delegieren, an unwichtigen Meetings nicht teilnehmen oder auf die geliebte Tageszeitung verzichten. |
| **N**<br>Nachkontrolle | Am Ende eines jeden Arbeitstages und am Ende einer Woche überprüfen Sie Ihren Ist-Ablauf mit dem geplanten Ablauf. Alles Unerledigte wird auf den nächsten Tag/die nächste Woche übertragen oder in eine noch zu erledigende perspektivische Aktivitätenliste übertragen. |

Hier noch einige Tipps für ihr persönliches Zeitmanagement:

- **Vermeiden Sie Unterbrechungen.** Bleiben Sie konsequent bei Ihrer aktuellen Aufgabe und sorgen Sie dafür, dass Sie dafür ungestört bleiben. Hier gilt die einfache, aber wirkungsvolle Regel: „Make it happen, do it now!", die so viel bedeutet wie „Mach, dass etwas passiert, und mach es sofort!"

- **Planen Sie ruhige Zeitblöcke ein.** Zeitmanagement bedeutet keinesfalls, dass jede Minute mit Aktivitäten verplant sein soll. Reservieren Sie sich deshalb auch stille Stunden, die Ihnen Zeit geben, über Probleme nachdenken zu können, komplizierte Vorgänge in Ruhe bearbeiten zu können oder insgesamt in Ruhe lernen zu können. Im Zweifel müssen Sie sich dazu abschirmen lassen: von Kollegen, der Sekretärin oder dem Lebenspartner. Stellen Sie dann auch das Handy ab.

- **Nutzen Sie Ihre individuelle Leistungskurve.** Legen Sie die wichtigsten und anstrengendsten Aufgaben in Ihr Leistungshoch und Routinevorgänge in Zeiträume mit geringerer Leistungsfähigkeit.

- **Halten Sie sich an Termine.** Dabei ist es unerheblich, ob Sie einen Vorgang auf Ihrem Schreibtisch erledigen, einen geschäftlichen Termin wahrnehmen oder eine Besprechung haben. Halten Sie Ihr Zeitlimit ein. Ggf. müssen Sie mit Ihren Gesprächspartnern vorher eine Zeit vereinbaren und/oder darauf hinweisen, dass Sie nach der vereinbarten Zeit gehen müssen. Denn nicht nur bei uns, auch bei anderen gilt: Zeitlimits prägen unseren Arbeitsstil.

- **Zerlegen Sie große Aufgaben in Teilaufgaben.** Gerade als Lernender sollten Sie das chinesische Sprichwort beherzigen: „Der Mann der den Berg abgetragen hat, war der gleiche, der damit angefangen hat, kleine Steine wegzuräumen." Das bedeutet, dass es sinnvoll ist, große Aufgaben oder Vorhaben in kleine Teilaufgaben zu zerteilen und diese Schritt für Schritt zu erledigen. Wer meint, er könne mit dem Lernen vier Wochen vor der Prüfung anfangen, hat nach allen Erfahrungen meist schon verloren.

- **Schieben Sie unerledigte Vorgänge oder Aufgaben nicht vor sich her.** Das hat den Vorteil, dass Sie Herr des Verfahrens bleiben. Denn wenn die Aufgabe immer dringlicher wird, sind Sie der Getriebene, der die Aufgabe unter Stress und Zeitdruck erledigen *muss*. Hier gilt die treffende chinesische Weisheit: „Auch die längste Reise beginnt mit dem ersten Schritt."

- **Belohnen Sie sich für die Erledigung besonders schwieriger Aufgaben.** Wählen Sie für jede Aufgabe, die zu beginnen Ihnen schwer fällt, eine Belohnung, die Sie wirklich motiviert und bei der die Vorfreude auf die Belohnung stärker ist als Ihre Gründe, die Aufgabe vor sich herzuschieben.

# 5 Lernmethoden und einzusetzende Lernmedien

| | |
|---|---|
| Lehrgespräch | Das Lehrgespräch ist eine der elementarsten Lernmethoden überhaupt. Der Dozent oder Ausbilder kann darin in relativ kurzer Zeit Informationen leicht verständlich übermitteln. Es sollte allerdings folgenden Anforderungen genügen:<br>– Inhalt und Umfang der vermittelten Lerninhalte müssen dem Lernvermögen der Studierenden, Schülerinnen und Schüler oder Auszubildenden entsprechen.<br>– Das Sprachniveau muss der lernenden Person angepasst sein.<br>– Das Gespräch sollte möglichst gut strukturiert sein.<br>– Das Gespräch sollte durch geeignete Medien unterstützt werden.<br>– Lehrende sollten durch Einsatz von Mimik und Gestik und einen gelegentlichen Scherz dem Aufkommen von Langeweile vorbeugen. |
| Gruppenarbeit | Zur Gruppenarbeit als Sozialform des Lernens wird im nächsten Kapitel ausführlich Stellung genommen. |
| Rollenspiel | Ein Rollenspiel ist ein Spiel, in dem die Lernenden die Rollen fiktiver Charaktere bzw. Personen übernehmen, für sich handelnd bestimmte Situationen in einer erdachten sozialen Umwelt erleben und daraus Erkenntnisse gewinnen. Erforderlich für ein gelungenes Rollenspiel sind die Fantasie der Spielenden und ein Regelwerk, welches das Spiel strukturiert und eingrenzt. Bei reglementierten Rollenspielen erfolgen zumeist Handlungsanweisungen an die einzelnen Spielenden, nach denen diese sich zu verhalten haben, wie es ihrer Rolle im Spiel entspricht. Erforderlich ist hierbei, dass eine Spielleitung die Einhaltung der Regeln kontrolliert. |
| Planspiel | Ein Planspiel ist die Simulation eines realen Handlungsfeldes mithilfe einer vereinfachten Handlungssituation. Die Lernenden schließen sich zu Gruppen zusammen und handeln in verschiedenen Spielrunden mit bestimmten Rollen und wechselnden Situationen miteinander. Das Planspiel macht bestimmte, vereinfachende Annahmen über die Umwelt, in der das Spiel stattfindet. Es sollte aber möglichst realistisch sein. Spielhandbücher geben die Ausgangssituation vor sowie die Handlungsparameter für die Spielenden.<br>Typische Planspiele sind Unternehmensplanspiele, in denen mehrere Gruppen von Lernenden (= jeweils ein Unternehmen) in einem Markt gegeneinander antreten und unternehmerische Entscheidungen fällen müssen, z. B. über Preise, Produktion, Marketing u. a. Die Auswirkungen ihrer Entscheidungen erfahren die Teilnehmer zu Beginn der neuen Runde und müssen neu entscheiden. |

| | |
|---|---|
| **Leittextmethode** | Leittexte sind schriftliche Anleitungen zum Lernen. Die Lernenden werden durch Fragen und Aufgaben zu selbstständiger Informationssuche sowie der Arbeit mit verschiedenen Materialien und Quellen angeleitet. Ziel ist es, die Selbstständigkeit und Handlungskompetenz der Lernenden zu entwickeln, denn diese müssen ihren Lernprozess selbstständig planen und die Inhalte selbstständig bearbeiten. Die Leittexte unterstützen die Lernenden dabei, die Lerninhalte in Detailschritte zu zerlegen und deren Reihenfolge zu bestimmen. Der Lehrende hat bei dieser Methode die Rolle des Beobachters, der nur dann eingreifen sollte, wenn die Lernenden nicht weiterkommen. Dann sollte „Hilfe zur Selbsthilfe" gegeben werden. |
| **CBT** | Computer Based Learning, vielfach auch als E-Learning bezeichnet, ist ein Sammelbegriff für verschiedenartige Möglichkeiten der Präsentation von Lerninhalten auf dem Computer und das Lernen mit dem Computer. Gerade heute spricht die hohe Nutzerkompetenz der nachwachsenden Generation für den Einsatz von E-Learning. Dieses lässt sich für nahezu alle Lerninhalte wie z. B. Mathematik, Sprache, betriebswirtschaftliche oder technische Probleme einsetzen. |
| **Flip-Chart** | Ein Flipchart ist ein visuelles Hilfsmittel zur grafischen Unterstützung von Referaten und Vorträgen und wirkt unterstützend bei Meetings und Gruppenarbeit. Flipchartpapier misst knapp 100 × 70 cm, ist durchschreibefest, für Filzschreiber geeignet und oben gelocht, um es auf dem Flipchartständer anzubringen. Der Lehrende schreibt mit dicken Filzstiften Stichpunkte auf, bringt Strukturzeichnungen an oder notiert Formeln. Damit unterstützt er das Lehrgespräch visuell. Beschriebene Blätter werden abgetrennt und mit Klebeband oder per Magnet an einer Leiste der Wand aufgehängt.<br>Ein großer Vorteil des Flipcharts ist, dass ein Thema interaktiv in einer Teamsitzung oder in Gruppenarbeit z. B. bei einem Brainstorming entwickelt und dokumentiert werden kann. |
| **Pinnwand** | Eine Pinnwand ist eine Weichfaser-, Hartschaum- oder Korkplatte, die seitlich von zwei Metallständern gehalten wird. Auf ihr lassen sich mit Reißwecken oder speziellen Stecknadeln Zettel mit den verschiedensten Inhalten befestigen.<br>Pinnwände werden im Lernbereich verwendet, um z. B. Lerninhalte, Gliederungen, Schaubilder, Ideen zu präsentieren oder zu ordnen.<br>Im Rahmen der Moderation spielt die Pinnwandmoderation eine wichtige Rolle. Man kann sie einsetzen, um Gruppen Arbeitsergebnisse präsentieren zu lassen, um sie als Visualisierungsfläche für größere Grafiken zu nutzen oder aber zur prozessbegleitenden Entwicklung einer Diskussion (Problem- oder Konfliktlösung), wobei Moderationskarten, die von den Teilnehmenden beschriftet werden, auf ihr befestigt und geordnet werden. |

| | |
|---|---|
| Overhead-projektor | Ein Overheadprojektor, auch als Tageslichtprojektor bezeichnet, ist ein optischer Bildwerfer, der mit Schrift und Grafik versehene, transparente Folien vergrößert auf eine Leinwand projiziert. Die Folie wird auf eine horizontale, von unten beleuchtete Arbeitsfläche gelegt. Der Spiegel und die darunter befindliche Linse sorgen dafür, dass der Vortragende ins Publikum schauen kann. Er hat den Inhalt der Folie seitenrichtig vor sich, kann ihn während der Projektion ergänzen und mit einem Stift auf wichtige Punkte hinweisen. Vielen Geräten liegen Rollenfolien-Halterungen bei, die es erlauben, fortlaufend auf dem Projektor zu schreiben und den Lehrvortrag zu protokollieren. |
| Audiovisuelle Medien | Audiovisuelle Medien sind Geräte und Materialien mit optisch und/oder akustisch vermittelten Informationen, die zu Unterrichtszwecken eingesetzt werden. Informationsträger (Medien) können beispielsweise Dias, Filme, Fernseh- und Radiosendungen (Schulfunk), Video- und Audiokassetten, CD und DVD sein.<br>Audiovisuelle Medien sind gerade für komplexe Unterrichtsinhalte sehr wirkungsvoll einzusetzen, da sie in relativ kurzer Zeit eine hohe Anzahl an Informationseinheiten vermitteln können und dabei zwei wichtige Sinne des Menschen ansprechen, das Sehen und das Hören.<br>Gleichwohl bedarf die Lerneinheit, die mit diesen Medien vermittelt wird, einer sofortigen Verfestigung, denn die Lernenden sind durch die hohe tägliche Informationsflut von Radio, TV, Lichtreklame, Plakatwerbung regelrecht „abgestumpft", und es besteht die Gefahr, dass die Bedeutung einer Lerneinheit nicht wahrgenommen wird.<br>Die Verdichtung kann in Form von vorher gestellten Fragen erfolgen, die beantwortet werden müssen, oder in Form von Zusammenfassungen geübt werden, die von den Lernenden anzufertigen sind. |

# 6 Gruppenarbeit

*Gruppenarbeit ist eine Sozialform des Lernens, in der mehrere Personen durch Interaktion den Lernprozess gemeinsam gestalten. Sie führt in der Regel zu einem gesteigerten Lernerfolg.*

Jede Gruppenarbeit weist in mehr oder weniger starker Ausprägung folgende typische Merkmale auf:

- Das Zusammengehörigkeitsgefühl der Mitglieder der Gruppe wird gestärkt.
- Den Gruppenmitgliedern sind die Funktionen und Rollen der anderen Mitglieder bekannt.
- Jedes Mitglied beeinflusst die anderen und wird von ihnen beeinflusst.
- Die Gruppenmitglieder wissen die Vorteile für die individuelle Arbeitsgestaltung zu schätzen.
- Die Gruppe gibt sich einvernehmlich ein Ziel und einen Arbeitsauftrag.
- Die Gruppe einigt sich auf die Regeln der Zusammenarbeit.
- Die Gruppe besteht aus 3 bis ca. 10 Personen (je nach Arbeitsauftrag).
- Die Gruppe legt die Dauer der Zusammenarbeit fest. Gelegentliche Treffen fallen nicht unter den Begriff Gruppenarbeit.

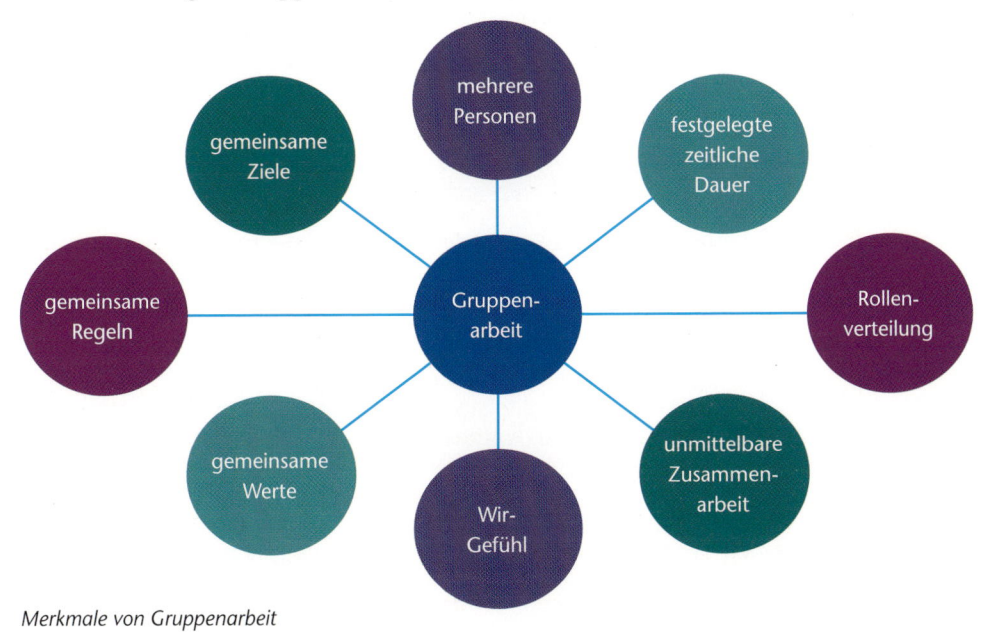

*Merkmale von Gruppenarbeit*

Wenn in Gruppen gelernt wird, steht der gemeinsame Lernprozess im Vordergrund des Interesses der einzelnen Gruppenmitglieder. Das Lernen in der Gruppe bietet jedem Gruppenmitglied die Möglichkeit, vom Wissen und den Sichtweisen der anderen Mitglieder zu profitieren, um so die eigenen Kenntnisse und Fähigkeiten zu erweitern. Eine weitere positive soziale Komponente liegt darin, dass schwächere Gruppenmitglieder „mitgezogen" werden können. Gleichzeitig können Team-, Kooperations- und Kommunikationsfähigkeit als Bestandteile der sozialen Kompetenz eingeübt werden, die ganz im Interesse der Personalentwicklung von Unternehmen liegt. Die Vorteile der Gruppenarbeit liegen auf der Hand:

### Vorteile der Gruppenarbeit

- Das Lernen in einer Gruppe ist anregender als das Lernen in Einzelarbeit und motiviert stärker.
- Jedes Gruppenmitglied bringt ein anderes Wissen, andere Ansichten oder Ideen ein. Hierdurch entsteht der Gruppenvorteil hinsichtlich Qualität und Quantität von Aufgabenlösungen.
- Die Gruppenmitglieder müssen sich und ihr Wissen untereinander austauschen. Sie teilen den anderen ihr Wissen mit, sie argumentieren und diskutieren. Dabei lernt jedes Gruppenmitglied, sich sachgerecht auszudrücken. Das ist ein unschätzbarer Vorteil für die Prüfung, weil dort sachgerechte und möglichst präzise Formulierungen erwartet werden.
- Durch die Gruppenarbeit werden Wissenslücken und Verständnisprobleme bei einzelnen Gruppenmitgliedern aufgedeckt. Der Austausch von Wissen führt dazu, dass jedes Mitglied das eigene Wissen überprüft, vervollständigt, festigt und stabilisiert.
- Gruppen bieten die Möglichkeit zum sozialen Lernen. Dabei wird Toleranz eingeübt und gelernt, mit anderen Standpunkten umzugehen und sich in Konfliktsituationen und bei Missverständnissen empathisch und sachgerecht zu verhalten.
- Die Gruppe ist in der Lage, Motivationslücken Einzelner aufzufangen und zu überbrücken.

Diesen Vorteilen stehen nur wenige Nachteile gegenüber:

### Nachteile der Gruppenarbeit

- Bei Gruppenarbeit besteht eine große Gefahr der Ablenkung, die zu Ineffizienz führt. Insbesondere bei Arbeitsgruppen, die sich keine klare Arbeitsstruktur geben, nicht nach Zeitplänen arbeiten und keine „To-do-Listen" haben, kann die regelmäßige Gruppensitzung mit der Zeit zu einem freundlichen, aber nutzlosen Treffen ausarten.
- Sofern die Gruppenmitglieder sehr heterogen in ihrer Leistung und in ihrem Wissen sind, kann der Nutzen eines starken Gruppenmitglieds verloren gehen. Wenn jemand immer nur „liefert", aber nichts erhält, kann das zu Frustrationen führen, weil der persönliche Nutzen verloren geht.

Um die Gruppenarbeit zu einem vollen Erfolg werden zu lassen und die benannten Nachteile möglichst auszuschließen, sollten folgende Voraussetzungen für eine erfolgreiche Gruppenarbeit geschaffen werden:

- Die Gruppenmitglieder sollten **Ziele** haben, die sie gemeinsam erreichen wollen. Die Bereitschaft zur Kooperation ist die wichtigste Voraussetzung, damit Gruppenarbeit überhaupt stattfinden kann. Es ist sinnvoll, diese Ziele aufzuschreiben und sie jedem Gruppenmitglied auszuhändigen.
- Die Mitglieder der Lerngruppe wollen ihre **Informationen und ihr Wissen** austauschen. Dazu ist ein Klima notwendig, in dem Akzeptanz und Vertrauen vorherrschen.
- Die **Gruppenarbeit** muss sinnvoll geplant und organisiert werden.
- Die **Gruppengröße** muss stimmen. Optimale Lerngruppen liegen bei 3–5 Personen, mehr als 6 Personen sollten es nicht sein, um die Koordination zu erleichtern, z.B. in Bezug auf die Termine, und um zu verhindern, dass sich einzelne Mitglieder nicht mehr engagieren.
- Die Gruppe sollte leistungsmäßig möglichst **homogen** zusammengesetzt sein, damit sie weder von einem starken Leistungsträger dominiert noch von einem extrem leistungsschwachen Mitglied stark gebremst wird.
- Alle Mitglieder sollten ihre **Chance** haben, Beiträge für die Gruppe zu leisten.
- Das **Arbeitspensum** sollte in Bezug auf den Umfang des Lernstoffs und das Anspruchsniveau möglichst klar und konkret festgelegt werden.

In einer Lerngruppe ist es von großer Bedeutung, dass sich die Gruppenmitglieder gegenseitig motivieren, indem sie sich immer wieder klar machen, warum ihre Zusammenarbeit wichtig ist und welche Etappenziele bereits erreicht wurden.

In jeder Gruppe und damit natürlich auch in jeder Lerngruppe können **Störungen** auftreten. Das hängt damit zusammen, dass jede Gruppenarbeit einer sogenannten Gruppendynamik unterliegt. Treten massive Störungen auf und werden diese nicht bearbeitet, kann das zum Auseinanderbrechen der Gruppe führen. Deshalb sind alle Gruppenmitglieder aufgefordert, empfundene Störungen möglichst rasch wahrzunehmen – gleichgültig, ob die Störungen bei einem Mitglied auftauchen oder bei mehreren. Solche Störungen haben Vorrang und müssen behoben werden, um anschließend eine weitere erfolgreiche Gruppenarbeit zu ermöglichen.

Typische Störungen für eine Lerngruppe können sein,
- dass ein Gruppenmitglied die anderen Mitglieder dauernd dominiert,
- dass einzelne Gruppenmitglieder nur Informationen und Wissen „abschöpfen", selbst aber nichts aus ihrem „Wissenspool" beisteuern,
- dass ursprüngliche Kooperation – aus welchen Gründen auch immer – in Konkurrenz umschlägt,
- dass es zwischen einzelnen Gruppenmitgliedern stressbedingt und aus persönlichen Gründen zu Animositäten kommt, die in Ablehnung münden.

Es gilt dann wie in allen anderen zwischenmenschlichen Bereichen auch: „Störungen haben Vorrang!" Werden sie nicht bearbeitet, führt das zu unterschwelligen Aggressionen und – wie oben bereits ausgeführt – zu einem möglichen Auseinanderfallen der Gruppe. Deshalb sollten solche Störungen, ebenso wie das allgemeine Gruppengeschehen in Bezug auf die Kooperation und die Kommunikation untereinander, thematisiert und in Form einer Meta-Kommunikation bearbeitet werden.

# 7 Grundlagen der Rede- und Präsentationstechniken

## 7.1 Statements und Präsentationen

**Statements**

*Ein Statement (Erklärung) ist eine kurze, in sich geschlossene Stellungnahme von ein bis zwei Minuten. Eine solche Erklärung ist ein Akt der Kommunikation gegenüber einer Einzelperson oder einer Gruppe, mit der ein Sachverhalt, eine Situation oder eine Absicht festgestellt oder erläutert wird. Ein Statement kann im Gegensatz zu einer Präsentation oder einem Vortrag nicht geplant werden.*

***Beispiel:*** *Ein Statement könnte z. B. im Seminar das Vertreten einer Meinung oder eines Standpunktes sein oder in der mündlichen Prüfung die Antwort auf die Frage eines Prüfers.*

Beim Training von Statements sollten folgende Regeln und Tipps beachtet werden:

- Um Statements zu üben, sollten Sie kurze, etwa eine Minute lange Beiträge geben. Hierbei hilft Ihnen die Lernkartei, aus der Sie willkürlich Karten ziehen, um dann die gestellte Frage zu beantworten oder den Sachverhalt kurz zu erklären.
- Ein Statement benötigt keine Einleitung und Begrüßung, auch keine Wertung der Fragestellung.
- Überlegen Sie kurz: Was kommt in meinem Statement vor? Was will ich sagen?
- Beachten Sie einen klaren Aufbau. Bewährt hat sich wie in der Argumentationstechnik zur Diskussion die Dreischrittmethode:
  1. Ist-Zustand kurz erläutern: Was ist gefragt? Wer hat was gesagt? Wie war die Situation?
  2. Kernaussage formulieren (Argument/Begründung/passendes Beispiel)
  3. Appell, Wiederholung, kurze Zusammenfassung
- Sie sollten frei sprechen und frei formulieren und Texte nie auswendig lernen.
- Schauen Sie die Adressaten Ihres Statements direkt an. Schaffen Sie das nicht, fixieren Sie einen Punkt direkt über dem Kopf einer Person an der Wand (vielleicht ein Bild oder ein Fenstergriff) und sprechen Sie diesen Punkt direkt an.
- Halten Sie am Schluss Ihres Statements den Blickkontakt und warten Sie die Reaktion ab.
- Üben Sie mit geschlossenen Aussagen kurze Statements und stoppen Sie die Zeit, damit Sie eine Vorstellung davon bekommen, wie lang eine Minute ist.
- Beim Statement selbst wie bei jeder öffentlichen Rede gilt: ruhig sprechen, Pausen zulassen und halten, eine bildhafte Sprache wählen, im Verlauf des Statements nicht schneller sprechen.

## Präsentationen

*Eine Präsentation ist allgemein eine Darstellung von Wissensinhalten, Gegenständen, Produkten, Ergebnissen anhand vorwiegend optischer Medien.*

Sie sollten folgende Tipps beachten, wenn Sie sich auf eine Präsentation vorbereiten:

- **Hoher Kenntnisstand**
  Sie sollten sich in dem Wissensgebiet oder in dem betrieblichen Teilgebiet, das Sie präsentieren wollen, sicher fühlen und möglichst doppelt soviel von dem wissen, was Sie präsentieren bzw. vermitteln wollen.

- **Körperhaltung und Stimme**
  Halten Sie Ihre Präsentation in stehender Position. So „beherrschen" Sie Ihr Auditorium. Gleiches gilt für den klaren Blick und die direkte Ansprache. Reden Sie mit deutlicher Stimme und möglichst mit kurzen Sätzen. Machen Sie Pausen, damit die Teilnehmer die Inhalte der Folien wahrnehmen können. Wenden Sie dem Publikum auch nicht den Rücken zu, um auf die Projektionswand zu sehen, sondern halten Sie Blickkontakt zum Publikum. Um zu sehen, was aktuell an der Wand ist, haben Sie Ihren Laptop, auf dem der gleiche Folieninhalt abgebildet ist.

- **Wiederholtes Training**
  Jeder Schauspieler hat etliche Proben, bevor die Premiere kommt. Deshalb gilt: Wenn es ein sehr wichtiger Vortrag ist, suchen Sie sich vorher einige Leute, denen Sie Ihre Präsentation vortragen. Wenn das nicht möglich ist, halten Sie die Präsentation vor einem großen Spiegel, um sich zu kontrollieren und ggf. korrigieren zu können. So werden Sie nicht ins Stocken geraten und haben eine ungefähre Vorstellung von der Dauer Ihrer Präsentation.

- **KISS**
  Das ist die Abkürzung für „Keep it short and simple!", was so viel heißt wie: Halten Sie Ihre Präsentationsfolien kurz und einfach! Denn Ihre Zuhörer sind auch Zuschauer und müssen Ihre Folien möglichst rasch lesen und verstehen können.

- **Wenig Inhalte auf eine Folie**
  Sie sollten auf Ihren Folien möglichst wenig Text, dafür logische Überschriften und einen klaren Aufbau haben. Als Faustregel gilt: Bei Aufzählungen – und die meisten Folien bestehen aus Aufzählungen – sollten Sie nicht mehr als sieben Stichpunkte auf eine Folie bringen. Bringen Sie außerdem nichts auf die Folie, was Sie nicht ansprechen wollen, denn das stiftet Verwirrung.

- **Etwas Unterhaltung kann nicht schaden**
  Würzen Sie Ihre Präsentation mit kleinen Demos, Cartoons und grafischen Darstellungen. Diese sind nach dem Motto „Ein Bild sagt mehr als tausend Worte!" besser in der Lage, selbst komplexe Zusammenhänge verständlich darzustellen.

- **Eisbär in der Arktis**
  Denken Sie immer daran, dass die Folien auch in der letzten Reihe des Vortragsraums noch gelesen werden müssen. Der Eisbär hat ein weißes Fell, weil weiß eine Tarnfarbe ist. Sie sollten vermeiden, z. B. gelbe Schrift auf orangem Grund zu produzieren. Das sieht auf dem Bildschirm Ihres Rechners vielleicht schön aus, ist für die Folie aber völlig falsch: Achten Sie auf eine kontrastreiche Farbzusammensetzung (z. B. dunkelblau auf cremefarbenem Hintergrund), auf große Schrifttypen sowie eine angenehm

zu lesende Schriftart. Bleiben Sie bei der Schriftart, fügen Sie bei Bedarf eine zweite hinzu und variieren Sie allenfalls die Schriftgrößen. Eine Präsentation wirkt seriöser und professioneller, wenn ein einheitliches Design mit wenigen Gestaltungsmerkmalen erkennbar ist.

- **Wenige, aber gute Folien**
  Seien Sie sparsam mit der Anzahl der Folien, denn ab 24 Folien pro Sekunde ergibt sich ein Film. Folien sollen den Vortrag nur ergänzen, nicht ersetzen. Im Idealfall sind auf den Folien nur ergänzende Informationen (Inhaltsverzeichnis, Aufzählungen, Bilder, Beispiele, Cartoons, Tabellen, kurze Demos usw.), die der Redner einsetzt, um seinen Vortrag zu unterstützen. Im ungünstigsten Fall sind auf der Folie ganze Textpassagen untergebracht, die der Vortragende dann auch noch vorliest. Präsentieren Sie im Durchschnitt nie mehr als eine Folie pro 3 Minuten Redezeit. Dann haben Sie etwa 20 Folien pro Stunde Vortrag.

- **Bauen Sie Pausen ein**
  Anfänger in der Kunst der Rhetorik fürchten sich vor allem vor Pausen. Das hat zwei fatale Auswirkungen: 1. reden Sie ununterbrochen und 2. werden Sie immer schneller. Merken Sie sich: Nur eine langsame, deutliche Sprache wird von den Zuhörern wahrgenommen und verstanden. Nur Folien, für die gerade am Anfang eine gewisse Verweildauer für die Augen gelassen wird, entfalten ihre volle Wirkung, denn Ihr Publikum hört und sieht diese Präsentation zum ersten Mal und hat wesentlich weniger Kenntnis vom Thema als Sie. Sie müssen dem Publikum also genügend Zeit zum Verstehen geben.

- **Bereiten Sie sich technisch vor**
  Das bedeutet, möglichst früh vor Ort sein, um die technische Ausstattung zu testen, denn in den ersten 10 Minuten Ihrer Präsentation widmen Ihnen die Zuhörer die höchste Aufmerksamkeit, und die sollte sich nicht auf abgestürzte Rechner, nicht funktionierende Beamer oder fehlende Kabel richten. Sorgen Sie für ein Flipchart oder Whiteboard mit den geeigneten Stiften, um spontan zusätzlich etwas erläutern zu können.

- **Gliederung**
  Bevor Sie mit der ersten Folie beginnen, sollten Sie Ihren Vortrag so gut gegliedert haben, dass sich aus der Gliederung sozusagen automatisch die Anzahl und die Themenstellung der einzelnen Folien ergibt. Sie beginnen am besten mit einer Titelfolie, die das Thema nennt, dann geben Sie eine Übersicht über Ihren Vortrag, dann folgt eine Motivationsfolie, die die Zuhörer neugierig macht, und dann folgen die einzelnen Inhaltsfolien. Zum Schluss präsentieren Sie eine Zusammenfassung.

- **Nutzen Sie Moderatorenkarten**
  Im Fernsehen sieht man häufig, dass der Moderator eine Reihe von Karten in der Hand hält, auf denen Ablauf, Ideen oder Inhalte vermerkt sind. Nutzen Sie solche Karten für Ihren Vortrag, das macht Sie freier in der Rede und bindet Sie nicht zu stark an die Folie auf Ihrem Laptop. Außerdem: Wir hatten bereits festgestellt, dass Sie mehr vortragen können und sollen, als auf einer Folie verzeichnet ist.

Grundlagen der Rede- und Präsentationstechniken

## 7.2 Zielgruppengerechte Manuskripte

*Unter einem Manuskript (aus dem Lateinischen: manu scriptum = von Hand Geschriebenes) versteht man umgangssprachlich einen Text für eine Rede, eine Präsentation oder einen Bericht. Im Verlagswesen ist ein Manuskript eine maschinenschriftliche Druckvorlage für einen Zeitungsartikel oder ein Buch.*

Jemand, der ein Manuskript erstellen will, sei es der Autor eines Fachbuches, ein Zeitungsredakteur, ein Mitarbeiter eines Unternehmens oder ein Lernender, der sich auf einen Vortrag oder eine Präsentation vorbereitet, muss dies immer unter Berücksichtigung der Zielgruppe tun, für die er seinen Text schreibt. Für die Erarbeitung eines Manuskriptes haben sich folgende Arbeitsschritte bewährt:

| | | | |
|---|---|---|---|
| Zielgruppen-analyse | Stellen Sie sich zu Beginn Ihrer Arbeit folgende Fragen:<br>– Wie ist das Publikum/die Zielgruppe zusammengesetzt? Ist es eher homogen oder heterogen hinsichtlich der Altersstruktur, der Vorbildung, der hierarchischen Zugehörigkeit und anderer Kriterien?<br>– Was sind die Erwartungen der Zielgruppe?<br>– Was soll durch den Vortrag erreicht werden?<br>– Welche Inhalte sollten folglich vermittelt werden? | | |
| Zielsetzung | Formulieren Sie das Ziel des Vortrages und fixieren Sie es schriftlich, damit Sie es während der einzelnen Phasen der Vorbereitung immer wieder kontrollieren können und somit nicht aus den Augen verlieren. | | |
| Informationen sammeln, sichten und auswählen | – Sammeln Sie möglichst viele Informationen (Texte, Zahlen, Grafiken, Diagramme) zum Thema Ihres Vortrages. Dabei hilft Ihnen das Internet ebenso wie Bibliotheken und Handbücher oder Lexika.<br>– Nachdem Sie Ihr Material gesichtet haben, wählen Sie das Material aus, das Ihre eingangs formulierte Zielsetzung am besten unterstützt.<br>– Sortieren Sie das Material nach Inhalten mit Kernaussagen und Inhalten mit Hintergrundinformationen zur Erläuterung der Kernaussagen.<br>– Das vorliegende Material muss gewichtet werden. Die Gewichtung ist davon abhängig, welche Schwerpunkte Sie in Ihrem Vortrag ansprechen wollen. Haben Sie bei all diesen Schritten immer die Zielsetzung im Auge! | | |
| Manuskript formulieren und gestalten | Formulieren Sie Ihren Vortrag mit den Kernaussagen und Hintergrundinformationen so, dass dem Publikum das Verständnis leicht fällt. Beachten Sie, dass Sie Kernaussagen durch Visualisierungen unterstützen. | | |
| Gliederung/ Inhaltsverzeichnis | Sie sollten an dieser Stelle eine erste Gliederung Ihres Manuskriptes vornehmen. Die klassische Gliederung sieht wie folgt aus: | | |
| | Einleitung | – Begrüßung und Vorstellung<br>– Titel des Vortrages<br>– Ziel des Vortrages<br>– Hinleitung zum Hauptteil | |
| | Hauptteil | Formulierung der Kernthesen mit den jeweiligen Begründungen und Hintergrundinformationen | |
| | Schluss | – Zusammenfassen der wichtigsten Aussagen<br>– Dankesformel für die entgegengebrachte Aufmerksamkeit<br>– Überleitung zu offenen Fragen und Diskussion | |

| Struktur und Aufbereitung der Präsentation | – Wie ist die Präsentation strukturiert? <br> – Wie sind die Unterlagen zu gestalten? <br> – Welche Handouts sollen für die Teilnehmer vorbereitet werden? <br> – Welche Software/Hardware wird eingesetzt? |
|---|---|

## 7.3 Diskussionstechniken

*Eine Diskussion ist entweder ein Gespräch zwischen zwei (= Dialog) oder mehreren Diskutanten, in dem ein vorher definiertes Thema besprochen wird, indem jede Seite ihre Argumente mehr oder weniger vehement vorträgt. Diskussionen sind ein normaler Teil der zwischenmenschlichen Kommunikation. Der Zweck einer Diskussion besteht nicht zwangsläufig darin, sein Gegenüber von seinem Standpunkt zu überzeugen.*

Bei der Diskussion kommen verschiedene Standpunkte zu einem Thema zum Tragen. Diskutieren heißt, ein Thema zu erörtern, zu untersuchen oder besprechend zu erwägen. Dabei werden verschiedene Sichtweisen zu einer Sache ausgetauscht. Diskussionen können mit oder ohne Moderator erfolgen. Bei größeren Gruppen sind Moderatoren empfehlenswert, da es den Beteiligten oft schwerfällt, die klassischen Regeln für eine Diskussion zu beachten.

Es werden gemeinhin folgende Diskussionsarten unterschieden:

| Diskussionsart | Zweck | Ergebnis |
|---|---|---|
| Problemlösungsdiskussion | Bei auftretenden technischen, ökonomischen, politischen oder anderen Problemen treten die verschiedenen Fachleute oder Beteiligten zusammen und tauschen ihre Meinungen mit dem Ziel aus, das Problem zu lösen. | Die Gruppe findet eine optimale oder suboptimale Lösung. In jedem Fall ist diese besser als die Lösung einer einzigen Person. |
| Klärungsdiskussion | In dieser Diskussion werden unterschiedliche Meinungen und Erfahrungen ausgetauscht, zum Beispiel unter Wissenschaftlern. | Ein Konsens über die Lage oder das Objekt ist denkbar, aber nicht erforderlich. |
| Streitgespräch/ Disput | Hier werden unterschiedliche Meinungen zu einem kontroversen Thema hart vertreten. Es geht um die Meinungsbildung. Jeder Teilnehmer versucht, die anderen zu überzeugen. Aufgrund der Form der Diskussion wird auch gerne von einem Round-table-Gespräch gesprochen. | Am Ende eines Disputs oder einer Debatte steht die beidseitige Erkenntnis, dass verschiedene Meinungen herrschen (offener Dissens). Die unterschiedlichen Meinungsäußerungen wirken sich allenfalls auf die Meinungsbildung der Zuhörer aus. |
| Kampfdiskussion/ Debatte | In der Kampfdiskussion werden die extremen Positionen reduziert und damit wird polarisiert. Häufig werden bei solchen Debatten die Meinungen quasi durch „Anwälte" bzw. Wortführer vertreten, die in die „Arena" geschickt werden. Für das Publikum sind die vehement vorgetragenen Meinungsäußerungen spannend und unterhaltend. | |

Grundlagen der Rede- und Präsentationstechniken | 45

**Auf eine Diskussion bereiten Sie sich am besten wie folgt vor:**

- Verschaffen Sie sich Klarheit über die vier W-Fragen: Was ist das zentrale Thema? Wer nimmt teil? Wie lange dauert die Diskussion? Wann und wo findet die Diskussion statt?
- Sie sollten eigene Kernaussagen verschiedener Art und Weise vorbereiten, z. B. anhand von Vergleichen, Analogien, Zahlen, Zitaten, Sprüchen, Geschichten usw.
- Erstellen Sie sich eine Mindmap zum Thema, dann erkennen Sie leichter alle Aspekte, die möglicherweise angesprochen werden.
- Bereiten Sie Karteikarten mit wichtigen Informationen und Fakten vor, damit Sie diese in der Diskussion zur Verfügung haben.
- Sie sollten sich auf Gegenargumente einstellen und diese vorwegnehmen. Eine gute Technik dafür ist eine Pro- und Contra-Argumenteliste.
- Versetzen Sie sich in die Rolle Ihres Gegenübers. Das erweitert Ihren Horizont.
- Sie sollten, je nach Wichtigkeit der Diskussion für Sie selbst, mit einem Bekannten üben.

**So diskutieren Sie erfolgreich:**

- Bringen Sie das Hauptargument möglichst rasch ein. Verwenden Sie eine bildhafte und konkrete, allgemein verständliche Sprache. Ihr Argument muss sich bei Ihren Zuhörern „festsetzen". Sie können sich später immer wieder auf dieses Bild berufen und es wieder beleben.
- Wiederholen Sie die wichtigste Kernbotschaft immer wieder, möglichst in Variationen.
- Bringen Sie kurze und möglichst lebendige Meinungsäußerungen. Wer so spricht, wird mehr berücksichtigt. Langatmige Redner wirken langweilig.
- Warten Sie nicht, bis Sie an die Reihe kommen oder bis man Ihnen Raum gibt: Das wird selten oder gar nicht passieren! Greifen Sie also aktiv in die Diskussion ein, melden Sie sich rasch, um Ihren Standpunkt vortragen zu können.
- Vermeiden Sie umständliche Anfangs- oder Einstiegsfloskeln. Kommen Sie gleich zum Kern Ihrer Aussagen.
- Sofern Sie unterbrochen werden, wehren Sie sich, indem Sie freundlich, aber bestimmt sagen: „Lassen Sie mich bitte meinen Gedanken zu Ende bringen!"
- Lassen Sie andere im Gegenzug ausreden, weisen Sie allerdings Langredner auf ihr Verhalten hin oder reklamieren dies beim Diskussionsleiter.
- Zeigen Sie Verständnis für die Sichtweise anderer Diskussionspartner und hören Sie ihnen ruhig zu.
- Bleiben Sie in der Sache hart. Greifen Sie immer das Argument an, nie die Person.
- Entlarven Sie schwache Argumente und kommen Sie immer wieder auf diese Schwäche zurück.

- Beobachten Sie die Teilnehmer der Diskussionsrunde und ihre Reaktionen aufmerksam. Häufig drücken diese durch Ihre Mimik und Gestik eine „Meinung" aus, selbst wenn sie nicht reden.

- Lassen Sie sich nicht von Ihren Kernaussagen und Ihren Hauptargumenten abbringen. Kehren Sie also immer wieder zu Ihrem „roten Faden" zurück. Das gilt vor allem dann, wenn Diskussionsteilnehmer auf „Nebenschauplätze" ausweichen wollen, weil ihnen die Argumente ausgehen.

- Bleiben Sie natürlich, diskutieren Sie offen und ehrlich.

- Lassen Sie auch Emotionen zu, die Teilnehmer nehmen Ihnen dann Ihre Meinung eher ab, weil sie merken, dass das Thema Sie berührt. Wenn Sie Ihre Emotionen unterdrücken, wirken Sie technokratisch, das macht keinen guten Eindruck.

# Modul 1
# Volks- und Betriebswirtschaft

1. Volkswirtschaftliche Grundlagen
2. Betriebliche Funktionen und deren Zusammenwirken
3. Existenzgründung und Unternehmensrechtsformen
4. Unternehmenszusammenschlüsse

# 1 Volkswirtschaftliche Grundlagen

## Einführungsexkurs: Volkswirtschaftliche Grundbegriffe

Vor dem eigentlichen Beginn des Kapitels „Volkswirtschaftliche Grundlagen" im Modul VWL/BWL werden nachfolgend zunächst die wichtigsten Grundbegriffe der Volkswirtschaft erklärt, ohne deren Kenntnis ein tieferes Verständnis der nach folgenden Inhalte nicht so leicht fallen würde.

Ein Mensch, befragt, warum er jeden Morgen aufsteht und zur Arbeit geht, sagt: „Ich lebe, um zu arbeiten." Ein anderer wiederum, nach seiner Meinung befragt, behauptet von sich: „Ich arbeite, um zu leben."

Beide Personen sind, wie viele andere Millionen Menschen auch, in ein arbeitsteiliges System eingebunden und tragen mit ihrer Arbeit zur Herstellung von Gütern und Dienstleistungen bei. Beide Personen sind andererseits aber auch Individuen mit zum Teil völlig unterschiedlichen Wünschen, die sie sich erfüllen möchten.

Aus welchem Grund auch immer Menschen zur Arbeit gehen, sie bewegen weltweit täglich Millionen von Tonnen Waren: Sie stellen sie her, transportieren sie, verkaufen sie an die Konsumenten. Dabei werden sie von Rechtsanwälten, Steuerberatern und anderen Dienstleistungsunternehmen unterstützt, die ihnen mit Rat und Tat zur Seite stehen.

### I Bedürfnisse

Grundlage jeder wirtschaftlichen Aktivität sind Bedürfnisse der Menschen. Sie sind die Grundlage menschlichen Handelns. Der Mensch hat Bedürfnisse wie z. B. das Bedürfnis nach Nahrung oder Schlaf, die für einen begrenzten Zeitraum befriedigt werden können. Der Wunsch des Menschen nach sozialer Anerkennung oder Sicherheit kann jedoch nicht endgültig gestillt werden. Die Bedürfnisse des Menschen sind unbegrenzt. Andererseits sind die Mittel zur Befriedigung der Bedürfnisse – die Güter, die den Menschen zur Verfügung stehen – begrenzt. Dieses Spannungsverhältnis zwischen unbegrenzten Bedürfnissen und knappen Gütern bildet die Ursache des wirtschaftlichen Handelns.

*Ein Bedürfnis wird vom Menschen als Mangel empfunden, und je nach Dringlichkeit strebt der Einzelne danach, dieses Bedürfnis zu befriedigen und damit den Mangelzustand zu beseitigen.*

**Beispiele:** *Wer Durst hat, will etwas trinken; wer Hunger hat, will essen; wer etwas über Politik wissen will, muss sich eine Zeitung kaufen oder den Fernseher anschalten. Wer sich kulturell weiterentwickeln will, besucht ein Konzert, eine Ausstellung oder eine Theateraufführung. Wer einen starken Bewegungsdrang hat, betreibt eine oder mehrere Sportarten.*

Bereits diese kleine Auswahl lässt ahnen, dass die Befürfnisse der Menschen sehr unterschiedlich sind. Hinzu kommt, dass auch jeder Mensch eine andere Vorstellung davon hat, wie sein konkretes Bedürfnis zu befriedigen ist. So kann jemand seinen Hunger ebenso durch eine Bratwurst stillen wie durch ein Seezungenfilet, ein Politikinteressierter schaut lieber abends die „Tagesthemen" an als morgens in die „Bildzeitung".

- Bedürfnisse sind in qualitativer und quantitativer Hinsicht wandelbar: Wer als Schüler noch für Leberwurst schwärmte, hat bei einem späteren hohen Einkommen vielleicht eine Vorliebe für geräucherten Lachs zum Frühstück entwickelt.

- Bedürfnisse sind hinsichtlich ihrer Dringlichkeit individuell verschieden: Während ein Gourmet stärker den Speisen und Getränken zugewandt lebt, verbringt ein Sportler den größten Teil seiner Zeit mit dem Training; Essen hat für ihn als Kalorienzufuhr eine andere Bedeutung als für einen hungernden Bettler.

- Bedürfnisse in ihrer Bedeutung für den einzelnen Menschen sind ferner von verschiedenen Umweltbedingungen abhängig. So stellt für den Mitteleuropäer eine Klimaanlage im Auto einen Luxus dar, für jemanden, der in den USA in einer Wüste lebt, ist so eine Einrichtung existenziell notwendig.

Zwischen den individuellen Bedürfnissen einer Person und den Kollektivbedürfnissen einer Gesellschaft können Konflikte entstehen: Während Individualbedürfnisse auf den Vorstellungen des einzelnen Menschen vom Leben beruhen, richten sich die Kollektivbedürfnisse vorwiegend auf Güter, die nur von der Gesellschaft zur Verfügung gestellt werden können, weil die Herstellung dieser Güter und Dienstleistungen von einer einzelnen Person nicht erbracht werden kann (z. B. Schulausbildung).

## II  Bedürfnis – Bedarf – Nachfrage

Für den Psychologen spielt beim Verständnis eines Menschen die ganze Bandbreite von Motiven und Bedürfnissen eine Rolle. Ein Volkswirtschaftler interessiert sich seiner Aufgabe gemäß nur für die Befürfnisse, die sich auf Güter oder Dienstleistungen richten (materielle Bedürfnisse).

Die zur Befriedigung der Bedürfnisse notwendigen Güter stehen bis auf wenige Ausnahmen (Sonnenlicht, Luft) allerdings nicht unbegrenzt zur Verfügung. Das ökonomische Interesse richtet sich deshalb auf jene Güter, mit denen Menschen wirtschaften müssen. Solche Güter werden als wirtschaftliche Güter bezeichnet.

> **Kennzeichen wirtschaftlicher Güter:**
> - Sie dienen der Bedürfnisbefriedigung.
> - Bei ihrer Produktion entstehen Kosten.
> - Sie sind begehrt und werden nachgefragt.
> - Sie sind marktfähig und haben einen Preis.

Der Mensch kann nur einen bestimmten Teil seiner Bedürfnisse befriedigen. Dieser Rahmen wird primär durch seine persönliche Leistungsbereitschaft, seine Leistungsfähigkeit und seine verfügbaren Mittel (z. B. Einkommen) bestimmt.

*Als Bedarf wird nur der Teil der Bedürfnisse bezeichnet, den der Mensch mit den ihm zur Verfügung stehenden Mitteln befriedigen kann.*

Den Teil des Bedarfs, der – mit Kaufkraft ausgestattet – am Markt wirksam wird, bezeichnen wir als Nachfrage nach Gütern. Setzt ein Mensch in seiner Freizeit Arbeitskraft ein, um Bedürfnisse zu befriedigen, spricht man von Eigenleistung. Die Bedarfsdeckung des einzelnen Menschen kann durch Nachfrage nach Gütern und/oder Eigenleistungen erfolgen.

*Als Nachfrage wird der durch Kaufkraft unterlegte, am Markt wirksame Teil der Bedarfsdeckung bezeichnet. Die Nachfrage kann nur wirksam werden, wenn ihr am Markt ein entsprechendes Angebot an Gütern gegenübersteht. Durch diesen Vorgang werden marktfähige Güter zu Waren.*

## III Güter

Güter sind alle Mittel, die der Bedürfnisbefriedigung dienen. Dabei ist es unwesentlich, ob die Güter der Bedürfnisbefriedigung unmittelbar (z. B. ein belegtes Brötchen gegen den Hunger) oder mittelbar dienen (z. B. der Backofen, in dem das Brötchen gebacken wurde).

Die verwirrende Vielfalt von Gütern bedarf aus Sicht des Ökonomen jedoch einer Klassifizierung, um z. B. Warenstatistiken über Nachfrageveränderungen oder Preisentwicklungen anzufertigen oder zu interpretieren.

Aus wirtschaftlicher Sicht ist zunächst folgende Unterscheidung geboten:

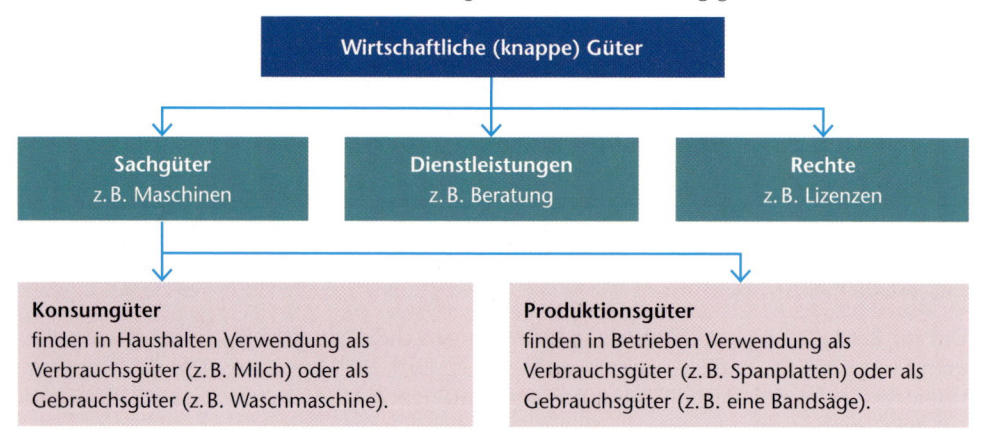

```
                    Wirtschaftliche (knappe) Güter
                                │
        ┌───────────────────────┼───────────────────────┐
        ▼                       ▼                       ▼
    Sachgüter             Dienstleistungen            Rechte
   z. B. Maschinen         z. B. Beratung          z. B. Lizenzen
        │                                                
   ┌────┴─────┐                                          
   ▼          ▼                                          
```

**Konsumgüter**
finden in Haushalten Verwendung als Verbrauchsgüter (z. B. Milch) oder als Gebrauchsgüter (z. B. Waschmaschine).

**Produktionsgüter**
finden in Betrieben Verwendung als Verbrauchsgüter (z. B. Spanplatten) oder als Gebrauchsgüter (z. B. eine Bandsäge).

In der volkswirtschaftlichen Betrachtung kommt es nicht auf die absolute Anzahl der verschiedenen Güterarten an, sondern darauf, welche Beziehungen zwischen den einzelnen Gütern bestehen und ob diese miteinander vergleichbar sind. Diese Unterscheidung spielt eine wichtige Rolle bei der Untersuchung von Angebot und Nachfrage nach diesen Gütern.

Nach den Beziehungen zwischen den Gütern werden unterschieden

- **Substitutionsgüter**, die sich gegenseitig ersetzen können und somit alternativ eingesetzt werden, z. B. Gas und Öl als Energieträger;
- **komplementäre Güter**, die sich gegenseitig ergänzen. Sie können nur zusammen nachgefragt oder hergestellt werden und sind deshalb in der Nachfrage oder im Angebot verbunden, z. B. CD-Player und CD.

Hinsichtlich der Vergleichbarkeit werden unterschieden

- **homogene Güter**, wenn zwischen ihnen aus Sicht des Verbrauchers keinerlei Unterschiede bestehen, z. B. genormte Schrauben, Mehl Type 405.
- **heterogene Güter**, die nach Qualität und Ausstattung mehr oder weniger große Unterschiede aufweisen, z. B. Pkw einer bestimmten Größenklasse.

## IV Ökonomisches Prinzip

Wie gesehen, verdankt die Wirtschaft ihre Entstehung offensichtlich einer mengenmäßigen Beziehung:
- der Unbegrenztheit menschlicher Bedürfnisse und
- der Knappheit der Güter andererseits.

Daraus ergibt sich folgender Zielkonflikt: Die Bedürfnisse und Erwartungen der Wirtschaftssubjekte, damit sind die Haushalte und Betriebe gemeint, sind nahezu unbegrenzt.

- Menschen müssen Wahlentscheidungen treffen zugunsten einer weitgehenden Bedürfnisbefriedigung. Sie streben mit den Gütern einen möglichst hohen Nutzen an.
- Die Betriebe müssen für die Produktion von Gütern Arbeitskraft, Maschinen und Werkstoffe einsetzen. Sie treten damit als Nachfrager von Gütern auf und streben nach dem maximalen Gewinn oder einer optimalen Bedarfsdeckung.

Andererseits sind die auf der Erde vorhandenen Güter knapp. Dies zeigt sich sich in zweifacher Hinsicht:

- Absolut knapp sind Güter, die sich nicht mehr reproduzieren lassen (z. B. Rohstoffreserven).
- Relativ knapp sind Güter, die wieder hergestellt werden können. Dabei werden jedoch Kosten verursacht und diese Güter haben folglich einen Preis.

Die Lösung dieses Dilemmas liegt für Haushalt und Betriebe im Handeln nach dem ökonomischen Prinzip (Wirtschaftlichkeitsprinzip). Dieses Prinzip tritt in zwei Formen auf:

### Maximalprinzip

Die Beteiligten versuchen, mit gegebenen Mitteln einen möglichst großen (maximalen) Erfolg zu erzielen:

- Haushalte versuchen, mit gegebenem Einkommen die Güter zu kaufen, die einen großen Nutzen versprechen (Nutzenmaximierung).
- Betriebe setzen vorhandene Mittel so ein, dass der erzielbare Gewinn möglichst hoch ist (Gewinnmaximierung).

### Minimalprinzip

Die Beteiligten versuchen, einen vorgegebenen Erfolg mit möglichst geringen (minimalen) Mitteln zu erreichen.

- Haushalte kaufen die benötigten Güter nach Preisvergleichen bei den preisgünstigsten Anbietern (Ausgabenminimierung).
- Betriebe versuchen, einen geplanten Gewinn mit möglichst geringen Kosten zu erzielen (Kostenminimierung).

## V  Arbeitsteilung

*Arbeitsteilung ist die Auflösung von Arbeit in Teilverrichtungen, die von verschiedenen Personen oder Wirtschaftseinheiten ausgeführt werden. Das Gegenteil der Arbeitsteilung ist die vollständige Selbstversorgung einer einzelnen Person (Autarkie).*

In geringem Maße hat der Mensch immer arbeitsteilig gewirtschaftet, d. h., bestimmte Personen waren auf bestimmte Tätigkeiten spezialisiert (Jäger und Sammler). Die rasante wirtschaftliche Entwicklung der Industrialisierung im 19. Jahrhundert war nur durch die verstärkte Arbeitsteilung möglich. Erstmals wurden nicht nur verschiedene Produkte arbeitsteilig hergestellt, sondern die Produktion eines Gutes wurde in einzelne Arbeitsschritte aufgeteilt, die durch unterschiedliche Personen durchgeführt werden. Damit konnten diese Personen sich spezialisieren, sodass die Produktion deutlich gesteigert werden konnte. Sofern in einer Gesellschaft alle Menschen die Tätigkeiten verrichten würden, die notwendig sind, um sich selbst zu versorgen, würde die Summe der hergestellten Güter und Leistungen nur ein Bruchteil dessen darstellen, was die Gesellschaft insgesamt an Leistungen erbringen kann, wenn sie die Arbeit nach den Fähigkeiten und Neigungen der einzelnen Mitglieder dieser Gemeinschaft aufteilen würde.

Das ökonomische Prinzip verlangt geradezu eine Arbeitsteilung, um bei gleicher Arbeitsleistung einen höheren Ertrag zu erzielen. Allerdings setzt die Arbeitsteilung immer die Tauschwirtschaft voraus, damit die verschiedenen Leistungen der einzelnen Menschen gegeneinander ausgetauscht werden können.

**Beispiel:** *Ein Bauer baut Weizen an, der Müller mahlt den Weizen zu Mehl, aus dem der Bäcker wiederum Brot backt. In der Selbstversorgung müsste ein Mensch alle diese Tätigkeiten alleine ausführen, um das Brot zu erhalten.*

### Arten der Arbeitsteilung

- Die **familiäre Arbeitsteilung** ist die ursprünglichste Form der Arbeitsteilung. Sie fand in der Rollenverteilung zwischen Mann und Frau statt, als es noch keinen Austausch von Gütern gab und die Familien sich noch selbst versorgten.

- Die **berufliche Arbeitsteilung** erfolgte zunächst in Form der **Berufsbildung**. Sie ist gekennzeichnet durch die Spezialisierung von Personen auf bestimmte Tätigkeitsfelder nach Neigung und Fähigkeit. So begann in der ursprünglich reinen Agrarwirtschaft irgendwann der Austausch von Gütern. Dies geschah dadurch, dass sich bestimmte Personen die Gerätschaften, die sie für die Bewirtschaftung des Bodens benötigten, von anderen Personen herstellen ließen. Es entwickelten sich erste Berufe, wie Bauer, Schmied, Tischler, Müller, Händler etc. Im Rahmen der **Berufsspaltung** entwickelten sich innerhalb der ursprünglichen Grundberufe weitere Spezialberufe heraus. Der Grundberuf Händler spaltete sich zunächst in Berufe wie Einzelhändler, Großhändler und Außenhändler. Innerhalb dieser Berufe ist heute eine weitere Spezialisierung eingeführt, so gibt es Außenhändler, die sich nur mit Export oder nur mit Import beschäftigen.

- Die **betriebliche Arbeitsteilung** führte zu einer Arbeitszerlegung einer Tätigkeit auf mehrere Teilleistungsprozesse, die jeweils auf eine Person oder Personengruppe zugeschnitten waren. So werden die Tätigkeiten eines Einzelhändlers z. B. weiter aufgeteilt in Einkaufen, Verkaufen, Kassieren, Buchen usw.

- Die **volkswirtschaftliche Arbeitsteilung** erstreckt sich nicht mehr nur auf Menschen und Betriebe, sondern auf die gesamte Volkswirtschaft. Die Volkswirtschaft zerfällt dabei in verschiedene Wirtschaftsbereiche. Jeder Wirtschaftsbereich mit den darin vertretenen Unternehmen hat ganz bestimmte Aufgaben. So lassen sich folgende Wirtschaftsbereiche unterscheiden: Die Urerzeugung (z. B. Land- und Fortwirtschaft, Bergbau), die Weiterverarbeitung (z. B. Industrie- oder Handwerksbetriebe) und der Dienstleistungsbereich (z. B. Handel, Telekommunikation).
- **Internationale Arbeitsteilung** entsteht, wenn sich jedes Land auf die Produktion von Waren oder Dienstleistungen spezialisiert, die sich in diesem Land besonders lohnt.

## Bedeutung der Arbeitsteilung

|  | Vorteile der Arbeitsteilung | Nachteile der Arbeitsteilung |
|---|---|---|
| für den Arbeitnehmer | – Steigerung der Produktivität einzelner Mitarbeiter<br>– Verkürzung der Arbeitszeit<br>– Einkommenssteigerungen | – physische und psychische Schäden durch einseitige Arbeit<br>– eingeschränkte berufliche Mobilität |
| für die Betriebe | – kürzere Ausbildungs- und Anlernzeiten<br>– verbesserte Maschinennutzung<br>– Erhöhung der Produktivität<br>– geringere Kosten | – wirtschaftliche Abhängigkeit von anderen Unternehmen<br>– Entstehung sozialer Spannungen durch unzufriedene und frustrierte Mitarbeiter |
| für die Volkswirtschaft | – bessere Versorgung mit Gütern<br>– Spezialkenntnisse dienen der Allgemeinheit<br>– Erhöhung des Lebensstandards | – internationale wirtschaftliche Abhängigkeit<br>– Konzentration von Unternehmen<br>– Strukturkrisen durch einseitige regionale Wirtschaftsentwicklung |

## Zusammenwirken der Wirtschaftsbereiche

*Ein Wirtschaftsbereich ist der Bereich einer Volkswirtschaft, dem bei der Herstellung, dem Umlauf, der Verteilung und dem Verbrauch von Gütern klar abgegrenzte Funktionen im Rahmen der Gesamtwirtschaft zukommen.*

Die Wirtschaftsbereiche werden auch als Sektoren bezeichnet. Als fünften Sektor bezeichnet man die Haushalte, obwohl dieser primär keine Leistungen erbringt, sondern den anderen Bereichen lediglich die Produktionsfaktoren zur Verfügung stellt, z. B. Arbeit. Alle fünf Sektoren zusammen stellen die Gesamtwirtschaft dar.

| Wirtschaftsbereich | Inhalte | Beispiele |
|---|---|---|
| **Primärer Sektor** (Urerzeugung) | Rohstoff- und Energiegewinnung<br>– Land- und Forstwirtschaft<br>– Fischerei<br>– Bergbau<br>– Öl-/Gasgewinnung | *In einem Bergwerk wird Eisenerz abgebaut. In einem Wald werden Bäume abgeholzt. Auf einem Fischdampfer werden Seelachse gefischt.* |

| Wirtschaftsbereich | Inhalte | Beispiele |
| --- | --- | --- |
| Sekundärer Sektor (Weiterverarbeitung) | Industrie<br>– Grundstoffe<br>– Investitionsgüter<br>– Konsumgüter<br>Handwerk | *Aus dem Erz wird Stahl gewonnen. Das Holz wird beim Bau eines Hauses verwendet. Der Fisch wird zu Fischstäbchen verarbeitet.* |
| Tertiärer Sektor (Dienstleistungen) | Handel<br>– Großhandel<br>– Einzelhandel<br>– Außenhandel<br>Dienstleistungen<br>– Kreditgewerbe<br>– Versicherungen<br>– Verkehrsbetriebe<br>– Nachrichten<br>– Beratung | *Eine Stahlhandlung verkauft Stahlträger an eine Maschinenfabrik. Fischstäbchen werden vom Einzelhändler an Kunden verkauft. Eine Spedition transportiert Stahlträger. Ein Ingenieurbüro entwirft Pläne.* |
| Quartiärer Sektor (öffentliches Gemeinwesen = öffentliche Haushalte) | Einrichtungen<br>– des Bundes<br>– der Länder<br>– der Kommunen | *Eine Stadtgemeinde beauftragt ein Bauunternehmen, das Dach der Stadtbibliothek zu reparieren.* |
| Quintärer Sektor (= private Haushalte) | – Mehrpersonenhaushalte<br>– Einpersonenhaushalte | *Eine Familie isst zum Mittagessen Fischstäbchen.* |

## VI Produktionsfaktoren und Produktion

Ob es eine Tomatensuppe in einem guten Restaurant ist, ob es neue Schuhe sind oder ein neues Haus: Die Menschen leben nicht mehr in ihrer natürlichen Umwelt, wie dies vor Urzeiten noch der Fall war. Sie haben vielmehr eine neue, eine andere Welt geschaffen, in der sie leben. Und sie arbeiten weiter daran, diese Welt mit Gütern auszustatten, die sie für ihren vermeintlichen Bedarf benötigen. Diese Bereitstellung von Gütern für den Konsum bezeichnet die Volkswirtschaftslehre als Produktion. Die Produktion von Gütern erfordert den Einsatz der Produktionsfaktoren.

*Als Produktionsfaktoren bezeichnet man alle materiellen und immateriellen Mittel, die an der Erstellung von Gütern beteiligt sind. Im volkswirtschaftlichen Sinn unterscheidet man:*

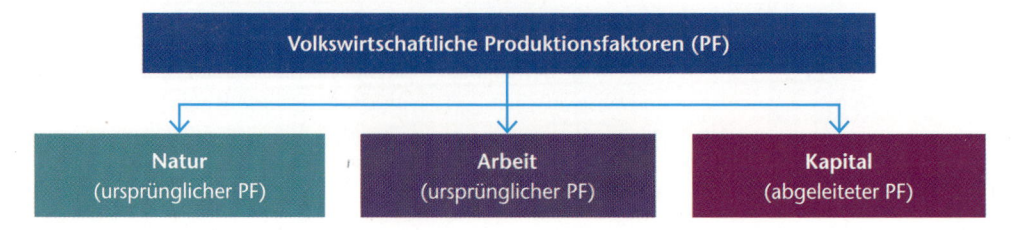

**Volkswirtschaftliche Produktionsfaktoren (PF)**

- **Natur** (ursprünglicher PF)
- **Arbeit** (ursprünglicher PF)
- **Kapital** (abgeleiteter PF)

## Natur (Boden)

*Der Produktionsfaktor Natur umfasst die zu wirtschaftlichen Zwecken genutzte Natur mit Ausnahme der menschlichen Arbeit. Dazu gehören die gesamte Erdoberfläche (Land- und Wasserflächen), die Bodenschätze, der Luftraum, das Sonnenlicht, die Schätze des Meeres und das Klima.*

Die Natur war der erste Produktionsfaktor, der auf der Erde vorhanden war. Insofern wird er als ursprünglicher oder **originärer Produktionsfaktor** bezeichnet. Diese Originalität zeichnet sich durch folgende wesentliche Merkmale aus:

- Boden ist nicht vermehrbar und damit ein absolut knappes Wirtschaftsgut.
  *Beispiel:* Grundstücke und Wohnungen in den Zentren der Städte sind sehr teuer.

- Boden ist nicht transportierbar
  *Beispiele:* Weinanbau, Kohle- oder Ölförderung

- Das Eigentum an Boden kann übertragen werden.
  *Beispiel:* Ein Bauer verkauft einen Teil seiner Grundstücke als Bauland an eine Siedlungsgesellschaft.

Die Natur liefert neben Luft, Wasser und Sonnenenergie den Boden für die Produktion der Güter. Da dem Boden die größte Bedeutung im Produktionsprozess beigemessen wird, unterscheidet man ihn in drei verschiedene Arten:

- **Anbauboden**
  Als Anbauboden dient der Boden der Land- und Forstwirtschaft für den Anbau von Pflanzen. Er bildet damit die natürliche Grundlage für die Ernährung der Menschheit.
  *Beispiele:* Weizenfeld, Forstgehege, Forellenzucht

- **Abbauboden**
  Als Abbauboden dient der Boden zur Gewinnung von Rohstoffen als Grundlage für die Güterproduktion und die Energieerzeugung.
  *Beispiele:* Bergbau (Kohle, Erze, Kupfer, Uran, Gold, Diamanten), Erdgas- und Erdölgewinnung, Steinbrüche (Granit, Marmor), Ton-, Sand- und Kiesgruben

- **Standortboden**
  Als Standortboden dient der Boden für Betriebe wie für Haushalte als Basis für das menschliche Dasein und den Vollzug der Produktion. Auf dem Boden werden Wohnungen und Fabriken errichtet sowie Verkehrswege, Sport- und Freizeitanlagen angelegt.
  *Beispiele:* Fabrikgelände, Grundstück eines Mehrfamilienhauses, Park

## Arbeit

*Arbeit im volkswirtschaftlichen Sinn ist die zielgerichtete, planmäßige und bewusste Tätigkeit eines Menschen unter Einsatz seiner geistigen und körperlichen Fähigkeiten zur Erlangung von Einkommen. Arbeit ist ebenso wie Boden ein ursprünglicher Produktionsfaktor.*

Nach dieser Definition fallen unter den Begriff Arbeit nicht die Freizeitbeschäftigung (Sport, Hobby) sowie die unentgeltliche Arbeit (z. B. im Haushalt).

## Merkmale des Produktionsfaktors Arbeit

Der Produktionsfaktor Arbeit ist ebenso wie Boden ein originärer Produktionsfaktor.

Arbeit darf, owohl sie wirtschaftlich auf dem Arbeitsmarkt bewertbar ist, nicht uneingeschränkt dem ökonomischen Prinzip untergeordnet werden, da sie untrennbar mit der Persönlichkeit des arbeitenden Menschen verbunden ist. Soziale, psychologische und ethische Gesichtspunkte sind ebenfalls zu berücksichtigen.

Nicht jede Arbeit ist gleich. Die verschiedenen Arten der Arbeit lassen sich nach folgenden Gesichtspunkten unterscheiden:

| Unterscheidung nach ... | Arten | Beispiel: |
| --- | --- | --- |
| dem Anteil des körperlichen bzw. geistigen Einsatzes | – körperliche Arbeit<br>– geistige Arbeit | Maurer, Landwirt<br>Architekt, Journalist |
| der Rechtsstellung | – selbstständige Arbeit<br>– unselbstständige Arbeit | Unternehmer, Freiberufler<br>Arbeiter, Angestellter, Beamter |
| dem Grad der Ausbildung | – ungelernte Arbeit<br>– angelernte Arbeit<br>– gelernte Arbeit | Handlanger, Platzanweiser<br>Monteur am Fließband<br>Industriekaufmann/-kauffrau |
| dem Grad der Weisungsbefugnisse | – leitende, dispositve Arbeit<br>– ausführende Arbeit | Meister, Abteilungsleiter<br>Sachbearbeiter, Arbeiter |
| dem Grad der schöpferischen oder sich wiederholenden Leistungen | – repetitive Arbeit<br>– kreative Arbeit | Fließbandarbeit, Akkordarbeit<br>Werbegrafiker, Bildhauer |

## Arbeitslosigkeit

Ein großes volkswirtschaftliches Problem stellt die Arbeitslosigkeit dar.

*Arbeitslosigkeit entsteht dadurch, dass angebotene Arbeitsleistung von den Betrieben nicht nachgefragt wird. Es kommt zu einer Unter- bzw. Nichtbeschäftigung von Teilen der Arbeitnehmerschaft.*

In Bezug auf die Ursachen werden folgende Arten der Arbeitslosigkeit unterschieden:

- **Konjunkturelle Arbeitslosigkeit** entsteht durch Schwankungen in der gesamtwirtschaftlichen Entwicklung. Nahezu alle Wirtschaftsbereiche sind von der konjunkturellen Arbeitslosigkeit betroffen.
- **Saisonale Arbeitslosigkeit** entsteht durch jahreszeitliche Schwankungen, von denen jeweils nur bestimmte Wirtschaftsbereiche (Branchen) betroffen sind.
- **Sektorale Arbeitslosigkeit** betrifft einzelne Branchen, deren Güter billiger importiert werden können oder überhaupt nicht mehr nachgefragt werden. Von diesen Veränderungen sind zumeist auch ganze Berufszweige betroffen, wie z. B. der Schiffsbau.
- **Regionale Arbeitslosigkeit** entsteht in Gebieten mit einer dauerhaft schwachen Wirtschaftsstruktur oder in Gebieten, die sich wirtschaftlich im Umbruch befinden, z. B. Ostfriesland, Mecklenburg-Vorpommern.

- **Fluktuationsarbeitslosigkeit** entsteht durch Entscheidungen einzelner Betriebe, Arbeitnehmer zu entlassen, oder einzelner Mitarbeiter, selbst zu kündigen.

### Kapital

*Kapital im volkswirtschaftlichen Sinn ist die Summe aller im Produktionsprozess eingesetzten Produktionsgüter, die ihrerseits in einem anderen Produktionsprozess hergestellt worden sind.*

Dieser Produktionsfaktor ist durch folgende Merkmale gekennzeichnet:

- Kapital ist ein aus dem Zusammenwirken von Boden und Arbeit entstandener Produktionsfaktor. Er wird deshalb als abgeleiteter (derivativer) Produktionsfaktor bezeichnet.
- Kapital besteht aus erzeugten Gütern, die nicht dem Konsum, sondern der Produktion dienen. Kapital kann deshalb nur entstehen, wenn die Wirtschaftssubjekte auf Konsum verzichten.

*Beispiel:* Angenommen, ein Obstbauer pflückt jeden Tag 4 Zentner Äpfel. Er muss zu diesem Zweck auf den Apfelbaum klettern. Will der Bauer sich zur Erleichterung eine Leiter bauen, muss er die Arbeit unterbrechen. Mit seinen Händen (= Arbeit) baut er aus Holz (= Boden) eine Leiter (= Kapital). Zu diesem Zweck muss er auf die Einnahmen von, sagen wir, 2 Tagen verzichten (= Konsumverzicht). Kombiniert er jedoch nun Arbeit, Boden und Kapital, kann er jeden Tag 8 Zentner Äpfel pflücken: eine Produktivitätssteigerung um 100 %.

Folgende Arten des Kapitals werden unterschieden:

- Das **Sachkapital (Realkapital)** ist die Summe aller Güter, die im Rahmen der Güterproduktion neben Boden und Arbeit als Produktionsfaktor eingesetzt werden. Dauerhaft werden Gebäude, Maschinen und andere Ausstattungsgegenstände als „produzierte Produktionsmittel" für den Produktionsprozess benötigt. Nicht dauerhaft werden Vorräte an Roh-, Hilfs- und Betriebsstoffen sowie Konsumgüter als betriebliche Lagerbestände gehalten. Wenn in der Volkswirtschaftslehre im Zusammenhang mit der Produktion von Kapital die Rede ist, so ist stets das Sachkapital gemeint.
- Das **Geldkapital** ist die Summe der Mittel, die dem Unternehmen zwecks Umformung in Realkapital zur Verfügung gestellt werden müssen. Es stellt die Vorstufe der Kapitalbildung dar. In der Bilanz des Unternehmens wird es ausgewiesen als Eigenkapital, das dem Unternehmen von den Eigentümern zur Verfügung gestellt wird, und als Fremdkapital, das den Unternehmen von den Banken, den Lieferanten oder anderen Personen zur Verfügung gestellt wird.

### Kapitalbildung

Als Produktionsumweg wird die Tatsache bezeichnet, dass die Wirtschaftssubjekte zunächst auf Konsum verzichten, um Produktionsgüter herzustellen, durch welche die Herstellung weiterer Güter erhöht werden kann. Die Voraussetzungen für die Kapitalbildung sind damit
1. Konsumverzicht (Sparen),
2. produktive Anlage des Gesparten (Investieren).

Eine Volkswirtschaft ist umso weiter entwickelt, je länger der Produktionsumweg ist.

> Das **verfügbare Einkommen** des Haushaltes ergibt sich aus dem Bruttoeinkommen abzüglich der Abgaben an den Staat (Steuern, Versicherungen) und ggf. zu leistender Unterhaltszahlungen.

*Konsum ist der Verbrauch und/oder die Nutzung von materiellen oder immateriellen Gütern durch die Haushalte.*

Von seinem Einkommen verwendet der Haushalt einen mehr oder weniger hohen Anteil für den Konsum. Die Höhe des Konsums ist von folgenden Faktoren abhängig:
- Höhe des Einkommens
- konjunkturelle Situation
- derzeitige Preise der Güter, zukünftige Preis- und Einkommenserwartungen

*Sparen ist der Verzicht auf die konsumtive Verwendung eines Teiles des verfügbaren Einkommens.*

Ist das verfügbare Einkommen
- gleich dem Konsum, so ist die Sparquote gleich null,
- größer als der Konsum, so spart der Haushalt,
- kleiner als der Konsum, so entspart der Haushalt. Dies ist nur möglich, indem er Erspartes vergangener Perioden oder Einkommensteile zukünftiger Perioden verwendet (Kreditaufnahme).

**Investieren ist die Umwandlung von vorhandenen finanziellen Mitteln in Sachgüter.**

Die Mittel für Investitionen erhalten die Betriebe
- aus dem Konsumverzicht der Eigentümer der Betriebe (Eigenfinanzierung),
- aus den Sparguthaben, die den Betrieben von den Banken als Kredit zur Verfügung gestellt werden (Fremdfinanzierung),
- aus den Abschreibungen, die über den Preis zurückfließen.

Fazit:
- Konsumieren, Sparen und Investieren stehen in einem engen Zusammenhang.
- Sparen ist eine der wichtigsten Voraussetzungen für wirtschaftliches Wachstum.
- Würden die Haushalte ihr gesamtes verfügbares Einkommen konsumieren, könnte nicht gespart werden.
- Wird nicht gespart, kann den Betrieben für ihre Investitionen kein Geld zur Verfügung gestellt werden.

## Investitionsformen

| Bruttoinvestitionen | | |
|---|---|---|
| Sie umfassen den Wert des Zuwachses an Sachgütern in allen Bereichen einer Volkswirtschaft in einer Periode. Es handelt sich dabei um eine Stromgröße, die den Bestand an Kapital verändert. | | |
| **Anlageinvestitionen (Realinvestitionen)** | | **Vorratsinvestitionen** |
| – Ausrüstungsinvestitionen sind Produktionsmittel, wie Maschinen, Fahrzeuge, Betriebs- und Geschäftsausstattungen.<br>– Bauinvestitionen sind Produktions-, Verwaltungs- und Wohnbauten sowie Straßen, Brücken, Schulen, Krankenhäuser.<br>– Rationalisierungsinvestitionen sind Anlageinvestitionen, die der Verbesserung und Modernisierung des Produktionsapparates dienen, z. B. Computersteuerung. | | (Lagerinvestitionen)<br>Sie entstehen durch eine Veränderung der Bestände an Roh-, Hilfs- und Betriebsstoffen, Handelswaren sowie den selbst produzierten, aber nicht verkauften Erzeugnissen. |
| **Ersatzinvestitionen**<br>(Reinvestitionen)<br>Sie dienen dazu, ausgeschiedene Anlagegüter zu ersetzen. | **Erweiterungsinvestitionen**<br>Sie dienen der Erweiterung und Verbesserung des Produktionsapparates und werden auch als Nettoanlageinvestitionen bezeichnet. | |
| **Ersatzinvestitionen** führen nicht zu einer Veränderung des Sachkapitalbestandes. | **Nettoinvestitionen** führen zu einer Veränderung des Bestandes an Sachkapital (Kapitalstock). | |

> **Ersatzinvestitionen + Nettoinvestitionen = Bruttoinvestitionen**

## Kapitalstock

Der Kapitalstock ist die Summe des Kapitals (produzierte Produktionsmittel) einer Volkswirtschaft zu einem bestimmten Stichtag. Es handelt sich dabei um eine Bestandsgröße. Der Kapitalstock wird in seinem Umfang nur durch Nettoinvestitionen verändert.

## Kombination der Produktionsfaktoren

Die Kombination kann auf zweierlei Weise geschehen. Es kommt dabei auf die Art der Produktionsfaktoren und ihr Verhältnis zueinander an:

- **Substitutionale Produktionsfaktoren** werden eingesetzt, wenn eine bestimmte Menge eines Faktors durch eine bestimmte Menge eines anderen Faktors ersetzt werden kann, ohne das Produktionsergebnis zu beeinflussen. Der Ertrag bleibt gleich, obwohl das Verhältnis der eingesetzten Produktionsfaktoren zueinander sich ändert. Die Produktionsfaktoren sind untereinander austauschbar (substituierbar).

  *Beispiel:* In einer Möbelfabrik kann mit einem höheren Einsatz von Arbeit und einem geringen Einsatz von Kapital (z. B. Handsägen, Handschleifmaschinen) oder aber mit einem geringen Einsatz an Arbeit und einem hohen Einsatz an Kapital (z. B. Schleifautomaten) die gleiche Leistung erzielt werden.
  Technisch gesehen hat ein Unternehmer mehrere Möglichkeiten, substitutionale Produktionsfaktoren zu kombinieren. Unter wirtschaftlichen Gesichtspunkten betrachtet, bestimmen die

Kosten, welche Faktorkombination ausgewählt wird. Handelt der Unternehmer nach dem ökonomischen Prinzip, so ist folglich die Faktorkombination mit den geringsten Kosten zu wählen (Minimalkostenkombination). Dabei ersetzt der Unternehmer einen Faktor so lange durch einen anderen, wie ihm dies eine Kostenersparnis bringt. Sobald die Kostenersparnis bei dem einen Faktor gleich dem Kostenzuwachs durch den anderen Faktor ist, wird die Substitution beendet.

- **Limitationale Produktionsfaktoren** liegen vor, wenn zur Erzielung eines bestimmten Ertrages die Produktionsfaktoren nur in einem bestimmten Verhältnis (lat. limitatio = Festsetzung) zueinander eingesetzt werden können. Ein bestimmter Ertrag kann bei limitationalen Produktionsfaktoren also nur durch eine festgelegte Kombination erreicht werden.

    *Beispiel: In einem Einzelhandelsgeschäft kann eine Kassiererin nur eine Kasse bedienen. In einem Industriebetrieb macht der Einsatz einer Fräse die Bedienung durch nur einen Arbeiter erforderlich. Technisch gesehen ist es unsinnig, bei einem gegebenen Verhältnis von Produktionsfaktoren eine andere Faktorkombination zu wählen. Eine Minimalkostenkombination ist hier nicht möglich, da nicht zwischen verschiedenen Faktorkombinationen gewählt werden kann.*

## VII Wirtschaftskreislauf

*Der Wirtschaftskreislauf ist eine bildhafte Darstellung (Modell) der volkswirtschaftlich relevanten Tauschvorgange zwischen den am Wirtschaftsprozess teilnehmenden Wirtschaftssubjekten, dargestellt durch Geld- und Güterstrom. Der Wirtschaftskreislauf geht zurück auf das von François Quesnay entwickelte Tableau économique, das dem einfachen Wirtschaftskreislauf nahekommt.*

Die in einem Wirtschaftskreislauf fließenden Ströme sind die Güter-/Realströme (Güter, Dienst- und Faktorleistungen) oder Geldströme. Am Modell ist erkennbar, dass jeder Realstrom einen umgekehrt gerichteten Geldstrom „als Partner" hat, der dem Realstrom wertgleich ist, z. B. Güterkäufe und Geld für Güterkäufe oder Faktorleistungen und Faktorentgelte.

### Einfacher Wirtschaftskreislauf

An einem einfachen Modell lassen sich bereits erste Beziehungen zwischen den Wirtschaftssektoren Unternehmen und privaten Haushalten analysieren. Wie bei jedem Modell, so gelten auch bei diesem Modell eine Reihe von Annahmen (Prämissen):

- Es bestehen nur zwei Sektoren (Haushalte und Unternehmen). Der Staat greift nicht in die Wirtschaft ein. Zum Ausland gibt es keine Beziehungen.
- Das gesamte Einkommen der Haushalte wird konsumiert. Damit kann auch nicht gespart und folglich nicht investiert werden. Die aufgezeigte Volkswirtschaft verändert sich damit nicht (= stationäre Wirtschaft).
- Das in der Wirtschaft vorhandene Kapital verändert sich nicht. Es werden keine Investitionen getätigt, da weder gespart noch investiert wird. Abschreibungen sind ebenfalls nicht möglich. Es handelt sich hierbei um eine stationäre Wirtschaft.

An dem Modell können zwei Ströme aufgezeigt werden, die zwischen Haushalten und Unternehmen fließen:

**Private Haushalte** sind Wirtschaftseinheiten, in denen sich der Konsum von Gütern vollzieht.

Hauptziel der Mehrzahl der Haushalte ist die Nutzenmaximierung. Dieses Ziel versucht der Haushalt durch die Maximierung seines Einkommens und die Erzielung einer maximalen Freiheit zu erreichen.

Haushalte haben deshalb Wahlentscheidungen zu treffen. Solche Entscheidungen müssen täglich gefällt werden und lauten z. B.: „Wie verteile ich meine tägliche Zeit auf Arbeit und Freizeit? Wie verteile ich mein Einkommen auf Konsum und Sparen? Welche Güter kaufe ich mir von dem zum Konsum verfügbaren Einkommen, damit ich mir den höchstmöglichen Nutzen verschaffe?"

**Unternehmen** sind Wirtschaftseinheiten, die für die Haushalte und andere Betriebe Güter bereitstellen. Hauptziele der Unternehmen sind die Gewinnmaximierung (private Betriebe) oder die Deckung des Bedarfs (öffentliche Betriebe). Dieses Ziel versuchen die Unternehmen zu erreichen durch die Maximierung der Einnahmen (Erlöse) einerseits und die Minimierung der Kosten andererseits.

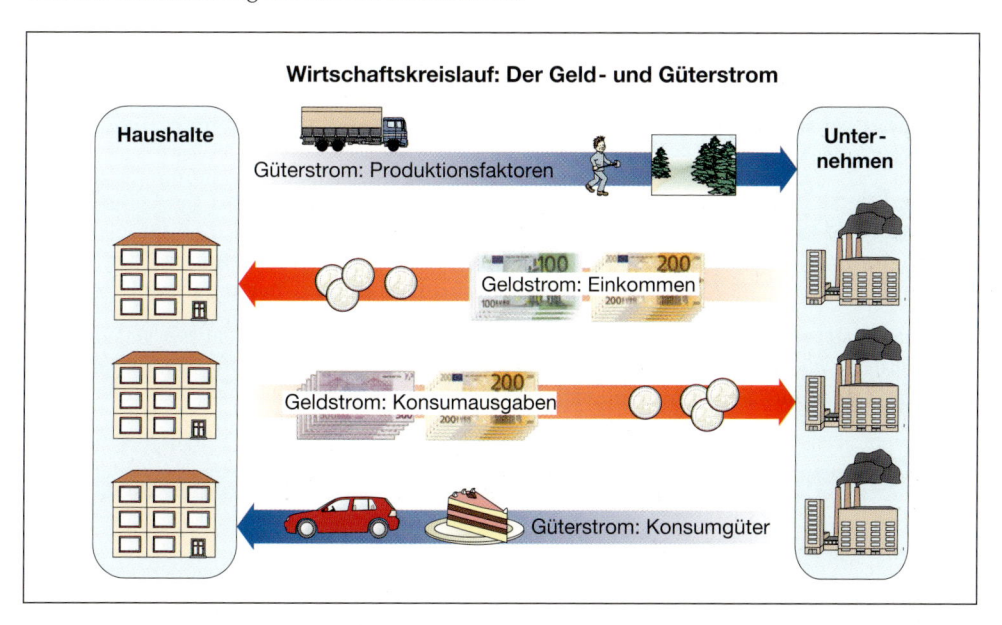

**Wirtschaftskreislauf: Der Geld- und Güterstrom**

Haushalte — Güterstrom: Produktionsfaktoren → Unternehmen
Haushalte ← Geldstrom: Einkommen — Unternehmen
Haushalte — Geldstrom: Konsumausgaben → Unternehmen
Haushalte ← Güterstrom: Konsumgüter — Unternehmen

**Erweiterter Wirtschaftskreislauf**

*Der erweiterte Wirtschaftskreislauf ist die bildhafte Darstellung (Modell) der zusammengefassten Beziehungen zwischen den Unternehmen, den Banken (= Kapitalsammelstellen), dem Staat, dem Ausland und den Haushalten einer Volkswirtschaft.*

Zusätzlich zu den Güterströmen des einfachen Kreislaufmodells gehen Güterströme in das Ausland (Export), vom Ausland in das Inland (Import) und an den Staat (öffentlicher Verbrauch):

Staat: Der Staat ist die Gesamtheit aller öffentlichen Haushalte (Kommunen, Länder, Bund). Hauptziel des Staates soll die Maximierung des Wohlstands der gesamten Volkswirtschaft sein.

Dieses Ziel versuchen Regierungen und Verwaltungen durch politische Entscheidungen zu erreichen. Dabei stehen vor allem Ziele wie Vollbeschäftigung, Preisstabilität, Wirtschaftswachstum, Umweltschutz und eine gerechte Einkommens- und Vermögensverteilung im Vordergrund.

**Ausland:** Zum Ausland zählt die Gesamtheit der Wirtschaftseinheiten (Unternehmen, private Haushalte, öffentliche Haushalte) mit ständigem Sitz (Wohnsitz) außerhalb des Wirtschaftsgebietes der Bundesrepublik Deutschland. Die Transaktionen mit dem Ausland werden als Ex- bzw. Importe bezeichnet. Ziel der Wirtschaftspolitik ist ein außenwirtschaftliches Gleichgewicht, d. h., der Wert der Exporte soll dem Wert der Importe entsprechen. Der Sektor Ausland wird im Kontensystem der Volkswirtschaftlichen Gesamtrechnung (VGR) unter dem Begriff „übrige Welt" erfasst.

Der erweiterte Wirtschaftskreislauf findet Anwendung in der Darstellung des volkswirtschaftlichen Kontensystems (Kontenplan), wie es z. B. das Statistische Bundesamt für Deutschland aufstellt. Die in den Konten aufgeführten Ströme dienen der Ermittlung der Wirtschaftsleistung. Zur besseren Darstellung werden jedem Wirtschaftssektor ein Produktions-, ein daraus resultierendes Einkommens- und ein wiederum daraus abgeleitetes Vermögenskonto zugewiesen. Da in den Haushalten keine Erzeugung von Gütern und Leistungen für den Austausch stattfindet, haben sie kein Produktionskonto. Der Staat hingegen stellt öffentliche Güter (Bildung, Verwaltung, Sicherheit etc.) her und kauft diese quasi bei sich selbst, d. h., er finanziert sie durch Geld aus Steuereinnahmen (Einkommenskonto).

Um die Übersicht zu behalten, wird bei der folgenden Darstellung auf die Güterströme verzichtet und es werden nur die Geldströme dargestellt: Zahlungen für Güter leisten die Unternehmen, der Staat und das Ausland. Transferzahlungen beinhalten Gelder, für die der Empfänger keine konkrete Gegenleistung erbringen muss (Übertragungen).

*Beispiele: Staat an Haushalte: Sozialhilfe, Pensionen, Wohngeld; Staat an Unternehmen: Subventionen; Haushalte an Ausland: Überweisungen von ausländischen Arbeitnehmern an ihre Familien im Ausland; Staat an Ausland: Entwicklungshilfe*

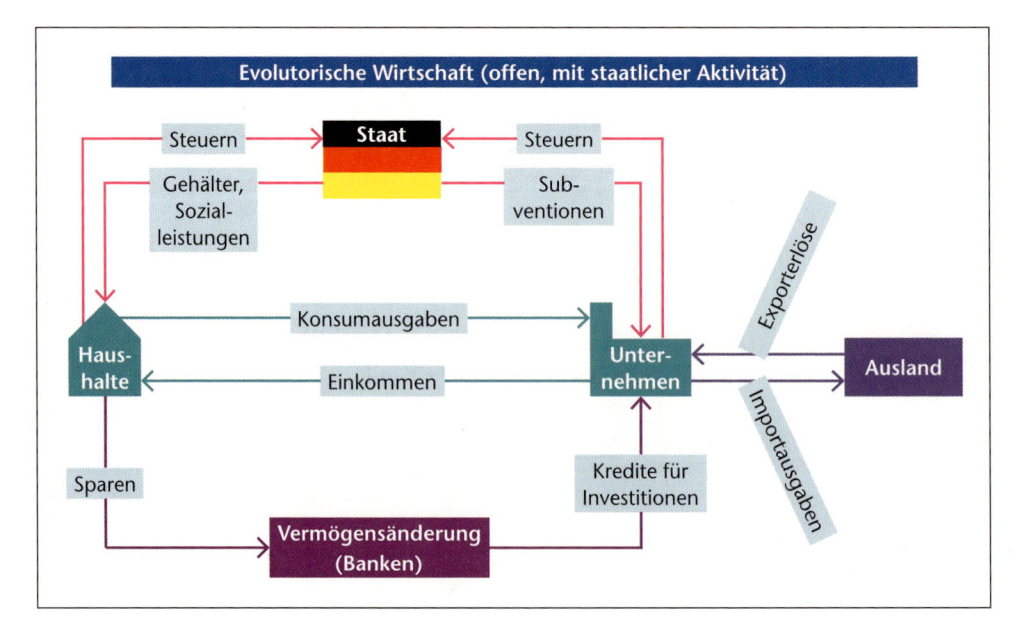

## Wiederholungsfragen

1. Erklären Sie, was man unter Bedürfnissen versteht. Wie können sie unterschieden werden?
2. Von welchen Faktoren ist es abhängig, ob ein Bedürfnis als Existenz-, Kultur- oder Luxusbedürfnis eingestuft werden kann?
3. Angenommen, ein Mensch hat Hunger. Gehen Sie von diesem Bedürfnis aus und beschreiben Sie nun an einem Beispiel, wie sich Bedürfnis, Bedarf und Nachfrage unterscheiden.
4. Warum wird sich nicht jeder von einem Haushalt festgestellte Bedarf als Nachfrage am Markt niederschlagen?
5. Wann spricht man von einem freien Gut? Nennen Sie die Merkmale wirtschaftlicher Güter.
6. Untersuchen Sie bei den folgenden Güterpaaren, ob es sich dabei um substitutive, komplementäre oder inferiore Güter handelt:
   a) Radio/Telefon
   b) Parkett/Fliesen
   c) Erdöl/ Erdgas
   d) Schreibmaschine/Kugelschreiber
   e) Personalcomputer/Tintenstrahldrucker
7. Beschreiben Sie das ökonomische Prinzip. Worin unterscheiden sich das Minimalprinzip und das Maximalprinzip?
8. Unterscheiden Sie die verschiedenen Arten der Arbeitsteilung.
9. Untersuchen Sie die möglichen Auswirkungen der Arbeitsteilung
   a) auf den einzelnen Arbeitnehmer,
   b) auf den einzelnen Betrieb,
   c) auf die einzelne Volkswirtschaft,
   d) auf die Weltwirtschaft.
10. Welche Wirtschaftsbereiche bzw. Sektoren werden in einer Volkswirtschaft unterschieden?
11. Welche Betriebe gehören zum tertiären Sektor?
12. Beschreiben Sie am Beispiel der Herstellung einer Portion Pommes frites das Zusammenspiel der drei volkswirtschaftlichen Produktionsfaktoren in den verschiedenen Produktionsstufen.
13. Welche Produktionsfaktoren bezeichnet man als originäre und warum?
14. Nennen Sie die besonderen Eigenschaften des Produktionsfaktors Boden.
15. Beschreiben Sie anhand von drei Beispielen, welche Problemfelder sich bei der Nutzung des Bodens ergeben.
16. Nicht jede Arbeit ist gleich. Unterscheiden Sie die verschiedenen Arten der Arbeit nach dem Inhalt der Tätigkeit, und nennen Sie jeweils zwei Beispiele.
17. Welche besondere Bedeutung kommt der schöpferischen Arbeit für eine Volkswirtschaft zu?

18. Was besagt die Erwerbsquote?
19. Worin unterscheiden sich die saisonale und die konjunkturelle Arbeitslosigkeit?
20. Erläutern Sie an jeweils zwei Beispielen die sektorale und die friktionelle Arbeitslosigkeit.
21. Der Begriff „Kapital" ist sehr vielschichtig. Was versteht die Volkswirtschaftslehre darunter?
22. Welches sind die beiden Voraussetzungen für Kapitalbildung?
23. Erklären Sie den Begriff „Bruttoinvestitionen".
24. Während die Summe der Anlageinvestitionen einer Volkswirtschaft immer positiv ist, kann die Summe der Vorratsinvestitionen auch negativ sein. Wie ist das zu erklären?
25. Woraus setzen sich die Nettoinvestitionen einer Volkswirtschaft zusammen?
26. Skizzieren und erklären Sie den einfachen Wirtschaftskreislauf unter Verwendung der Begriffe Güterstrom und Geldstrom.
27. Durch welche Erweiterungen wird aus dem einfachen der erweiterte Wirtschaftskreislauf?

Volkswirtschaftliche Grundlagen   65

## 1.1 Markt, Preis und Wettbewerb

**Sachverhalt**
Es ist Samstag vor Pfingsten. Frau Lodde plant wie jedes Jahr zu Pfingsten Spargel zu kochen, den sie frisch auf dem Wochenmarkt kauft. Letztes Jahr ging sie früh morgens auf den Markt, um aus dem reichhaltigen Angebot an Spargel den besten und günstigsten auswählen zu können. Als sie jedoch am Mittag, kurz bevor die Markthändler ihre Stände abbauten, noch einmal einkaufen ging, weil sie eine Kleinigkeit vergessen hatte, sah sie, dass die Händler den gleichen Spargel wesentlich preiswerter anboten. „Deshalb", denkt sie, „gehe ich in diesem Jahr erst gegen Mittag einkaufen. Aber was mache ich, wenn die Händler in diesem Jahr zu wenig Spargel anbieten?"

In einer arbeitsteiligen Welt ist es notwendig, Austauschprozesse durchzuführen. Wir sind täglich an einer Vielzahl derartiger Vorgänge beteiligt, und die Prinzipien, die diesen Prozessen zugrunde liegen, haben wir in der Regel bereits verinnerlicht. Aber welche Mechanismen sind es, die das Funktionieren dieser Tauschvorgänge in einer Marktwirtschaft ermöglichen? Der Wochenmarkt ist nicht der einzige Ort, an dem Güter getauscht werden.

*Alle Orte, an denen Angebot und Nachfrage zusammentreffen, werden als Markt bezeichnet.*

### Marktarten

Es existieren viele verschiedene Märkte. Auf diesen herrschen jedoch nicht immer die gleichen Bedingungen. Aus diesem Grund ist es sinnvoll, den Gesamtmarkt einer Volkswirtschaft durch Zerlegen in einzelne Teilmärkte zu unterscheiden, um sie durchsichtiger und überschaubarer zu machen. Die Unterscheidung in folgende Marktarten ist sinnvoll:

| Merkmal | Marktart | Beschreibung/Beispiel |
|---|---|---|
| Güterart | Faktormärkte | – Arbeitsmarkt<br>  *Beispiel: Stellenmarkt in einer Zeitung*<br>– Kapitalmarkt<br>  *Beispiel: Markt für Hypothekendarlehen*<br>– Immobilienmarkt<br>  *Beispiele: Grundstücks-, Wohnungsmarkt* |
| | Gütermärkte | – Sachgütermarkt<br>  *Beispiele: Lebensmittelmarkt, Automarkt*<br>– Dienstleistungsmarkt<br>  *Beispiele: Versicherungsmarkt, Markt für Frachtraum* |
| Organisationsgrad | organisiert | Organisierte Märkte sind stets an einen Ort und an eine feste Zeit gebunden.<br>*Beispiele: Wochenmarkt, Börse, Messe* |
| | nicht organisiert | Nicht organisierte Märkte sind nicht an einen Ort und/oder nicht an eine feste Zeit gebunden, z. B. der Handel mit Massivholz. |

| Merkmal | Marktart | Beschreibung/Beispiel |
|---|---|---|
| Zugangs-möglichkeiten | offener Markt | Jeder Anbieter und jeder Nachfrager kann an diesem Markt teilnehmen. Bestimmte Bedingungen sind nicht zu erfüllen.<br>*Beispiele: Gebrauchtwagenmarkt, Immobilienmarkt* |
| | geschlossener Markt | Der Zugang zu diesem Markt ist durch Gesetze oder andere Beschränkungen geregelt.<br>*Beispiele: ärztliche Leistungen (Approbationszwang), Waffenmarkt* |

### Markttypen

Eine weitere gebräuchliche und sinnvolle Differenzierung der Märkte erfolgt durch die Unterscheidung in vollkommene und unvollkommene Märkte:

#### Vollkommener Markt

Der **vollkommene Markt** entspricht in der Wirtschaftstheorie dem idealen Markt. Es wird dabei davon ausgegangen, dass alle Anbieter und alle Nachfrager nur nach dem ökonomischen Prizip handeln und dass auf diesem Markt verschiedene Bedingungen (Prämissen) erfüllt sind:

- Die gehandelten Güter sind **homogene Güter**, d. h., sie sind vollkommen gleichartig und unterscheiden sich nicht durch Qualität, Aufmachung, Farbe, Geschmack oder Verpackung. Beispiele: Banknoten, Aktien, Rohöl, Goldunzen.
- Die Marktteilnehmer **besitzen keinerlei Präferenzen**, weder räumlich, zeitlich, sachlich noch persönlich.
- Alle Marktteilnehmer verfügen über **lückenlose Kenntnis** der Bedingungen des Marktes (vollkommene Markttransparenz).
- Es wird eine **unendlich schnelle Anpassungsgeschwindigkeit** der Marktteilnehmer bei Preisen und Mengen unterstellt (Fehlen von Time-Lags).

Vollkommene Märkte liegen in der Realität nur selten vor. Der Aktienmarkt oder der Devisenmarkt gelten annähernd als vollkomme Märkte. Der vollkommene Markt dient als Grundlage für eine Analyse der Wirkungszusammenhänge von Angebot, Nachfrage sowie der Preisbildung auf verschiedenen Märkten. Außerdem lassen sich mit diesem Modell auch wichtige Erkenntnisse zur Untersuchung von unvollkommenen Märkten gewinnen.

Ein unvollkommener Markt liegt vor, wenn eine der genannten Bedingungen nicht erfüllt ist. In der Regel liegen mehrere Prämissen nicht vor, sodass die Märkte im Wesentlichen unvollkommen sind.

### Marktformen

Betrachtet man die Struktur eines Marktes hinsichtlich der Anzahl der Anbieter und der Nachfrager und deren Einflussmöglichkeiten auf den Markt, so kann man verschiedene Marktformen unterscheiden. Die gebräuchlichste Einteilung des Marktes geht dabei auf Heinrich Freiherr von Stackelberg zurück. Dieser erstellte folgendes Marktformenschema:

| Angebot \ Nachfrage | atomistisch (viele Anbieter) | oligopolistisch (wenige Anbieter) | monopolistisch (ein Anbieter) |
|---|---|---|---|
| atomistisch (viele Nachfrager) | Polypol<br><br>**Beispiel:** viele Bäckereien/ viele Konsumenten | Angebotsoligopol<br><br>**Beispiel:** wenige Benzinanbieter/ viele Autofahrer | Angebotsmonopol<br><br>**Beispiel:** Wasserwerk/ viele Haushalte |
| oligopolistisch (wenige Nachfrager) | Nachfrageoligopol<br><br>**Beispiel:** wenige Molkereien/ viele Landwirte | bilaterales Oligopol<br><br>**Beispiel:** wenige Fluglinien/wenige Flugzeughersteller | beschränktes Angebotsmonopol<br><br>**Beispiel:** Hersteller eines Spezialstoffes/ Chemieunternehmen |
| monopolistisch (ein Nachfrager) | Nachfragemonopol<br><br>**Beispiel:** Bahn/viele Anbieter von Bahnschwellen | beschränktes Nachfragemonopol<br><br>**Beispiel:** Staat/ wenige Straßenbauunternehmen | bilaterales Monopol<br><br>**Beispiel:** Staat/ Hersteller eines Waffensystems |

Der marktwirtschaftliche Idealmarkt entspricht einem Polypol, auf dem vollkommene (atomistische) Konkurrenz herrscht, d. h., die Bedeutung einzelner Marktteilnehmer ist unendlich klein. Man spricht in diesem Fall auch von einer atomistischen Marktstruktur oder einem Wettbewerbsmarkt.

### 1.1.1 Preisbildung auf den unterschiedlichen Märkten

Um die Preisbildung auf den unterschiedlichen Märkten zu beschreiben, werden Modelle genutzt, die ein vereinfachtes Abbild der Wirklichkeit darstellen. Zunächst wird das sehr vereinfachte und wirklichkeitsferne Modell des vollkommenen Marktes betrachtet. Durch schrittweise Auflösungen der unterstellten Bedingungen des vollkommenen Marktes gelangt man zu realitätsnahen und aussagekräftigeren Modellen. Unabhängig jedoch von der Marktform treffen auf einem Markt Angebot und Nachfrage zusammen.

#### 1.1.1.1 Volkswirtschaftliche Nachfrage

**Die Nachfrage wird als der am Markt auftretende Bedarf bezeichnet, d. h. die Menge an Gütern, die ein Wirtschaftssubjekt zu kaufen beabsichtigt, um seine Bedürfnisse zu befriedigen.**

Für die Beschreibung des Preismechanismus ist jedoch nicht die individuelle Nachfrage, sondern die volkswirtschaftliche Gesamtnachfrage bedeutsam. Diese volkswirtschaftliche Gesamtnachfrage wird ermittelt durch Addition aller von den einzelnen Wirtschaftssubjekten (individuelle Nachfrage) auf dem Markt nachgefragten Mengen eines Gutes zu den jeweiligen Preisen.

**Beispiel:** Auf dem Mineralwassermarkt gibt es drei Nachfrager mit folgenden Preis-Mengen-Vorstellungen:

| Preis pro Kiste in EUR | Individuelle Nachfrage in Kisten | | | Gesamt-nachfrage |
|---|---|---|---|---|
| | Haushalt 1 | Haushalt 2 | Haushalt 3 | |
| 0 | 11 | 9 | 12 | 32 |
| 1 | 10 | 8 | 11 | 29 |
| 2 | 9 | 7 | 10 | 26 |
| 3 | 8 | 6 | 9 | 23 |
| 4 | 7 | 5 | 8 | 20 |
| 5 | 6 | 4 | 7 | 17 |
| 6 | 5 | 3 | 6 | 14 |
| 7 | 4 | 2 | 5 | 11 |
| 8 | 3 | 1 | 4 | 8 |

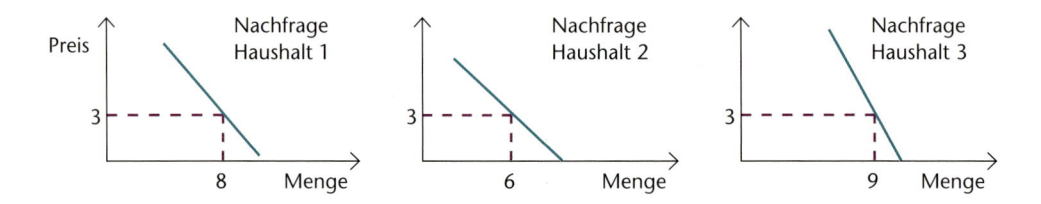

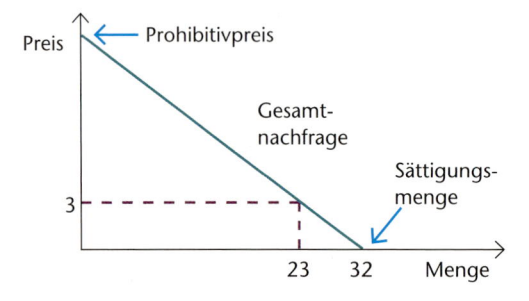

### Einflussfaktoren der Nachfrage

Betrachtet man jeden einzelnen Nachfrager, so lassen sich unermesslich viele Faktoren finden, die die Nachfrage beeinflussen. Gesamtwirtschaftlich betrachtet sind dies insbesondere folgende Einflussfaktoren:

**Preis des Gutes**
Erhöht sich der Preis des Gutes, sinkt die Nachfrage und umgekehrt. Grafisch betrachtet ergibt sich eine neue Preis-Mengen-Kombination auf der Nachfragekurve. Die Lage der Kurve bleibt unverändert.

Sinkt der Preis, erhöht sich die Nachfrage: Steigt der Preis, verringert sich die Nachfrage:

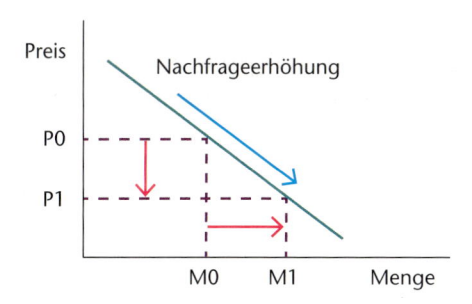

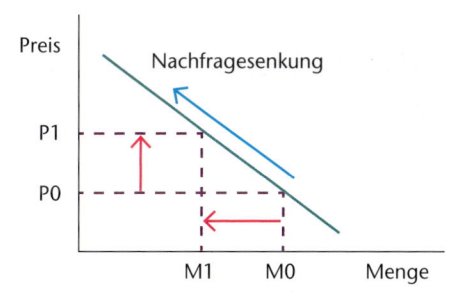

In welchem Umfang sich die Nachfrage verändert, wenn der Preis des Gutes steigt oder fällt, wird durch die Preiselastizität der Nachfrage ($E_N$) gemessen. Sie ergibt sich aus dem Quotienten der prozentualen Mengenveränderung und der prozentualen Veränderung des Preises für das betreffende Gut. Für das normale Nachfrageverhalten müsste sich daher rein mathematisch eine negative Elastizität ergeben. Allgemein wird sie jedoch in diesem Fall als positiver Wert dargestellt. Ist der Wert kleiner als 1, spricht man von einer unelastischen Nachfrage, deren Grenzfall $E_N = 0$ die vollkommen unelastische oder starre Nachfrage darstellt. Ergibt der Quotient einen Wert über 1, so ist die Nachfrage elastisch bzw. im Grenzfall vollkommen elastisch. $E_N = 1$ bezeichnet man als proportionalelastische Nachfrage.

*Beispiel: Ein Händler stellt fest, dass bei einer Preisänderung von 1,50 EUR auf 1,65 EUR (+10 %) seine Absatzmenge von 1.200 Stück auf 1.140 Stück (-5 %) zurückgeht. Der Elastizitätsquotient ergibt einen Wert von 0,5, d. h. die Nachfrage ist unelastisch.*

### Nachfrageverhalten bei Veränderung anderer Einflussgrößen
Bei einer Veränderung eines anderen Einflussfaktors verschiebt sich die Nachfragefunktion nach rechts oder nach links.

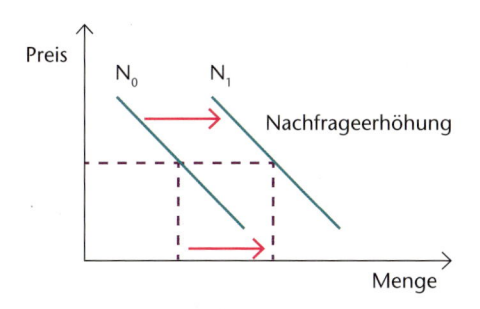

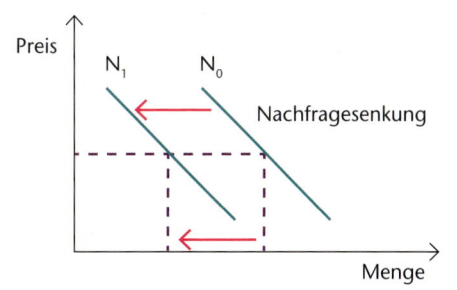

### Preis anderer Güter
Je nach Art des anderen Gutes wird die Nachfrage nach einem Gut, unter sonst gleichen Bedingungen, also auch bei konstantem Preis des Gutes, sich verändern, wenn der Preis des anderen Gutes sich verändert. Dies ist der Fall bei Substitutions- oder Komplementärgütern, während bei Preisänderungen eines indifferenten Gutes kein Einfluss auf die Nachfrage des zu betrachtenden Gutes stattfindet.

| | |
|---|---|
| **Preisänderung eines Substitutionsgutes** | Da Substitutionsgüter sich gegenseitig ersetzen, wie z. B. Butter und Margarine oder Öl und Gas, führt ein Preisanstieg des Substitutionsgutes (Gut 2) zu einer Nachfrageerhöhung des zu betrachtenden Gutes (Gut 1) und somit zu einer Rechtsverschiebung der Nachfragekurve dieses Gutes, da bei konstantem Preis nun eine größere Menge des Gutes nachgefragt wird.<br>*Beispiel: Steigt der Preis für Rindfleisch (Gut 2: Ursache), substituieren die Haushalte bei einem normalen Nachfrageverhalten Rindfleisch durch Schweinefleisch. Die Haushalte fragen also mehr Schweinefleisch nach (Gut 1: Wirkung).* |
| **Preisänderung eines Komplementärgutes** | Komplementärgüter, wie Auto und Reifen oder Fotoapparat und Film, ergänzen sich, d. h., sie stiften nur beim gemeinsamen Gebrauch einen Nutzen. Steigt der Preis eines Komplementärgutes (Gut 2), so geht dessen Nachfrage zurück, was eine gleichzeitige Nachfragesenkung beim anderen Gut (Gut 1) zur Folge hat. Dies führt zu einer Linksverschiebung der Nachfragefunktion des Gutes 1, da bei konstantem Preis dieses Gut weniger nachgefragt wird.<br>*Beispiel: Steigt der Preis für CD-Player (Gut 2: Ursache), dann werden weniger CD-Player nachgefragt und damit werden auch weniger CDs (Gut 1: Wirkung) nachgefragt.* |
| **Preisänderung eines indifferenten Gutes** | Bei indifferenten Gütern (unverbundenen Gütern), beispielsweise Bleistifte und Äpfel oder Computer und Kühlschränke, besteht kein Zusammenhang beim Konsum, d. h., sie stiften unabhängig voneinander einen Nutzen. Demzufolge ist die Nachfrage dieser Güter voneinander unabhängig.<br>*Beispiel: Eine Preiserhöhung bei Damenblusen (Gut 2: Ursache) hat keine Nachfrageveränderung bei Tapeten (Gut 1: Wirkung) zur Folge.* |

In welche Richtung und wie stark sich die Nachfrage verändert, wenn sich der Preis eines anderen Gutes verändert, wird durch die Kreuzpreiselastizität ($E_K$) ermittelt. Man erhält sie aus dem Quotienten aus der prozentualen Mengenveränderung des betrachteten Gutes zur prozentualen Preisveränderung des Vergleichsgutes. Dabei ist zu beachten, dass die anderen Einflussfaktoren, auch der Preis des nachgefragten Gutes, konstant bleiben. Bei Substitutionsgütern wird man im Normalfall eine positive Kreuzpreiselastizität ermitteln, da sich der Preis des Gutes 2 und die Nachfrage des Gutes 1 entweder beide erhöhen oder beide sinken. Bei Komplementärgütern hingegen wird sich eine negative Kreuzpreiselastizität ergeben. Indifferente Güter besitzen aufgrund ihrer Unabhängigkeit voneinander eine Kreuzpreiselastizität von Null.

*Beispiel: Eine Preissenkung für CD-Rom-Laufwerke von 10 % führt zu einer Erhöhung der Nachfrage nach Software auf CD um 15 % (Komplementärgüter). $E_K$ ist in diesem Fall -1,5.*

### Einkommen der Haushalte

In Normalfall wird davon ausgegangen, dass eine Einkommenserhöhung, unter sonst gleichen Bedingungen, zu einer Erhöhung der Konsumsumme und damit zu einer Erhöhung der Nachfrage nach einem Gut führt und umgekehrt. Es existieren jedoch Güter, sogenannte Sättigungsgüter, bei denen eine Einkommenserhöhung keine Nachfrageveränderung hervorruft, oder sogenannte inferiore Güter, bei denen es zu einem anomalen Nachfrageverhalten, einem Nachfragerückgang bei steigendem Einkommen, kommt. Es sind also – je nach Art der Güter – drei Reaktionen auf steigendes Einkommen möglich.

- Bei Gütern, bei denen es **keine Sättigungsgrenze** gibt bzw. diese noch nicht erreicht ist, führt ein steigendes Einkommen zu einer Erhöhung der Nachfrage. Zu diesen Gütern gehören beispielsweise Textilien, Bücher und Fernreisen. In diesen Fällen führt die Einkommenserhöhung zu einer Rechtsverschiebung der Nachfragekurve.

    *Beispiel: Bei steigender Konsumsumme (Ursache) steigt die Nachfrage nach Software für PCs.*

- Ist bei einem Gut die **Sättigungsgrenze erreicht**, so führt eine Einkommenserhöhung zu keiner weiteren Nachfrageerhöhung, da jede weitere Konsumeinheit des Gutes keinen Nutzenzuwachs erbringt. Solche Güter sind z. B. Nahrungsmittel oder Medikamente.

    *Beispiel: Bei steigender Konsumsumme (Ursache) steigt zunächst die Nachfrage nach Waschpulver, stagniert aber, sobald die Sättigungsgrenze erreicht ist (Wirkung).*

- Als **inferiore Güter** bezeichnet man untergeordnete Güter, deren Konsum bei zunehmenden Einkommen zugunsten sogenannter superiorer Güter, übergeordnete Güter, abnimmt. Dieser Fall kennzeichnet ein anomales Nachfrageverhalten, während das Nachfrageverhalten bzgl. der superioren Güter als normal anzusehen ist. Beispielsweise werden Fahrräder durch Motorräder oder Kleinwagen und Gemüse durch Fleisch ersetzt.

    *Beispiel: Die Statistiker Engel und Schwabe stellten im 19. Jahrhundert fest, dass die Ausgaben für Nahrungsmittel bzw. Wohnungen mit steigenden Einkommen in Relation zueinander gesetzt abnahmen (Engel-Schwabesches-Gesetz).*

Auch in diesem Fall dient die sogenannte Einkommenselastizität, die sich aus dem Quotienten aus der prozentualen Nachfrageveränderung zur prozentualen Einkommensveränderung ergibt, zur Bestimmung der Richtung und des Umfangs der Nachfrageveränderung.

Wenn das Einkommen der Haushalte steigt, wird sich im Normalfall, wenn alle anderen Bedingungen konstant bleiben, auch die Nachfrage nach einem Gut erhöhen. Den Umfang der Nachfrageverschiebung misst man durch die Einkommenselastizität der Nachfrage ($E_Y$), die in diesem Fall positiv ist. Es gibt jedoch auch Güterarten, bei denen diese Elastizität negativ ist. So sinkt z. B. die Nachfrage nach inferioren Gütern, wenn sich das Einkommen erhöht. Die Einkommenselastizität der nun vermehrt nachgefragten superioren Güter ist hingegen positiv. Der Grenzfall, eine Einkommenselastizität von Null, sind auch hier wieder Güter, deren Nachfrage vom Einkommen nicht beeinflusst wird, wie z. B. Güter, deren Sättigungsgrenze erreicht ist.

*Beispiel: Bei einer Einkommenserhöhung von 5 % wird festgestellt, dass die Nachfrage nach Schmuck um 8 % steigt. $E_Y$ hat einen Wert von 1,6.*

### Erwarteter Nutzen eines Gutes

Jeder Haushalt ist bestrebt, mit dem gegebenen Einkommen ein Maximum an Nutzen zu erzielen. Folglich werden die Güter nachgefragt, die den größten Nutzen besitzen, Güter mit einem geringen oder keinem Nutzen werden demzufolge nicht nachgefragt. Verändert sich nun die Nutzenerwartung bezüglich eines Gutes, unter sonst gleichen Bedingungen, z. B. aufgrund von Mode- oder Trenderscheinungen, so wird sich die Nachfrage nach diesem Gut erhöhen bzw. verringern, und es kommt zu einer Rechts- oder Linksverschiebung der Nachfragekurve.

*Beispiel:* Nimmt der Trend nach vegetarischer Kost zu, so steigt die Nachfrage nach Gemüse bei gleichzeitigem Sinken der Nachfrage nach Fleisch. Der Nutzen von Gemüse steigt in diesem Fall und der von Fleisch sinkt.

### Gossensche Gesetze

Der Nationalökonom Heinrich Gossen versuchte zu zeigen, wie die Nutzenerwartungen auf die Konsumentscheidungen der Nachfrager Einfluss nehmen können und wie ein Haushalt mit einem gegebenen Einkommen ein Nutzenmaximum erzielen kann. Seine Ergebnisse sind in zwei Gesetzen, den **Gossenschen Gesetzen**, zusammengefasst worden. Das erste Gossensche Gesetz wird als Sättigungsgesetz, das zweite als Genussausgleichsgesetz bezeichnet.

Voraussetzungen für die hier unterstellten Modelle sind

- homogene und beliebig teilbare Güter,
- Konstanz aller übrigen Einflussfaktoren,
- ein gegebenes, beliebig teilbares Einkommen und
- der Nutzen der Gütereinheiten lässt sich messen und durch Nutzeneinheiten in Zahlen ausdrücken.

### 1. Gossensches Gesetz

Im ersten Gossenschen Gesetz wird ausgesagt, dass der Grenznutzen eines Gutes bei fortlaufendem Konsum mit jeder konsumierten Gütereinheit ständig abnimmt, bis schließlich die Sättigung eintritt.

Darüber hinaus konsumierte Einheiten können theoretisch in Abneigung übergehen (negativer Grenznutzen).

*Beispiel:* Ein Spaziergänger geht vier Stunden bei großer Hitze spazieren. Er hat keine Getränke mitgenommen und ist froh, dass er endlich eine Gaststätte erreicht. Das erste Glas Saft hat nun den größten Grenznutzen, denn mit jedem weiterem Glas Saft wird sein Durst geringer und der Grenznutzen nimmt ab.

### 2. Gossensches Gesetz

Mit einem gegebenen Einkommen ist dann ein Nutzenmaximum erreicht, wenn der Grenznutzen aller zuletzt beschafften Güterteilmengen gleich groß ist. Die so mit dem begrenzten Budget erlangten Gütereinheiten stellen den optimalen Verbrauchsplan dar. Der Grenznutzen für alle noch verbleibenden Güterteilmengen ist ebenfalls gleich groß, d.h., hätte das Wirtschaftssubjekt noch die Möglichkeit, eine Teilmenge zu konsumieren, wäre der zusätzliche Nutzengewinn bei allen Gütern gleich groß.

*Beispiel:* Herr Schulze und Herr Meier besuchen eine Sportveranstaltung und nehmen für ihren Verzehr auf dem Sportplatz jeder 15,00 EUR mit. Auf dem Sportplatz werden Würstchen, Eis und Limonade zu einem Preis von jeweils 2,50 EUR angeboten. Herr Schulze ist in erster Linie durstig, daneben isst er auch gerne Eis. Für Herrn Meier gilt eine andere Grenznutzenverteilung, denn er ist in erster Linie hungrig und durstig.

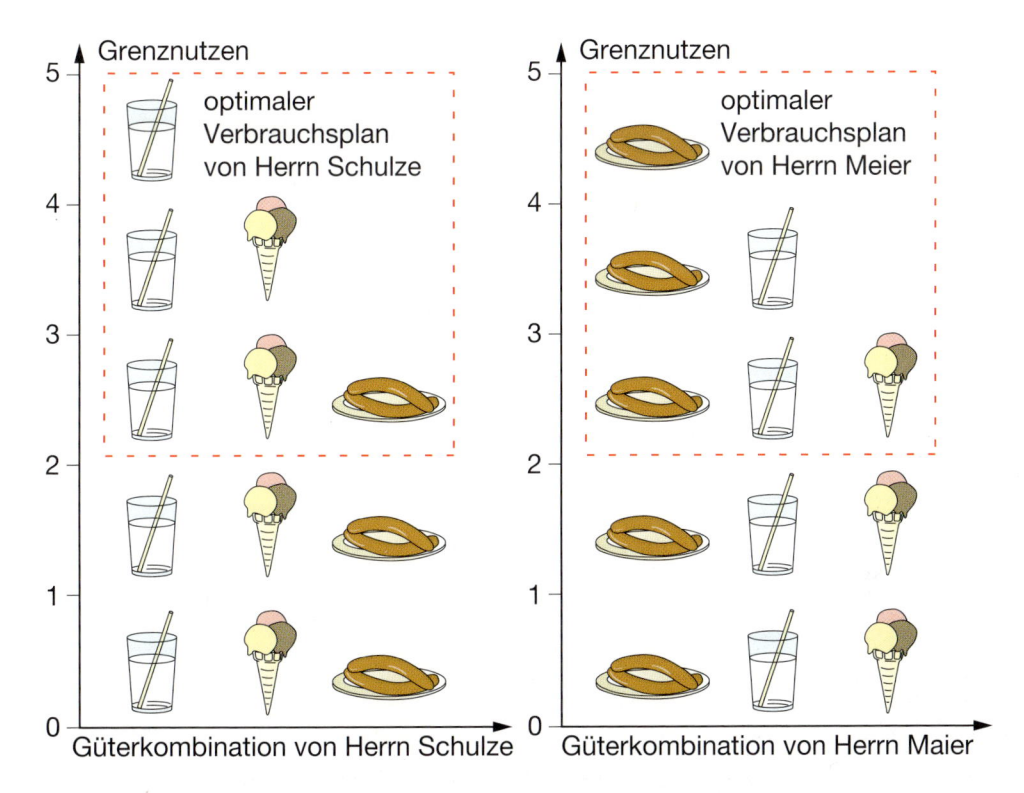

*Beispiel: Der optimale Verbrauchsplan für Herrn Schulze besteht aus drei Limonaden, zwei Eis und einem Würstchen, da er hierbei mit seinen 15,00 EUR den maximalen Gesamtnutzen von 22 Nutzeneinheiten erzielt. Alle anderen möglichen Güterkombinationen würden bei gleichem Budget einen geringeren Gesamtnutzen ergeben. Der optimale Verbrauchsplan für Herrn Meier besteht aus drei Würstchen, zwei Limonaden und einem Eis. Alle anderen Kombinationen würden einen niedrigeren Gesamtnutzen als 22 ergeben.*

### Wirtschaftliche Zukunftserwartungen der Haushalte

Je nach Einschätzung ihrer zukünftigen wirtschaftlichen Situation verhalten sich die Haushalte ausgabenfreundlich oder weniger ausgabenfreundlich. Wird die Zukunft als positiv angesehen, z. B. weil man mit steigendem Einkommen rechnet, wird die Konsumsumme erhöht, d. h., die Nachfrage nach einem Gut steigt. Die gleiche Situation tritt ein, wenn man mit steigenden Preisen rechnet. Eine negative Zukunftserwartung bzw. die Erwartung, dass die Preise fallen, haben die gegensätzliche Wirkung auf die Nachfrage.

*Beispiel: Rechnet man mit steigenden Preisen in der Automobilindustrie, werden mehr Autos nachgefragt.*

### Zahl der Nachfrager

Eine veränderte Zahl der Nachfrager bedingt auch, unter sonst gleichen Bedingungen, eine Veränderung der Nachfrage. Erhöht sich die Anzahl der Nachfrager, hat dies eine Nachfrageerhöhung zur Folge. Die Nachfragekurve verschiebt sich nach rechts. Eine Verringerung der Nachfrager führt zu einer Nachfragesenkung bzw. zu einer Linksverschiebung der Nachfragekurve.

*Beispiel: Ein Anstieg der Geburtenrate bewirkt eine erhöhte Nachfrage nach Babynahrung.*

## 1.1.1.2 Volkswirtschaftliches Angebot

*Als Angebot werden die auf dem Markt zum Kauf bzw. Tausch bereitgestellten Leistungen bezeichnet, d. h. die Menge eines Gutes, die die Wirtschaftssubjekte zu verkaufen bereit sind.*

Anbieter auf dem Gütermarkt sind im Wesentlichen Unternehmen. Aber auch Wirtschaftssubjekte aus anderen Wirtschaftssektoren können als Anbieter eines Gutes auf dem Markt auftreten.

**Beispiel:** *Ein privater Haushalt bietet den Teil der Apfelernte, der seinen Bedarf übersteigt, zum Kauf an.*

Auch das Ausland oder der Staat treten auf bestimmten Märkten als bedeutende Anbieter auf. Die Gesamtheit aller in einer Volkswirtschaft angebotenen Mengen eines Gutes wird als Gesamtangebot bezeichnet.

**Beispiel:** *Die gesamte Menge an Salatgurken, die in Deutschland angeboten wird, unabhängig davon, ob das Ausland, inländische Unternehmen oder private Haushalte diese zu verkaufen beabsichtigen.*

*Das volkswirtschaftliche Gesamtangebot wird ermittelt durch die Addition aller von den einzelnen Wirtschaftssubjekten (= individuelles Angebot) auf dem Markt angebotenen Mengen eines Gutes zu jeweils konstanten Preisen.*

**Beispiel:** *Auf dem Schokoladenmarkt sind drei Anbieter mit folgenden Preis-Mengen-Vorstellungen:*

| Preis pro Tafel in EUR | Individuelles Angebot in Tafeln | | | Gesamtangebot |
|---|---|---|---|---|
| | Unternehmen 1 | Unternehmen 2 | Unternehmen 3 | |
| 0,50 | 1.100 | 700 | 1.100 | 2.900 |
| 0,60 | 1.200 | 900 | 1.300 | 3.400 |
| 0,70 | 1.300 | 1.100 | 1.500 | 3.900 |
| 0,80 | 1.400 | 1.300 | 1.700 | 4.400 |
| 0,90 | 1.500 | 1.500 | 1.900 | 4.900 |

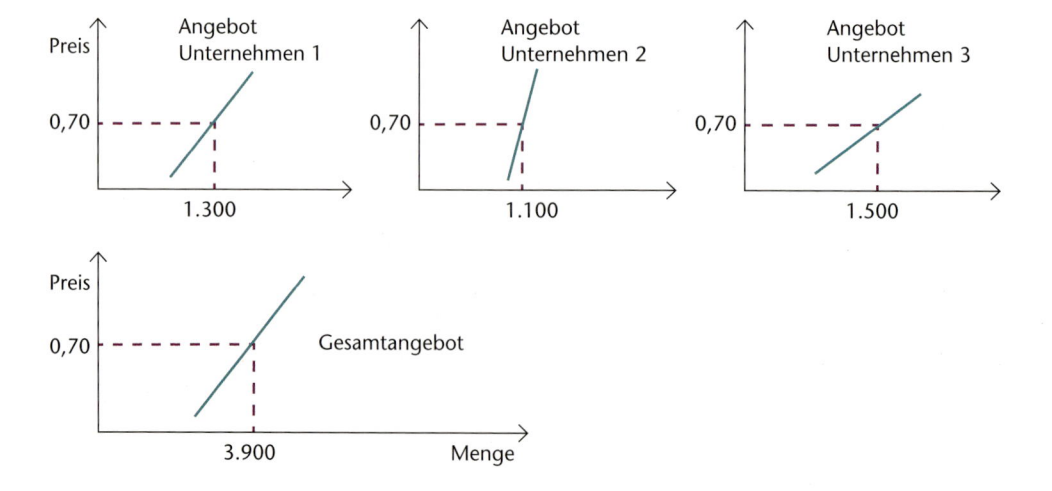

## Einflussfaktoren des Angebotes

Bei der Betrachtung des individuellen Angebotes lässt sich eine Vielzahl von Faktoren finden, welche die Bereitschaft der Anbieter beeinflussen, bestimmte Mengen eines Gutes zum Verkauf auf den Markt zu bringen. Gesamtwirtschaftlich betrachtet sind hauptsächlich folgende Einflussfaktoren von Bedeutung:

### Preis des Gutes
Veränderungen des Preises für ein Gut führen, wie bei der Nachfrage, zu einer neuen Preis-Mengen-Kombination auf der Angebotskurve. Die Lage der Kurve bleibt unverändert.

### Angebotsveränderung bei Veränderungen anderer Einflussfaktoren
Bei Veränderung eines anderen Einflussfaktors kommt es immer zu einer Verschiebung der Angebotsfunktion, entweder nach links für den Fall einer Angebotssenkung oder nach rechts bei einer Angebotserhöhung.

### Preise anderer Güter
Ändert sich der Preis anderer Güter, so kann dies – unter sonst gleichen Bedingungen – zu einer Angebotssenkung oder -erhöhung eines Gutes führen.

| | |
|---|---|
| **Preisänderung eines Substitutionsgutes** | Steigt der Preis eines Substitutionsgutes (Gut 2), werden die Anbieter in Erwartung der steigenden Nachfrage des zu betrachtenden Gutes (Gut 1) ihr Angebot erhöhen und umgekehrt. *Beispiel: Steigt der Preis für Rindfleisch (Gut 2: Ursache), erwarten die Metzger, dass die Nachfrager Rindfleisch durch Schweinefleisch substituieren, und erhöhen ihr Angebot an Schweinefleisch (Gut 1: Wirkung).* |
| **Preisänderung eines Komplementärgutes** | Für den Fall, dass der Preis eines Komplementärgutes (Gut 2) steigt, erwarten die Anbieter ein Sinken der Nachfrage des zu betrachtenden Gutes (Gut 1) und werden demzufolge ihr Angebot senken. Im umgekehrten Fall verhält sich das Angebot entgegengesetzt. *Beispiel: Steigt der Preis für Kaffee (Gut 2: Ursache), werden die Anbieter von Filtertüten mit einer sinkenden Nachfrage nach Kaffee rechnen und ihr Angebot an Filtertüten (Gut 1: Wirkung) ebenfalls senken.* |
| **Preisänderung eines indifferenten Gutes** | Verändert sich der Preis eines indifferenten Gutes, hat dies keine Auswirkung auf das Angebot des zu betrachtenden Gutes. *Beispiel: Eine Benzinpreiserhöhung (Gut 2: Ursache) hat keine Veränderung des Angebotes an Staubsaugern (Gut 1: Wirkung) zur Folge.* |

### Kosten der Produktionsfaktoren
Steigen für die Herstellung eines Gutes die Kosten für die Produktionsfaktoren, z. B. Löhne, Zinsen oder Mieten, sinken bei konstantem Preis für das Gut und auch sonst unveränderten Bedingungen die Ertragsaussichten bzw. die Gewinne der Anbieter.

Einige Anbieter werden dann, sofern sie die Möglichkeit haben, ihr Produktionsprogramm zugunsten von Produkten ändern, die höhere Erträge versprechen. Andere Anbieter müssen die Produktion des Gutes eventuell ganz einstellen.

Steigende Kosten der Produktionsfaktoren führen also – bei sonst unveränderten Bedingungen – zu einer Angebotssenkung. Im Falle sinkender Kosten für die Produktionsfaktoren kommt es zu einer Angebotserhöhung.

### Ziele der Anbieter

Eine Vielzahl unterschiedlicher Zielsetzungen beeinflusst die unternehmerischen Entscheidungen. Als wesentliches ökonomisches Unternehmensziel wird die Gewinnmaximierung angesehen. Daneben spielen aber auch die Erlangung von Marktanteilen, die Risikobereitschaft oder bestimmte Marketingstrategien eine besondere Rolle. Auch außerökonomische Ziele wie Ansehen, Macht oder Prestige können unternehmerische Entscheidungen beeinflussen. Demnach kann es dazu kommen, dass Unternehmen – unter sonst gleichen Bedingungen – ihr Angebot erhöhen oder senken, um ihre veränderten Unternehmensziele zu erreichen.

*Beispiel: Ein Rennstall erhöht sein Angebot an erstklassigen Rennpferden, um Aufmerksamkeit in der Öffentlichkeit zu erregen.*

### Stand des technischen Wissens

Eine Verbesserung des Know-hows führt zu einer größeren Konkurrenzfähigkeit bzw. zu einem Sinken der Produktionskosten. Aus diesem Grund ist anzunehmen, dass – bei Konstanz der übrigen Einflussfaktoren – eine technische Verbesserung der Produktion eines Gutes oder des Gutes selbst zu einer Angebotserhöhung führt. Eine Stagnation des Know-hows kann langfristig zur internationalen Konkurrenzunfähigkeit führen oder bei technischem Fortschritt auf anderen Gebieten dazu führen, dass die Anbieter auf andere Märkte ausweichen und ihr Angebot auf dem bisherigen Markt einschränken.

*Beispiel: Die Verbesserung des technischen Wissens bei der Herstellung von Sonnenkollektoren führte zu einer Angebotserhöhung.*

### Zahl der Anbieter

Nimmt die Anzahl der Anbieter eines Gutes bei sonst unveränderten Bedingungen zu, steigt auch die zum Kauf angebotene Menge des Gutes. Ein Ausscheiden von Anbietern hat eine Angebotssenkung zur Folge.

*Beispiel: Die Europäische Zentralbank entschließt sich, als zusätzlicher Anbieter eine Million Dollar aus ihren Währungsreserven zu verkaufen.*

#### 1.1.1.3 Preisbildung auf dem vollkommenen Markt

Als Voraussetzung für die Bildung eines Gleichgewichtspreises sollen die Bedingungen der vollständigen Konkurrenz als Marktmodell vorliegen.

### Preismechanismus

Unter den Prämissen der vollkommenen Konkurrenz bildet sich ein Marktpreis, der zum Ausgleich zwischen der angebotenen Menge eines Gutes und der nachgefragten Menge des Gutes führt. Das Angebot und die Nachfrage werden stets in Richtung dieses Gleichgewichtspreises gelenkt. Die entsprechende Menge wird als Gleichgewichtsmenge bezeichnet.

*Beispiel: Gegeben ist zu einem bestimmten Zeitpunkt die folgende Situation an einer Börse für eine bestimmte Aktie:*

| Kurslimit in EUR | Kaufoptionen | | Verkaufsoptionen | |
|---|---|---|---|---|
| | Käufer | Stück | Verkäufer | Stück |
| 105,00 | A | 120 | H | – |
| 106,00 | B | 90 | I | 160 |
| 107,00 | C | 80 | J | 130 |
| 108,00 | D | 60 | K | 100 |
| 109,00 | E | 25 | L | 85 |
| 110,00 | F | 20 | M | 50 |
| | G | 155 (billigst) | N | 50 (bestens) |

Aus den Kaufoptionen und Verkaufsoptionen ergibt sich folgende Marktsituation mit Gesamtnachfrage und Gesamtangebot:

| Kurs in EUR | Gesamtnachfrage in Stück | Gesamtangebot in Stück |
|---|---|---|
| 105,00 | 550 | 50 |
| 106,00 | 430 | 210 |
| 107,00 | 340 | 340 |
| 108,00 | 260 | 440 |
| 109,00 | 200 | 525 |
| 110,00 | 175 | 575 |

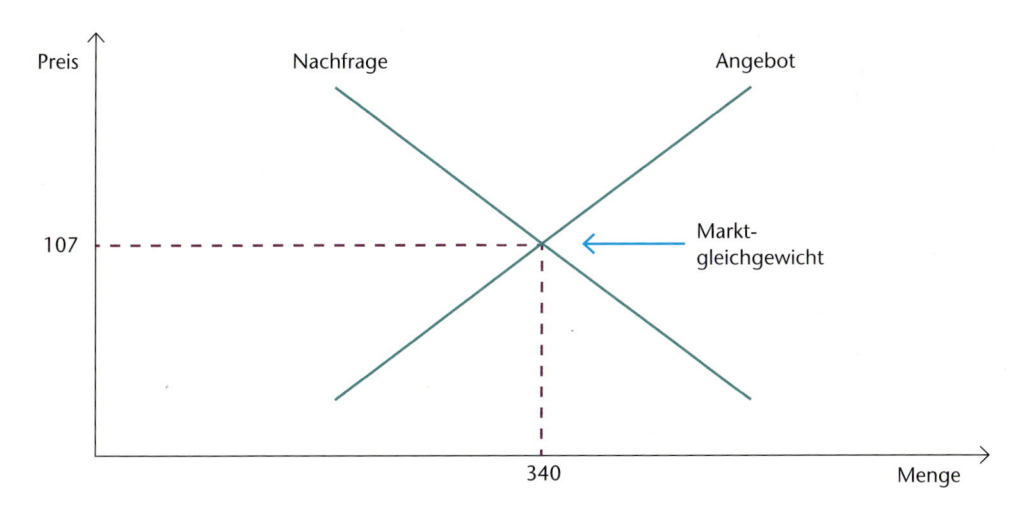

Bei vollständiger Konkurrenz bildet sich durch Angebot und Nachfrage ein Gleichgewichtspreis. Der Gleichgewichtspreis ist der Marktpreis, bei dem das Angebot gleich der Nachfrage ist. Er liegt somit im Schnittpunkt zwischen der Angebots- und der Nachfragefunktion. Bei vollständiger Konkurrenz muss er von allen Marktteilnehmern als Datum hingenommen werden. Der mengenmäßige Umsatz ist beim Gleichgewichtspreis maximal.

Die im Marktgleichgewicht umgesetzte Menge eines Gutes wird als Gleichgewichtsmenge bezeichnet. Es ist die Menge, die zur Räumung des Marktes führt, da die gesamten zum Kauf angebotenen Einheiten eines Gutes nachgefragt, d. h. gekauft werden.

### Funktionen des Gleichgewichtspreises

Entscheidungen der Marktsubjekte richten sich im Wesentlichen nach dem Marktpreis. Dabei erfüllt der auf einem Markt mit vollständiger Konkurrenz gebildete Gleichgewichtspreis folgende Funktionen:

- **Lenkungsfunktion** (Allokationsfunktion)
  Der Preis dient der Verteilung der Produktionsfaktoren auf die einzelnen Wirtschaftsbereiche, da diese dort eingesetzt werden, wo sie am produktivsten bzw. am rentabelsten sind. Ein steigender Preis führt zu zunehmender Produktion und damit zum zusätzlichen Einsatz der Produktionsfaktoren und umgekehrt. Außerdem führt die steigende Rentabilität zu steigendem Primäreinkommen, das zum Ausgleich des gestiegenen Preises notwendig ist.

  *Beispiel: Steigende Preise für Schweinefleisch wird die Landwirte dazu veranlassen, die Produktionsfaktoren Arbeit, Boden und Kapital verstärkt für die Mast von Schweinen einzusetzen.*

- **Markträumungsfunktion** (Ausschaltungsfunktion, Ausgleichsfunktion)
  Der Gleichgewichtspreis führt zu einer Räumung des Marktes, da nicht kaufkräftige Nachfrage oder Nachfrager, die nicht bereit sind, zu diesem Preis zu kaufen, und nicht konkurrenzfähige Angebote, d. h. Anbieter, für die der Gleichgewichtspreis zu niedrig ist, ausgeschaltet werden. Somit kommt es bei der Preisbildung zu einem Ausgleich der gegensätzlichen Interessen von Anbietern und Nachfragern. Zum Gleichgewichtspreis wird die gesamte angebotene Menge eines Gutes abgesetzt und die gesamte Nachfrage befriedigt.

  *Beispiel: Auf dem Devisenmarkt bildet sich ein Devisenkurs, bei dem alle Devisenanbieter, die bereit sind, zu diesem Wechselkurs ihre Devisen anzubieten, ihre Devisen verkaufen können und alle Devisennachfrager, die zu diesem Wechselkurs Devisen kaufen wollen, diese auch erhalten.*

- **Signalfunktion**
  Der Gleichgewichtspreis signalisiert die Knappheitssituation eines Gutes. Veränderungen der Nachfrage führen zu Preiserhöhungen, die den Anbietern zeigen, dass das Angebot zu gering ist, oder sie führen zu Preissenkungen, welche ein zu hohes Angebot kennzeichnen. Die Unternehmen werden ihre Ausbringungsmenge der geänderten Knappheitssituation anpassen.

  *Beispiel: Die plötzlich gestiegenen Preise für Mikrochips waren vor einigen Jahren darauf zurückzuführen, dass das Chemiewerk des führenden japanischen Herstellers von Epoxidharz, das man zur Herstellung von Leiterbahnen benötigt, abgebrannt war. Die daraus resultierende Marktverknappung auf dem Markt für Mikrochips führte kurzfristig zu mehr als einer Verdreifachung des Marktpreises.*

### Marktungleichgewichte

Wenn auf einem Markt das Angebot und die Nachfrage zu einem bestimmten Preis nicht übereinstimmen, liegt ein Marktungleichgewicht vor. Auf einem Markt mit vollständiger Konkurrenz ist dieses Marktungleichgewicht nur sehr kurzfristig, da diese neue Marktsituation unendlich schnell zu einem neuen Gleichgewichtspreis führt, der Angebot und

Nachfrage wieder aneinander anpasst. Folgende Marktungleichgewichte können existieren:

- **Angebotsüberhang (Nachfragelücke, Käufermarkt)**
  Wenn das Angebot größer ist als die Nachfrage, spricht man von einem Angebotsüberhang. In diesem Fall werden bei vollständiger Konkurrenz die Anbieter den Preis so lange senken und dabei Angebote ausschalten bzw. Nachfrage gewinnen, bis ein neuer Gleichgewichtspreis entstanden ist.

  *Beispiel: Bei einem Kurs von 108,00 EUR kommt es im obigen Beispiel zu einem Angebotsüberhang von 180 Stück.*

- **Nachfrageüberhang (Angebotslücke, Verkäufermarkt)**
  Ist das Angebot geringer als die Nachfrage, spricht man von einem Nachfrageüberhang. Bei vollständiger Konkurrenz finden so lange Preiserhöhungen statt, bis durch Ausschalten von Nachfrage und Angebotszunahme ein neues Gleichgewicht entsteht.

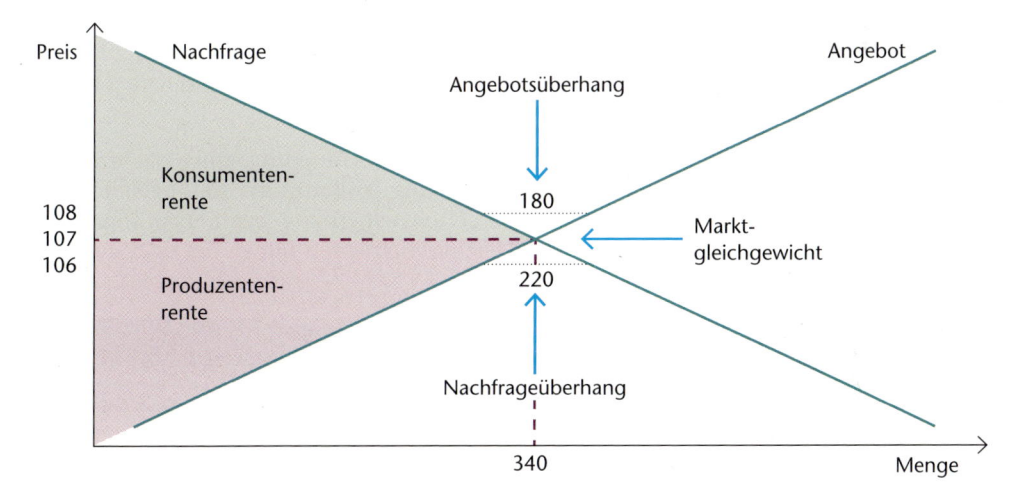

  *Beispiel: Bei einem Kurs von 106,00 EUR ensteht ein Nachfrageüberhang von 220 Stück.*

### Konsumentenrente

*Die Differenz zwischen dem höheren Betrag, den ein Nachfrager zu zahlen bereit ist, und dem tatsächlichen Marktpreis multipliziert mit der Menge bezeichnet man als Konsumentenrente.*

**Beispiel:** *Frau Meier ist bereit, für einen bestimmten Pullover 100,00 EUR zu zahlen. Sie erwirbt diesen Pullover aber zu einem Preis von 80,00 EUR. Sie hat somit eine Konsumentenrente von 20,00 EUR erzielt.*

### Grenznachfrager

Der Grenznachfrager ist derjenige, dessen Konsumentenrente Null ist. Der Betrag, den dieser Nachfrager höchstens zu zahlen bereit ist, entspricht dem Marktpreis. Eine noch so geringfügige Erhöhung des Marktpreises hätte ein Ausscheiden des Grenznachfragers zur Folge.

## Produzentenrente

*Anbieter, deren geplanter Preis unter dem Marktpreis liegt, erzielen eine Produzentenrente in Höhe der Differenz zwischen dem niedrigsten Preis, zu dem dieser Anbieter noch anbieten würde, und dem Marktpreis multipliziert mit der angebotenen Menge.*

**Beispiel:** Ein Landwirt ist bereit, 10 Kisten Äpfel zu jeweils 40,00 EUR anzubieten. Der Marktpreis, zu dem er die Äpfel verkauft, liegt jedoch bei 50,00 EUR. Seine Produzentenrente beträgt somit 100,00 EUR.

## Grenzanbieter

Grenzanbieter ist der Anbieter, der zum Marktpreis gerade noch anbietet, da seine Gesamtkosten soeben noch gedeckt sind. Seine Produzentenrente ist gleich Null. Bei einer noch so geringen Preissenkung würde er als Anbieter ausscheiden.

## Veränderungen des Gleichgewichtspreises

Durch die ständigen Veränderungen der Einflussfaktoren des Angebotes bzw. der Nachfrage kommt es fortlaufend zu neuen Anpassungsprozessen, deren Folge ein neues Marktgleichgewicht ist, dessen Gleichgewichtspreis über oder unter dem ursprünglichen liegen kann.

Eine Erhöhung des Marktpreises ist Resultat einer Angebotssenkung, einer Nachfrageerhöhung oder in dem Fall, dass die Nachfrageerhöhung größer ist als die Angebotserhöhung. In allen diesen Fällen entsteht ein Nachfrageüberhang beim ursprünglichen Gleichgewichtspreis, sodass sich ein neuer Gleichgewichtspreis bildet, der über dem ursprünglichen liegt.

| Erhöhung des Marktpreises | |
|---|---|
| **Angebotssenkung ($A_0 - A_1$)** | **Nachfrageerhöhung ($N_0 - N_1$)** |
| – Preis eines Substitutionsgutes sinkt<br>– Preis eines Komplementärgutes steigt<br>– Kosten der Produktionsfaktoren steigen<br>– Veränderung der Unternehmensziele mit angebotssenkender Wirkung, z. B. Reduzierung der Vertriebswege<br>– Zahl der Anbieter sinkt | – Preis eines Substitutionsgutes steigt<br>– Preis eines Komplementärgutes sinkt<br>– Einkommen der Haushalte steigt<br>– Nutzeneinschätzung gegenüber dem Gut steigt<br>– positive Zukunftserwartungen der Nachfrager<br>– Zahl der Nachfrager steigt |

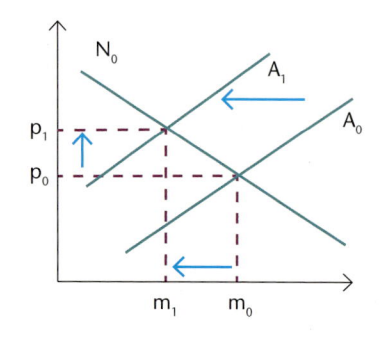

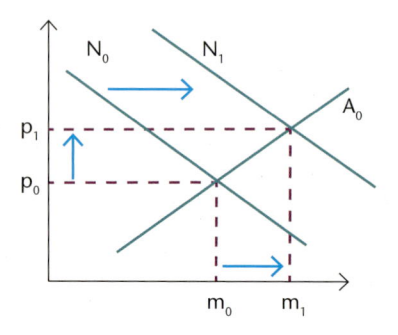

Ein Angebotsüberhang löst einen Anpassungsprozess aus, der zu einem geringeren Marktpreis führt. Dieses Marktungleichgewicht beim ursprünglichen Gleichgewichtspreis ist die Folge einer Angebotserhöhung, einer Nachfragesenkung oder einer Angebotserhöhung, die stärker ist als die Nachfrageerhöhung.

| Verringerung des Marktpreises | |
|---|---|
| **Angebotserhöhung ($A_0 - A_1$)** | **Nachfragesenkung ($N_0 - N_1$)** |
| – Preis eines Substitutionsgutes steigt<br>– Preis eines Komplementärgutes sinkt<br>– Kosten der Produktionsfaktoren sinken<br>– Veränderung der Unternehmensziele mit angebotserhöhender Wirkung<br>– Stand des technischen Wissens steigt<br>– Zahl der Anbieter steigt | – Preis eines Substitutionsgutes sinkt<br>– Preis eines Komplementärgutes steigt<br>– Einkommen der Haushalte sinkt<br>– Nutzeneinschätzung gegenüber dem Gut sinkt<br>– Zukunftserwartungen der Nachfrager verschlechtern sich<br>– Zahl der Nachfrager sinkt |

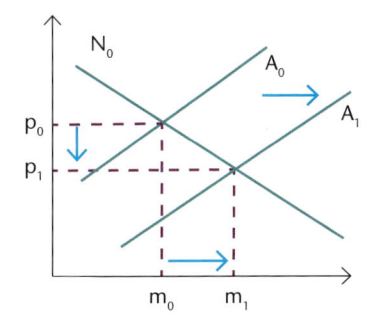

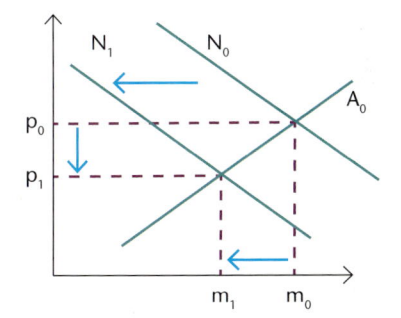

### 1.1.1.4 Preisbildung auf dem unvollkommenen Markt: Die Realität

*Ein unvollkommener Markt liegt vor, wenn eine oder mehrere Bedingungen des vollkommenen Marktes nicht gegeben sind. Dies trifft, bis auf wenige Ausnahmen, für alle real existierenden Märkte zu.*

Die Ursache hierfür ist, dass Anbieter, insbesondere auf Käufermärkten, durch ihr Marketing diese Bedingungen zerstören, um sich gegenüber den Mitbewerbern behaupten und eine autonome Preispolitik betreiben zu können.

| Vollkommener Markt | Unvollkommener Markt |
|---|---|
| Homogenität der Güter | Anbieter schaffen durch Veränderungen (Produktdifferenzierung) heterogene Güter, die die Bedürfnisse der Abnehmergruppen gezielter befriedigen sollen. Unterstützt wird dies durch geeignete Werbemaßnahmen. |
| Fehlen von Präferenzen | Anbieter schaffen bewusst persönliche und sachliche Präferenzen durch den Einbau von Markenartikeln, durch räumliche und zeitliche Präferenzen oder durch ihre Vertriebspolitik. |

| Vollkommener Markt | Unvollkommener Markt |
|---|---|
| Vollständige Markttransparenz | Aufgrund der Größe der realen Märkte, der Anzahl der verschiedenen Produktvarianten, der technisch komplizierten Produkte und der fehlenden Informationszeit ist eine vollständige Markttransparenz für Anbieter und Nachfrager nicht erreichbar. |
| Fehlen von Time-Lags (zeitliche Verzögerungen) | Reale Märkte sind i. d. R. keine Punktmärkte, d. h., Angebot und Nachfrage fallen zeitlich und räumlich auseinander. Die Produktionsfaktoren sind nicht mobil genug, um ohne zeitliche Verzögerung auf der Angebotsseite auf Marktveränderungen zu reagieren. Außerdem lassen sich Güter nicht oder unzureichend substituieren, sodass eine unendlich schnelle Anpassung an geänderte Marktdaten unmöglich ist. |

Die Folge ist, dass sich auf diesen Märkten kein Gleichgewichtspreis bildet, den alle Marktteilnehmer als Datum hinnehmen müssen. Dadurch entfallen in der Regel auch die Funktionen des Gleichgewichtspreises, d. h., die Märkte werden nicht geräumt, die Preise signalisieren nicht unbedingt die Knappheit eines Gutes und zu teure Anbieter werden nicht in jedem Fall ausgeschaltet.

Zur Verringerung der negativen Folgen des unvollkommenen Marktes für die Nachfrager ist es notwendig, die Markttransparenz dieser Marktteilnehmer zu erhöhen. Verbraucherzentralen und Verbraucherberatungsstellen, vergleichende unabhängige Warentests, wie z. B. durch die Stiftung Warentest, und die Vergabe von Gütezeichen durch den Deutschen Normenausschuss sind Maßnahmen, die Markttransparenz zu erhöhen und insbesondere die Produktdifferenzierung und die Werbeaussagen der Anbieter kritischer beurteilen zu können.

### Preisdifferenzierung

Auf unvollkommenen Märkten können Anbieter eine Leistung zu unterschiedlichen Preisen anbieten, mit dem Ziel, die Konsumentenrente abzuschöpfen und dadurch ihre Gewinne zu maximieren. Preisdifferenzierung ist nur auf unvollkommenen Märkten durchführbar, inbesondere die fehlende Markttransparenz und die Existenz von Präferenzen sind dabei von Bedeutung. Außerdem muss die Bildung von Marktsegmenten möglich und ökonomisch sinnvoll sein. Folgende Arten der Preisdifferenzierung lassen sich unterscheiden:

- **Räumliche Preisdifferenzierung**
  An unterschiedlichen Orten wird eine Leistung zu unterschiedlichen Preisen angeboten.

  *Beispiel:* Ein Autohersteller bietet seine Personenwagen im Ausland wesentlich günstiger an als im Inland.

- **Zeitliche Preisdifferenzierung**
  Eine Leistung wird zu unterschiedlichen Zeitpunkten zu unterschiedlichen Preisen angeboten.

  *Beispiele:* Happy-Hour-Preise, Bahnfahrten nach 9:00 Uhr sind günstiger.

- **Persönliche Preisdifferenzierung**
  Bestimmte Personengruppen, z. B. Schüler, Studenten und Rentner, können eine Leistung günstiger beziehen als andere.

  *Beispiel: Die Mitarbeiter eines Textilherstellers erhalten die Produkte des Unternehmens wesentlich günstiger als betriebsfremde Personen (Personalrabatt).*

- **Preisdifferenzierung nach Verwendungszweck**
  Je nach Verwendungszweck eines Gutes werden unterschiedliche Preise erhoben.

  *Beispiel: Für Heizöl und Diesel werden unterschiedliche Preise verlangt.*

- **Preisdifferenzierung nach Käuferschicht**
  Die Produkte werden von den Anbietern je nach Käuferschicht, d. h. Marktsegment, zum Teil nur sehr geringfügig verändert, um sie dann zu verschiedenen Preisen anzubieten.

  *Beispiel: Ein Waschpulverhersteller bietet sein Waschpulver zum bekannten Markennamen wesentlich teurer an als in der No-Name-Verpackung.*

- **Preisdifferenzierung nach Absatzmenge**
  Je mehr ein Nachfrager zu kaufen bereit ist, desto niedriger wird der Stückpreis eines Gutes.

  *Beispiel: Ein Anbieter gewährt bei Abnahme großer Mengen eines Gutes einen Mengenrabatt, wobei er bei geringen Mengen einen Mindermengenzuschlag berechnet.*

## Preisbildung im unvollkommenen Polypol

Treffen viele Anbieter und viele Nachfrager auf einem unvollkommenen Markt zusammen, so spricht man von einem unvollkommenen Polypol oder von einer unvollkommenen bzw. monopolistischen Konkurrenz.

*Beispiel: In einer Stadt gibt es viele Friseure, die aber einen Haarschnitt zu unterschiedlichen Preisen anbieten.*

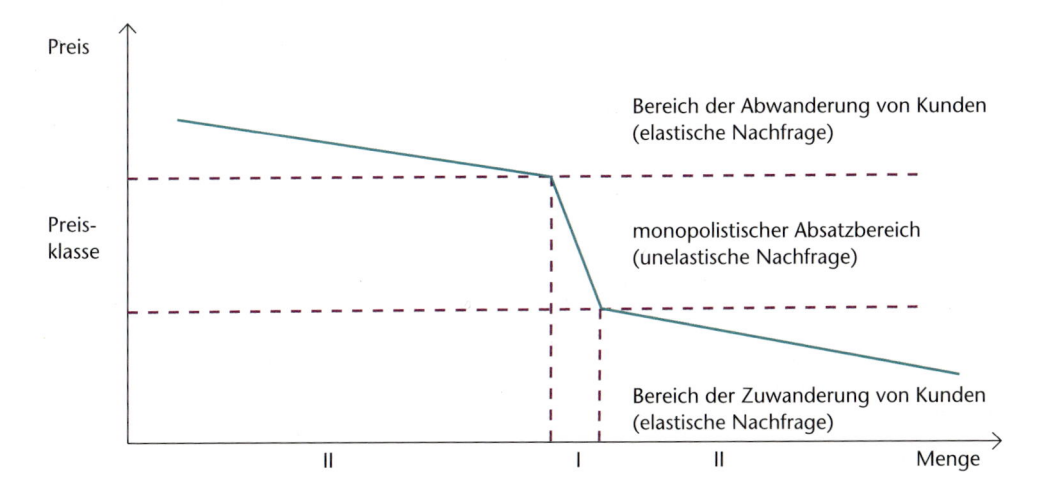

Aufgrund der fehlenden Markttransparenz der Marktteilnehmer, der Produktdifferenzierung und der Schaffung von Präferenzen durch die Anbieter entstehen Preisklassen, in denen der Polypolist einen gewinnmaximierenden Preis festsetzen kann. Er muss nicht mit größeren Reaktionen der anderen Marktteilnehmer rechnen, insbesondere nicht mit dem Verlust von Käufern. Da sich der Anbieter hier wie ein Monopolist verhalten kann, spricht man auch vom monopolistischen Absatzbereich. Diese monopolistische Konkurrenz führt zu höheren Gewinnen, aber auch zu kreativeren Leistungen der Anbieter, da diese versuchen, kurzfristige Monopolstellungen, aber auch Monopolgewinne zu erlangen.

### Preisbildung im unvollkommenen Oligopol

Das unvollkommene Oligopol ist eine durch Unternehmenskonzentration verursachte Marktform, bei der wenige Anbieter auf viele Nachfrager in einem unvollkommenen Markt treffen.

*Beispiele: Die Märkte für Waschpulver, Automobile, Zigaretten, Computer und Kaffee.*

Ein Oligopolist muss bei seinen absatzpolitischen Maßnahmen mit der Reaktion der Nachfrager und der anderen Anbieter rechnen, da seine Maßnahmen unmittelbar im Absatzbereich der Konkurrenten spürbar werden. Die Folge ist häufig eine relative Starrheit der Preise nach unten.

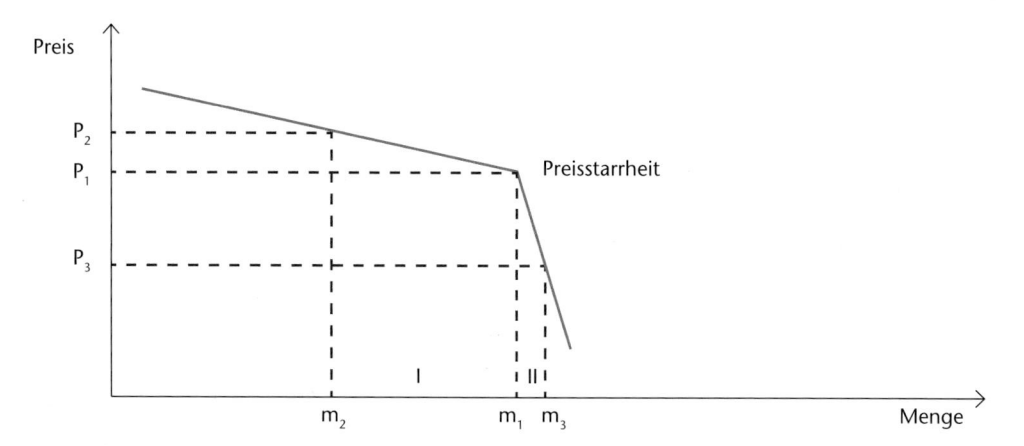

### Preisstrategien im Oligopol

In einem Oligopol sind folgende Preisstrategien der Anbieter denkbar:

- **Ruinöse Konkurrenz**
  Der Oligopolist kann unter kurzfristigem Verzicht auf das Gewinnmaximierungsziel versuchen, durch Preissenkungen die Marktanteile seiner Konkurrenten zu gewinnen. Die anderen Anbieter werden darauf ihrerseits mit Preissenkungen reagieren müssen. Dies setzt sich solange fort, bis aufgrund der Kostensituation einzelne Oligopolisten vom Markt ausscheiden. Eventuell entsteht eine Monopolstellung, die allerdings bei späteren Preissteigerungen nicht haltbar ist, da der aggressive Oligopolist in der Regel selbst Verluste durch die von ihm eingeleitete Strategie erleidet. Aus diesem Grund ist dieses Verhalten kaum vorzufinden.

- **Preisführerschaft**
  Häufig meiden Oligopolisten die Kampfsituation und schließen sich einem Preisführer an. Dieser Preisführer erhöht bzw. senkt seinen Preis und die anderen Oligopolisten folgen ihm. Der Preisführer wird von den anderen Abietern z.B. aufgrund seiner

Größe, seines Managements oder seiner Tradition anerkannt. Gelegentlich findet man auch einen ständigen Wechsel der Preisführerschaft vor, z. B. auf dem Markt für Treibstoffe. Der Konkurrenzkampf wird hierbei verlagert auf die Qualitäts-, Service- und Werbepolitik.

- **Preisabsprachen**
  Vereinzelt werden die Preise auch vertraglich oder mündlich (Frühstückskartelle) unter den Anbietern abgesprochen. Dies führt zu Kartellen, die als Kollektivmonopol gelten und bis auf wenige Ausnahmen gesetzwidrig sind.

## Preisbildung im unvollkommenen Monopol

Treffen auf einem unvollkommenen Markt ein Anbieter und viele Nachfrager aufeinander, so spricht man von einem unvollkommenen Monopol.

Die Preis-Absatz-Funktion des Monopolisten ist gleichzeitig die Gesamtnachfragefunktion. Demnach kann der Monopolist

- entweder den Preis autonom bestimmen, muss dann aber die Menge, die die Nachfrager zu diesem Preis kaufen wollen, hinnehmen,
- oder er bestimmt die Menge, die er absetzen will, dann muss er den Preis hinnehmen, zu dem diese Menge nachgefragt wird.

In welchem Umfang und unter welcher Zielsetzung er den Preis oder die Menge bestimmt, hängt von der Art des Monopols ab.

| Monopolarten | | |
|---|---|---|
| Unterscheidung nach | Formen | Beschreibung |
| Zielsetzung der Monopole | Gewinnmaximierungsmonopol | Privatwirtschaftliche Unternehmen bestimmen einen Preis, der zum maximalen Gewinn führt. |
| | Bedarfsdeckungsmonopol | Einrichtungen der öffentlichen Hand streben eine bestmögliche Befriedigung der Bedürfnisse an. |
| Eigentümer | privates Monopol | Monopol, bei dem der Anbieter ein privatrechtliches Unternehmen ist |
| | öffentliches Monopol | Bund, Länder und Gemeinden treffen als alleinige Anbieter auf viele Nachfrager. |
| Entstehung | natürliches Monopol | Monopol aufgrund des alleinigen Eigentums an Naturschätzen oder aufgrund einer Fähigkeit |
| | gesetzliches Monopol | Monopol entsteht durch das gesetzliche Recht der alleinigen Verwertung von Erfindungen oder künstlerischen Leistungen (z. B. Patentrecht). |
| | vertragliches Monopol | Monopol entsteht durch vertraglichen Zusammenschluss mehrerer Anbieter, z. B. beim Kartell. |
| Zahl der Unternehmen | Einzelmonopol | Als Anbieter eines Gutes existiert nur ein Unternehmer oder eine Person. |
| | Kollektivmonopol | Mehrere Anbieter treten abgestimmt auf dem Markt auf. |

In einem Gewinnmaximierungsmonopol wird der Monopolist den Preis so bestimmen, dass er den größtmöglichen Gewinn erzielt. Mithilfe der gegebenen Preis-Absatz-Funktion, die gleichzeitig die Gesamtnachfrage des Marktes ist, und seiner Kostenfunktion kann der Monopolist die Erlöse und die Gesamtkosten so gegenüberstellen, dass er die gewinnmaximale Preis-Mengen-Kombination bestimmen kann. Dabei gilt allgemein: Gewinn = Erlös – Kosten.

| Absatz-menge in Stück | Preis in EUR | Erlös in EUR | Variable Kosten in EUR | Fixe Kosten in EUR | Gesamt-kosten in EUR | Gewinn in EUR |
|---|---|---|---|---|---|---|
| 0 | 5,00 | 0,00 | 0,00 | 3.500,00 | 3.500,00 | −3.500,00 |
| 1.000 | 4,50 | 4.500,00 | 1.000,00 | 3.500,00 | 4.500,00 | 0,00 |
| 2.000 | 4,00 | 8.000,00 | 2.000,00 | 3.500,00 | 5.500,00 | 2.500,00 |
| 3.000 | 3,50 | 10.500,00 | 3.000,00 | 3.500,00 | 6.500,00 | 4.000,00 |
| 4.000 | 3,00 | 12.000,00 | 4.000,00 | 3.500,00 | 7.500,00 | 4.500,00 |
| 5.000 | 2,50 | 12.500,00 | 5.000,00 | 3.500,00 | 8.500,00 | 4.000,00 |
| 6.000 | 2,00 | 12.000,00 | 6.000,00 | 3.500,00 | 9.500,00 | 2.500,00 |
| 7.000 | 1,50 | 10.500,00 | 7.000,00 | 3.500,00 | 10.500,00 | 0,00 |
| 8.000 | 1,00 | 8.000,00 | 8.000,00 | 3.500,00 | 11.500,00 | −3.500,00 |
| 9.000 | 0,50 | 4.500,00 | 9.000,00 | 3.500,00 | 12.500,00 | −8.000,00 |
| 10.000 | 0,00 | 0,00 | 10.000,00 | 3.500,00 | 13.500,00 | −13.500,00 |

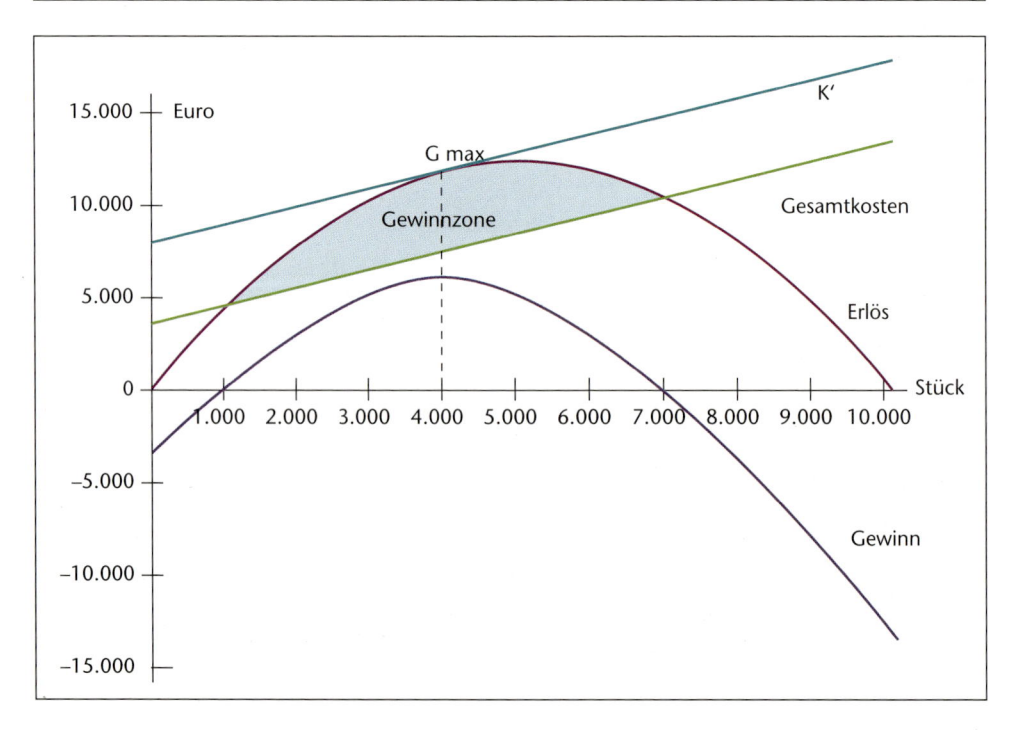

## 1.1.2 Wettbewerbspolitik

Um den freien Wettbewerb als grundlegendes Steuerungsprinzip der Marktwirtschaft zu sichern, sind staatliche Maßnahmen notwendig, die als Wettbewerbspolitik bezeichnet werden. Die Wettbewerbspolitik ist wesentlicher Bestandteil der sogenannten Ordnungspolitik. d. h. Teil der rechtlich-organisatorischen Maßnahmen zur Aufrechterhaltung der Wirtschaftsverfassung. Die drei grundlegenden Elemente der Wettbewerbspolitik sind das Kartellrecht, die Missbrauchsaufsicht über marktbeherrschende Unternehmen und die Fusionskontrolle.

Als Grundlage dient das Gesetz gegen Wettbewerbsbeschränkungen (GWB) von 1957, das 1973 um die Fusionskontrolle über marktbeherrschende Unternehmen erweitert wurde. Die letzte entscheidende Änderung wurde zur Anpassung an das europäische Wettbewerbsrecht durch die 7. GWB-Novelle (1. Juli 2005) vorgenommen. Das Gesetz wird auch kurz als Kartellgesetz bezeichnet.

### 1.1.2.1 Kartellrecht

*Als Kartell bezeichnet man alle Vereinbarungen von Unternehmen oder Vereinigungen von Unternehmen zu einem gemeinsamen Zweck, die geeignet sind, die Erzeugung oder den Verkehr von Waren oder gewerblichen Leistungen durch Beschränkung des Wettbewerbs zu beeinflussen.*

Kartelle können je nach Maßnahme der Wettbewerbsbeschränkung oder Organisation in unterschiedlichen Formen vorkommen. Man unterscheidet folgende Kartellarten:

| | |
|---|---|
| Preiskartelle | Bei einem Preiskartell verpflichten sich Unternehmen eines Produktionszweiges, einheitliche Preise einzuhalten oder Mindestpreise nicht zu unterschreiten. |
| Quotenkartelle | Bei einem Quotenkartell einigen sich die Mitglieder, den Absatz einheitlich zu organisieren, d. h., die Bestellungen zu sammeln und nach einer festgelegten Quote zu verteilen oder die Angebotsmengen festzulegen. |
| Gebietskartelle | Bei einem Gebietskartell wird der Wettbewerb der Kartellmitglieder durch Zuteilung bestimmter Verkaufsgebiete außer Kraft gesetzt. Ausnahme hierbei sind Energie- und Versorgungsunternehmen. |
| Normen- und Typenkartelle | Diese Kartelle beinhalten die Festlegung einheitlicher Normen und Typen. Sie sind erlaubt, weil sie der Steigerung der Leistungs- und Wettbewerbsfähigkeit der Industrie und des Handels dienen. |
| Exportkartell ohne Inlandswirkung | Hierbei handelt es sich um reine Exportkartelle, enthalten sind Vereinbarungen über Absatzquoten, Grundpreise und einzuräumende Konditionen bezüglich einzelner Auslandsmärkte oder Ländergruppen. |
| Konditionenkartelle | Sie umfassen die einheitliche Anwendung von Geschäfts-, Lieferungs- und Zahlungsbedingungen. Dies soll die Markttransparenz und dadurch den Wettbewerb fördern. Bei Missbrauch erfolgt ein Widerspruch durch das Kartellamt. |
| Rabattkartelle | Bei diesen Kartellen wird die einheitliche Verwendung von Rabatten festgelegt. Diese müssen jedoch leistungsbedingt sein und dürfen nicht diskriminierend wirken oder die Verbraucher schädigen. |

| | |
|---|---|
| Spezialisierungskartelle | Das Ziel dieser Kartelle ist es, die beteiligten Unternehmen auf eine bestimmte Produktion zu konzentrieren. Der Gesetzgeber geht davon aus, dass der Rationalisierungseffekt größer ist als der Effekt der Wettbewerbsbeschränkung. |
| Kooperationskartelle | Diese Art des Kartells wird auch Mittelstandskartell genannt, da es sich um die Rationalisierung durch Kooperation kleiner oder mittlerer Betriebe handelt, um die Wettbewerbsfähigkeit gegenüber den Großunternehmen zu stärken. |
| Importkartelle | Wettbewerbsregelungen unter inländischen Importeuren sind erlaubt, wenn die Impoteure nur unwesentlichem oder keinem Wettbewerb ausländischer Anbieter gegenüberstehen. |

Das Gesetz gegen Wettbewerbsbeschränkungen verbietet grundsätzlich die Bildung von Kartellen. Man geht davon aus, dass Kartelle den Wettbewerb zum Nachteil Dritter beschränken. Grundsätzlich sind Kartelle verboten (§ 1 GWB), wenn sie eine spürbare Wettbewerbsbeschränkung bezwecken oder bewirken. Dies gilt für alle Vereinbarungen zwischen Wettbewerbern, die Preis-, Quoten-, Kunden- oder Gebietsabsprachen betreffen, und für Vereinbarungen mit Abnehmern, die eine Preisbindung der Zweiten Hand zum Gegenstand haben (sog. Hardcore-Vereinbarungen). Diese Vereinbarungen sind auch verboten, wenn sie nicht schriftlich, sondern mündlich (Frühstückskartelle) oder auf Grundlage von Treu und Glauben, d. h. auf die guten Sitten vertrauend (gentlemen's agreement), getroffen wurden.

### Mittelstandskartelle

Eine Ausnahme vom Kartellverbot stellen sogenannte **Mittelstandskartelle** dar. Kleine und mittelständige Unternehmen sind ebenfalls vom Kartellverbot freigestellt, da sie den Wettbewerb nicht wesentlich beeinträchtigen. Vereinbarungen zwischen diesen Unternehmen werden als Verbesserung der Wettbewerbsfähigkeit der teilnehmenden Unternehmen angesehen. Wettbewerbsbeschränkende Maßnahmen können laut EU-Kommission aufgrund mangelnder Spürbarkeit vom Kartellverbot freigestellt sein, wenn die Marktanteile der beteiligten Unternehmen auf dem betroffenen Markt zusammengerechnet nicht mehr als 10 % ausmachen („De-minimis-Bekanntmachung"). Die gilt auch für Vereinbarungen zwischen Lieferanten und Abnehmern, wenn die Marktanteile sowohl des Lieferanten als auch des Abnehmers einen Marktanteil von maximal 15 % ausmachen. Eine weitere Ausnahme betrifft Vereinbarungen zwischen kleinen und mittleren Unternehmen (KMU). Absprachen von Unternehmen, die weniger als 250 Personen beschäftigen und einen Jahresumsatz von höchstens 50 Mio. EUR oder eine Bilanzsumme von höchstens 43 Mio. EUR haben, gelten als nicht spürbar, vorausgesetzt, diese Unternehmen stehen nicht zu mehr als 25 % oder mehr im Besitz eines anderen Unternehmens.

### Legalausnahmen

Nach § 2 GWB sind wettbewerbsbeschränkende Vereinbarungen, Beschlüsse und Verhaltensweisen vom Kartellverbot freigestellt, wenn sie

- unter angemessener Beteiligung der Verbraucher an dem entstehenden Gewinn
- zu einer Verbesserung der Warenerzeugung oder -verteilung oder
- zur Förderung des technischen oder wirtschaftlichen Fortschritts beitragen, ohne dass den beteiligten Unternehmen Beschränkungen auferlegt werden, die für die Verwirk-

lichung dieser Ziele nicht unerlässlich sind, und ohne dass Möglichkeiten eröffnet werden, für einen wesentlichen Teil der betreffenden Waren den Wettbewerb auszuschalten.

Die Besonderheit ist, dass die Unternehmen entscheiden, ob eine Freistellung nach §2 GWB, d.h. gemäß den oben genannten Bedingungen, möglich ist (Ausnahmetatbestand). Eine Behördenentscheidung auf Antrag der Unternehmen, wie sie vor 2005 notwendig war, entfällt. Durch dieses Selbstprüfungssystem liegt eine höhere Eigenverantwortung der Unternehmen vor und weniger Bürokratismus.

### Missbrauchsaufsicht über marktbeherrschende Unternehmen

Nach §19 GWB ist Marktmacht im Gegensatz zu Kartellen grundsätzlich erlaubt. Missbräuchliches Verhalten kann allerdings durch das Kartellamt untersagt werden. Aus diesem Grund unterliegen marktbeherrschende Unternehmen der Missbrauchsaufsicht.

Das Kartellrecht unterscheidet Marktbeherrschung in behauptete Marktbeherrschung und vermutete Marktbeherrschung. Eine behauptete Marktbeherrschung liegt vor, wenn ein Unternehmen ohne Wettbewerber ist, keinem wesentlichen Wettbewerb ausgesetzt ist, eine überragende Marktstellung besitzt oder eine Unternehmensgruppe auf bestimmten Märkten marktbeherrschend ist.

Eine vermutete Marktbeherrschung existiert bei folgenden Kriterien:

| Zahl der Unternehmen | Marktanteil in % |
| --- | --- |
| 1 | 33 1/3 |
| 2 oder 3 | 50 |
| 4 oder 5 | 66 2/3 |

Missbräuchliches Verhalten liegt z.B. vor, wenn überhöhte Preise verlangt werden, andere Anbieter durch ruinöse Konkurrenz, Bezugs- oder Vertriebssperren diskriminiert oder erpresst werden. Derartige Verhaltensweisen können zum Beispiel sein:

- **Preisdiskriminierung**
  Marktbeherrschende Unternehmen müssen darauf achten, dass sie von einzelnen Unternehmen nicht ohne nachweisbaren Grund höhere Preise verlangen als von anderen.

- **Fordern unangemessener Konditionen**
  Marktbeherrschende Unternehmen dürfen einzelne Lieferanten nicht ohne Weiteres von der Abnahme ihrer Produkte oder Dienstleistungen ausschließen, um unangemessene Bezugsvorteile zu erzwingen.

- **Lieferverweigerung**
  Marktbeherrschende Unternehmen dürfen auch nicht ihre unangemessenen Forderungen gegenüber ihren Kunden mit unlauteren Mitteln erzwingen, z.B. durch eine Lieferverweigerung.

- **Koppelungsverbot**
  Marktbeherrschende Unternehmen dürfen den Verkauf eines Produktes nicht ohne nachweisbaren Grund mit dem Verkauf eines anderen Produktes oder einer anderen Dienstleistung koppeln.

- **Verkauf unter Einstandspreis**
  Marktbeherrschende Unternehmen dürfen ihre Marktmacht nicht nutzen, um kleine oder mittlere Unternehmen durch Verkauf ihrer Leistungen unter Einstandspreis vom Markt zu verdrängen.

- **Rabattsysteme**
  Marktbeherrschende Unternehmen dürfen ihre Marktmacht nicht nutzen, um mithilfe bestimmter Rabattpraktiken kleinere Anbieter vom Markt zu verdrängen. Dies gilt insbesondere für Treuerabatte und ggfs. auch für Umsatzrabattsysteme.

### Fusionskontrolle

Als Fusionen bezeichnet man Zusammenschlüsse von Unternehmen auf gleicher Wirtschaftsstufe (horizontale Fusion), auf unterschiedlichen Produktionsstufen eines Wirtschaftszweiges (vertikale Fusion) oder verschiedener Wirtschaftszweige (Konglomeratfusionen).

Solche Unternehmenszusammenschlüsse erfolgen durch

- Kauf eines gesamten Unternehmens oder durch Kauf wesentlicher Teile des Vermögens einer anderen Unternehmung,

- Aneignung der unmittelbaren oder mittelbaren Kontrolle über ein anderes Unternehmen durch Rechte oder Verträge,

- Erwerb von Anteilen eines anderen Unternehmens, wenn diese mehr als 50 % des Kapitals oder mehr als 25 % der Stimmrechte des anderen Unternehmens betragen.

Unternehmenszusammenschlüsse sind vor ihrem Vollzug **anzeigepflichtig**, wenn die beteiligten Unternehmen zusammen im abgelaufenen Geschäftsjahr einen Mindestumsatz von 500 Mio. EUR weltweit und im Inland mindestens ein Unternehmen mehr als 25 Mio. EUR Umsatzerlöse erzielt sowie ein anderes beteiligtes Unternehmen Umsatzerlöse von mindestens 5 Mio. EUR. Bis zur Freigabe durch das Kartellamt besteht ein Vollzugsverbot.

Wenn eines oder mehrere der beteiligten Unternehmen ihren Sitz im Ausland haben, ist eine deutsche Fusionskontrolle u. U. dennoch verpflichtend.

Ein Zusammenschluss wird vom Bundeskartellamt untersagt, wenn zu erwarten ist, dass durch den Zusammenschluss eine marktbeherrschende Stellung begründet oder verstärkt wird. Eine Ausnahme ist, wenn die Unternehmen nachweisen, dass durch den Zusammenschluss auch Verbesserungen der Wettbewerbsbedingungen eintreten und dass diese Verbesserungen die Nachteile der Markbeherrschung überwiegen.

Das Bundesministerium für Wirtschaft kann auf Antrag die Erlaubnis für einen Zusammenschluss erteilen, wenn im Einzelfall die Wettbewerbsbeschränkung durch gesamtwirtschaftliche Vorteile des Zusammenschlusses aufgewogen wird oder der Zusammenschluss durch ein überragendes Interesse der Allgemeinheit gerechtfertigt ist (Ministererlaubnis).

*Beispiel: So erfolgte eine Ministererlaubnis für die Fusion von Daimler-Benz mit Messerschmidt-Bölkow Blohm, die das Kartellamt 1988 mit der Begründung untersagt hatte, die Unternehmensgruppe könnte eine marktbeherrschende Stellung auf den Märkten der Wehrtechnik, Luft- und Raumfahrttechnik sowie Lastkraftwagen einnehmen. Die Bundesregierung genehmigte die Fusion wegen der Verringerung finanzieller Risiken und hoher Subventionszahlungen des Staates.*

## 1.1.2.2 Eingriffe des Staates in die Preispolitik

Kennzeichen des reinen marktwirtschaftlichen Systems ist, dass sich der Preis eines Gutes frei, d. h. ohne staatliche Eingriffe, durch das Zusammentreffen von Angebot und Nachfrage auf dem Markt bildet. In einer sozialen Marktwirtschaft kann es jedoch notwendig sein, dass der Staat aus einkommens-, gesellschafts- oder sozialpolitischen Gründen in das Marktgeschehen eingreift. Zum einen können derartige Eingriffe zum Einkommensschutz der Anbieter bestimmter Wirtschaftsbereiche bei zu niedrigen Preisen dienen. Andererseits schützt der Staat durch derartige Eingriffe auch die Nachfrager vor zu hohen Preisen, insbesondere bei lebensnotwendigen Gütern, um den Nachfragern die Möglichkeit zu geben, ihren Bedarf an diesen Gütern zu decken. Allgemein muss dabei unterschieden werden, ob es sich um marktkonforme oder um nicht marktkonforme Staatseingriffe handelt.

### Marktkonforme Maßnahmen

*Alle Staatseingiffe, die den Preismechanismus des Marktes nicht aufheben, sondern die Marktteilnehmer durch Veränderung der Marktbedingungen in ihrem Verhalten beeinflussen, werden als marktkonform bezeichnet.*

Bei marktkonformen Interventionen bildet sich also ebenfalls ein Gleichgewichtspreis und alle Funktionen des Gleichgewichtspreises werden erfüllt.

Zum Schutz der Anbieter oder der Nachfrager kann der Staat marktkonforme Preis- oder Mengenbeeinflussungen durchführen.

#### Preisbeeinflussung
Der Staat versucht hierbei die Anbieter über die Kosten oder die Nachfrager über das Einkommen in ihrem Marktverhalten zu beeinflussen.

#### Mengenbeeinflussung
Durch die Veränderung der Angebots- bzw. Nachfragemengen kann der Staat das Marktgeschehen ebenfalls beeinflussen. Als Maßnahmen sind dabei insbesondere zu nennen:

- Erhöhung der Nachfrage bei zu niedrigem Preis (Anbieterschutz) durch staatliche Käufe und Vorratshaltung;
- Erhöhung des Angebotes bei zu hohen Preisen (Nachfragerschutz) durch Verkauf aus staatlichen Beständen;
- Eingriffe der Deutschen Bundesbank durch Kauf oder Verkauf von Devisen am Devisenmarkt, um volkswirtschaftlich bedrohliche Wechselkursveränderungen zu beheben.

### Nicht marktkonforme Maßnahmen

*Von nicht marktkonformen Maßnahmen wird gesprochen, wenn der Preismechanismus des Marktes durch staatliche Eingriffe aufgehoben wird.*

Die Folge ist in der Regel, dass auf dem Markt kein Gleichgewicht entsteht und dadurch die Selbststeuerung des Marktes nicht mehr gegeben ist.

Bei nicht marktkonformen Eingriffen diktiert der Staat dem Markt einen Preis oder eine Menge, die vom Marktgleichgewicht abweicht, um die Anbieter vor zu niedrigen oder die Nachfrager vor zu hohen Preisen zu schützen. Als Preismaßnahmen sind hierbei Höchst-, Mindest- oder Festpreise (Preisstopp) anzusehen. Zu den Mengenmaßnahmen zählen Investitionsverbote, Devisenbewirtschaftung, Export- oder Importverbote sowie Produktionsauflagen.

**Höchstpreise**

Durch den Höchstpreis legt der Staat einen Preis fest, der unterhalb des Gleichgewichtspreises liegt, um die Nachfrager vor zu hohen Preisen zu schützen. Dieser Preis darf von den Anbietern nicht überschritten werden, er ist also eine Preisobergrenze. Anwendung können Höchstpreise dann finden, wenn aufgrund zu hoher Preise, verglichen mit den Einkommen, die Bedarfsdeckung der privaten Haushalte mit lebensnotwendigen Gütern gefährdet ist.

*Beispiele: Zu hohe Mieten würden bedeuten, dass einkommensschwache Haushalte sich keinen oder nicht ausreichenden Wohnraum leisten könnten. Durch den sozialen Wohnungsbau bindet der Staat hier die Anbieter an eine Höchstmiete je m² Wohnfläche.*

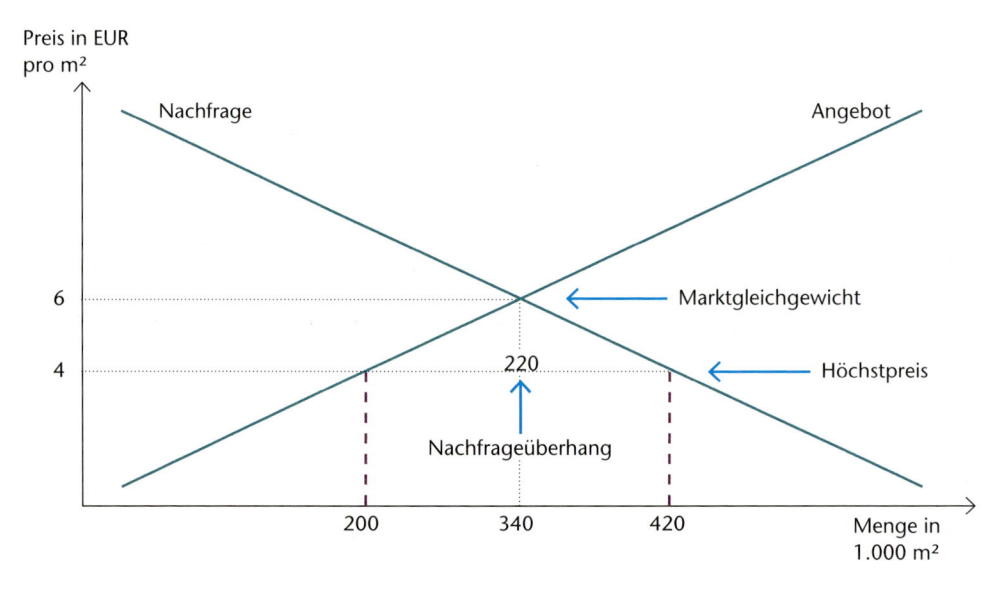

Folge des Höchstpreises ist ein Nachfrageüberhang, da der Höchstpreis stets unter dem Gleichgewichtspreis liegt und somit der Preis seine Ausschaltungs- bzw. seine Markträumungsfunktion verliert. Dieser Nachfrageüberhang zwingt den Staat zu einer Mengenregulierung. Folgende mengenregulierende Maßnahmen sind dabei denkbar:

- Der Staat überlässt dem Markt die Mengenregulierung nach dem Prinzip: „Wer zuerst kommt, mahlt zuerst." Diese Art, den Nachfrageüberhang zu beseitigen, würde zu Warteschlangen und Schwarzmärkten führen und wäre zudem sozial ungerecht, da in der Regel gerade die sozial Schwachen wie Rentner und Kranke hierbei in aller Regel leer ausgehen. Aus diesem Grund ist diese Art der Mengenregulierung ungeeignet.

- Der Staat überlässt es den Anbietern, die Mengenregulierung vorzunehmen. Dies würde zu einem „Verkauf unter der Hand" führen, d.h., die Gefahr wäre sehr groß, dass die Anbieter bestimmte Personengruppen wie Verwandte und Freude bevorzugen oder von den Nachfragern bestimmte verdeckte Sonderleistungen verlangen. Somit ist auch diese Mengenregulierung relativ ungeeignet.

- Bei der administrativen Verteilung versucht der Staat durch Bezugsscheine wie Lebensmittelkarten, Wohnberechtigungsscheine etc. oder mithilfe von Wartelisten eine sozial gerechte Verteilung vorzunehmen. Das Problem ist, dass durch diese Maßnahme ein gewaltiger Verwaltungs- und Kontrollapparat und damit enorme Kosten für die Allgemeinheit entstehen. Außerdem besteht die Gefahr, dass durch die zunehmende Bindung von Personal im öffentlichen Dienst „immer mehr Personen immer weniger verteilen".

Eine besondere Form der Höchstpreise zur Bekämpfung einer anhaltend hohen Inflation besteht darin, dass der Staat sämtliche Preise einfriert bzw. unter dem Gleichgewichtspreis festsetzt. Dies ist jedoch sehr bedenklich, da es nur die Folge der relativen Knappheit an Gütern bekämpft und nicht die Ursachen. Außerdem umgehen die Anbieter den Preisstopp durch Veränderung der Produkte (anderes Produkt). Ferner bilden sich Schwarzmärkte, was eine Wirkungslosigkeit dieser Maßnahme zur Folge hat. Aus diesem Grund wird man einen Preisstopp in den westlichen Industrieländern kaum vorfinden.

## Mindestpreise

Zum Schutz der Anbieter vor zu niedrigen Preisen kann der Staat einen Preis oberhalb des Gleichgewichtspreises festsetzen, d. h., der Mindestpreis entspricht einer Preisuntergrenze, z. B. Märkte für landwirtschaftliche Erzeugnisse oder Kohle.

Auch hier verliert der Preis seine Ausschaltungsfunktion, sodass der Markt nicht geräumt wird und ein Angebotsüberhang entsteht, der den Staat zwingt, die Nachfragelücke zu schließen. Folgende Maßnahmen sind möglich:

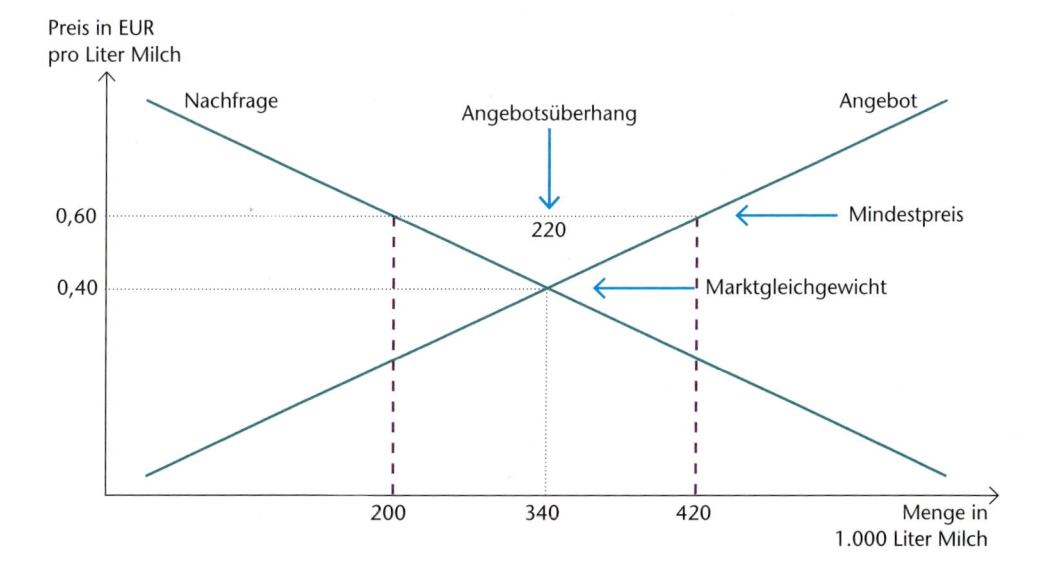

- Der Staat begrenzt das Angebot durch Quotierung der Angebotsmenge (z. B. die Milchquote) oder Zahlung von Prämien für freiwillige Angebotseinschränkung durch die Anbieter (Schlachtprämien, Prämien für Brachland). Die Gefahr besteht jedoch darin, dass die Anbieter ihre Produktion bzw. Überproduktion illegal zu einem niedrigeren Preis verkaufen, was zu einem weiteren Nachfragerückgang auf dem legalen Markt führt, weil ein Teil der Nachfrage bereits befriedigt ist. Einen solchen illegalen Markt bezeichnet man als grauen Markt.

- Der Staat versucht durch Abnahmezwang oder durch Werbemaßnahmen die Nachfrage zu erhöhen.
- Der Staat kauft die Überschüsse auf und lagert sie ein. Wenn nun keine wesentliche Nachfrageerhöhung eintritt, führt dies dazu, dass der Staat die Überschüsse auf dem heimischen Markt nicht verkaufen kann und die bekannten Milchseen, Butter- und Schweinefleischberge entstehen. Dies führt allerdings zu enormen Kosten, was langfristig bewirkt, dass der Staat die gelagerten Güter vernichtet oder zu einem extrem niedrigen Preis auf dem Weltmarkt verkauft. Der Verkauf auf dem Weltmarkt führt zudem zu einem Verfall des Weltmarktpreises und einem Verdrängen anderer Weltmarktanbieter, worunter insbesondere die Entwicklungsländer zu leiden haben. Da der Staat auf jeden Fall mehr Geld für den Erwerb und die Behandlung der Überschussmengen aufbringen muss, als er bei Verkauf oder bei Vernichtung einnimmt, spricht man bei Mindestpreisen auch von staatlich subventionierten Preisen.

## Wiederholungsfragen

1. Definieren Sie den Begriff „Markt". Welche Bedingungen müssen vorliegen, damit man ganz allgemein von einem Markt sprechen kann?
2. Durch welche Besonderheiten ist der Arbeitsmarkt gekennzeichnet? Nennen Sie je zwei Beispiele für Angebote.
3. Nennen Sie Annahmen, die bei der Konstruktion des Modells des vollkommenen Marktes gemacht werden.
4. Wodurch wird die Preisgestaltung des Oligopolisten beeinflusst?
5. Was ist allgemein unter dem Begriff „Nachfrage" zu verstehen?
6. Welche unterschiedlichen Arten der Nachfrage treten im Wirtschaftsleben in Erscheinung?
7. Erklären Sie, warum die normale Nachfragekurve im Koordinatensystem von links oben nach rechts unten verläuft.
8. Wann ist eine Nachfrage im Sinne der Volkswirtschaftslehre „normal", wann ist sie „anormal"?
9. Finden Sie Beispiele für anormales Nachfrageverhalten. Nennen Sie mögliche Ursachen für ein solches Verhalten.
10. Erklären Sie, warum es sich bei der Nachfrage nach Medikamenten um eine preisunabhängige Nachfrage handelt.
11. Welche Kennziffer misst die Stärke und die Richtung des Nachfrageverhaltens bei Veränderung des Preises?
12. Welchen Einfluss können die Preise anderer Güter auf das Nachfrageverhalten nach einem Gut nehmen? Geben Sie Beispiele für die möglichen Nachfrageverhalten in Bezug auf den Preis anderer Güter.
13. Beschreiben Sie die unterschiedlichen Einflüsse des Einkommens auf das Nachfrageverhalten.
14. Unterscheiden Sie die Preiselastizität der Nachfrage, die Kreuzpreiselastizität und die Einkommenselastizität.
15. Was besagen das erste und das zweite gossensche Gesetz?
16. Was ist allgemein unter dem Begriff „Angebot" zu verstehen?
17. Beschreiben Sie den grafischen Verlauf der normalen Angebotsfunktion im Koordinatensystem. Begründen Sie Ihre Antwort.
18. Worauf ist eine Verschiebung der Angebotskurve zurückzuführen?
19. Erklären Sie, warum es bei Veränderungen des Preises des Gutes zu einer Bewegung auf der Nachfragekurve, bei Veränderungen anderer Einflussfaktoren hingegen zu einer Verschiebung der Angebotskurve kommt.
20. Beschreiben Sie, wie sich bei vollständiger Konkurrenz der Preis bildet.
21. Unterscheiden Sie zwischen Käufer- und Verkäufermarkt.

22. Erläutern Sie die Funktionen des Gleichgewichtspreises.
23. Was ist ein unvollkommener Markt?
24. Welche Vorteile könnte ein Anbieter durch den unvollkommenen Markt erlangen?
25. Unterscheiden Sie anhand geeigneter Beispiele die verschiedenen Arten die Preisdifferenzierung.
26. Welche preispolitischen Strategien sind in einem unvollkommenen Oligopol denkbar?
27. Was muss ein Monopolist bei der Preisfestsetzung beachten?
28. Unterscheiden Sie zwischen marktkonformen und nicht marktkonformen Eingriffen des Staates in den Preismechanismus.
29. Was ist ein Höchstpreis und welche Folgen hat es, wenn er durch staatliche Stellen festgelegt wird?
30. Warum setzt der Staat Mindestpreise fest?
31. Welche Probleme entstehen durch die staatlichen Mindestpreise?

## 1.2 Volkswirtschaftliche Gesamtrechnung

*Die volkswirtschaftliche Gesamtrechnung ist die Buchführung der Nation. Sie liefert die statistischen Grundlagen zur Kennzeichnung der gegenwärtigen wirtschaftlichen Situation, zur Beurteilung vergangener und zur Vorhersage zukünftiger Entwicklung der Wirtschaft.*

Ausgehend vom Wirtschaftskreislauf ist es die Aufgabe der volkswirtschaftlichen Gesamtrechnung (VGR), die in einem Land innerhalb eines Jahres entstandenen Leistungen zu ermitteln. Ein Zuwachs an Werten bedeutet eine bessere Güterversorgung und zeigt somit einen höheren Wohlstand an. Zentrale statistische Größen, die in der VGR ermittelt werden, sind das Inlandsprodukt, das Nationalprodukt und das Volkseinkommen.

Diese Gesamtrechnung erfasst alle wirtschaftlichen Transaktionen, die in einer Wirtschaftsperiode einer Volkswirtschaft innerhalb des Wirtschaftkreislaufes stattfinden. In Deutschland wird sie vom Statistischen Bundesamt in Wiesbaden durchgeführt. Die Erfassung der Transaktionen erfolgt in Euro nach dem Prinzip der doppelten Buchführung.

In der Gesamtrechnung werden den Wirtschaftssektoren (Haushalte, Unternehmen, Staat und Ausland) des Wirtschaftskreislaufs verschiedene Konten zugeordnet, auf denen die Transaktionen entsprechend verbucht werden. Die Wirtschaftsektoren Unternehmen, Haushalte und Staat besitzen danach folgende Konten:

- Kontengruppe 1: Produktionskonten
- Kontengruppe 2: Einkommensentstehungskonten
- Kontengruppe 3: Einkommensverteilungskonten
- Kontengruppe 4: Einkommensumverteilungskonten
- Kontengruppe 5: Einkommensverwendungskonten
- Kontengruppe 6: Vermögensänderungskonten
- Kontengruppe 7: Finanzierungskonten

Alle Transaktionen zwischen den inländischen Wirtschaftssubjekten und dem Ausland werden auf dem Konto 8 – übrige Welt (Auslandskonto) – erfasst.

| Sektoren / Aktivitäten | Unternehmen | Staat | private Haushalte | Gesamtwirtschaft |
|---|---|---|---|---|
| Produktion | Produktionskonten | | | Nationales Produktionskonto |
| Einkommensverwendung | Einkommenskonten | | | Nationales Einkommenskonto |
| Vermögensbildung | Vermögensveränderungskonten | | | Nationales Vermögensänderungskonto |
| Kreditaufnahme/ -gewährung | Kreditänderungskonten | | | Nationales Kreditänderungskonto |
| Auslandsbeziehungen | Zusammengefasstes Konto der übrigen Welt | | | Zusammengefasstes Konto der übrigen Welt |

Das Statistische Bundesamt nutzt eine Vielzahl von Quellen, um die notwendigen Informationen für die volkswirtschaftliche Gesamtrechnung zu erhalten. Zu den wichtigsten Quellen gehören unter anderem die Einkommens- und Lohnsteuerstatistik, die Umsatzsteuerstatistik, die Einfuhr- und Ausfuhrerklärungen, die Ernteberichterstattung und die Erhebungen und Unterlagen privater und öffentlicher Versicherungsträger sowie der Arbeitsämter.

Als Abschlusskonto dient u. a. das Nationale Produktionskonto. Es fasst die Kontengruppen 1 und 2 zusammen und es enthält die Werte des Sozialprodukts. Die Berechnung der Sozialproduktbegriffe erfolgt nach dem auf der Seite 102 abgebildetem Schema.

### Abschlusskonten

Wie in jeder Buchführung werden die Konten auch in der VGR auf Abschlusskonten zusammengefasst. Diese Abschlusskonten liefern wichtige Informationen zur Beurteilung der volkswirtschaftlichen Aktivität.

### Nationales Produktionskonto

Das Nationale Produktionskonto erfasst alle mit der Herstellung von Gütern und Dienstleistungen einhergehenden Transaktionen. Es ist eine Zusammenfassung der Produktionskonten der Unternehmen und des Staates.

Dabei werden die im Produktionsprozess verbrauchten Güter und Dienstleistungen, die von anderen Unternehmen gekauft werden (Vorleistungen), durch die Kombination von Kapital- und Arbeitsleistungen (Faktorleistungen) zu Produkten verarbeitet. Die Vorleistungen werden gekauft, das Produktionsergebnis verkauft.

Zu den **Vorleistungen** gehören:
- Roh-, Hilfs- und Betriebsstoffaufwendungen
- Aufwendungen für Halb- und Fertigfabrikate
- Dienstleistungen (Transport, Versicherungen etc.)

Der dauerhafte Einsatz der Betriebsmittel (Kapital) führt zu einem Wertverlust, der durch die Abschreibungen rechnerisch erfasst wird.

Die am Produktionsprozess beteiligten Produktionsfaktoren (Faktorleistungen von anderen Wirtschaftssubjekten) werden durch **Faktoreinkommen** entlohnt. Dazu gehören:

- Löhne, Gehälter

- Zinsen, Mieten, Dividenden

- Gewinne (Gewinn wird auch als Residualeinkommen bezeichnet. Er ergibt sich als Saldo der jeweiligen Produktionskonten).

Auf der Habenseite des Nationalen Produktionskontos werden die Erlöse, die durch den Verkauf der Produkte am Markt erzielt werden, erfasst. Da hier erkennbar ist, an welche Wirtschaftssektoren die entstandenen Leistungen geflossen sind, wird diese Kontenseite auch als Verwendungsseite bezeichnet. Die Sollseite beinhaltet die Kosten der Produktion, bestehend aus Vorleistungen, Abschreibungen und Faktoreinkommen. Da hier die Kosten der Leistungserstellung erfasst sind, wird diese Kontenseite auch als Entstehungsseite bezeichnet.

| Soll | Nationales Produktionskonto | Haben |
|---|---|---|
| Vorleistungen | | Konsumausgaben der Haushalte ($C_H$) |
| Gütersteuern abzgl. Subventionen ($T^{ind}$–Z) | | Konsumausgaben des Staates ($C_{St}$) |
| Abschreibungen (D) | | Bruttoinvestitionen ($I^b$) |
| Arbeitseinkommen | | – der Unternehmen |
| Kapitaleinkommen | } Faktoreinkommen ($Y_F$) | – des Staates |
| Gewinne vor Steuern | | Außenbeitrag (Export – Import) |

Die Summe der Verkäufe an andere Wirtschaftssubjekte wird als Produktionswert bezeichnet. Der Produktionswert stellt das durch den Markt bewertete Produktionsergebnis dar. Im Produktionswert enthalten sind Vorleistungen z. B. Roh-, Hilfs- und Betriebsstoffe, die von anderen Unternehmen gekauft und bei Leistungserstellung verbraucht wurden. Saldiert man diese Vorleistungen, erhält man die Bruttowertschöpfung.

**Bruttowertschöpfung** = Produktionswert – Vorleistungen

Die Bruttowertschöpfung gibt an, welcher Wert durch die Kombination der Produktionsfaktoren im Produktionsprozess und durch den anschließenden Verkauf hinzugefügt worden ist. Die Bruttowertschöpfung misst also die Faktorleistung in einer Periode.

Die im Produktionsprozess eingesetzten Betriebsmittel unterliegen einem Wertverlust, den die Betriebe als Abschreibungen erfassen. Da diese Abschreibungen zwar durch die Verkaufspreise abgedeckt sind, aber keinen neu geschaffenen Wert darstellen, zieht man diese Abschreibungen vom Bruttoproduktionswert ab und erhält die Nettoschöpfung

**Nettowertschöpfung** = Bruttowertschöpfung – Abschreibung

## Nationales Einkommenskonto

Auf dem Einkommenskonto werden die Transaktionen erfasst, die mit der Einkommensverwendung zusammenhängen. Auf der rechten Seite stehen die empfangenen Einkommen, auf der linken die Ausgaben. Das Einkommen kann entweder zum Kauf von Konsumgütern verwendet oder gespart werden. Der Teil des Einkommens, der nicht ausgegeben wird, wird gespart und ermittelt sich als Saldo des Einkommenskontos.

| Soll | Nationales Einkommenskonto | Haben |
|---|---|---|
| Konsumausgaben der Haushalte ($C_H$) | | Faktoreinkommen ($Y_F$) |
| Ausgaben des Staates für Güter ($C_{St}$) | | Gütersteuern abzgl. Subventionen ($T^{ind}$–Z) |
| Ersparnisse von | | |
| – Unternehmen, | | |
| – Staat und | | |
| – Haushalten | | |

## Nationales Vermögensänderungskonto

Auf den Vermögensänderungskonten der einzelnen Sektoren werden alle vermögenswirksamen Transaktionen erfasst. Das sind die Transaktionen, die eine Veränderung des Geld- und Sachvermögens der Wirtschaftseinheiten herbeiführen. Es handelt sich hierbei um die Veränderungen des Vermögens innerhalb einer Periode, d. h., es sind Stromgrößen, während das Vermögen eine Bestandsgröße ist, da es an einem Stichtag i. d. R. am Ende einer Periode festgestellt wird. Unter (Rein-)Vermögen wird in diesem Zusammenhang das Sachvermögen (Realvermögen) und das Geldvermögen (Forderungen) eines Wirtschaftssubjektes verstanden.

Das Nationale Vermögensänderungskonto ist das Abschlusskonto. Es erfasst auf der Sollseite die Bruttoinvestitionen, welche die Veränderung des Sachvermögens anzeigen, und den Finanzierungssaldo, der die Veränderung des Geldvermögens widerspiegelt. Ist der Finanzierungssaldo positiv, so wurde das Geldvermögen erhöht, ist er negativ, so ist das Geldvermögen gesunken. In einem geschlossenen Wirtschaftskreislauf ist dieser Saldo gleich Null. Auf der Habenseite stehen die Abschreibungen und die Ersparnisse, also die Mittel, die zum Erhalt bzw. zum Aufbau des Reinvermögens aufgebracht wurden.

| Soll | Nationales Vermögensänderungskonto | Haben |
|---|---|---|
| Bruttoinvestitionen ($I^b$) | | Abschreibungen (D) |
| Finanzierungssaldo (FS) | | Ersparnisse vom Staat und Haushalten (S) |

In einem offenen Wirtschaftskreislauf entspricht der Finanzierungssaldo dem Außenbeitrag. Die Weltwirtschaft als Ganzes entspricht wieder einem geschlossenen System mit einem Finanzierungssaldo in Höhe von Null. Daraus ist erkennbar, dass der positive Finanzierungssaldo einzelner Länder im gleichen Umfang einen negativen Finanzierungssaldo anderer Länder bedeuten muss.

### Nationales Finanzierungskonto (Kreditänderungskonto)

Durch Exporte und Importe entstehen Forderungen bzw. Verbindlichkeiten gegenüber der restlichen Welt. Falls diese sich nicht ausgleichen, kommt es zu einer Veränderung der Nettoposition der Unternehmen gegenüber dem Ausland. Auf der Sollseite des Nationalen Finanzierungskonto werden Abflüsse an das Ausland erfasst, auf der Habenseite werden die Zuflüsse aus dem Ausland verbucht.

| Soll | Nationales Finanzierungskonto | Haben |
|---|---|---|
| Veränderung der Nettoposition der Unternehmen gegenüber dem Ausland ($\Delta N_{U,A}$) | | Finanzierungssaldo (FS) |

## 1.2.1 Bruttoinlandsprodukt und Bruttonationaleinkommen

Um eine Volkswirtschaft beurteilen zu können, müssen die Ströme und Variablen des Wirtschaftskreislaufs gemessen werden. Zu diesen messbaren Größen zählen wir u. a. die Arbeitslosenquote, das Preisniveau, die Wechselkurse, den Außenbeitrag und das Sozialprodukt, dem meist eine zentrale Bedeutung beigemessen wird und das wahrscheinlich eine der wichtigsten Kennziffern darstellt. In der Regel ist heutzutage mit dem Sozialprodukt das Bruttoinlandsprodukt (BIP) gemeint.

Bis Anfang der 1990er-Jahre gingen die westlichen Industrienationen und damit auch die Länder Europas dazu über, das BIP statt des Bruttosozialproduktes (BSP, heute Bruttonationaleinkommen) als zentrale Kennziffer zu verwenden, da es die Kernbereiche wie das Produktions- und Beschäftigungsniveau besser abbildet.

*Das Bruttoinlandsprodukt umfasst den Wert der im Inland, also im Wirtschaftsgebiet einer Volkswirtschaft, erbrachten Leistungen einer Rechnungsperiode. Es wird nach dem Inlandskonzept errechnet.*

Nicht darin enthalten sind die Güter, die als Vorleistungen bei der Produktion verbraucht wurden, unabhängig davon, ob Inländer oder Ausländer daran beteiligt waren. Das BIP ist die zentrale Messgröße für die wirtschaftliche Gesamtleistung einer Volkswirtschaft. Die Entwicklung des realen BIP gibt Aufschluss über die Veränderung der Leistungsfähigkeit einer Volkswirtschaft. Beim Inlandskonzept werden die Einkommen und die Ausgaben nach dem Ort der Produktion, d. h. in der Bundesrepublik Deutschland erfasst, unabhängig von der Nationalität der Person, die die Transaktionen tätigt.

Das BIP unterscheidet sich vom Bruttonationaleinkommen (BNE) durch die Differenz der Erwerbs- und Vermögenseinkommen zwischen Inländern und der übrigen Welt.

*Das Bruttonationalprodukt wird definiert als Wert aller Güter- und Dienstleistungen, die in einer Rechnungsperiode mithilfe von Produktionsfaktoren produziert wurden, die im Eigentum von Inländern stehen.*

Die Berechnung erfolgt also nach dem Inländerkonzept. Dieser Wert spiegelt die wirtschaftliche Tätigkeit der Inländer wieder. Die Güter- und Dienstleistungen werden im BIP wie auch im BNE zu Marktpreisen bewertet.

| Inlandskonzept | | Inländerkonzept |
|---|---|---|
| Bruttoinlandsprodukt zu Marktpreisen | + Saldo aus Erwerbs- und Vermögenseinkommen zwischen Inländern und der übrigen Welt | Bruttosozialprodukt zu Marktpreisen |
| Nettoinlandsprodukt zu Marktpreisen | | Nettosozialprodukt zu Marktpreisen |
| Nettoinlandsprodukt zu Faktorpreisen | | Nettosozialprodukt zu Faktorpreisen |

*Beispiel:* 2010 in Milliarden Euro:

| Bruttoinlandsprodukt | 2.498,8 |
|---|---|
| – an die übrige Welt gezahlte Einkommen | (Saldo) |
| + aus der übrigen Welt empfangene Einkommen | + 33,1 |
| = Bruttonationaleinkommen | 2.531,9 |

Neben diesen beiden Sozialproduktbegriffen gibt es weitere Maßzahlen wie das Nettosozialprodukt zu Marktpreisen (NSP zu MP) und das Volkseinkommen, früher auch Nettosozialprodukt zu Faktorpreisen, genannt.

*Das Nettonationaleinkommen stellt die wirkliche Produktionsleistung einer Volkswirtschaft in einer Wirtschaftsperiode dar.*

Es wird durch Abzug der Abschreibungen vom Bruttonationaleinkommen ermittelt. Abschreibungen sind Wertminderungen des Vermögens einer Volkswirtschaft, die von den

| | Entstehungsrechnung | Verwendungsrechnung |
|---|---|---|
| | Bei der Ermittlung der verschiedenen Sozialproduktbegriffe mithilfe der Entstehungsrechnung werden zunächst die Werte der Produktionsergebnisse aus verschiedenen Wirtschaftsbereichen erfasst, zu denen Fischerei, Land- und Forstwirtschaft, produzierendes Gewerbe, Baugewerbe und Dienstleistungen zählen. Letztere werden differenziert in Handel und Verkehr einschl. Gastgewerbe, Information und Kommunikation, Finanzierung und Versicherungsdienstleister, Unternehmensdienstleister, öffentliche und private Dienstleister. Die Summe ergibt den Produktionswert. | Bei der Verwendungsrechnung wird das Bruttoinlandsprodukt von der Verbrauchsseite her ermittelt, d.h. man geht von der Überlegung aus, dass die produzierten Werte einer bestimmten Verwendung zugeführt wurden. Zu diesem Zweck ermittelt man mithilfe der Einkommensverwendungskonten den Wert der Güter und Dienstleistungen, die zu den einzelnen Wirtschaftssektoren zur endgültigen Verwendung gelangten. Demzufolge ist das Bruttoinlandsprodukt die Summe aus folgenden Positionen: |
| Der Produktionswert ergibt sich aus dem Wert der Verkäufe von Gütern und Dienstleistung zuzüglich dem Wert der selbst erstellten Anlagen sowie der Bestandsveränderungen zu Marktpreisen. | Produktionswert | Privater Verbrauch<br>+ Staatsverbrauch<br>+ Bruttoinvestitionen<br>+ Außenbeitrag |
| Die Vorleistungen entsprechen dem Wert der verkauften nicht dauerhaften Produktionsgüter, die im Produktionsprozess eingesetzt wurden und dabei untergingen. | − Vorleistungen | |
| | = Bruttowertschöpfung | |
| Zu den Gütersteuern gehört neben Verbrauchs- und Importsteuern insbesondere die Umsatzsteuer, die in den Marktpreisen enthalten ist. | + Gütersteuern<br>− Gütersubventionen | |
| | = Bruttoinlandsprodukt | |
| | + Saldo der Erwerbs- und Vermögenseinkommen zwischen In- und Ausland | |
| | = Bruttonationaleinkommen | |
| Abschreibungen sind Wertminderungen des Vermögens, die von den Unternehmen in den Marktpreis einkalkuliert werden. | − Abschreibungen | |
| | = Nettonationaleinkommen (Primäreinkommen) | |
| Produktions- und Importabgaben sind Abgaben an den Staat, die im Marktpreis von Gütern enthalten sind, wie die Gütersteuern und sonstige Produktionsabgaben, z.B. Gewerbesteuer, Kfz-Steuer etc. Diese Steuern werden bei der Verwendung des Einkommens geleistet. Subventionen sind Unterstützungszahlungen des Staates an Unternehmen, denen keine marktwirtschaftliche Gegenleistung entspricht. Hierzu gehören Gütersubventionen und sonstige. | − Produktions- und Importabgaben an den Staat<br>+ Subventionen vom Staat | |
| | = Volkseinkommen (Nettoinlandsprodukt zu Faktorpreisen) | |
| | Arbeitnehmereinkommen (Lohn und Gehalt) | Einkommen aus Unternehmertätigkeit und Vermögen (Mieten, Pachten, Dividenden, Zinsen und Gewinne) |
| | Ansatz der Verteilungsrechnung ist die Summe der bei der Produktion der Güter- und Dienstleistungen innerhalb einer Wirtschaftsperiode entstandenen Faktoreinkommen der Inländer. | |
| | Verteilungsrechnung | |

Unternehmern in den Marktpreis einkalkuliert werden, jedoch keine real neu geschaffene Leistung darstellen.

*Das Volkseinkommen umfasst den Wert aller Erwerbs- und Vermögenseinkommen, die für die am Produktionsprozess beteiligten Produktionsfaktoren in einer Wirtschaftsperiode geflossen sind.*

Das Volkseinkommen stellt die wichtigste Grundlage zur Beurteilung der Einkommensverteilung bzw. Einkommensumverteilung dar. Die Summe aller Faktorpreise stellt die Summe der Kosten dar, die durch die am Produktionsprozess beteiligten Produktionsfaktoren (Arbeit, Boden, Kapital) entstanden sind (= Faktorkosten).

Um das Volkseinkommen zu ermitteln, werden die Produktions- und Importabgaben abgezogen, da sie keine Faktorkosten darstellen. Zu ihnen gehören Gütersteuern (z. B. Umsatzsteuer, Zölle, Importsteuern, Mineralölsteuer, Tabaksteuer, Versicherungssteuer etc.) und die sonstigen Produktionsabgaben (z. B. Gewerbesteuer, Grundsteuer, Kfz-Steuer von Unternehmen). Sie sind identisch mit den früheren indirekten Steuern. Hinzugezählt werden die Gütersubventionen, da sie den Marktpreis unter das Fakoreinkommen gesenkt haben.

### 1.2.1.1 Nominales und reales Bruttoinlandsprodukt

Die Berechnung des Bruttoinlandsproduktes berücksichtigt zunächst die auf dem Markt jeweils tatsächlich erhobenen Marktpreise. Man erhält damit nominale Werte. Da sich jedoch die Preise im Zeitablauf verändern, kommt es allein dadurch zu Veränderungen des nominalen Bruttoinlandsproduktes. Will man die tatsächlichen Veränderungen der gesamtwirtschaftlichen Produktion bzw. des Einkommens feststellen, ist es notwendig die Preisniveauveränderungen herauszurechnen. Man spricht dann von realen Werten, die auf Grundlage eines Basisjahres bestimmt werden.

**Beispiel:** *In einer Volkswirtschaft werden 1.000 Brote zu 3,00 EUR im Jahr 1 und 1.050 Brote zu 3,20 EUR im Jahr 2 produziert. Dann beträgt das nominale BIP 3.000,00 EUR im Jahr 1 und 3.360,00 EUR im Jahr 2. Das entspricht einem Anstieg von 12 %. Tatsächlich hat diese Volkswirtschaft aber nur 5 % (50/1000 · 100) mehr an Gütern produziert. Das zeigt auch die Veränderung des realen BIP von 3.000,00 EUR im Jahr 1 (Basisjahr) auf 3.150,00 EUR (bei konstanten Preis von 3,00 EUR) im Jahr 2.*

### 1.2.1.2 Volkswirtschaftliches Wachstum

*Als Wachstum wird die prozentuale Veränderung des BIP bzw. BNE zwischen zwei Wirtschaftsperioden bezeichnet.*

Man unterscheidet auch hierbei zwischen dem nominalen und dem realen Wachstum. Das nominale Wachstum ist unbrauchbar, wie es im Beispiel deutlich wurde, da in diesem Fall das Wachstum durch Preisveränderungen beeinflusst sein kann.

Um eine aussagekräftige Kennziffer zu erhalten, wird das reale Wachstum ermittelt, in dem man die produzierten Güter der jeweiligen Jahre zunächst mit konstanten Preisen des Basisjahres bewertet, um vergleichbare Daten zu erhalten. Die Veränderungen zwischen zwei Jahre ergeben dann das reale Wachstum.

## Wirtschaftsentwicklung in Deutschland

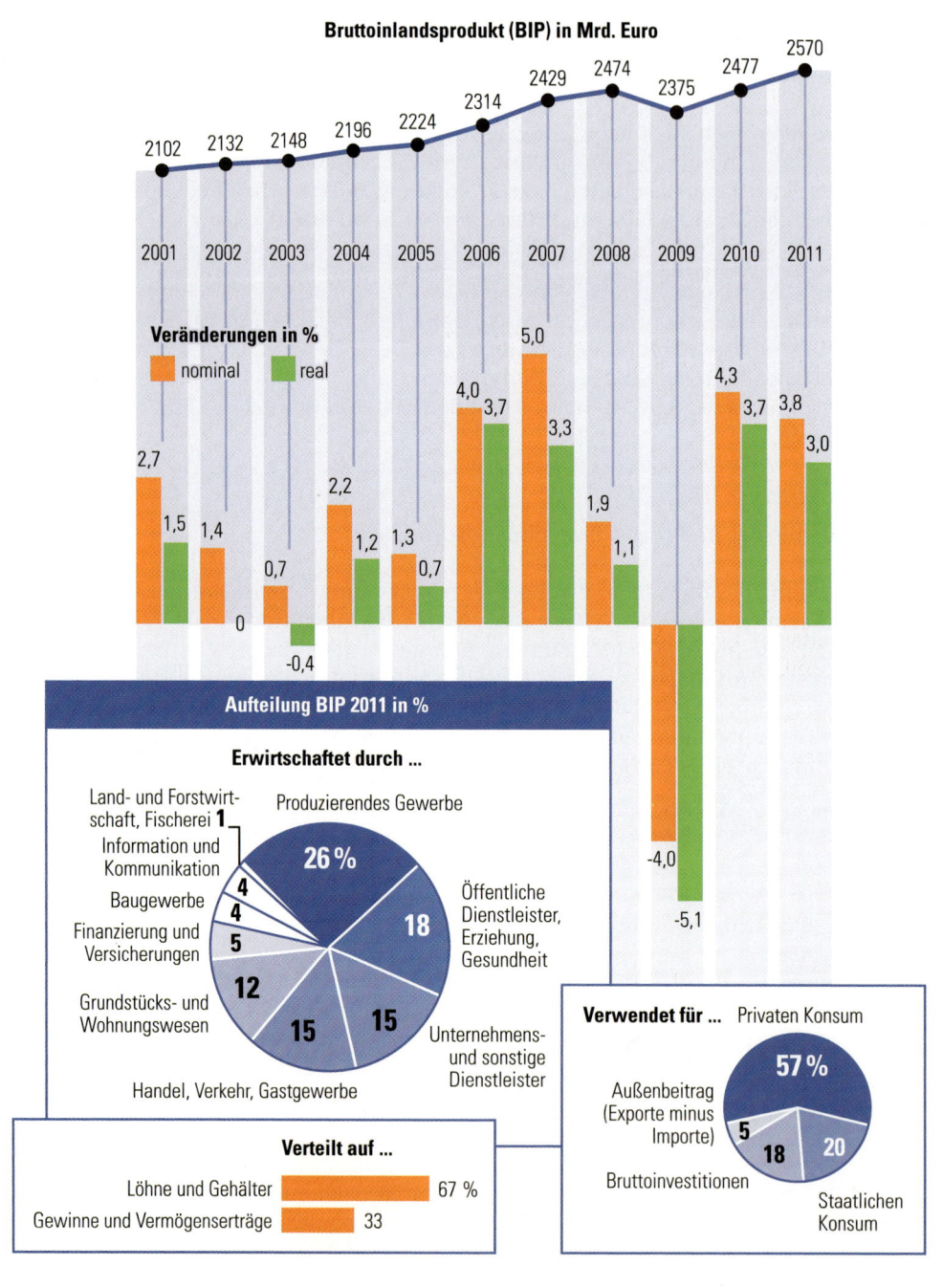

### Bruttoinlandsprodukt (BIP) in Mrd. Euro

| Jahr | 2001 | 2002 | 2003 | 2004 | 2005 | 2006 | 2007 | 2008 | 2009 | 2010 | 2011 |
|---|---|---|---|---|---|---|---|---|---|---|---|
| BIP | 2102 | 2132 | 2148 | 2196 | 2224 | 2314 | 2429 | 2474 | 2375 | 2477 | 2570 |

### Veränderungen in %

| Jahr | nominal | real |
|---|---|---|
| 2001 | 2,7 | 1,5 |
| 2002 | 1,4 | 0 |
| 2003 | 0,7 | -0,4 |
| 2004 | 2,2 | 1,2 |
| 2005 | 1,3 | 0,7 |
| 2006 | 4,0 | 3,7 |
| 2007 | 5,0 | 3,3 |
| 2008 | 1,9 | 1,1 |
| 2009 | -4,0 | -5,1 |
| 2010 | 4,3 | 3,7 |
| 2011 | 3,8 | 3,0 |

### Aufteilung BIP 2011 in %

**Erwirtschaftet durch ...**

- Land- und Forstwirtschaft, Fischerei: 1
- Information und Kommunikation: 4
- Baugewerbe: 4
- Finanzierung und Versicherungen: 5
- Grundstücks- und Wohnungswesen: 12
- Handel, Verkehr, Gastgewerbe: 15
- Unternehmens- und sonstige Dienstleister: 15
- Öffentliche Dienstleister, Erziehung, Gesundheit: 18
- Produzierendes Gewerbe: 26 %

**Verteilt auf ...**
- Löhne und Gehälter: 67 %
- Gewinne und Vermögenserträge: 33

**Verwendet für ...**
- Privaten Konsum: 57 %
- Staatlichen Konsum: 20
- Bruttoinvestitionen: 18
- Außenbeitrag (Exporte minus Importe): 5

Quelle: Statistisches Bundesamt

BV 1202801

Das Wachstum ist eine häufig angewendete Kennziffer, um die wirtschaftliche Leistungsfähigkeit und den Wohlstandszuwachs einer Volkswirtschaft zu beurteilen.

Dabei geht man davon aus, dass bei konstanter Bevölkerungszahl eine Erhöhung des realen Bruttoinlandsproduktes – genauer: eine Erhöhung des realen Bruttoinlandsproduktes pro Kopf – nicht nur eine Erhöhung der wirtschaftlichen Leistung, sondern auch eine Wohlstandsmehrung bedeutet, da durch den Zuwachs an bereitgestellten Sachgütern und Dienstleistungen mehr Bedürfnisse befriedigt werden konnten.

Im Gesetz zur Förderung der Stabilität und des Wachstums wird in § 1 ein stetig angemessenes Wirtschaftswachstum als Ziel der Wirtschaftspolitik vorgegeben. Dies soll unter anderem eine Erhöhung der Beschäftigung, die internationale Konkurrenzfähigkeit, den sozialen Frieden und eine gerechtere Einkommens- und Vermögensverteilung ermöglichen. Heute hebt man dabei allerdings nicht mehr auf das quantitative Wachstum des Bruttoinlandsprodukts ab, vielmehr versucht man es qualititiv, d. h. im Sinne der Umweltverträglichkeit zu erhöhen.

### Qualitatives Wachstum

*Qualitative Wachstumskonzepte betonen neben der mengenmäßigen Erhöhung der Leistung einer Volkswirtschaft auch Umweltaspekte, d. h. man legt auch Wert auf die Art und Weise des Zustandekommens des Wachstums.*

So soll z. B. die Steigerung des realen Bruttoinlandsprodukts durch technischen Fortschritt einhergehen mit umwelt-, sozial-und bildungspolitisch motivierten Investitionen. Qualitative Wachstumskonzepte betonen somit stärker das Minimalprinzip. Das früher im Zeitalter des „kalten Krieges" angestrebte quantitative Wachstum bedeutet eine rein mengenmäßige Steigerung der Produktion und dadurch Steigerung des realen Bruttosozialproduktes ohne Berücksichtigung der sozialen und natürlichen Umweltfaktoren. In der heutigen Zeit setzt China auf quantitatves statt qualitatives Wachstum und erzielt so seit einem Jahrzehnt Wachstumsraten von 10% und mehr. Qualitative Wachstumskonzepte verfolgen also im Wesentlichen das Maximalprinzip.

## 1.2.2 Primär- und Sekundärverteilung des Einkommens

Einkommensverteilung ist die Bezeichnung für die Verteilung des Volkseinkommens auf die Produktionsfaktoren Arbeit, Natur und Kapital (funktionelle Einkommensverteilung) bzw. auf die einzelnen Haushalte (personelle Einkommensverteilung).

Eines der Ziele der Wirtschaftspolitik ist es, eine gerechte Einkommens- und Vermögensverteilung zu gewährleisten. Zu diesem Zweck greift der Staat in die Einkommensverteilung über den Markt korrigierend ein.

Eine für alle gerechte Einkommensverteilung existiert nicht, da je nach Standpunkt bzw. persönlicher Betroffenheit andere Vorstellungen bestehen von dem, was als gerecht anzusehen ist. Der Begriff der gerechten Verteilung der Einkommen ist rein subjektiv.

Volkswirtschaftlich betrachtet kann eine gerechte Einkommensverteilung durch folgende Prinzipien verwirklicht werden:

- **Leistungsprinzip:** Das Volkseinkommen ist dann gerecht verteilt, wenn sich die Einkommenshöhe am Beitrag der eingesetzten Leistung am Sozialprodukt richtet.

- **Bedarfsprinzip:** Das Volkseinkommen ist dann gerecht verteilt, wenn es nach dem Bedarf der Wirtschaftssubjekte, d. h. nach sozialen Gesichtspunkten verteilt wird.
- **Gleichheitsprinzip** (Nivellierungsprinzip): Das Volkseinkommen ist dann gerecht verteilt, wenn jedes Wirtschaftssubjekt den gleichen Anteil erhält.

In der Bundesrepublik vollzieht sich die Einkommensverteilung im Sinne der sozialen Marktwirtschaft nach dem Leistungsprinzip und durch die Umverteilung des Staates nach dem Bedarfsprinzip.

| Primärverteilung | | Sekundärverteilung | |
|---|---|---|---|
| Die primäre Verteilung des Volkseinkommens vollzieht sich über den Markt, d. h. sie richtet sich nach dem Anteil der Leistung am Bruttosozialprodukt. | | Als Sekundärverteilung wird die Umverteilung des Primäreinkommens durch den Staat verstanden. Der Staat greift hierbei korrigierend in die Einkommensverteilung ein, um eine gerechtere Einkommensverteilung zu ermöglichen. | |
| Funktionale Einkommensverteilung | Personelle Einkommensverteilung | Ursprüngliches Einkommen | Abgeleitetes Einkommen |
| Bei der funktionellen Einkommensverteilung geht man von der Fragestellung aus, welchen Anteil die Produktionsfaktoren jeweils am Volkseinkommen hatten, unabhängig von den Einkommensbeziehern. Das Statistische Bundesamt in Wiesbaden gliedert in diesem Zusammenhang das Volkseinkommen in Einkommen aus unselbstständiger Arbeit (Erwerbseinkommen) und Einkommen aus Unternehmertätigkeit und Vermögen (Vermögenseinkommen). | Die Verteilung des Volkseinkommens auf die einzelnen Haushalte, unabhängig von der Einkommensquelle, ist Untersuchungsgegenstand der personellen Einkommensverteilung. Dabei ist zu berücksichtigen, dass der einzelne Haushalt auch mehrere verschiedene Einkommensquellen besitzen kann, z. B. Einkommen aus unselbstständiger Arbeit bzw. selbstständiger Arbeit, aus Vermietung und Verpachtung und aus Kapitalvermögen. | Das ursprüngliche Einkommen entspricht dem Einkommen der Wirtschaftsubjekte vor der Umverteilung durch den Staat. Darunter ist das Einkommen zu verstehen, dass die Haushalte aufgrund ihrer wirtschaftlichen Tätigkeit als Gegenleistung erhalten, also Einkünfte aus nichtselbstständiger Tätigkeit, aus Unternehmertätigkeit oder aus Kapitalvermögen. | Das abgeleitete Einkommen entspricht dem Einkommen der Wirtschaftssubjekte nach der Umverteilung durch den Staat. Weniger Leistungsfähige, die nach dem Leistungsprinzip kein bedarfsgerechtes Einkommen beziehen würden, erhalten vom Staat Transferzahlungen, wie z. B. Renten, Krankengeld, Sozialhilfe, Kindergeld u. a., damit deren physische und kulturelle Existenzgrundlagen sichergestellt werden. Finanziert wird diese Umverteilung durch Steuern sowie Abgaben an die Sozialversicherungsträger. |

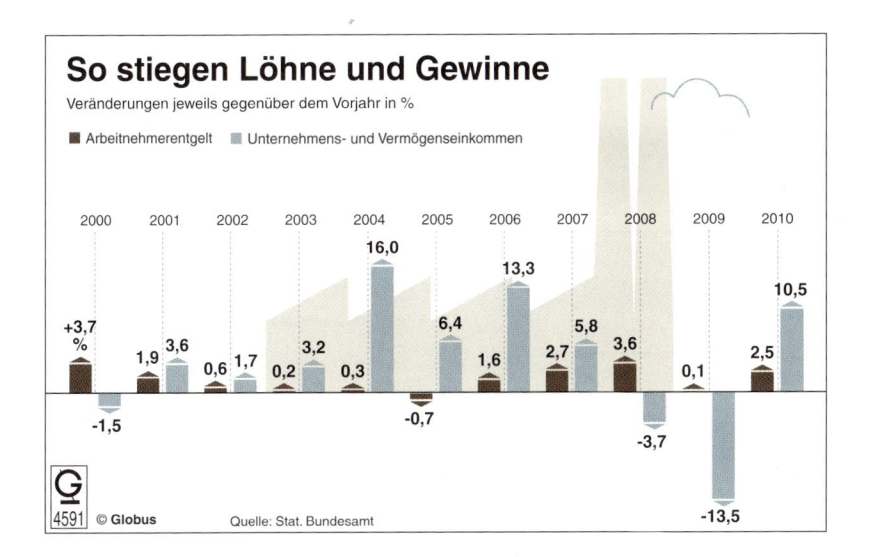

**So stiegen Löhne und Gewinne**
Veränderungen jeweils gegenüber dem Vorjahr in %

■ Arbeitnehmerentgelt  ■ Unternehmens- und Vermögenseinkommen

| Jahr | Arbeitnehmerentgelt | Unternehmens- und Vermögenseinkommen |
|------|--------|--------|
| 2000 | +3,7 % | -1,5 |
| 2001 | 1,9 | 3,6 |
| 2002 | 0,6 | 1,7 |
| 2003 | 0,2 | 3,2 |
| 2004 | 0,3 | 16,0 |
| 2005 | -0,7 | 6,4 |
| 2006 | 1,6 | 13,3 |
| 2007 | 2,7 | 5,8 |
| 2008 | 3,6 | -3,7 |
| 2009 | 0,1 | -13,5 |
| 2010 | 2,5 | 10,5 |

© Globus 4591  Quelle: Stat. Bundesamt

### 1.2.2.1 Funktionale Einkommensverteilung

Das Volkseinkommen setzt sich gemäß der Verteilungsrechnung zusammen aus Arbeitnehmerentgelten, d. h. Einkommen aus unselbstständiger Tätigkeit (Entlohnung des Produktionsfaktors Arbeit) und Einkommen aus Unternehmertätigkeit und Vermögen (Entlohnung der Produktionsfaktoren Boden und Kapital). Zur besseren Beurteilung der Verteilung werden die Anteile am Volkseinkommen durch die Lohn- und Gewinnquote ausgedrückt.

Der Anteil der Einkommen aus unselbstständiger Arbeit am Volkseinkommen wird durch die tatsächliche Lohnquote ausgedrückt.

$$\text{Tatsächliche Lohnquote} = \frac{\text{Arbeitnehmerentgelte} \cdot 100}{\text{Volkseinkommen}}$$

Die bereinigte Lohnquote ermittelt den Anteil der Einkommen aus unselbstständiger Arbeit am Volkseinkommen mit einem konstant gehaltenen Anteil der Arbeitnehmer an den Erwerbstätigen. Als Basisjahr wird in der Bundesrepublik zur Zeit das Jahr 1970 angewendet.

$$\text{Bereinigte Lohnquote} = \frac{\text{tatsächliche Lohnquote (Berichtsjahr)} \cdot \text{Anteil der Arbeitnehmer (Basisjahr)}}{\text{Anteil der Arbeitnehmer (Berichtsjahr)}}$$

Die bereinigte Lohnquote ist zur Beurteilung der Veränderung der Einkommensverteilungen zwischen den einzelnen Wirtschaftsperioden besser geeignet, da sie Verzerrungen durch Verschiebung der Erwerbsstruktur ausschließt.

Der Anteil der Einkommen aus Unternehmertätigkeit und Vermögen am Volkseinkommen wird als Gewinnquote bezeichnet.

$$\text{Gewinnquote} = \frac{\text{Einkommen aus Unternehmertätigkeit und Vermögen} \cdot 100}{\text{Volkseinkommen}}$$

Von 2002 bis 2009 hat sich die Einkommensverteilung in Deutschland wie folgt entwickelt:

| Jahr | Tatsächliche Lohnquote | Gewinn-quote |
|------|------------------------|--------------|
| 2002 | 71,6 | 28,4 |
| 2003 | 70,8 | 29,2 |
| 2004 | 68,0 | 32,0 |
| 2005 | 66,6 | 33,4 |
| 2006 | 64,6 | 35,4 |
| 2007 | 64,8 | 35,2 |
| 2008 | 65,4 | 34,6 |
| 2009 | 68,4 | 31,6 |
| 2010 | 66,3 | 33,7 |

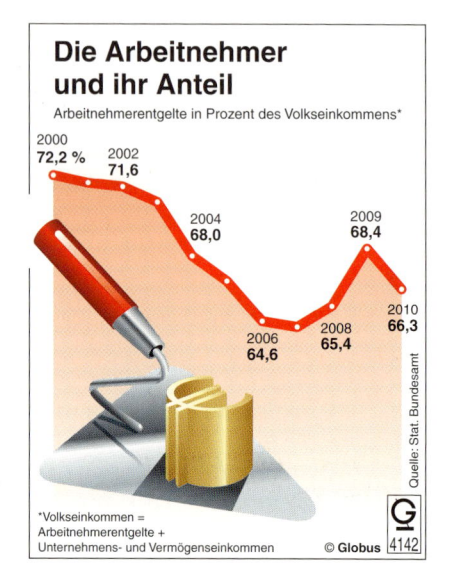

**Die Arbeitnehmer und ihr Anteil**

Arbeitnehmerentgelte in Prozent des Volkseinkommens*

2000: 72,2 %
2002: 71,6
2004: 68,0
2006: 64,6
2008: 65,4
2009: 68,4
2010: 66,3

*Volkseinkommen = Arbeitnehmerentgelte + Unternehmens- und Vermögenseinkommen

Quelle: Stat. Bundesamt
© Globus 4142

### 1.2.2.2 Personelle Einkommensverteilung

*Die Lorenzkurve ist eine grafische Darstellung, die die personelle Einkommensverteilung in einer Volkswirtschaft zeigt.*

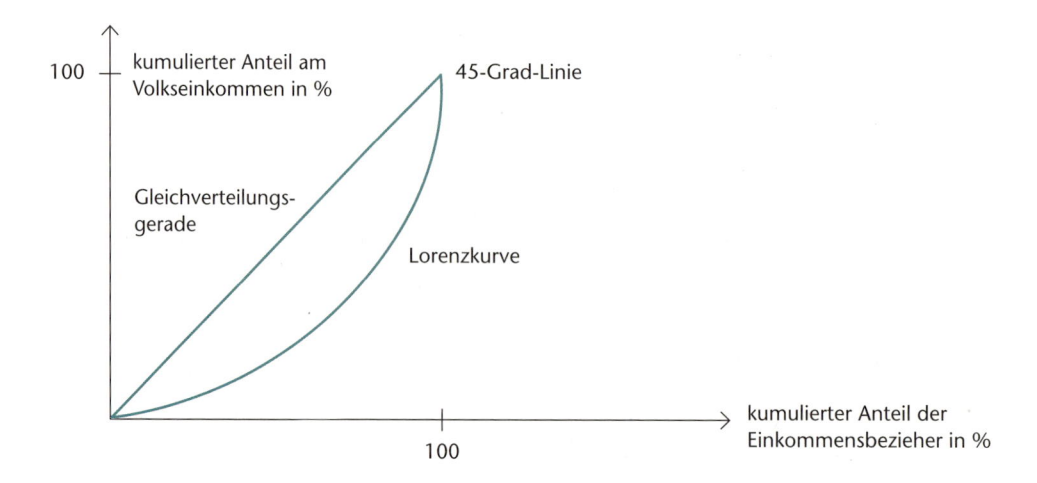

Dabei werden die Einkommensbezieher zunächst nach der Höhe ihres Einkommens geordnet und prozentual, beginnend mit den unteren Einkommensbeziehern, kumuliert (waagerechte Achse). Dann wird ermittelt, wie viel Prozent des Volkseinkommens auf die einzelnen Gruppen entfallen (senkrechte Achse). Durch Eintragung der auf diese Weise ermittelten Koordinaten erhält man die Lorenz-Kurve. Die 45-Grad-Linie gibt die Gleichverteilung wieder, die bestehen würde, wenn alle Haushalte ein gleich hohes Einkommen beziehen würden (Nivellierungsprinzip).

Je kleiner die Fläche zwischen der 45-Grad-Linie und der Lorenz-Kurve ist, desto gleichmäßiger ist das Volkseinkommen verteilt.

Die Lorenz-Kurve gibt keinen Aufschluss darüber, auf welchem Niveau die Einkommen sind. So können selbst die unteren Einkommensklassen auf einem verhältnismäßig hohen Niveau sein. Auch aus diesem Grund ist ein internationaler Vergleich auf Basis der Lorenz-Kurve nicht sinnvoll.

Durch die **Verteilungspolitik** wird versucht, Einfluss auf die Einkommensverteilung und die Vermögensbildung zu nehmen. Dazu gehören alle Maßnahmen, die auf die Verteilung von Einkommen und Vermögen Einfluss nehmen.

Träger der Verteilungspolitik sind neben dem Staat einschließlich der Sozialversicherungsträger auch die Wirtschaftsverbände, also die Gewerkschaften und die Arbeitgeberverbände, die aufgrund der Tarifautonomie die Grundlage der primären Einkommensverteilung legen.

*Als Einkommen wird im Allgemeinen das auf das einzelne Wirtschaftssubjekt oder auf die gesamte Volkswirtschaft entfallende Entgelt aufgrund von Arbeitsleistung (Arbeitseinkommen) oder aufgrund von Vermögen (Besitzeinkommen) verstanden.*

Für die Volkswirtschaft ist besonders das Einkommen der einzelnen Wirtschaftssektoren von Interesse, um Überlegungen hinsichtlich der Verwendung zu ermöglichen. Da das Volkseinkommen nicht dem Einkommen entspricht, über das z. B. die privaten Haushalte tatsächlich frei verfügen können, werden weitere Berechnungen durchgeführt, bei denen unterschiedliche Einkommensbegriffe verwendet werden.

- **Privates Einkommen**
  Das private Einkommen entspricht dem Bruttoeinkommen der privaten Wirtschaftssubjekte, also der privaten Haushalte einschließlich der privaten Organisationen ohne Erwerbscharakter und der privaten Unternehmen. Aus diesem Grund wird in der Berechnung der Staatsanteil am Volkseinkommen, d. h. die Gewinne der staatlichen Unternehmen, herausgerechnet und die vom Staat an die privaten Wirtschaftssubjekte geleisteten Transferzahlungen hinzuaddiert.

- **Persönliches Einkommen**
  Das persönliche Einkommen enthält die Summe der Bruttoeinkommen der privaten Haushalte. Um es zu errechnen, werden die Anteile der juristischen Personen am Volkseinkommen vom privatem Einkommen subtrahiert.

- **Verfügbares Einkommen**
  Das verfügbare Einkommen enthält allgemein die Summe aller Nettoeinkommen der privaten Haushalte. Es setzt sich zusammen aus der Nettolohn- und -gehaltssumme, den entnommenen Gewinnen und Vermögenseinkommen sowie den netto empfangenen Einkommensübertragungen des Staates. Damit entspricht das verfügbare Einkommen der privaten Haushalte dem Entgelt, über das sie durch ihre Konsum- bzw. Sparentscheidung frei verfügen können.

*Der prozentuale Anteil des Konsums am Volkseinkommen wird als Konsumquote bezeichnet. Die Sparquote zeigt den prozentualen Anteil der Ersparnisse am Volkseinkommen.*

### 1.2.2.3 Kritik am Wachstum als Wohlstandsindikator

Der volkswirtschaftliche Wohlstand kann als die Gesamtheit der Nutzen verstanden werden, die in einer Volkswirtschaft von den Wirtschaftssubjekten verwirklicht werden. Da sich der Nutzen aus dem Grad der Bedürfnisbefriedigung eines Wirtschaftssubjektes durch Konsumtion einer bestimmten Menge an Gütern und Dienstleistungen ergibt, bedeutet eine erhöhte Bereitstellung dieser Menge eine Wohlstandsmehrung. Aus dieser Überlegung resultiert die Nutzung des realen Wachstums als Wohlstandsindikator.

Zahlreiche Gründe sprechen jedoch gegen das Wachstum als Kennziffer zur Beurteilung der Entwicklung des Wohlstandes, so wie es zur Zeit ermittelt wird. Die Hauptkritikpunkte sind:

- In die Berechnung des realen Bruttosozialproduktes und damit des realen Wachstums fließen wohlstandsmindernde Leistungen ein und erhöhen das Wachstum, da sie über den Markt gegen Geld abgegeben werden. Zu diesen Leistungen gehören z. B. die sozialen Kosten, d. h. die Kosten, die der Allgemeinheit durch die Beseitigung der Schäden der Umweltbelastung entstehen. Das Problem ist also, dass das Wachstum keine Aussage darüber macht, wie diese Steigerung der wirtschaftlichen Aktivität zustande gekommen ist.

- Zum anderen sind eine Vielzahl wohlstandsmehrender Leistungen nicht in der Berechnung enthalten, da sie nicht über den Markt gegen Geld abgegeben werden. Hierzu gehören insbesondere Arbeiten im Haushalt, Nachbarschaftshilfe und Heimwerkertätigkeiten. Ebenso fehlt auch die Schwarzarbeit, da die Transaktionen nicht offiziell über den Markt laufen und erfasst werden.

- Wachstum an sich macht keine Aussage über die Verteilung der erbrachten Leistungen. So fließt eventuell ein beachtlicher Teil dieser Leistungen in das Ausland (Exportüberschuss). Ferner können auch erhebliche soziale und regionale Diskrepanzen bestehen, die dafür sorgen, dass nur ein Teil der Wirtschaftssubjekte in den Genuss eines Nutzenzuwachses kommt.

- Langlebige Gebrauchsgüter der privaten Haushalte fließen in der Wirtschaftsperiode, in der sie angeschafft wurden, in vollem Umfang in die Berechnung ein, obwohl sie über mehrere Perioden Nutzen stiften.

- Eine Erhöhung der Bevölkerungszahl wird nur dann berücksichtigt, wenn man das Wachstum pro Kopf berechnet, denn ein Zuwachs der Bevölkerung bedeutet auch eine Zunahme der Bedürfnisse.

### 1.2.2.4 Alternative Ansätze zur Berechnung des Sozialprodukts

Aufgrund der bekannten Schwächen des BIP als Wohlstandsindikator wurde aufgrund eines fraktionsübergreifenden Antrags im Bundestag die Bildung einer Enquete-Kommission Wachstum, Wohlstand, Lebensqualität gebildet. Am 17. Januar 2011 nahm diese Enquete-Kommission ihre Arbeit auf. Aufgabe ist es, bis zum Ende der Legislaturperiode im Jahr 2013 Vorschläge für eine neue Messgröße für Wohlstand und Lebensqualität zu erarbeiten. Zu diesem Zweck soll ein neuer Indikator entwickelt werden, der auf objektive Messbarkeit und Vergleichbarkeit verzichtet und das Bruttoinlandsprodukt (BIP) ergänzt, da das BIP soziale und ökologische Aspekte „nicht hinreichend" abbildet. Berücksichtigt werden sollen u. a. der materielle Verbrauch von Ressourcen, Umwelt-, Biokapital sowie klimaschädliche Emissionen.

Bereits in den 1960er-Jahren begann die Diskussion um alternative Konzepte zur Bewertung des Wohlstandes, weil man erkannte, dass Wachstum nicht mit Wohlstandsmehrung gleichzusetzen ist und das Sozialprodukt, wie bereits dargestellt, diesbezüglich einige Schwächen aufweist. Mit einer Reihe von bereits existierenden alternativen Wohlstandsindikatoren versucht man diese Kritikpunkte durch Korrektur der bestehenden Berechnung zu beseitigen.

### Net Economic Welfare

Eines der ersten alternativen Konzepte zur Berechnung der gesamtwirtschaftlichen Produktion stellt das NEW dar. Im Vergleich zur herkömmlichen Sozialproduktberechnung ist das NEW eine berichtigte Kennziffer zur Messung des Wohlstands. Zu diesem Zweck werden einige Teilbereiche, die nicht der individuellen Wohlstandsmehrung dienen, aus der bekannten Sozialproduktstatistik herausgerechnet. Hierzu zählen insbesondere die im BIP enthaltenen Kosten für Umweltverschmutzung. Außerdem werden einige Teilbereiche, die zwar wohlstandsmehrend, aber nicht in der Sozialproduktberechnung enthalten sind, hinzugerechnet. Dies sind immaterielle Werte, wie der Wert zusätzlicher Freizeit, private Dienste ohne Marktwert, wie Do-it-yourself-Leistungen, Hausarbeit und schattenwirtschaftliche Aktivitäten.

```
  Bruttosozialprodukt zu Marktpreisen
− soziale Kosten, z. B. Umweltverschmutzung
− Ausgaben für staatliche Verwaltung, z. B. Verteidigung
+ private Dienste ohne Marktpreis, z. B. Hausarbeit
+ immaterielle Werte, z. B. verlängerte Freizeit
= Net Economic Welfare (NEW)
```

### Index of Sustainable Economic Welfare

Auch der Index of Sustainable Economic Welfare (ISEW) ergänzt das herkömmliche BIP dadurch, dass ein wirtschaftlicher Indikator entsteht, der den nachhaltigen wirtschaftlichen Wohlstand zum Ausdruck bringt. Zusätzlich zur BIP-Berechnung werden Faktoren und Indikatoren des privaten Verbrauchs ergänzt, um die BIP-Aussagen über den Gesamtwohlstand zu berichtigen. Hierzu zählen:

- Einkommensverteilung (je ungleicher die Verteilung, desto geringer die Steigerung des Gesamtwohlstandes)
- unbezahlte Haushalts- und Heimwerkertätigkeiten
- öffentliche Ausgaben des Gesundheitswesens
- Ausgaben des Bildungswesens
- Luftverschmutzung und allgemeine Umweltverschmutzung
- Rückgang von natürlichen Ressourcen
- Kosten der globalen Erwärmung

Der ISEW zeigt, dass in vielen Ländern mit hohem Wachstum häufig der ISEW stagniert oder sogar rückläufig ist. Das bedeutet, dass das Wachstum in diesen Ländern nicht nachhaltig ist und Reichtum zunehmend ungleich verteilt wird.

## Human Development Index

Der Human Development Index wird seit 1990 jährlich im Entwicklungsprogramm der Vereinten Nationen veröffentlicht. Es ist ein Index, der versucht den Stand der menschlichen Entwicklung in den Ländern der Welt zu verdeutlichen. Die Maßzahl berücksichtigt u. a. nicht nur das Bruttoinlandsprodukt (BIP) pro Einwohner eines Landes in Kaufkraftparität, sondern ebenso die Lebenserwartung unter Berücksichtigung der Gesundheitsfürsorge, Ernährung und Hygiene und den Bildungsgrad, der u. a. die Alphabetisierungsrate und die Einschulungsrate der Bevölkerung berücksichtigt. Auch die Teilhabe am öffentlichen und politischen Leben wird in die Berechnung mit einbezogen.

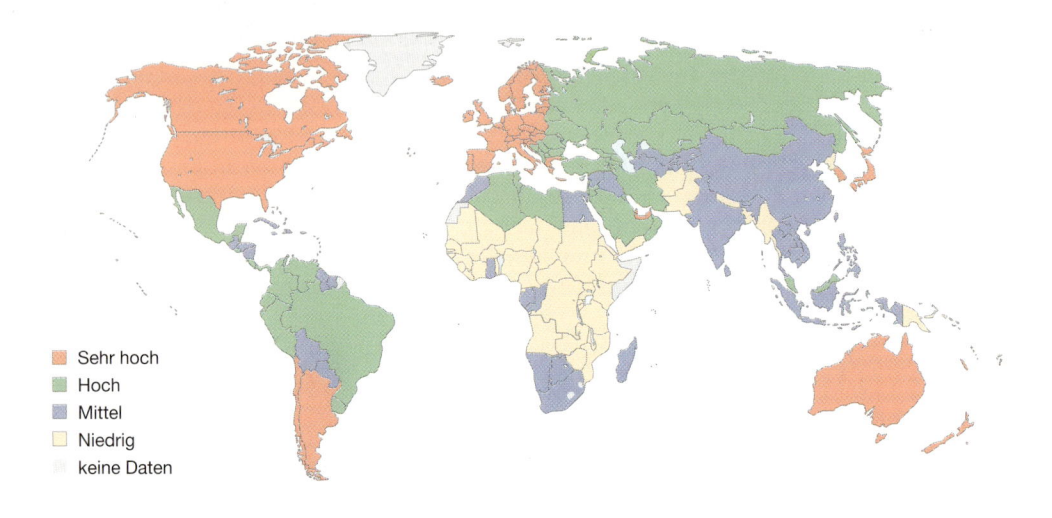

- Sehr hoch
- Hoch
- Mittel
- Niedrig
- keine Daten

## Happy Planet Index

Der Happy Planet Index (HPI) wurde im Juli 2006 von der New Economics Foundation in Zusammenarbeit mit Friends of the Earth Großbritannien veröffentlicht. Der HPI ist ein Index, der den Grad der Zufriedenheit von Bewohnern eines Landes darstellt. Berücksichtigt werden dabei u. a. die Lebenszufriedenheit, die Lebenserwartung und die ökologische Nachhaltigkeit.

Im Gegensatz zum Bruttoinlandsprodukt (BIP) bezieht der Happy Planet Index (HPI) das Kriterium der Nachhaltigkeit mit ein, indem die Anzahl der erwarteten „glücklichen Lebensjahre" (auf Englisch „Happy Life Expectancy") eines Menschen berechnet werden. Diese beinhalten die durchschnittliche Lebenserwartung multipliziert mit der Lebenszufriedenheit, einer Kombination von subjektiv eingeschätzten Werten und objektiv erhobenen Fakten. Anschließend wird dieser Wert durch den ökologischen Fußabdruck dividiert. Der ökologische Fußabdruck stellt die Fläche auf der Erde dar, die notwendig ist, um den Lebensstil und Lebensstandard eines Menschen dauerhaft zu ermöglichen. Dies beinhaltet Flächen, die zur Produktion von Kleidung und Nahrung oder zur Bereitstellung von Energie oder z. B. auch zum Abbau des vom Menschen erzeugten Mülls oder zum Binden des durch menschliche Aktivitäten freigesetzten Kohlendioxids benötigt werden.

Deutschland befindet sich auf Rang 81 des HPI, weit hinter Ländern wie zum Beispiel Kuba (HPI-Rang 6) oder Indien (HPI-Rang 61). Dies bedeutet aber nicht, dass die Deutschen unglücklicher sind als Kubaner oder Chinesen oder gar eine kürzere Lebenswartung als diese hätten. Deutschland steht 2010 im Human Development Index (HDI) auf Rang 10 (weit vor den genannten Ländern), verbraucht aber zur Erzeugung dieses hohen Lebensglücks überdurchschnittlich viele Ressourcen.

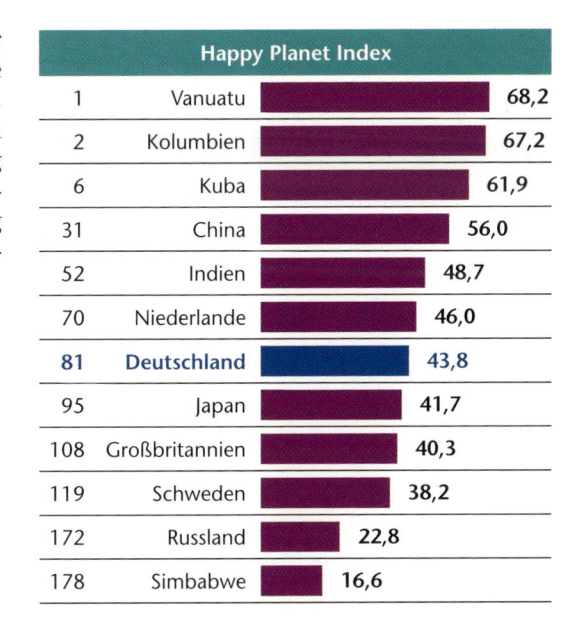

*(Quelle: vgl. http://www.happyplanetindex.org/data)*

| | Happy Planet Index | |
|---|---|---|
| 1 | Vanuatu | 68,2 |
| 2 | Kolumbien | 67,2 |
| 6 | Kuba | 61,9 |
| 31 | China | 56,0 |
| 52 | Indien | 48,7 |
| 70 | Niederlande | 46,0 |
| 81 | **Deutschland** | 43,8 |
| 95 | Japan | 41,7 |
| 108 | Großbritannien | 40,3 |
| 119 | Schweden | 38,2 |
| 172 | Russland | 22,8 |
| 178 | Simbabwe | 16,6 |

### Umweltökonomische Gesamtrechnung (UGR)

Um dem zunehmendem Interesse der Öffentlichkeit an der Erfassung der Wechselwirkung von wirtschaftlichem Handeln und Umwelt gerecht zu werden, veröffentlicht das Statistische Bundesamt seit einigen Jahren die Umweltökonomische Gesamtrechnung. In dieser Statistik wird quantifiziert, wieviel Natur bei der Herstellung und beim Konsum von Gütern verbraucht wird. Neben dieser Bewertung der Inanspruchnahme des Produktionsfaktors Natur gibt die UGR auch Auskunft über die Veränderung des Umweltzustandes und über die Maßnahmen zum Schutz der Umwelt.

### Soziale Indikatoren

Von der Vielzahl der Kennziffern zur Messung des Zustands und der Entwicklung der Lebensqualität sind die Konzepte zur Bestimmung der Wohlfahrt der Individuen der OECD die umfassendsten. Dabei sollen Gesundheit, Bildung, Erwerbstätigkeit und Qualität des Arbeitslebens, Zeitverwendung und Freizeit, ökonomischer Status, physische sowie soziale Umwelt und persönliche Sicherheit berücksichtigt und quantifiziert werden.

Ein wesentliches Problem dieser alternativen Berechnungen ist die Bewertung der durchgeführten Korrekturen, da der Umfang und/oder der anzusetzende Preis nur geschätzt werden kann. Wie sollen z. B. die Aufwendungen für die Beseitigung der Umweltbelastungen umfangmäßig bestimmt werden oder in welchem Umfang und zu welchem Preis sollen Arbeiten im Haushalt berücksichtigt werden? Wie beurteilt man die Ausgaben für Verteidigungszwecke?

Ein amerikanischer Nobelpreisträger für Wirtschaftswissenschaften, der den alternativen Wohlstandsindikator NEW (Net Economic Welfare) entwickelte, äußerte zu dieser Problematik:

„Es ist besser, eine ungenaue Vorstellung von dem zu haben, was wir wollen (NEW), als eine genaue Vorstellung von dem, was wir nicht wollen (derzeitige BSP-Statistik)."
*(Quelle: Der Spiegel, Nr. 17 v. 22.04.1974)*

## Wiederholungsfragen

1. Was versteht man unter der volkswirtschaftlichen Gesamtrechnung?
2. Beschreiben Sie den Aufbau der volkswirtschaftlichen Gesamtrechnung.
3. Nennen Sie die drei Abschlusskonten der volkswirtschaftlichen Gesamtrechnung.
4. Unterscheiden Sie zwischen dem nominalen und dem realen Bruttoinlandsprodukt. Wofür ist diese Unterscheidung wichtig?
5. Wodurch unterscheiden sich das Bruttoinlandsprodukt und das Bruttonationaleinkommen?
6. Worüber gibt das Bruttoinlandsprodukt als volkswirtschaftliche Kennziffer Auskunft?
7. Erläutern Sie die drei Berechnungsmethoden zur Ermittlung des Bruttoinlandsproduktes.
8. Wie wird das Bruttoinlandsprodukt mithilfe der Entstehungsrechnung ermittelt?
9. Was versteht man unter der Bruttowertschöpfung?
10. Erläutern Sie die Ermittlung der verschiedenen volkswirtschaftlichen Einkommensbegriffe mithilfe der Verwendungsrechnung.
11. Ermitteln Sie die Veränderung des Kapitalstocks, wenn der Gesamtbetrag aller Investitionen 550 Mrd. EUR beträgt, die Abschreibungen auf Anlagevermögen 200 Mrd. EUR und die Abschreibungen auf Vorratsvermögen 75 Mrd. EUR.
12. Handelt es sich bei der Bundesrepublik Deutschland um eine wachsende oder eine schrumpfende Volkswirtschaft? Begründen Sie.
13. Erklären Sie, wie der Außenbeitrag einer Volkswirtschaft errechnet wird. Welches Konto der volkswirtschaftlichen Gesamtrechnung wird dabei zugrunde gelegt?
14. Was ist volkswirtschaftlich mit dem Begriff des Wachstums gemeint? Unterscheiden Sie zwischen nominalem und realem Wirtschaftswachstum.
15. Warum wird das reale Wirtschaftswachstum als Wohlstandsindikator verstanden?
16. Berechnen Sie das nominale und reale Wirtschaftswachstum, wenn Folgendes gilt: Nominales Bruttoinlandsprodukt 2009: 2.374,5 Mrd. EUR; Nominales Bruttoinlandsprodukt 2010: 2.476,8 Mrd. EUR; Preisniveauanstieg 2010: 1,0 %.
17. In welchem Zusammenhang stehen Wohlstand und Wirtschaftswachstum?
18. Nennen Sie Kritikpunkte am Wachstum als Wohlstandsindikator und geben Sie jeweils Beispiele dafür.
19. Nehmen Sie Stellung zu folgender Aussage des Wissenschaftlers Samuelson: „Es ist besser, eine ungenaue Vorstellung von dem zu haben, was man will (Net Economic Welfare), als eine genaue Vorstellung von dem, was man nicht will (jetzige BIP-Statistik)."
20. Erklären Sie die Begriffe Konsumquote und Sparquote.
21. Erläutern Sie die drei wesentlichen Prinzipien für eine gerechte Einkommensverteilung.
22. Erläutern Sie den Begriff der primären Einkommensverteilung.

23. Unterscheiden Sie zwischen funktionaler und persönlicher Einkommensverteilung.
24. Was sagt die Lohnquote bzw. die Gewinnquote aus?
25. Berechnen Sie die Lohnquote sowie die Gewinnquote für 2010: Volkseinkommen: 1.897,84 Mrd. EUR Arbeitnehmerentgelt: 1.262,87 Mrd. EUR.
26. Beschreiben Sie die sekundäre Einkommensverteilung.

## 1.3 Konjunktur und Wirtschaftswachstum

### Grundbegriff der Konjunktur

Täglich treffen private Haushalte, staatliche Entscheidungsträger und Unternehmen bedeutsame, langfristige wirtschaftliche Entscheidungen in allen Wirtschaftsbereichen. Unternehmen müssen beispielsweise bei ihren Investitionsvorhaben sorgfältig abwägen, ob die ökonomischen Risiken durch die wirtschaftlichen Wechsellagen tragbar sind.

Keine Frage, wenn es keine wirtschaftlichen Schwankungen gäbe, könnten alle Wirtschaftssubjekte, Haushalte wie Unternehmer oder Staat, wesentlich besser langfristig planen.

Tatsächlich jedoch stellen wir im Zeitablauf immer wieder fest, dass Zinsen steigen und sinken, dass Unternehmen Arbeitsplätze schaffen oder Mitarbeiter entlassen, dass Unternehmen volle Auftragsbücher melden und dann wieder über mangelnde Aufträge klagen. Wir lesen, dass die Regierung zuweilen die Steuern erhöht, andererseits Subventionen für Bauvorhaben gewährt, um Arbeitsplätze in der Bauwirtschaft zu sichern.

Marktwirtschaftliche Volkswirtschaften sind einem ständigen Auf und Ab wirtschaftlicher Aktivitäten unterworfen, die man als Wirtschaftsschwankungen bezeichnet.

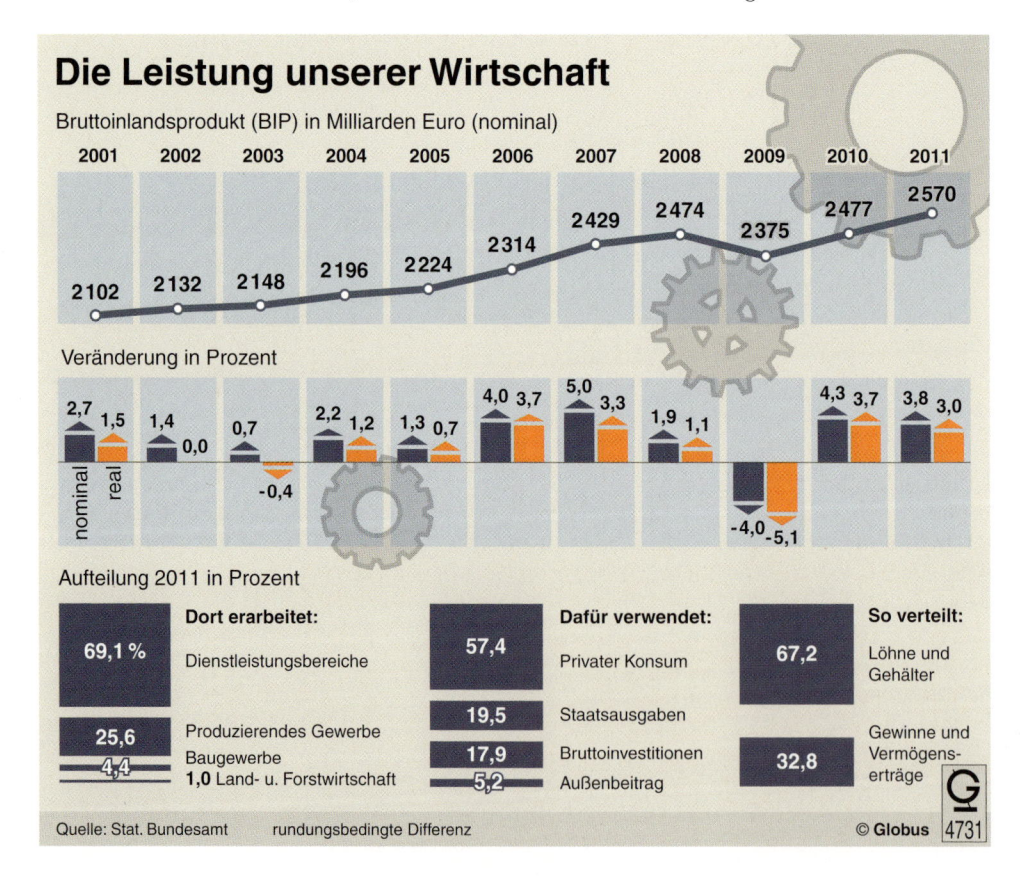

### Die Leistung unserer Wirtschaft

Bruttoinlandsprodukt (BIP) in Milliarden Euro (nominal)

| 2001 | 2002 | 2003 | 2004 | 2005 | 2006 | 2007 | 2008 | 2009 | 2010 | 2011 |
|---|---|---|---|---|---|---|---|---|---|---|
| 2102 | 2132 | 2148 | 2196 | 2224 | 2314 | 2429 | 2474 | 2375 | 2477 | 2570 |

Veränderung in Prozent

| | 2001 | 2002 | 2003 | 2004 | 2005 | 2006 | 2007 | 2008 | 2009 | 2010 | 2011 |
|---|---|---|---|---|---|---|---|---|---|---|---|
| nominal | 2,7 | 1,4 | 0,7 | 2,2 | 1,3 | 4,0 | 5,0 | 1,9 | | 4,3 | 3,8 |
| real | 1,5 | 0,0 | | 1,2 | 0,7 | 3,7 | 3,3 | 1,1 | -4,0 / -5,1 | 3,7 | 3,0 |
| | | | -0,4 | | | | | | | | |

Aufteilung 2011 in Prozent

**Dort erarbeitet:**
- 69,1 % Dienstleistungsbereiche
- 25,6 Produzierendes Gewerbe
- 4,4 Baugewerbe
- 1,0 Land- u. Forstwirtschaft

**Dafür verwendet:**
- 57,4 Privater Konsum
- 19,5 Staatsausgaben
- 17,9 Bruttoinvestitionen
- 5,2 Außenbeitrag

**So verteilt:**
- 67,2 Löhne und Gehälter
- 32,8 Gewinne und Vermögenserträge

Quelle: Stat. Bundesamt — rundungsbedingte Differenz — © Globus 4731

Je nach dem Zeitraum, in dem man diese Schwankungen betrachtet, unterscheidet man folgende Arten:

- **Saisonale Schwankungen** entstehen durch das jahreszeitliche Auf und Ab wirtschaftlicher Aktivitäten. Sie treten kurzfristig in bestimmten Wirtschaftsbereichen auf, hervorgerufen durch z. B. klimatische Gegebenheiten, Sitten und Gebräuche. Sie verlaufen wellenförmig um die mittelfristigen Konjunkturschwankungen und betreffen nur einige Wirtschaftsbereiche.

- **Konjunkturschwankungen:** Auch mittelfristig, d. h. über einen Zeitraum von 3 bis 10 Jahren, kann man wellenförmige Schwankungen der gesamtwirtschaftlichen Entwicklung feststellen. Diese werden als Konjunkturschwankungen oder auch Konjunkturwellen bezeichnet. Ihnen gilt das Hauptinteresse in der Wirtschaftspolitik. Sie verlaufen wellenförmig um den Wachstumstrend.

- **Langfristige Schwankungen:** Einige Ökonömen versuchen nachzuweisen, dass über einen Zeitraum von Jahrzehnten Schwankungen der Weltkonjunktur festzustellen sind, die durch bahnbrechende technische Erfindungen (Innovationen) und die daraus entstehenden neuen Märkte ausgelöst werden. Diese Schwankungen, die nach ihrem Entdecker benannten Kondratieff-Wellen, haben eine Dauer von 50–60 Jahren.

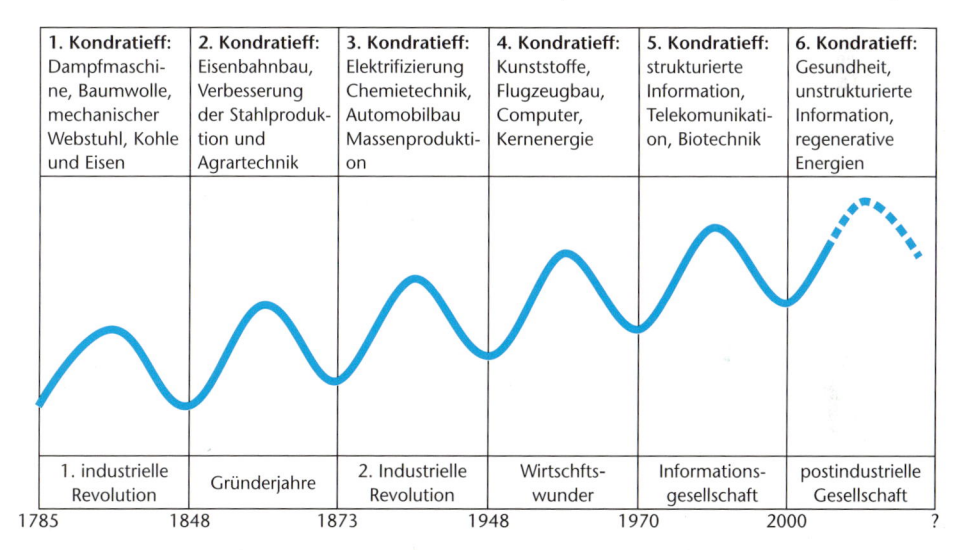

| 1. Kondratieff: Dampfmaschine, Baumwolle, mechanischer Webstuhl, Kohle und Eisen | 2. Kondratieff: Eisenbahnbau, Verbesserung der Stahlproduktion und Agrartechnik | 3. Kondratieff: Elektrifizierung, Chemietechnik, Automobilbau Massenproduktion | 4. Kondratieff: Kunststoffe, Flugzeugbau, Computer, Kernenergie | 5. Kondratieff: strukturierte Information, Telekomunikation, Biotechnik | 6. Kondratieff: Gesundheit, unstrukturierte Information, regenerative Energien |
|---|---|---|---|---|---|
| 1. industrielle Revolution | Gründerjahre | 2. Industrielle Revolution | Wirtschftswunder | Informationsgesellschaft | postindustrielle Gesellschaft |
| 1785 | 1848 | 1873 | 1948 | 1970 | 2000 ? |

Langfristige Betrachtungen ergeben, dass in marktwirtschaftlichen Systemen trotz der unterschiedlichen Wachstumsraten das reale Bruttosozialprodukt stetig zunimmt. Diese langfristig steigende Tendenz des realen Bruttosozialprodukts stellt sozusagen den Mittelwert der gesamtwirtschaftlichen Schwankungen dar und wird als *Wachstumstrend* oder *Wachstumspfad* bezeichnet.

*Als Konjunkturzyklus werden die regelmäßig wiederkehrenden mittelfristigen Schwankungen des realen Wirtschaftswachstums bezeichnet. Der Konjunkturzyklus hat einen wellenförmigen Verlauf, der sich in die vier Phasen einteilen lässt.*

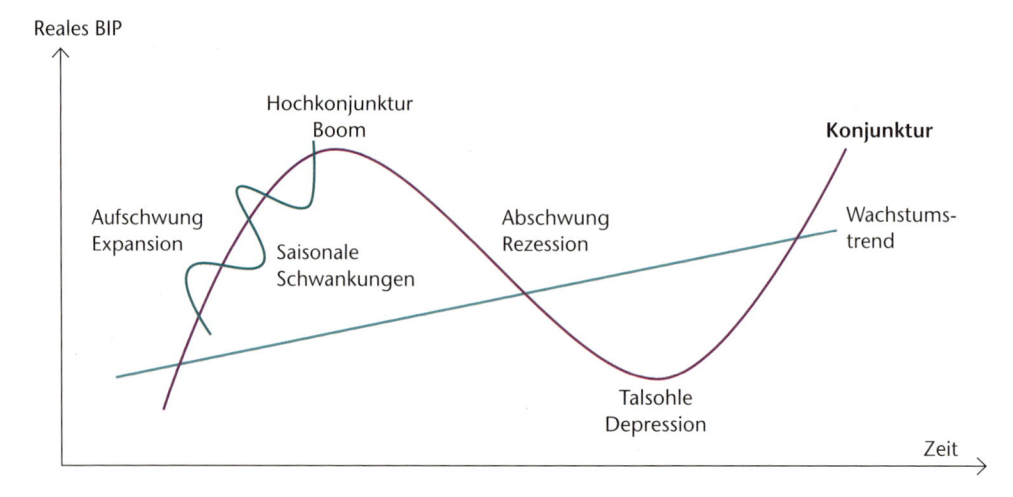

## Konjunkturphasen

**Reales BIP**

- Aufschwung / Expansion
- Saisonale Schwankungen
- Hochkonjunktur / Boom
- Abschwung / Rezession
- Talsohle / Depression
- Wachstumstrend
- Konjunktur

Zeit

| | |
|---|---|
| **Aufschwung (Expansion)** | Im Aufschwung kommt es zu einer Zunahme der wirtschaftlichen Aktivitäten. Die optimistischen Zukunftserwartungen der Wirtschaftssubjekte, die niedrigen Preise und Zinsen führen zu einer Zunahme der Produktion und infolgedessen zu steigenden Investitionen, einer Zunahme der Beschäftigung und der Einkommen. Gegen Ende der Aufschwungphase trifft die steigende Nachfrage aufgrund des Erreichens der Kapazitätsgrenzen nicht mehr auf ein elastisches Angebot, was Preiserhöhungen zur Folge hat, zunächst in der Investitionsgüterindustrie, später in der Konsumgüterindustrie. |
| **Hochkonjunktur (Boom)** | In der Hochkonjunktur kommt es zu einer Überhitzung der Konjunktur. Da die Unternehmen ihre Kapazitätsgrenzen erreicht haben, ist das Angebot vollkommen unelastisch und die überhöhte Nachfrage hat nur noch Preissteigerungen zur Folge. Aufgrund der steigenden Preise und der hohen Beschäftigung existieren gesteigerte Lohn- und Gehaltsforderungen bzw. auch eine gesteigerte Bereitschaft zu Arbeitskämpfen. Da jedoch die Löhne und Gehälter mit Verzögerungen hinter den Preissteigerungen zurückbleiben, sinkt aufgrund fehlender Kaufkraft die Nachfrage. Die Stimmung der Wirtschaftssubjekte wandelt sich in Skepsis. Der Abschwung wird eingeleitet. |
| **Abschwung (Rezession)** | Die zunächst in der Investitionsgüterindustrie zurückgehende Nachfrage hat Kurzarbeit, Entlassungen und eine Verringerung der Einkommen zur Folge. Dadurch setzt sich diese Entwicklung auch auf dem Konsumgütermarkt fort. Das Ansteigen der Arbeitslosenquote, geringere Lohn- und Gehaltszuwächse und Gewinne sowie Stillstand oder Senkung der Preise sind weitere Kennzeichen der zunehmenden Absatzschwierigkeiten der Unternehmen. Die Stimmung der Wirtschaftssubjekte ist pessimistisch. |
| **Talsohle (Depression)** | Der Tiefstand ist gekennzeichnet durch hohe Arbeitslosenquoten und niedriges Volkseinkommen. Durch die zu geringe Nachfrage sind die Produktionskapazitäten nicht ausgelastet und die Läger überfüllt. Dadurch entsteht Druck auf die Preise und die Löhne. Die Zahl der Konkurse ist hoch. Die geringen Gewinnerwartungen führen dazu, dass kaum investiert wird, obwohl die Zinsen sinken. Die Stimmung in der Wirtschaft ist depressiv. Schließlich schaffen jedoch die niedrigen Zinsen, Lohn- und Rohstoffkosten wieder günstige Voraussetzungen für die Produktion, was dann schließlich einen erneuten Aufschwung einleitet. |

Die **Dauer eines Konjunkturzyklus** ergibt sich aus der Zeitspanne von Wellental zu Wellental. Der nach seinem Entdecker benannte Juglar-Zyklus hat eine Dauer von 7–11 Jahren. Er lässt sich besonders an den statistischen Zahlen der Nachkriegszeit belegen. Eine wesentlich kürzere Zyklusspanne gibt der sogenannte Kitchin-Zyklus mit einer Dauer von 3–4 Jahren an.

Die **Konjunkturforschung** befasst sich damit, die wirtschaftlichen Schwankungen und ihre Ursachen sowie die inneren Abhängigkeiten wissenschaftlich zu analysieren und prognostizieren. Das hierzu erforderliche umfangreiche statistische Datenmaterial wird unter anderem von einer Vielzahl von Konjunkturforschungsinstituten, der Bundesregierung und der Bundesbank ermittelt und dient der wissenschaftlichen Begründung der wirtschaftlichen Steuerung.

Die **Konjunkturprognose** beinhaltet die Vorhersage möglicher konjunktureller Entwicklungen für einen bestimmten Zeitraum. Sie ist besonders wichtig für die Planung geeigneter Maßnahmen gegen unerwünschte wirtschaftliche Entwicklungen.

Die **Konjunkturdiagnose** ist die Kennzeichnung der gegenwärtigen wirtschaftlichen Lage mithilfe dazu geeigneter statistischer Kennziffern, wie dem realen Wachstum, dem Preisniveau, der Arbeitslosenquote und dem Außenbeitrag.

Als **Konjunkturpolitik** wird der Teil staatlicher Maßnahmen bezeichnet, der die Vermeidung von erheblichen konjunkturellen Schwankungen zur Aufgabe hat. Sie gehört im weiteren Sinn zur Stabilitätspolitik.

## Konjunkturindikatoren

*Konjunkturindikatoren sind Kennzahlen zur Beurteilung der wirtschaftlichen Lage einer Volkswirtschaft. Sie dienen sowohl der Vorhersage zukünftiger wirtschaftlicher Entwicklungen als auch der Beurteilung der gegenwärtigen Situation. Dabei werden Früh-, Präsens- und Spätindikatoren unterschieden.*

- **Frühindikatoren:** Sie kündigen sehr früh kommende Veränderung der wirtschaftlichen Situation an und ermöglichen somit Konjunkturprognosen und das Einleiten geeigneter Maßnahmen zur Verhinderung einer Verschlechterung der Wirtschaftssituation. Zu den Frühindikatoren gehören vor allem die Auftragslage und Befragungen bei Unternehmen über die Einschätzung und Planung der Zukunft. Daneben dienen auch Zahlen über der Konsumklimaindex, Lagerbestandsveränderungen, Spartätigkeit der privaten Haushalte, Geldmengenveränderungen und Veränderungen des Diskontsatzes als Frühindikatoren.

- **Präsensindikatoren:** Sie kennzeichnen den gegenwärtigen Zustand der wirtschaftlichen Aktivitäten, d.h. sie ermöglichen die Konjunkturdiagnose. Hierzu gehören die Arbeitslosenquote, die Zahl der offenen Stellen, die Preisentwicklung, der Auslastungsgrad des Produktionspotenzials, das BIP in einem Monat, die Produktionszahlen und das Investitionsvolumen.

- **Spätindikatoren:** Spätindikatoren zeigen erst mit zeitlicher Verzögerung die konjunkturelle Entwicklung an und sind daher für die Konjunkturprognose und -diagnose ungeeignet. Zu ihnen zählen z.B. das BIP eines Jahres, Steuereinnahmen des Staates, Lohnstückkosten, das gesamtwirtschaftliche Tariflohn- und Gehaltsniveau je Stunde und der Preisindex für Wohngebäude.

|  |  | Auf-schwung | Hoch-konjunktur | Ab-schwung | Tief-stand |
|---|---|---|---|---|---|
| Gesamt-wirtschaft | Wachstum real, BIP | ↗ | ∓ | ↘ | ⊥ |
|  | Auslastungsgrad | ↗ | ∓ | ↘ | ⊥ |
| Unterneh-menssektor | Produktion | ↗ | ∓ | ↘ | ⊥ |
|  | Lagerbestände | ↘ | ⊥ | ↗ | ∓ |
|  | Investitionen | ↗ | ∓ | ↘ | ⊥ |
|  | Gewinne | ↗ | ∓ | ↘ | ⊥ |
|  | Auftragseingänge | ↗ | ∓ | ↘ | ⊥ |
| Haushalts-sektor | Konsumquote | ↗ | ∓ | ↘ | ⊥ |
|  | Sparquote | ↘ | ⊥ | ↗ | ∓ |
| Staatssektor | Steueraufkommen | ↗ | ∓ | ↘ | ⊥ |
| Konsum-gütermarkt | Preise | ↗ | ∓ | ↘ | ⊥ |
|  | Nachfrage | ↑ | ∓ | ↓ | ⊥ |
| Investitions-gütermarkt | Preise | ↑ | ∓ | ↘ | ⊥ |
|  | Nachfrage | ↑ | ∓ | ↓ | ⊥ |
| Arbeitsmarkt | Lohnzuwächse | ↗ | ∓ | ↘ | ⊥ |
|  | Arbeislosenquote | ↘ | ⊥ | ↗ | ∓ |
|  | Offene Stellen | ↗ | ∓ | ↘ | ⊥ |
| Kapitalmarkt | Zinsen | ↗ | ∓ | ↘ | ⊥ |
|  | Aktienkurse | ∓ | ↘ | ↓ | ↗ |
| Stimmung |  | optimist. | skept. | pessim. | depress. |
| Zeichen | ↑ stark steigend<br>↗ steigend<br>∓ oberer Wendepunkt | | ↓ stark fallend<br>↘ fallend<br>⊥ unterer Wendepunkt | | |

### Konjunkturtheorien

*Konjunkturtheorien versuchen die Ursachen für konjunkturelle Schwankungen zu beschreiben. Man unterscheidet die Vielzahl dieser Theorien nach ihrem Erklärungsansatz in exogene und endogene Theorien.*

**Exogene Theorien**
Diese Theorien machen äußere, d. h. nicht im marktwirtschaftlichen System verankerte Gründe für konjunkturelle Schwankungen verantwortlich. Vertreter dieser Theorien halten das System an sich für stabil. Als Ursachen unterschiedlicher wirtschaftlicher Zustände einer Volkswirtschaft werden Kriege, Naturkatastrophen, Entdeckung von neuen Rohstoffquellen, bedeutende technische Erfindungen, Veränderungen der Bevölkerungszahl oder Zukunftserwartungen der Wirtschaftssubjekte angeführt. Exogene Theorien sind heute allgemein nicht sehr anerkannt, da sie die heute tatsächlich vorhandenen Konjunkturschwankungen nicht ausreichend erklären können.

### Endogene Theorien

Endogene Erklärungsansätze sehen die Schwankungen ökonomischer Aktivitäten durch innerökonomische Gesetzmäßigkeiten verursacht, d. h. diese Theorien sind der Ansicht, dass die Ursachen für Kojunkturschwankungen im Aufbau des marktwirtschaftlichen Systems begründet sind. Vertreter dieser Theorien halten das System an sich für nicht stabil. Der überwiegende Teil dieser Theorien kann in die drei folgenden Gruppen eingeteilt werden:

#### Monetäre Konjunkturtheorien

Sie führen den Konjunkturzyklus auf Geldmengenveränderungen zurück. So führt z. B. eine Senkung des Diskontsatzes zu Lagerinvestitionen, erhöhtem Auftragseingang und Produktionsausweitung, da Kredite günstiger werden. In diesem Fall steigt die Geldmenge an. Der Aufschwung ist somit eingeleitet. Die stetige Zunahme des Kreditvolumens führt im Boom zwangsläufig zu Kreditbeschränkungen, da Geld knapper wird. Diese Tatsache schränkt die Nachfrage wieder ein, was zunächst, in der Rezession zu Preissenkungen und infolgedessen zum Rückgang der Produktion führt. Der Tiefstand wird erreicht, wenn die Bankenliquidität wieder so angewachsen ist, dass die Zinssätze wieder fallen. Die Konsequenz ist dann ein neuer Aufschwung.

#### Unterkonsumtheorien

Grund für konjunkturelle Schwankungen ist nach diesen Theorien, dass im Boom die Nachfrage nach Konsumgütern hinter der Produktion zurückbleibt, da Löhne und Gehälter nicht im gleichem Maße steigen wie die Güterpreise. Die Folge ist ein Rückgang der Kaufkraft und damit ein Rückgang der Nachfrage. Ungleiche Einkommensverteilung kann diesen Effekt noch verstärken, wenn diejenigen, die konsumieren wollen, zu wenig Einkommen beziehen, und diejenigen mit hohem Einkommen zum vermehrten Sparen neigen. Warum nach diesem Abschwung schließlich ein erneuter Aufschwung folgt, wird von diesen Theorien nur sehr unzureichend bzw. gar nicht erläutert.

#### Überinvestitionstheorien

Diese Theorien sehen den Ansatz im Ungleichgewicht zwischen Investitions- und Konsumgütermarkt. In der Aufschwungphase steigen dabei die Kapazitäten in der Investitionsgüterindustrie stärker an, als es die Nachfrage nach Konsumgütern erfordert. Dieses Ungleichgewicht führt im Boom zum Sinken der Investitionen in der Investitionsgüterindustrie, da sich die Absatzentwicklungen verschlechtern. Die Folge ist ein Rückgang der Konsumgüternachfrage aufgrund der Einkommenseinbußen in der Investitionsgüterindustrie. Während des Abschwungs kommt es schließlich zum erneuten Ungleichgewicht, welches zu einer umgekehrten Entwicklung und damit zum erneuten Aufschwung führt.

Keine der genannten Konjunkturtheorien konnte bis heute eine eindeutige Erklärung für konjunkturelle Schwankungen liefern, die jeder Kritik standhält bzw. die tatsächlichen Veränderungen des Wirtschaftsgeschehens erklärt. Somit sind auch die konjunkturpolitischen Konsequenzen je nach Theorie sehr umstritten. Ein Grund dafür ist die Tatsache, dass wirtschaftliche Prozesse so komplex sind, dass eine Vielzahl von Einflussfaktoren zusammen den Konjunkturverlauf bestimmen.

## Prognose des ifo-Instituts

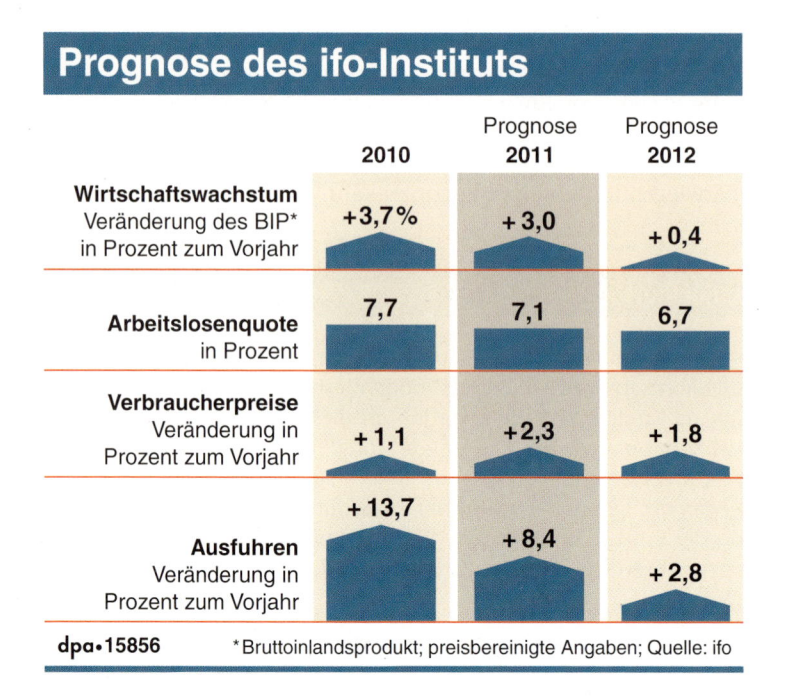

| | 2010 | Prognose 2011 | Prognose 2012 |
|---|---|---|---|
| **Wirtschaftswachstum** Veränderung des BIP* in Prozent zum Vorjahr | +3,7% | +3,0 | +0,4 |
| **Arbeitslosenquote** in Prozent | 7,7 | 7,1 | 6,7 |
| **Verbraucherpreise** Veränderung in Prozent zum Vorjahr | +1,1 | +2,3 | +1,8 |
| **Ausfuhren** Veränderung in Prozent zum Vorjahr | +13,7 | +8,4 | +2,8 |

dpa•15856  *Bruttoinlandsprodukt; preisbereinigte Angaben; Quelle: ifo

### 1.3.1 Ziele der Stabilitätspolitik

*Das magische Sechseck der Wirtschaft umfasst sechs Ziele der Wirtschaftspolitik. Da es aufgrund der wechselseitigen Abhängigkeiten und der daraus resultierenden Zielkonflikte nicht möglich zu sein scheint, alle Ziele gleichzeitig im vollen Umfang zu erreichen, verwendet man in diesem Zusammenhang den Ausdruck Magie.*

> **§ 1 Stabilitätsgesetz**
>
> Bund und Länder haben bei ihren wirtschafts- und finanzpolitischen Maßnahmen die Erfordernisse des gesamtwirtschaftlichen Gleichgewichts zu beachten. Die Maßnahmen sind so zu treffen, dass sie im Rahmen der marktwirtschaftlichen Ordnung gleichzeitig zur Stabilität des Preisniveaus, zu einem hohen Beschäftigungsstand und außenwirtschaftlichem Gleichgewicht bei stetigem und angemessenem Wirtschaftswachstum beitragen.

Durch die im Stabilitätsgesetz genannten Ziele entstand zunächst das **Magische Viereck**, das aus den Zielen
- Preisniveaustabilität,
- hoher Beschäftigungsstand,
- stetig angemessenes Wirtschaftswachstum und
- außenwirtschaftliches Gleichgewicht

bestand.

Durch das Gesetz zur Bildung eines Sachverständigenrates kam das fünfte Ziel der gerechten Einkommens- und Vermögensverteilung hinzu. Durch die politische Diskussion der letzten 20 Jahre ist auch der Umweltschutz zu einem wirtschaftspolitischen Ziel geworden.

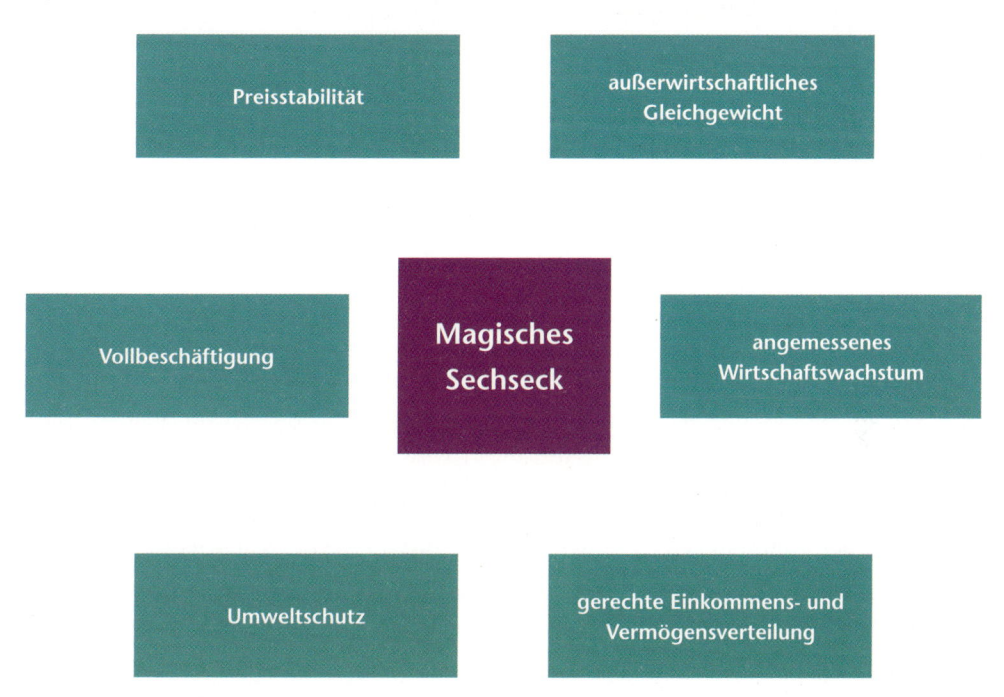

- Preisstabilität
- außerwirtschaftliches Gleichgewicht
- Vollbeschäftigung
- Magisches Sechseck
- angemessenes Wirtschaftswachstum
- Umweltschutz
- gerechte Einkommens- und Vermögensverteilung

### 1.3.1.1 Preisniveaustabilität

In einer Marktwirtschaft wird der Preis auf dem Markt bestimmt und nicht durch den Staat. Preise als Tauschrelationen der Güter müssen im Wettbewerbsprozess flexibel sein. Das Stabilitätsgesetz fordert ein stabiles Preisniveau, d. h. es fordert Geldwertstabilität. Die Kaufkraft des Geldes und damit dessen realer Wert soll möglichst konstant bleiben. Diese Forderung gewährleistet die Aufrechterhaltung der Geldfunktionen. Ändert sich der Wert des Geldes durch eine Inflation (allgemeiner Anstieg des Preisniveaus) oder durch eine Deflation (allgemeines Absinken des Preisniveaus), besteht die Gefahr, dass Geld sein Funktionen verliert. Diese sind:
- Tauschmittelfunktion,
- Zahlungsmittelfunktion (Wertübertragungsfunktion),
- Wertmaßstabsfunktion (Rechenmittelfunktion),
- Wertaufbewahrungsfunktion.

Unsicherheit über den zukünftigen Wert des Geldes führt zu sinkendem Vertrauen in eine Währung. Ob ein Verkäufer Geld als Tauschmittel für seine Ware akzeptiert, hängt davon ab, ob er darauf vertrauen kann, selbst damit zahlen zu können. Bei einer Inflation verliert Geld bei der Wertaufbewahrung im Allgemeinen an Wert. Bei einer Deflation steigt der Wert des Geldes während der Wertaufbewahrung, was einzelwirtschaftlich zwar positiv ist, aber gesamtwirtschaftlich zu einer Kauf- und Investitionszurückhaltung der Wirtschaftssubjekte führt.

## Bestimmung des Preisniveaus

Ein vereinfachter theoretischer Ansatz, die Beziehung zwischen der nachfragewirksamen Geldmenge und der Güterumsätze zu beschreiben, ist die Verkehrsgleichung des Geldes. Sie geht zurück auf den amerikanischen Nationalökonom Irving Fisher. Dieser Ansatz entstammt der Quantitätstheorie, weshalb die Verkehrsgleichung des Geldes auch Quantitätsgleichung genannt wird. Die Gleichung lautet wie folgt:

$$\text{Handelsvolumen} \cdot \text{Preisniveau} = \text{Menge des Geldes} \cdot \text{Umlaufgeschwindigkeit}$$

*Beispiel:* In einer Volkswirtschaft sei das Handelsvolumen gleich 100 ME und das Preisniveau gleich 5. Die Geldmenge beträgt 125 GE bei einer Umlaufgeschwindigkeit von 4. Laut der Verkehrsgleichung des Geldes ergibt sich: $100 \cdot 5 = 125 \cdot 4$
Steigt nun in der Volkswirtschaft in der folgenden Wirtschaftsperiode die Gütermenge (20 %) stärker als die Geldmenge (10 %) bei konstanter Umlaufgeschwindigkeit, dann ergibt sich laut der Verkehrsgleichung: $p = 4{,}58$. Das Preisniveau ist also gesunken bzw. die Kaufkraft ist gestiegen.

Das **Handelsvolumen** ist die mengenmäßige Gesamtheit aller Waren und Dienstleistungen, die in einer Wirtschaftsperiode umgesetzt wird. Das **Preisniveau** bezeichnet den Durchschnitt der Marktpreise, die für die Waren und Dienstleistungen des Handelsvolumens gezahlt wurden. Multipliziert man das Handelsvolumen mit dem Preisniveau, so erhält man den wertmäßigen Ausdruck der volkswirtschaftlichen Güterseite.

*Beispiel:* Ein Bäcker verkauft an einem Tag 200 Brötchen zu einem Preis von 0,30 EUR. Das Handelsvolumen zu Marktpreisen bewertet ist in diesem Fall 200 Brötchen $\cdot$ 0,30 EUR/Brötchen = 60,00 EUR.

Zur **Geldmenge** gehört im Zusammenhang mit der Verkehrsgleichung nur nachfragewirksames Geld, denn nur dies dient zum Kauf der angebotenen Waren und Dienstleistungen. Zum Kauf dienen unmittelbar nur Bargeld und Giralgeld, über das mit sogenannten Überweisungen oder Kartenzahlungen sofort verfügt werden kann.

Die **Umlaufgeschwindigkeit des Geldes** gibt die Häufigkeit an, mit der innerhalb einer Wirtschaftsperiode das Geld zum Kauf von Waren und Dienstleistungen verwendet wird. Sie hängt ab von den Zahlungsgewohnheiten (Löhne, Miete), Kaufgewohnheiten (Weihnachten) in einer Volkswirtschaft und den subjektiven Zukunftserwartungen der Wirtschaftssubjekte.

*Beispiel:* Wenn ein 10-Euro-Schein in einer Wirtschaftsperiode 5-mal zum Kauf von Gütern dient, geht von ihm eine Kaufkraft von 50,00 EUR aus, da er eine Umlaufgeschwindigkeit von 5 besitzt. Wird der Schein in einer Wirtschaftsperiode dagegen 8-mal umgesetzt (zum Kauf verwendet), geht von ihm eine Kaufkraft von 80,00 EUR aus.

## Preisniveaubestimmung mit Hilfe des Warenkorbes

Zur Berechnung des Verbraucherpreisindex (VPI) verwendet das Statistische Bundesamt in Wiesbaden einen Warenkorb, der Waren und Dienstleistungen enthält, die als repräsentativ für die Konsumwelt in Deutschland gelten. Die Güterzusammenstellung des Warenkorbs wird alle 5 Jahre aktualisiert, damit verändertes Konsumverhalten berücksichtigt werden kann. Mithilfe von repräsentativen Stichproben erforscht das Statistische Bundesamt bei rund 60.000 Haushalten die Konsumgewohnheiten und ermittelt zur Preisniveaubestimmung durch ca. 600 Mitarbeiter in 188 Gemeinden etwa 300.000 Einzelpreise pro Monat. Im März 2008 wurde der Warenkorb auf das Basisjahr 2005 umgestellt. Der Warenkorb zur Ermittlung des VPI enthält etwa 750 Waren und Dienstleistungen, die in 12 Gütergruppen eingeteilt werden.

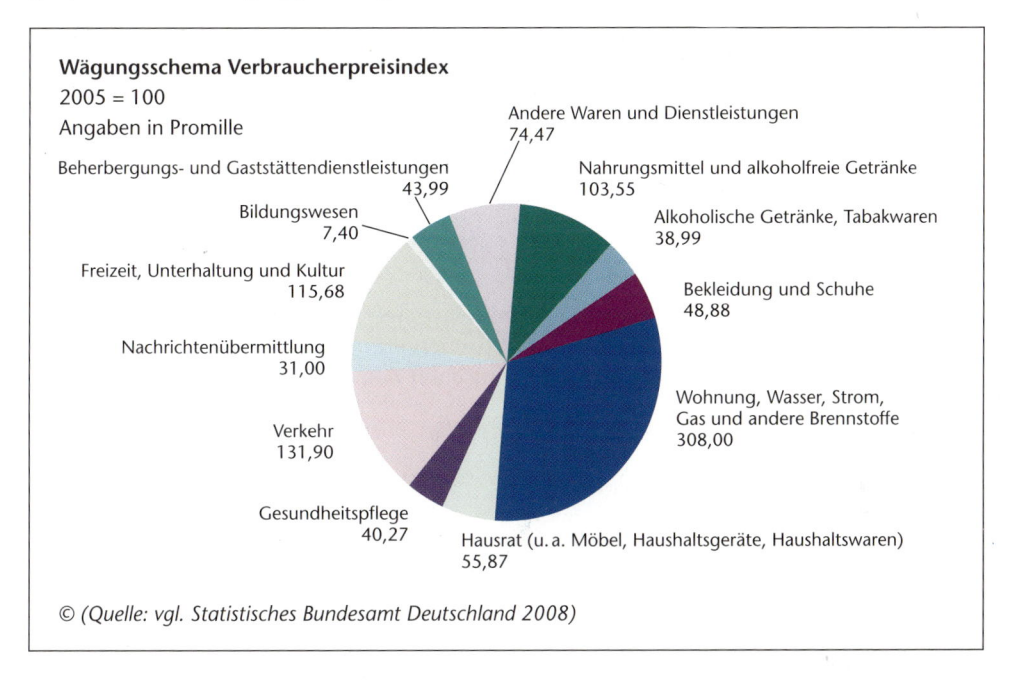

**Wägungsschema Verbraucherpreisindex**
2005 = 100
Angaben in Promille

- Andere Waren und Dienstleistungen 74,47
- Beherbergungs- und Gaststättendienstleistungen 43,99
- Nahrungsmittel und alkoholfreie Getränke 103,55
- Bildungswesen 7,40
- Alkoholische Getränke, Tabakwaren 38,99
- Freizeit, Unterhaltung und Kultur 115,68
- Bekleidung und Schuhe 48,88
- Nachrichtenübermittlung 31,00
- Wohnung, Wasser, Strom, Gas und andere Brennstoffe 308,00
- Verkehr 131,90
- Gesundheitspflege 40,27
- Hausrat (u. a. Möbel, Haushaltsgeräte, Haushaltswaren) 55,87

© (Quelle: vgl. Statistisches Bundesamt Deutschland 2008)

In dem Jahr, in dem ein neuer Warenkorb zusammengestellt wird, erhält man ein neues Basisjahr, das den Preisindex 100 erhält. Der Wert des Warenkorbs im Berichtsjahr wird dann zur Bestimmung des Preisindex in Beziehung zur Wert des Warenkorbs im Basisjahr gesetzt.

***Beispiel:***

| Waren und Dienstleistungen | Menge pro Jahr ($q_0$) (Wägungsanteil) | Preis in EUR/Einheit ($p_0$) (Basisjahr) | Wert des Warenkorbes ($p_0 \times q_0$) (Basisjahr) | Menge pro Jahr ($q_0$) | Preis in EUR/Einheit ($p_0$) (Berichtsjahr) | Wert des Waren-korbes ($p_0 \times q_0$) (Berichtsjahr) |
|---|---|---|---|---|---|---|
| Butter | 78 Pakete (250g) | 2,00 EUR | 156,00 EUR | 78 Pakete (250g) | 1,90 EUR | 148,20 EUR |
| CD-Player | 1/5 Stück | 489,00 EUR | 97,80 EUR | 1/5 Stück | 398,00 EUR | 79,60 EUR |
| Brot | 104 kg | 4,20 EUR | 436,80 EUR | 104 KG | 4,50 EUR | 468,00 EUR |
| Wohnungsmiete | 960 m² | 12,50 EUR | 12.000,00 EUR | 960 m² | 12,80 EUR | 12.288,00 EUR |
| | | Summe: | 12.690,60 EUR | | Summe: | 12.983,60 EUR |

Der Verbraucherpreisindex (Preisindex) lässt sich nun wie folgt berechnen:

$$P = \frac{\text{Wert des Warenkorbs (Berichtsjahr)} \cdot 100}{\text{Wert des Warenkorbs (Basisjahr)}}$$

Setzt man die Werte der Tabelle ein, erhält man folgende Gleichung: $P = \dfrac{12.983{,}60 \cdot 100}{12.690{,}60}$

P = 102,31, das bedeutet, die Inflationsrate gegenüber dem Basisjahr beträgt 2,31 %.

Die Kaufkraftveränderung berechnet sich wie folgt:

$K = \dfrac{100}{\text{Preisniveau}} - 100 = K = \dfrac{100 \cdot 100}{102{,}31} - 100$

K = –2,26 %, das bedeutet, die Kaufkraft ist um 2,26 % gesunken.

Der Verbraucherpreisindex wird nach der sogenannten Laspeyres-Indexformel berechnet.

Die so ermittelten Preisindizes werden im Bundesanzeiger, in allen größeren Tageszeitungen, im Statistischen Wochendienst des Statistischen Bundesamtes („Wirtschaft und Statistik") sowie in den Monatsberichten der Deutschen Bundesbank veröffentlicht.

| Verbraucherpreisindex für Deutschland (2005 = 100) | |
|---|---|
| Jahr | VPI (insgesamt) |
| 2005 | 100 |
| 2006 | 101,6 |
| 2007 | 103,9 |
| 2008 | 106,6 |
| 2009 | 107,0 |
| 2010 | 108,2 |

Neben dem VPI berechnen EUROSTAT und die Europäische Zentralbank (EZB) einen „Harmonisierten Verbraucherpreisindex (HVPI)". Er dient als einheitliche Ermittlungsgrundlage zur Berechnung des Preisniveaus, um einen internationalen Vergleich zu ermöglichen, etwa innerhalb der Europäischen Währungsunion.

### 1.3.1.2 Hoher Beschäftigungsstand

Ein hoher Beschäftigungsstand bedeutet im Umkehrschluss eine geringe Arbeitslosigkeit, d.h. dass möglichst viele Menschen einer Beschäftigung nachgehen. Obwohl es sicherlich Menschen gibt, denen es erstrebenswert erscheint, mit möglichst wenig Arbeit den Lebensunterhalt zu bestreiten, gehört es zu den grundlegenden Bedürfnissen des Menschen, dass er sein Auskommen selbst verdient und dadurch Selbstbestätigung erfährt.

Gesamtwirtschaftlich gesehen bedeutet Unterbeschäftigung eine geringe Auslastung des Produktionspotenzials, d.h. es könnten zusätzliche Güter erzeugt werden, die wiederum mehr Bedürfnisse befriedigen könnten. Außerdem gehen durch Arbeitslosigkeit wertvolle Qualifikationen verloren, wodurch die Fertigungskapazität selbst schrumpft. Der soziale Frieden könnte aufgrund auseinanderklaffender Lebensbedingungen gefährdet sein. Es kommt u. U. zu zunehmender Kriminalität, Suiziden und Alkoholmissbrauch.

Zur Messung des Ziels „Hoher Beschäftigungsstand" werden eine Reihe von Kennziffern genutzt. Die Erwerbsquote zeigt den Anteil der Erwerbspersonen an der Gesamtbevölkerung:

$$\text{Erwerbsquote} = \frac{\text{Erwerbspersonen}}{\text{Gesamtbevölkerung}}$$

In Deutschland betrug die Erwerbsquote 2009 53,2 %.

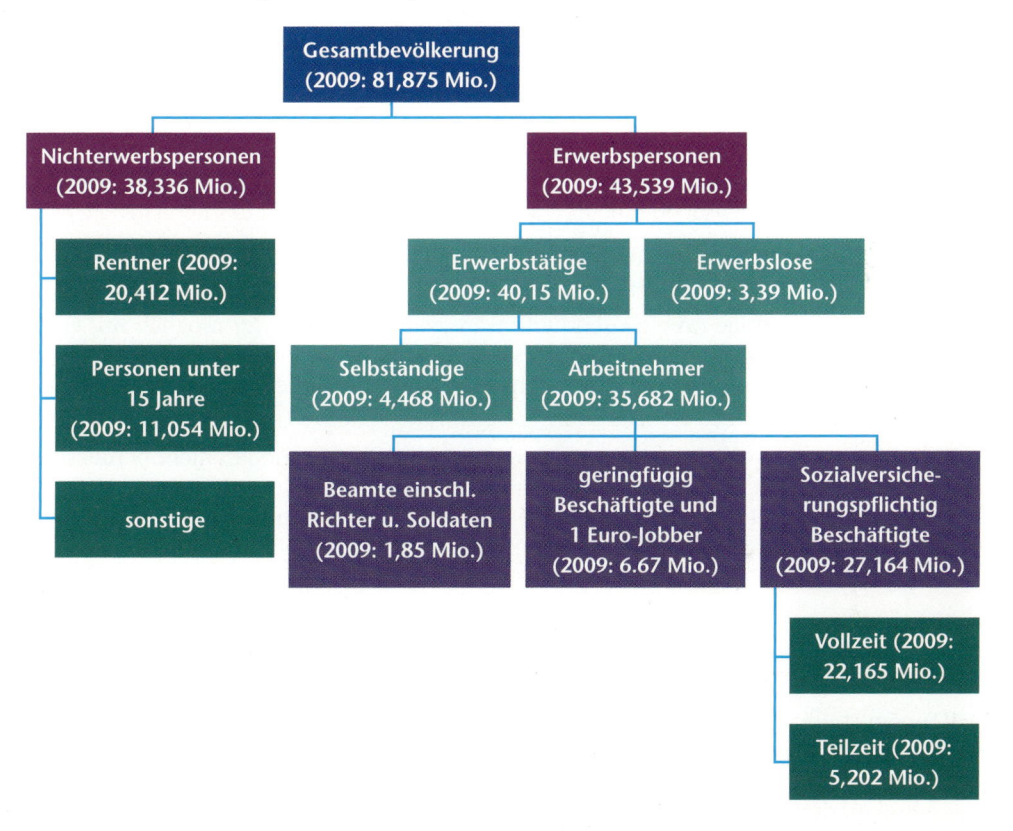

```
Gesamtbevölkerung (2009: 81,875 Mio.)
├── Nichterwerbspersonen (2009: 38,336 Mio.)
│   ├── Rentner (2009: 20,412 Mio.)
│   ├── Personen unter 15 Jahre (2009: 11,054 Mio.)
│   └── sonstige
└── Erwerbspersonen (2009: 43,539 Mio.)
    ├── Erwerbstätige (2009: 40,15 Mio.)
    │   ├── Selbständige (2009: 4,468 Mio.)
    │   └── Arbeitnehmer (2009: 35,682 Mio.)
    │       ├── Beamte einschl. Richter u. Soldaten (2009: 1,85 Mio.)
    │       ├── geringfügig Beschäftigte und 1 Euro-Jobber (2009: 6.67 Mio.)
    │       └── Sozialversicherungspflichtig Beschäftigte (2009: 27,164 Mio.)
    │           ├── Vollzeit (2009: 22,165 Mio.)
    │           └── Teilzeit (2009: 5,202 Mio.)
    └── Erwerbslose (2009: 3,39 Mio.)
```

Ein hoher Beschäftigungsstand bezieht sich in erster Linie auf einen großen Anteil der *Erwerbstätigen* an den *Erwerbspersonen*. Als Kennziffer wird die Erwerbstätigenquote bzw. die Erwerbslosenquote nach dem Konzept der International Labour Organization (ILO) ermittelt.

| Erwerbstätigenquote | Erwerbslosenquote |
|---|---|
| $= \dfrac{\text{Erwerbstätige}}{\text{Erwerbspersonen}}$ | $= \dfrac{\text{Erwerbslose}}{\text{Erwerbspersonen}}$ |

Die Erwerbslosenquote betrug in Deutschland 2009 7,8 %.

In Deutschland wird neben der Erwerbslosenquote auch die Arbeitslosenquote der Bundesagentur für Arbeit verwendet:

$$\text{Arbeislosenquote} = \frac{\text{Arbeitslose} \cdot 100}{\text{Erwerbspersonen}}$$

Die Definitionen der Begriffe Erwerbspersonen und Erwerbslose sind je nach Berechnungskonzept (ILO oder BA) recht unterschiedlich. Die Arbeitslosenquote der BA ist generell höher als die Erwerbslosenquote nach der ILO.

Von Vollbeschäftigung spricht man je nach wirtschaftlicher Situation bereits ab einer Arbeitslosenquote von 3–4 %. Obwohl eine Arbeitslosenquote von 0 % wünschenswert erscheint, ist diese unter realistischen Bedingungen kaum erreichbar. Folgende Gründe sind hierfür zu nennen:

- Es wird immer eine friktionelle Arbeitslosigkeit geben, d. h. eine (kurze) Arbeitslosigkeit beim Stellenwechsel oder beim Übergang von der Schule in das Berufsleben.
- Die Unternehmen sind an einer Arbeitslosenquote von Null nicht interessiert, da dies ihre Position auf dem Arbeitsmarkt erheblich verschlechtern würde.
- Eine derartig niedrige Arbeitslosenquote wäre wahrscheinlich nur möglich mit einer großen Zahl Geringverdiener, die auf zusätzliche staatliche Unterstützung angewiesen wären. Diese indirekt subventionierten Arbeitsplätze würden Normalanstellungen verdrängen.
- Die sogenannte „stille Reserve" wird in den Berechnungsmethoden nicht berücksichtigt. Hierzu zählen Personen, die als nicht vermittelbar gelten, die nicht registriert sind oder zum Zeitpunkt der Erhebung an bestimmten Weiterbildungs- und Vermittlungsmaßnahmen teilnehmen. Man schätzt die stille Reserve in Deutschland auf ca. 2 Mio. Menschen.

### 1.3.1.3 Stetig angemessenes Wirtschaftswachstum

Mit einem stetig angemessenen Wirtschaftswachstum wird eine höhere Gütererstellung und damit eine größere Bedürfnisbefriedigung verbunden. Dies führt zu mehr Wohlstand und höherer Lebensqualität. Steigt die Güterversorgung trotz Konjunkturschwankungen dauerhaft an, spricht man von einem stetigen Wachstum. Als Kennziffern zur Beurteilung des wirtschaftlichen Wachstums dienen das Bruttoinlandsprodukt (BIP) je Einwohner sowie die reale Veränderung des Bruttoinlandsprodukts. Letztere drückt das Wachstum einer Volkswirtschaft in einer Wirtschaftsperiode aus. Das BIP wird vom Statistischen Bundesamt ermittelt. Die Berechnung des realen BIP erfolgt unter Berücksichtigung der Preissteigerungen seit dem Basisjahr wie folgt:

$$BIP_{real} = \frac{\text{nominales BIP}}{\text{Preisindex}} \cdot 100$$

Auch hier wird seit 2007 ein Kettenindex verwendet. Der BIP-Deflator ist der Quotient aus nominalem und realem BIP eines Jahres. Er wird als impliziter Preisindex des BIP bezeichnet.

$$BIP_{Deflator} = \frac{\text{nominales BIP}}{\text{reales BIP}} \cdot 100$$

Dividiert man das reale BIP durch die Gesamtbevölkerung, erhält man das BIP pro Kopf.

$$BIP_{pro\ Kopf} = \frac{BIP}{\text{Anzahl der Einwohner}} \cdot 100$$

| Jahr | nominales BIP in Mrd. EUR | BIP-Index preisbereinigt | reales Wachstum in % | BIP je Einwohner in EUR |
|---|---|---|---|---|
| 2005 | 2.224,40 | 100,00 | 0,7 | 26.974 |
| 2006 | 2.313,90 | 103,70 | 3,7 | 28.093 |
| 2007 | 2.428,50 | 107,09 | 3,3 | 29.521 |
| 2008 | 2.473,80 | 108,25 | 1,1 | 30.124 |
| 2009 | 2.374,50 | 102,70 | – 5,1 | 29.002 |
| 2010 | 2.476,80 | 106,49 | 3,7 | 30.295 |

### 1.3.1.4 Außenwirtschaftliches Gleichgewicht

*Das außenwirtschaftliche Gleichgewicht ist dann erreicht, wenn der Außenbeitrag gerade so hoch ist, dass er die binnenwirtschaftliche Lage nicht stört bzw. ihr nach Möglichkeit sogar positive Impulse gibt.*

Angestrebt wird deshalb ein ausgeglichenes Verhältnis zwischen den Einfuhren und den Ausfuhren zwischen den Wirtschaftssubjekten von Gütern und Dienstleistungen.

Maßgröße für das außenwirtschaftliche Gleichgewicht ist der Außenbeitrag. Das ist die Differenz zwischen den Ausfuhren und den Einfuhren von Gütern und Dienstleistungen in einer Volkswirtschaft. Ermittelt wird diese Größe als Saldo aus Handels- und Dienstleistungsbilanz. Diese beiden Bilanzen bilden die Leistungsbilanz im engeren Sinne. Der Außenbeitrag fließt bei der Verwendungsrechnung zur Ermittlung des BIP ein.

- Ein **positiver Außenbeitrag** ergibt sich, wenn in einer Periode mehr Güter ausgeführt als eingeführt werden. Man spricht dann von einem **Netto-Güterexport** (Ausfuhrüberschuss).

- Ein **negativer Außenbeitrag** ergibt sich, wenn in der Periode mehr Güter eingeführt als ausgeführt werden. Es liegt dann ein **Netto-Güterimport** vor (Einfuhrüberschuss).

Als Beitrag zum gesamtwirtschaftlichen Gleichgewicht wird ein Außenbeitrag angesehen, der 1–2 % des BIP nicht überschreitet. Tatsächlich schwanken die Zielprojektionen der Bundesregierung in den vergangenen Jahren zwischen 0 und 4 %.

## 1.3.1.5 Zielkonflikte

Zwischen den genannten Zielen existieren einerseits Zielharmonien, wie z. B. zwischen der Preisniveaustabilität und dem außenwirtschaftlichen Gleichgewicht. Es bestehen auch Zielneutralitäten, wie z. B. zwischen Preisniveaustabilität und Umweltschutz. Andererseits gibt es auch eine Reihe von Zielkonflikten:

Der klassische Zielkonflikt besteht zwischen der Preisniveaustabilität und dem Beschäftigungsstand. Je niedriger die Preisentwicklung ist, desto größer ist die Arbeitslosigkeit und umgekehrt. Anhand von Vergangenheitswerten lässt sich einwandfrei feststellen, dass eine Abnahme der Arbeitslosigkeit häufig mit einem Anstieg der Preise einherging. Man spricht dann gelegentlich davon, dass die zunehmende Beschäftigung durch Inflation erkauft wurde.

Weitere Zielkonflikte bestehen zwischen den Zielen der kurzfristigen Preisniveaustabilität und dem Wirtschaftswachstum, dem Wirtschaftswachstum und dem Umweltschutz sowie zwischen den Zielen Wirtschaftwachstum und außenwirtschaftliches Gleichgewicht.

## 1.3.2. Wirtschaftspolitische Maßnahmen und Konzeptionen

### 1.3.2.1 Geldpolitik

*Zur Geldpolitik gehören alle Maßnahmen, die der Steuerung der Geldmenge einer Volkswirtschaft dienen.*

**Europäische Zentralbank**

Träger der Geldpolitik ist seit 1. Januar 1999 die Europäische Zentralbank (EZB) mit Sitz in Frankfurt. Sie ist eine autonome Zentralbank, d. h. sie ist an keinerlei Weisungen gebunden (Art. 108 des Vertrags zur Gründung der Europäischen Gemeinschaft). Die EZB ist in verschiedener Hinsicht unabhängig:

- **Personelle Unabhängigkeit:** Die Mitglieder der EZB-Organe müssen fachlich geeignet und unabhängig sein. Kein Mitglied darf einer anderen Beschäftigung nachgehen. Mitglieder des EZB-Direktoriums können keine zweite Amtszeit bekommen. Mitglieder des EZB-Rats können nur in schwerwiegenden Fällen durch den Europäischen Gerichtshof des Amtes enthoben werden.

- **Finanzielle Unabhängigkeit:** Die EZB hat einen eigenen Haushalt und entscheidet selbst über den Einsatz ihrer Mittel, mit denen sie von den Mitgliedsländern ausgestattet wird. Private Banken haben auf die Europäische Zentralbank keinen Einfluss. Das EZB-Kapital befindet sich bei den 27 Notenbanken der Europäischen Union, die sich wiederum alle nicht im öffentlichen Besitz befinden.

- **Institutionelle Unabhängigkeit:** Die EZB und die nationalen Notenbanken dürfen keine Anweisungen der Politik erhalten. Ihre Entscheidungen sind somit frei von Weisungen der Regierungen. Öffentliche Haushalte dürfen laut Vertrag von Maastricht keine direkten Kredite von der EZB erhalten, um Staatsdefizite zu finanzieren. Hiergegen wurde jedoch mehrfach verstoßen.

- **Funktionelle Unabhängigkeit:** Die EZB entscheidet frei und eigenverantwortlich die Strategien und Maßnahmen, um ihre Ziele, insbesondere das Ziel der Preisstabilität, zu erreichen.

Die rechtliche Grundlage für Geldpolitik in Europa durch die EZB bilden der Vertrag zur Gründung der Europäischen Gemeinschaft (EGV) und die Satzung des Europäischen Systems der Zentralbanken und der Europäischen Zentralbank.

Zu den **Beschlussorganen der EZB** zählen:

- der **EZB-Rat** als wichtigstes Beschlussorgan der EZB mit sechs Mitgliedern des Direktoriums sowie den Präsidenten der nationalen Zentralbanken der 17 Länder des Euroraums,
- das **Direktorium** aus vom Europäischen Rat mit qualifizierter Mehrheit ausgewählten Personen: Präsident, Vizepräsident und vier weitere Mitglieder,
- **der erweiterte EZB-Rat** als Gremium der 27 Präsidenten der nationalen Zentralbanken der EU-Mitgliedstaaten sowie des Präsidenten und des Vizepräsidenten der EZB.

## DIE BESCHLUSSORGANE DER EZB

| EZB-DIREKTORIUM | EZB-RAT | ERWEITERTER EZB-RAT |
|---|---|---|
| Präsident | Präsident | Präsident |
| Vizepräsident | Vizepräsident | Vizepräsident |
| Vier weitere Mitglieder | Vier weitere Mitglieder des Direktoriums | Präsidenten der NZBen **aller EU-Mitgliedstaaten** (27) |
| | Präsidenten der NZBen des **Euro-Währungsgebiets** (15) | |
| **Aufgaben** | **Aufgaben** | **Aufgaben** |
| – Vorbereitung der Sitzungen des EZB-Rats<br>– Ausführung der Geldpolitik gemäß den Leitlinien und Entscheidungen des EZB-Rats + hierzu Weisungserteilung an NZBen<br>– Führung der laufenden Geschäfte der EZB<br>– Ausübung bestimmter, vom EZB-Rat übertragener Befugnisse | – Erlässt Leitlinien und Entscheidungen, die notwendig sind, um die Erfüllung der dem Eurosystem übertragenen Aufgaben zu gewährleisten<br>– Festlegung der Geldpolitik | Auflösung des erweiterten EZB-Rats, wenn alle EU-Länder den Euro eingeführt haben; keine Verantwortung für geldpolitische Entscheidungen<br><br>**Mitwirkung bei:**<br>– Koordinierung der Geldpolitik „Nicht-Euro-EU-Staaten" + EZB zwecks Aufrechterhaltung der Preisstabilität<br>– Erhebung statistischer Daten<br>– Berichtstätigkeiten der EZB<br>– Vorarbeit für Wechselkursfestlegung der „Nicht-Euro-EU-Staaten" |

Vorrangige Aufgabe der EZB ist nach Artikel 127 des Vertrags über die Arbeitsweise der Europäischen Union die **Erhaltung der Preisniveaustabilität**. Preisstabilität ist dann gegeben, wenn der Anstieg des Harmonisierten Verbraucherpreisindex (HVPI) für das Euro-Währungsgebiet unter 2 % gegenüber dem Vorjahr liegt.

Darüber hinaus gehören zu den Aufgaben der EZB:
- Steuerung der Geldmenge (Geldpolitik),
- Verwaltung der Währungsreserven,
- Devisengeschäfte,
- Ausgabe der Euro-Banknoten und Steuerung der Münzausgabe,
- Förderung des reibungslosen Zahlungsverkehrs,
- Überwachung des Kreditwesens.

Soweit die Wahrnehmung ihrer Aufgaben und Ziele es zulässt, soll die EZB nach Artikel 3 des Vertrags über die Europäische Union die allgemeine Wirtschaftspolitik im Euroraum unterstützen.

### Geldmenge und Geldschöpfung

Die Gesamtheit aller in einer Volkswirtschaft vorhandenen Zahlungsmittel wird als Geldmenge bezeichnet. Sie wird allgemein mit dem Buchstaben M (= money) gekennzeichnet. Zahlungsmittel, die sich im Besitz der Deutschen Bundesbank befinden, zählen nicht zur Geldmenge.

Zur exakteren Steuerung der Geldmenge und besseren Bestimmung von Geldmengenzielen wird die Geldmenge M in verschiedene Geldmengenbegriffe unterschieden:

- Geldmenge M1: Bargeldumlauf und täglich fällige Einlagen (Giralgeld, elektronisches Geld auf vorausgezahlten Karten)
- Geldmenge M2: M2 umfasst M1 und Einlagen mit einer vereinbarten Laufzeit von bis zu zwei Jahren sowie Einlagen mit einer vereinbarten Kündigungsfrist von bis zu drei Monaten.
- Geldmenge M3: M3 ist die Summe aus M2 und den von gebietsansässigen Monetären Finanzinstituten (MFIs) ausgegebenen marktfähigen Instrumenten, sogenannte Geldmengensubstitute. Bei diesen Finanzinstrumenten handelt es sich um Geldmarktfondsanteile und Geldmarktpapiere sowie Schuldverschreibungen mit einer Laufzeit von bis zu zwei Jahren.

| Zeitpunkt | Geldmenge in Mrd. EUR | | |
|---|---|---|---|
| | M1 | M2 | M3 |
| Januar 2008 | 3.852 | 7.449 | 8.768 |
| Januar 2009 | 4.096 | 8.102 | 9.402 |
| Januar 2010 | 4.554 | 8.235 | 9.326 |
| Januar 2011 | 4.705 | 8.435 | 9.524 |

*(Quelle EZB)*

Die Geldmenge M3 ist die Zielgröße der Europäischen Zentralbank zur Steuerung der Geldmenge.

Erweiterungen der Geldmenge entstehen durch Geldschöpfung, d. h. zum einen durch die Schaffung von originärem Geld durch die Europäische Zentralbank (= primäre Geldschöpfung) oder durch die Schaffung von derivativem, d. h. abgeleitetem Geld durch die Geschäftsbanken (= sekundäre Geldschöpfung).

**Primäre Geldschöpfung**
Wenn die Zentralbank Geld in Umlauf bringt, spricht man von primärer Geldschöpfung. Diese Erhöhung der Geldmenge geschieht durch Ankauf eines aktiven Postens (Wertpapier, Immobilie, Devisen) durch die Zentralbank, die sie entweder mit Bargeld (Bargeldschöpfung) oder durch Einräumung von Sichtguthaben (Kreditschöpfung) bezahlt.

*Beispiel: Die EZB kauft von einer Bank Wertpapiere in Höhe von 1 Mio. EUR. Da sie dem Verkäufer das Geld aushändigt, ist die umlaufende Geldmenge des Wirtschaftskreislaufes um 1 Mio. EUR gestiegen.*

Von Geldvernichtung spricht man bei einer Senkung der Geldmenge. Sie entsteht durch Verkauf eines aktiven Postens durch die Zentralbank, beispielsweise durch Verkauf von Wertpapieren an Privatbanken. Dabei fließen ihr wieder Bargeld (= Bargeldvernichtung) oder Sichtguthaben zu (= Kreditvernichtung).

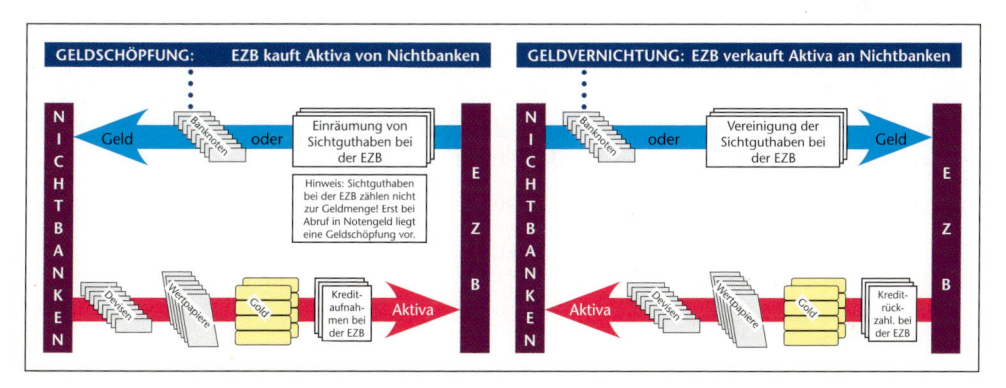

**Sekundäre Geldschöpfung (Buchgeldschöpfung, Giralgeldschöpfung)**
Durch die Buchgeldschöpfung schaffen die Geschäftsbanken zusätzliches Geld in Form von (Giral-)Buchgeld. Diese Erhöhung der Geldmenge entsteht dadurch, dass die Geschäftsbanken Kredite, z. B. Wechselkredite, Hypothekenkredite oder Dispositionskredite, an Unternehmen, Privatleute oder andere Banken vergeben. Voraussetzung für diese Kreditvergaben ist, dass die Geschäftsbanken über eine ausreichende Liquidität verfügen, die sie z. B. durch die Einlagen der Kunden erhalten oder durch Refinanzierung bei der Zentralbank. Vergebene Kredite gelangen letztlich ebenfalls zum Teil oder gänzlich in das Bankensystem als Einlage zurück, z. B. wenn ein Kreditnehmer für die Kreditsumme einen Gebrauchtwagen kauft und der Verkäufer den Verkaufserlös wiederum bei der Bank einzahlt.

Die Geschäftsbanken sind nicht in der Lage, unbegrenzt die Geldmenge zu erhöhen, denn die Buchgeldschöpfung der Geschäftsbanken ist von folgenden Faktoren abhängig:

- Rückfluss der vergebenen Kredite in das Bankensystem
- Höhe ihrer Barreserve, d. h. des Beitrags, den die Banken als Kassenbestand für ihre Privatkunden für Barauszahlungen zurückhalten müssen

- Höhe der Mindestreserve, d. h. des Teils der Einlagen, den die Geschäftsbanken zinslos bei der Bundesbank hinterlegen müssen

Der Mindestreservesatz wird von der Deutschen Bundesbank festgelegt. Unter der Annahme, dass die vergebenen Kredite im vollen Umfang in das Bankensystem zurückfließen, kann die Geschäftsbank von einer Einlage nur den um die Barreserve und die Mindestreserve verminderten Betrag, die sogenannte Überschussreserve, als Kredit vergeben. Dies setzt sich bei vollem Rückfluss der Kredite solange fort, bis die Überschussreserve gleich Null ist.

*Beispiel:* Angenommen, ein Kunde A tätigt eine Bareinzahlung in Höhe von 10.000,00 EUR auf sein Konto bei der Bank A. Unter Berücksichtigung eines Barreservesatzes von 15 % und eines Mindestreservesatzes von 10 % bleibt der Bank eine Überschussreserve von 7.500,00 EUR, die sie einem anderen Kunden in Form eines Kredits zur Verfügung stellt. Dieser bezahlt mithilfe des Kredits mittels Scheck einen von ihm gekauften Gebrauchtwagen. Der Händler lässt den Scheck auf seinem Konto bei der Bank B gutschreiben. Nach Abzug der Barreserve und der Mindestreserve verbleibt nun der Bank B eine Überschussreserve von 5.625,00 EUR, die die Bank wiederum als Kredit an einen anderen Kunden vergibt. Der Kunde tätigt damit eine Überweisung an seinen Lieferanten, der sein Konto bei der Bank C hat, usw. Diese Vorgänge setzen sich nun so lange fort, bis die Überschussreserve gleich Null ist. Insgesamt sind dann im gesamten Bankensystem 30.000,00 EUR an zusätzlichem Geld in Form von Buchgeld entstanden. Dieses Ergebnis lässt sich mithilfe des Geldschöpfungsmultiplikators berechnen.

| Bank | Einlage | Barreserve 15 % | Mindestreserve 10 % | Überschussreserve |
|---|---|---|---|---|
| A | 10.000,00 EUR | 1.500,00 EUR | 1.000,00 EUR | 7.500,00 EUR |
| B | 7.500,00 EUR | 1.125,00 EUR | 750,00 EUR | 5.625,00 EUR |
| C  x 4 | 5.625,00 EUR | 843,75 EUR | 562,50 EUR | 4.218,75 EUR |
| ... | ... | ... | ... | ... |
| Summe | 40.000,00 EUR | 6.000,00 EUR | 4.000,00 EUR | 30.000,00 EUR |

Die Summe der maximalen Buchgeldschöpfung bzw. der maximalen Geldmenge lässt sich mit dem **Geldschöpfungsmultiplikator** (hier vereinfacht) ermitteln:

$$\text{Geldschöpfungsmultiplikator} = \frac{1}{\text{Mindestreservesatz} + \text{Barreservesatz}}$$

Hier: $\dfrac{1}{\frac{15 + 10}{100}} = 4$

Multipliziert man die ursprüngliche Einlage oder die erste Überschussreserve mit dem Geldschöpfungsmultiplikator, so erhält man die maximale Geldmenge bzw. die maximale Buchgeldschöpfung. Der Geldschöpfungsprozess ist bei vollständigem Rückfluss der Kredite in das Bankensystem beendet, wenn die Summe der Barreserven und der Mindestreserven der ursprünglichen Einlage entspricht. In der Realität finden jedoch Bargeldabflüsse statt, d. h. die vergebenen Kredite gelangen nur zum Teil in das Bankensystem zurück. Der **reale Geldschöpfungsmultiplikator** dürfte für dieses Beispiel in der Praxis etwa bei 2 liegen.

In Bezug auf die Geldschöpfungsmöglichkeiten der Geschäftsbanken lässt sich also Folgendes festhalten:

| Geldschöpfungsmöglichkeit steigt | Geldschöpfungsmöglichkeit sinkt |
|---|---|
| – Mindestreservesatz der EZB sinkt<br>– Barreservesatz sinkt<br>– Umfang der Einlagen steigt | – Mindestreservesatz der EZB steigt<br>– Barreservesatz steigt<br>– Umfang der Einlagen sinkt |

### Instrumente der Geldpolitik

#### a) Ständige Fazilitäten

Bei den Geschäftsbanken kommt es aus verschiedenen Gründen zu Liquiditätsüberschüssen oder -engpässen. Um solche Situationen sowohl von der Anbieter- als auch von der Nachfragerseite her zu überbrücken, bietet die EZB das Instrument der ständigen Fazilitäten an. Ständige Fazilitäten dienen der Zuführung bzw. Abschöpfung von täglichen Liquiditätsspitzen der zugelassenen Kreditinstitute. Fachausdruck hierfür ist die sogenannte Übernachtliquidität. Ihre Zinssätze bilden normalerweise die Ober- und Untergrenze für den Tagesgeldsatz, da sie den Zinsrahmen der Übernachtkredite der Großbanken untereinander bilden. Es stehen zwei ständige Fazilitäten zur Verfügung:

- Über die **Spitzenrefinanzierungsfazilität** erhalten Finanzinstitute gegen notenbankfähige Sicherheiten Übernachtliquidität von den nationalen Zentralbanken. Der Zinssatz wird von der EZB festgelegt und stellt die Obergrenze der Tagesgeldsätze dar.

- Die **Einlagefazilität** dient Geschäftspartnern dazu, bis zum nächsten Geschäftstag Guthaben bei den nationalen Zentralbanken anzulegen. Der Zinssatz wird von der EZB festgelegt und stellt die Untergrenze der Tagesgeldsätze dar.

#### b) Offenmarktpolitik

Zu den Maßnahmen der Offenmarktpolitik gehören der An- und Verkauf von festverzinslichen Wertpapieren auf eigene Rechnung am offenen Markt.

Als offener Markt ist der Geld- bzw. Kapitalmarkt zu verstehen. Durch Verkauf von festverzinslichen Wertpapieren entzieht die EZB der Wirtschaft Geld (= Geldvernichtung), durch Kauf von festverzinslichen Wertpapieren erweitert sie die Geldmenge (= Geldschöpfung). Die Offenmarktgeschäfte sind das wichtigste Instrument der Geldpolitik. Sie dienen
- der Steuerung der Zinssätze,
- der Steuerung der Liquiditätsversorgung am Geldmarkt,
- der Signalisierung des geldpolitischen Kurses.

Offenmarktgeschäfte lassen sich in die folgenden vier Kategorien einteilen:

- **Hauptrefinanzierungsgeschäfte:** Die EZB führt wöchentlich liquiditätszuführende Transaktionen mit einer Laufzeit von einer Woche durch, die wöchentlich abgewickelt werden.

- **Längerfristige Refinanzierungsgeschäfte:** Die EZB führt liquiditätszuführende Transaktionen in monatlichem Abstand und mit einer Laufzeit von normalerweise drei Monaten durch.

- **Feinsteuerungsoperationen:** Das sind Geschäfte, die zur Steuerung der Liquidität und der Zinssätze ad hoc durchgeführt werden, um die Auswirkungen unerwarteter Fluktuationen der Marktliquidität auf die Zinssätze zu mildern. Hierzu gehören z. B. Devisenswapgeschäfte, bei denen die EZB Devisen von den Kreditinstituten kauft oder an sie verkauft, um der Wirtschaft Liquidität zuzuführen oder diese abzuschöpfen.
- **Strukturelle Operationen** sind Geschäfte, die durchgeführt werden, wenn die EZB eine Anpassung der strukturellen Liquiditätsposition des Eurosystems gegenüber dem Finanzsektor vorzunehmen wünscht. Diese Geschäfte können über befristete Transaktionen, endgültige Käufe bzw. Verkäufe oder die Emission von EZB-Schuldverschreibungen erfolgen.

Zu den wichtigsten Offenmarktgeschäften der EZB gehören die Hauptrefinanzierungsgeschäfte.

**Leitzinsen** haben eine Signalwirkung für den Geldmarkt. Als wichtigster Leitzins gilt der Zinssatz für die gerade beschriebenen Hauptrefinanzierungsgeschäfte. Die Zinssätze der Spitzenrefinanzierungsfazilität und der Einlagenfazilität besitzen ebenfalls eine Signalwirkung für den Geldmarkt und gehören somit ebenfalls zu den Leitzinsen.

- **Steigende Leitzinsen** bedeuten, dass sich die Kosten der Unternehmen für die Aufnahme von Fremdkapital verteuern. Steigende Finanzierungskosten bedeuten für Unternehmen, dass sich die Gewinne auf mittlere Sicht um diese höheren Kosten verringern. Da an der Börse zukünftige Bewertungen behandelt werden, schlagen sich höhere Finanzierungskosten und folglich sinkende Gewinne der Unternehmen in einer Verlangsamung der Kursanstiege bzw. in Kursrückgängen nieder. Daneben lassen steigende Leitzinsen zinsabhängige Wertpapiere sowie Tagesgeld und Festgeld attraktiver gegenüber Aktien und Fonds werden.
- **Sinkende Leitzinsen** bedeuteten hingegen geringere Finanzierungskosten der Unternehmen und damit höhere Unternehmensgewinne, was sich im Allgemeinen in Kursanstiegen an den Börsen bemerkbar macht.

Natürlich gibt es von diesen Entwicklungen auch Ausnahmen, also Phasen, in denen Marktzinsen und Unternehmenskurse gleichzeitig steigen oder fallen. In diesen Fällen spielen meist regionale oder globale Konjunkturaussichten oder besondere Ereignisse eine Rolle und führen zur Abkoppelung der Aktienmärkte von der Entwicklung der Leitzinsen.

| | Erhöhung des Zinssatzes | Senkung des Zinssatzes |
|---|---|---|
| Refinanzierungskosten der Geschäftspartner | ↑ | ↓ |
| Kundenzinssätze für Kredite | ↑ | ↓ |
| Kreditaufnahme der Bankkunden (Investitionen) | ↓ | ↑ |
| Sparen | ↑ | ↓ |
| Kreditschöpfung führt zur Geldmengensenkung/Erhöhung | ↓ | ↑ |
| | Preisstabilität, ergo inflationshemmend | Anhebung des Wirtschaftswachstums |

## c) Mindestreserve

*Als Mindestreserve bezeichnet man die Guthaben der Kreditinstitute, die sie zum Zinssatz der Einlagenfazilität auf Girokonten bei der EZB unterhalten.*

Die Bundesbank hat das Recht, die Haltung bestimmter Mindestreserven von den Geschäftbanken zu verlangen. Ursprünglich sollten die Mindestreserven die Liquidität der Kreditinstitute sichern und damit die Kunden schützen. Heute dienen sie ausschließlich als geldpolitisches Steuerungsinstrument.

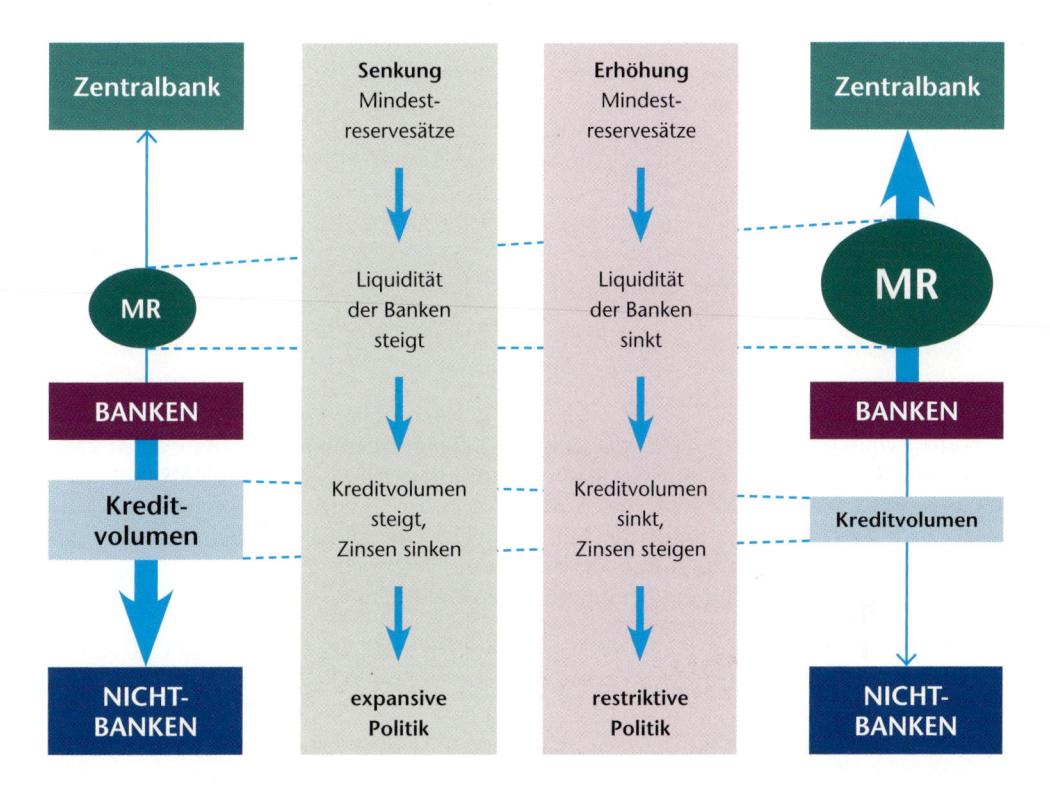

| Zentralbank ↑ MR ↓ BANKEN ↓ Kreditvolumen ↓ NICHT-BANKEN | **Senkung** Mindestreservesätze ↓ Liquidität der Banken steigt ↓ Kreditvolumen steigt, Zinsen sinken ↓ expansive Politik | **Erhöhung** Mindestreservesätze ↓ Liquidität der Banken sinkt ↓ Kreditvolumen sinkt, Zinsen steigen ↓ restriktive Politik | Zentralbank ↑ MR ↑ BANKEN ↑ Kreditvolumen ↑ NICHT-BANKEN |
|---|---|---|---|

Die EZB legt einen Mindestreservesatz fest, der der Berechnung der Höhe der Mindestreserven dient. In Höhe dieses Prozentsatzes müssen die Kreditinstitute von ihren Einlagen einen Teil zum Zinssatz der Einlagenfazilität auf Girokonten der Bundesbank unterhalten. Je nach Art der Einlage kann der Mindestreservesatz variieren. Bei Nichteinhaltung kann die EZB Strafzinsen erheben und sonstige Sanktionen mit vergleichbarer Wirkung verhängen.

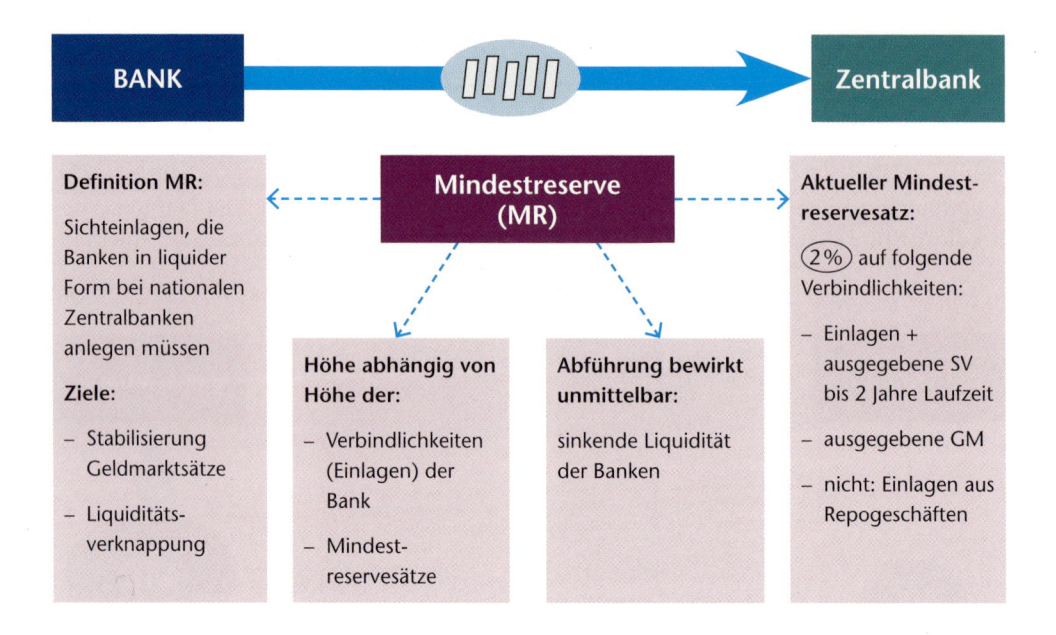

## Mindestreserve (MR)

**BANK** → **Zentralbank**

**Definition MR:**
Sichteinlagen, die Banken in liquider Form bei nationalen Zentralbanken anlegen müssen

**Ziele:**
- Stabilisierung Geldmarktsätze
- Liquiditätsverknappung

**Höhe abhängig von Höhe der:**
- Verbindlichkeiten (Einlagen) der Bank
- Mindestreservesätze

**Abführung bewirkt unmittelbar:**
sinkende Liquidität der Banken

**Aktueller Mindestreservesatz:**
2 % auf folgende Verbindlichkeiten:
- Einlagen + ausgegebene SV bis 2 Jahre Laufzeit
- ausgegebene GM
- nicht: Einlagen aus Repogeschäften

### Außenwirtschaftliche Absicherung

Je nach Wechselkurssystem kann oder muss die EZB am Devisenmarkt tätig werden, d. h. sie kauft oder verkauft ausländische Währungen, um den Euro bzw. ausländische Währungen zu stützen bzw. um geld- oder konjunkturpolitisch negative Auswirkung auf die Wirtschaft auszuschalten. Kauft die EZB beispielsweise große Mengen ausländischer Währungen, so führt dies aufgrund der vermehrten Nachfrage zum Anstieg des Wechselkurses, aber auch zur Erhöhung der inländischen Geldmenge.

*Beispiel:* Die EZB kauft nach einem starken Kursfall Dollars, um die Binnenwirtschaft, vor allem europäische Exporteure zu schützen.

### Wirksamkeit der Geldpolitik

Betrachtet man das Ergebnis des Wirkens der EZB in der Vergangenheit, so stellt man fest, dass die Geldpolitik – besonders im internationalen Vergleich – ihre Aufgaben erfüllt hat. Die EZB ist aufgrund ihrer umfangreichen statistischen Erhebungen bei allen Kreditinstituten (z. B. über Veränderungen der Spareignung oder der Kreditnachfrage) in der Lage, die geldpolitische Situation relativ schnell zu erkennen und geeignete Maßnahmen zu ergreifen. In den Sitzungen des EZB-Rats sind außerdem, im Gegensatz zur Fiskalpolitik, keine wahltaktischen und politischen Auseinandersetzungen vorzufinden, was die Entscheidungsfindung vereinfacht. Die Wirkung der eingesetzten Instrumente resultiert im Wesentlichen auf Beeinflussung der Bankenliquidität und Kosten der Refinanzierung der Kreditinstitute. Dabei ist jedoch festzustellen, dass im Allgemeinen restriktive Maßnahmen besser greifen als expansive Maßnahmen, da die Kreditinstitute eine Verschlechterung ihrer kreditwirtschaftlichen Situation sofort an ihre Kunden weitergeben, was bei einer Verbesserung dieser Situation nicht unbedingt der Fall ist.

## Wirkungshemmnisse

- Die geldpolitischen Instrumente beeinflussen im Wesentlichen die Bankenliquidität bzw. die Refinanzierungskosten der Kreditinstitute. Geben die Kreditinstitute diese Kosten nicht durch veränderte Zinssätze an ihre Kunden weiter, kann dies dazu führen, dass die Maßnahmen wirkungslos bleiben.
- Restriktive Maßnahmen können ihre Wirkung verlieren, wenn die Geschäftsbanken ausreichend liquide Mittel besitzen oder sich anderweitig beschaffen können.
- Die private Kreditnachfrage hängt in hohem Maße auch von der Einstellung der Wirtschaftssubjekte ab.

  *Beispiel: Trotz niedriger Zinsen steigt die Kreditnachfrage nicht an, da die Unternehmer pessimistisch bezüglich der zukünftigen Absatzlage sind.*

- Die Wirkung der geldpolitischen Instrumente kann allenfalls die kreditfinanzierte Nachfrage beeinflussen.

## Konflikte

- Die EZB ist aufgrund von Artikel 3 des Vertrags über die Europäische Union zur Zusammenarbeit und Unterstützung mit den Regierungen und deren Wirtschaftspolitik verpflichtet. Dennoch kommt es gelegentlich zu Konflikten.

  *Beispiel: Die EZB verfolgt zur Verhinderung eines Preisniveauanstiegs eine restriktive Geldpolitik, die Bundesregierung aber will aufgrund eines zu niedrigen Beschäftigungsstandes die private Nachfrage erhöhen.*

- Die hauptsächlich binnenwirtschaftlich orientierte Geldpolitik steht gelegentlich im Gegensatz zu außenwirtschaftlichen Zielen.

  *Beispiel: Ist die Inflation im Ausland höher als in der Eurozone, kann dies zu einem Exportüberschuss führen, der eine Güterverknappung im Inland zur Folge hat. Das Preisniveau steigt.*

### 1.3.2.2 Fiskalpolitik

*Die Fiskalpolitik ist der Bereich der Wirtschaftspolitik, der durch Variation der Staatseinnahmen und der Staatsausgaben versucht, den Konjunkturverlauf zur Erreichung gesamtwirtschaftlicher Ziele zu beeinflussen.*

**Träger der Fiskalpolitik** ist der Bund, d. h. Bundestag und Bundesregierung sind die wesentlichen Institutionen fiskalpolitischer Entscheidungen. Da die gesamtwirtschaftlichen Ziele nur dann realisiert werden können, wenn auch Länder und Gemeinden die allgemeine Wirtschaftspolitik des Bundes tragen, können diese über den Bundesrat zu einem entsprechenden wirtschaftspolitischen Verhalten veranlasst werden (Art. 109 Abs. 3 GG).

**Ziel der Fiskalpolitik** ist das Erreichen der Ziele des magischen Sechsecks. Das fiskalpolitische Instrumentarium zur Erreichung dieser Ziele wird im Stabilitäts- und Wachstumsgesetz genannt. Demnach erfolgt die Steuerung durch das Prinzip der Globalsteuerung sogenannter makroökonomischer Größen, wie Investitionen, Konsum, Spartätigkeit oder Geldmenge.

In der Bundesrepublik bedeutet Globalsteuerung in erster Linie antizyklische Beeinflussung der Gesamtnachfrage durch eine am Einzelfall orientierte Wirtschaftspolitik.

Antizyklische Steuerung der Wirtschaft bedeutet, dass die volkswirtschaftlichen Schwankungen durch geeignete Maßnahmen gedämpft bzw. ausgeschaltet werden. Eine antizyklische Steuerung über die Gesamtnachfrage bedeutet, dass im Boom eine Senkung der Gesamtnachfrage und in der Rezession eine Erhöhung der Gesamtnachfrage angestrebt wird. Für die Fiskalpolitik bedeutet dies vereinfacht, dass im Boom die Staatseinnahmen erhöht und die Staatsausgaben verringert werden. In der Rezession werden die Staatseinnahmen entsprechend verringert und die Staatsausgaben erhöht.

| Einnahmen des Staates | Ausgaben des Staates |
|---|---|
| **Steuern** <br> Steuern sind Geldleistungen, die natürliche und juristische Personen an die öffentliche Hand leisten müssen, ohne Anspruch auf eine direkte Gegenleistung zu haben. <br> **Beiträge** <br> Beiträge sind Abgaben an die öffentliche Hand, denen eine Gegenleistung gegenübersteht, z. B. in der Arbeitslosen- und Rentenversicherung. <br> **Gebühren** <br> Gebühren entrichtet der Einzelne für die Inanspruchnahme von staatlichen Leistungen, z. B. für die Müllabfuhr. <br> **Staatliche Erwerbseinkünfte** <br> Der Staat bezieht Einnahmen aus Unternehmertätigkeit und Vermögen, z. B. als Teilhaber an Unternehmen oder aus Vermietung und Verpachtung von staatlichen Immobilien. | **Dienste** <br> – öffentliche Sachausgaben, z. B. im Bereich Verkehr, Energie und Gesundheit <br> – öffentliche Ausgaben zur Erzeugung immateriellen Kapitals, z. B. für Erziehung <br> – öffentliche Ausgaben für institutionelle Infrastruktur, z. B. für Verwaltung, Sicherheit <br> – Millitärausgaben <br> – öffentlicher Verbrauch <br><br> **Transferausgaben** <br> – Sozialtransfers, wie Sozialhilfe, Wohngeld und Kindergeld <br> – Subventionen <br><br> **Zinszahlungen für staatliche Kreditaufnahme** <br><br> **Finanzinvestitionen** |

Die theoretische Grundlage einer fiskalpolitischen Steuerung des Wirtschaftsverlaufs wurde durch John Maynard Keynes geschaffen. Keynes wies nach, dass es in marktwirtschaftlichen Systemen zu Ungleichgewichten auf den Faktormärkten, z. B. dem Arbeitsmarkt, kommt, da bestimmte Preismechanismen wie z. B. der Arbeitslohn oder der Zins nach unten nicht flexibel genug sind. So können beispielsweise die Löhne und Gehälter aufgrund von Tarifverträgen nicht sinken, obwohl das Angebot an Arbeitskräften größer ist als die Nachfrage. Keynes widerlegte somit die bis dahin herrschende Annahme, dass das Wirtschaftssystem Selbstheilungskräfte durch die Preisbildung besäße, die zu einem Gleichgewicht auf allen Märkten führen.

Das Grundprinzip der antizyklischen Fiskalpolitik lässt sich wie folgt darstellen:

| | Boom | Rezession |
|---|---|---|
| Staatseinnahmen | erhöhen | senken |
| Staatsausgaben | senken | erhöhen |
| Finanzierung des Haushaltes (Schuldenpolitik) | Konjunkturausgleichsrücklage bilden oder Schulden tilgen | Konjunkturausgleichsrücklage auflösen oder Kredite aufnehmen (deficit spending) |

Im Sinne dieser antizyklischen Steuerung sind im Gesetz zur Förderung der Wirtschaft und der Stabilität folgende Maßnahmen vorgesehen:

| Maßnahmen der Fiskalpolitik | Konjunkturdämpfung (Boom) | Konjunkturförderung (Rezession, Depression) |
|---|---|---|
| **Einnahmenpolitik** Variation der staatlichen Einnahmen zur Beeinflussung des Konjunkturverlaufes | Erhöhung des Einnahmen durch<br>– Erhöhung der Einkommens- und Körperschaftssteuer um maximal 10 % für längstens 1 Jahr,<br>– Verringerung der Abschreibungsmöglichkeiten oder Aussetzung von Sonderabschreibungen, um die überhitzte Gesamtnachfrage durch Senkung der Kaufkraft zu dämpfen | Senkung der Einnahmen durch<br>– Herabsetzung der Einkommens- und Körperschaftssteuer um bis zu 10 % für längstens 1 Jahr,<br>– Investitionszulage bis zu 7,5 % der Anschaffungs- oder Herstellungskosten bestimmter Investitionsgüter, die von der Steuerschuld abzuziehen sind, um zusätzliche Nachfrage, z. B. nach Investitionsgütern, zu ermöglichen |
| **Ausgabenpolitik** Variation der staatlichen Ausgaben zur Beeinflussung des Konjunkturverlaufes. | Senkung der Ausgaben durch Aussetzen oder Verschieben öffentlicher Ausgaben, insbesondere staatliche Investitionen, um die volkswirtschaftliche Nachfrage zu dämpfen | Erhöhung der Staatsausgaben durch zusätzliche Investitionen bzw. Beschleunigung von Bauvorhaben, um die volkswirtschaftliche Nachfrage anzukurbeln |
| **Finanzierung des Haushaltes** (Schuldenpolitik) | Die durch Senkung der Staatsausgaben und Erhöhung der Staatseinnahmen frei werdenden Geldmittel sollen zur Bildung einer Konjunkturausgleichsrücklage oder zur zusätzlichen Schuldentilgung dienen. | Da die Staatseinnahmen in dieser Phase gesenkt werden, soll das Haushaltsdefizit durch Auflösung der Konjunkturausgleichsrücklage bzw. durch Kreditaufnahme (= deficit spending) finanziert werden. |

**Probleme der Fiskalpolitik**

- Problem der Maßnahmenkombination: In einer konkreten wirtschaftlichen Situation steht der Staat vor dem Problem, welche Maßnahmen der Einnahmenpolitik oder der Ausgabenpolitik im Einzelnen ergriffen werden sollen, z. B. welche Steuern angehoben werden sollen: Einkommensteuern oder Körperschaftsteuern?
- Problem der Maßnahmendosierung: In welchem Umfang soll eine Maßnahme zur Beeinflussung des Konjunkturverlaufs durchgeführt werden? Bei einer Fehleinschätzung kann es zur Über- oder Untersteuerung kommen, d. h. es besteht die Gefahr, dass die Maßnahme die Nachfrage so stark beeinflusst, dass die Maßnahme ein entgegengestztes Handeln veranlasst oder dass sich die Nachfrage überhaupt nicht verändert.
- Problem des zeitlichen Einsatzes bzw. der zeitlichen Verzögerung (Time Lags): Zwischen dem Zeitpunkt, in dem ein konkreter konjunktureller Zustand existiert, und dem Zeitpunkt, in dem fiskalpolitische Maßnahmen greifen, liegt u. U. eine erhebliche Zeitspanne, sodass es sogar aufgrund des zwischenzeitlichen Konjunkturverlaufs zu einer prozyklischen Wirkung kommen kann.

- Problem der Koordination der Gebietskörperschaften: Es hat sich in der Vergangenheit gezeigt, dass die Bundesregierung aufgrund des förderativen Charakters der Bundesrepublik Deutschland nicht in der Lage war, die Länder und Gemeinden zu einer antizyklischen Ausgabenpolitik zu veranlassen, weil diese eigene Interessen verfolgten.
- Probleme durch politische Einflüsse: Die Rücksicht auf Wählerinteressen führt häufig dazu, dass notwendige Maßnahmen nicht ergriffen werden, z. B. Steuererhöhungen kurz vor Wahlen ohne Rücksicht auf die konjunkturelle Situation.

Zur Unterstützung der Wirkung bzw. zum Schutz der konjunkturpolitischen Maßnahmen sind eine Reihe flankierender Maßnahmen vorgesehen.

- **Wettbewerbspolitik:** Sie umfasst alle Maßnahmen zur Aufrechterhaltung eines funktionsfähigen Wettbewerbs.
- **Strukturpolitik:** Hierunter fallen alle Maßnahmen, die die branchenorientierte und regionale Zusammensetzung der Wirtschaft und deren Veränderung betreffen. Dazu zählen z. B. Rationalisierungshilfen durch Steuervergünstigungen oder Subventionen und Verbesserung der Infrastruktur in wirtschaftsschwachen Gebieten.
- **Umweltpolitik:** Die Umweltpolitik hat zum Ziel, eine lebenswerte Umwelt durch Vebesserung der Umweltqualität, Verringerung der Umweltbelastung und Schonung der natürlichen Umwelt und der natürlichen Ressourcen zu sichern. Hierunter fallen Maßnahmen wie Umweltauflagen (z. B. Emissionsauflagen), Umweltabgaben (z. B. Emissionsabgaben, Schadstoffabgaben), finanzielle Unterstützung von Umweltschutzmaßnahmen und Förderung des Umweltbewusstseins.
- **Verteilungspolitik:** Um eine angemessene Verteilung von Einkommen und Vermögen zu ermöglichen, führt der Staat z. B. eine Umverteilung der Primäreinkommen durch. Er leistet Transferzahlungen (z. B. Sozialhilfe, Wohngeld, Kindergeld), die er durch Steuern finanziert.

### 1.3.2.3 Wachstumspolitik

*Die Wachstumspolitik befasst sich in Gegensatz zur Konjunkturpolitik mit der mittel- und langfristigen Verbesserung des Wachstumstrends des Produktionspotenzials.*

Stetig angemessenes Wirtschaftswachstum ist nur möglich, wenn das Leistungsvermögen der Produktionsfaktoren Arbeit, Boden und Kapital verbessert wird. Da der Produktionsfaktor Boden in Deutschland eine untergeordnete Rolle spielt, konzentrieren sich die staatlichen Maßnahmen der Wachstumspolitik auf die Bereitstellung qualifizierter Arbeitskräfte, die Förderung der Kapitalbildung und die Beschleunigung des technischen Fortschritts. Wachstumspolitik umfasst damit ein breites Spektrum von staatlichen Maßnahmen:

#### Bildungspolitik

Um die Arbeitskräfte auf die Anforderungen einer modernen Arbeitswelt vorzubereiten, muss der Staat in das Wissen und Können der Menschen dieser Volkswirtschaft investieren. Zur Bildungspolitik gehört die Gestaltung und Administration des Bildungswesens, d. h. die Verwaltung der Schulen und Hochschulen, die im Wesentlichen auf Länderebene von den Kultusministerien wahrgenommen wird.

## Subventionspolitik

Subventionen stellen staatliche Zuschüsse an Unternehmen dar. Im engeren Sinne sind dies direkte finanzielle Zuwendungen, vergünstigte Darlehen, Bürgschaften und Kapital als Starthilfe zur Unternehmensgründung. Im weiteren Sinne werden auch steuerliche Vergünstigungen, Zollbefreiungen, Rückvergütungen oder Ausfuhrerstattungen zu den Subventionen gezählt. Staatliche Subventionen sollen Unternehmensneugründungen, Anpassungsprozesse bzw. die Umstellung zu einer politisch gewollten, vermehrten Nutzung erneuerbarer Energien vereinfachen und fördern. Subventionspolitik hat auch die Erhaltung wirtschaftlicher, kultureller und landeskultureller Strukturen zum Inhalt, z. B. in der Landwirtschaft und im Bergbau.

## Vermögenspolitik

Sparen ist Voraussetzung für Investitionen. Im Rahmen der Vermögenspolitik unterstützt der Staat die Vermögensbildung und versucht Ungleichmäßigkeiten in der Verteilung der Vermögen zu mildern. Zu den Maßnahmen gehören die Sparförderung, Wohnungsbauprämien, vermögenswirksame Leistungen und Investivlöhne.

## Strukturpolitik

Ziel der Strukturpolitik ist die Vermeidung bzw. Überwindung von Strukturkrisen, die das gesamtwirtschaftliche Gleichgewicht stören. Strukturpolitik umfasst daher alle staatlichen Maßnahmen, um die vorhandene Wirtschaftsstruktur den rapiden wirtschaftlichen und technischen Veränderungen anzupassen. Diese Anpassungen können sich auf einzelne Industrien oder Branchen (sektorale Strukturpolitik) oder bestimmte Regionen (regionale Strukturpolitik) beziehen.
**Beispiel:** *Verbesserung der Infrastruktur (Verkehr, Telekommunikation)*

## Innovations- und Wettbewerbspolitik

Der Staat fördert Forschung und Entwicklung von Produkt- und Verfahrensinnovationen, damit deutsche Technologie auch in Zukunft zur Weltspitze gehört. Ziel der Innovationspolitik ist es, die Innovationsleistung der Wirtschaft nachhaltig zu unterstützen und die Attraktivität des Standortes Deutschland für innovative Unternehmen, qualifizierte Arbeitskräfte, Studenten und Dozenten zu steigern. Innovationen müssen sich lohnen und belohnt werden. Für Innovationen ist der Wettbewerb sehr wichtig. Wettbewerb ist der Motor, um Neues zu schaffen. Daher ist die Wettbewerbspolitik wichtiger Bestandteil, um Innovationen zu fördern.

### 1.3.2.4 Tarifpolitik

*Die Tarifpolitik beinhaltet alle Maßnahmen, die im Zusammenhang mit der Verhandlung oder dem Abschluss von Tarifverträgen stehen. Im Tarifvertragsgesetz sind hierzu die wesentlichen Rahmenbedingungen festgelegt.*

Die Tarifpolitik beschäftigt sich mit Fragen der Entgeltfindung (z. B. Höhe des Entgelts, Zulagen, Zuschläge, etc.) und der arbeitsrechtlichen Rahmenbedingungen (z. B. Urlaub, Altersversorgung).

Träger der Tarifpolitik sind in Deutschland die Tarifpartner. Das sind einerseits die Arbeitgeberverbände als Vertretung der Unternehmen und auf der anderen Seite die Gewerkschaften als Vertreter der Arbeitnehmer. In Deutschland besteht nach Artikel 9 des Grundgesetzes **Tarifautonomie**, d. h. die Tarifparteien sind bei ihren Verhandlungen und Abschlüssen frei von staatlichen Einmischungen.

Die Regierungen von Bund und Ländern haben sich bei der Tarifpolitik herauszuhalten, gleichwohl ist es erlaubt, Empfehlungen auszusprechen und informelle Gespräche mit den Tarifpartnern zu führen.

Tarifabschlüsse haben wesentliche Einflüsse auf die gesamtwirtschaftliche Entwicklung:

- Tarifabschlüsse beeinflussen die *Verteilungspolitik:*
  Durch die Tarifverträge wird die Verteilung des Volkseinkommens auf Arbeitnehmerentgelte und Einkommen aus Unternehmertätigkeit nachhaltig beeinflusst.

- Tarifabschlüsse beeinflussen die *Kaufkraft:*
  In der Kaufkrafttheorie spielt die Höhe des Einkommens eine wesentliche Rolle für volkswirtschaftliches Wachstum. Die Theorie geht davon aus, dass Lohnerhöhungen die Kaufkraft der Haushalte erhöhen und damit die Konsumgüternachfrage steigt. Dies führt zu zusätzlicher Produktion und mehr Beschäftigung, was insgesamt zu schnellerem Wachstum führt.

- Tarifabschlüsse beeinflussen die *Produktivität und die Investitionsneigung:*
  Löhne sind wesentlicher Bestandteil der Produktionskosten. Aus Sicht der Unternehmer ist eine produktivitätsorientierte Lohnpolitik sinnvoll, da die Produktionskosten bei Lohnerhöhungen im Umfang der Produktionszuwächse nicht beeinflusst werden. Die Arbeitsproduktivität kann durch technischen Fortschritt oder eine veränderte Arbeitsorganisation verbessert werden.

- Tarifabschlüsse beeinflussen die *Beschäftigung:*
  Die Höhe der Löhne hat Einfluss auf die Standortwahl und die Investitionsneigung der Unternehmen. Entscheiden sich Unternehmen aufgrund zu hoher Löhne und schlechter Absatzlage, z. B. wegen zu hoher Preise, gegen den Standort Deutschland oder gegen eine geplante Investition, kann dies zu höheren Arbeitslosenzahlen führen.

### 1.3.2.5 Beschäftigungspolitik

*Beschäftigungspolitik, auch als Arbeitsmarktpolitik bezeichnet, umfasst alle Maßnahmen der öffentlichen Hand, die eine regulierende Funktion auf das Zusammenspiel von Arbeitsangebot und Arbeitsnachfrage in einer Volkswirtschaft haben.*

**Träger der Beschäftigungspolitik** sind neben dem Staat, vertreten insbesondere durch das Bundesministerium für Arbeit und Soziales, die Bundesagentur für Arbeit und die Tarifparteien.

Eine verfehlte Beschäftigungspolitik mit hohen Arbeitslosenzahlen gefährdet die Stabilität der Wirtschaft. Sinkende Steuereinnahmen und sinkende Beitragseinnahmen bei gleichzeitig steigenden Staatsausgaben führen zwangsläufig zu einer Erhöhung der Staatsverschuldung.

Die Arbeitsmarktpolitik der Bundesanstalt für Arbeit lässt sich wie folgt unterscheiden:

| Aktive Arbeitsmarktpolitik | Passive Arbeitsmarktpolitik |
| --- | --- |
| Die aktive Arbeitsmarktpolitik hat zum Ziel, Arbeitslosen durch nicht-materielle Unterstützung zur (Wieder-)Eingliederung in den Arbeitsmarkt zu helfen.<br>Wenn der Staat Maßnahmen ergreift, um die von Arbeitslosigkeit bedrohten Arbeitnehmer bereits im Vorfeld vor dem Eintritt von Arbeitslosigkeit zu schützen, spricht man von „proaktiver" Arbeitsmarktpolitik.<br>Instrumente der aktiven Arbeitsmarktpolitik:<br>Zur (Wieder-)Eingliederung von Arbeitslosen in den Arbeitsprozess – insbesondere die Eingliederung von Problemgruppen – gibt es folgende Instrumente:<br>– Förderung der beruflichen Weiterbildung (z. B. Finanzierung von Umschulungen)<br>– Arbeitsbeschaffung durch staatliche Investitionen<br>– subventionierte Beschäftigung (z. B. Arbeitsbeschaffungsmaßnahmen)<br>– Mobilitätsförderung (z. B. Bezahlung von Fahrt- oder Umzugskosten) | Die passive Arbeitsmarktpolitik ist darauf ausgerichtet, die materiellen Schäden bei den von Arbeitslosigkeit betroffenen Personen und ihren Angehörigen für eine gewisse Zeitdauer abzumildern, sie erbringt also die kompensatorischen Leistungen für Einkommensausfälle infolge von Arbeitslosigkeit.<br>Instrumente der passiven Arbeitsmarktpolitik:<br>– Lohnersatzleistungen bei kurz- und mittelfristiger Arbeitslosigkeit (Arbeitslosengeld I),<br>– Hilfe zum Lebensunterhalt bei Langzeitarbeitslosigkeit oder fehlendem Anspruch auf Lohnersatzleistungen (Arbeitslosengeld II),<br>– Insolvenzgeld bei Arbeitslosigkeit durch Insolvenz des Arbeitgebers,<br>– Zahlung von Kurzarbeitergeld für den Einkommensausfall bei vorübergehender Verringerung der Arbeitszeit aufgrund schlechter Auftragslage,<br>– Zahlung von Vorruhestandgeld und Altersruhegeld bei Überlastung des Arbeitsmarktes. |

### Hartz-Konzept

2002 legte die Kommission „Moderne Dienstleistungen am Arbeitsmarkt" unter der Leitung von Peter Hartz Vorschläge zur Reformierung des Arbeitsmarktes und der Arbeitsvermittlung vor. In den Medien wurde das Konzept, das eine Reihe von bis heute eingesetzten Maßnahmen enthielt, auch als Hartz-Paket bekannt. Zu diesen Maßnahmen gehören:

- **Minijobs** sind geringfügige oder kurzfristige Beschäftigungen, wenn ein Beschäftigungsverhältnis mit einer geringen absoluten Höhe des Arbeitsentgelts (zurzeit 400,00 EUR) besteht.
- **JobCenter** sind Einrichtungen, die von der Kommune allein oder gemeinsam mit der Bundesagentur für Arbeit gebildet werden. Ihre Aufgabe ist es, Leistungen nach dem Sozialgesetzbuch (ALG II) zu gewähren und durch das Prinzip des Förderns und Forderns den betroffenen Personen die Möglichkeit zu eröffnen, ihren Lebensunterhalt künftig aus eigenen Kräften bestreiten zu können.
- **JobFloater** sind ein Instrument zur Finanzierung definitiv neuer Arbeitsplätze.
- **Existenzgründungen** werden staatlich durch Gründungszuschüsse gefördert. So wurden im Jahr 2005 etwa 250.000 Arbeitslose bei der Aufnahme einer selbstständigen Tätigkeit unterstützt. Nach Schätzungen scheitern allerdings 20 bis 30 Prozent dieser Existenzgründungen.

- **Personal-Service-Agenturen** (PSA) sind durch die Neuorganisation der Arbeitsverwaltung entstanden. Sie dienen der Vermittlung von Arbeitslosen in Zeitarbeit mit dem Ziel der Übernahme in eine zeitlich unbefristete Beschäftigung. Die PSA sind eigenständige Organisationseinheiten und arbeiten für das Arbeitsamt und in dessen Auftrag. Die PSA stellen Arbeitslose bei sich ein und verleihen diese zeitlich befristet an Unternehmen.
- Die Regeln in Bezug auf die **Zumutbarkeit für Arbeitslose**, eine Arbeit anzunehmen, wurden durch das Hartz-Konzept wesentlich verschärft. Dies gilt insbesondere für geografische, materielle, funktionale und soziale Kriterien bei der Wahl einer neuen Arbeitsstelle.
- **Sperrzeiten** für die Zahlung von Arbeitslosengeld werden differenzierter nach verschiedenen Tatbeständen eingesetzt.

### 1.3.2.6 Umweltpolitik

*Umweltpolitik ist die Gesamtheit aller Maßnahmen, die notwendig sind, um dem Menschen eine Umwelt zu sichern, wie er sie für seine Gesundheit und für ein menschenwürdiges Dasein braucht, um Boden, Luft und Wasser, Pflanzen- und Tierwelt vor nachteiligen Wirkungen menschlicher Eingriffe zu schützen und um Schäden und Nachteile aus menschlichen Eingriffen zu beseitigen*

So lautet die Definition von Umweltpolitik im ersten Umweltprogramm der Bundesregierung von 1971. Eine lebenswerte Umwelt ist das sechste Ziel des magischen Sechsecks.

Volkswirtschaftliche Produktion ist ohne den Einsatz des Produktionsfaktors Natur nicht denkbar. Der Produktionsfaktor Natur stellt als ursprünglicher Faktor die Basis für die Produktionsfaktoren Arbeit und Kapital dar, wird von ihnen „bearbeitet", d.h. umgeformt und zu wirtschaftlichen Gütern verarbeitet.

Zwangsläufig greift der Mensch dabei auf vielfältige Weise in die Natur ein. Der wichtigste Aspekt dieser Eingriffe dürfte dabei die Übernutzung der Umweltelemente Luft, Wasser und Boden sein.

Hier kann ein Zielkonflikt entstehen zu dem Ziel des stetig angemessenen Wirtschaftswachstums, denn insbesondere zu Zeiten des sogenannten quantitativen Wachstums wurde durch Wirtschaftswachstum die Umweltzerstörung vorangetrieben. Die Beanspruchung der Umwelt ist nur schwer messbar und auch im BIP nicht enthalten. Gleichwohl gehen die Kosten der Beseitigung von Umweltschäden in die Berechnung des BIP ein.

**Zielkonflikt zwischen Ökonomie und Ökologie**

| *Ökologie ist die Gesamtheit aller Wechselbeziehungen zwischen den Lebewesen der Erde und ihrer Umgebung.* | *Ökonomie ist die Gesamtheit aller Wirtschaftsbeziehungen, die sich aus dem Zusammenwirken der Wirtschaftssubjekte ergeben.* |
|---|---|
| Ihre Ziele sind<br>– ein ausgeglichener Haushalt der Natur;<br>– kleine Produktionseinheiten und dezentrale Entscheidungen statt Großproduktion und Zentralismus;<br>– Leben im Einklang mit der Natur. | Ihre Ziele sind:<br>– hoher Wohlstand für die gesamte Gesellschaft;<br>– ein Handeln vorwiegend nach dem ökonomischen Prinzip;<br>– Wettbewerb zwischen den Wirtschaftssubjekten. |

Die unterschiedlichen Zielsetzungen führen zu offensichtlichen **Zielkonflikten** zwischen ökonomischen Notwendigkeiten und ökologischen Anforderungen. Die Vorstellungen der Menschen in den Industrienationen von ihrem materiellen Wohlstand und die gleichzeitig bestehenden Forderungen nach einer intakten Umwelt führen damit stets zu einem „Ja – aber":

- Bei der Produktion von Gütern werden Rohstoffe und Energie benötigt.
  *Aber:* Die Vorräte an Rohstoffen und Energieträgern auf der Erde sind begrenzt.

- Die Herstellung von Produkten sowie der Gütertransport setzen den Verbrauch von Energie voraus. Dabei entstehen Schadstoffe, die emittiert werden.
  *Aber:* Emissionen wie Kohlendioxid und Spurengase führen weltweit zur Aufheizung der Erdatmosphäre und zur Vergrößerung des Ozonlochs.

- Die arbeitsteilige Produktion verlangt – vorzugsweise – Einwegpackungen.
  *Aber:* Verpackungs- und industrieller Abfall müssen entsorgt werden. Durch den Gehalt an Kunststoffen und durch Zersetzungsprozesse gehen von Müllhalden zukünftige Gefahren für die Umwelt aus.

- Neue landwirtschaftliche Anbauflächen können durch die Rodung von Regenwäldern gewonnen werden, alte Anbauflächen durch Großplantagen extensiver genutzt werden.
  *Aber:* Die Regenwälder sind ein Stabilisierungsfaktor des globalen Klimas. Sie sammeln Feuchtigkeit, reinigen die Luft von Schadstoffen und sorgen mit für das klimatische Gleichgewicht.

Diese Liste ließe sich beliebig lange fortsetzen, z. B. in Bezug auf Mobilität, Energieverbrauch etc.

### Ökonomie und Ökologie – mögliche Lösungen

Trotz eines in vielfacher Hinsicht scheinbar offenen Konflikts zwischen Zielen der Umweltpolitik und der Wachstumspolitik gibt es eine Reihe von möglichen Prämissen:

- **Einsparung von Rohstoffen:** Durch den Einsatz von Analysetechniken bereits während der Entwicklungs- und Konstruktionsphase von Produkten (z. B. durch Wertanalyse) können Rohstoffe einerseits in der absoluten Menge eingespart werden und andererseits so eingesetzt werden, dass sie später, wenn das Produkt nicht mehr genutzt wird, ausgebaut und wiederverwendbar gemacht werden (Recycling).

- **Beseitigung der Müllberge:** Einwegflaschen wie Getränkedosen, Getränketüten oder Plastikflaschen können durch Pfandflaschen aus Glas ersetzt werden. Auf überflüssige Verpackungen kann vollständig verzichtet werden. Z. B. können Verpackungen mit doppelten Wandungen, Hohlböden oder übergroßen Verschlüssen, Luxusverpackungen bei Geschenken oder Mehrfachverpackungen von Produkten durch langlebige Produkte ersetzt werden, welche die gleiche Funktion erfüllen.

- **Energieeinsparung:** Der Verbrauch der Energie kann durch bessere Isolierung der Gebäude erreicht werden. Aus Abwärme, die im Rahmen der Produktion anfällt, lässt sich Energie durch Wärmetauscher zurückgewinnen. Betriebe können energiesparende Technologien verwenden.

- **Andere Energiequellen:** Durch das Umsteigen in sogenannte „sanfte Energiequellen" (z. B. Sonne, Wind, Wasser) kann ein Doppeleffekt erzielt werden. Diese Energien sind nahezu unbegrenzt vorhanden und bei ihrer Nutzung werden keine Schadstoffe frei.

- **Umweltschutzinvestitionen:** Der Einbau von Anlagen und Einrichtungen in den Betrieben (z. B. Filter, Entstaubungsanlagen, Dämmmaterial) hilft, die Schadstoffe aus Abwasser und Abluft zu absorbieren sowie die Lärmimmission zu reduzieren.
- **Einführung des Verursacherprinzips:** Wer Umweltgüter verbraucht, muss dafür bezahlen. Dazu gehört es jedoch, dass nicht nur für die Nutzung der Umweltgüter bezahlt wird, die einen Preis haben (z. B. Erdöl), sondern auch für die Folgen, die z. B. durch Emissionen entstehen. So könnten umweltfreundliche Produkte dadurch gefördert werden, dass die Hersteller von umweltfeindlichen Produkten gezwungen werden, diese zurückzunehmen.

**Staatliche Instrumente der Umweltpolitik**

Die Instrumente der staatlichen Umweltpolitik lassen sich in marktkonforme und marktkonträre Instrumente unterscheiden.

**Marktkonforme Instrumente** schaffen wirtschaftliche Anreize für umweltfreundliches Verhalten. Im Wesentlichen geht es um Internalisierung von Umweltkosten, d. h. die Nutzung der Umwelt soll zu Kosten führen, die die Unternehmen zu minimieren versuchen. Umweltschonendes Vorgehen soll entlastet werden, notfalls müssen Subventionen gewährt werden, um die Produktion in die gewünschte Richtung zu lenken. Zu den Maßnahmen gehören:

- Abgaben: Zu den Abgaben zählen Steuern (z. B. Ökosteuern) und Sonderabgaben.
- Staatliche Zuschüsse: Dazu zählen Subventionen für umweltschonende Produktionsverfahren.
- Umwelthaftungsrecht: Das Umwelthaftungsgesetz (UmWHG) ist 1991 in Kraft getreten. Es besagt, dass Unternehmen haften müssen, wenn ihre Produkte oder ihre Produktionsanlagen eine schuldhafte Verursachung von Umweltschäden hervorrufen, die zu einer Beeinträchtigung der Gesundheit (z. B. Erkrankungen infolge einer Luftverunreinigung, Schlafstörungen als Folge übermäßiger Lärmimmissionen) oder des Eigentums (z. B. durch Industrieabgase verursachte Pflanzenschäden oder Lackschäden an Kraftfahrzeugen) oder eines sonstigen Rechts führen. In diesen Fällen besteht ein Schadensersatzanspruch, mit der Möglichkeit, Schmerzensgeld zu verlangen.
- Umweltstrafrecht: Nach dem Umweltstrafrecht kann umweltschädigendes Verhalten als Straftat oder Ordnungswidrigkeit geahndet werden.

**Marktkonträre Maßnahmen** stellen Staatseingriffe in die Wirtschaft dar, die den Markt-Preis-Mechanismus einschränken oder gänzlich außer Kraft setzen. Zu ihnen gehören folgende Maßnahmen – die die Ausnahme sein sollten – im Rahmen der Umweltpolitik:

- Auflagen: Zu den Auflagen rechnet man Ge- oder Verbote. Verbote werden ausgesprochen, wenn auf bestimmte umweltschädigende Produkte verzichtet werden kann. Beispiel: Verbot von FCKW.
  Gebote sollen die Wirtschaftssubjekte durch entsprechende Auflagen zu umweltbewusstem Verhalten animieren, z. B. beim Gebot der Mindestenergieeffizienz.
  Der Nachteil umweltpolitischer Auflagen liegt darin, dass Schädigungen bis zum Grenzwert erlaubt und kostenlos sind. Damit bestehen kaum Anreize für die Entwicklung oder Anwendung innovativer Technologien zur Verringerung oder Beseitigung der noch verursachten Schäden.

- Vorgabe von Grenzwerten: Staatlich vorgegebene Grenzwerte sollen dafür sorgen, dass durch Einsatz bestimmter technischer Vorrichtungen der Schadstoffausstoß bestimmter Einzelschadstoffe verringert wird. Beispiel: Schadstoffe in Autoabgasen.
- Emissionshandel: Ziel des Emissionshandels ist, die Emission von Treibhausgasen in ein kostenpflichtiges Gut zu verwandeln, indem die Emission solcher Gase an den Besitz von Berechtigungen zur Emission von Treibhausgasen geknüpft wird. Jedes Unternehmen, das Treibhausgase an die Umwelt abgibt, darf nur die Menge an Schadstoffen in einer Periode freisetzen, für die es über Emissionsrechte verfügt. Das Unternehmen kann frei entscheiden, ob es die höchstens zugelassene Menge an Schadstoffen freisetzt oder versucht, die Schadstoffmenge durch technische Innovationen oder Installation von Filtern etc. zu verringern. Erreicht es eine Reduktion der Emissionsmenge, verfügt es über überschüssige Emissionsrechte. Diese kann es an solche Unternehmen weiterveräußern, für die etwa eine Nachrüstung der Anlagen höhere Kosten verursacht als der Erwerb zusätzlicher Emissionsrechte. Auf diese Weise bildet sich ein Markt für Emissionsrechte.

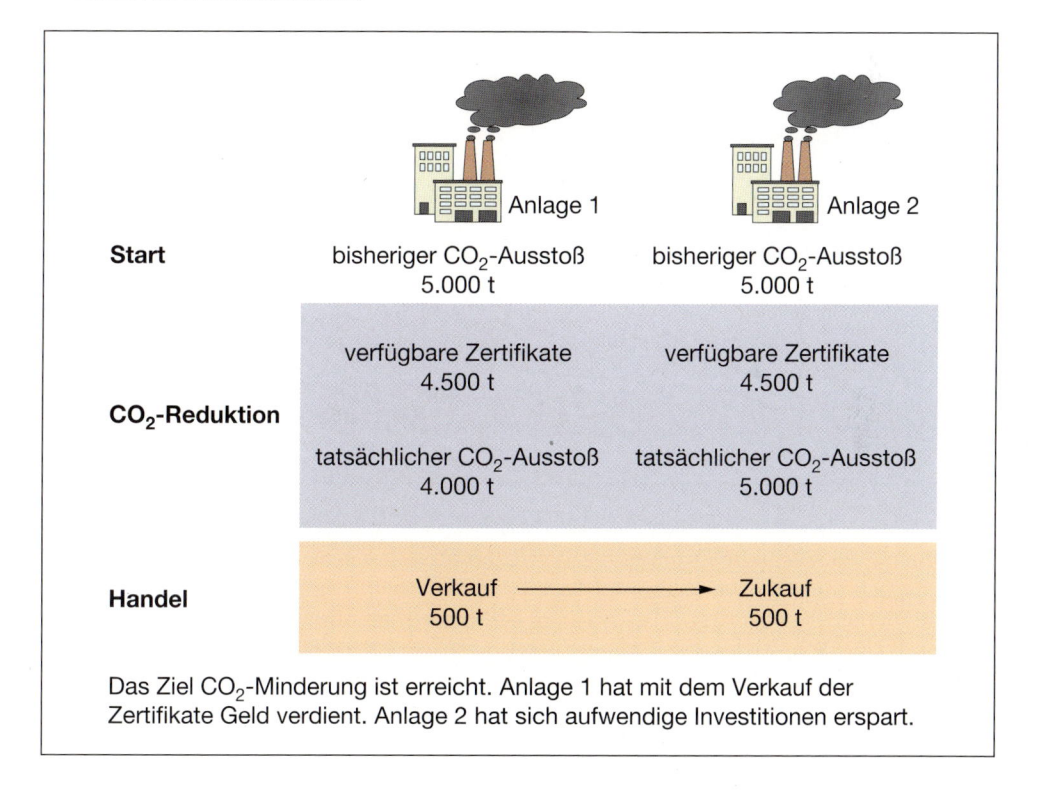

|  | Anlage 1 | Anlage 2 |
|---|---|---|
| **Start** | bisheriger $CO_2$-Ausstoß<br>5.000 t | bisheriger $CO_2$-Ausstoß<br>5.000 t |
| **$CO_2$-Reduktion** | verfügbare Zertifikate<br>4.500 t<br><br>tatsächlicher $CO_2$-Ausstoß<br>4.000 t | verfügbare Zertifikate<br>4.500 t<br><br>tatsächlicher $CO_2$-Ausstoß<br>5.000 t |
| **Handel** | Verkauf<br>500 t | Zukauf<br>500 t |

Das Ziel $CO_2$-Minderung ist erreicht. Anlage 1 hat mit dem Verkauf der Zertifikate Geld verdient. Anlage 2 hat sich aufwendige Investitionen erspart.

### 1.3.2.7 Angebots- und nachfrageorientierte Wirtschaftspolitik

Seit Beginn der 1970er-Jahre gibt es eine grundlegende Diskussion zwischen der angebotsorientierten und der nachfrageorientierten Wirtschaftspolitik, die sich relativ unversöhnlich gegenüberstehen.

Theoretisch geht dieser Streit zurück auf die beiden wissenschaftlichen Strömungen des Fiskalismus und des Monetarismus.

|  | **Fiskalismus** | **Monetarismus** |
|---|---|---|
| **Hauptvertreter** | John Maynard Keynes | Milton Friedman |
| **Theoretischer Ansatz** | Der Fiskalismus geht in seinem Ansatz davon aus, dass die Nachfrage entscheidend ist für den wirtschaftlichen Erfolg und die Entwicklung der Konjunktur. Befürwortet wird eine antizyklische Steuerung der volkswirtschaftlichen Nachfrage durch staatliche Maßnahmen. In der Bundesrepublik Deutschland kommt der Fiskalismus im Stabilitätsgesetz vom 08.06.1967 zum Ausdruck. | Der Monetarismus vertraut auf die Selbstheilungskräfte des Marktes. Lediglich eine konjunkturneutrale Geldmengenregulierung, angepasst an das zu erwartende Wachstum und den zu akzeptierenden Preisniveauanstieg, sind notwendig, um ein volkswirtschaftliches Gleichgewicht zu ermöglichen. |
| **Grundannahme** | Das marktwirtschaftliche System ist in sich instabil und bedarf der Steuerung. | Der Markt verfügt über starke Selbstheilungskräfte. |
| **Maßnahmen** | Steuerung der gesamtwirtschaftlichen Nachfrage durch eine antizyklische Ein- und Ausgabenpolitik des Staates im Sinne des Stabilitätsgesetzes und einer entsprechenden Geldpolitik. | Orientierung der Geldmenge am mittelfristigen Wachstum des Produktionspotenzials. Verzicht auf Maßnahmen der Konjunktur- und Beschäftigungspolitik. |
| **Träger der Maßnahmen** | Regierung | Europäische Zentralbank |
| **Grafische Darstellung** | Konjunkturdämpfung / Konjunkturförderung (Zeit) | Gütermenge / Geldmenge (Zeit) |

> Während der klassische Ökonom die Wirtschaft als einen gemäßigten Typ betrachtet, der täglich sein Glas Mineralwasser und Vitamine erhält, würde der Keynesianer die Wirtschaft eher als jemanden beschreiben, der in gewissen Abständen zuviel trinkt und danach eine depressive Katerstimmung durchmacht. (nach Paul A. Samuelson, amerikanischer Ökonom)

Seit Ende der 1970er-Jahre gilt die nachfrageorientierte Wirtschaftspolitik der Fiskalisten als gescheitert und wurde inzwischen abgelöst durch die angebotsorientierte Wirtschaftspolitik, die eine Verstetigung der Geldpolitik im monetaristischem Sinne und eine verstetigte Fiskalpolitik mit Betonung auf Wirtschaftswachstum und Stärkung der Angebotsseite vorsieht. Zu ihren Maßnahmen zählen insbesondere drastische Steuersenkungen, Reduzierung der Staatsquote, Verringerung der staatlichen Neuverschuldung und Deregulierung, d. h. Verringerung staatlicher Interventionen in den Markt. Anwendung fand die angebotsorientierte Wirtschaftspolitik hauptsächlich unter Ronald Reagan (US-Präsident 1981–1989, Reagonomics) in den USA und Margaret Thatcher (britische Premierministerin 1979–1990) in Großbritannien.

## Nachfrageorientierte (antizyklische) Wirtschaftspolitik

**Kernaussage:** *Die volkswirtschaftliche Gesamtnachfrage ist entscheidend für den wirtschaftlichen Erfolg. Nachgefragt wird nur durch entsprechendes Einkommen. Wenn dieses steigt, steigt auch die Nachfrage und damit kann die konjunkturelle Situation verbessert werden.*

| Konjunktursituation: Rezession | Konjunktursituation: Boom |
|---|---|
| Staatliche Maßnahmen:<br>– Steuersenkungen ( = Erhöhung der kaufkräftigen Nachfrage)<br>– Erhöhung der Staatsnachfrage, z. B. durch Baumaßnahmen | Staaatliche Maßnahmen:<br>– Steuererhöhungen (= Abschöpfung von kaufkräftiger Nachfrage)<br>– Verringerung der staatlichen Ausgaben |
| Mögliche Auswirkungen:<br>Die Einkommen steigen; hierdurch<br>– steigt die Nachfrage,<br>– steigen die Unternehmergewinne,<br>– nimmt die Investitionsneigung zu,<br>– nimmt die Beschäftigung zu,<br>– belebt sich die Konjunktur wieder. | Mögliche Auswirkungen:<br>Die Einkommen sinken; hierdurch<br>– sinkt die Nachfrage<br>– sinken die Gewinn<br>– nimmt die Investitionsneigung ab,<br>– wird die Konjunktur gedämpft.<br>Nebenwirkung: Die Arbeitslosigkeit nimmt zu. |

## Angebotsorientierte Wirtschaftspolitik

**Kernaussage:** *Das gesamtwirtschaftliche Angebot ist entscheidend für den wirtschaftlichen Erfolg und eine nachhaltige konjunkturelle Verbesserung. Das Credo lautet: Jedes Angebot schafft sich seine Nachfrage selbst. Wenn es den Unternehmern gut geht, werden sie investieren, Arbeitsplätze schaffen und Waren produzieren.*

| Aufgaben des Staates: | | Aufgaben der Tarifpartner: |
|---|---|---|
| Gestaltung eines Steuersystems, das positive Bedingungen für die Unternehmen schafft:<br>– großzügige Abschreibungsmöglichkeiten<br>– Stärkung der Eigenkapitalbasis durch niedrige Besteuerung der einbehaltenen Gewinne<br>– Abbau der hohen Staatsverschuldung<br>– Fördermittel für Forschung und Entwicklung | | – maßvolle Lohnabschlüsse, nicht über dem Produktivitätszuwachs der Branche<br>– Senkung der tarifbedingten Lohnnebenkosten, wie Urlaubsgeld, Zuschläge etc. |
| Steigerung der Forschungsaktivitäten und des Know-hows der Unternehmen | Schaffung eines positiven Investitionsklimas mit guten Zukunftsaussichten für die Investoren | Entlastung der Kostenseite der Unternehmen; Stärkung der Erträge; Erhöhung der Gewinne |
| ↓ | ↓ | ↓ |
| Unternehmen entwickeln neue Produkte und Verfahren. | Unternehmen investieren zwecks Herstellung der neuen Produkte. | gestiegene Rentabilität lässt die Unternehmen mehr produzieren und anbieten. |
| ↓ | ↓ | ↓ |

Das Gesamtziel ist dann erreicht, wenn die Anzahl der Beschäftigten aufgrund der zunehmenden Investitionen steigt.

## Wiederholungsfragen

1. Was sind wirtschaftliche Schwankungen und wodurch entstehen sie?
2. Unterscheiden Sie zwischen kurzfristigen, mittelfristigen und langfristigen Wirtschaftsschwankungen.
3. Erläutern Sie den Begriff „Konjunkturschwankung".
4. Skizzieren Sie einen Konjunkturzyklus, benennen Sie die Koordinatenachsen und kennzeichnen Sie die einzelnen Konjunkturphasen.
5. Geben Sie kurz die wesentlichen Kennzeichen der vier Konjunkturphasen an.
6. Was wird als Konjunkturpolitik bezeichnet? Welche Maßnahmenbereiche umfasst sie?
7. Beschreiben Sie die Veränderung der folgenden Konjunkturindikatoren in der Konjunkturphase des Aufschwungs: Auslastungsgrad, Preise, private Nachfrage, Beschäftigung, Zinsen, Produktion, Löhne und Gehälter, Investitionen
8. Worin unterscheiden sich exogene und endogene Konjunkturtheorien?
9. Nennen Sie die vier Hauptziele, die das Stabilitätsgesetz Bund und Ländern als Aufgabe stellt.
10. Die politische Diskussion der vergangenen Jahre hat dazu geführt, dass weitere Ziele in den Katalog der politischen Bestrebungen aufgenommen worden sind. Welche gehören dazu?
11. Eines der Ziele des Stabilitätsgesetzes ist die Stabilität des Preisniveaus. Erklären Sie die Bedeutung dieses Ziels.
12. Was versteht man unter einem Warenkorb und wie ermittelt man damit Veränderungen des Preisniveaus?
13. Erklären Sie die Begriffe „Inflation" und „Deflation".
14. Bei den verschiedenen Inflationsursachen kann man ganz allgemein zwischen nachfragebedingter, angebotsbedingter und geldmengenbedingter Inflation unterscheiden. Erklären Sie die Unterschiede.
15. Wie wird die Arbeitslosenquote berechnet?
16. Warum ist die Statistik der offenen Stellen als Beurteilungsgrundlage für die Beschäftigungssituation problematisch?
17. Mit welcher Begründung wird das Ziel der Bekämpfung der Arbeitslosigkeit untermauert?
18. Definieren Sie den Begriff „Außenbeitrag".
19. Wie wird das Wachstum einer Volkswirtschaft gemessen?
20. Warum spricht man bei den vier Hauptzielen der Wirtschaftspolitik von einem „magischen Viereck"?
21. Zwischen welchen Zielen der Wirtschaftspolitik bestehen vor allem Zielkonflikte? Begründen Sie diese Zielkonflikte.
22. Erläutern Sie den Aufbau der EZB.
23. Was versteht man unter Geldpolitik und welche Maßnahmen gehören dazu?

24. Erklären Sie, was unter dem Begriff „Geldmenge" zu verstehen ist.
25. Worin unterscheiden sich die beiden Arten der Geldschöpfung?
26. Welche Möglichkeiten Geld zu schöpfen hat die Zentralbank?
27. Ist die Zentralbank in der Lage, beliebig viel Geld zu schöpfen? Begründen Sie Ihre Aussage.
28. Erklären Sie den Begriff „Mindestreserve".
29. Wie wirken sich Veränderungen der Mindestreserve auf die Geldmenge aus?
30. Die ständigen Fazilitäten haben eine Signalwirkung in Bezug auf die Ober- und Untergrenze der Zinssätze für Tagesgelder. Begründen Sie diese Aussage.
31. Erläutern Sie, wie sich eine Senkung des Spitzenrefinanzierungszinssatzes auf die Kreditinstitute und die Gesamtwirtschaft auswirkt.
32. Erläutern Sie an einem Beispiel, wie die EZB durch das Instrument der Hauptrefinanzierungsgeschäfte die Geldmenge steuern kann.
33. Nennen Sie Stärken und Schwächen der Geldpolitik.
34. Was bedeutet der Begriff „Fiskalpolitik"?
35. Welches Ziel verfolgt die Fiskalpolitik?
36. Erklären Sie, was im Zusammenhang mit der Fiskalpolitik mit dem Begriff „Globalsteuerung" gemeint ist.
37. Was versteht man unter einer antizyklischen Fiskalpolitik?
38. Welche Ausgaben hat der Staat und wie werden diese finanziert?
39. Erläutern Sie den Begriff der Einnahmenpolitik und deren Wirkungsweise.
40. Nennen Sie konjunkturfördernde und konjunkturdämpfende Maßnahmen der Ausgabenpolitik.
41. Erklären Sie den Begriff des „deficit-spending".
42. Welche Aufgaben haben die Wettbewerbs-, Struktur-, Umwelt- und Verteilungspolitik? Nennen Sie Beispiele für Maßnahmen.
43. Wie kann die Regierung den Bundeshaushalt gestalten, um eine Rezession zu verhindern?
44. Erläutern Sie die theoretischen Unterschiede zwischen Fiskalismus und Monetarismus.
45. Von welchen unterschiedlichen Annahmen über das marktwirtschaftliche System gehen Fiskalisten und Monetaristen aus?
46. Was versteht man unter Beschäftigungspolitik? Welche Maßnahmen kann der Staat im Rahmen der Beschäftigungspolitik ergreifen?
47. Unterscheiden Sie zwischen aktiver und passiver Arbeitsmarktpolitik.
48. Welche Maßnahmen umfasst das Hartz-Konzept?
49. Unterscheiden Sie nachfrageorientierte und angebotsorientierte Beschäftigungspolitik.
50. Beschreiben Sie den Zielkonflikt zwischen Ökonomie und Ökologie.
51. Welche Maßnahmen stehen dem Staat im Rahmen der Umweltpolitik zur Verfügung?

## 1.4 Außenwirtschaft

*Die Außenwirtschaft beinhaltet die Gesamtheit aller wirtschaftlichen Beziehungen zwischen den Wirtschaftssubjekten im Inland und den Wirtschaftssubjekten im Ausland.*

- Im **Außenhandel** werden Güter über die Grenzen eines Landes importiert (Einfuhr) oder exportiert (Ausfuhr).
- Im **Dienstleistungsverkehr** werden zwischen in- und ausländischen Wirtschaftssubjekten Dienstleistungen ausgetauscht (z. B. Tourismus, Transport, Lizenzen).
- Im **Kapitalverkehr** werden Kredite gewährt und Wertpapiere gehandelt.
- Im **Devisenverkehr** werden Zahlungen zwischen den Notenbanken der einzelnen Länder ausgetauscht.
- Im **Übertragungsverkehr** werden unentgeltliche Leistungen von einer in die andere Volkswirtschaft übertragen (z. B. Transferzahlungen von ausländischen Arbeitnehmern).

Die **Gründe für den** internationalen Handel sind sehr vielschichtig. Im Wesentlichen sind es folgende Aspekte, die den Außenhandel notwendig machen:

- Unterschiedliche klimatische Rahmenbedingungen führen zu Anbauschwerpunkten in Land- und Forstwirtschaft.
- Die Rohstoffvorkommen und Energievorräte sind ungleich über die Erde verteilt.
- Die einzelnen Länder der Erde haben verschiedene Wirtschaftsstrukturen und unterliegen unterschiedlichen technologischen Entwicklungen. Freie außenwirtschaftliche Beziehungen sollen diese Unterschiede ausgleichen, tun dies jedoch nicht immer.

Als **Hemmnisse** für den internationalen Handel können politische Verhaltensweisen einer Nation angesehen werden:
- Schutz der heimischen Wirtschaft (Protektionismus)
- Bestrebung, vom Ausland wirtschaftlich unabhängig zu sein (Autarkiestreben)
- Wirtschaftssanktionen gegen ein Land (Boykott)

**Träger** der außenwirtschaftlichen Beziehungen sind:

- Außenhandelsunternehmen, wie Importeure oder Exporteure;
- Banken für die Abwicklung des Zahlungsverkehrs;
- die Zentralbank für den Devisenverkehr;
- die Ministerien für Wirtschaft und Finanzen für die Überwachung des Außenhandels und die Erhebung von Zöllen;
- Industrie- und Handelskammern als beratende Stellen.

### Bedeutung des Außenhandels

Der Außenhandel umfasst den Verkehr von Waren, Dienstleistungen und Kapital über internationale Grenzen oder Hoheitsgebiete. In Deutschland spielt der Export eine wichtige Rolle und macht einen großen Anteil am Bruttoinlandsprodukt (BIP) aus. Der Außenhandel ist eine wichtige Quelle für wirtschaftliche Einnahmen vieler Länder. Der internationale Handel funktioniert nach den gleichen Regeln wie der Binnenhandel, d. h.,

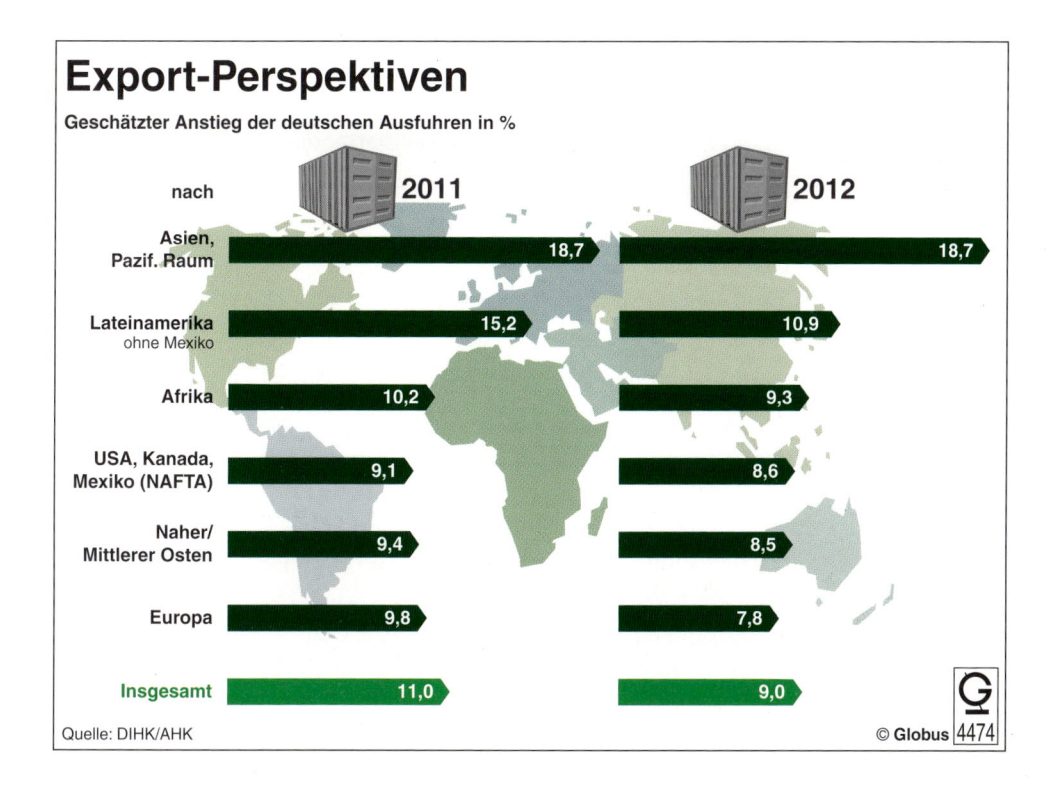

## Export-Perspektiven
Geschätzter Anstieg der deutschen Ausfuhren in %

| nach | 2011 | 2012 |
|---|---|---|
| Asien, Pazif. Raum | 18,7 | 18,7 |
| Lateinamerika ohne Mexiko | 15,2 | 10,9 |
| Afrika | 10,2 | 9,3 |
| USA, Kanada, Mexiko (NAFTA) | 9,1 | 8,6 |
| Naher/Mittlerer Osten | 9,4 | 8,5 |
| Europa | 9,8 | 7,8 |
| Insgesamt | 11,0 | 9,0 |

Quelle: DIHK/AHK © Globus 4474

es wirken die gleichen Einflussfaktoren auf das Verhalten der beteiligten Wirtschaftssubjekte. Der wichtigste Unterschied ist, dass der Außenhandel in der Regel teurer als der Binnenhandel ist. Der Grund dafür ist, dass eine Grenze in der Regel zusätzliche Kosten verursacht wie Zölle, Kosten durch zeitliche Verzögerungen an Grenzen und Kosten, die sich aus den unterschiedlichen Sprachen, Rechtsordnungen oder Kulturen ergeben.

### 1.4.1 Freihandel und Protektionismus

*Freihandel bedeutet den vollkommenen Verzicht auf rechtliche oder wirtschaftliche Beschränkungen der Handelsbeziehungen zwischen den verschiedenen Volkswirtschaften.*

Grundgedanke ist die Theorie der internationalen Arbeitsteilung, d. h. Wohlstandssteigerung durch Freihandel. Der Freihandel ist aus diesem Grund auch vielfach das Ziel internationaler Abkommen wie des Internationalen Zoll- und Handelsabkommens (GATT, heute WTO) oder der Europäischen Union (EU).

*Protektionismus ist der Schutz der Binnenwirtschaft vor negativen außenwirtschaftlichen Einflüssen.*

Die Binnenwirtschaft soll durch Erschwerung des Imports, z. B. Einfuhrzölle, mengenmäßige Beschränkung der Einfuhr, Einfuhrverbote bestimmter Leistungen oder Subventionierung bestimmter binnenwirtschaftlicher Branchen vor Billigimporten und damit vor konjunkturellen Nachteilen geschützt werden.

### 1.4.1.1 Gründe für die internationale Arbeitsteilung

Jedes Land spezialisiert sich auf die Produktion von Waren oder Dienstleistungen, die sich in diesem Land besonders lohnt. Die Gründe liegen darin, dass einzelne Länder

- über *günstigere Standortbedingungen* im Anbauland wirtschaftlicher Erzeugnisse oder beim Abbau von Rohstoffen verfügen; z. B. Schafwolle in Schottland;

- über *günstigere Produktionsbedingungen* verfügen; z. B. wird eine Produktion von einem Unternehmen in Deutschland nach Polen verlagert, weil dort die Lohnstückkosten wesentlich niedriger sind als hier;

- über ein höheres technisches *Know-how* verfügen; z. B. Gentechnik aus den USA.

Wissenschaftlich begründet wird die internationale Arbeitsteilung durch den Vergleich der Kosten für die Produktion vergleichbarer Güter in verschiedenen Ländern.

#### Kosteneinsparung durch absolute und komparative Kostenvorteile

Die ökonomische Begründung für den Freihandel bzw. die internationale Arbeitsteilung lieferte David Ricardo mit seiner Theorie der komparativen Kostenvorteile. Nach dieser Theorie lohnt sich Außenhandel für alle Volkswirtschaften, auch für die Länder, die bei allen Gütern einen absoluten Kostenvorteil gegenüber einem anderen Land besitzen. Wenn jedes Land die Produkte mit den geringeren Arbeitskosten selbst herstellt und die übrigen Güter im Austausch bezieht, entsteht der größtmögliche Güterertrag. Dabei unterscheidet man:

- **Absolute Kostenvorteile**
  Das Land, das die absolut geringeren Kosten (= Arbeitsaufwand) für die Produktion eines Gutes hat, spezialisiert sich auf die Produktion dieses Gutes und importiert das Gut, bei dem es höhere Kosten hat.

  *Beispiel:* Nicaragua kann Bananen billiger produzieren als die USA, die USA können Mais billiger produzieren als Nicaragua. Nicaragua produziert folglich nur noch Bananen und exportiert einen Teil davon in die USA. Die USA produzieren nur noch Mais und exportieren einen Teil davon nach Nicaragua.

- **Komparative Kostenvorteile**
  Selbst wenn ein Staat zwei Güter billiger herstellt als ein anderes Land, kann Spezialisierung sinnvoll sein, wenn die Kostendifferenzen unterschiedlich hoch ausfallen.

  *Beispiel:* Japan produziert Drucker mit einem Arbeitsaufwand von 4,5, Deutschland mit 8 Stunden. Japan produziert Stereoanlagen mit einem Arbeitsaufwand von 5,5, Deutschland mit 6,5 Stunden. Japan hat also einen absoluten Kostenvorteil bei beiden Gütern.

| ohne Freihandel (Autarkie) | Drucker | Stereoanlagen | Summe |
| --- | --- | --- | --- |
| Japan | 4,5 Stunden | 5,5 Stunden | 10,0 Stunden |
| Deutschland | 8,0 Stunden | 6,5 Stunden | 14,5 Stunden |
| Summe | 12,5 Stunden | 12,0 Stunden | 24,5 Stunden |

| mit Freihandel | Drucker | Stereoanlagen | Summe | Einsparung |
|---|---|---|---|---|
| Japan | 9,0 Stunden | – | 9,0 Stunden | 1,0 Stunden |
| Deutschland | – | 13,0 Stunden | 13,0 Stunden | 1,5 Stunden |
| Summe | 9,0 Stunden | 13,0 Stunden | 22,0 Stunden | |

### 1.4.1.2 Außenwirtschaftspolitik

*Zur Außenwirtschaftspolitik eines Landes gehören alle Maßnahmen, die der Beeinflussung der außenwirtschaftlichen Beziehungen dienen.*

Träger der Außenwirtschaftspolitik ist in erster Linie der Staat. Jedoch zählt inzwischen wegen ihrer geld- und währungspolitischen Maßnahmen die EZB ebenfalls zu einem Träger der Außenwirtschaftspolitik.

Das Stabilitätsgesetz nennt als Ziel ein außenwirtschaftliches Gleichgewicht, d. h. der Außenbeitrag sollte größer bzw. gleich Null sein. Gelegentlich spielen aber auch politische oder militärische Gründe eine Rolle in der Außenwirtschaftspolitik, z. B. wenn es um die wirtschaftlichen Beziehungen zu Krisengebieten geht. Daneben können aber auch binnenwirtschaftliche Ziele wie ein hoher Beschäftigungsstand die Außenwirtschaftspolitik beeinflussen.

**Preispolitische Instrumente**

Der Staat kann durch preispolitische Instrumente Einfluss auf den Waren-, Dienstleistungs- und Kapitalverkehr nehmen. Zu diesen Maßnahmen gehören Zölle, Subventionen, Krediterleichterungen sowie Garantien und Bürgschaften. Sie werden als marktkonform bezeichnet, da sie den Preismechanismus und die Entscheidungsfreiheit der Wirtschaftssubjekte, zu exportieren oder zu importieren, nicht außer Kraft setzen.

- **Zölle**
  Zölle sind Abgaben, die bei der Grenzüberschreitung einer Ware erhoben werden. Innerhalb der EU existieren keine Zölle mehr und gegenüber Drittländern (Nicht-EU-Staaten) wird eine gemeinsame Zollpolitik betrieben, sodass die Bundesrepublik keine autonome Zollpolitik mehr besitzt.

| Zölle werden unterschieden | | |
|---|---|---|
| nach der Richtung des Handelsstroms | nach den Motiven | nach der Bemessungsgrundlage |
| – Einfuhrzölle<br>– Ausfuhrzölle<br>– Transitzölle | – Schutzzölle<br>– Finanzzölle<br>– Erziehungszölle | – Wertzölle<br>– Spezifische Zölle<br>– Mischzölle |

- **Subventionen**
  Als Subventionen zählen Transferzahlungen des Staates an Unternehmen. Insbesondere bei der Exportförderung verbilligen diese Subventionen die Ausfuhr.

  *Beispiele:* Werftenbau, Stahl und landwirtschaftliche Erzeugnisse

- **Krediterleichterungen**
  Der Staat fördert den Export durch Gewährung günstiger Kredite zur Finanzierung von Ausfuhrgeschäften, z. B. zur Refinanzierung von Forderungen des Exporteurs gegenüber seinen Kunden aus eingeräumten Kreditlinien. Diese werden mit Ausfuhrkrediten spezialisierter Banken wie der AKA Ausfuhrkredit GmbH refinanziert. Auch die bundeseigene Kreditanstalt für Wiederaufbau finanziert über ihre Gesellschaft IPEX Exportgeschäfte. Zu den Geschäften der IPEX Bank GmbH gehören die Handels- und Exportfinanzierung und die Projekt- und Investitionsfinanzierung. Abgesichert werden diese Kredite durch Exportkreditversicherungen des Bundes.

- **Garantien und Bürgschaften**
  Um die wirtschaftlichen und politischen Risiken eines Außenhandelsgeschäftes zu verringern, übernimmt der Staat Bürgschaften bzw. Garantien für den Fall, dass der Handelspartner seine Leistungen nicht erfüllt.

  *Beispiel: Hermesdeckungen der Euler Hermes Kreditversicherungs AG*

## Mengenpolitische Instrumente

Durch mengenpolitische Maßnahmen limitiert der Staat die Einfuhr bzw. die Ausfuhr von Waren. Diese Maßnahmen werden als nicht marktkonform angesehen, da sie die Dispositionsfreiheit der Wirtschaftssubjekte bezüglich Export und Import einschränken.

- Durch Export und Importkontingente legt der Staat zahlenmäßig fest, welche Mengen von bestimmten Waren oder Devisen in einem bestimmten Zeitraum ein- bzw. ausgeführt werden dürfen.

- Ein- und Ausfuhrverbote sind die schärfste Form der mengenmäßigen Begrenzung von Importen oder Exporten. Diese Maßnahmen werden nur in Ausnahmefällen eingesetzt, beispielsweise das Einfuhrverbot für Rauschgift, bestimmte Tierarten oder das Ausfuhrverbot aus politischen Gründen für bestimmte Waren in bestimmte Länder (siehe Anhang zum Außenwirtschaftsgesetz) wie Waffenexporte in Krisenländer.

Grundsätzlich sind mengenpolitische Instrumente nach dem Internationalen Zoll- und Handelsabkommen nicht erlaubt.

## Währungspolitische Instrumente

Die Instrumente zur Währungspolitik umfassen Maßnahmen zur Beeinflussung des Binnen- und des Außenwertes des Geldes. Eine starke Inflation führt zu einem Rückgang der Exporte bzw. einem Anstieg der Importe aus Ländern, deren Inflation geringer ist. Eine Deflation hat einen umgekehrten Einfluss auf den Außenhandel. Je nach Wahl des Wechselkurssystems bestehen Möglichkeiten, den Außenwert des Geldes zu beeinflussen. Im System flexibler Wechselkurse führen Interventionen der Notenbank (verschmutztes Floating) zur Auf- oder Abwertung der Währung, was entsprechende Veränderungen in Export und Import zur Folge hat. Im System fester Wechselkurse stellt außerdem die Devisenbewirtschaftung ein wesentliches außenwirtschaftliches Steuerungsinstrument dar. Währungspolitische Maßnahmen sind immer Bestandteil der staatlichen Wirtschaftspolitik und müssen mit den anderen wirtschaftspolitischen Maßnahmen und Zielen koordiniert werden.

## Integrations- und entwicklungspolitische Instrumente

Hierzu zählen staatliche Maßnahmen, die darauf gerichtet sind, internationale Abkommen über wirtschaftliche Beziehungen zu treffen, um Handelshemmnisse abzubauen und eine Liberalisierung des Handels zu ermöglichen. Dazu zählen beispielsweise Abkommen über Zölle – wie das Internationale Zoll- und Handelsabkommen –, über Währungen – wie das Internationale Währungssystem und das Europäische Währungssystem – sowie Abkommen über gemeinsame Märkte wie die Europäische Union.

### 1.4.2 Besonderheiten der EU und Internationale Organisationen

#### 1.4.2.1 Europäische Union

Die Europäische Union ist ein Staatenbund aus gegenwärtig 27 Staaten. Der Europäische Binnenmarkt ist der Markt mit dem größten Bruttoinlandsprodukt der Welt. Der Weg dahin war lang:

| | |
|---|---|
| 1951 | Der Vertrag zur Gründung der **Europäischen Gemeinschaft für Kohle und Stahl (EGKS)** wird in Paris unterzeichnet. Ziel war es, einen gemeinsamen Markt für Kohle und Stahl zu bilden. Die Mitgliedsstaaten der auch als **Montanunion** bezeichneten Vereinigung sind Belgien, die Bundesrepublik Deutschland, Frankreich, Italien, Luxemburg und die Niederlande. |
| 1957 | Die Verträge zur Gründung der **Europäischen Wirtschaftsgemeinschaft (EWG)** und der **Europäischen Atomgemeinschaft (EURATOM)** werden in Rom („Römische Verträge") durch die EGKS-Staaten unterzeichnet. Es wird beschlossen auf einen europäischen Binnenmarkt hinzuarbeiten. |
| 1967 | Durch den Zusammenschluss von EGKS, EURATOM und EWG entsteht die **Europäische Gemeinschaft (EG).** |
| 1968 | Die EG einigt sich auf eine Zollunion. Sie schafft sämtliche Zölle zwischen den Mitgliedsstaaten ab und führt einen gemeinsamen Außenzoll ein. |
| 1969 | Als Reaktion auf die EG gründen die Staaten Dänemark, Großbritannien, Norwegen, Österreich, Portugal, Schweden und Schweiz die **Europäische Freihandelszone (EFTA).** |
| 1972 | Die EG einigt sich auf einen europäischen **Wechselkursverbund.** Es wurden relativ feste Wechselkurse unter den Partnerländern festgelegt. Die sogenannte Währungsschlange entstand. Dieser Verbund gilt als Vorläufer des Europäischen Währungssystems. |
| 1973 | Dänemark, Irland und Großbritannien treten der EG bei. |
| 1979 | Das **Europäische Währungssystem (EWS)** wird in Kraft gesetzt. |
| 1981 | Griechenland tritt der EG bei. |
| 1986 | Spanien und Portugal treten der EG bei *(„Europa der Zwölf")*. Mit der Unterzeichnung der „Einheitlichen Europäischen Akte" wird die erste umfassende Reform der EG-Verträge eingeleitet. |
| 1992 | Der Vertrag über die Gründung der **Europäischen Union (EU)** wird in Maastricht unterzeichnet. Mitgliedsländer sind die 12 EG-Staaten. Dieser Vertrag ist die zweite bedeutende Reform der EG-Verträge. |

| | |
|---|---|
| 1993 | Am 1. Januar treten die Regelungen über den **Europäischen Binnenmarkt** in Kraft. Am 1. November haben alle Mitgliedsländer des Vertrages von Maastricht die EU-Verträge ratifiziert. Damit ist die Europäische Union gegründet. |
| 1994 | Das **Europäische Währungsinstitut** wird als Vorstufe einer Europäischen Zentralbank gegründet. Der **Europäische Wirtschaftsraum (EWR)** wird durch den Zusammenschluss von Europäischer Union und sechs EFTA-Staaten zu einem gemeinsamen Binnenmarkt verwirklicht. |
| 1998 | Gründung der Europäischen Zentralbank mit Sitz in Frankfurt |
| 1999 | Start der **Europäischen Wirtschafts- und Währungsunion** am 1. Januar für 11 Mitgliedsländer; Beginn des Euro als Währungseinheit (zunächst als Buchgeld). |
| 2001 | Vertrag von Nizza beinhaltet Regelungen zur Vorbereitung auf die EU-Erweiterung 2004, um das Funktionieren der EU mit 25 Ländern zu ermöglichen. |
| 2002 | Euro-Scheine und -Münzen werden in 12 Ländern des Euro-Gebiets eingeführt: in Belgien, Deutschland, Finnland, Frankreich, Griechenland, Irland, Italien, Luxemburg, den Niederlanden, Portugal, Spanien, Österreich. In drei Ländern wird der Euro nicht eingeführt: Dänemark, Schweden und Vereinigtes Königreich. |
| 2004 | Ungarn, Malta, Polen, Zypern, Slowakei, Litauen, Tschechien, Estland, Slowenien, Lettland treten der EU bei. |
| 2007 | Bulgarien und Rumänien treten der EU bei. Die EU besteht nun aus 27 Mitgliedsstaaten. |

Um das Für und Wider einer europäischen Integration wurde und wird noch viel gestritten. Nachdem sich zunächst der Widerstand gelegt hatte, ist durch die jüngsten Krisen in Griechenland, Italien und Portugal die Diskussion wieder entfacht.

| Pro | Kontra |
|---|---|
| – höhere Wachstumsraten des Bruttoinlandsprodukts und positive Impulse für den Arbeitsmarkt durch den gemeinsamen Markt<br>– Erweiterung der Produktionskapazitäten und günstigere Herstellung der Produkte durch größere Märkte<br>– Kooperation von Unternehmen aus mehreren Ländern<br>– Verbesserung der europäischen Position auf dem Weltmarkt<br>– Ausgleich der z. T. großen wirtschaftlichen Unterschiede zwischen armen und reichen Regionen<br>– länderübergreifende Hilfe für sozial schwache Bevölkerungsgruppen zum Abbau sozialer Spannungen<br>– abgestimmtes Verhalten bei der Reduzierung von grenzüberschreitenden Schadstoffen<br>– Freizügigkeit für Wohnen, Studieren, Arbeiten, Reisen und Gewerbe<br>– Unangreifbarkeit der gemeinsamen Währung EURO und damit verbundene Stabilität | – hohe Risiken für den Arbeitsmarkt durch Freizügigkeit der Arbeit und damit verbundenen Einsatz billiger Arbeitskräfte<br>– hohe Schwerfälligkeit durch die Tatsache, dass einzelne Länder ihr Veto einlegen können und das Europaparlament keine wirkliche Gesetzgebungskompetenz hat<br>– riesiger Zentralstaat, wobei die Einzelstaaten immer mehr entmachtet werden<br>– keine oder unzureichende Kontrolle der „Zentrale Brüssel"<br>– Verlust der nationalen Identität<br>– hohe Kosten durch die Existenz und den weiteren Aufbau einer umfassenden Bürokratie<br>– Verlust der Stabilität der gemeinsamen Währung durch Einflüsse der wirtschaftlich schwächeren Partner und deren nachhaltiges Verfehlen der Stabilitätskriterien, insbesondere durch Überschuldung |

Der Aufbau der Institutionen der EU ist seit 1952 im Wesentlichen konstant geblieben, jedoch haben sich die Aufgaben und Kompetenzen der EU-Organe zum Teil deutlich erweitert. Wie jede nationale Verfassung, so besitzt auch die Europäische Union eine Reihe von Organen, die sich ihre Arbeit im Rahmen von gesetzgebender Gewalt (Legislative), ausführender Gewalt (Exekutive) und rechtsprechender Gewalt aufteilen:

| | |
|---|---|
| **Europäischer Rat (Rat der Staats- und Regierungschefs)** | Er setzt sich aus den Staats- und Regierungschefs der Mitgliedsstaaten sowie aus dem Präsidenten der Europäischen Kommission zusammen. Er hat eine zentrale Rolle bei der zukunftsweisenden Gestaltung der EU und ist weisungsberechtigt gegenüber dem Ministerrat. Einmal pro Halbjahr findet ein Treffen statt. Der Sitz ist in Brüssel. |
| **Europäisches Parlament (Legislative)** | Das Europäische Parlament mit Sitz in Straßburg besteht aus Abgeordneten, die in den einzelnen Ländern gewählt worden sind. Das EU-Parlament ist mit dem EU-Rat als Gesetzgeber tätig und teilt sich mit ihm die Haushaltsbefugnisse. Er übt die demokratische Kontrolle über die EU-Organe aus und benennt die Mitglieder der Europäischen Kommission. Tagungsstätten sind Brüssel und Straßburg. |
| **Europäische Kommission (Exekutive)** | Die Europäische Kommission mit Sitz in Brüssel ist ein überstaatliches Organ. Sie gilt allgemein als Exekutivorgan der EU. Die EU-Kommission ist die Regierung der EU und unterbreitet Rat und Parlament Vorschläge für neue Rechtsvorschriften, setzt die EU-Politik um, verwaltet den Haushalt, sorgt für Einhaltung des EU-Rechts und handelt internationale Verträge aus. Ihre Mitglieder werden alle vier Jahre von den Regierungen der Mitgliedsländer ernannt. Sie verfügen je nach Sachverhalt abgestuft über das Recht zur Initiative, zur Exekutive und zur Kontrolle. |
| **Rat der Europäischen Union (Legislative, z. T. auch Exekutive)** | Der Rat der Europäischen Union hat seinen Sitz in Brüssel. Zu den Aufgaben des Rats der Europäischen Union gehören die Verabschiedung von Rechtsvorschriften der EU, Abstimmung der Grundzüge der Wirtschaftspolitik in den Mitgliedsstaaten, Abschluss internationaler Übereinkünfte zwischen der EU und anderen Staaten, Genehmigung des Haushaltsplans der EU, Entwicklung der gemeinsamen Außen- und Sicherheitspolitik der EU, Koordinierung der Zusammenarbeit der nationalen Gerichte und Polizeikräfte der EU-Mitgliedsstaaten. |
| **Europäischer Gerichtshof (Judikative)** | Der Europäische Gerichtshof mit Sitz in Luxemburg sorgt für die Einhaltung und Durchsetzung des Gemeinschaftsrechts. Ein Mitgliedsland kann z. B. dazu verklagt werden, eine EU-Richtlinie einzuhalten. Der EuGH entscheidet bei Rechtsstreitigkeiten zwischen EU-Mitgliedsstaaten, EU-Organen, Unternehmen und Privatpersonen. Die Urteile sind verbindlich. |
| **Europäischer Rechnungshof** | Um sicherzustellen, dass die Einnahmen der EU aus den Transferzahlungen der Mitgliedsstaaten möglichst wirkungsvoll ausgegeben werden, werden die Ausgaben der EU vom Rechnungshof auf Rechtmäßigkeit, Ordnungsmäßigkeit und Wirtschaftlichkeit überprüft. |

| | |
|---|---|
| Europäische Zentralbank | Die Europäische Zentralbank (EZB) mit Sitz in Frankfurt (Main) verwaltet den Euro und sorgt für die Preisstabilität in der EU. Darüber hinaus ist die EZB für die Gestaltung und Umsetzung der Wirtschafts- und Währungspolitik der EU verantwortlich. Die grundlegenden Aufgaben finden sich in Art. 127 (2) des Vertrages über die Arbeitsweise der Europäischen Union (AEU-Vertrag):<br>– Festlegung und Durchführung der Geldpolitik<br>– Durchführung von Devisengeschäften<br>– Verwaltung der offiziellen Währungsreserven der Mitgliedstaaten<br>– Versorgung der Volkswirtschaft mit Geld, insbesondere die Förderung eines reibungslosen Zahlungsverkehrs<br><br>Darüber hinaus hat die EZB weitere Aufgaben:<br>– Genehmigung der Ausgabe des Euro-Papiergeldes, die Ausgabe selbst erfolgt durch die nationalen Zentralbanken<br>– Beitrag zur Aufsicht über die Kreditinstitute<br>– Beitrag zur Stabilität der Finanzmärkte<br>– Beratung der Gemeinschaft und nationaler Behörden, Zusammenarbeit mit anderen internationalen und europäischen Organen<br>– Sammlung der notwendigen statistischen Daten<br>– Erstellung einer Zentralbankbilanz |
| Europäische Investitionsbank | Die Europäische Investitionsbank (EIB) befindet sich in Luxemburg. Sie leiht sich auf den Kapitalmärkten Geld und vergibt zu niedrigen Zinssätzen Darlehen für die Finanzierung von Projekten zur wirtschaftlichen Entwicklung, z. B. im Bereich Infrastruktur, Energieversorgung oder Umweltschutz. Sie besitzt die Mehrheit am Europäischen Investitionsfonds (EIF). |

### 1.4.2.2 Europäischer Binnenmarkt

Seit 1993 existiert offiziell der gemeinsame Binnenmarkt der inzwischen 27 Mitgliedsstaaten der Europäischen Union. Er stellt den weltweit größten gemeinsamen Markt dar. Grundlage des Binnenmarktes sind die vier Grundfreiheiten, die im Vertrag über die Arbeitsweise der Europäischen Union (AEUV) genannt werden. Demnach gibt es in der EU keine Grenzen für

- **Menschen**
  Mit dem Schengener Abkommen wurden die Personenkontrollen an den Binnengrenzen abgeschafft. Zu dieser Freiheit gehören auch das freie Aufenthalts- und Niederlassungsrecht, die freie Arbeitsplatzwahl und die gegenseitige Anerkennung von Diplomen und Zeugnissen.

- **Waren**
  Zwischen den Mitgliedstaaten ist der Handel grundsätzlich keinen Beschränkungen unterworfen. Kontrollen der Waren an den Binnengrenzen sind abgeschafft. Technische Normen und Mehrwert- bzw. Verbrauchsteuern wurden harmonisiert. Ein- und Ausfuhrzölle sowie Abgaben gleicher Wirkung sind untersagt.

- **Dienstleistungen**
  Durch Liberalisierung des Güterverkehrs und Fernmeldewesens sowie eines freien Marktes für Banken, Versicherungen und andere Dienstleistungen soll sichergestellt werden, dass jeder Unternehmer mit Niederlassung in einem Mitgliedstaat der EU seine Dienstleistungen auch in den anderen Mitgliedstaaten anbieten kann.

- **Kapital**
  Der freie Kapital- und Zahlungsverkehr erlaubt den Transfer von Geldern und Wertpapieren in beliebiger Höhe zwischen den Mitgliedstaaten, aber auch zwischen Mitgliedstaaten und Drittstaaten.

### 1.4.2.3 Europäische Wirtschafts- und Währungsunion EWWU

- Der Maastricht-Vertrag beinhaltete auch die Verpflichtung der Mitgliedsstaaten zur Koordinierung ihrer nationalen Wirtschaftspolitik *("Angelegenheit von gemeinsamem Interesse")*. Dies war entscheidend für eine Wirtschafts- und Währungsunion mit einer unabhängigen Zentralbank und einer einheitlichen Währung. Die Mitgliedsstaaten entwickelten zu diesem Zweck einen 3-Stufen-Plan.

- **1. Stufe** (1990 bis 1993): In dieser Stufe begann der freie Kapitalverkehr und die Staaten der EU stimmten ihre jeweilige Wirtschaftspolitik aufeinander ab, um eine größere Anpassung der wirtschaftlichen Ergebnisse zu erzielen. In diese Phase fiel auch der Beginn des Binnenmarktes.

- **2. Stufe** (1994 bis 1998): In dieser Phase mussten sich alle EU-Staaten bemühen, bestimmte Aufnahmebedingungen zu erfüllen, die sogenannten Konvergenzkriterien:

  – **Preisstabilität:** Die Verbraucherpreise dürfen nicht mehr als 1,5 % über dem Durchschnitt der Teuerungsrate der drei preisstabilsten Länder der EU liegen.

  – **Haushaltsdisziplin:** Das Haushaltsdefizit eines Staates darf maximal 3 %, die Staatsverschuldung maximal 60 % des Bruttoinlandsproduktes betragen.

  – **Zinsniveau:** Die Zinsen für langfristige Kredite dürfen nicht höher als 2 % über dem Durchschnitt der preisstabilsten Länder liegen.

  – **Währungsstabilität:** Die Währung muss in den letzten zwei Jahren vor Eintritt in die Währungsunion gegenüber den anderen EU-Währungen stabil bleiben.

  Inzwischen hat sich gezeigt, dass zahlreiche Länder nicht in der Lage sind, diese Kriterien einzuhalten, insbesondere durch eine ausufernde Staatsverschuldung. So entwickelte sich seit 2008 die „Eurokrise", die vor allem zwei Probleme zu lösen hat: Die mangelnde Haushaltsdisziplin mehrerer Länder sowie die Stabilität des Euro.

- **3. Stufe** (1999 bis 2002): Die Europäische Zentralbank (EZB) nahm am 01.01.1999 ihre Arbeit auf. Mit Beginn dieser Stufe wurde festgelegt, in welchem Verhältnis jede Landeswährung in Euro eingetauscht wird. Dieser Kurs bleibt bestehen. Damit wurde die EWWU geschaffen. Ab 01.01.2002 wurden in den Ländern der EWWU Euro-Noten ausgegeben. Damit war die Währungsunion vollendet. Ebenfalls am 01.01.1999 trat der in Amsterdam vom Europäischen Rat beschlossene und vom Europäischen Parlament verabschiedete Stabilitäts- und Wachstumspakt in Kraft. Er sollte eine dauerhafte Stabilitätsorientierung der in dieser Phase in nationaler Kompetenz verbleibenden Finanzpolitik erreichen.

### 1.4.2.4 Internationale Organisationen

Zur Liberalisierung des Welthandels und zum Abbau des Protektionismus wurden weltweit, insbesondere nach dem Zweiten Weltkrieg, zahlreiche internationale Organisationen und Abkommen gebildet, die die Grundlagen für den Freihandel darstellen. Zu den wichtigsten dieser Organisationen gehören:

#### Weltbank

Die Internationale Bank für Wiederaufbau und Entwicklung, kurz Weltbank genannt, hat ihren Sitz in Washington D.C. und wurde 1945 gegründet. Zu den Aufgaben der Weltbank gehört die Förderung der wirtschaftlichen Entwicklung der Mitgliedstaaten, die Förderung der privaten ausländischen Investitionen durch Garantieübernahme oder Darlehen, die Ausdehnung des internationalen Handels und Aufrechterhaltung des Gleichgewichts der Zahlungsbilanzen. Die Weltbank betreibt eine Darlehenspolitik nach privatwirtschaftlichen Grundsätzen, d.h. Kredite werden grundsätzlich an Regierungen gegeben, an Privatunternehmen nur gegen Regierungsgarantie. Die Laufzeit der Kredite kann bis zu 25 Jahre betragen, die Rückzahlung erfolgt grundsätzlich in der ausgeliehenen Währung.

#### Internationaler Währungsfond (IWF)

Der Internationale Währungsfonds IWF (engl.: International Monetary Fund, IMF) ist eine Sonderorganisation der UNO, die gemeinsam mit der Weltbank 1945 gegründet wurde.

Gegründet wurde der IWF aufgrund der 1944 in Bretton Woods abgehaltenen Konferenz zur Neuordnung der internationalen Währungssituation. Der IWF strebt eine enge Zusammenarbeit der Mitgliedsländer auf währungspolitischem Gebiet an. Inzwischen sind mehr als 160 Staaten Mitglieder dieser Einrichtung. Der Sitz des IWF ist in Washington/USA.

Zu den Zielen und Aufgaben des IWF gehören insbesondere

- die Stabilisierung des internationalen Währungssystems durch jederzeitige Austauschbarkeit der Währungen (Konvertibilität),
- die Förderung der Zusammenarbeit auf dem Gebiet der internationalen Währungspolitik,
- die Aufrechterhaltung der Währungsbeziehungen zwischen den Mitgliedstaaten und der Stabilität der Währungen,
- die Einrichtung eines internationalen Zahlungssystems für die Abwicklung laufender Transaktionen zwischen den Mitgliedstaaten,
- die Beseitigung von Devisenverkehrsbeschränkungen,
- die Unterstützung der Mitglieder bei der Behebung von Zahlungsbilanzungleichgewichten durch die Bereitstellung von kurzfristigen Krediten aus Fondsmitteln
- und die ständige Information und Beratung der Mitglieder.

Zu diesem Zweck wird jedem Mitgliedsland eine Kapitalquote zugewiesen, nach der sich sein Stimmrecht im Fonds, seine Bareinlage, sein Recht auf Inanspruchnahme von Krediten und seine Pflicht zur Gewährung von Krediten bemisst. Der Anteil eines jeden

Mitgliedslandes wird in Sonderziehungsrechten ausgedrückt. Diese Währungseinheit ist eine Kunstwährung und ergibt sich aus dem gewichteten Durchschnitt der fünf wichtigsten internationalen Währungen.

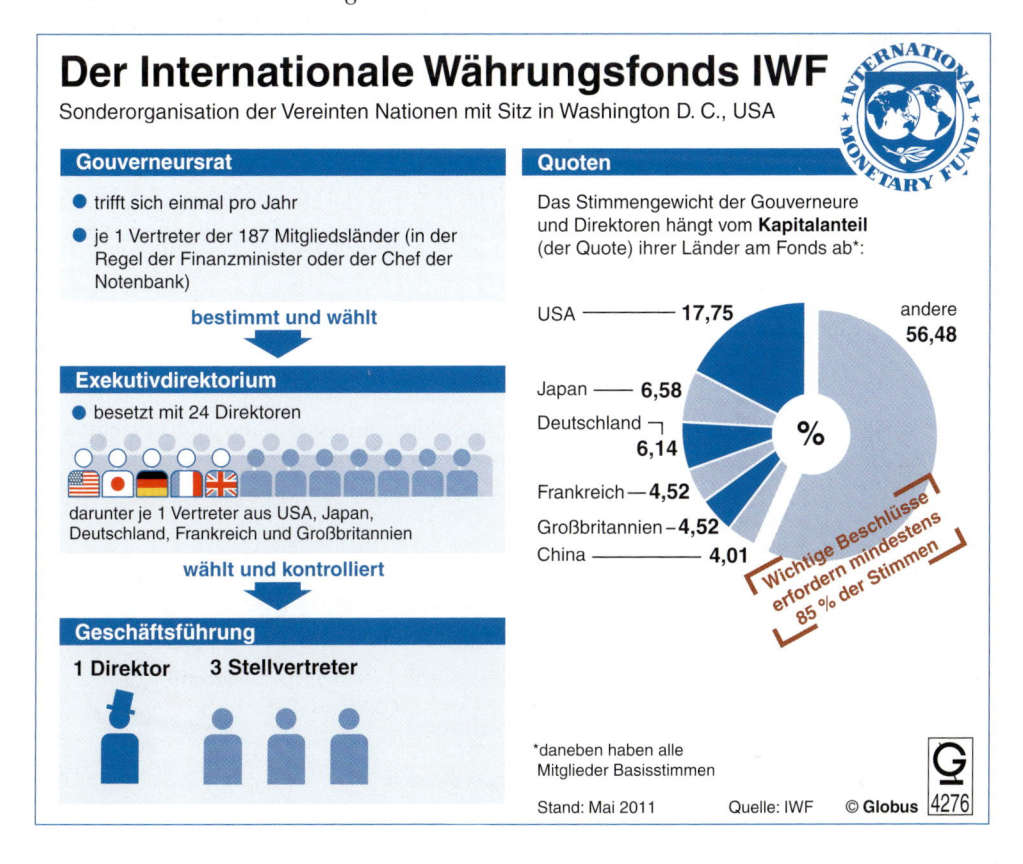

## Der Internationale Währungsfonds IWF
Sonderorganisation der Vereinten Nationen mit Sitz in Washington D. C., USA

### Gouverneursrat
- trifft sich einmal pro Jahr
- je 1 Vertreter der 187 Mitgliedsländer (in der Regel der Finanzminister oder der Chef der Notenbank)

**bestimmt und wählt**

### Exekutivdirektorium
- besetzt mit 24 Direktoren

darunter je 1 Vertreter aus USA, Japan, Deutschland, Frankreich und Großbritannien

**wählt und kontrolliert**

### Geschäftsführung
1 Direktor  3 Stellvertreter

### Quoten
Das Stimmengewicht der Gouverneure und Direktoren hängt vom **Kapitalanteil** (der Quote) ihrer Länder am Fonds ab*:

- USA — 17,75
- Japan — 6,58
- Deutschland — 6,14
- Frankreich — 4,52
- Großbritannien — 4,52
- China — 4,01
- andere — 56,48

Wichtige Beschlüsse erfordern mindestens 85 % der Stimmen

*daneben haben alle Mitglieder Basisstimmen

Stand: Mai 2011    Quelle: IWF    © Globus 4276

### Organisation für wirtschaftliche Zusammenarbeit und Entwicklung (OECD)

Die Organisation für wirtschaftliche Zusammenarbeit und Entwicklung mit Sitz in Paris wurde 1991 gegründet. Schwerpunkte der Arbeit sind die Koordinierung der Wirtschaftspolitik der Mitgliedsländer, die Koordinierung und Intensivierung der Entwicklungshilfe der Mitgliedsstaaten mit dem Ziel, ein angemessenes Wirtschaftswachstum in den Entwicklungsländern zu verwirklichen. Grundlage für die Verwirklichung dieser Hauptziele soll u. a. die Förderung der Ausweitung des Welthandels, eines stetigen Wachstums und der Produktivität sein. Die OECD analysiert zu diesem Zweck die Wirtschaftspolitik der Mitgliedsländer und gibt jährliche Berichte über die Wirtschaftslage in den einzelnen Mitgliedsstaaten heraus. Die Länderberichte sollen den Mitgliedsländern bei der Formulierung ihrer nationalen Politik dienen. Weitere wichtige Arbeitsergebnisse sind u. a. Abkommen über die Währungszusammenarbeit und die Schaffung eines Solidaritätsfonds.

### World Trade Organization (WTO)

Die Welthandelsorganisation (World Trade Organization) WTO soll die internationalen Handelsbeziehungen zwischen den Mitgliedsstaaten innerhalb bindender Regelungen organisieren. Während die WTO ursprünglich 1947 als multilaterales Handelsabkommen zwischen 23 Staaten abgeschlossen wurde, hat sie heute den Charakter einer Sonderorganisation der UNO mit Sitz des Sekretariates in Genf. Vorläufer der WTO war bis 1994 das GATT.

Zu den Zielen und Aufgaben der WTO gehören die Förderung des Wohlstands der Mitgliedstaaten durch Intensivierung des internationalen Güteraustausches, der Abbau der Zölle und der nichttarifären Handelshemmnisse, die Schlichtung von Handelskonflikten zwischen einzelnen Ländern oder Wirtschaftsgemeinschaften und die Einführung von Importbeschränkungen eines Landes nur nach gemeinsamer Beratung.

Ausgehend von der Annahme, dass nur ein freier Welthandel den Wohlstand der Nationen insgesamt erhöhen kann, folgt das GATT in seinen Beschlüssen folgenden Prinzipien:

- Gegenseitigkeit: Länder, denen von anderen GATT-Staaten Vergünstigungen eingeräumt werden, müssen gleichwertige Gegenleistungen erbringen.
- Liberalisierung: Kein Mitgliedsland soll Handelsschranken einführen.
- Nicht-Diskriminierung: Die Meistbegünstigungsklausel besagt, dass alle Vorteile, die ein Staat einem anderen Staat gewährt, auf alle WTO-Mitgliedstaaten ausgeweitet werden sollen. Dahinter steht der Gedanke, dass sich bestimmte Staaten keine Vorteile durch bilaterale Verträge verschaffen sollen.

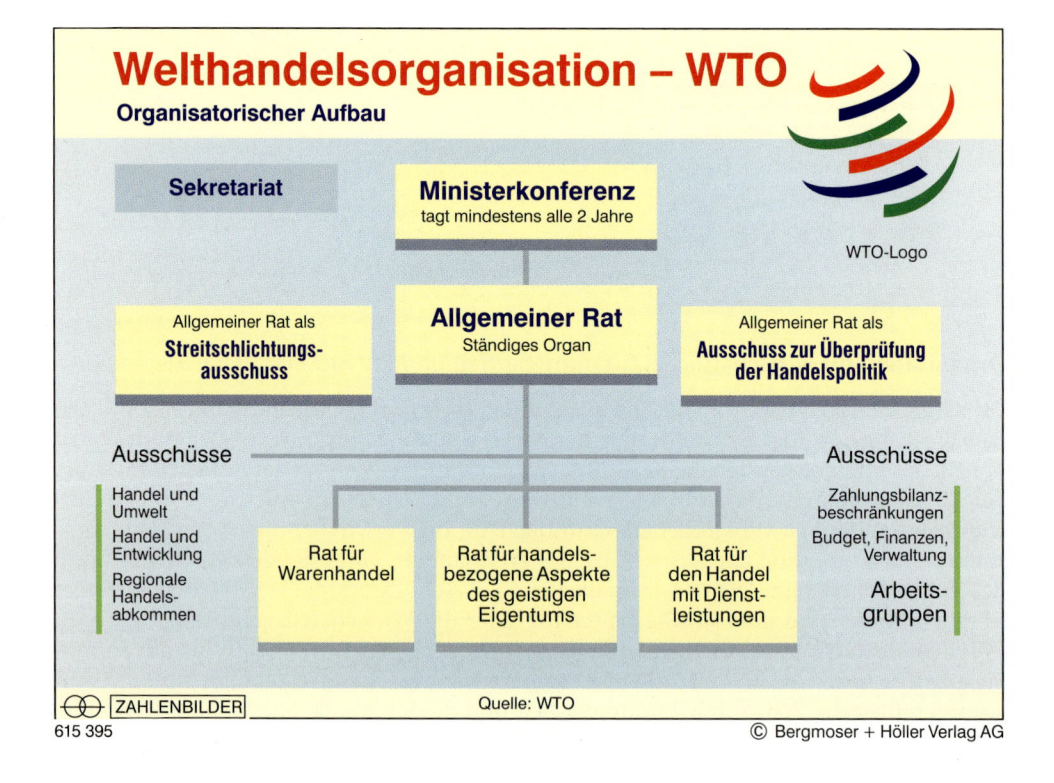

## Welthandelsorganisation – WTO
**Organisatorischer Aufbau**

- Sekretariat
- Ministerkonferenz (tagt mindestens alle 2 Jahre)
- Allgemeiner Rat als **Streitschlichtungsausschuss**
- **Allgemeiner Rat** (Ständiges Organ)
- Allgemeiner Rat als **Ausschuss zur Überprüfung der Handelspolitik**

Ausschüsse:
- Handel und Umwelt
- Handel und Entwicklung
- Regionale Handelsabkommen

- Rat für Warenhandel
- Rat für handelsbezogene Aspekte des geistigen Eigentums
- Rat für den Handel mit Dienstleistungen

Ausschüsse:
- Zahlungsbilanzbeschränkungen
- Budget, Finanzen, Verwaltung
- Arbeitsgruppen

Quelle: WTO

## 1.4.3 Exkurs: Zahlungsbilanz und Wechselkurse

Weil der Außenhandel ohne die Zahlungsbilanz und unterschiedliche Wechselkurse nicht funktioniert, wird im Folgenden noch ein Überblick über diese Aspekte vermittelt.

### 1.4.3.1 Zahlungsbilanz

*Die Zahlungsbilanz erfasst wertmäßig alle wirtschaftlichen Transaktionen zwischen Inländern und Ausländern innerhalb einer Periode (Monat, Jahr).*

Damit liefert die Zahlungsbilanz Daten über die ökonomische Verflechtung einer Volkswirtschaft mit dem Ausland. Inländer ist in dem Zusammenhang jede Person und jede Wirtschaftseinheit (z. B. Unternehmen), die ihren gewöhnlichen Aufenthaltsort oder Geschäftssitz in dem Bezugsland hat, über das berichtet wird.

Die Zahlungsbilanz besteht aus zwei Teilbilanzen:

- Der **Leistungsbilanz**, die sich wiederum in die Handels-, Dienstleistungs- und Übertragungsbilanz sowie die Aufstellung der Erwerbs- und Vermögenseinkommen gliedert. Sie wird auch Bilanz der laufenden Posten genannt. Im Aktiv stehen Leistungen, die zu Einnahmen bzw. Forderungen führen. Im Passiv stehen Leistungen, die zu Ausgaben bzw. Verbindlichkeiten führen. Der Saldo der Leistungsbilanz entspricht dem Außenbeitrag einer Volkswirtschaft, da dieser in die Berechung des Sozialprodukts nach der Verwendungsrechung einfließt.

- Der **Kapitalverkehrsbilanz**, die über Veränderungen der Gläubiger- und Schuldnerpositionen privater und öffentlicher inländischer Wirtschaftseinheiten gegenüber dem Ausland informiert. Private langfristige Anlagen im Ausland sind etwa Direktinvestitionen, Grunderwerb, die Vergabe langfristiger Kredite sowie der Kauf bestimmter Wertpapiere und Investmentzertifikate. Zum öffentlichen langfristigen Kapitalverkehr zählen z. B. Darlehen an Entwicklungsländer. Der kurzfristige Kapitalverkehr umfasst Forderungen und Verbindlichkeiten mit einer Laufzeit von bis zu einem Jahr.

**Posten der Leistungsbilanz**

Handel
Dienstleistungen
Erwerbs- und Vermögenseinkommen
Laufende Übertragungen

**Posten der Kapitalverkehrsbilanz**

Private und öffentliche Kapitalverkehrsbilanz
- Kredite
- Wertpapieranlagen
- Direktinvestitionen
- Devisenbestände der Zentralbank

## Handelsbilanz

Die Handelsbilanz stellt alle Warenexporte den Warenimporten gegenüber. Eine aktive Handelsbilanz liegt vor, wenn der Wert der Warenexporte größer ist als der Wert der Warenimporte. Im umgekehrten Fall liegt eine passive Handelsbilanz vor.

## Dienstleistungsbilanz

Die Dienstleistungsbilanz erfasst den Wert aller Exporte und Importe von Dienstleistungen. Man spricht auch von sogenannten unsichtbaren Ex- bzw. Importen. Zu diesen Transaktionen gehören insbesondere:
- Reiseverkehr (einschließlich Warenkäufe und -verkäufe) und Transportleistungen
- Kapitalerträge (Gewinne, Dividenden, Zinsen)
- Leistungen ausländischer Dienststellen (Warenlieferungen und Dienstleistungen)
- Provisionen, Werbe- und Messekosten sowie Gebühren für Lizenzen und Patente
- Bauleistungen und Montagen

## Bilanz der Erwerbs- und Vermögenseinkommen

Alle Primäreinkommen, d.h. Arbeitnehmerentgelte, Zinsen, Mieten, Pachten und Gewinne, die zwischen den In- und dem Ausland geleistet werden, gelten als Erwerbs- und Vermögenseinkommen.

## Übertragungsbilanz

Die Übertragungsbilanz enthält alle Transaktionen ohne direkte Gegenleistung, d. h. alle geleisteten unentgeldlichen Übertragungen. Sie wird deshalb auch Schenkungsbilanz genannt. Hierzu zählen private Übertragungen wie Überweisungen ausländischer Arbeitskräfte an die Familien im Ausland, Unterstützungszahlungen und sonstige Zahlungen wie z.B. Erbschaften. Zu den öffentlichen Übertragungen sind Wiedergutmachungsleistungen, Beiträge an interne Organisationen, Renten und Pensionen, staatliche Entwicklungs- und Militärhilfe zu zählen.

| Leistungsbilanz der Bundesrepublik Deutschland in Mrd. EUR | | | | | |
|---|---|---|---|---|---|
| Jahr | Handelsbilanz | Dienstleistungsbilanz | Erwerbs- und Vermögenseinkommen | Übertragungsbilanz | Saldo (gesamt) |
| 2008 | 179.542 | −26.887 | 35.565 | −33.386 | 154.834 |
| 2009 | 135.682 | −19.026 | 50.105 | −33.017 | 133.744 |
| 2010 | 157.048 | −22.002 | 44.483 | −38.086 | 141.443 |

Der **Außenbeitrag** wird aus den Salden der Handelsbilanz und der Dienstleistungsbilanz ermittelt. Dieser fließt bei der Verwendungsrechnung zur Ermittlung des BIP ein.

## Bilanz der Vermögensübertragungen

Unentgeltliche Leistungen, die weder als direktes Einkommen oder Verbrauch der beteiligten Länder noch wegen ihrer Einmaligkeit zu den laufenden Übertragungen zu rechnen sind, werden von der Bundesbank als Vermögensübertragungen gebucht. Hierzu zählen z.B. Schuldenerlasse, Erbschaften von Privatpersonen, Vermögensmitnahmen von Ein- oder Auswanderern und EU-Zuschüsse zu Infrastrukturmaßnahmen. Die Salden der Leistungsbilanz und der Vermögensübertragungen bilden den Finanzierungssaldo zwischen In- und Ausland. Dieser Finanzierungssaldo entspricht bis auf einen statistischen Restposten der Veränderung des Nettoauslandsvermögens, also dem Saldo der Kapitalverkehrsbilanz.

## Kapitalbilanz

Die Kapitalbilanz erfasst Transaktionen des kurz- und langfristigen Kapitalverkehrs. Zum kurzfristigen Kapitalverkehr zählt man Kapitalexporte und -importe mit einer Laufzeit unter einem Jahr, wie z. B. aufgrund von Schecks, Wechseln, Zielgewährungen, Anzahlungen und kurzfristigen Guthaben. Hier werden auch Transaktionen zu spekulativen Zwecken erfasst. Als langfristiger Kapitalverkehr werden autonome Kapitalanlagen, wie Direktinvestitionen (Kauf von Unternehmen, Aktienbeteiligungen), Erwerb von Grundstücken und Gebäuden sowie langfristiger Wertpapiere, Urrechte und Darlehen gezählt. Die Zusammenfassung der Leistungsbilanz und der Bilanz des langfristigen Kapitalverkehrs wird als Grundbilanz bezeichnet.

| Zahlungsbilanz der Bundesrepublik Deutschland in Mrd. EUR | | | | |
|---|---|---|---|---|
| Jahr | Leistungsbilanz | Vermögens-übertragungen | Kapitalbilanz | Restposten |
| 2008 | 154.834 | −215 | −160.196 | 5.577 |
| 2009 | 133.744 | +74 | −145.427 | 11.609 |
| 2010 | 141.443 | −637 | −131.361 | −9.445 |

## Grundbilanz

Die Grundbilanz ist die Zusammenfassung der Leistungsbilanz und der Bilanz des langfristigen Kapitalverkehrs.

## Bilanz der Veränderung der Währungsreserven

In der Bilanz der Veränderung der Währungsreserven (frühere Bezeichnung: Devisenbilanz, seit Anfang 2006 als Teilbilanz der Kapitalbilanz ausgewiesen) verbucht die Zentralbank Gold und Devisen (auf fremde Geldeinheiten lautende Zahlungsmittel), Kredite an ausländische Zentralbanken sowie die Reserveposition beim Internationalen Währungsfonds (IWF) und die Sonderziehungsrechte (SZR). Letztere sind internationale Zahlungsmittel (Buchgeld) im Verkehr zwischen den Währungsbehörden. Die Transaktionen werden gemäß doppelter Buchführung erfasst.

- Die **Aktivseite** enthält Vorgänge, die Zahlungseingänge (in EUR) bedeuten (z. B. Export von Waren und Diensten, Importe von Kapital, Devisenverkäufe der Zentralbank).

- Die **Passivseite** verzeichnet Aktionen, die zu Zahlungsausgängen führen (z. B. Import von Waren und Dienstleistungen, Transferzahlungen an das Ausland, Export von Kapital und Devisenkäufe).

## Bilanz der Restposten

Wegen des formalen Erfordernisses des Zahlungsbilanzausgleichs sind Restposten („Saldo der statistisch nicht aufgliederbaren Transaktionen") zu berücksichtigen, häufig wegen geschätzter Angaben und mangelhafter Erfassung. Die Bilanz der Restposten ermöglicht einen formalen Ausgleich der Zahlungsbilanz.

### 1.4.3.2 Wechselkurssysteme

Wichtig für den Außenhandel sind die Konvertibilität der Währungen und der Wechselkurs ausländischer Währungen. Als konvertibel bezeichnet man eine Währung, wenn jede Person berechtigt ist die ausländische Währung zu kaufen oder zu verkaufen. Dies ist für den freien Handel mit anderen Volkswirtschaften eine wesentliche Voraussetzung.

Der Wechselkurs ist der Preis für ausländische Währung, ausgedrückt in inländischen Währungseinheiten. Er spiegelt das Tauschverhältnis zweier Währungen wider und somit den Außenwert des inländischen Geldes. Die Veränderungen des Wechselkurses bezeichnet man als Auf- bzw. Abwertung.

Für den Wechselkurs einer Währung sind zwei unterschiedliche Formen der Notierung möglich:

- Die **Mengennotierung** gibt den Preis einer Einheit der inländischen Währung in Einheiten der ausländischen Währung an. Die Mengennotierung ist üblich in der Euro-Zone, Großbritannien, Australien und Neuseeland.

    *Beispiel: 1,00 EUR = 1,3441 US-Dollar*

- Bei der **Preisnotierung** wird der Wechselkurs so notiert, dass der Kurs als Preis für 100 ausländische Währungseinheiten gilt. Ausnahmen sind $ und £, deren Preis für 1 Einheit angegeben wird. Die Preisnotierung ist üblich in der Schweiz.

| Devisenkurse | | |
|---|---|---|
| Währung | Geld | Brief |
| EUR/USD | 1,3374 | 1,3434 |
| EUR/GBP | 0,8511 | 0,8551 |
| EUR/JPY | 103,86 | 104,34 |
| EUR/CHF | 1,2321 | 1,2361 |
| EUR/CAD | 1,3606 | 1,3726 |
| EUR/AUD | 1,2932 | 1,3432 |
| EUR/SEK | 9,0060 | 9,0540 |
| EUR/DKK | 7,4145 | 7,4545 |
| EUR/PLN | 4,4430 | 4,5830 |
| Ausgewählte Devisenkurse vom 09.12.2011 | | |

**Devisen** *sind buchgeldmäßige Zahlungsmittel, die auf ausländische Währungseinheiten lauten, wie z. B. Guthaben bei ausländischen Banken. Zu den* **Sorten** *zählen ausländische Banknoten und Münzen.*

Banken handeln jedoch nur mit Banknoten oder Goldmünzen. Devisen werden offiziell an der Devisenbörse bzw. am Devisenmarkt gehandelt.

Der **Geldkurs** stellt den Kurs dar, zu dem die Banken ausländische Währungseinkeiten verkaufen (Verkaufskurs). Der Ankauf ausländischer Währungseinheiten durch die Banken erfolgt zum **Briefkurs** (Ankaufskurs). Der Briefkurs ist höher als der Geldkurs. Die Differenz ist die Handelsspanne der Bank.

Je nach Zustandkommen des Wechselkurses unterscheidet man folgende Wechselkurssysteme:
- flexible Wechselkurse
- feste (starre) Wechselkurse
- feste Wechselkurse mit Bandbreiten

### Flexible Wechselkurse (Floating)

In einem System flexibler Wechselkurse bildet sich der Wechselkurs als Gleichgewichtskurs zwischen Devisenangebot und -nachfrage. Durch Veränderungen des Devisenangebots oder der Devisennachfrage ist der Wechselkurs ständigen Schwankungen unterworfen. Weder der Staat noch die Bundesbank greifen bei diesem System in die Wechselkursbildung ein, andernfalls spricht man von einem „verschmutztem Floating".

### Einflussfaktoren auf den Wechselkurs

Veränderungen des Devisenangebots bzw. der Devisennachfrage führen zu einem Anstieg des Wechselkurses (Abwertung der inländischen Währung) oder zu einem Sinken des Wechselkurses (Aufwertung der inländischen Währung). Folgende Einflussfaktoren spielen dabei eine Rolle:

- Volumen des Warenimports und -exports
- Spekulation über Wechselkursentwicklungen
- Preisentwicklung der Länder, z. B. führt eine geringere inländische Inflationsrate zu einem Exportanstieg
- Zinsniveau der Länder, z. B. führt ein höheres Zinsniveau im Ausland aufgrund der Kapitalflucht zur vermehrten Nachfrage nach Devisen
- Devisenankäufe und -verkäufe der Notenbanken
- zu erwartende politische und wirtschaftliche Krisensituationen im In- und Ausland

Bei einer **Abwertung** der heimischen Währung sinkt der Außenwert des Geldes, d. h. der Wechselkurs sinkt.

*Beispiel: Ein Importeur bezieht Rohstoffe aus Amerika für 1.000,00 $. Vor der Abwertung galt 1,00 EUR = 1,40 $, d. h. der Importeur musste 714,29 EUR aufwenden. Nach der Abwertung gilt 1,00 EUR = 1,30 $, d. h. nun muss der Importeur 769,23 EUR aufwenden.*

Bei einer **Aufwertung** der heimischen Währung steigt der Außenwert des Geldes, d. h. der Wechselkurs steigt aufgrund sinkender Devisennachfrage oder steigenden Devisenangebotes.

**Beispiel:** Ein deutscher Exporteur fakturiert in $. Er kalkuliert für seine Ware einen Preis von 20.400,00 EUR. Vor der Aufwertung galt 1,00 EUR = 1,40 $, d. h. er musste 14.571,43 $ in Rechnung stellen. Nach der Aufwertung gilt 1,00 EUR = 1,50 $, d. h. er muss nun 13.600,00 $ verlangen.

| Bewertung des Systems flexibler Wechselkurse ||
|---|---|
| Vorteile | Nachteile |
| – Der Zahlungsbilanzausgleich erfolgt ohne Eingriffe der Notenbank.<br>– Es entsteht keine importierte Inflation, da keine Geldmengenausweitung durch Devisenkäufe erfolgt.<br>– Das außenwirtschaftliche Ziel ist automatisch erreicht, was die Konzentration auf andere Wirtschaftsziele erleichtert.<br>– Durch ausländische Konkurrenz steigt der Wettbewerb.<br>– Internationale Ungleichgewichte werden verhindert. | – Die Unternehmen haben eine unsichere Kalkulationsgrundlage aufgrund ständig wechselnder Wechselkurse (Alternativen: Fakturierung in EUR, Devisentermingeschäfte)<br>– Eine Aufgabe des außenwirtschaftlichen Zieles zugunsten anderer Ziele wie z. B. Vollbeschäftigung ist nicht möglich.<br>– Im Welthandel kann u. U. Unsicherheit durch Zufallsverluste bzw. -gewinne erzeugt werden. |

### Feste (starre) Wechselkurse

Bei festen Wechselkursen erfolgt der Austausch durch den Staat bzw. die Notenbank. Es erfolgt eine Devisenbewirtschaftung (-kontrolle, -zwangswirtschaft), d. h. eine Politik, bei welcher der Staat den Devisenhandel zum Teil oder vollkommen reguliert, um eine Lenkung des Außenhandels vorzunehmen. Deviseneinnahmen müssen hierbei an den Staat abgegeben werden, der die Devisen dann den Devisennachfragern zuteilt.

- Die Nachfrage nach Devisen ergibt sich aus dem Import von Waren und Dienstleistungen, deren Kaufpreis auf ausländische Währung lautet, und der Nachfrage nach Devisen zu Spekulations- bzw. Reisezwecken und für Kapitaltransfers ins Ausland.

- Das Angebot an Devisen resultiert aus dem Export von Waren und Dienstleistungen, die in ausländischer Währung fakturiert sind, und dem Angebot von Devisen zu Spekulations- und Reisezwecken sowie dem Kapitalimport.

China war bis 2005 eines der letzten Länder mit festen Wechselkursen. Seit 2005 verwendet China feste Wechselkurse mit Bandbreiten.

| Bewertung des Systems fester Wechselkurse ||
|---|---|
| Vorteile | Nachteile |
| – Die Unternehmen besitzen eine feste Kalkulationsgrundlage, da keine Wechselkursschwankungen vorliegen.<br>– Die Beeinflussung des Außenhandels zugunsten binnenwirtschaftlicher Ziele ist möglich. | – Es besteht die Gefahr der Inflation bei steigenden Preisen im Ausland.<br>– Ständige Ungleichgewichte auf dem Devisenmarkt führen u. U. zu Inflation oder Zahlungsunfähigkeit.<br>– Es erfolgt kein automatischer Zahlungsbilanzausgleich. |

## Feste Wechselkurse mit Bandbreiten

Das System für feste Wechselkurse mit Bandbreiten ist eine Kombination fester und flexibler Wechselkurse. In diesem System, wie es bis zum Jahr 2002 innerhalb der EU existierte, vereinbaren die Länder der entsprechenden Währungen ein festes Verhältnis zu einer Leitwährung, in Europa ist der Euro die Leitwährung. Hieraus lassen sich dann Leitkurse der Währungen untereinander ableiten. Innerhalb bestimmter Abweichungen von diesem Leitkurs, d.h. innerhalb bestimmter Bandbreiten, dürfen die Wechselkurse flexibel schwanken.

Liegt der Wechselkurs nicht mehr innerhalb dieser Bandbreite, sind die betreffenden Notenbanken durch Kauf oder Verkauf der entsprechenden Währung zum Eingreifen (Intervenieren) verpflichtet, um den Wechselkurs wieder in die Bandbreite zu bringen.

Der obere Interventionspunkt stellt eine Abweichungsgrenze der Wechselkurse nach oben dar. Erreicht der flexibel entstehende Wechselkurs diesen Punkt (= maximaler Kurs), muss die Notenbank durch Verkauf der entsprechenden Währung das Angebot erhöhen, damit der Wechselkurs wieder in die Bandbreite fällt. Zur Finanzierung dieser Intervention gewähren sich die Notenbanken der Länder untereinander kurzfristige Kredite.

*Anwendung findet dieses Wechselkurssystem zum Beispiel im Wechselkursmechanismus II (WKM II). Seit 1999 besteht zwischen verschiedenen EU-Ländern im Rahmen des Europäischen Währungssystems II dieses Wechselkursabkommen. Es legt eine maximale Bandbreite von ±15 Prozent um den Leitkurs der Währung eines WKM II-Mitglieds zum Euro fest. Die mindestens zweijährige, spannungsfreie Teilnahme am Wechselkursmechanismus II stellt eines der vier EU-Konvergenzkriterien zur Einführung des Euro dar. Derzeit nehmen am WKM II die drei Länder Lettland, Litauen und Dänemark teil.*

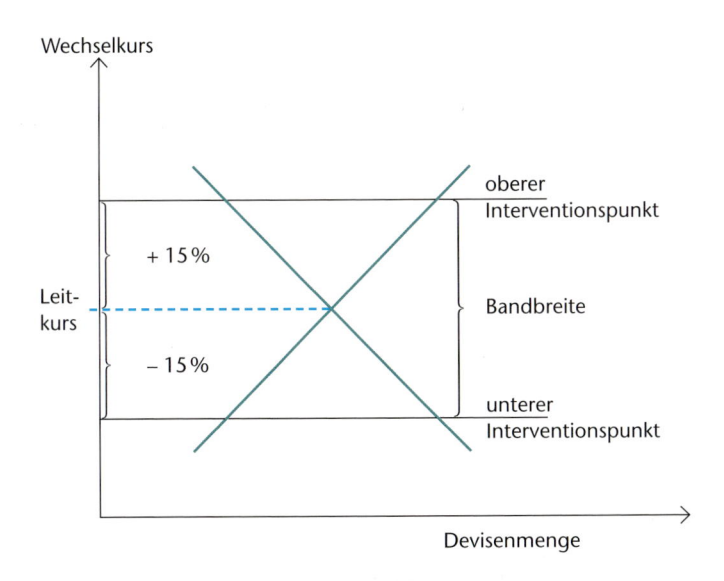

## Wiederholungsfragen

1. Was wird unter der Außenwirtschaft eines Landes verstanden?
2. Begründen Sie die Notwendigkeit außenwirtschaftlicher Beziehungen.
3. Nennen Sie Gründe, die zwangsläufig zum internationalen Austausch von Gütern führen.
4. Schildern Sie die Bedeutung des Außenhandels für die Bundesrepublik Deutschland.
5. Erklären Sie die Begriffe „Freihandel" und „Protektionismus".
6. Nennen Sie zwei Gründe für den internationalen Handel.
7. Wodurch kann ein Land einen absoluten Kostenvorteil gegenüber anderen Ländern erlangen?
8. Was versteht man unter einem komparativen Kostenvorteil eines Landes?
9. Welche Möglichkeiten hat ein Staat grundsätzlich, die außenwirtschaftlichen Aktivitäten zu beeinflussen?
10. Nennen Sie je zwei Beispiele für preispolitische, mengenpolitische und währungspolitische Maßnahmen der Außenwirtschaftspolitik.
11. Was ist die Europäische Union?
12. Benennen Sie je drei Argumente für und gegen die europäische Integration.
13. Unterscheiden Sie die Institutionen Europäischer Rat, Europäische Kommission und Europäisches Parlament.
14. Nennen Sie vier wichtige Aufgaben der Europäischen Zentralbank.
15. Der europäische Binnenmarkt ist durch die sogenannten „vier Grundfreiheiten" geprägt. Was ist darunter zu verstehen?
16. Erläutern Sie drei Besonderheiten der Europäischen Wirtschafts- und Währungsunion.
17. Durch welche Problematik ist die EWWU seit 2008 gekennzeichnet?
18. Unterscheiden Sie die Aufgaben des IWF und der Weltbank.
19. Welche Aufgaben hat die OECD?
20. Was ist das Hauptziel der WTO und mit welchen Prinzipien versucht sie, dieses Ziel zu erreichen?
21. Was ist eine Zahlungsbilanz und welche Aufgaben erfüllt sie?
22. Nennen Sie die Teilbilanzen der Zahlungsbilanz.
23. Wann spricht man von einer aktiven Zahlungsbilanz?
24. Erläutern Sie, welche außenwirtschaftlichen Transaktionen auf der Handels-, Dienstleistungs- und Übertragungsbilanz erfasst werden.
25. Erläutern Sie den Aufbau und den Inhalt der Kapitalbilanz.
26. Was wird in der Devisenbilanz erfasst? Gehen Sie insbesondere darauf ein, welche besondere Rolle der Devisenbilanz zukommt.

27. Was ist ein Wechselkurs? Erklären Sie, wie Wechselkursnotierungen vorgenommen werden.
28. Unterscheiden Sie die Begriffe „Devisen" und „Sorten".
29. Wodurch entsteht eine Nachfrage nach Devisen bzw. wodurch entsteht das Angebot an Devisen?
30. Erklären Sie den Begriff „Konvertibilität".
31. Erklären Sie, wie sich der Wechselkurs bei flexiblen Wechselkursen bildet.
32. Was geschieht bei der Abwertung einer Währung?
33. Welche Vor- und Nachteile besitzt das System flexibler Wechselkurse?
34. Welche Verpflichtung besteht für die Notenbank bei festen Wechselkursen?
35. Beschreiben Sie die Folgen einer langfristigen Überbewertung der inländischen Währung.
36. Nennen Sie die Vor- und Nachteile fester Wechselkurse.
37. Erläutern Sie den Mechanismus fester Wechselkurse mit Bandbreiten.

## 2 Betriebliche Funktionen und deren Zusammenwirken

Eine Auswahl von Zeitungsmeldungen aus dem Mai 2012 liefert folgende Informationen:

**Ausgleich bei Poggenpohl**
Herford (hab). Der Herforder Küchenmöbelhersteller Poggenpohl hat einen „Standortsicherungsvertrag mit der Belegschaft geschlossen. Danach sichert die Geschäftsführung Investitionen in Maschinen und Anlagen zur Erhöhung der Flexibilität der Produktion sowie zusätzliche Ausgaben für Aus- und Weiterbildung zu. Zugleich werden betriebsbedingte Kündigungen bis Ende 2013 ausgeschlossen. (...)

**Bestnote für Wincor Nixdorf**
Paderborn (nw). Der Geldautomatenhersteller Wincor Nixdorf hat erstmals einen Nachhaltigkeitsbericht verfasst und diesen nach dem international anerkannten „Global Research Inititiative"-Standard zertifizieren lassen. Der Bericht für das Geschäftsjahr 2010/11 wurde auf Anhieb mit der Bestnote A+ bewertet. Beurteilt wurden Ökologie, Ökonomie und Soziales.

**Facebook schlägt alle Rekorde**
(eig. Bericht) Der Börsengang von Facebook überrascht selbst erfahrene Anleger. Vor dem Börsengang des Edelsteins im neuen Markt scheint sich ein wesentlich höherer Preis abzuzeichnen, als ursprünglich gedacht war. Der Grund liegt in der extrem hohen Nachfrage nach diesem Papier. Mark Zuckerberg, der Gründer des sozialen Netzwerkes, ist der größte Anteilseigner. Er wird einen Teil seiner Aktien auf den Markt bringen und von dem hohen Kurs profitieren.

**Aufräumen bei Thyssen-Krupp**
(eig. Bericht) Aus sicheren Kreisen war zu erfahren, dass bei Thyssen-Krupp im Rahmen der strategischen Ausrichtung des Unternehmens geprüft wird, die Stahlwerke in Brasilien und den USA ggf. abzustoßen. Unter Umständen strebt man auch eine Partnerschaft mit einem anderen Unternehmen an. Ein wesentlicher Grund dürfte darin liegen, dass diese Werke hohe Verluste einfahren und damit das Konzernergebnis schwer belasten.

*(Quelle: Neue Westfälische, Nr. 114/2012, 16.05.2012, S. 6 und 7)*

- Was ist ein Betrieb und welche Ziele verfolgt er im Rahmen unserer Wirtschaft?
- Was geht in einem Betrieb vor?
- Welche Aufgaben werden für die Zielerreichung erledigt?
- Funktionieren alle Betriebe gleich oder gibt es Unterschiede?

Diese und ähnliche Fragen untersucht die Betriebswirtschaftslehre. Sie ist eine selbstständige Wissenschaft und versucht herauszufinden, nach welchen Gesetzmäßigkeiten Betriebe funktionieren.

Nun gleicht auf den ersten Blick kein Betrieb dem anderen. Jeder Betrieb produziert unterschiedliche Produkte, es werden unterschiedliche Methoden der Leistungserstellung angewandt, und schließlich arbeiten in jedem Betrieb Menschen, die unterschiedliche Formen der Zusammenarbeit gefunden haben. Dennoch lassen sich auf den zweiten Blick bereits wesentliche Gemeinsamkeiten herausfinden:

**Rahmenbedingungen:** Jeder Betrieb wirtschaftet unter bestimmten Regeln, die vom Staat und der Gesellschaft vorgegeben werden. Dazu gehören wirtschaftliche und politische Rahmenbedingungen der Volkswirtschaft ebenso wie die Rechtsordnung. Außerdem ergibt sich aus dem vielfältigen betrieblichen Geschehen die Pflicht, **Steuern** an das Gemeinwesen zu zahlen.

**Unternehmensform:** Entscheidungen über die **Rechtsform** der Unternehmen als „Hülle" der Betriebe müssen Gesichtspunkte der Haftung, der Gewinnverteilung, der Geschäftsführung und Vertretung berücksichtigen. Die Rechtsform des Unternehmens wirkt sich somit auf viele Fragen des täglichen Geschehens in einem Betrieb aus.

**Leitung:** Die Leitung des Betriebes hat wichtige Aufgaben in Bezug auf Fragen der Planung, der Entscheidung, der Organisation und der Kontrolle. Sie entscheidet, welche Leistungen der Betrieb für den Markt erstellt, wie diese Leistungen erstellt werden, und sie trägt die Verantwortung für das Gelingen des betrieblichen Geschehens.

**Produktionsfaktoren:** Die betrieblichen Leistungen werden durch den Einsatz von Produktionsfaktoren bewerkstelligt. Dazu gehören Betriebsmittel (z. B. Maschinen, Gebäude), Werkstoffe (z. B. Rohstoffe oder Handelswaren) und die menschliche Arbeit.

**Logistik:** Für die Bereitstellung der Werkstoffe und Waren (z. B. Roh-, Hilfs- und Betriebsstoffe), den innerbetrieblichen Warenfluss und den Warenfluss zwischen Betrieb und Kunden ist die Logistik zuständig. Kernbereich der Logistik ist die Materialwirtschaft, die heute in vielen Unternehmen noch als eine isolierte Funktion betrachtet wird. In modernen Unternehmen wird jedoch eine integrierte Sicht angewendet und der Warenfluss vom Lieferanten bis zum Kunden betrachtet.

**Personalwirtschaft:** Für die Bereitstellung, Betreuung, Entwicklung und Verwaltung der Mitarbeiter des Betriebes ist das Personalwesen zuständig.

**Absatzwirtschaft/Marketing:** Diesem Funktionsbereich kommt die Aufgabe zu, die erstellten Güter und Dienstleistungen zu vermarkten, d. h. sie an die Kunden des Betriebes zu vertreiben.

**Finanzwirtschaft/Investition:** Für die verkauften Leistungen erzielt der Betrieb Erlöse, die in Form von Zahlungen dem Betrieb wieder zufließen. Die Verwaltung dieser Gelder, die Entscheidung, welche Sachmittel dafür gekauft werden sollen, und die Beschaffung neuer zusätzlicher finanzieller Mittel sind die Aufgaben der Finanzwirtschaft.

**Rechnungswesen:** Die Güter- und Geldströme, die in den Betrieb hineinfließen, in ihm zirkulieren und ihn wieder verlassen, müssen aufgezeichnet werden. Diese Aufgabe kommt dem Rechnungswesen zu.

**Controlling:** Die reine Aufzeichnung der Werteströme reicht allerdings nicht aus. Dem Controlling kommt deshalb die Aufgabe zu, die Wirtschaftlichkeit der Leistungsprozesse zu untersuchen und ggf. Informationen zu liefern, mit denen das Management steuernd in die Betriebsabläufe eingreifen kann.

Bis zu diesem Punkt wird die **allgemeine Betriebswirtschaftslehre** aktiv. Sie untersucht damit Problemstellungen, die für jeden Betrieb im weiteren Sinne von Bedeutung sind, ob es sich dabei um eine Automobilfabrik, ein Krankenhaus oder einen Kiosk handelt.

Daneben tauchen jedoch Fragestellungen auf, die nur für einzelne Gruppen von Betrieben von Bedeutung sind. Denn die zentrale Aufgabe des Betriebes ist die Leistungserstellung: Dieser **Leistungsprozess** ist es insbesondere, der die meisten Betriebe voneinander unterscheidet, denn jeder Betrieb produziert andere Güter oder Dienstleistungen.

Mit der **Produktion** im engeren Sinn befassen sich die Industriebetriebe, die Produkte für Haushalte und andere Betriebe herstellen. Handelsbetriebe haben die Aufgabe, die Produkte zu verteilen. Bei dieser Aufgabe erhalten beide wichtige Unterstützung von Nachrichten- und Verkehrsbetrieben sowie von Banken und Versicherungen. Für diese Betriebe ist jeweils eine spezielle Betriebswirtschaftslehre zuständig.

Die hier beschriebenen Arbeitsfelder der Betriebswirtschaftslehre und ihrer angrenzenden Wissensbereiche finden sich in den verschiedenen Modulen der Lehrbücher für die wirtschaftsbezogenen Qualifikationen. Dies gilt z. B. für das Rechnungswesen, für die Unternehmensführung und die Themenschwerpunkte Recht und Steuern.

Zugleich muss jeder Betrieb immer unter mehreren Gesichtspunkten gesehen werden:

| Wirtschaftliche Aspekte | Technische Aspekte | Soziale Aspekte |
| --- | --- | --- |
| sind z. B. Preise, Absatzzahlen, Erlöse und Kosten sowie der betriebliche Gewinn oder Verlust. | beziehen sich auf Produktionsverfahren, Rationalisierung und Automatisierung und die Auswahl der geeigneten Maschinen und Prozesse. | ergeben sich daraus, dass in Betrieben Menschen mit eigenen Bedürfnissen, Vorstellungen und Meinungen arbeiten, die beachtet werden wollen. |

*Unter Betrieb soll deshalb im Folgenden eine wirtschaftliche, technische und soziale Einheit verstanden werden, in der durch den planvollen Einsatz von Produktionsfaktoren Güter und/ oder Dienstleistungen für Dritte erbracht werden.*

Ziel der Betriebswirtschaftslehre ist es dabei, den einzelnen Betrieben fundierte Instrumente an die Hand zu geben, mit denen sich Entscheidungen treffen und Probleme lösen lassen.

Auf den folgenden Seiten sollen zu einem besseren Verständnisses des Gesamtsystems Betrieb die einzelnen betrieblichen Funktionen
- Produktion
- Logistik
- Absatz und Marketing
- Rechnungswesen
- Finanzwirtschaft
- Controlling
- Personal

mit ihren Zielen und Aufgaben näher erläutert werden.

## 2.1 Ziele und Aufgaben der betrieblichen Funktionen

### 2.1.1 Produktion

*Als Produktion bezeichnet man ganz allgemein die Herstellung von Gütern und das Erbringen von Dienstleistungen durch den Einsatz und die Kombination der betrieblichen Produktionsfaktoren.*

Diese Definition ist umfassend und zunächst nicht nur auf den industriellen Bereich beschränkt. So produziert etwa eine Versicherung oder eine Bank auch eine Leistung, nur eben keine materielle, sondern eine immaterielle, eine „Dienst"-leistung.

Produziert wird sowohl im Handwerk als auch in der Land- und Forstwirtschaft; ja selbst ein Maler wird davon sprechen, dass er ein Gemälde „produziert" hat. In diesem Zusammenhang ist festzustellen, dass nahezu alle Betriebe heute bei ihren Leistungen von „Produkten" sprechen, seien es die „Finanzprodukte" von Banken, die „Sicherheitsprodukte" eines Security-Unternehmens oder die „Vorsorgeprodukte" von Versicherungsunternehmen.

Dienstleistungen nehmen allerdings hinsichtlich ihrer Produktion eine Sonderrolle ein, da sie erst im Zeitpunkt des Konsums produziert werden und in der Regel nicht lagerfähig sind (z. B. eine Frisur oder eine Steuerberatung).

Der Begriff **Fertigung** oder **Fertigungswirtschaft** umfasst nur die industrielle Leistungserstellung und bezieht sich damit allein auf die Herstellung materieller Güter. Zwar nehmen die meisten Industriebetriebe zunehmend auch Dienstleistungen in ihr Absatzprogramm auf, jedoch hat dies keine fertigungstechnischen Aspekte. Zu solchen Aspekten zählt z. B. die Nutzung moderner technischer Anlagen zur Herstellung von Serien- und Massengütern.

#### 2.1.1.1 Ziele der Produktion

Die Produktion unterliegt als primäre Wertschöpfungsfunktion eines Betriebes ständig steigenden Anforderungen und einem raschen Wandel:

- Kunden verlangen aufgrund ihrer starken Position in den Käufermärkten die Produkte möglichst rasch in einer einwandfreien Qualität zu möglichst niedrigen Preisen.

- Daraus resultieren in den Industrieländern mit ihren relativ hohen Löhnen und Lohnnebenkosten hohe Anforderungen an qualifizierte Fachkräfte, leistungsfähige Maschinen und Ausrüstungen sowie hochgradig optimierte Fertigungsprozesse.

- Gleichzeitig führen der hohe Wettbewerbsdruck auf die Betriebe, die hohen Arbeitskosten in den Industrieländern und die Notwendigkeit der Nähe zu den Märkten in den Schwellenländern zu einer verstärkten Globalisierung. Die Produktionsprozesse eines Betriebes können somit u. U. auf mehrere Produktionsstandorte weltweit verteilt sein.

- Das Umweltbewusstsein der Menschen in den westlichen Industrieländern nimmt zu. Sie verlangen als Konsumenten Produkte, die sowohl hinsichtlich der Materialien als auch der Produktionsprozesse eine geringe Umweltbelastung verursachen.

Die Anforderung an die Produktion lautet also, Produkte mit hervorragender Qualität zu niedrigen Kosten in relativ kurzen Lieferzeiten weltweit zur Verfügung zu stellen.

## Daraus lassen sich folgende Ziele der betrieblichen Funktion „Produktion" ableiten:

- Auslastung der Kapazitäten
- Minimierung der Durchlaufzeiten
- Optimierung der betrieblichen Produktionsprozesse
- Einsatz flexibler Betriebsmittel
- geringe Kapitalbindung und niedrige Fixkostenbelastung
- geringe Schadstoffbelastung der Umwelt
- Beachtung der Anforderungen an eine humane Arbeitswelt

**Betriebliche Produktionsfaktoren**

*Betriebe benötigen zur Erstellung von Leistungen den Einsatz menschlicher Arbeitskraft, Gebäude, Maschinen und Einrichtungen sowie in mehr oder weniger großem Umfang Werkstoffe und Waren. Arbeit, Betriebsmittel und Werkstoffe sind damit die drei betrieblichen Produktionsfaktoren, die kombiniert werden müssen, um Leistungen zu erzeugen.*

Das Zusammenwirken vollzieht sich jedoch nicht von selbst, sondern muss geplant, koordiniert und kontrolliert werden. Diese Tätigkeiten sind zwar auch Teil der menschlichen Arbeit, jedoch unterscheiden sie sich von der überwiegend ausführenden Arbeit, z. B. der eines Produktionsmitarbeiters. Menschliche Arbeit im Betrieb muss deshalb unterschieden werden in überwiegend ausführende und überwiegend leitende Arbeit. Man erhält damit einen vierten Produktionsfaktor, die Leitung (auch als Betriebsführung, Unternehmensführung oder Management bezeichnet). Aufgrund der Aufgabenstellung spricht man auch vom dispositiven Faktor. Im Gegensatz dazu werden die ausführende Arbeit, die Betriebsmittel und die Werkstoffe als originäre (ursprüngliche) Produktionsfaktoren bezeichnet.

| Dispositiver Faktor | Originäre Faktoren | | |
|---|---|---|---|
| **Unternehmens-führung** | **Ausführende Arbeit** | **Betriebsmittel** | **Werkstoffe** |
| – Zielsetzung<br>– Planung<br>– Entscheidung<br>– Organisation<br>– Kontrolle | – gelernte Arbeit<br>– ungelernte Arbeit<br><br>– repetitive Arbeit<br>– kreative Arbeit<br><br>– körperliche Arbeit<br>– geistige Arbeit | – Grundstücke<br>– Gebäude<br>– Maschinen<br>– sonst. Anlagen<br>– Transport-<br>  einrichtungen<br>– Betriebs- und<br>  Geschäfts-<br>  ausstattung | – Rohstoffe<br>– Hilfsstoffe<br>– Betriebsstoffe<br>– Halbfertigteile<br>– Handelswaren<br>– Ersatzteile |

## Kombination der Produktionsfaktoren

Die Leitung des Betriebes hat die Aufgabe, die originären Produktionsfaktoren unter Beachtung des ökonomischen Prinzips zu kombinieren. Das bedeutet, dass immer diejenige Kombination zu wählen ist, die den größtmöglichen Erfolg bzw. die niedrigsten Kosten verspricht. Da sich die Kosten von Produktionsfaktoren im Verhältnis zueinander stets verändern, führt dies zwangsläufig dazu, dass im Zeitablauf die Anteile der Produktionsfaktoren verändert werden müssen. Dies bezeichnet man als **Substitution**.

*Beispiel: 120.000 m Schweißnähte können von 12 Arbeitskräften bei manuellem Schweißverfahren in einem metallverarbeitenden Betrieb in 200 Arbeitstagen angefertigt werden. Setzt man drei Schweißroboter ein, können nun drei Arbeitskräfte diese Aufgabe bewältigen. Die Kosten der Schweißroboter sind erheblich niedriger als Personalkosten für die 9 freigesetzten Arbeitskräfte. Die Produktivität der drei verbleibenden Arbeitskräfte steigt somit von 10.000 m auf 40.000 m pro Jahr. Damit werden insgesamt die Kosten pro Meter Schweißnaht gesenkt.*

Der Kombinationsprozess führt zu einer **Wertschöpfung**. Diese stellt die Differenz zwischen den durch die Kombination der Produktionsfaktoren erstellten und vermarkteten Leistungen und den von dem Betrieb zu diesem Zweck erhaltenen Vorleistungen anderer Betriebe dar. Das Ergebnis ist der vom Betrieb geschaffene Wertzuwachs. Er ist mit dem Beitrag des Betriebes zum Bruttoinlandsprodukt identisch.

> Wertschöpfung = Gesamtleistung (Umsatzerlöse + Eigenleistung) – Vorleistungen

### 2.1.1.2 Aufgabenbereiche der Produktion

**Produktentwicklung**

Die Produktentwicklung hat die Aufgabe, die für den Markt vorgesehenen Absatzgüter zu entwickeln und zu konstruieren. Der Kunde erwartet die Lösung seiner Probleme und die Produktentwicklung hat zu diesem Zweck von der Idee bis zur Marktreife des Produkts alle erforderlichen technischen Probleme zu lösen. In Großunternehmen ist dieser Bereich heute nicht im Produktionsbereich angesiedelt, sondern es gibt einen eigenen Vorstandsbereich „Forschung und Entwicklung" (F+E). Dies gilt insbesondere für forschungs- und entwicklungsintensive Branchen, wie z. B. die Pharma- oder die Automobilbranche. Zu den technischen Problemen, welche die Produktentwicklung ebenfalls zu lösen hat, gehört u. U. auch die Entwicklung der geeigneten Produktionsprozesse und ggf. der erforderlichen Anlagen.

**Produktionsprogrammplanung**

Jedes Unternehmen bietet auf dem Markt unterschiedliche Güter an. Das, was die Kunden als Angebotspalette wahrnehmen, wird jedoch nicht immer unbedingt von dem betreffenden Betrieb selbst hergestellt, z. B. Handelswaren oder Zukaufteile. Andererseits wird nicht alles, was ein Betrieb herstellt, auch dem Markt zur Verfügung gestellt. So kann z. B. ein Versicherungsunternehmen mit seiner IT-Abteilung eine Software entwickeln, die nur im eigenen Betrieb eingesetzt wird. Das Produktionsprogramm eines Betriebes bedarf also einer Abgrenzung zum Absatzprogramm.

| Produktionsprogramm | Absatzprogramm |
|---|---|
| Es ist die Zusammenstellung sämtlicher Erzeugnisse, die ein Betrieb tatsächlich herstellt, unabhängig davon, ob diese verkauft werden oder nicht. Dazu zählen auch Produkte für den Eigenbedarf, z. B. selbst erstellte Maschinen. | Es umfasst das gesamte Angebot an Gütern, die der Betrieb für den Markt bereitstellt, unabhängig davon, ob diese vom Betrieb selbst hergestellt worden sind oder nicht. Dazu zählen auch zugekaufte Halbteile oder Handelswaren. |

Ein Produktionsprogramm ist umso umfangreicher, je größer die Fertigungstiefe ist.

*Beispiel:* Wenn ein Hersteller von Fahrrädern seine verkauften Fahrräder komplett selbst fertigen wollte, müsste er ca. 500 verschiedene Teile fertigen und hätte damit eine große Fertigungstiefe und ein umfangreiches Produktionsprogramm, z. B. die Rahmenteile, die Schaltung, die Bremsanlage, die Reifen, die Speichen, die Schrauben etc. Ein Fahrradhersteller, der nur noch Komponenten zusammenbaut, hat hingegen nur noch eine Fertigungstiefe von eins und ein entsprechend geringeres Produktionsprogramm.

## Produktionsplanung

Die Produktionsplanung hat die Aufgabe, für einen reibungslosen und wirtschaftlichen Produktionsprozess zu sorgen. Im Detail kümmert sie sich um folgende Fragen:

- **Materialbedarfsplanung:** Welche Mengen an Roh-, Hilfs- und Betriebsstoffen, Zukaufteilen oder auch Handelswaren werden zu welchen Zeitpunkten in der Produktion benötigt?
- **Termin- und Kapazitätsplanung:** Welche personellen und maschinellen Kapazitäten müssen zu welchen Terminen bereitgestellt werden, um die Herstellung der einzelnen Produkte zu gewährleisten?
- **Ablaufplanung:** In welcher Reihenfolge sollen die Aufträge für die Produktion von welchen Mitarbeitern und/oder Maschinen bearbeitet werden?

## Produktionssteuerung

Die Produktionssteuerung überwacht und sichert die Durchführung der in die Produktion gegebenen Aufträge. Zu diesem Zweck werden in einer Art Feinplanung die ausführenden Mitarbeiter und Maschinen festgelegt (Maschinenbelegungsplan, Personaleinsatzplan) und anschließend die Aufträge anhand von geeigneten Arbeitsbegleitpapieren freigegeben, d. h. in Gang gesetzt. Die Überwachung des Produktionsprozesses erfolgt möglichst zeitnah (zumeist per direktem Datentransfer) durch dafür besonders geeignete Rückmeldesysteme. Diese stellen sicher, dass bei Abweichungen in der Menge, den Terminen und der Qualität sofort korrigierend in den laufenden Fertigungsprozess eingegriffen werden kann.

Ein **PPS-System** (Produktionsplanungs- und Steuerungssystem) kann helfen, den Produktionsprozess effektiv zu unterstützen. Dabei handelt es sich um eine Software, die die Stamm- und Bewegungsdaten verwaltet und verarbeitet, die für die Produktion erforderlich sind. Die wesentlichen Ziele einer solchen Software sind kurze Durchlaufzeiten und die Auslastung der Kapazitäten. Damit werden die Termineinhaltung, die Bestandskontrolle und die wirtschaftliche Nutzung von technischen und personellen Ressourcen gewährleistet.

### Produktionskontrolle

Im Rahmen der Produktionskontrolle erfolgt ein Vergleich der Soll-Daten der Produktionsplanung mit den Ist-Daten nach Ablauf der Produktion. Ein reiner Vergleich der Zahlen wäre allerdings wenig sinnvoll, wenn nicht eine sorgfältige Analyse der Ursachen der festgestellten Abweichungen folgen würde. Die Produktionskontrolle umfasst folgende Teilbereiche:

- **Terminkontrolle:** Sie vergleicht die vorgegeben Fertigungszeiten und/oder Teilfertigstellungstermine mit den tatsächlich erreichten Zeiten bzw. Terminen. Im Wesentlichen geht es dabei um die innerbetrieblich geplanten Fertigungszeiten und Termine, es können jedoch auch Termine mit außerbetrieblichen Einrichtungen relevant sein, z. B. Termine gegenüber dem Finanzamt, Sozialversicherungsträgern oder Banken.
- **Qualitätskontrolle (Qualitätssicherung):** Die Qualitätssicherung umfasst alle Maßnahmen und Einrichtungen, die der Schaffung und Erhaltung einer definierten Gebrauchstauglichkeit des Produkts oder einzelner Abteilungen dienen.
- **Wirtschaftlichkeitskontrolle:** Hierzu zählt zunächst die Überprüfung der Einhaltung der Produktivitätsziele (z. B. Auslastung der Kapazitäten, Minimierung der Stillstandzeiten). Ferner gehört zur Wirtschaftlichkeitskontrolle die Prüfung, ob die geplanten Kosten eingehalten wurden. Dies gilt insbesondere für die Herstellkosten, die sich aus Material- und Fertigungskosten zusammensetzen.

### 2.1.2 Logistik

*Die Logistik befasst sich mit der integrierten Planung, Organisation, Steuerung und Optimierung derjenigen betrieblichen Prozesse, die sich auf die Beschaffung, den Transport, die Lagerung und den Umschlag von Gütern beziehen.*

Der Begriff Logistik stammt ursprünglich aus dem Militärwesen. Hier hatte die Logistik die Aufgabe, den Nachschub für die kämpfende Truppe sicherzustellen, die sich mitunter über Tausende von Kilometern vom eigenen Territorium entfernen musste. Die Logistik beinhaltete die Planung, die Lagerung und den Transport der für die Kriegsführung notwendigen Güter (z. B. Waffen, Ausrüstung, Verpflegung). Ähnliche Funktionen hat die Logistik heute für Betriebe:

### Die Logistik hat die Aufgabe,

- die **richtigen Güter,**
- in **der richtigen Menge,**
- in der **richtigen Art und Güte,**
- am **richtigen Ort,**
- zur **richtigen Zeit,**
- zum **richtigen Preis** (= minimalen Kosten)

zur Verfügung zu stellen.

Für die Leistungserstellung müssen Waren bei den Lieferanten bestellt werden, diese müssen zum Ort der Zwischenlagerung oder Produktion (häufig an verschiedenen Fertigungsstandorten) geschafft werden; anschließend werden ggf. die Halbfertigprodukte innerbetrieblich zusammengeführt und gelangen zur Endherstellung, Verpackung und Lagerung. Danach werden die vom Kunden bestellten Güter zu den vereinbarten Lieferadressen transportiert.

Der beschriebene Weg wird auch als **Wertschöpfungskette** bezeichnet, weil bei jedem dieser Schritte letztlich ein Wertzuwachs am Produkt entsteht. Dieser – auch als **logistische Kette** bezeichnete – Weg beschreibt einen Prozess, den Waren, Produkte und Informationen auf dem Weg vom Lieferanten bis zum Kunden durchlaufen. An diesem Prozess sind viele verschiedene Stellen, Einrichtungen und Betriebe beteiligt, sodass eine ganze Reihe von **Schnittstellen** entsteht: die Beschaffung für Bestellungen von Material und Dienstleistungen, die Produktion mit dem gesamten Produktionsprozess, die Lagerhaltung und das innerbetriebliche Transportwesen, der Vertrieb für die Abwicklung von Kundenaufträgen, dazwischen noch Speditionen und Frachtführer für Transporte, Behörden für Genehmigungen oder Zollformalitäten etc.

Die integrierte Logistik macht es sich zur Aufgabe, diese als Schnittstellen mit möglichen Reibungsverlusten empfundenen Übergangsstellen in **Nahtstellen** umzuwandeln, indem die einzelnen Teilprozesse möglichst reibungsfrei aufeinander abgestimmt und systemübergreifend zu einem Gesamtprozess moduliert werden. Das bringt eine Reihe von Vorteilen:

- Es werden Doppeltätigkeiten vermieden und damit Personal- und Sachkosten gespart.
- Transporteinrichtungen und -behälter (z. B. Lkw-Auflieger, Paletten, Container) werden technisch aufeinander abgestimmt, wodurch Verpackungs- und Umschlagsaufwand reduziert werden.
- Die Logistik schafft unternehmensübergreifend Netzwerke und Fließsysteme, in denen Waren, Produkte, Menschen, Informationen und Dienstleistungen integriert werden.

Die Bedeutung der Logistik hat in den vergangenen 20 Jahren ständig zugekommen. Das hat zahlreiche Gründe: Die Globalisierung der Beschaffungs- und Absatzmärkte, die differenzierten Bedürfnisse der Kunden, ihr Wunsch nach möglichst rascher Lieferung der Güter und hohe Ansprüche an die Qualität und schließlich die Möglichkeit zur Integration der IT-Anwendungen in allen logistischen Teilprozessen.

### 2.1.2.1 Ziele der Logistik

Aus diesen Vorüberlegungen lassen sich drei Gruppen von Zielen der Logistik ableiten:

| Leistungs-<br>ziele | - rechtzeitige Bereitstellung der Werkstoffe für die Produktion<br>- Vermeidung von Liegezeiten vor und im Produktionsprozess<br>- Auslastung der Produktions- und Transportkapazitäten<br>- Minimierung der Durchlaufzeiten durch die logistische Kette<br>- rechtzeitige Auslieferung der Produkte an den Kunden |
|---|---|
| Kostensen-<br>kungsziele | - Senkung des Materialverbrauchs<br>- Senkung der Personalkosten<br>- Senkung der Prozesskosten |
| ökologische<br>Ziele | - Vermeidung oder Reduzierung von Abfällen, insbesondere bei Verpackungen<br>- Reduzierung des Verbrauchs an Energie und anderen Ressourcen<br>- Vermeidung oder Reduzierung von Schadstoffemissionen |

Wie in allen komplexen Zielsystemen treten auch hier Zielkonflikte auf, die nur durch Optimierungsbemühungen gelöst werden können.

*Beispiele: Ein geringer Lagerbestand wird zwar die Lagerkosten senken, dafür aber u. U. die Fehlmengenkosten für Teile, die nicht am Lager sind, erhöhen. Eine große Bestellmenge wird zwar die Bestellkosten senken, aber die Lagerkosten werden durch die hohe Inanspruchnahme von Lagerraum steigen. Lösungsansätze bieten hierzu Berechnungen zur optimalen Bestellmenge oder optimalen Lagerstrategie.*

### 2.1.2.2 Aufgaben und Bereiche der Logistik

#### Beschaffungslogistik

Die Beschaffungslogistik steht am Anfang der logistischen Kette. Sie hat das zu bewerkstelligen, was früher unter dem Begriff Beschaffung zusammengefasst wurde. Dazu gehören
- die Ermittlung des Bedarfs hinsichtlich Qualität und Menge,
- die Ermittlung der günstigsten Bezugsquellen,
- die Verhandlungen mit den Lieferanten und die Vertragsgestaltung,
- die fristgerechte Abwicklung der Bestellungen,
- die Überwachung der Lieferungen.

#### Lagerlogistik

Zu den Aufgaben der Lagerlogistik gehören
- die optimale Gestaltung von Lagerräumen und Lagersystemen,
- die Annahme und Wareneingangsprüfung der angelieferten Waren,
- die Einlagerung dieser Waren,
- die Überwachung und Sicherung der Lagerbestände,
- die optimale Ausnutzung der vorhandenen Räume,
- die Auslagerung durch Bereitstellung für die Produktion,
- die mengen- und wertmäßige Erfassung der Einlagerungen und Auslagerungen,
- die Durchführung von Inventuren.

#### Produktionslogistik

Zentrale Aufgaben dieses Bereichs der Logistik sind die Versorgung der Produktion mit Material und die Steuerung des Produktionsprozesses vom Start der Produktion bis zur Übergabe der fertigen Produkte an die Absatzlogistik. Dazu gehören
- die optimale Anordnung der Maschinen und Transporteinrichtungen,
- die Harmonisierung der Kapazitäten durch Anpassung der Maschinengrößen,
- die Verkürzung der Durchlaufzeiten durch die Produktion,
- die Minimierung von Liege- und Wartezeiten,
- die Reduzierung der Teilevielfalt durch Baukastensysteme,
- die Verkleinerung von Beständen,
- die Optimierung der Losgrößen,
- die Flexibilisierung der Produktion, z. B. durch Fertigungsinseln,
- die Senkung der Herstellkosten,
- eine sinnvolle Kombination von Eigenfertigung und Fremdbezug.

## Absatzlogistik

Dieser Bereich der Logistik, der auch als physische Distribution oder Distributionslogistik bezeichnet wird, beinhaltet die Gestaltung und Steuerung aller Prozesse, die notwendig sind, um die Produkte von einem Industrie- oder Handelsunternehmen zu dessen Kunden zu bringen. Damit ist sie das letzte Glied in der Logistikkette und verbindet die Produktion mit dem Kunden (Wiederverwender oder Endverbraucher).
Als grundsätzliche physische Distributionsprozesse können angesehen werden:
- die Gestaltung von optimalen Distributionsnetzen,
- die Lagerhaltung der für den Vertrieb vorgesehenen Produkte,
- die Bereitstellung von Waren für den Kunden,
- die Kommissionierung der Waren und ggf. notwendige Lagerumschläge,
- die Organisation der Aufgaben für die Auftrags- und Bestellabwicklung,
- die Konzeption optimaler Distributionsnetze.

## Transportlogistik

Dieser Teil der logistischen Kette befasst sich mit der physikalischen Überführung von Gütern zwischen verschiedenen Orten innerhalb von Logistiknetzwerken, z. B. zwischen Lieferant und Besteller.
Der Transport wird dabei entweder von einem Frachtführer, einen Spediteur im Selbsteintritt oder durch eigene Transportorgane durchgeführt. Die Transportorganisation übernimmt zumeist ein Spediteur oder ein spezialisierter Logistikdienstleister, der häufig integrierte Lösungen anbietet. Diese beinhalten zusätzliche Leistungen zum reinen Transport.

## Entsorgungslogistik

In allen Teilbereichen der logistischen Kette fallen in mehr oder weniger großem Umfang Abfälle an. Dazu gehören Abfälle aus der Produktion, aber auch Verpackungsabfälle, Büroabfälle, Altöl oder Retouren.
Die Aufgabe der Entsorgungslogistik besteht darin, diese Abfälle als unerwünschte Nebenprodukte zu sammeln, zu sortieren, zu verpacken, zu lagern und abzutransportieren. Dabei arbeitet die Entsorgungslogistik in umgekehrter Richtung zur normalen Logistikkette.
Nicht zur Entsorgungslogistik gehören die Aufbereitung (Recycling) und die Beseitigung durch Deponierung, Verbrennung oder Kompostierung.

## Informationslogistik

Die Informationslogistik befasst sich mit dem Informationsfluss entlang der Logistikkette. Ziel ist die Optimierung der Verfügbarkeit und Genauigkeit der Informationen, die den Warenfluss begleiten. Die Informationslogistik hat die Aufgabe,
- die richtigen Informationen
- zur richtigen Zeit
- im richtigen Format, d. h. in der richtigen Qualität
- für den richtigen Empfänger
- am richtigen Ort

zur Verfügung zu stellen.

Die optimale Informationslogistik stellt den Wert der Information für die an der Logistikkette beteiligten Personen in den Mittelpunkt ihres Interesses. Zu diesem Zweck muss sie
- den erforderlichen Informationsbedarf analysieren,
- den Informationsfluss zwischen den Gliedern der Logistikkette optimieren,
- in technischer und organisatorischer Hinsicht ein Höchstmaß an Flexibilität gewährleisten.

## 2.1.3 Marketing

Sowohl die Konsumgüter- als auch die Investitionsgütermärkte sind heute überwiegend durch die Merkmale von Käufermärkten gekennzeichnet. Das bedeutet, dass die Bedürfnisse der Konsumenten durch eine wachsende Anzahl von Anbietern befriedigt werden. Hinzu kommt, dass die Sättigung in einer zunehmenden Anzahl von Märkten zu einem hohen Wettbewerbsdruck führte und führt. Die mit der Globalisierung einhergehenden Billigangebote aus Niedriglohnländern tun ein Übriges dazu, die Märkte dynamisch zu verändern.

Aus den genannten Gründen ist das „Marketing" nicht nur eine gleichberechtigte Funktion wie die Produktion oder das Rechnungswesen, sondern gehört neben dem Controlling zu den strategischen Säulen des Unternehmens. Das bedeutet, dass im Gegensatz zu den Verkäufermärkten früherer Prägung heute nahezu alle Überlegungen vom Absatzmarkt ausgehen müssen. Demzufolge hat die Absatzwirtschaft die Aufgabe, den Markt aktiv zu gestalten (engl.: „to do the market"). Das gesamte unternehmerische Denken ist auf den Markt ausgerichtet. Dazu gehören die Orientierung an den Wünschen der Käufer, das Aufspüren von Marktlücken, das Erzwingen von Marktzugängen regional oder in bestimmten Käufergruppen und folglich die Ausrichtung aller betrieblichen Aktivitäten auf den Markt.

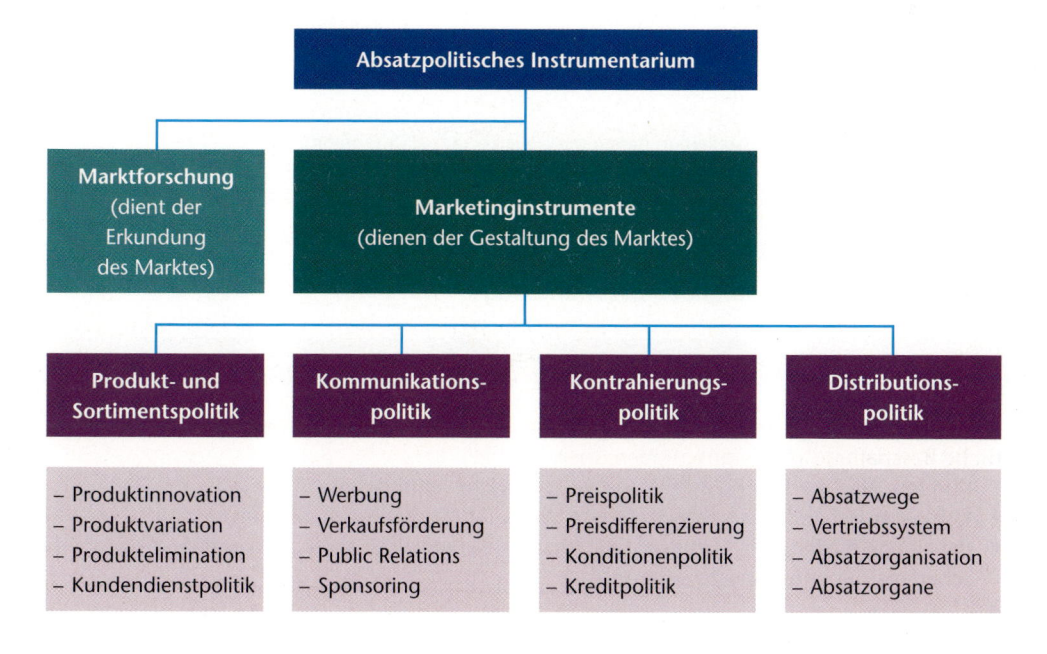

**Absatzpolitisches Instrumentarium**

- **Marktforschung** (dient der Erkundung des Marktes)
- **Marketinginstrumente** (dienen der Gestaltung des Marktes)

| Produkt- und Sortimentspolitik | Kommunikationspolitik | Kontrahierungspolitik | Distributionspolitik |
|---|---|---|---|
| – Produktinnovation<br>– Produktvariation<br>– Produktelimination<br>– Kundendienstpolitik | – Werbung<br>– Verkaufsförderung<br>– Public Relations<br>– Sponsoring | – Preispolitik<br>– Preisdifferenzierung<br>– Konditionenpolitik<br>– Kreditpolitik | – Absatzwege<br>– Vertriebssystem<br>– Absatzorganisation<br>– Absatzorgane |

*Marketing umfasst alle Maßnahmen, die ein Unternehmen trifft, um einen Markt aufzuspüren oder zu schaffen, ihn zu erhalten und zu vergrößern. Diese Maßnahmen werden gebündelt im absatzpolitischen Instrumentarium. Die betriebliche Kombination der absatzpolitischen Instrumente bezeichnet man als Marketing-Mix.*

### 2.1.3.1 Ziele des Marketing

Der Einsatz der einzelnen Instrumente des absatzpolitischen Instrumentariums orientiert sich an den Marketingzielen. Diese werden von der Marketingleitung festgelegt, werden jedoch direkt oder indirekt aus den strategischen und operativen Zielen des Gesamtunternehmens abgeleitet. In der Marketingstrategie werden vorwiegend messbare ökonomische Größen zum Einsatz kommen, wie Umsatz- oder Absatzzahlen.

Diese Ziele sind quantifizierbar. Allerdings können sie langfristig nur erreicht werden, wenn es dem Unternehmen gelingt, die Konsumenten positiv auf das Unternehmen und seine Produkte „einzustimmen". Zu diesem Zweck werden in der Marketingstrategie auch qualitative Marketingziele anzustreben sein, deren Erreichen sich allerdings nicht direkt messen lässt.

| Quantitative Marketingziele | Qualitative Marketingziele |
|---|---|
| – **Absatzvolumen:** Erreichen eines konkreten Mengenziels oder Wachstum des Absatzes um einen bestimmten Prozentsatz<br>– **Umsatz:** Erreichen eines konkreten Umsatzziels oder Wachstum des Umsatzes um einen bestimmten Prozentsatz<br>– **Marktanteil:** Anstreben eines konkreten Marktanteils, einer Marktführerschaft oder einer bestimmten Position im Markt<br>– **Kundenzahl:** Anstreben einer konkreten Kundenanzahl oder Steigerung der Kundenzahl auf einen bestimmten Wert<br>– **Distributionsgrad:** Anstreben eines hohen Prozentsatzes an Verkaufsstellen, in denen die eigenen Produkte verkauft werden | – Schaffung einer hohen **Kundenzufriedenheit** mit den Produkten, den Dienstleistungen und auch mit dem Umgang bei Reklamationen<br>– Schaffung eines möglichst hohen **Bekanntheitsgrades** oder Steigerung des Bekanntheitsgrades des Unternehmens und seiner Marken<br>– Aufbau und Pflege eines positiven **Images** für das Unternehmen und seiner Produkte<br>– Aufbau von **Markentreue** der Kunden gegenüber den Produkten des Unternehmens |

### 2.1.3.2 Bereiche und Aufgaben des Marketings

#### Marktforschung

Die Marktforschung steht am Anfang aller Marketing-Aktivitäten und beinhaltet die systematische Beschaffung von Informationen über
- Kunden, Nachfrager und ihre Wünsche (Bedarfsforschung),
- Konkurrenten und ihre Vorgehensweise im Markt (Konkurrenzforschung),
- die eigene Stellung im Markt und die Analyse der Auswirkungen der eigenen absatzpolitischen Instrumente (Absatzforschung).

## Produktpolitik

Unter Produktpolitik versteht man alle Maßnahmen, die darauf ausgerichtet sind, das Angebot der Marktleistungen (Produkte und Dienstleistungen) des Betriebes den sich wandelnden Bedürfnissen des Marktes anzupassen. Im Detail gehören folgende Aufgaben dazu:

- **Produktpolitik i. e. S.:** Sie befasst sich mit der Entwicklung von neuen Produkten durch Produktentwicklung, Prüfung der Produkte und die Festlegung von Produktstrategien.

- **Programm- oder Sortimentspolitik:** In diesem Bereich wird die Breite und die Tiefe des Sortiments (in Handelsunternehmen) bzw. des Produktprogramms (in Industrieunternehmen) definiert und auf den Markt ausgerichtet. Strategien zur Veränderung des Sortiments sind die Produktinnovation (es werden neue Produkte für den Markt entwickelt), die Produktvariation (Produkte werden verändert) und die Produktelimination (Produkte werden aus dem Markt herausgenommen).

- **Kundendienstpolitik:** In diesem Bereich werden alle Zusatzleistungen zusammengefasst, die über die Hauptleistungen eines Betriebs hinausgehen. Sie können vor, während oder nach dem Kauf erfolgen, technischer oder kaufmännischer Natur sein und entweder entgeltlich oder unentgeltlich erbracht werden.

- **Garantieleistungen:** Der Verbraucher hat einen gesetzlich verankerten Gewährleistungsanspruch. Garantieleistungen des Unternehmens müssen folglich darüber hinausgehen, um dem Unternehmen einen Wettbewerbsvorteil gegenüber den Mitbewerbern zu verschaffen.

## Kommunikationspolitik

Die Marketingkommunikation umfasst alle Maßnahmen, die dazu geeignet sind, den Absatzmarkt mit Informationen über das Unternehmen und seine Produkte zu versorgen.

- **Werbung** im engeren Sinne ist ein absatzpolitisches Instrument, das unter Einsatz entsprechender Werbemittel in Bezug auf ein Produkt oder eine Produktgruppe Einfluss auf die Kaufentscheidung von bestehenden und potenziellen Kunden nehmen soll.

- **Verkaufsförderung** (Sales-Promotion) hat hingegen die Aufgabe, den Absatz zu steigern, indem die am Verkauf beteiligten Gruppen (Absatzorgane, Handel und Käufer) informiert, unterstützt und motiviert werden.

- **Public Relations** (PR) hat als Öffentlichkeitsarbeit die Aufgabe, das Unternehmensbild (Image) in der Öffentlichkeit positiv wirksam aufzubauen, zu pflegen und zu erhalten.

- **Sponsoring** beinhaltet die Förderung von Einzelpersonen, Gruppen von Menschen, Vereinen, Organisationen oder Veranstaltungen in Form von Geld-, Sach- oder Dienstleistungen. Damit ist die Erwartung verbunden, dass die unterstützten Personen eine Gegenleistung erbringen, die die eigenen Marketingziele fördert. PR und Sponsoring sind nicht immer genau voneinander zu unterscheiden.

## Kontrahierungspolitik

Die Kontrahierungspolitik umfasst, wie der Name schon andeutet, alle Maßnahmen zur Gestaltung der „Kontrakte", also der Verträge zwischen Unternehmen und Kunden. Es werden somit alle Bedingungen gestaltet, die den geldlichen Ausgleich für den Kauf festlegen.

- Die **Preispo**litik beinhaltet die Festlegung und ggf. Veränderung des Listenpreises eines Produktes.
- Die **Rabattpolitik** legt fest, welche Kunden unter welchen Voraussetzungen in den Genuss von Preisminderungen kommen.
- Die **Lieferungsbedingungen** legen fest, unter welchen über die gesetzlichen Regelungen hinausgehenden oder diese abändernden Konditionen Verträge mit dem Kunden abgeschlossen werden. Dazu gehört z. B. auch die Gestaltung der AGB.
- Die **Zahlungsbedingungen** sagen etwas darüber aus, in welchen Zeiträumen und ggf. mit welchen Kürzungsmöglichkeiten (Skonto) der Kunde seine Rechnung begleicht.

## Distributionspolitik

Die Distributionspolitik umfasst alle Maßnahmen und Entscheidungen, die die optimale Verteilung der betrieblichen Leistungen an Käufer und Endverbraucher gewährleisten sollen.

- **Absatzorganisation:** In diesem Bereich muss festgelegt werden, ob der Absatz zentral oder dezentral erfolgen soll.
- **Absatzwege:** Hier wird entschieden ob die Produkte auf direktem Wege (z. B. über Handelsvertreter oder Niederlassungen) oder auf indirektem Wege (z. B. über Groß- und Einzelhandel) zum Konsumenten gelangen.
- **Absatzorgane:** Hier wird entschieden, ob der Betrieb mit betriebseigenen (z. B. Reisende oder Verkaufssachbearbeiter) oder mit betriebsfremden Absatzorganen (z. B. Handelsvertreter oder Makler) im Verkauf arbeiten will.

### 2.1.4 Rechnungswesen

Über alle Vorgänge des betrieblichen Leistungsprozesses, von der Beschaffung von Produktionsfaktoren über die Leistungserstellung bis hin zum Absatz der Produkte muss jede Unternehmensleitung gut informiert sein. Sie verliert sonst rasch den Überblick über die Vermögens- und Ertragslage, sie erfährt nicht, aus welchen Quellen sich der Erfolg des Unternehmens zusammensetzt und sie verfügt über keine Daten, um in die Zukunft gerichtete Entscheidungen zu treffen. Das Rechnungsesen hat die Aufgabe, dieses Zahlenmaterial zu liefern.

Neben diesen betriebswirtschaftlichen Gründen ist das Unternehmen aber auch aufgrund von handelsrechtlichen und steuerrechtlichen Vorschriften verpflichtet, geeignete Aufzeichnungen zu machen. Das Rechnungswesen erstreckt sich über folgende Aufgabengebiete:

Betriebliche Funktionen und deren Zusammenwirken | 191

| Buchführung und Bilanz | Kosten- und Leistungsrechnung | Statistik | Planung |

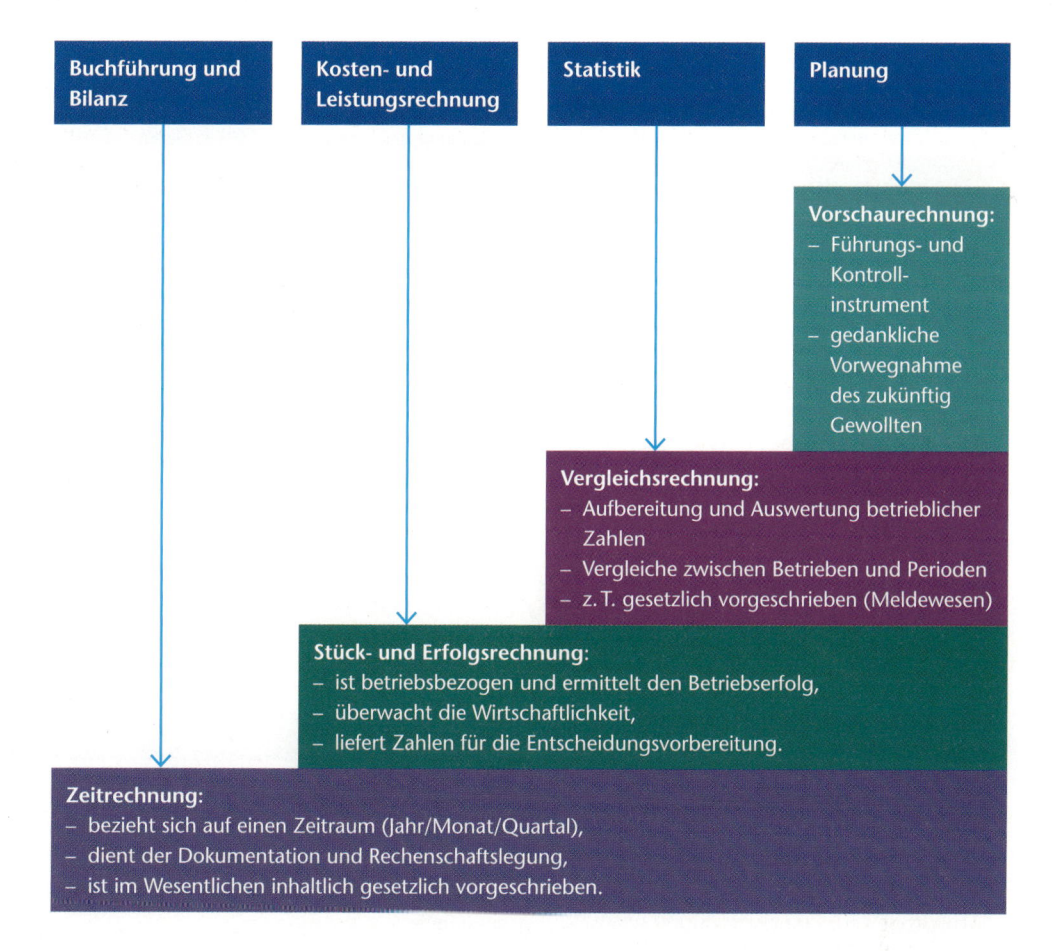

**Vorschaurechnung:**
- Führungs- und Kontrollinstrument
- gedankliche Vorwegnahme des zukünftig Gewollten

**Vergleichsrechnung:**
- Aufbereitung und Auswertung betrieblicher Zahlen
- Vergleiche zwischen Betrieben und Perioden
- z. T. gesetzlich vorgeschrieben (Meldewesen)

**Stück- und Erfolgsrechnung:**
- ist betriebsbezogen und ermittelt den Betriebserfolg,
- überwacht die Wirtschaftlichkeit,
- liefert Zahlen für die Entscheidungsvorbereitung.

**Zeitrechnung:**
- bezieht sich auf einen Zeitraum (Jahr/Monat/Quartal),
- dient der Dokumentation und Rechenschaftslegung,
- ist im Wesentlichen inhaltlich gesetzlich vorgeschrieben.

## 2.1.4.1 Ziele des Rechnungswesens

**Das Rechnungswesen stellt sicher, dass**

- das betriebliche Geschehen mit seinen Zahlungsströmen und Erfolgsgrößen dokumentiert wird, um den Adressaten der Rechnungslegung die notwendigen Informationen zu liefern,

- die Quellen des Erfolges hinsichtlich der Produkte und der einzelnen Bereiche sichtbar gemacht werden,

- genügend Zahlenmaterial vorhanden ist, um ausgewogene und fundierte Produkt- und Investitionsentscheidungen zu treffen.

## 2.1.4.2 Aufgaben und Bereiche des Rechnungswesens

### Buchführung und Bilanz (externes Rechnungswesen)

- Die **Finanzbuchhaltung** erfasst in zeitlich und sachlich richtiger Gliederung alle Geschäftsfälle, die in irgendeiner Weise das Vermögen oder die Schulden betreffen und erfolgswirksam sind.
- Die **Inventur** ist die körperliche und buchmäßige Bestandsaufnahme aller Vermögens- und Schuldteile eines Unternehmens.
- Das **Inventar** enthält als Ergebnis der Inventur in Listenform alle erfassten Vermögens- und Schuldteile des Unternehmens. Es liefert das Rohmaterial für die Bilanzierung.
- Die **Bilanzierung** hat die Aufgabe, am Ende des Geschäftsjahres den Jahresabschluss aufzustellen. Dieser besteht mindestens aus
  - einer **Bilanz,** die einen Überblick über das Vermögen und die Schulden des Unternehmens gibt,
  - und einer **Gewinn- und Verlustrechnung,** in der die Erträge und die Aufwendungen des Unternehmens gegenübergestellt werden und aus dem Saldo der Gewinn oder Verlust ermittelt wird.

### Kosten- und Leistungsrechnung

Die Aufgaben der KLR bestehen darin,
- die Kosten und Leistungen einer Abrechnungsperiode zu ermitteln,
- die Selbstkosten eines Erzeugnisses zu ermitteln,
- die Wirtschaftlichkeit der Betriebsprozesse und der Bereiche festzustellen,
- Unterlagen für Planungen und Entscheidungen zu liefern.

Drei Bereiche liefern diese Informationen:

| Die **Kostenartenrechnung** zeigt auf, welche Kosten entstanden sind. Sie gliedert die Kosten nach verschiedenen Gesichtspunkten. Dabei werden erste Einblicke in die Wirtschaftlichkeit möglich. | Die **Kostenstellenrechnung** ermittelt, in welchen Bereichen die Kosten entstanden sind. Im Idealfall stellt sie dabei die erbrachten Leistungen der Bereiche den verursachten Kosten gegenüber. | Die **Kostenträgerrechnung** schließlich ermittelt, welche Kostenträger (Produkte, Dienstleistungen) die Kosten verursacht haben und diese nun „tragen" müssen. Sie stellt ebenfalls fest, welcher Gewinn nach Abzug der Kosten pro Stück und insgesamt übrigbleibt. |
|---|---|---|

### Statistik

Die betriebliche Statistik beinhaltet alle Verfahren und Maßnahmen, mit deren Hilfe das betriebliche Geschehen zahlenmäßig erfasst und analysiert wird. Im Einzelnen erfüllt sie folgende Aufgaben

- **Sammeln:** Innerbetriebliches Zahlenmaterial wird systematisch gesammelt.

- **Aufbereiten:** Das Zahlenmaterial wird in tabellarischer und grafischer Form aufbereitet.
- **Analysieren:** Mithilfe der Tabellen und Grafiken werden betriebliche Tatbestände und Entwicklungen verglichen und analysiert (z. B. Zeitvergleich, Verfahrensvergleich, Soll-Ist-Vergleich).
- **Externe Analyse:** Außerbetriebliches Zahlenmaterial wird beschafft, um Betriebsvergleiche anzustellen und außerbetriebliche Trends zu erkennen (z. B. Benchmarking).

## Planung

Die Planungsrechnung befasst sich mit der gedanklichen Vorwegnahme dessen, was zukünftig im Unternehmen und in einzelnen Bereichen gewollt ist.
Es handelt sich je nach Entwicklungsstand des Controllings im Unternehmen um eine mehr oder weniger umfassende Vorschaurechnung. Sie dient der Formulierung von Strategien und der Steuerung der Betriebsprozesse. (Siehe hierzu auch Abschnitt 2.1.6 – Controlling.)

### 2.1.5 Finanzwirtschaft

Der Betriebsprozess verursacht einen ständigen Kreislauf von Gütern und Dienstleistungen. Diesem Kreislauf steht in entgegengesetzter Richtung ein Kreislauf aus finanziellen Mitteln gegenüber. Im Normalfall bekommt der Betrieb seine finanziellen Mittel für die Leistungen, die er dem Markt zur Verfügung stellt, und verwendet diese, um die eingesetzten Produktionsfaktoren zu bezahlen. Reicht dieses Geld nicht aus, müssen weitere finanzielle Mittel aus anderen Quellen beschafft werden.

Die Grafik zeigt den Kreislauf von Finanzierung und Investition:

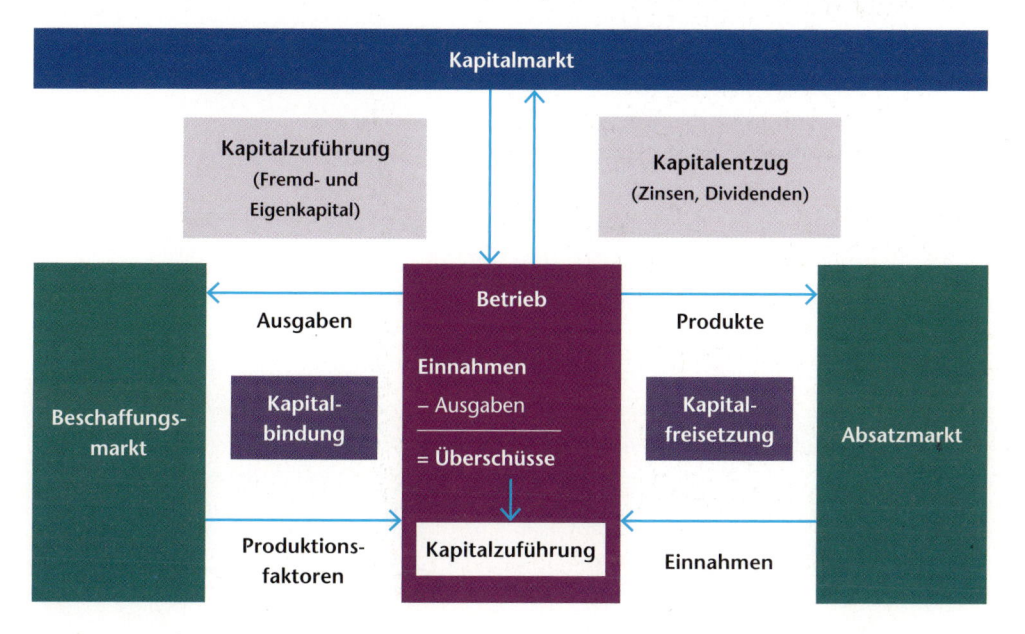

| Finanzierung ist ein Vorgang der Mittelbeschaffung | Investition ist ein Vorgang der Mittelverwendung |
|---|---|
| *Beispiele:* | *Beispiele:* |
| – Ein Gesellschafter eines Unternehmens bringt eine Erbschaft in das Unternehmen ein (Eigenkapital). | – Mit den Barmitteln aus der Erbschaft wird ein Lkw angeschafft (Fuhrpark). |
| – Ein anderer Gesellschafter stellt ein Grundstück zur Verfügung (Eigenkapital). | – Das Grundstück geht in das Eigentum der Gesellschaft über (Grundstücke). |
| – Es wird ein langfristiges Darlehen aufgenommen (Fremdkapital). | – Mit dem Darlehen wird eine Lagerhalle auf dem Grundstück gebaut (Gebäude). |
| – Ein Lieferant schickt eine Rechnung, zahlbar in 60 Tagen netto Kasse (Fremdkapital). | – Mit dem kurzfristigen Lieferantenkredit werden Rohstoffe kurzfristig finanziert (Vorräte). |

### 2.1.5.1 Ziele der Finanzwirtschaft

**Die Finanzwirtschaft hat folgende Ziele zu beachten:**

- **Liquidität:** Oberstes Ziel der Finanzwirtschaft ist die Sicherstellung der Zahlungsfähigkeit des Unternehmens. Das bedeutet, dass sichergestellt sein muss, dass das Unternehmen morgen und in absehbarer Zukunft seinen Zahlungsverpflichtungen nachkommen kann.
- **Rentabilität:** Die Finanzwirtschaft unterstützt das angestrebte Rentabilitätsziel für das Eigenkapital. Dies betrifft die Höhe der Fremdkapitalzinsen wie auch die Finanzierungsstruktur.
- **Dispositionsfreiheit:** Die Finanzwirtschaft hat darauf zu achten, dass der Betrieb nicht durch eine zu starke Verschuldung bei einem Kreditgeber in seinem Entscheidungsspielraum eingeschränkt wird.

### 2.1.5.2 Aufgabenbereiche der Finanzwirtschaft

**Finanzierung**

*Die Finanzierung beinhaltet sämtliche Maßnahmen der Beschaffung finanzieller Mittel, die zur Leistungserstellung im Unternehmen benötigt werden sowie deren Rückzahlung.*

Dazu bedient sie sich folgender Formen der Finanzierung:

| Außenfinanzierung | **Eigenfinanzierung:** Bei der Eigenfinanzierung führen die Eigentümer bzw. die Gesellschafter oder Aktionäre dem Unternehmen von außen Geld- oder Sachmittel zu. Je nach Gesellschaftsform werden diese Mittel unterschiedlich aufgebracht und in der Bilanz unterschiedlich ausgewiesen (= bestehendes Eigenkapital). |

| | |
|---|---|
| **Außenfinanzierung** | **Beteiligungsfinanzierung:** Diese Form ist eine Erweiterung der Eigenfinanzierung durch neue Kapitalgeber (z. B. neue Gesellschafter) oder durch die Aufstockung der Anteile der alten Gesellschafter/Aktionäre, z. B. durch junge Aktien (= neues Eigenkapital). |
| | **Fremdfinanzierung** ist die Bereitstellung von Geld- oder Sachmitteln durch dritte Personen (Gläubiger). Durch die Fremdfinanzierung entsteht eine Verpflichtung zur Rückzahlung an Banken und Lieferanten (= Fremdkapital). |
| **Innenfinanzierung** | **Offene Selbstfinanzierung:** Hierbei erfolgt die Finanzierung durch die Einbehaltung eines zwar ausschüttungsfähigen, aber nicht ausgeschütteten Überschusses, z. B. einbehaltene Gewinne (= Eigenkapital). |
| | **Verdeckte Selbstfinanzierung:** Sie ergibt sich vorwiegend aus der Bildung von stillen Reserven in der Bilanz des Unternehmens. Dabei werden Aktivposten unterbewertet (z. B. durch steuerlich mögliche Abschreibungen) oder Passivposten überbewertet, z. B. durch höher bewertete Schulden. Der Finanzierungseffekt tritt aber auch durch die Bildung normaler Rückstellungen ein. |

## Finanzplanung

Eine der wichtigen Aufgaben der Finanzwirtschaft ist die Sicherstellung der Liquidität des Unternehmens zu jedem Zeitpunkt. Diese Aufgabe übernimmt die Finanzplanung unter Beachtung verschiedener Finanzierungsgrundsätze.

*Die Finanzplanung beinhaltet die vorausschauende Darstellung der Zahlungsströme des Unternehmens für einen bestimmten Zeitraum mit dem Ziel, Über- oder Unterdeckungen möglichst früh festzustellen und entsprechende Gegenmaßnahmen einzuleiten.*

- **Kurzfristige Finanzpläne** werden erstellt, um die Liquidität der Unternehmung sicherzustellen.
- **Mittel- bis langfristige Finanzpläne** stellen Rahmenpläne dar, welche die langfristige Kapitalausstattung sichern sollen.

Einer der wichtigsten Finanzierungsgrundsätze ist dabei die Beachtung der „**Goldenen Finanzierungsregel**". Sie verlangt, dass langfristig genutzte Vermögensgegenstände auch langfristig finanziert werden, kurzfristig im Betrieb verbleibende Vermögensgegenstände dagegen kurzfristig finanziert werden.

## Investition

*Der Investitionsbereich beinhaltet alle Maßnahmen zur Bindung finanzieller Mittel bzw. zur Anlage von Kapital in Vermögen bzw. Geldkapital. Ziel von Investitionen ist es, neue Gewinne oder höhere Gewinne zu erwirtschaften.*

**Die Investitionsanlässe** können verschieden sein:

| | |
|---|---|
| **Gründungsinvestitionen** | Sie sind erforderlich bei der Neugründung einer Unternehmung und beziehen sich vorwiegend auf das Anlagevermögen. |
| **Ersatzinvestitionen** | Sie fallen an, wenn alte Anlagegegenstände verbraucht sind und durch neue ersetzt werden müssen. |
| **Erweiterungsinvestitionen** | Sie dienen der Ausweitung der betrieblichen Kapazitäten in verschiedenen Bereichen, z. B. Produktion oder Absatz. |
| **Rationalisierungsinvestitionen** | Sie haben die Erhöhung der Produktivität und Anpassung der betrieblichen Einrichtungen an den technischen Fortschritt zum Inhalt. |

Sonstige Investitionen dienen der Forschung und Entwicklung, der Werbung, sozialen Zwecken oder der Umstellung des Betriebes.

Nach der **Art der Investitionen** lassen sich unterscheiden:

| | |
|---|---|
| **Sachanlageinvestitionen** | - Anlageinvestitionen für Betriebsmittel, wie Gebäude oder Maschinen<br>- Vorratsinvestitionen für Werkstoffe und Erzeugnisse, z. B. Rohstofflager |
| **Finanzanlageinvestitionen** | - Investitionen in Beteiligungen an anderen Unternehmen<br>- Investitionen in Forderungen und sonstigen Rechten (z. B. Wertpapiere) |

**Prüfpunkte**
Jede Investition ist in die Zukunft gerichtet und legt damit langfristig finanzielle Mittel fest. Umso sorgfältiger ist deshalb bei jeder Investition zu prüfen,
- ob die Rückflüsse gesichert sind,
- ob der Zeitpunkt richtig gewählt ist,
- ob alle notwendigen Daten gründlich recherchiert sind,
- ab alle Berechnungen zur Wirtschaftlichkeit zufriedenstellende Ergebnisse gezeigt haben.

### 2.1.6 Controlling

Wie gesehen, kommt dem Rechnungswesen im Wesentlichen die Aufgabe zu, die Leistungsprozesse des Betriebes zu dokumentieren und deren Wirtschaftlichkeit zu berechnen und zu analysieren. Obwohl die Kosten- und Leistungsrechnung als internes Rechnungswesen die Aufgabe hat, die Kosten und Erlöse den Verursachern möglichst exakt zuzuordnen und festzustellen, welche Bereiche wirtschaftlich sind, fehlt dem Rechnungswesen in letzter Konsequenz die Fähigkeit, die richtigen Schlüsse daraus zu ziehen und der Unternehmensleitung die Informationen an die Hand zu geben, um das Unternehmen strategisch und operativ gewinnorientiert auszurichten. Diese Aufgabe erfüllt das Controlling.

*Das Controlling hat die Aufgabe, alle Unternehmensbereiche zu planen, zu steuern, zu koordinieren und zu kontrollieren und das Management auf allen Ebenen zielorientiert mit den notwendigen Informationen zu versehen. Dieser Bereich gilt neben dem Marketing als die zweite strategische Säule des unternehmerischen Führungssystems.*

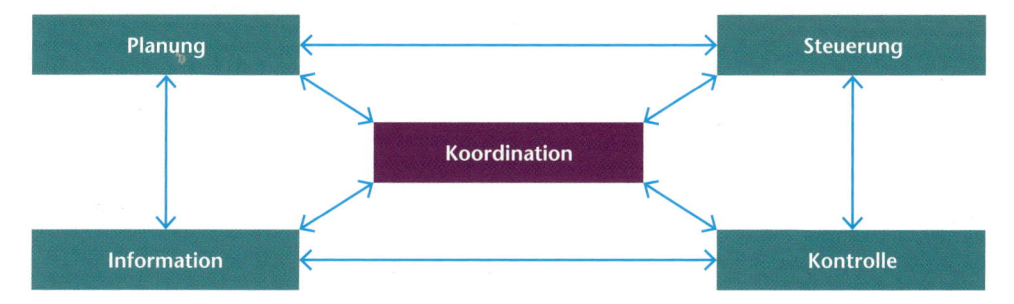

```
Planung  <--->  Steuerung
   ↕    ↘   ↙   ↕
       Koordination
   ↕    ↗   ↖   ↕
Information <---> Kontrolle
```

Der Begriff Controlling stammt von dem englischen Begriff „to control", was keineswegs nur mit „kontrollieren" übersetzt werden sollte, sondern weit umfassender mit Tätigkeiten wie „steuern" oder „regeln". Das Controlling unterstützt die Unternehmensleitung und nachgelagerte Führungsebenen bei der Planung und Umsetzung der unternehmerischen Aktivitäten.

Controller beraten das Management bei der Formulierung der Unternehmensziele und der Planung und Steuerung der Unternehmensprozesse. Sie tragen damit zwar eine Mitverantwortung für die Wirtschaftlichkeit und die Zukunft des Unternehmens, können diese jedoch nicht garantieren.

### 2.1.6.1 Ziele des Controllings

**Wichtige Ziele des Controllings sind**
- die Verbesserung der Gesamtunternehmensziele, z. B. Rentabilität oder Liquidität,
- die Ausrichtung des Unternehmens auf seine langfristige Sicherung,
- die Schaffung eines rechtzeitigen und umfassenden Informationsstands des Managements,
- die Entlastung der Unternehmensführung bei der Koordination der Unternehmensbereiche,
- die fundierte Entscheidungsfindung und -koordination.

### 2.1.6.2 Aufgaben des Controllings

**Planung**

*Planung ist die gedankliche Vorwegnahme dessen, was im Unternehmen zukünftig gewollt ist. Grundlage der Planung ist das Zielsystem der Unternehmung.*

Dabei haben die Ziele bestimmte Anforderungen zu erfüllen:
- Es muss sich um operationale Ziele handeln.
- Die Einzelziele müssen mit dem Unternehmensziel vereinbar (kompatibel) sein.
- Die Zielformulierung muss partizipativ, d. h. unter Mitwirkung der Mitarbeiter erfolgen.
- Die Zielvorgaben müssen realistisch sein, damit sie die Entscheidungsträger anspornen.

Das Controlling ist am Prozess der Zielbildung koordinierend beteiligt. Das so erhaltene Zielsystem bildet den Ausgangspunkt für die eigentliche Unternehmensplanung.

Von den Abteilungen werden die Pläne mit den Maßnahmen und Mitteln zur Erreichung der Ziele festgelegt. Das Controlling hat in diesem Zusammenhang die Aufgabe, alle organisatorischen Mittel für die Planung zur Verfügung zu stellen. Dazu gehören z. B. eine geeignete Planungssoftware, ein sinnvolles Formularwesen, ein Planungskalender und ein Planungshandbuch.

Das Controlling koordiniert die Planung verantwortlich und führt die Teilpläne zu Gesamtplänen zusammen. Dabei prüft es die Konsistenz und Plausibilität der eingereichten Teilpläne. Diese Interdependenz der Teilpläne besagt, dass sich die einzelnen Teilpläne aufeinander beziehen müssen, z. B. dürfen Absatz-, Produktions- und Kostenplan keine voneinander abweichenden Aussagen machen.

## Kontrolle

Wie oben bereits erwähnt, ist der Controller keinesfalls mit einem „Kontrolleur" gleichzusetzen, gleichwohl muss er die geplanten Werte mit den Ist-Werten vergleichen und die Abweichungen analysieren.

Die **Kontrollaufgaben** des Controlling beziehen sich demnach auf folgende Bereiche:
- Kontrolle während der Planerstellung
- Kontrolle des Informationsflusses im Unternehmen
- Kontrolle der Einhaltung der empfohlenen Gegenmaßnahmen
- Vergleich der Plan- mit den Istwerten am Ende einer betrachteten Periode (Ergebniskontrolle)

Die reine Berechnung der Abweichungen bringt natürlich noch keine tieferen Erkenntnisse. Deshalb gehört zur Kontrolle auch die **Abweichungsanalyse.** Dabei ist zu prüfen,
- welche Ursachen für die Abweichungen verantwortlich sind,
- welche Lösungswege zur Vermeidung dieser Abweichungen führen können und wie die – insbesondere negativen Ergebnisse – wieder aufgefangen werden können,
- welche Auswirkungen auf die bisher eingeleiteten Maßnahmen zu beobachten sind.

## Steuerung

Im Rahmen der Steuerung hat das Controlling dafür zu sorgen, dass der Geschäftsablauf systematisch durch Vergleich der Ist-Werte mit den geplanten Soll-Werten überwacht wird, und ggf. Maßnahmen zu ergreifen und Empfehlungen zu geben, damit die einzelnen Bereiche ihre Ziele auch erreichen. Zu den Steuerungselementen gehört deshalb z. B. auch ein Forecast bzw. eine Hochrechnung. Darunter ist die fortgeführte Planungsrechnung unter Berücksichtigung der bis zu einem bestimmten Zeitpunkt erreichten Ist-Werte zu verstehen.

*Beispiel:* Eine Hochrechnung für ein Jahr zum Zeitpunkt 1.10. beinhaltet die Ist-Werte bis zu diesem Zeitpunkt zuzüglich der Planwerte für den Rest des Jahres. Allerdings wäre das eine sehr vereinfachte Variante. Hat ein Bereich bis zu diesem Zeitpunkt seine Planwerte nicht erreicht, muss der Controller im Rahmen seiner Steuerungsfunktion darauf drängen, dass versucht wird, einen Teil der negativen Abweichungen im Rest des Planungszeitraums wieder auszugleichen, es sei denn, der betroffene Bereich lässt durchblicken, dass auch die Planzahlen für den Rest des Jahres nicht erreicht werden können.

Die Steuerungsfunktion des Controllings liegt darin, auf das zielorientierte Verhalten der Führungskräfte des Unternehmens mit Zahlen, Fakten und Empfehlungen Einfluss zu nehmen. An dieser Stelle bildet der Controller das Scharnier zwischen Unternehmensleitung und Führungskräften des Unternehmens.

*Das Management ist für die Ergebnisse von Produkten, Bereichen oder Projekten verantwortlich.*

*Der Controller ist für die Transparenz der erforderlichen Informationen und Daten verantwortlich.*

### Information

Der Controller hat die Aufgabe, das Management umfassend zu informieren. Dies erfolgt über ein systematisches und regelmäßiges Berichtswesen. Hierunter versteht man die regelmäßige Übermittlung von betriebswirtschaftlichen Steuerungsinformationen in strukturierter und komprimierter Form an die Führungskräfte. Grundlage des Berichtswesens ist das Rechnungswesen, dass die bilanziellen, kostenrechnerischen und statistischen Basisdaten liefert. Dieses Zahlenmaterial wird angereichert mit Kennzahlen, Analysen und Kommentaren. Die Berichte und Informationen sollen

- sachgerecht, überschaubar und wesentlich sein,
- nur von Bereichen handeln, die der Empfänger auch beeinflussen kann,
- entscheidungs- und problemorientiert aufbereitet sein,
- über die Zielerreichung und ggf. Ursachen möglicher Abweichungen Auskunft geben.

### Koordinaation

Mit der Funktion der Steuerung eng verbunden sind die Koordinationsaufgaben, die das Controlling zu leisten hat. Hier hat das Controlling die Aufgabe, die betriebswirtschaftlichen Führungselemente Zielsetzung, Planung, Entscheidung, Kontrolle und Steuerung zu koordinieren. Dem Controller kommt dabei eine starke Kommunikationsaufgabe zu: Er moderiert und gestaltet den Management-Prozess der Zielfindung, der Planung und Steuerung in der Weise, dass jeder Entscheidungsträger zielorientiert handeln kann.

## 2.1.7 Personalwesen

Menschliche Arbeit ist einer der drei Produktionsfaktoren. Sie ist jedoch von völlig anderen Einflussfaktoren abhängig als etwa Betriebsmittel und Werkstoffe. Vor dem Hintergrund, dass einschlägigen Untersuchungen zufolge nahezu die Hälfte aller arbeitenden Menschen in Deutschland die „innere Kündigung" gegenüber ihrem gegenwärtigen Arbeitgeber ausgesprochen hat, erfordert die Beschaffung und Betreuung dieses „lebenden" Produktionsfaktors eine besondere Sorgfalt.

### 2.1.7.1 Ziele des Personalwesens

**Die Ziele des Personalwesens**
liegen in einer Leistungsgesellschaft vorwiegend im wirtschaftlichen Bereich, je nach Ausrichtung des Unternehmens (Leitbild) aber durchaus auch im sozialen Bereich:

- **Wirtschaftliche Zielsetzung:** Unter diesem Aspekt hat das Personalwesen den Produktionsfaktor Arbeit so auszuwählen und einzusetzen, dass ein Höchstmaß an Effizienz menschlicher Arbeit erzielt wird. Ziel ist hier im Wesentlichen, die Personalkosten pro Einheit so niedrig wie möglich zu halten.

- **Soziale Zielsetzung:** Sie gebietet die Verbesserung der materiellen (z. B. Löhne, Altersversorgung) und immateriellen (z. B. humane Arbeitsbedingungen, sicherer Arbeitsplatz) Situation der Arbeitnehmer. Ihre Verfolgung wirkt eher langfristig, denn kaum ein Betrieb kann heute auf die Verfolgung sozialer Ziele völlig verzichten, will er nicht Gefahr laufen, dass die Mitarbeiter eine schlechte Leistung abliefern oder den Betrieb wechseln.

In diesem Zusammenhang ist es besonders wichtig, darauf hinzuweisen, dass Leistung und Arbeitszufriedenheit sich nicht gegenseitig ausschließen. Durch den geeigneten Einsatz positiver Führungsinstrumente (z. B. Personalentwicklung, Motivation von Mitarbeitern) können Mitarbeiter an ein hohes Leistungsniveau bei gleichzeitig hoher Zufriedenheit mit Arbeitsplatz und Arbeitgeber herangeführt werden.

### 2.1.7.2 Aufgaben des Personalwesens

**Personalplanung**

Die Personalplanung bildet die Grundlage des personalwirtschaftlichen Aufgabenfelds. Sie stellt sicher, dass dem Betrieb die für die Erfüllung der betrieblichen Aufgaben erforderlichen Mitarbeiter in quantitativer und qualitativer Hinsicht rechtzeitig zur Verfügung stehen.

**Personalbeschaffung**

Die Personalbeschaffung hat das im Rahmen der Personalplanung ermittelte Personal nach Menge und Qualifikation auszuwählen und rechtzeitig zur Verfügung zu stellen. Zu unterscheiden sind dabei die interne Personalbeschaffung aus dem vorhandenen Mitarbeiterstamm und die externe Personalbeschaffung vom offenen Arbeitsmarkt.

**Personaleinsatz**

Zu diesem Bereich personalwirtschaftlicher Aufgaben, die nicht direkt vom Personalwesen, sondern von den einzelnen Fachabteilungen geleistet werden, zählen alle Maßnahmen zur taggenauen Steuerung des Personaleinsatzes hinsichtlich Person, Ort und Zeit (z. B. die Personaleinsatzplanung).

### Personalbeurteilung

Die Personalbeurteilung, die ebenfalls nicht unmittelbar vom Personalbereich durchgeführt, von ihm jedoch maßgeblich eingeführt und gesteuert wird, umfasst alle Maßnahmen zur – sinnvollerweise – systematischen Bewertung der Leistungen von Mitarbeitern und zur Einschätzung ihres Leistungspotenzials. Sie dient u. a. der leistungsgerechten Entlohnung, der Personalentwicklung und des anforderungsgerechten Personaleinsatzes.

### Personalentwicklung

Dieser Bereich umfasst alle Maßnahmen, die zur Erhaltung und Verbesserung der Fähigkeiten der Mitarbeiter gehören. Dazu zählen Ausbildung, Weiterbildung, Fortbildung, Training, Coaching und Supervision. Gefördert werden sollen die verschiedenen Kompetenzbereiche der Mitarbeiter, wie Fachkenntnisse, Sozialkompetenz, Führungskompetenz etc.

### Personalentlohnung

Die Entlohnung stellt das Entgelt für die im Betrieb geleistete Arbeit dar. Sie ist der Preis für den Produktionsfaktor Arbeit und besteht aus dem Lohn und Gehalt sowie aus den Lohnnebenkosten (Arbeitgeberanteil zur Sozialversicherung, Lohnfortzahlung, betriebliche Altersversorgung).

### Personalbetreuung

Hierzu zählen alle Einrichtungen, Maßnahmen und Leistungen, die den Mitarbeitern über das vereinbarte Entgelt und die Lohnnebenkosten hinaus zukommen. Dazu zählen z. B. Sozialeinrichtungen wie Kantine, Werksarzt, Sozialarbeiter, Betriebssport oder psychologische Betreuung.

### Personalverwaltung

Die Aufgaben der Personalverwaltung betreffen vornehmlich die Anlage und Führung der Personalakten und Personaldateien, die Abwicklung von Vorgängen, die bei Einstellung, Betreuung und Ausscheiden von Mitarbeitern anfallen sowie der Erstellung von Personalstatistiken.

## 2.2 Zusammenwirken der betrieblichen Funktionen

Bei genauerer Betrachtung der einzelnen Funktionen eines Betriebes stellt man rasch fest, dass diese wie die Rädchen eines Getriebes ständig zusammenwirken. Veränderungen und Maßnahmen in einem Teilbereich des Betriebes wirken sich unmittelbar auf nahezu alle anderen Funktionsbereiche aus. So gesehen, handelt es sich bei einem Betrieb um ein **System**, das in die Volkswirtschaft eingebettet ist und über die Beschaffungs- und Absatzmärkte ständig mit anderen Betrieben in Verbindung steht.

*Beispiel 1: Eine technische Vorschrift, die sicherstellen soll, dass alle Tiefkühlkosterzeugnisse im Rahmen der Kühlkette eine Temperatur von minus 18 Grad nicht überschreiten dürfen, setzt sowohl bei den Herstellern von Tiefkühlkost als auch beim Groß- und Einzelhandel umfangreiche Aktivitäten* und Investitionen in Gang. Tiefkühltruhen müssen mit entsprechenden Thermostaten mit Warnfunktion ausgestattet werden, in den Lagern der Tiefkühlkosthersteller müssen entsprechende Vorrichtungen angebracht werden. Die Abteilungen Produktion, Logistik und Absatz sind mit diesen Aufgaben betraut. Die erforderlichen Investitionen müssen finanziert werden, sodass auch der Bereich Finanzwirtschaft involviert ist. Das Controlling muss gemeinsam mit der Beschaffung Wirtschaftlichkeitsberechnungen anstellen, um die günstigsten Systeme anzuschaffen. Die Rechnungen der gekauften Systeme müssen bezahlt und gebucht werden. Außerdem müssen u. U. die Abschreibungen für diese Systeme berechnet und gebucht werden.

**Beispiel 2:** Die in 2010 erfolgte Übernahme der Dresdner Bank durch die Commerzbank AG hatte in allen Unternehmensbereichen erhebliche Auswirkungen. Hier standen eine Reihe von wichtigen Entscheidungen an, zum Beispiel: Welche Zweigstellen werden geschlossen? (Liegenschafts- und Investitionsbereich) – Wie sollen Mitarbeiter und Führungskräfte zusammengeführt werden? (Personalbereich) – Wie werden die beiden Unternehmen bilanzmäßig zusammengeführt? (Rechnungswesen) – Welche Anstrengungen müssen unternommen werden, damit die Altkunden bleiben? (Absatzbereich) – Wie soll die Software der beiden Banken zusammengeführt werden? (IT-Abteilung)

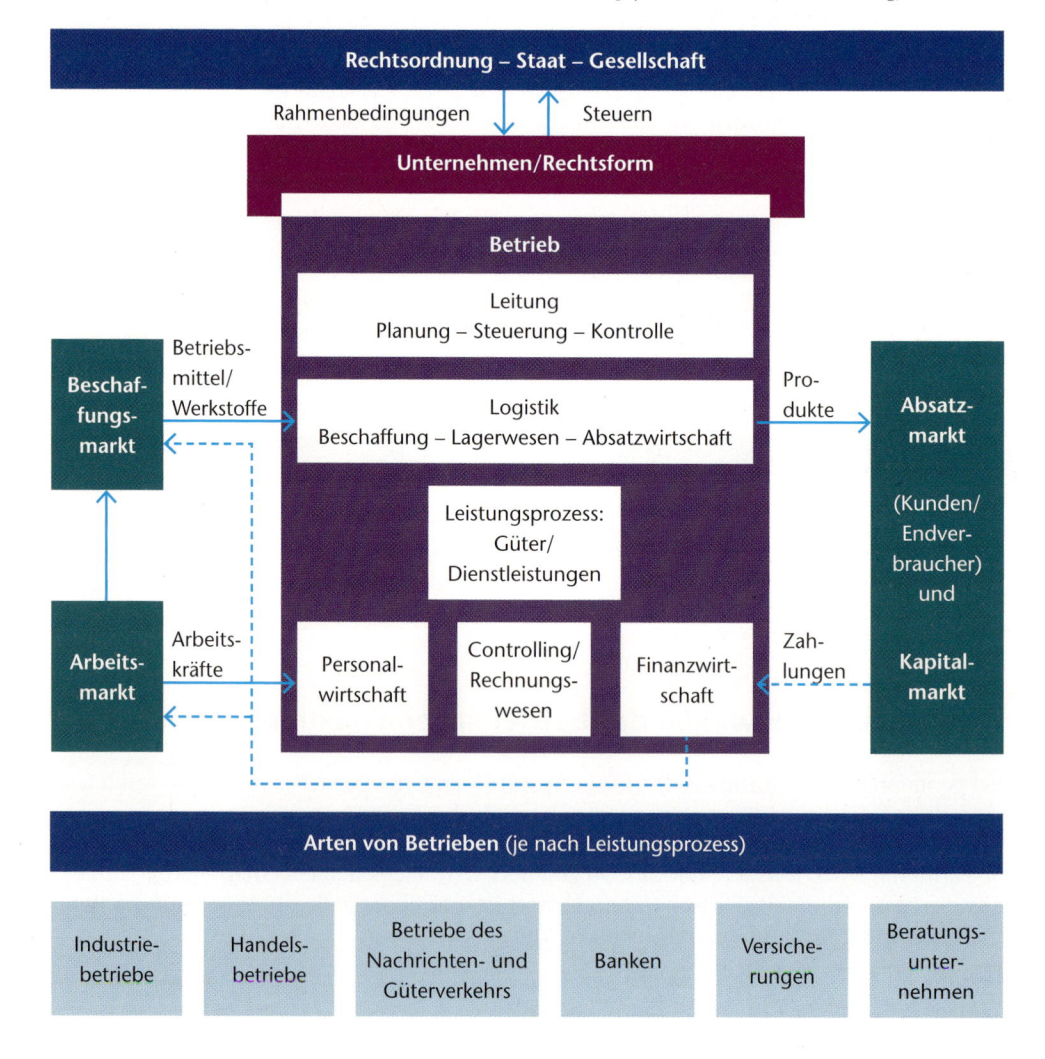

Die obige Darstellung macht Folgendes deutlich: Durch den Betrieb laufen drei Ströme, die von den jeweils zuständigen Bereichen mit den geeigneten Prozessen geplant und gesteuert werden:

- Der **güterwirtschaftliche Strom** beginnt bei der Beschaffung der Werkstoffe und Betriebsmittel, deren Einlagerung und/oder Bearbeitung im Leistungsprozess und deren Weiterleitung an den Kunden. Hierbei spielen die Logistik und der eigentliche Leistungsprozess (z.B. Fertigung, Erbringung von Dienstleistungen) eine wesentliche Rolle.

- Der **finanzwirtschaftliche Strom** läuft im Wesentlichen gegenläufig zum güterwirtschaftlichen Prozess: Der Betrieb erhält für die verkauften Güter und Dienstleistungen Zahlungen, die wiederum an die Mitarbeiter für Löhne und Gehälter ausbezahlt werden sowie an den Beschaffungsmarkt für Werkstoffe und Betriebsmittel gehen. Reichen die erhaltenen Zahlungen nicht aus, entsteht ein zusätzlicher Finanzbedarf, der vom Kapitalmarkt gedeckt werden kann. Diesen Strom steuert die Finanzwirtschaft.

- Der **Informationsstrom** wird sowohl von güterwirtschaftlichen als auch von finanzwirtschaftlichen Strömen ausgelöst und begleitet diese. Zuständig für die Bewältigung des Informationsstroms sind das Rechnungswesen, das Controlling, das Personalwesen, der IT-Bereich sowie die Leitung des Betriebes.

Ein zweiter Aspekt wird durch die aufgeführten Beispiele und die Grafik deutlich: Kein Betrieb kann isoliert existieren. Alle Betriebe sind über die Absatz- und Beschaffungsmärkte miteinander verknüpft und voneinander abhängig.

## Wiederholungsfragen

1. Stellen Sie sich ein Krankenhaus, einen Kiosk und einen Gartenbaubetrieb vor und nennen Sie fünf Gemeinsamkeiten dieser Wirtschaftssubjekte aus betriebswirtschaftlicher Sicht.
2. Was ist aus betriebswirtschaftlicher Sicht unter dem Begriff „Wertschöpfung" zu verstehen?
3. Was ist unter einer Wertschöpfungskette zu verstehen und wer ist innerhalb eines Betriebes daran beteiligt?
4. Beschreiben Sie die drei originären betrieblichen Produktionsfaktoren.
5. Welche Aufgaben erfüllt der dispositive Faktor?
6. Was versteht man unter der Kombination der Produktionsfaktoren?
7. Nennen Sie drei Ziele der Produktion.
8. Jemand sagt: „Fertigung, das ist doch das gleiche wie Produktion." – Nehmen Sie dazu Stellung.
9. Nennen Sie drei Teilaufgaben/Bereiche der Produktion.
10. Beschreiben Sie die Aufgaben der Produktionsplanung und der Produktionskontrolle.
11. Wodurch unterscheiden sich das Absatzprogramm und das Produktionsprogramm eines Betriebes?
12. Was ist die grundlegende Aufgabe der Logistik?
13. Welche Teilbereiche der Logistik werden unterschieden?
14. Was versteht man unter der „logistischen Kette"?
15. Beschreiben Sie die drei Ziele der Logistik.
16. Grenzen Sie die Produktionslogistik und die Absatzlogistik voneinander ab, indem Sie deren wesentliche Aufgaben skizzieren.
17. Erläutern Sie anhand eines Beispiels die Aufgaben der Entsorgungslogistik.
18. Jemand behauptet: „Logistik und Transport- bzw. Lagerwesen, das ist doch ein und dieselbe Sache!" – Widersprechen Sie mit geeigneten Argumenten.
19. Erläutern Sie ausführlich die Aufgaben des Funktionsbereichs „Marketing".
20. Was sind die wesentlichen Ziele des „Marketing"?
21. Erläutern Sie die Bedeutung des Funktionsbereichs „Marketing" für ein Unternehmen.
22. Skizzieren Sie in Grundzügen das absatzpolitische Instrumentarium.
23. Welche Aufgaben hat die Kommunikationspolitik?
24. Was versteht man unter der „Kontrahierungspolitik"?
25. Welche Aufgaben hat das Rechnungswesen in einem modernen Unternehmen?
26. Unterscheiden Sie die Begriffe „externes Rechnungswesen" und „internes Rechnungswesen" anhand je einer wesentlichen Aufgabe.

27. Skizzieren Sie die Unterschiede von Rechnungswesen und Controlling.

28. Warum gewinnt das Controlling als Funktion zunehmende Bedeutung in mittelständischen und kleinen Betrieben?

29. Beschreiben Sie die Kernaufgaben des Controllings.

30. Nennen Sie wesentliche Aufgaben des Funktionsbereichs „Personal".

31. Warum ist ein gutes Personalwesen auch ein strategischer Erfolgsfaktor für ein Unternehmen?

32. Nennen und erläutern Sie die Ziele der Finanzwirtschaft.

33. Welche Aufgaben erfüllt die Finanzwirtschaft in einem Unternehmen?

34. Beschreiben Sie den Zusammenhang zwischen den Begriffen Finanzierung und Investition.

35. Erläutern Sie anhand eines Beispiels aus Ihrer betrieblichen Praxis das Zusammenwirken der betrieblichen Funktionen.

# 3 Existenzgründung und Unternehmensrechtsformen

In Deutschland mussten im Jahr 2010 insgesamt 32.000 Unternehmen Insolvenz anmelden. Fragt man Insolvenzverwalter und Unternehmensberater nach den häufigsten Ursachen dafür, so werden in Umfragen immer wieder die folgenden drei Gründe genannt:

- Auftragseinbrüche infolge konjunktureller oder branchenbedingter Entwicklungen;
- zu geringe Eigenkapitalbasis und/oder eine restriktive Kreditvergabepraxis der Banken;
- mangelnde persönliche Eignung sowie fehlende Markt- oder Managementkenntnisse der Unternehmensgründer.

Aus den genannten Gründen ist es sinnvoll, die Voraussetzungen für die Gründung eines Unternehmens gründlich zu prüfen und sich die einzelnen Schritte, die zur Gründung eines Unternehmens führen genau zu überlegen.

## 3.1 Voraussetzungen der Existenzgründung

### 3.1.1 Wirtschaftliche Voraussetzungen

Die Erfüllung der wirtschaftlichen Voraussetzungen soll dazu beitragen, dass die investierten Mittel richtig angelegt sind und dem Unternehmen eine sichere Basis für zukünftig erfolgreiches Handeln geschaffen wird. Die Wirtschaftlichkeit eines Unternehmens hängt dabei von verschiedenen Faktoren ab.

#### 3.1.1.1 Marktchancen

Es steht außer Frage, dass ein Unternehmen vornehmlich in einem Markt gegründet werden sollte, in dem die Ertragsaussichten gut sind. So dürfte ein neu gegründetes Unternehmen nur geringe Zukunftsaussichten haben, wenn es Güter und Dienstleistungen für einen Markt erstellen will, in dem ein hoher Sättigungsgrad besteht. Es gilt also, Märkte aufzuspüren, die durch hohe zukünftige Wachstumsraten gekennzeichnet sind, oder in herkömmlichen Märkten mit neuen kreativen Konzepten Erfolge zu erzielen. Besonders wichtig sind dabei auf den weitgehend gesättigten Märkten heutiger Prägung (= Käufermärkte) die Wünsche und Ansprüche der Kunden. Auf diese Weise können selbst in traditionellen und gesättigten Märkten noch Marktnischen aufgespürt werden. So können sich Kunden von einer guten Beratung, einem freundlichen Umgang und einem umfangreichen Serviceangebot überzeugen lassen; dies können Erfolgsfaktoren für ein neu zu gründendes Unternehmen sein.

*Beispiel:* Derzeit dürfte die Investition von Kapital in einem Markt für traditionelle Küchengeräte (Kochherde, Kühlschränke) nicht lohnenswert sein. Einige große, international operierende Hersteller teilen diesen Markt unter sich auf. Hingegen dürften Investitionen in aktuell wachsende Märkte (z. B. regenerierbare Energien, Dienstleistungen und Produkte für ältere Menschen) lohnender erscheinen.

### 3.1.1.2 Wettbewerbsfähigkeit

Eng mit der Frage des Marktes ist die Frage nach dem Wettbewerb in diesem Markt verbunden. Ein Markt, in dem der Konkurrenzdruck bereits sehr groß ist oder den wenige Anbieter unter sich aufgeteilt haben, lohnt sich zumeist nicht. Die Wettbewerbsfähigkeit hat aber nicht nur mit der realen Marktsituation zu tun, sondern auch mit der fachlichen Eignung, der Kreativität des Unternehmensgründers und seiner Mitarbeiter und auch mit den vorhandenen Geschäftsbeziehungen.

*Beispiel:* Jemand, der ein Reisebüro eröffnet – ein Markt, der insbesondere durch das Internet stark unter Druck geraten ist –, sollte in diesem Tätigkeitsfeld gelernt oder zumindest einige Jahre gearbeitet haben, damit die Sachkenntnis für dieses Geschäft vorliegt. Zudem sollte er ein besonderes Serviceangebot haben, dass es für die Kunden attraktiver macht, ihre Reisen in diesem Reisebüro und nicht selbst im Internet zu buchen.

### 3.1.1.3 Kapitalbedarf und Finanzierung

Wer ein Unternehmen gründen will, kommt um die Frage nach der Finanzierung nicht herum. Die Bandbreite erstreckt sich hier von einem sehr geringen Kapitalbedarf (z. B. bei einem Kiosk oder einem Büroservice) bis zu vielen Millionen Euro (z. B. in der Automobil- oder Chemiebranche). Zum Kapitalbedarf gehören
- die Gründungskosten,
- der Investitionsbedarf für die Anlagen und Einrichtungen,
- der Anfangsbestand an Waren sowie
- der Bedarf an flüssigen Mitteln für den Beginn des laufenden Geschäftsbetriebes.

*Beispiel:* Jemand will ein Textilgeschäft mit einem besonderen Sortiment gründen. Die Berechnung des Kapitalbedarfs ergibt folgende Daten:

| | |
|---|---|
| Gründungsaufwand | 5.000,00 EUR |
| + Investitionsbedarf für die Ladeneinrichtung | 60.000,00 EUR |
| + Anfangsbestand an Waren | 80.000,00 EUR |
| + vorzufinanzierende Aufwendungen im ersten Quartal (Personalkosten, Miete) | 120.000,00 EUR |
| = Gesamtbedarf | 265.000,00 EUR |

*Diese Summe ist vom Gründer durch Eigen- und Fremdkapital aufzubringen.*

Steht der Kapitalbedarf fest und weiß der Unternehmensgründer, über welche Eigenmittel er verfügt, geht es an die Finanzierung der Restsumme. An dieser Stelle sind gleich mehrere Hürden zu überwinden und verschiedene Kreditgeber zu überzeugen. Diese sind in der Regel:

- ein oder zwei Kreditinstitute mit langfristigen Darlehen sowie einer kurzfristig konzipierten Kreditlinie (Dispositionskredit);

- die Lieferanten, die die Warenlieferungen mit kurz- bis mittelfristigen Zahlungszielen versehen und auf diese Weise einen Warenkredit zur Verfügung stellen;
- Private Equity-Unternehmen, die sich durch die Zurverfügungstellung von Risikokapital am Unternehmen beteiligen, wenn die Geschäftsidee überzeugt und die Zukunftsaussichten günstig sind;
- staatliche oder halbstaatliche Fördereinrichtungen, die zinslose oder mit niedrigen Zinsen versehene Mittel zur Verfügung stellen.

In diesem Zusammenhang spielen natürlich auch die für die Kredite zu gewährenden Sicherheiten eine wesentliche Rolle. Denn keine Bank gibt einem Unternehmensgründer einen Kredit nur für eine gute Idee oder ein interessantes Konzept.

*Beispiel: Die Finanzierung der 265.000,00 EUR aus dem vorigen Beispiel könnte wie folgt aussehen:*

| | |
|---|---|
| *Eigenkapital (Spareinlagen, Festgelder etc.)* | *70.000,00 EUR* |
| *Stille Beteiligung des Vaters des Inhabers zur Überbrückung der Finanzierungsengpässe im ersten Geschäftsjahr* | *50.000,00 EUR* |
| *Langfristiges Darlehen der Hausbank, abgesichert durch die Sicherungsübereignung der gesamten Ladeneinrichtung* | *60.000,00 EUR* |
| *60 Tage Zahlungsziel des Hauptlieferanten für seine Lieferungen unter Berücksichtigung eines vereinbarten Eigentumsvorbehalts* | *60.000,00 EUR* |
| *Kurzfristige Kreditlinie der Hausbank, abgesichert durch die Bürgschaft eines Freundes* | *25.000,00 EUR* |
| *Summe* | *265.000,00 EUR* |

### 3.1.1.4 Bestimmung des Standorts

Die Festlegung des ständigen Geschäftssitzes, der Produktion, der Lagerhaltung sowie der möglichen Filialen oder Niederlassungen hängt von verschiedenen Standortfaktoren ab.

**Inputbezogene Faktoren**

Diese auf den Einsatz der Produktionsmittel bezogenen Faktoren schaffen zunächst einmal die Grundvoraussetzungen für die Produktion und die Beschaffung der Produktionsfaktoren.

*Beispiele: geeignete Gewerbeflächen, Arbeitsmarktbedingungen, Beschaffungsmöglichkeiten, Versorgung mit Energie und fremden Dienstleistungen, Verkehrsverbindungen und staatliche Leistungen (Infrastruktur), Gewerbesteuerhebesätze*

**Leistungsbezogene Faktoren**

Diese beziehen sich auf die aktuellen Produktionsbedingungen und deren Umfeld.

*Beispiele: Klimatische Bedingungen sind wichtig für die Land- und Forstwirtschaft, technologische Bedingungen sind wichtig für den Maschinenbau und die Elektroindustrie, politische Stabilität ist z. B. wichtig bei Investitionen in Entwicklungsländern.*

## Outputbezogene Faktoren

Diese Faktoren beziehen sich vorwiegend auf den Absatz und alle damit zusammenhängenden Fragen.

*Beispiele:* Nähe zum Absatzmarkt, Kundendichte, vorhandene Absatzmittler (z. B. Einzelhandel/ Großhandel) und Absatzhelfer (Handelsvertreter, Makler), bestehender Wettbewerb vor Ort, staatliche Absatzhilfen, Verkehrsanbindungen

## Ausschlaggebende Faktoren

Für bestimmte Branchen und Betriebe gibt es Einflussgrößen, die für die Standortwahl ausschlaggebend sind.

*Beispiele:* Die Absatzorientierung und damit die Kundennähe in Bezug auf vorhandene Kunden ist sehr wichtig für den Einzelhandel. Fragen der Höhe der Grundstücksmieten oder der Beschaffung geeigneter Arbeitskräfte spielen hier eine nachgeordnete Rolle. Gut ausgebildete Arbeitskräfte spielen hingegen für die hochtechnische Industrie und IT-Betriebe eine herausragende Rolle. Für den Tourismus steht wiederum die Landschaftsorientierung im Vordergrund. Bei der Standortentscheidung müssen deshalb die einzelnen Faktoren entsprechend ihrer Bedeutung angemessen berücksichtigt werden. Die Entscheidung wird in der Regel durch eine geeignete Entscheidungstechnik getroffen, wenn mehrere Standorte zur Auswahl stehen, z. B. durch eine Entscheidungsmatrix oder eine Nutzwertanalyse.

*Beispiel:* Für einen großen Möbelmarkt, der in einer Region mehrere Standorte angeboten bekommen hat, könnten nachstehende Standortfaktoren ausschlaggebend sein. In Klammern sind die Gewichtungsfaktoren genannt, mit denen der Möbelmarkt die Punkte in den einzelnen Kategorien bewertet.
- *Preis je m² Boden (6)*
- *Größe des Grundstücks (8)*
- *Anzahl potenzieller Kunden im Einzugsgebiet von 30 km Radius (10)*
- *Anzahl Mitbewerber im Einzugsgebiet (8)*
- *Entfernung zur nächsten Autobahnauffahrt (7)*
- *Gewerbesteuerhebesatz der Gemeinde (5)*

### 3.1.2 Rechtliche Voraussetzungen

#### 3.1.2.1 Gewerbefreiheit

Grundsätzlich besteht in Deutschland aufgrund der Gewerbeordnung die Gewerbefreiheit. Sie ergibt sich zwingend logisch aus dem grundgesetzlich garantierten Recht der Berufsfreiheit.

> **Art. 12, Abs. 1 Grundgesetz (GG):**
>
> Alle Deutschen haben das Recht, Beruf, Arbeitsplatz und Ausbildungsstätte frei zu wählen. Die Berufsausübung kann durch Gesetz oder auf Grund eines Gesetzes geregelt werden.

> **§ 1 (1) Gewerbeordnung (GewO):**
> 
> Der Betrieb eines Gewerbes ist jedermann gestattet, soweit nicht durch dieses Gesetz Ausnahmen oder Beschränkungen vorgeschrieben oder zugelassen sind.

Das bedeutet, dass jede Person an jedem Ort und zu jeder Zeit im Rahmen der gesetzlichen Bestimmungen einer wirtschaftlichen Betätigung nachgehen kann. Die Gewerbefreiheit ist damit eine der fundamentalen Grundlagen der sozialen Marktwirtschaft.

Die ökonomische Konsequenz der Gewerbefreiheit ist die freie Konkurrenz bei möglichst freiem Marktzugang. Letzterer wird – aufgrund offensichtlich notwendiger Begrenzungen – in drei Stufen eingeteilt:
- freier und einfacher Marktzutritt, z. B. für ein Textilgeschäft,
- beschränkter Marktzutritt, z. B. für eine Apotheke,
- geschlossener Marktzutritt, z. B. für Einrichtungen mit hoheitlichem Charakter.

**Ausnahmen von dem Grundsatz der Gewerbefreiheit** ergeben sich damit aus

- der **Erlaubnispflicht**, die für zahlreiche Gewerbe eine Erlaubnis der zuständigen Behörde voraussetzt, so z. B. für das Betreiben gefährlicher Anlagen, den Handel mit frei verkäuflichen Arzneimitteln, den Betrieb privater Krankenanstalten oder Krankenpflege, die Herstellung und den Handel von Waffen, die Arbeitnehmerüberlassung, für Finanzdienstleister und Anlageberater, für Inkassobüros und für die Durchführung von Auktionen;
- der **Nachweispflicht für Sachkunde und Zuverlässigkeit**, die darüber hinaus bei einigen Berufen verlangt wird, z. B. bei dem Betrieb einer Gaststätte oder eines Lebensmitteleinzelhandels;
- den **fachlichen Voraussetzungen**, die z. B. im Handwerk vorsehen, dass nur ein Meister berechtigt ist, einen Ausbildungsbetrieb im Handwerk zu führen.

Die Gewerbeerlaubnis kann entzogen werden, wenn eine Person durch Missbrauch der Gewerbefreiheit oder durch nachhaltige Unzuverlässigkeit negativ aufgefallen ist. Wird ein Gewerbetreibender als unzuverlässig eingestuft, droht ihm die Gewerbeuntersagung bzw. der Entzug der Gewerbeerlaubnis durch die zuständige Behörde. Gründe, die eine Unzuverlässigkeit nahelegen, sind z. B. hohe Steuerschulden, nicht ordnungsgemäß abgeführte Sozialversicherungsbeiträge oder die nachhaltige Nichteinhaltung von Arbeitnehmerschutzvorschriften.

Aufsichtsbehörde ist das Gewerbeaufsichtsamt, das auch für die Überwachung der Arbeitssicherheit und andere Fragen zuständig ist.

### 3.1.2.2 Anmeldung des Gewerbes

In Deutschland ist trotz der Gewerbefreiheit jede Aufnahme einer selbstständigen Tätigkeit nach § 14 GewO anzeigepflichtig. Dies gilt auch für die Übernahme eines bestehenden Gewerbebetriebes oder die Eröffnung einer Niederlassung oder Filiale. Von dieser Pflicht sind allerdings Freiberufler (z. B. Architekten, Seminaranbieter), landwirtschaftliche Betriebe sowie die Vermietung und Verpachtung eigener Gebäude oder Grundstücke ausgenommen. Die Genehmigung muss zwingend erteilt werden, sofern keine Gründe dem entgegenstehen.

### 3.1.3 Persönliche Voraussetzungen

Wie zu Beginn des Kapitels bereits erwähnt, spielt die persönliche Eignung eine wesentliche Rolle für den Erfolg einer Unternehmensgründung. In der Person des Gründers müssen sich verschiedene Kompetenzen bündeln, um erfolgreich zu sein.

#### 3.1.3.1 Fachliche Kompetenz

Es ist unmittelbar einleuchtend, dass derjenige, der in einer bestimmten Branche ein Unternehmen gründet, dazu fachlich geeignet sein sollte. Die fachliche Eignung bezieht sich insbesondere auf

- die eigene Berufsausbildung in kaufmännischer und/oder technischer Hinsicht,
- die Kenntnisse über den Markt, seine aktuellen Bedingungen und seine zukünftige Entwicklung,
- allgemeine Kenntnisse der Informationstechnologie und ggf. spezielle Kenntnisse einer wichtigen branchenspezifischen Software,
- die Bereitschaft, ständig dazuzulernen und fachliche Defizite durch Weiterbildung auszugleichen,
- die Bereitschaft, Beratung und Ratschläge kompetenter Ratgeber anzunehmen und umzusetzen (z. B. von Steuerberatern, Unternehmensberatern, öffentlichen Stellen).

#### 3.1.3.2 Unternehmerische Kompetenz

Unternehmer sind Führungskräfte, selbst wenn sie noch gar keine Mitarbeiter haben. Erst recht aber, wenn Mitarbeiter eingestellt werden, sollte der Unternehmensgründer über folgende Fähigkeiten verfügen:

- seinen Mitarbeitern und seinem Unternehmen realistische Ziele setzen;
- für die Zielsetzungen folgerichtige Maßnahmen zu planen;
- bei Handlungsalternativen Entscheidungen treffen und die Verantwortung dafür übernehmen;
- eigene Ideen und Vorstellungen entwickeln;
- Ideen der Mitarbeiter vorurteilsfrei abwägen und sie dazu ermuntern, Verbesserungsvorschläge zu machen;
- die Realisierung der geplanten Maßnahmen, Ideen und Pläne hartnäckig vorantreiben;
- Aufgaben an Mitarbeiter delegieren und auf deren Fähigkeiten vertrauen können;
- Kontrollen durchführen, wo dies notwendig ist, und bei Verfehlungen von Mitarbeitern konsequent reagieren (Konfliktfähigkeit).

### 3.1.3.3 Persönliche Kompetenz

Erfolg ist jedoch nicht nur von fachlichen und unternehmerischen Fähigkeiten abhängig. Von vielen erfolgreichen Unternehmensgründern ist bekannt, dass ihnen sowohl von Mitarbeitern als auch von Kunden höchste Wertschätzung entgegengebracht wurde, weil sie über eine starke positive Ausstrahlung verfügten. Die persönliche Kompetenz eines Unternehmers macht sich an verschiedenen Punkten fest. Er sollte

- über ein hohes Maß an Selbstdisziplin, Zielstrebigkeit und Risikobewusstsein verfügen,
- körperlich fit und gesund sein, um die möglichen Belastungen aushalten zu können,
- bereit sein, überdurchschnittlich viel zu arbeiten und für die Zeit der Gründungsphase persönliche Hobbys, Freundschaften, Familie und Urlaub hintanzustellen,
- psychisch so stabil sein, dass Rückschläge und Enttäuschungen verkraftet bzw. als neue Herausforderungen angenommen werden,
- die Spielregeln einer positiven Kommunikation kennen, z. B. aktiv zuhören können und immer möglichst sachlich argumentieren,
- wertschätzend und doch gleichzeitig selbstbewusst auftreten können,
- in der Lage sein, selbstkritisch die eigenen Schritte zu überdenken und Kritik von anderen Personen entgegenzunehmen und diese zu würdigen,
- bereit sein, eigene Fehler zuzugeben und die Fehler seiner Mitarbeiter sachlich und zukunftsbezogen zu besprechen und zu bewerten.

> *Wiederholungsfragen*
>
> 1. Welche wirtschaftlichen Überlegungen sollten vor der Gründung eines Unternehmens angestellt werden? Nennen Sie vier Bereiche.
> 2. Nennen Sie je zwei wichtige Standortfaktoren für
>    a) ein Schuhfachgeschäft,
>    b) einen großen Möbelmarkt,
>    c) einen Hersteller für Präzisions-Chronometer,
>    d) ein Hotel.
> 3. Was bedeutet Gewerbefreiheit, und welche Ausnahmen gibt es davon?
> 4. Worin zeigt sich die fachliche Kompetenz eines Unternehmensgründers?
> 5. Grenzen Sie die unternehmerische und die persönliche Kompetenz eines Existenzgründers voneinander ab.

## 3.2 Gründungsphasen

Die Gründung eines Unternehmens sollte in eher seltenen Fällen spontan und ungeplant erfolgen. Aus den eingangs erwähnten Insolvenzgründen empfiehlt es sich, die Unternehmensgründung in verschiedenen Phasen durchzuführen. Dabei sollten die folgenden Schritte wohlüberlegt sein.

### 3.2.1 Geschäftsidee

Die Motive, warum sich jemand selbstständig machen und ein Unternehmen gründen will, sind vielfältig. So kann eine echte neue „Geschäftsidee" entstehen, wenn jemand einen wesentlichen Mangel an Produkten oder Dienstleistungen in einem Markt entdeckt hat.

*Beispiel: Menschen, die keinen Pkw besitzen, mieten regelmäßig kurzfristig ein Auto; andere Menschen nennen einen PKW ihr eigen, möchten jedoch die Fixkosten durch kurzfristige Vermietung senken. Dies hat zu der Idee des gewerbsmäßigen „Private Carsharing" via Internet geführt.*

Andererseits kann es sein, dass jemand sich selbstständig machen will, einfach, weil er oder sie nicht mehr abhängig beschäftigt sein will. Dann fehlt allerdings noch die eigentliche Geschäftsidee. Es kann dann sinnvoll sein, die eigene Branche genau zu analysieren, um ein Geschäftsfeld zu entdecken, das zwar in die Branche passt, auf das jedoch bisher noch niemand gestoßen ist oder das die großen Anbieter vernachlässigen, weil es sich für sie nicht lohnt. Durch Spezialisierung wird hier eine neue Geschäftsidee geboren.

*Beispiel: Zwei junge Unternehmer übernehmen es für den Automobilhandel der Region, Pkw vom Hersteller komplett verkaufsfähig zu machen, d.h. zu entwachsen, zu kontrollieren und die behördliche Anmeldung vorzunehmen.*

Was aber ist zu tun, wenn jemand keine zündende Geschäftsidee hat, aber unbedingt selbstständig arbeiten will? Hier könnte der Einstieg in ein Franchising-Unternehmen sinnvoll sein.

*Beispiel: Der Abteilungsleiter Informationstechnik eines Warenhauses erwirbt die Lizenz für einen Computerladen eines Franchising-Unternehmens.*

Als letzte Möglichkeit bietet sich für einen „Gründer" die Möglichkeit, ein bestehendes Unternehmen zu übernehmen, weil die bisherigen Inhaber aufgeben wollen, z.B. weil der Nachwuchs fehlt.

### 3.2.2 Beratung

Es erscheint unmittelbar einsichtig, dass nicht jeder zukünftige Unternehmer über alle Aspekte einer Unternehmensgründung und dessen weiteren Betrieb zu 100 Prozent Bescheid weiß. Er benötigt folglich gute Ratschläge und fachliche Unterstützung.

- Der erste Ansprechpartner hierfür ist die kommunale oder regionale Wirtschaftsförderung. Zumeist existiert dort eine Gründungsinitiative, mit der Kontakt aufgenommen werden sollte.
- Eine weitere Beratung und Vermittlung der erforderlichen Kenntnisse kann durch ein Gründungsseminar der IHK, der Handwerkskammer oder des zuständigen Verbands erfolgen.

- Weitere Beratungsmöglichkeiten ergeben sich, wenn die Geschäftsidee schon existiert, bei einem Berater der IHK, einem sogenannten „Business Angel" oder einem freien Unternehmensberater, der sich auf Existenzgründungen spezialisiert hat.

In jedem Fall sollte vor der Gründung geklärt werden, in welchen Bereichen und in welchem Umfang ein Beratungsbedarf besteht und welche Beratungsförderung bereitsteht.

### 3.2.3 Businessplan

*Der Businessplan (Geschäftsplan) ist die umfangreiche Darstellung eines unternehmerischen Vorhabens und baut auf der Geschäftsidee auf. Er besteht aus Angaben zu wesentlichen Bereichen des zu gründenden Unternehmens, wie Angaben zum Produkt, zu Vertrieb und Marketing sowie zu Organisation und Personal. Auch der Unternehmensgründer muss wesentliche Angaben zu seiner Person machen.*

Da es bei der Gründung im Wesentlichen um die Frage der Beschaffung von Finanzmitteln geht, ist der Finanzplan ein zentraler Bestandteil des Businessplans. Er enthält die Anfangsinvestitionen sowie eine Gegenüberstellung der erwarteten Kosten und Erlöse auf Basis der Produktions-, Personal- und Absatzpläne. Anhand dieser Zahlen kann die Wirtschaftlichkeit der Investition beurteilt werden. Der Businessplan ist die zentrale Unterlage im Gespräch mit Beratern, Institutionen, möglichen Kooperationspartnern, öffentlichen Geldgebern und Banken.

Die Vorteile eines Geschäftsplans liegen auf der Hand:

- Wer einen Businessplan erstellt, ist gezwungen, die gesammelten Fakten, Ideen und Pläne systematisch zu ordnen und zu überdenken. Dabei werden u. U. Defizite bei den notwendigen Informationen erkennbar, es tauchen mögliche Probleme und Hindernisse auf, was den Verfasser zwingt, zusätzliche Informationen einzuholen, neue Entscheidungen zu treffen und ggf. das ganze Vorhaben in Frage zu stellen, weil sich dessen Unmöglichkeit herausstellt.

- Ist der Businessplan fertig und in sich schlüssig, wird der Gründer seine Gesprächspartner leichter davon überzeugen können, dass er sein Vorhaben mit Nachhaltigkeit verfolgt.

- Der Businessplan ist – je nach Anteil des erforderlichen Fremdkapitals – eine wichtige Voraussetzung für die Finanzierung des Vorhabens. Denn nur wenn Wirtschaftlichkeit und Liquidität nachhaltig gewährleistet sind, werden die Investoren bereit sein, ihre Mittel zur Verfügung zu stellen.

- Ein in sich stimmiger Businessplan ist die beste Gewähr dafür, dass das Vorhaben auch gelingt, weil er für die beteiligten Gründer und ihre Mitarbeiter die Umsetzung einfacher macht.

- Der Erfolg kann später anhand eines Vergleichs zwischen dem Businessplan und dem erreichten Ist-Zustand kontrolliert werden. Auf der Basis der festgestellten Abweichungen lassen sich mögliche betriebliche Stellschrauben verändern oder Gegenmaßnahmen ergreifen.

- Ein „Best case"- und ein „Worst case"-Szenario in einem Businessplan helfen, die Risiken bei der Umsetzung der Geschäftsidee besser einzuschätzen.

Folgende Aspekte sind Bestandteile eines Businessplans:

| | |
|---|---|
| Zusammenfassung | Die Zusammenfassung sollte zu Beginn die wesentlichen Inhalte wiedergeben, denn ein ordentlich ausgearbeiteter Businessplan kann u. U. sehr umfangreich sein. Nicht jeder Gesprächspartner ist geneigt, dann alle Seiten durchzuarbeiten. Enthalten soll die Zusammenfassung:<br>– den Namen des zukünftigen Unternehmens,<br>– den oder die Namen des Gründers,<br>– die Geschäftsidee (Produkt/Dienstleistung) und ihre Besonderheit,<br>– die Erfahrungen und Kenntnisse des Gründers,<br>– den potenziellen und/oder bestehenden Kundenkreis,<br>– das Marketingkonzept in Stichworten,<br>– den Gesamtkapitalbedarf,<br>– das erwartete Umsatzvolumen für die ersten Jahre,<br>– Angaben zu den Mitarbeitern (Anzahl und Qualifikation),<br>– die Unternehmensziele für die ersten drei Jahre,<br>– die Risiken und Chancen des Vorhabens,<br>– den geplanten Startzeitpunkt. |
| Person des Gründers | Um die fachliche und unternehmerische Qualifikation des Gründers zu dokumentieren, werden hier folgende Angaben erwartet:<br>– Ausbildung, Studium, Abschlüsse, Zulassungen<br>– Berufserfahrungen im ausgeübten Beruf<br>– Erfahrungen in der Branche<br>– kaufmännische Kenntnisse, insbesondere im Rechnungswesen<br>– besondere Stärken, die den Gründer auszeichnen |
| Produkt/ Dienstleistung | Hier soll möglichst genau der Kern des Vorhabens, die Geschäftsidee und mit ihr das Produkt oder die Dienstleistung beschrieben werden:<br>– genaue Beschreibung des Produkts und/oder der Dienstleistung<br>– Besonderheiten des Produkts gegenüber bestehenden Produkten<br>– Entwicklungsstand des Produkts<br>– Voraussetzungen technischer Art, die bis zum Start des Unternehmens noch bewältigt werden müssen<br>– erforderliche Formalitäten (z. B. Zulassungen, Genehmigungen) |
| Marktübersicht/ Standort | **Kunden:**<br>– Beschreibung des Kundenkreises nach Alter, Geschlecht, Einkommen, Beruf und Region, Privat- oder Geschäftskunden<br>– Umsatzpotenzial des ausgewählten Kundenkreises<br>– Abhängigkeit von Großkunden<br>– Bedürfnisse/Probleme der Kunden<br>**Wettbewerb**<br>– Beschreibung der Wettbewerber nach Art und Größe<br>– Preise der Wettbewerber<br>– Stärken und Schwächen der Wettbewerber<br>– eigene Stärken und Schwächen gegenüber den Wettbewerbern<br>**Standort**<br>– Beschreibung des Standorts<br>– Gründe für die Standortentscheidung<br>– Vor- und Nachteile des Standorts<br>– zukünftige Entwicklung des Standorts |

| | |
|---|---|
| **Marketing** | **Preis**<br>– verfolgte Preisstrategie (Hoch-, Niedrig- oder Mittelpreisstrategie)<br>– Gründe für diese Strategie<br>Kalkulationsgrundlagen<br><br>**Vertrieb**<br>– Absatzpläne nach Produktgruppen, Kundenkreisen, Regionen<br>– geplante Vertriebspartner (Absatzmittler, Absatzhelfer)<br>– Kosten des Vertriebs<br><br>**Kommunikation**<br>– Art und Umfang der Werbemaßnahmen<br>– Public Relations und Corporate Identity<br>– Kosten der Werbemaßnahmen |
| **Rechtsform/ Organisation/ Personal** | **Rechtsform**<br>– Angabe der Rechtsform<br>– Begründung, warum diese Rechtsform gewählt wurde<br><br>**Organisation**<br>– geplante Organisationsform<br>– Festlegung von Zuständigkeiten<br>– Planung von Arbeitsabläufen<br><br>**Mitarbeiter**<br>– Personalplan nach Art und Umfang<br>– benötigte Qualifikationen der Mitarbeiter<br>– geplante Schulungsmaßnahmen |
| **Chancen und Risiken** | – „Best case"-Szenario: Nennung der größten Chancen, die die weitere Entwicklung des Unternehmens positiv beeinflussen könnten<br>– „Worst case"-Szenario: Nennung der wichtigsten Probleme und der größten Störfaktoren, die die weitere Entwicklung des Unternehmens beeinträchtigen könnten |
| **Finanzierung** | **Lebenshaltungskosten/persönlicher Finanzbedarf**<br>– monatliche/jährliche Lebenshaltungskosten des Gründers<br>– mögliche Reserve für unvorhergesehene Ereignisse (Rücklage)<br><br>**Kapitalbedarfsplan**<br>– Bedarf für Anschaffungen und Vorlaufkosten<br>– Liquiditätsreserve während der Startphase<br>– Angebote und Kostenvoranschläge für die Investitionsplanung<br><br>**Finanzierungsplan**<br>– geplanter Eigenkapitalanteil und dessen Quellen (Belege?)<br>– zu bietende Sicherheiten<br>– benötigtes Fremdkapitalbedarf und dessen geplante Quellen<br>– Förderprogramme, die für das Unternehmen in Frage kommen<br>– mögliche Investoren (stille Teilhaber oder andere Beteiligungen)<br>– Angaben über geplantes Leasing und dessen Konditionen |

| Finanzierung | **Liquiditätsplan (aufgeteilt in eine Monats- und eine Jahresplanung)** |
|---|---|
| | – Einzahlungen aus den Umsatzerlösen |
| | – Ausgaben für Material, Personal, Miete u. a. |
| | – Ausgaben für Investitionen |
| | – Kapitaldienst gegenüber Gläubigern (Tilgung und Zinsen) |
| | – Liquiditätsreserve |
| | **Ertragsvorschau/Rentabilitätsrechnung (für drei Jahre)** |
| | – Umsatzerlöse |
| | – Kosten für Material, Personal, Miete etc. |
| | – Schätzung des möglichen Gewinns |
| | – Vergleich dieser Zahlen mit Branchenangaben |
| notwendige Unterlagen | Um einen großen Teil der Daten des Businessplans zu belegen, sollten eine Reihe von Unterlagen beigefügt werden: |
| | – tabellarischer Lebenslauf des Gründers |
| | – Entwurf des Gesellschaftsvertrages/der Satzung |
| | – Angebote von Investitionen/Leasingangebote |
| | – Entwurf eines notwendigen Miet- oder Pachtvertrags |
| | – Marktanalysen und Branchenkennzahlen des Verbands |
| | – Stellungnahmen oder Gutachten (z. B. von der IHK) |
| | – Beleg der Sicherheiten |

### 3.2.4 Umsetzung des Businessplanes

Wenn die Vorgespräche mit Banken, Handelspartnern und möglichen anderen Investoren positiv verlaufen sind, steht der Realisierung des Businessplans nichts mehr im Wege. Dann sind folgende Schritte zu unternehmen:

#### 3.2.4.1 Anmeldung des Unternehmens

Der Gewerbetreibende hat sein Gewerbe beim Gewerbeamt der Kommune anzumelden, in der der Betrieb eröffnet wird. Dazu werden benötigt:

- ein gültiger Personalausweis oder Reisepass,

- je nach Art der Tätigkeit (z. B. Bewachungsgewerbe) eine Erlaubnis oder Genehmigung,

- eine Handwerkskarte für die Gründung eines Handwerksbetriebes,

- eine Gewerbekarte für die Gründung eines handwerksähnlichen Betriebs,

- ein Handelsregisterauszug, falls das Unternehmen bereits im Handelsregister eingetragen ist,

- eine Aufenthaltsgenehmigung, die die Erlaubnis beinhaltet, eine selbstständige gewerbliche Tätigkeit auszuüben, falls der Anmeldende nicht die deutsche Staatsangehörigkeit besitzt,

- je nach Art des Gewerbes ein Führungszeugnis oder die Auskunft aus dem Gewerbezentralregister,
- ca. 10,00 bis 40,00 EUR für die Anmeldegebühr.

Das Gewerbeamt erstellt nach den – relativ umfangreichen – Angaben der anmeldenden Person einen Gewerbeschein und informiert mit den Durchschriften automatisch die folgenden Behörden und Einrichtungen:

| Finanzamt | Jeder gewerbliche Gründer erhält automatisch nach der Gewerbeanmeldung einen umfassenden „Fragebogen zur steuerlichen Erfassung". Hierin werden Angaben zur Person, zum Gewerbe, zu den Bankverbindungen sowie zu den geschätzten Umsätzen und Gewinnen erwartet, nach denen sich die Vorauszahlungen richten. |
|---|---|
| Berufsgenossenschaft | Die Berufsgenossenschaften sind als Träger der gesetzlichen Unfallversicherung für alle Betriebe, öffentlichen Einrichtungen und Freiberufler zuständig. Über die Unfallversicherung hinaus kümmern sich die Berufsgenossenschaften auch um alle Aspekte der Arbeitssicherheit und -gesundheit. Wer ein Unternehmen eröffnet, sollte sich innerhalb von einer Woche mit seiner zuständigen Berufsgenossenschaft in Verbindung setzen und klären, ob Versicherungspflicht besteht. Auf jeden Fall ist die Mitgliedschaft in der Berufsgenossenschaft Pflicht, sobald der Betrieb Arbeitnehmerinnen und Arbeitnehmer beschäftigt. |
| Industrie- und Handelskammer (IHK), Handwerkskammer (HWK) | Alle gewerblichen Unternehmen im Inland (mit Ausnahme von Handwerks- oder landwirtschaftlichen Betrieben) sind Mitglied in einer für die Region zuständigen Industrie- und Handelskammer (IHK). Dabei handelt es sich um Körperschaften des öffentlichen Rechts, die die Interessen ihrer Mitglieder vertreten, sie beraten und sich um die Förderung der Wirtschaft der Region kümmern. Die Mitgliedschaft in der IHK ist gesetzlich vorgeschrieben und erfolgt automatisch, sobald beim Gewerbeamt ein Gewerbe angemeldet wurde. Die Mitgliedschaft ist beitragspflichtig.<br><br>Alle Personen, die sich mit einem Handwerk oder handwerksähnlichen Gewerbe selbstständig machen, müssen sich bei der für ihren Bezirk zuständigen Handwerkskammer eintragen lassen. Dabei müssen zulassungspflichtige Handwerke in die Handwerksrolle eingetragen werden, zulassungsfreie bzw. handwerksähnliche Handwerke müssen sich in das Verzeichnis der zulassungsfreien Handwerke bzw. der handwerksähnlichen Gewerbe eintragen lassen. Auch diese Mitgliedschaft ist beitragspflichtig. |
| Amtsgericht (Handelsregister) | Das Handelsregister ist ein öffentliches Verzeichnis, in dem die angemeldeten Kaufleute im Bezirk des zuständigen Amtsgerichts eingetragen sind und das über die ggfs. hinterlegten Dokumente Auskunft erteilt. Das Handelsregister informiert über wesentliche rechtliche und wirtschaftliche Verhältnisse von Kaufleuten und Unternehmen und kann von jedermann eingesehen werden. |

| | |
|---|---|
| Gewerbe-aufsichtsamt | Das Gewerbeaufsichtsamt eines Bezirks (je nach Bundesland auch als Amt für Arbeitsschutz oder Staatliches Umweltamt bezeichnet) beaufsichtigt die Einhaltung von Vorschriften des Arbeits-, Umwelt und Verbraucherschutzes. Aufgabe dieser Ämter ist es vor allem, die erlaubnis- bzw. genehmigungspflichtigen Gewerbe hinsichtlich der Einhaltung der jeweils zutreffenden Vorschriften zu beaufsichtigen. Ferner überprüft das Gewerbeaufsichtsamt nach Anmeldung, ob die geplanten Betriebsräume und Anlagen den gesetzlichen Bestimmungen entsprechen. Weitere Aufgaben des Gewerbeaufsichtsamts sind u. a. die Beratung und Überwachung von Betrieben hinsichtlich des Arbeits- und Umweltschutzes, Beratung und Schutz von Beschäftigten vor Gesundheitsgefahren am Arbeitsplatz, Schutz des betrieblichen Umfeldes vor schädlichen Umwelteinflüssen sowie die Überwachung der Produktsicherheit. |

Der Anmeldende sollte in jedem Fall mit diesen Behörden Kontakt aufnehmen und nachfragen, ob die Meldung des Gewerbeamts eingegangen ist, bzw. sich ggf. selbst anmelden.

Zusätzlich zu den behördlichen Stellen, an die ohnehin eine Weiterleitung der Anmeldung beim Gewerbeamt erfolgt, muss der Unternehmensgründer noch mit folgenden Behörden Kontakt aufnehmen bzw. seinen Betrieb dort anmelden.

| | |
|---|---|
| Agentur für Arbeit | Wer als Gewerbetreibender oder Freiberufler sozialversicherungspflichtige Mitarbeiterinnen und Mitarbeiter, 400-Euro-Kräfte oder Auszubildende beschäftigt, benötigt eine Betriebsnummer. Beantragt wird die achtstellige Nummer beim Betriebsnummern-Service der Bundesagentur für Arbeit. Die Betriebsnummer ist Grundlage für die Meldung zur Sozialversicherung. Außerdem ist sie für betriebsbezogene Arbeitsgenehmigungen oder Unfallanzeigen an die Berufsgenossenschaft erforderlich sowie für statistische Zwecke. |
| Sozialversicherung | Die Arbeitnehmer des Existenzgründers müssen bei der gesetzlichen Renten-, Kranken-, Pflege- und Arbeitslosenversicherung versichert werden. Die Anmeldung und der Einzug der Sozialversicherungsbeiträge erfolgen über die Krankenkassen der betreffenden Mitarbeiter. Der Unternehmer ist folglich verpflichtet, unmittelbar nach der Einstellung eines Mitarbeiters diesen bei seiner Krankenkasse anzumelden. Zu diesem Zweck muss der neue Mitarbeiter seinen Sozialversicherungsausweis vorlegen. Minijobber (Höchsteinkommen 400,00 EUR) werden bei der Minijobzentrale der Deutschen Rentenversicherung Knappschaft-Bahn-See angemeldet. |
| Gesundheitsamt | Unter Umständen braucht der Existenzgründer für seine Gewerbeanmeldung eine Erlaubnis bzw. Unbedenklichkeitsbescheinigung des Gesundheitsamts. Dies gilt z. B. für Gründungen im Bereich des Lebensmitteleinzelhandels. Bei Gründungen in den Bereichen Gastronomie oder Kinderbetreuung wird das Gesundheitsamt (u. U. auch das Gewerbeaufsichtsamt) die hygienischen Standards der Räumlichkeiten überprüfen. In einem gastronomischen Betrieb arbeitende Menschen benötigen ferner eine Unbedenklichkeitsbescheinigung des Amtsarztes. |

### 3.2.4.2 Abschluss von Verträgen

Mit den Banken sind die Kreditverhandlungen zu führen bzw. die Rahmenbedingungen, die in den Vorverhandlungen besprochen wurden, in entsprechenden Kreditverträgen zu realisieren.

Steht die Finanzierung endgültig, können die Verträge über die Anschaffungen verhandelt und abgeschlossen werden und das nötige Material bestellt werden. Sodann sollten die erforderlichen Versicherungsverträge geschlossen werden, die bestimmte Risiken abdecken (z. B. Feuer- und Haftpflichtversicherung).

Sofern dies vorgesehen ist, sind die benötigten Mitarbeiter einzustellen. Hier ist gerade in Gründungsphasen eine besondere Sorgfalt an den Tag zu legen, um ein leistungsfähiges Team zu formen. Die Verträge sollten gleichwohl befristet abgeschlossen werden mit der möglichen Aussicht, nach der Startphase in unbefristete Verträge umgewandelt zu werden.

### 3.2.4.3 Weiteres Vorgehen

Der Unternehmensgründer sollte bei all den Überlegungen und Aktivitäten rund um das neue Unternehmen nicht vergessen, für seine eigene Absicherung zu sorgen. Er ist nun auf sich selbst gestellt und sollte sich gut über die Möglichkeiten informieren, wie er seine eigene Existenz absichern kann, z. B. durch Kranken-, Pflege-, Unfall- und Rentenversicherung.

Nachdem das Unternehmen gestartet ist und sofern es sich im Markt gut behaupten kann, sollte der Unternehmer darauf gefasst sein, dass neue Aufgaben und Probleme auf ihn zukommen. Zu diesem Zweck sollte er auch nach der Gründung von dem reichhaltigen Informationsangebot der Verbände, der Banken und der Kammern Gebrauch machen und ggfs. nochmals einen Berater einschalten.

#### *Wiederholungsfragen*

1. In welchen Phasen sollte eine geordnete Unternehmensgründung erfolgen?
2. Nennen Sie drei Argumente dafür, dass ein Unternehmensgründer sich vor der Gründung des Unternehmens ausführlich beraten lassen sollte.
3. Was ist ein Businessplan?
4. Welche drei wesentlichen Vorteile sprechen dafür, dass ein Unternehmensgründer einen Businessplan aufstellt?
5. Welche Inhalte sollten mindestens in einem solchen Businessplan enthalten sein?
6. Der Absatzbereich und der Finanzierungsbereich sind die Kernbereiche eines Businessplans. Geben Sie dafür je drei Gründe an.
7. Was ist im Rahmen des Businessplans ein „Best case"-Szenario und ein „Worst case"-Szenario und wozu dienen diese?
8. Bei welcher Behörde ist jedes gewerbliche Unternehmen zwingend anzumelden?
9. Nennen Sie darüber hinaus fünf amtliche Stellen, bei denen die Anmeldung eines Gewerbes erfolgen muss.

## 3.3 Rechtsformen der Unternehmen

Die Rechtsform ist eine der wesentlichen Voraussetzungen für die Existenz eines Unternehmens im täglichen Rechtsverkehr. Manche Unternehmen entstehen sogar erst durch die Wahl einer bestimmten Rechtsform und deren Eintragung im Handelsregister.

Die Vorschriften über das Handelsregister und die Firma als Bezeichnung für ein Handelsgewerbe werden im Modul „Recht und Steuern" abgehandelt, deshalb wird an dieser Stelle nicht näher darauf eingegangen.

### Bestimmungsfaktoren für die Wahl der Rechtsform

Die Frage, welche Rechtsform für ein Unternehmen quasi als „rechtliche Hülle" gewählt wird, ist von verschiedenen Faktoren abhängig. Im Vordergrund stehen folgende Fragen:

- Welche **Sachaufgabe** hat das zu gründende Unternehmen (z. B. Kiosk, Chemiefabrik, Internetshop)?
- Unter welcher **Firma**, d. h. mit welchem Namen soll die Unternehmung am Markt auftreten?
- Soll die **Haftung** des Unternehmens völlig, zum Teil oder überhaupt nicht beschränkt werden?
- Wie viel **Eigenkapital** ist vorhanden und wie viel **Fremdkapital** soll aus welchen Quellen beschafft werden?
- Welche Personen können und wollen an der **Geschäftsführung und Vertretung** mitwirken, welche Personen sollen davon ausgeschlossen werden?
- Wie soll das **Ergebnis des Unternehmens verwendet** werden?
- Welche Rechte sollen den Arbeitnehmern des Unternehmens im Rahmen der **Mitbestimmung** eingeräumt werden?
- Haben die Gesellschafter die nötigen Fachkenntnisse oder benötigen sie kompetente Fachleute, die ihnen im **Management** zur Seite stehen?
- Welche **steuerlichen Gesichtspunkte** müssen bei der Gründung oder Änderung der Rechtsform berücksichtigt werden?

## 3.3.1 Rechtsformen und deren Kombinationen

### Überblick über die Rechtsformen

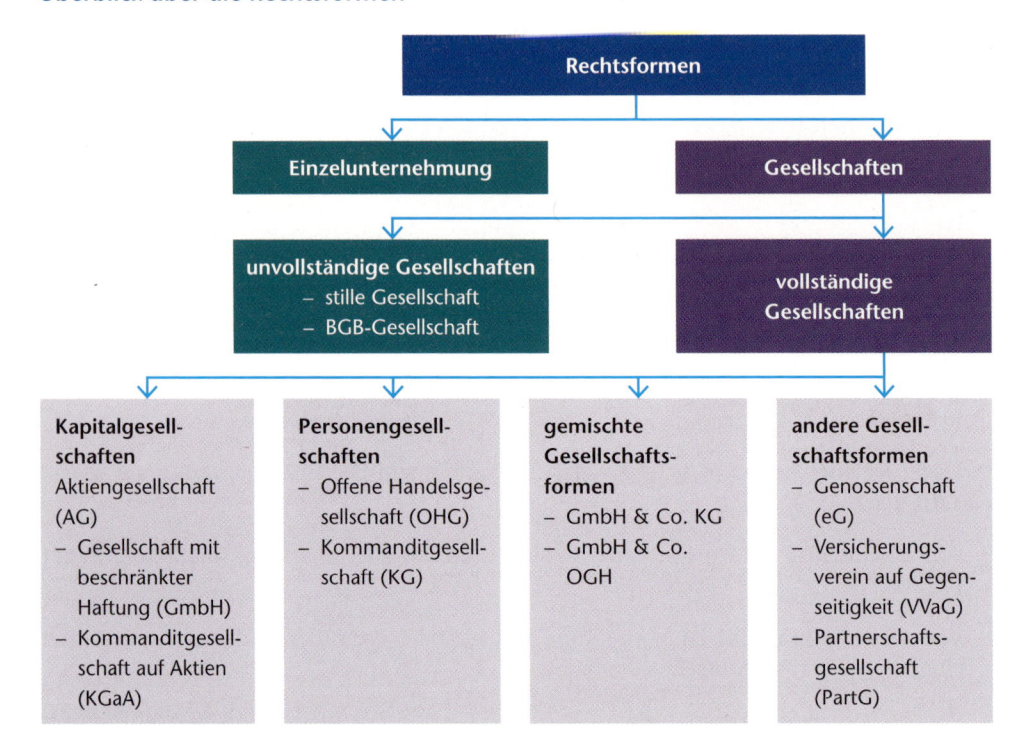

```
                        Rechtsformen
                       ↙           ↘
            Einzelunternehmung    Gesellschaften
                                  ↙           ↘
                    unvollständige Gesellschaften    vollständige
                    – stille Gesellschaft            Gesellschaften
                    – BGB-Gesellschaft
```

| Kapitalgesell-schaften | Personengesell-schaften | gemischte Gesellschafts-formen | andere Gesell-schaftsformen |
|---|---|---|---|
| Aktiengesellschaft (AG)<br>– Gesellschaft mit beschränkter Haftung (GmbH)<br>– Kommanditgesell-schaft auf Aktien (KGaA) | – Offene Handelsge-sellschaft (OHG)<br>– Kommanditgesell-schaft (KG) | – GmbH & Co. KG<br>– GmbH & Co. OGH | – Genossenschaft (eG)<br>– Versicherungs-verein auf Gegen-seitigkeit (VVaG)<br>– Partnerschafts-gesellschaft (PartG) |

### 3.3.1.1 Einzelunternehmung

*Die Einzelunternehmung ist ein Gewerbebetrieb, der von einer einzelnen Person betrieben wird, die die uneingeschränkte Verfügungsmacht über das Unternehmen hat, aber auch das volle Risiko trägt.*

| | |
|---|---|
| **Gründung** | Zur Gründung ist eine Person erforderlich. Das Unternehmen entsteht praktisch durch die erste rechtsgeschäftliche Handlung für das Unternehmen, z. B. die Bestellung einer Maschine. |
| **Firma** | Als Name sind Personen-, Sach-, Fantasie- oder gemischte Firma – unter Beachtung des Irreführungsverbots – erlaubt. Die Firma muss jedoch die Bezeichnung „eingetragene Kauffrau" bzw. „eingetragener Kaufmann" oder eine allgemeinverständliche Abkürzung enthalten (e. K., e. Kfr. etc.).<br>***Beispiel:*** *Fritz Müller Designstudio e. K.; Design + Form e. Kfm.* |
| **Kapital/Finanzierung** | Das Eigenkapital bringt der Einzelunternehmer allein auf. Die Basis für die Kreditfinanzierung ist damit denkbar gering, es sei denn, der Unternehmer verfügt im privaten Bereich über weitgehende Sicherheiten. |
| **Rechte des Einzel-unternehmers** | – Er hat das alleinige Recht der Geschäftsführung nach innen.<br>– Er allein kann das Unternehmen nach außen vertreten.<br>– Er kann über die Beendigung des Unternehmens entscheiden. |

| | |
|---|---|
| **Pflichten des Einzelunternehmers** | – Der Einzelunternehmer trägt einen etwaigen Verlust allein.<br>– Der Einzelunternehmer haftet allein für die entstehenden Schulden. |
| **Umfang der Haftung** | Der Einzelunternehmer haftet für die Verbindlichkeiten seines Unternehmens unbeschränkt, d. h. mit seinem gesamten Geschäfts- und Privatvermögen. |
| **Gewinnverteilung** | Der Gewinn steht dem Einzelunternehmer in vollem Umfang zu. Er allein kann darüber entscheiden, welchen Anteil er entnimmt und welchen Teil er im Unternehmen belässt. Die Verluste trägt er allein. |
| **Besteuerung** | Der Gewinn wird in vollem Umfang nach den Vorschriften des Einkommensteuergesetzes als Einkünfte aus Gewerbebetrieb besteuert. |
| **Auflösung** | Das Unternehmen wird aufgrund der engen Verbindung zwischen Person und Unternehmen aufgelöst durch den Tod des Inhabers, durch Insolvenz, Verkauf, freiwillige Liquidation oder Überführung in eine andere Rechtsform. |
| **Bedeutung** | Der Anteil der Einzelunternehmen lag im Jahr 2009 bei 64,1 % von allen angemeldeten Unternehmen. Dies unterstreicht die Bedeutung dieser Unternehmensform. Sie eignet sich vor allem für Kleinbetriebe und ist häufig ein erster Schritt, mit dem junge Unternehmer aktiv werden, weil sie die Kosten und Formalitäten der Gründung einer Gesellschaft scheuen. Außerdem eignet sie sich sehr gut für Betriebe, die wenige Mitarbeiter beschäftigen, einen geringen Investitionsbedarf haben und mit einem kleinen Fixkostenblock belastet sind. |

### 3.3.1.2 Gründung von Gesellschaften

Gleichwohl gibt es eine Reihe von Gründen, die für die Bildung einer Gesellschaft sprechen:
- Erweiterung der Eigenkapitalbasis,
- Ausnutzung steuerlicher Vorteile,
- Erhöhung der fachlichen Kompetenz,
- Verteilung der Verantwortung,
- Regelung der Nachfolge oder Erbfall.

### 3.3.1.3 Personengesellschaften

#### Offene Handelsgesellschaft OHG

*Eine offene Handelsgesellschaft liegt dann vor, wenn mindestens zwei Gesellschafter, die unbeschränkt mit dem Geschäfts- und Privatvermögen haften, unter einer gemeinsamen Firma ein Handelsgewerbe betreiben.*

| | |
|---|---|
| **Gründung** | – Erforderlich sind mindestens zwei Gesellschafter, die bereit sind, in vollem Umfang für die Verbindlichkeiten der Gesellschaft zu haften.<br>– Die Gründung erfolgt durch einen formfreien, zumeist jedoch schriftlichen Gesellschaftsvertrag. Eine notarielle Beurkundung ist nur dann erforderlich, wenn einer der Gesellschafter ein Grundstück einbringt.<br>– Im Innenverhältnis entsteht die OHG zu dem im Vertrag bestimmten Termin, im Außenverhältnis frühestens mit der Aufnahme der Geschäftstätigkeit, spätestens mit der Eintragung im Handelsregister. |

| | |
|---|---|
| **Firma** | Als Namen der OHG sind Personen-, Sach-, Fantasie- oder gemischte Firma – unter Beachtung des Irreführungsverbots – zugelassen. Die Firma der Gesellschaft muss jedoch die Bezeichnung „offene Handelsgesellschaft" oder eine allgemein verständliche Abkürzung dieser Bezeichnung enthalten, z. B. OHG.<br>*Beispiel:* Peter Kreiner oHG, Kreiner + Müller OHG, City Rundflug oHG |
| **Handelsregister** | Die Eintragung erfolgt im Handelsregister Abt. A. Sie muss von allen Gesellschaftern mit allen notwendigen Fakten in beglaubigter Form erfolgen. |
| **Kapital/ Finanzierung** | – Art und Höhe der Einlagen werden durch den Gesellschaftsvertrag festgelegt. Eine gesetzliche Mindesthöhe existiert nicht. Jeder Gesellschafter stellt seine Beiträge durch die Übertragung von Geld-, Sach- oder Rechtswerten aus dem Privatvermögen auf die Gesellschaft zur Verfügung.<br>– Verspätet geleistete Einlagen müssen verzinst werden.<br>– Die übertragenen Werte gehen in das gemeinschaftliche Eigentum der Gesellschafter über (Gesamthandsvermögen der Gesellschaft).<br>– Der Wert der Einlagen wird auf getrennten Kapitalkonten der Gesellschafter getrennt gebucht. Dies ist wichtig für die spätere Gewinnverteilung sowie für die Registrierung der Privatentnahmen.<br>– Die Fremdfinanzierungsbasis der OHG ist gut. Den Gläubigern der OHG haften mindestens zwei Gesellschafter. Die Banken sind je nach dem Umfang des Gesellschafts- und Privatvermögens der Gesellschafter bereit, Kredite in entsprechender Höhe zur Verfügung zu stellen. |
| **Pflichten der Gesellschafter** | – Leistung der vertraglich vereinbarten Einlagen.<br>– Wettbewerbsverbot, d. h. ein Gesellschafter darf weder Geschäfte im gleichen Handelszweig machen noch persönlich haftender Gesellschafter einer anderen Gesellschaft sein.<br>– Verlustbeteiligung zu gleichen Teilen (nach Köpfen). |
| **Rechte der Gesellschafter** | – Geschäftsführung: Jeder Gesellschafter ist grundsätzlich allein zur Geschäftsführung berechtigt (Einzelgeschäftsführungsbefugnis). Dies bezieht sich auf alle betriebsgewöhnlichen Handlungen der OHG. Für außergewöhnliche Geschäfte (z. B. Kauf/Verkauf von Grundstücken) bedarf es der Zustimmung aller Gesellschafter.<br>– Vertretung: Jeder Gesellschafter hat grundsätzlich Einzelvertretungsbefugnis mit dem Recht, die Gesellschaft gegenüber Dritten allein zu vertreten, d. h. Willenserklärungen mit bindender Wirkung für die OHG abzugeben, es sei denn, die Gesellschafter haben Gesamtvertretung vereinbart.<br>– Kontrolle: Jeder Gesellschafter kann jederzeit Einsicht in die Geschäftsunterlagen, Bücher und Belege verlangen.<br>– Ersatz von Aufwendungen: Sofern ein Gesellschafter aus seinem Privatvermögen Auslagen für die Gesellschaft gemacht hat, kann er den Ersatz dafür verlangen.<br>– Privatentnahme: Jeder Gesellschafter kann im Laufe des Jahres bis zu 4 % seiner Einlage als Privatentnahme verlangen. Dies gilt auch, wenn die Gesellschaft Verlust macht. |

| | |
|---|---|
| **Rechte der Gesellschafter** | – Gewinnanteil: Jeder Gesellschaft erhält vom Gewinn nach dem Gesetz vorab 4 % auf seinen Kapitalanteil, der Rest des Gewinns wird nach Köpfen verteilt. Die Entnahmen und Einlagen während des Jahres sind hierbei zu berücksichtigen. Die Gesellschafter können im Vertrag eine andere Verteilung vorsehen. Dies wird regelmäßig der Fall sein, wenn z. B. nur ein Gesellschafter die Geschäfte führt, die anderen hingegen nur Geldgeber sind.<br>– Kündigung: Jeder Gesellschafter kann zum Schluss eines Geschäftsjahres unter Einhaltung einer Frist von 6 Monaten kündigen.<br>– Liquidationserlös: Bei Auflösung der Gesellschaft wird der Liquidationserlös nach Abzug der Schulden im Verhältnis der Kapitalanteile unter den Gesellschaftern verteilt. |
| **steuerliche Behandlung** | Die als Ergebnis der Gewinnverteilung den Gesellschaftern zufließenden Gewinne unterliegen bei diesen als Einkünfte aus Gewerbebetrieb der Einkommensteuer. Eine Gewinnthesaurierung (Erhöhung der Einlagen) ist nur aus dem versteuerten Einkommen möglich. |
| **Haftung** | Alle Gesellschafter haften für die Verbindlichkeiten der Gesellschaft<br>– *unbeschränkt*, das bedeutet, dass jeder Gesellschafter mit seinem Geschäfts- und Privatvermögen haftet,<br>– *unmittelbar*, d.h. dass jeder Gläubiger jeden Gesellschafter nach freier Wahl direkt in Anspruch nehmen kann,<br>– *solidarisch* (gesamtschuldnerisch), d.h., dass jeder Gesellschafter für die gesamten Schulden der Gesellschaft haftet. |
| **Auflösungsgründe** | Die Gesellschaft wird aufgelöst durch einen Beschluss der Gesellschafter, durch den Ablauf einer Befristung (Zeitablauf), gerichtliche Entscheidung, Eröffnung des Insolvenzverfahrens über die OHG. Der Tod eines Gesellschafters oder seine Kündigung führen zwar zum Ausscheiden des Gesellschafters, jedoch unter Fortbestand der Gesellschaft. |

## Beispiel für eine Gewinnverteilung einer OHG

*Der Gesamtgewinn der HKL OHG beträgt im abgelaufenen Jahr 240.000,00 EUR. Im Gesellschaftsvertrag ist vorgesehen, dass die geschäftsführenden Gesellschafter Lattek und Klopp nach einer Verzinsung des Kapitals aller Gesellschafter in Höhe von 6 % jeweils 75.000,00 EUR für ihre Tätigkeit erhalten. Der Rest soll nach Köpfen verteilt werden.*

| Gesellschafter | Kapital | Zins 6 % | Geschäftsführung | Rest nach Köpfen | Gesamtgewinn |
|---|---|---|---|---|---|
| Ottmar Heynckes | 400.000,00 EUR | 24.000,00 EUR | 0,00 EUR | 16.000,00 EUR | 40.000,00 EUR |
| Felix Klopp | 250.000,00 EUR | 15.000,00 EUR | 75.000,00 EUR | 16.000,00 EUR | 106.000,00 EUR |
| Franz Lattek | 50.000,00 EUR | 3.000,00 EUR | 75.000,00 EUR | 16.000,00 EUR | 94.000,00 EUR |
| Gesamt | 700.000,00 EUR | 42.000,00 EUR | 150.000,00 EUR | 48.000,00 EUR | 240.000,00 EUR |

## Kommanditgesellschaft KG

*Eine Kommanditgesellschaft liegt vor, wenn zwei oder mehrere Gesellschafter unter einer gemeinsamen Firma eine Handelsgesellschaft gründen, bei der mindestens ein Gesellschafter unbeschränkt haftet (Komplementär) und mindestens ein Gesellschafter nur mit seiner Kapitaleinlage haftet (Kommanditist).*

| | |
|---|---|
| Rechtsgrundlagen | Für die Komplementäre gelten, sofern der Gesellschaftsvertrag nichts anderes bestimmt, die Vorschriften des HGB über die OHG. Für die Kommanditisten gelten abweichend die Vorschriften über die KG §§ 161–177 HGB. |
| Gründung | Erforderlich sind mindestens ein Vollhafter (Komplementär) und ein Teilhafter (Kommanditist). Die Gründung erfolgt durch einen formfreien, zumeist jedoch schriftlichen Gesellschaftsvertrag, bei Einbringung von Grundstücken ist Beurkundung erforderlich. Der Beginn der Gesellschaft ist wie bei der OHG geregelt. Die Haftungsbeschränkung des Kommanditisten beginnt jedoch erst mit der Eintragung im Handelsregister. |
| Firma | Als Name der KG sind Personen-, Sach-, Fantasie- oder gemischte Firma erlaubt, jedoch muss ein Zusatz „Kommanditgesellschaft" oder eine entsprechende Abkürzung (KG) enthalten sein. |
| Handelsregister | Für die Eintragung zum Handelsregister Abt. A gelten die gleichen Vorschriften wie bei der OHG. Dazu sind die Einlagen der Kommanditisten mitzuteilen. |
| Kapital/Finanzierung | Art und Umfang der Einlagen werden durch den Gesellschaftsvertrag geregelt. Der Kapitalanteil des Kommanditisten bleibt bis zu einer Änderung des Gesellschaftsvertrages konstant. Die KG kann jederzeit durch die Hereinnahme neuer Kommanditisten die Eigenkapitalbasis erhöhen, ohne dass die Komplementäre in ihren Befugnissen beschnitten würden. |
| Pflichten und Rechte der Vollhafter | Für die Vollhafter gelten die gleichen Vorschriften wie für die Gesellschafter der OHG. Lediglich bei der Gewinnverteilung gibt es Unterschiede. |
| Pflichten der Teilhafter | Die Kommanditisten<br>– müssen ihre Einlagen laut Gesellschaftsvertrag leisten,<br>– sich an einem Verlust in einem angemessenen Verhältnis beteiligen. |
| Rechte der Teilhafter | Die Kommanditisten<br>– haben ein Widerspruchsrecht bei außergewöhnlichen Geschäften, da sie von der Geschäftsführung der KG ausgeschlossen sind,<br>– haben ein Recht auf Information durch eine Abschrift des Jahresabschlusses mit der Möglichkeit, diesen durch Einsicht in die Bücher und Unterlagen prüfen zu lassen,<br>– können zum Ende des Jahres mit einer Frist vom sechs Monaten kündigen,<br>– haben einen Anteil am Liquidationserlös bei Auflösung der KG. |
| Haftung der Kommanditisten | Die Kommanditisten haften nur mit ihrer Einlage. Sie haften jedoch<br>– vor der Eintragung ihrer Einlage im HR wie die Vollhafter,<br>– vor einem Eintritt in eine bestehende KG für die zwischen dem Eintritt und der Eintragung entstandenen Gesellschaftsschulden. |

| Gewinn-verteilung | Jeder Gesellschafter erhält vorab einen Anteil am Gewinn in Höhe von 4 % seiner Kapitaleinlage, der Rest ist in einem angemessenen Verhältnis aufzuteilen. Diese Regelung ist ungenau. Wollen die Gesellschafter Konflikte vermeiden, ist es ratsam, im Gesellschaftsvertrag klare Regelungen zu vereinbaren. Die Gewinne werden als Einkünfte aus Gewerbebetrieb versteuert. |
|---|---|

### 3.3.1.4 Unvollständige Gesellschaftsformen

#### Gesellschaft des bürgerlichen Rechts (BGB-Gesellschaft)

*Die Gesellschaft des bürgerlichen Rechts ist eine vertragliche Vereinigung von Personen, die sich verpflichten, ein gemeinsames Ziel in der durch den Vertrag bestimmten Weise zu fördern.*

Diese Gesellschaft wird deshalb als unvollständig bezeichnet, weil sie keine Firma führen und nicht in das Handelsregister eingetragen werden kann. Der Zweck kann sehr verschiedenartig sein:

**Beispiele:** *Fahrgemeinschaften, Vertriebsgemeinschaften, Gemeinschaftspraxen von Anwälten*

| Gründung | Die Gründung erfolgt durch einen mündlichen oder schriftlichen Vertrag. Häufig ist den Beteiligten gar nicht klar, dass sie eine Gesellschaft haben. |
|---|---|
| | **Beispiel:** *Drei Kollegen, die am gleichen Wohnort wohnen, vereinbaren eine Fahrgemeinschaft zu bilden, wobei jeder abwechselnd eine Woche mit seinem Privat-Pkw fährt. Streitigkeiten aus der – mündlich getroffenen – Vereinbarung müssen nach den Vorschriften des BGB geregelt werden.* |
| Kapital/Finanzierung | Die Gesellschafter haben aus ihrem Privatvermögen entweder zu gleichen Teilen oder aufgrund der im Vertrag festgeschriebenen Verteilung die Beiträge aufzubringen, die zur Erreichung des gemeinsamen Ziels erforderlich sind. Eingebrachte Beiträge werden gemeinschaftliches Vermögen der Gesellschaft. |
| Pflichten der Gesellschafter | Jeder Gesellschafter hat die Pflicht,<br>– die vereinbarten Beiträge zu leisten,<br>– einen gleich hohen Anteil am Verlust zu tragen,<br>– für die Verpflichtungen der Gesellschaft zu haften. |
| Rechte der Gesellschafter | Jeder Gesellschafter hat das Recht,<br>– zur gemeinsamen Geschäftsführung und Vertretung,<br>– einen Anteil vom erzielten Gewinn zu bekommen,<br>– jederzeit die Gesellschaft zu kündigen. |
| Haftung | Jeder Gesellschafter<br>– kann direkt in Anspruch genommen werden (unmittelbare Haftung),<br>– haftet mit seinem Geschäfts- und Privatvermögen (unbeschränkt),<br>– haftet für die gesamten Schulden, also auch für die Schulden seiner Mitgesellschafter (gesamtschuldnerisch). |
| Gewinn-verteilung | Soweit im Gesellschaftsvertrag nichts anderes geregelt ist, wird der entstandene Gewinn unabhängig vom Umfang der Beiträge nach Köpfen verteilt. |

| | |
|---|---|
| steuerliche Behandlung | Die Einkünfte sind nur dann steuerlich von Bedeutung, wenn die Gesellschaft mit dem Ziel betrieben wird, Gewinne zu erzielen. |
| Auflösung | Die Gesellschaft wird aufgelöst,<br>– wenn das beabsichtigte Ziel erreicht ist,<br>– wenn ein Gesellschafter stirbt,<br>– wenn über das Vermögen eines Gesellschafters das Insolvenzverfahren eröffnet wird,<br>– wenn ein Gesellschafter die Gesellschaft kündigt. |
| Bedeutung | Die Bedeutung der BGB-Gesellschaft darf nicht unterschätzt werden. Insbesondere im privaten Bereich existieren viele solcher Gesellschaften. Aber auch für Kaufleute ist die BGB-Gesellschaft interessant. Sie lässt sich unbürokratisch gründen, verursacht geringe Gründungskosten und kann durch den Gesellschaftsvertrag weitgehend ausgestaltet werden. Überbetriebliche Interessengemeinschaften oder Konsortialgesellschaften zur Bewältigung von Großprojekten werden auf dieser Grundlage betrieben. |

## Stille Gesellschaft

*Die stille Gesellschaft (stille Beteiligung) ist eine vertragliche Vereinigung zwischen einem Kaufmann und einem Kapitalgeber, dessen Einlage in das Vermögen des Kaufmanns übergeht und der für sein eingesetztes Kapital einen Anteil am Gewinn erhält.*

| | |
|---|---|
| Gründung | Die Gründung erfolgt durch einen Vertrag. Der Name des stillen Gesellschafters erscheint nicht in der Firma des Kaufmanns und wird auch nicht in das Handelsregister eingetragen.<br><br>**Beispiel:** *Justus Liebig ist Inhaber eines Bürofachgeschäftes. Er will sein Geschäft um das IT-Sortiment erweitern und benötigt dazu 500.000,00 EUR. Fremdkapital erhält er von seiner Bank in diesem Umfang nicht mehr, also nimmt er Martin Schultz als stillen Teilhaber auf. Von dieser stillen Gesellschaft wissen nur Liebig und Schultz.* |
| Kapital/ Finanzierung | Das im Rahmen der stillen Gesellschaft zur Verfügung gestellte Kapital kann als eine Mischform zwischen dem Kapitalanteil eines Kommanditisten einer KG und einem Darlehen bezeichnet werden. Aufgrund dieser zwischen Eigen- und Fremdkapital liegenden Finanzierung spricht man auch von Mezzanin-Kapital (abgleitet aus der Architektur im Sinne von Mezzanin = Zwischengeschoss). |
| Pflichten des stillen Gesellschafters | Pflichten: Der stille Gesellschafter hat<br>– seine Einlage zu leisten,<br>– sich an dem Verlust bis zur Höhe seiner Einlage zu beteiligen. |
| Rechte des stillen Gesellschafters | Rechte: Der stille Gesellschafter hat<br>– Anrecht auf eine Gewinnbeteiligung nach Vertrag,<br>– ein Informationsrecht in Form der Abschrift des Jahresabschlusses,<br>– Kündigungsrecht nach den Vorschriften der OHG (1/2 Jahr). |

| Haftung | Der stille Gesellschafter haftet nicht mit seinem Geschäftsanteil, geschweige denn mit seinem Privatvermögen. Im Insolvenzfall kann er seinen Anteil als Forderung an die Insolvenzmasse anmelden. |
|---|---|
| steuerliche Behandlung | Das Steuerrecht unterscheidet zwischen<br>– dem **typischen stillen Gesellschafter** des Handelsrechts, wie oben beschrieben und<br>– dem **atypischen stillen Gesellschafter**; dieser hat, sofern er nach Vertrag am Geschäftswert, Zuwachsvermögen und Liquidationserlös beteiligt ist, keine Forderungen gegenüber der Insolvenzmasse.<br>Die Gewinne des stillen Gesellschafters sind im ersten Fall Einkünfte aus Kapitalvermögen, im zweiten Fall Einkünfte aus Gewerbebetrieb. |
| Auflösung | Die stille Gesellschaft wird aufgelöst durch Kündigung des stillen Gesellschafters oder Auflösung des Unternehmens. |
| Bedeutung | Die Bedeutung der stillen Gesellschaft liegt in der diskreten Beschaffungsmöglichkeit fremder Finanzmittel. Die Beteiligung wird nach außen nicht bekannt, und der Inhaber des Unternehmens wird in seiner Geschäftsführungsbefugnis nicht eingeschränkt. |

### 3.3.1.5 Kapitalgesellschaften

**Abgrenzung zu den Personengesellschaften**

*Kapitalgesellschaften stellen im Gegensatz zu den Personengesellschaften eigene Rechtspersönlichkeiten dar. Sie sind selbstständige Personenvereinigungen und Vermögensmassen (juristische Personen), handeln durch ihre Organe und entstehen rechtlich erst durch die Eintragung im Handelsregister.*

Als Besonderheiten lassen sich nennen:

- Die Unternehmen sind selbstständig steuerpflichtig (Körperschaftsteuer).

- Die Haftung ist grundsätzlich auf die Einlagen begrenzt, d. h. die Gesellschaft haftet nur mit dem eigenen Vermögen.

- Die Geschäftsführung wird nicht zwangsläufig aus dem Kreis der Gesellschafter bestellt.

- Es gibt – insbesondere bei Publikumsgesellschaften – keine oder nur eine geringe persönliche Verbindung zwischen den Kapitalgebern und dem Unternehmen.

- Kapitalgesellschaften handeln durch ihre Organe, die sich im Wesentlichen auf die Beschlussfassung, Geschäftsführung und Aufsicht konzentrieren.

- Kapitalgesellschaften haben einen geschützten Namen.

## Aktiengesellschaft AG

*Die Aktiengesellschaft ist eine Gesellschaft mit eigener Rechtspersönlichkeit, für deren Verbindlichkeiten nur das Gesellschaftsvermögen haftet. Die Gesellschafter sind mit Anteilen an dem in Aktien zerlegten Grundkapital der Gesellschaft beteiligt.*

| Kapital | | Das Eigenkapital setzt sich zusammen aus<br>– dem Grundkapital, in der Bilanz ausgewiesen als „gezeichnetes Kapital", das der Summe der Nennwerte aller Aktien entspricht,<br>– der Kapitalrücklage, die sich aus der Differenz zwischen dem Nennwert und dem (höheren) Ausgabekurs von Aktien ergibt,<br>– der Gewinnrücklage, die als gesetzliche Rücklage vorgeschrieben ist, und anderen sogenannten freien Rücklagen, wie der satzungsmäßigen Rücklage oder der von der Hauptversammlung je nach Gewinnsituation zusätzlich zu beschließenden anderen Gewinnrücklage,<br>– dem Gewinnvortrag aus dem vergangenen Jahr,<br>– dem Jahresüberschuss des laufenden Jahres.<br>Die Mindesthöhe des Grundkapitals beträgt 50.000,00 EUR. |
|---|---|---|
| Aktie | | Die Aktie ist eine Urkunde, in der die Mitgliedschaft in einer AG verbrieft ist. Sie ist zugleich ein Wertpapier, das dem Inhaber folgende Rechte gewährt:<br>– Anspruch auf eine Dividende (Gewinnanteil);<br>– Teilnahme-, Auskunfts- und Stimmrecht in der Hauptversammlung;<br>– Bezug junger Aktien bei Kapitalerhöhungen;<br>– Anteil am Liquidationserlös bei Auflösung der AG. |
| Arten von Aktien | Übertragbarkeit | – Inhaberaktien werden durch Einigung und Übergabe weitergegeben und sind damit frei veräußerbar.<br>– Namensaktien sind im Aktienbuch der Gesellschaft eingetragen, zu ihrer Übertragung bedarf es eines Übertragungsvermerks (Indossament) und der Umschreibung im Aktienbuch.<br>– Vinkulierte Namensaktien sind wie Namensaktien zu behandeln, zu ihrer Übertragung bedarf es allerdings zusätzlich der Genehmigung der Gesellschaft. |
| | Rechte | Stammaktien sind gewöhnliche Aktien ohne Vorrechte;<br>– Vorzugsaktien sind Aktien mit Vorrechten wie höherer Dividende oder höherem Stimmrecht;<br>– stimmrechtslose Vorzugsaktien sind Aktien ohne Stimmrecht in der Hauptversammlung, die jedoch deshalb als Ausgleich mit bestimmten Vorzügen wie z. B. einer höheren Dividende ausgestattet sind. |
| | Ausgabezeitpunkt | – Alte Aktien verleihen ihren Inhabern ein Bezugsrecht zum Ankauf von neuen Aktien.<br>– Neue Aktien werden bei Kapitalerhöhungen herausgegeben und vorzugsweise den Altaktionären angeboten. |

| | | |
|---|---|---|
| Arten von Aktien | Unternehmens-anteil | – Nennbetragsaktien, auch als Nennwertaktien bezeichnet, lauten auf einen bestimmten Nennwert. 1,00 EUR ist der Mindestnennwert, höhere Beträge müssen immer auf volle Euro lauten.<br>– Stückaktien lauten auf keinen Nennbetrag, sondern sind in gleichem Umfang am Grundkapital beteiligt. Der anteilige Betrag darf jedoch nicht den Wert von einem Euro unterschreiten. Der Anteil am Grundkapital bestimmt sich nach der Anzahl der Aktien. Stückaktien werden auch als nennwertlose Aktie bezeichnet. |
| Gründung | | Zur Gründung der AG ist mindestens eine Person notwendig. Der Ablauf der Gründung ist durch das Aktiengesetz genau vorgegeben:<br>– Die Gründer übernehmen die Aktien und leisten dafür Einlagen, das können Bar- oder Sachmittel sein.<br>– Die Gründer stellen den Gesellschaftsvertrag (Satzung) auf, der notariell zu beurkunden ist.<br>– Die Gesellschaft ist „errichtet", wenn die Gründer alle Aktien übernommen haben.<br>– Die Gründer bestellen den Aufsichtsrat und den Abschlussprüfer.<br>– Der erste Aufsichtsrat bestellt wiederum den ersten Vorstand der AG.<br>– Über die Gründung ist ein Gründungsbericht zu erstellen.<br>– Der Gründungsbericht ist von Aufsichtsrat und Vorstand zu prüfen.<br>– Die Anmeldung zur Eintragung im Handelsregister Abt. B ist von den Gründern, dem Aufsichtsrat und dem Vorstand vorzunehmen. Bis zur Eintragung haften die Gründer für etwaige Verbindlichkeiten der Gesellschaft gesamtschuldnerisch und persönlich.<br>– Die AG entsteht als juristische Person erst durch die Eintragung in das Handelsregister (konstitutive Wirkung der Eintragung). |
| Firma | | Als Name sind Personen-, Sach-, Fantasie- oder gemischte Firma erlaubt, jedoch muss der Name den Zusatz „Aktiengesellschaft" oder die Abkürzung AG enthalten. |
| Pflichten der Aktionäre | | Lediglich bei der Gründung entstehen für den oder die Gründer die o. g. Pflichten, d. h. die Pflicht zur Einlage, zur Übernahme der Aktien und der weiteren Formalitäten, bis die Gesellschaft entstanden ist und von den Organen geleitet wird. |
| Rechte der Aktionäre | | **Mitverwaltungsrechte:**<br>– Teilnahme an der Hauptversammlung;<br>– Auskunftsrecht über die Angelegenheiten der AG in der Hauptversammlung;<br>– Stimmrecht in der Hauptversammlung nach Aktiennennbeträgen bzw. bei Stückaktien nach deren Anzahl; das Stimmrecht kann übertragen werden;<br>– Anfechtung von Beschlüssen der Hauptversammlung, sofern sie gegen Gesetz und/oder Satzung verstoßen.<br><br>**Vermögensrechte:**<br>– Anspruch auf einen Anteil am Bilanzgewinn der AG, die vom Nennwert der Aktie berechnet wird (Dividende);<br>– Bezug junger Aktien bei einer Kapitalerhöhung der AG;<br>– Anspruch auf einen Anteil am Liquidationserlös bei der Auflösung der AG. |

| | |
|---|---|
| **Organe** | Da die Aktiengesellschaft die enge Verbindung zwischen Unternehmer und Unternehmen nicht kennt, sind die Geschäftsführung (= Vorstand), die Kontrolle der Geschäftsführung (= Aufsichtsrat, AR) und die Beschlussfassung über die Geschicke der Gesellschaft (= Hauptversammlung, HV) in unterschiedliche Hände gelegt. |
| **Vorstand** | Der Vorstand leitet die Unternehmung. Er ist das geschäftsführende Organ, kann aus einer oder mehreren Personen bestehen und wird vom Aufsichtsrat für die Dauer von höchstens fünf Jahren bestellt. Vorstandsmitglieder können nicht gleichzeitig Aufsichtsratsmitglieder derselben AG sein. Die Zusammensetzung des Vorstands ist im Handelsregister einzutragen. Als Vergütung erhalten Vorstandsmitglieder neben ihrem Gehalt i. d. R. eine Gewinnbeteiligung (Tantieme) oder Aktien des Unternehmens.<br><br>Aufgaben des Vorstandes<br>– Geschäftsführung und Vertretung: Der Vorstand leitet die Gesellschaft eigenverantwortlich. Er hat zu diesem Zweck sowohl die Geschäfte im Innenverhältnis zu führen als auch die AG im Außenverhältnis zu vertreten. Sofern die Satzung nicht etwas anderes bestimmt, erfolgen Geschäftsführung und Vertretung gemeinschaftlich. Es kann auch festgelegt werden, dass ein Vorstandsmitglied gemeinsam mit einem Prokuristen des Unternehmens vertretungsberechtigt ist. Die Vertretungsbefugnisse sind im HR Abt. B einzutragen.<br>– Berichterstattung an den AR: Der Aufsichtsrat ist regelmäßig (mindestens vierteljährlich) zu Kontrollzwecken anhand von Berichten über die Lage des Unternehmens und die Geschäftspolitik zu informieren.<br>– Jahresabschluss: Für das abgelaufene Geschäftsjahr hat der Vorstand die Bilanz, die Gewinn- und Verlustrechnung, den Anhang mit Erläuterungen und den Lagebericht zu erstellen und dem AR vorzulegen. Ferner hat er einen Vorschlag über die Verwendung des Gewinns zu machen.<br>– Einberufen der HV: Mindestens einmal im Jahr hat der Vorstand die HV einzuberufen. Die Einberufung ist in der Presse unter Angabe von Firma, Sitz der Gesellschaft, Ort und Zeit und Tagesordnung zu veröffentlichen.<br>– Sorgfaltspflicht und Wettbewerbsverbot: Die Vorstandsmitglieder haben die Geschäfte mit der Sorgfalt ordentlicher Kaufleute zu führen und haften für Verschulden. Das gilt insbesondere, wenn die AG überschuldet oder zahlungsunfähig ist. In diesem Fall haben sie die Pflicht, die Eröffnung des Insolvenzverfahrens zu beantragen. Es gilt für den Vorstand das gleiche Wettbewerbsverbot wie für die Gesellschafter einer OHG. |
| **Aufsichtsrat** | Der Aufsichtsrat ist das Kontrollorgan der AG. Er besteht aus mindestens drei Mitgliedern und wird von der HV für vier Jahre bestellt. Mitglied des AR kann nur eine natürliche, voll geschäftsfähige Person sein. Ein Vorstandsmitglied einer abhängigen Gesellschaft kann nicht AR-Mitglied des herrschenden Unternehmens sein. Gleichfalls verboten ist die Überkreuzverflechtung von Aufsichtsrats- und Vorstandsmitgliedern bei zwei Aktiengesellschaften. Für die Tätigkeit im Aufsichtsrat kann die Satzung eine angemessene Vergütung vorsehen, die gewinnabhängig gezahlt wird (Tantieme). Für den Aufsichtsrat gilt ebenfalls die Sorgfaltspflicht und – im Falle deren schuldhafter Verletzung – die Schadensersatzpflicht. |

| | |
|---|---|
| **Aufsichtsrat** | Die Aufgaben des Aufsichtsrates sind<br>– Kontrolle des Vorstands: Der Aufsichtsrat bestellt den Vorstand, überwacht dessen Geschäftsführung und Vertretung und beruft ihn ab, wenn ein wichtiger Grund vorliegt.<br>– Kontrolle des Jahresabschlusses: Der Aufsichtsrat hat den Jahresabschluss, den Lagebericht, den Prüfungsbericht der Abschlussprüfer und den Vorschlag des Vorstandes zur Gewinnverwendung zu prüfen. Über diese Prüfung verfasst er einen Bericht und gibt diesen weiter an die HV der Aktionäre.<br>– Einberufung einer außerordentlichen HV: Sofern das Wohl der Gesellschaft dies erforderlich macht, hat der Aufsichtsrat die HV einzuberufen. |
| **Hauptversammlung** | Die Hauptversammlung ist das beschlussfassende Organ. Sie setzt sich zusammen aus den Aktionären der Gesellschaft. Die Aktionäre üben in der HV ihr Stimmrecht aus, das sich nach der Anzahl der von ihnen jeweils gehaltenen stimmberechtigten Aktien ergibt. Die Hauptversammlung wird in der Regel einmal im Jahr einberufen.<br>Sie hat folgende Aufgaben im Rahmen ihrer Beschlussfassung:<br>– die Bestellung der Mitglieder des AR für die Kapitalseite;<br>– die Verwendung des Bilanzgewinns;<br>– die Entlastung der Mitglieder von Aufsichtsrat und Vorstand;<br>– die Bestellung der Abschlussprüfer.<br><br>Die Beschlüsse der HV werden grundsätzlich mit einfacher Mehrheit gefasst. Ausnahmen davon bilden Satzungsänderungen. Hierfür ist eine qualifizierte Mehrheit von mindestens 75 % des vertretenen Grundkapitals erforderlich. Besitzt also jemand ein Stimmrecht von mehr als 25 % der Aktien, so kann er wichtige Beschlüsse der HV blockieren (Sperrminorität). |
| **Mitbestimmung im Aufsichtsrat** | Aufgrund verschiedener Mitbestimmungsregelungen können sich Aufsichtsräte wie folgt zusammensetzen. Diese Regeln gelten auch für andere Kapitalgesellschaften:<br>– Nach dem Betriebsverfassungsgesetz von 1952 (Drittelparität) werden in Unternehmen mit eigener Rechtspersönlichkeit (juristische Personen) mit bis zu 2.000 Arbeitnehmern 2/3 der AR-Mitglieder von den Anteilseignern und 1/3 von den Arbeitnehmern des Unternehmens gestellt.<br>– Nach dem Montanmitbestimmungsgesetz von 1951 (volle Parität) werden in Kapitalgesellschaften des Bergbaus und der Eisen- und Stahlerzeugenden Industrie die Hälfte der AR-Mitglieder von den Anteilseignern, die Hälfte von den Arbeitnehmern gewählt. Bei Pattsituationen entscheidet ein neutrales Mitglied.<br>– Nach dem Mitbestimmungsgesetz von 1976 (eingeschränkte Parität) werden in Unternehmen mit eigener Rechtspersönlichkeit mit mehr als 2.000 Mitarbeitern die Hälfte der AR-Mitglieder von den Anteilseignern, die Hälfte von den Arbeitnehmern gewählt. Die Gruppe der leitenden Angestellten wählt eigene Mitglieder für die AN-Seite. Der AR-Vorsitzende wird von der Seite der Anteilseigner gestellt und entscheidet bei Stimmengleichheit. |

| Bedeutung | Die Aktiengesellschaft eignet sich insbesondere für die Beschaffung großer Kapitalbeträge, mit denen forschungs-, anlagen- oder risikointensive Geschäfte oder Vorhaben finanziert werden sollen. Der Grundgedanke liegt darin, große Risiken auf viele Schultern zu verteilen. Die kleine Stückelung der Aktien erlaubt es, den Aktienbesitz breit zu streuen. Sie gibt damit auch dem Kleinanleger die Möglichkeit, an der wirtschaftlichen Entwicklung großer Unternehmen teilzunehmen.<br><br>Die Vergangenheit hat allerdings auch gezeigt, dass in den großen Vermögensmassen mit einem anonymen Management – insbesondere bei den Banken – ein wirtschaftspolitisch nicht unbedenkliches Macht- und Risikopotenzial liegt. |
|---|---|

## Gesellschaft mit beschränkter Haftung GmbH

*Die GmbH ist eine Handelsgesellschaft mit eigener Rechtspersönlichkeit (juristische Person), deren Gesellschafter mit Stammeinlagen am Stammkapital beteiligt sind, ohne persönlich für die Schulden der Gesellschaft zu haften. Die Gründung kann auch durch eine Person erfolgen (Einmann-GmbH).*

Rechtsgrundlage ist das Gesetz betreffend die Gesellschaften mit beschränkter Haftung vom 20.04.1892 mit zahlreichen Änderungen, zuletzt am 22.12.2011.

| Kapital | Das Kapital der GmbH wird als Stammkapital bezeichnet und in der Bilanz als „gezeichnetes Kapital" ausgewiesen. Die Höhe muss in der Satzung festgelegt sein und mindestens 25.000,00 EUR betragen. Der von einem Gesellschafter übernommene Geschäftsanteil wird als Stammeinlage bezeichnet und kann je Gesellschafter unterschiedlich hoch sein. Die Rechte der Gesellschafter richten sich nach den Geschäftsanteilen. Die Geschäftsanteile können von den Gesellschaftern ganz oder in Teilen verkauft werden. |
|---|---|
| Gründung | Zur Gründung ist ein notariell beurkundeter Gesellschaftsvertrag (Satzung) erforderlich (Errichtung) und die Eintragung der Gesellschaft in das Handelsregister (Entstehung). Tätigen die Gesellschafter vor der Eintragung in das Handelsregister Geschäfte für das Unternehmen, so haften sie daraus persönlich und unbeschränkt. |
| Firma | Die Firma der Gesellschaft kann eine Personen-, Sach-, Fantasie oder gemischte Firma sein und muss den Zusatz „mit beschränkter Haftung (mbH)" enthalten. |
| Pflichten und Rechte der Gesellschafter | **Pflichten der Gesellschafter:** Die Gesellschafter haben<br>– die Stammeinlage vor Eintragung in das Handelsregister mit mindestens 25 % auf ihren Geschäftsanteil zu leisten, insgesamt mindestens 12.500,00 EUR;<br>– je nach Festlegung in der Satzung eine beschränkte oder unbeschränkte Nachschusspflicht.<br><br>**Rechte der Gesellschafter:** Die Gesellschafter haben<br>– ein Recht auf einen Anteil am Gewinn entsprechend dem Verhältnis ihrer Geschäftsanteile, wobei die Satzung bestimmen kann, dass Gewinnrücklagen gebildet werden;<br>– ein weitgehendes Mitverwaltungsrecht;<br>– ein weitgehendes Informationsrecht bis hin zur Einsichtnahme in die Bücher. |

| | |
|---|---|
| **Organe der GmbH** | Die Geschicke der GmbH werden durch die Geschäftsführer, die Gesellschafterversammlung und – sofern die Größenverhältnisse diese verlangen – durch einen Aufsichtsrat gelenkt. Der Aufsichtsrat ist also nicht wie bei der AG grundsätzlich vorgeschrieben. Viele – insbesondere mittelständische – Unternehmen bilden deshalb freiwillig einen sogenannten Beirat. |
| **Geschäftsführer** | Die Geschäftsführer werden von der Gesellschafterversammlung eingesetzt und haben als Leitungsorgan die Geschäftsführungsbefugnis und Vertretungsmacht für die Gesellschaft. Der Umfang der Vertretungsmacht (Einzel- oder Gesamtvertretungsbefugnis) wird von der Satzung festgelegt und ist in das Handelsregister einzutragen. Als Geschäftsführer können die Gesellschafter selbst oder dritte Personen eingesetzt werden. In Gesellschaften mit mehr als 2.000 Mitarbeitern ist ein Arbeitsdirektor in die Geschäftsführung zu bestellen. |
| **Gesellschafterversammlung** | Die Gesellschafterversammlung ist das beschlussfassende Organ. Sie hat nach dem Gesetz u. a. folgende Aufgaben:<br>– Feststellung des Jahresabschlusses und Verwendung des Reingewinns<br>– Einforderung von Einzahlungen auf die Stammeinlagen<br>– Bestellung, Überwachung, Entlastung und Abberufung von Geschäftsführern<br>– Erteilung von Weisungen an die Geschäftsführer<br>– Bestellung von Prokuristen und Handlungsbevollmächtigten<br>– Die Beschlussfassung erfolgt mit einfacher Mehrheit. Je 100,00 EUR Geschäftsanteil bedeuten eine Stimme. |
| **Aufsichtsrat/ Beirat** | Ein Aufsichtsrat kann durch die Satzung vorgeschrieben sein, ist auf jeden Fall erforderlich, wenn die Gesellschaft mehr als 500 Arbeitnehmer hat (BetrVG von 1952). Hat die Gesellschaft mehr als 2.000 Arbeitnehmer, ist ein Aufsichtsrat nach dem Mitbestimmungsgesetz von 1976 oder nach dem Montangesetz (in Unternehmen der Montanindustrie) erforderlich.<br>Mit einem freiwillig gegründeten Beirat sollen mit den Fachkenntnissen gesellschaftsfremder Personen strukturelle Defizite des Unternehmens ausgeglichen werden. Zumeist nimmt der Beirat aber nicht nur Beratungsaufgaben wahr, sondern übt auch Überwachungsfunktionen aus. |
| **Bedeutung** | Die Bedeutung der GmbH ergibt sich aus<br>– der relativ einfachen Gründung,<br>– dem vergleichsweise geringen Eigenkapital, das für die Gründung benötigt wird, und dem begrenzten Risiko,<br>– dem weitgehenden Mitverwaltungsrecht der Gesellschafter,<br>– den hohen Gestaltungsmöglichkeiten,<br>– den im Vergleich zur AG geringen Gründungskosten,<br>– der Möglichkeit, auch nicht-kommerzielle Zwecke als Sachziel zu verfolgen. |
| **Unternehmergesellschaft** | Eine Gesellschaft, die mit einem Stammkapital gegründet wird, das den Betrag des Mindeststammkapitals der GmbH (25.000,00 EUR) unterschreitet, muss in der Firma die Bezeichnung „Unternehmergesellschaft (haftungsbeschränkt)" oder „UG (haftungsbeschränkt)" führen.<br>Die Anmeldung zum HR darf erst erfolgen, wenn das Stammkapital in voller Höhe eingezahlt ist. Sacheinlagen sind ausgeschlossen. In der Bilanz ist eine gesetzliche Rücklage zu bilden, in die ein Viertel des um einen Verlustvortrag aus dem Vorjahr geminderten Jahresüberschusses einzustellen ist. |

| Unternehmer-gesellschaft | Erhöht die Gesellschaft ihr Stammkapital so, dass es den Betrag des Mindeststammkapitals von 25.000,00 EUR erreicht oder übersteigt, entsteht eine „echte" GmbH, die Firma darf beibehalten werden. |
|---|---|

## Kommanditgesellschaft auf Aktien KGaA

*Die Kommanditgesellschaft auf Aktien ist eine juristische Person, bei der mindestens ein Gesellschafter (Komplementär) den Gesellschaftsgläubigern gegenüber unbeschränkt haftet und die Gesellschaft leitet. Die übrigen Gesellschafter (Kommanditaktionäre) sind an dem in Aktien zerlegten Grundkapital beteiligt, ohne persönlich für die Schulden der Gesellschaft zu haften.*

Die KGaA ist damit eine Mischung aus KG und AG. Rechtsgrundlagen sind deshalb sowohl das HGB (für den Vollhafter) als auch das Aktiengesetz (für die Aktionäre).

| | |
|---|---|
| Gründung | Sie erfolgt ähnlich wie der AG. Es sind ein oder mehrere Gründer erforderlich, von denen mindestens einer persönlich haftender Gesellschafter sein muss. Die KGaA wird in das HR Abt. B eingetragen. Das Mindestkapital beträgt 50.000,00 EUR. |
| Firma | Der Name der Gesellschaft kann eine Personen-, Sach-, Fantasie oder gemischte Firma sein mit dem Zusatz „Kommanditgesellschaft auf Aktien" oder KGaA. |
| Organe | Die Organe entsprechen denen der Aktiengesellschaft. Es sind jedoch folgende wesentliche Ausnahmen bzw. Abweichungen dabei zu berücksichtigen:<br>– **Vorstand:** Die Komplementäre bilden den Vorstand der Gesellschaft. Dieser kann nicht abberufen werden, da er auch nicht vom Aufsichtsrat bestellt wird.<br>– **Aufsichtsrat:** Den Aufsichtsrat bilden wie bei der AG Vertreter der Kommanditaktionäre und Vertreter der Arbeitnehmer Arbeitnehmer (bei Gesellschaften mit mehr als 500 Arbeitnehmern).<br>– **Hauptversammlung:** Die HV besteht aus den Kommanditaktionären. Die Beschlüsse der HV bedürfen der Zustimmung der Komplementäre für diejenigen Angelegenheiten, für die auch bei der KG die Zustimmung aller Gesellschafter erforderlich ist. |
| Auflösung | Die Auflösung der Gesellschaft kann durch den Beschluss der Hauptversammlung oder durch die Kündigung eines persönlich haftenden Gesellschafters erfolgen. |
| Bedeutung | Die KGaA kommt in Deutschland nur noch sehr selten vor. Die Konstruktion ist kompliziert und aufwendig. Ein besonderer Nachteil liegt darin, dass die Aktionäre den Vorstand auch bei mangelhafter Geschäftsführung nicht abberufen können. |

### 3.3.1.6 Gemischte Gesellschaftsformen

## GmbH & Co KG

*Die GmbH & Co. KG ist eine Kommanditgesellschaft, bei der der Vollhafter (Komplementär) eine GmbH ist, die in ihrer Haftung beschränkt ist.*

Im Ergebnis ist die GmbH & Co. KG ein Unternehmen, bei dem die Haftung insgesamt begrenzt ist. Der Vollhafter haftet zwar unbeschränkt, aber als GmbH eben doch nur mit dem Stammkapital. Die Kommanditisten haften nur mit ihrer Einlage.

Dem Grundgedanken des HGB über die KG, die durch mindestens zwei Personen gegründet werden soll, widerspricht insbesondere die Tatsache, dass eine GmbH & Co. KG tatsächlich durch eine Person gegründet werden kann. Das erfolgt in der Weise, dass eine bestimmte Person eine GmbH gründet und zusammen mit dieser GmbH als Vollhafter im zweiten Schritt eine KG gründet, bei der ebendiese Person in zweiter Funktion als Teilhafter (Kommanditist) auftritt.

*Beispiel:*

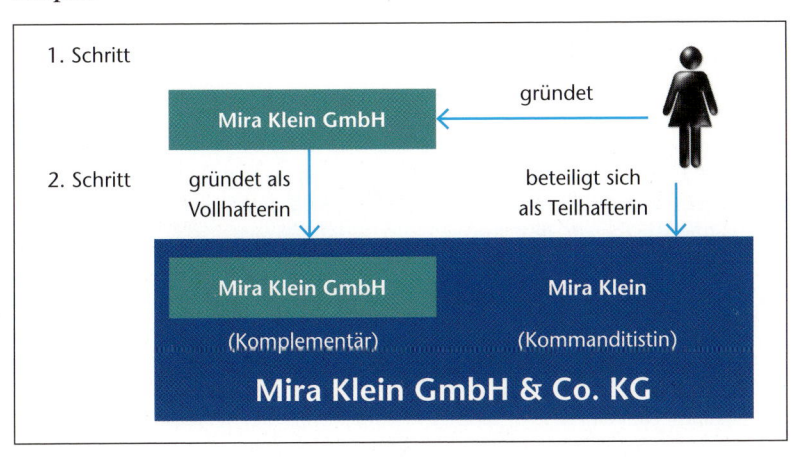

1. Schritt: Mira Klein gründet die **Mira Klein GmbH**.

2. Schritt: Die **Mira Klein GmbH** gründet als Vollhafterin, und **Mira Klein** beteiligt sich als Teilhafterin, die **Mira Klein GmbH & Co. KG** (Mira Klein GmbH als Komplementär, Mira Klein als Kommanditistin).

Als Rechtsgrundlage für den Vollhafter sind die Vorschriften über die GmbH anzuwenden, für die gesamte Gesellschaft die Vorschriften über die Kommanditgesellschaft des HGB.

Die GmbH & Co. KG erfreut sich großer Beliebtheit. Das resultiert u. a. daraus, dass

- trotz Vorliegen einer Kommanditgesellschaft die Haftung insgesamt begrenzt ist;
- eine GmbH durch Gründung einer KG relativ einfach zusätzliches Eigenkapital beschaffen kann;
- die Fortführung eines Familienunternehmens gewährleistet ist, wenn z. B. das Erbe eines Komplementärs auf mehrere Familienmitglieder verteilt werden muss und keiner der Erben bereit ist, eine persönliche Haftung zu übernehmen;
- der Einfluss der Arbeitnehmer aufgrund der Mitbestimmungsgesetze bei der KG geringer ist als bei der GmbH;
- als Geschäftsführer der Komplementär-GmbH außenstehende Fachleute bzw. Manager angestellt werden können.

### GmbH & Co. OHG/AG & Co. OHG

Auch bei der Rechtsform der OHG ist es möglich, dass juristische Personen mit Haftungsbegrenzung Vollhafter sind. Für diesen Fall sind dann die jeweiligen Rechtsvorschriften der OHG sowie die Vorschriften über die entsprechenden juristischen Personen anzuwenden.

Die Namen dieser Unternehmen müssen dann eine Bezeichnung erhalten, die die Haftungsbeschränkung kennzeichnet. Dabei ist es ähnlich der GmbH & Co. KG gebräuchlich, den Rechtsformzusatz der juristischen Person zu nennen, z. B. *GmbH & Co. OHG* oder *AG & Co. OHG*.

Die Bedeutung dieser Rechtsformen ist außerordentlich gering, zum einen weil hier der Grundgedanke der OHG (vollständige und umfassende Haftung) und damit eine hohe persönliche Bindung der Gesellschafter zum Unternehmen pervertiert wird, zum anderen, weil die Gründungs- und späteren Verwaltungskosten in keinem wirtschaftlichen Verhältnis zu den gesellschaftsrechtlichen und steuerlichen Vorteilen stehen.

### 3.3.1.7 Besondere Gesellschaftsformen

#### Genossenschaft

*Die Genossenschaft ist eine Gesellschaft mit nicht geschlossener Mitgliederzahl (Genossen), die die Förderung des Erwerbs oder der Wirtschaft ihrer Mitglieder oder deren soziale und kulturelle Belange mittels eines gemeinschaftlichen Geschäftsbetriebs fördern, ohne dass diese persönlich für die Verbindlichkeiten der Gesellschaft haften (juristische Person).*

Rechtsgrundlage ist das Gesetz betreffend die Wirtschaftsgenossenschaften (GenG) vom 01.05.1889 mit Änderungen (letztmalige große Novellierung im Jahre 2006).

| Gründung | Die Gründung der Gesellschaft erfolgt durch die Aufstellung eines Statuts (Satzung), die Wahl des Vorstands, des Aufsichtsrats und der Abschlussprüfer sowie die Eintragung der Genossenschaft beim zuständigen Amtsgericht im Genossenschaftsregister durch die Gründer (mindestens drei Personen). |
|---|---|
| | Die Genossenschaft entsteht erst durch die Eintragung (Formkaufmann). Die Firma muss eine Sachfirma sein mit dem Zusatz „eG". |
| | Die Mitgliedschaft in einer schon bestehenden Genossenschaft kann sowohl durch natürliche als auch juristische Personen erworben werden und setzt eine schriftliche Beitrittserklärung voraus. Die Mitgliedschaft wird erst wirksam mit der Eintragung in die Liste der Genossen, die beim Registergericht geführt wird. Der Austritt ist schriftlich unter Einhaltung einer Kündigungsfrist von mindestens 3 Monaten zum Jahresende zu erklären. |
| Arten von Genossenschaften | Entsprechend ihren Aufgaben werden folgende Genossenschaften unterschieden:<br>– **Einkaufsgenossenschaften** kaufen Waren in großem Umfang ein, die von den Genossen benötigt werden.<br>– **Kreditgenossenschaften** gewähren günstige Kredite und führen andere Bankgeschäfte für Genossen und sonstige Kunden durch. |

| | |
|---|---|
| Arten von Genossenschaften | – **Absatzgenossenschaften** übernehmen den Absatz und die Verwertung vor allem landwirtschaftlicher Erzeugnisse.<br>– **Baugenossenschaften** organisieren den Bau von Wohnhäusern mit Nutzungs- oder Vorkaufsrechten für die Genossen.<br>– **soziale und kulturelle Genossenschaften** betreiben soziale Einrichtungen oder Kunstprojekte, z. B. Kindergärten. |
| Kapital | Die Genossen sind mit Geschäftsanteilen an der Genossenschaft beteiligt. Sie haben darauf eine Mindesteinlage von 10 % einzuzahlen, haften aber mit dem Geschäftsanteil. Das Geschäftsguthaben eines Genossen ist der Betrag, der von ihm tatsächlich auf seinen Geschäftsanteil eingezahlt ist, vermehrt um nicht ausgezahlte Gewinne, vermindert um etwaige Verluste. |
| Organe der Genossenschaft | – Der **Vorstand** ist das leitende Organ der Genossenschaft. Er besteht aus mindestens zwei Genossen, die von der Generalversammlung bestellt werden. Die Vorstandsmitglieder besitzen grundsätzlich nur Gesamtvertretungsbefugnis für Geschäftsführung und Vertretung.<br>– Der **Aufsichtsrat** ist das überwachende Organ. Er umfasst mindestens drei Genossen und wird durch die Generalversammlung gewählt. Auch für den Aufsichtsrat der Genossenschaft gelten die Vorschriften des BetrVG von 1952 oder des Mitbestimmungsgesetzes.<br>– Die **Generalversammlung** ist das beschließende Organ der Genossenschaft. Eine Besonderheit gegenüber der HV der AG ist die Abstimmung nach Köpfen, nicht nach Geschäftsanteilen. Diese Regelung bewirkt, dass die Interessen jedes Genossen gleichmäßig berücksichtigt werden. |
| Pflichten und Rechte der Genossen | Die Genossen haben die Pflicht,<br>– die Einzahlung (laut Statut) auf den übernommenen Geschäftsanteil zu leisten;<br>– den Verlust anteilig im Verhältnis der Geschäftsguthaben zueinander zu tragen (erfolgt durch Abzug vom Geschäftsguthaben);<br>– im Konkursfall beschränkt oder unbeschränkt Nachschüsse zu leisten, sofern das Statut eine Nachschusspflicht vorsieht;<br>– die Bestimmungen des Statuts und der Beschlüsse der Generalversammlung zu beachten.<br><br>Die Genossen haben das Recht,<br>– die Einrichtungen der Genossenschaft zu benutzen;<br>– an der Generalversammlung teilzunehmen;<br>– die Generalversammlung einzuberufen;<br>– ihren Gewinn nach dem Anteil ihrer Geschäftsguthaben gemäß Beschluss der Generalversammlung zu erhalten;<br>– sich ihr Geschäftsguthaben nach dem Ausscheiden auszahlen zu lassen. |
| Bedeutung | Die Bedeutung der Genossenschaft liegt darin, dass Personen, die allein bestimmte Ziele nicht oder nur schlecht erreichen können, durch den Zusammenschluss als Großbetrieb wirtschaftlicher produzieren, einkaufen und verkaufen können. Das Solidarprinzip unterscheidet die Genossenschaft erheblich von den klassischen Kapitalgesellschaften, selbst wenn bestimmte Sachziele und das Auftreten auf dem Markt ähnlich sein können. |

## Versicherungsverein auf Gegenseitigkeit VVaG

*Der Versicherungsverein auf Gegenseitigkeit ist eine Privatversicherungsgesellschaft mit eigener Rechtspersönlichkeit, deren Kunden gleichzeitig mit Abschluss des Versicherungsvertrags Mitglieder des Vereins werden.*

Der VVaG ist eine besondere Rechtsform für Versicherer. Für die besondere, nur für Versicherer zulässige Rechtsform des VVaG gibt es kein eigenes Gesetz. Für ihn gelten die Regelungen über den Verein im BGB und es handelt sich nicht um eine klassische Unternehmensrechtsform. Die speziellen rechtlichen Rahmenbedingungen für den VVaG sind im Versicherungsaufsichtsgesetz (VAG) geregelt.

Der VVaG ist getragen von den Bedürfnissen seiner Mitglieder. Ähnlich dem Entscheidungsgremium der Hauptversammlung für die Aktionäre einer Aktiengesellschaft hat der Versicherungsverein für seine Mitglieder als oberstes Organ die Mitgliedervertreterversammlung, teilweise auch Hauptversammlung genannt. Allerdings können die Mitglieder heute nur noch in wenigen VVaG die Zusammensetzung der Mitgliedervertreterversammlung selbst bestimmen.

Anders als bei der Genossenschaft brauchen die Mitglieder keine Geschäftsanteile zu übernehmen. Die Leistungen an die Versicherten werden aus den Beiträgen der Versicherten erbracht. Entstehen Fehlbeträge (Verluste), werden die Beiträge entsprechend erhöht. Entstehen Gewinne, werden Jahresrückvergütungen an die Mitglieder gezahlt.

Der VVaG liegt der Solidargedanke zugrunde, der auch bei den staatlich geregelten Sozialversicherungsträgern zu finden ist. Gegenwärtig gibt es ca. 300 Versicherungsvereine auf Gegenseitigkeit.

## Partnerschaftsgesellschaft PartG

*Die Partnerschaft ist eine Gesellschaft, in der sich Angehörige freier Berufe zur Ausübung ihrer Tätigkeit zusammenschließen. Es ist kein Handelsgewerbe im Sinne des HGB. Es können nur natürliche Personen Angehörige einer Partnerschaft sein.*

Rechtsgrundlage ist das Partnerschaftsgesellschaftsgesetz (PartGG), z. T. ergänzt durch Vorschriften des BGB (§§ 705 ff.) und des HGB (§§ 105 ff.) über die Gesellschaft.

Der Partnerschaftsvertrag bedarf der Schriftform und muss nach § 3 (2) PartGG den Namen und den Sitz der Partnerschaft, den Namen, den Vornamen und den in der Partnerschaft ausgeübten Beruf und den Wohnort jedes Partners sowie den Gegenstand der Partnerschaft enthalten.

Die Partnerschaftsgesellschaft führt keine Firma im Sinne des HGB. Gleichwohl muss die Partnerschaft einen Namen bekommen. Vorgeschrieben sind der Name eines Mitglieds der Partnerschaft mit dem Zusatz „& Partner" oder „Partnerschaft" sowie die Berufsbezeichnungen der Partner. Eine Mindestkapitaleinlage ist gesetzlich nicht vorgesehen.

Die Gesellschafter der Partnerschaft müssen ihre Partnerschaft im Partnerschaftsregister eintragen lassen, das wie das Handelsregister bei den zuständigen Amtsgerichten geführt wird. Gleichfalls müssen eingetragen werden der Ein- oder Austritt eines Partners, Änderungen des Namens oder die Sitzverlegung.

Dominierend hinsichtlich der Führung der Geschäfte und der Vertretung der Gesellschaft nach außen ist der Partnerschaftsvertrag, grundsätzlich sind jedoch alle Partner berechtigt und verpflichtet.

Die Gewinn- oder Verlustverteilung ist gesetzlich nicht geregelt. Sie richtet sich nach dem Partnerschaftsvertrag.

Die Partnerschaft kann unter ihrem Namen Rechte erwerben und Verbindlichkeiten eingehen, Eigentum und andere dingliche Rechte an Grundstücken erwerben und vor Gericht klagen und verklagt werden.

Für die Verbindlichkeiten der Partnerschaft haften die Gesellschafter den Gläubigern wie die Gesellschafter einer BGB-Gesellschaft als Gesamtschuldner persönlich.

Eine Partnerschaft wird aufgelöst durch Zeitablauf, Beschluss der Partner, Eröffnung des Insolvenzverfahrens oder gerichtliche Entscheidung.

### 3.3.2 Ansprüche an Haftung, Geschäftsführung und Vertretung sowie Gewinn- und Verlustbeteiligung

| Unternehmensform | Mindestpersonenzahl | Mindestkapital | Geschäftsführung und Vertretung | Haftung | Gewinnbeteiligung | Verlustbeteiligung | HR |
|---|---|---|---|---|---|---|---|
| Kleingewerbe | 1 | keine Vorschrift | Inhaber | unbeschränkt [1] | Inhaber | Inhaber | – |
| Einzelkaufmann | 1 | keine Vorschrift | Inhaber | unbeschränkt [1] | Inhaber | Inhaber | A |
| BGB-Gesellschaft | 2 | keine Vorschrift | alle Gesellschafter | alle Gesellschafter unbeschränkt | alle Gesellschafter anteilig | nach Vertrag, sonst nach Köpfen | – |
| Stille Gesellschaft | 2 | keine Vorschrift | Inhaber | bei Insolvenz Anmeldung der stillen Einlage als Forderung | Verzinsung des Anteils nach Höhe des Gewinns | keine Verlustbeteiligung | – |
| OHG | 2 | keine Vorschrift | alle Gesellschafter | alle Gesellschafter unbeschränkt, unmittelbar und solidarisch | 4 % von Einlage vorab, der Rest nach Köpfen | nach Köpfen | A |
| KG | 2 | keine Vorschrift | alle Komplementäre | Komplementäre wie Ges. der OHG, Kommanditisten: nur mit der Einlage | 4 % von Einlage vorab, der Rest in angemessenem Verhältnis | nach Vertrag oder in angemessenem Verhältnis | A |

[1] unbeschränkt = Inhaber bzw. Gesellschafter haftet mit seinem Geschäfts- und Privatvermögen

| Unternehmensform | Mindestpersonenzahl | Mindestkapital | Geschäftsführung und Vertretung | Haftung | Gewinnbeteiligung | Verlustbeteiligung | HR |
|---|---|---|---|---|---|---|---|
| PartG | 2 | keine Vorschrift | alle Gesellschafter | alle Gesellschafter unbeschränkt | entsprechend Partnerschaftsvertrag | entsprechend Partnerschaftsvertrag | [1] |
| Unternehmergesellschaft (haftungsbeschränkt) | 1 | 1,00 EUR bei Bargründung | Geschäftsführer | alle Gesellschafter unbeschränkt als Gesamtschuldner | im Verhältnis der Gesellschaftsanteile | beschränkte oder unbeschränkte Nachschusspflicht | B |
| GmbH | 1 | 25.000,00 EUR | Geschäftsführer gemeinsam | jeder Gesellschafter in Höhe seines Anteils | im Verhältnis der Gesellschaftsanteile | beschränkte oder unbeschränkte Nachschusspflicht | B |
| AG | 1 | 50.000,00 EUR | Vorstand | Aktionäre in Höhe ihres Aktienanteils | Dividende gemäß HV-Beschluss | keine Dividende, ggf. Verlust der Einlage | B |
| KGaA | 5 | 50.000,00 EUR | alle Komplementäre | Komplementäre: wie bei der OHG; Aktionäre nur in Höhe ihres Aktienanteils | 4 % von Einlage des Komplementär; dann 4 % an Aktionäre, Rest angemessen | Komplementäre wie bei der OHG; Aktionäre wie bei AG | B |
| GmbH & Co. KG | 1 | für GmbH 25.000,00 EUR | alle Geschäftsführer der GmbH | wie KG, aber GmbH beschränkt auf Einlagen der Gesellschafter | wie KG; Gewinnanteil der GmbH nach Gesellschaftsanteilen | wie KG; Verlustanteil der GmbH u. U. nachschusspflichtig | A+B |
| Genossenschaft | 3 | keine Vorschrift | Vorstand aus mind. 2 Personen | Geschäftsguthaben + ausstehende Pflichtanteile | nach dem Verhältnis der Geschäftsguthaben gemäß Beschluss | Abzug vom Geschäftsguthaben | [2] |

[1] Eintragung erfolgt im Partnerschaftsregister
[2] Eintragung erfolgt im Genossenschaftsregister

## Wiederholungsfragen

1. Nennen Sie sechs wichtige Bestimmungsfaktoren, die auf die Wahl einer Rechtsform eines Unternehmens Einfluss nehmen.
2. Nennen Sie drei Rechte und Pflichten eines Einzelunternehmers.
3. Nennen Sie vier Gründe, die einen Unternehmer veranlassen könnten, aus seiner Einzelunternehmung eine Gesellschaft zu machen, indem er neue Gesellschafter aufnimmt.
4. Durch welche Merkmale ist die OHG gekennzeichnet?
5. Wie erfolgt die Anmeldung der OHG zum Handelsregister?
6. Erläutern Sie jeweils drei Rechte und Pflichten der Gesellschafter einer OHG.
7. Wie ist die Haftung der Gesellschafter einer OHG geregelt?
8. Wie wird der Gewinn einer OHG besteuert?
9. Durch welche Merkmale ist eine KG gekennzeichnet?
10. Nennen Sie die Rechte der Kommanditisten einer KG.
11. Wie ist die Haftung bei der KG geregelt?
12. Was sagt das HGB über die Gewinnverteilung bei einer KG? – Welche Konsequenz hat diese Regelung für den Gesellschaftsvertrag einer KG?
13. Die unvollständigen Gesellschaften haben zwei Gemeinsamkeiten. Welche?
14. Wie kommt die BGB-Gesellschaft zustande?
15. Begründen Sie, warum eine Fahrgemeinschaft von vier Kollegen eine BGB-Gesellschaft ist.
16. Erklären Sie an einem Beispiel die stille Gesellschaft.
17. Worin liegt der Unterschied zwischen einer typischen und einer atypischen stillen Gesellschaft?
18. Eine stille Gesellschaft geht in die Insolvenz. Erklären Sie die Rechte des stillen Gesellschafters.
19. Unterscheiden Sie generell Personen- und Kapitalgesellschaften voneinander.
20. Welche Merkmale weist eine Aktiengesellschaft auf?
21. Erklären Sie den Begriff „Aktie" und erläutern Sie, welche Rechte sie dem Inhaber gewährt.
22. Unterscheiden Sie Stammaktien, Vorzugsaktien, stimmrechtslose Vorzugsaktien.
23. Welche Arten der Übertragung von Aktien gibt es?
24. Welche Aufgaben hat der Vorstand einer AG?
25. Beschreiben Sie die drei Möglichkeiten der überbetrieblichen Mitbestimmung in einer AG.
26. Welche Aufgaben hat der Aufsichtsrat einer AG?

27. Wie erfolgt die Beschlussfassung in der Hauptversammlung?
28. Beschreiben Sie die Aufgaben der Geschäftsführer und der Gesellschafterversammlung einer GmbH.
29. Unter welchen Voraussetzungen hat eine GmbH die Pflicht, einen Aufsichtsrat zu bestellen?
30. Grenzen Sie anhand wesentlicher Merkmale die AG und die KGaA voneinander ab.
31. Beschreiben Sie die Vorgehensweise bei der Gründung einer GmbH & Co. KG.
32. Beschreiben Sie die Rechtsform der Genossenschaft.
33. Was versteht man unter einer Partnerschaftsgesellschaft, und wozu dient sie?

# 4 Unternehmenszusammenschlüsse

Einzelne, insbesondere kleinere Unternehmen, können häufig die gesteckten Ziele alleine nicht erreichen. Aus diesem Grund schließen sich immer mehr dieser Unternehmen mit anderen zusammen, um

- ihre Wettbewerbsposition durch gemeinsamen Bezug oder Absatz von Waren, gemeinsame Werbung, Forschung und Entwicklung oder Rationalisierung zu verbessern;
- das unternehmerische Risiko durch Bildung größerer Unternehmenseinheiten und Stärkung der Finanzkraft zu mindern;
- die vorhandenen Arbeitsplätze durch Übernahme von Aufträgen aus anderen Unternehmen zu sichern.

Die Zusammenschlüsse können begründet werden durch
- Absprachen;
- vertragliche Vereinbarungen;
- Gründung einer neuen Gesellschaft;
- Kapitalbeteiligungen;
- Verschmelzung mehrerer Unternehmen.

In welcher Form die Zusammenschlüsse erfolgen, ist abhängig von den verfolgten Zielen.

Im Wesentlichen lassen sich zwei grundsätzlich verschiedene Formen unterscheiden:

| **Kooperation** | **Konzentration** |
|---|---|
| liegt vor, wenn Unternehmen sich durch Absprachen und Verträge zur Zusammenarbeit verpflichten, dabei aber zu einem Teil ihre wirtschaftliche Selbstständigkeit aufgeben. | liegt vor, wenn Unternehmen ihre rechtliche und/oder wirtschaftliche Selbstständigkeit aufgeben, um einer zentralen Leitung unterstellt zu werden. |

## 4.1 Formen der Kooperation

*Kooperation ist die freiwillige Zusammenarbeit von Unternehmen, die rechtlich selbstständig bleiben, jedoch einen mehr oder weniger großen Teil ihrer wirtschaftlichen Selbstständigkeit abgeben.*

Die Kooperationsformen sind vielfältig. Ihre Unterscheidung kann nach folgenden Kriterien erfolgen.

Nach den **Grundprinzipien** werden folgende Kooperationsformen unterschieden:

| | |
|---|---|
| synergetische Kooperation | Bei dieser Form wird durch die Kooperation etwas Neues geschaffen, was den einzelnen Unternehmen aufgrund fehlender Wirtschaftskraft nicht möglich ist. *Beispiele: Spezialentwicklungen, Forschungsvorhaben* |
| additive Kooperation | Bei dieser Form werden Prozesse oder Abläufe durch die Kooperationspartner zusammengefasst, um einen optimierenden Effekt zu erzielen. *Beispiele: Einkaufsgemeinschaften, Absatzgemeinschaften* |

Hinsichtlich der **Dauer der Kooperation** werden unterschieden:

| | |
|---|---|
| befristete Kooperation | Die Zusammenarbeit ist zeitlich begrenzt, weil sie nur für einen Auftrag oder einen bestimmten Zweck gegründet wird. *Beispiele: Arbeitsgemeinschaft, Konsortium* |
| unbefristete Kooperation | Die Zusammenarbeit ist auf Dauer angelegt, weil der zugrunde liegende Zweck die Unternehmen dauerhaft wirtschaftlich verbindet. *Beispiele: Werbegemeinschaften, Kartelle* |

Nach den **Wirtschaftsstufen** werden Kooperationen unterschieden in

| | |
|---|---|
| horizontale Kooperation | Hierbei schließen sich Unternehmen der gleichen Wirtschafts- bzw. Produktionsstufe zusammen. *Beispiele: Automobilhersteller A – B – C, Möbelhändler 1 – 2 – 3 – 4* |
| vertikale Kooperation | Unternehmen auf nach- oder vorgelagerten Produktions- oder Wirtschaftsstufen vereinbaren eine Zusammenarbeit. *Beispiele: Forstbetrieb – Sägewerk – Möbelfabrik* |
| diagonale Kooperaion | Unternehmen aus unterschiedlichen, nicht zusammenhängenden Produktions- und Dienstleistungsbereichen vereinbaren eine Zusammenarbeit. *Beispiel: Metallfabrik – Gebäudereinigung – Möbelfabrik – Spedition* |

Nach **betrieblichen Funktionen** können Kooperationen unterschieden werden, die sich auf bestimmte Funktionen des Betriebes beschränken, weil hier das Interesse nach Zusammenarbeit besonders groß ist.

| | |
|---|---|
| Absatz | Erzeuger eines vergleichbaren Produktes vereinbaren Gemeinschaften, um sich eine verbesserte Position gegenüber ihren Abnehmern zu schaffen und/oder ihre Absatzaktivitäten zu vereinfachen oder zu bündeln. |
| Produktion | Hersteller ähnlicher Produkte vereinbaren Gemeinschaften, um ihre Produktionskapazitäten auszugleichen oder um gemeinschaftliche Produktionsanlagen zu nutzen. |
| Einkauf | Unternehmen mit vergleichbaren Einsatzstoffen oder Handelswaren gründen Einkaufsgemeinschaften. |
| Rechnungswesen/Datenverarbeitung | Unternehmen lassen ihre Buchführung oder ihre Personalabrechnungen in einer Gemeinschaftseinrichtung erledigen. |

## 4.1.1 Unterscheidung der einzelnen Kooperationsformen

Im Wesentlichen treten Kooperationen in folgenden Formen auf:

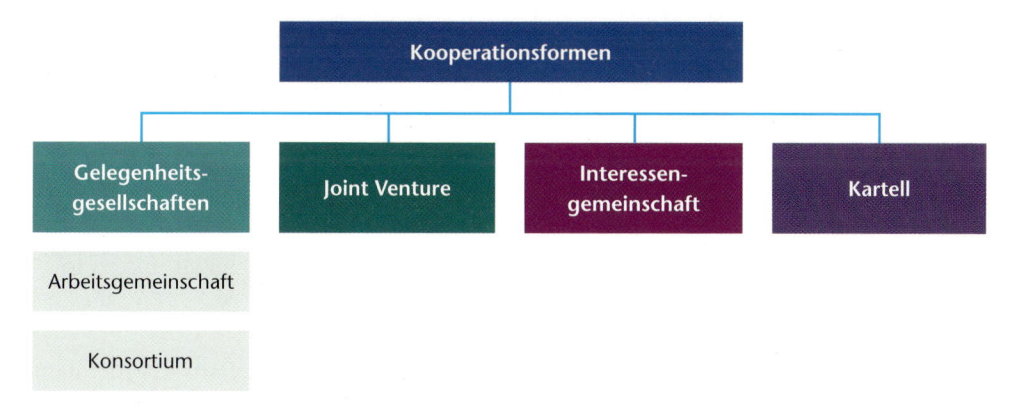

```
                        Kooperationsformen
        ┌──────────────────┬──────────────┬──────────────┐
 Gelegenheits-       Joint Venture   Interessen-      Kartell
 gesellschaften                      gemeinschaft

 Arbeitsgemeinschaft

 Konsortium
```

### 4.1.1.1 Gelegenheitsgesellschaft

Gelegenheitsgesellschaften – wie der Name schon sagt – werden für besondere Gelegenheiten, d. h. zeitlich begrenzt, gegründet, um bestimmte Vorhaben, die alleine organisatorisch nicht durchführbar oder mit einem zu großen Risiko behaftet wären, zu realisieren. Die Vorhaben werden für eine gemeinsame Rechnung abgewickelt. Gelegenheitsgesellschaften treten in zwei Ausprägungsformen auf:

#### Arbeitsgemeinschaft

*Die Arbeitsgemeinschaft ist eine lose Form der Zusammenarbeit, die zumeist durch eine vertragliche Vereinbarung zustande kommt. Die Unternehmen behalten weitgehend ihre wirtschaftliche Selbstständigkeit und leisten lediglich die im Vertrag fixierten Beiträge.*

**Beispiel:** *Bau einer Straße oder eines Autobahnteilstückes*

#### Konsortium

*Ein Konsortium (lateinisch: consors = „Schicksalsgenosse") ist eine zweckgebundene, zumeist befristete Verbindung mehrerer rechtlich und wirtschaftlich selbstständig bleibender Unternehmen zur Durchführung eines bestimmten Geschäfts.*

Der Grund für die Bildung eines Konsortiums ist in der Größe des Auftrags begründet. Es handelt sich häufig um Vorhaben im Milliardenbereich. Die Verbindung geschieht häufig über die Form einer Gesellschaft des bürgerlichen Rechts. Das Konsortium existiert nur für die Erledigung der Aufgabe. Die beteiligten Unternehmen werden Konsorten genannt. Ein Unternehmen, zumeist das mit dem größten Anteil am Auftragsvolumen, wird von den Beteiligten als Konsortialführer gewählt.

**Beispiel:** *An der Projektierung und dem Bau von großen industriellen Anlagen sind Hoch- und Tiefbaufirmen, Stahlbauunternehmen, Hersteller von Maschinen, Transport- und Verpackungsanlagen sowie Elektro- und Elektronikfirmen beteiligt. Banken schließen sich für Großkredite oder Wertpapieremissionen zusammen.*

### 4.1.1.2 Joint Venture

*Das Joint Venture (englisch für Gemeinschaftsunternehmen, wörtlich: gemeinsames Risiko) ist eine Kooperationsform, bei der mindestens zwei selbstständige Unternehmen zur gemeinschaftlichen und i. d. R. dauerhaften Durchführung eines wirtschaftlichen Projekts zusammenarbeiten.*

Joint Ventures entstehen zumeist im Ausland, wobei jeweils mindestens ein Partner aus einem anderen Land stammt. Zu unterscheiden sind zwei Ausprägungen:

Beim **Equity Joint Venture** beteiligen sich zwei rechtlich selbstständige Unternehmen an einem gemeinsamen, neu gegründeten Unternehmen. Die Partner sind jeweils mit gleichen oder unterschiedlichen Kapitalanteilen am Joint Venture beteiligt, tragen folglich beide das finanzielle Risiko des Engagements und führen das Joint Venture im Verhältnis ihrer Kapitalbeteiligungen.

Beim **Contractual Joint Venture** wird dagegen kein neues Gemeinschaftsunternehmen gegründet, sondern es bestehen nur vertragliche Beziehungen zwischen den Partnern, welche die Kosten-, Risiko- und Gewinnverteilung regeln.

Wenn die Partner oder das Joint Venture und die beteiligten Partner aus unterschiedlichen Staaten stammen, spricht man von einem internationalen Joint Venture. Wesentliche Motive für ein internationales Joint Venture sind die Nutzung der Kenntnisse der politischen und gesellschaftlichen Besonderheiten sowie die lokale Marktkenntnis des Partnerunternehmens.

Zu den Problemen von Joint Ventures zählen u. a. wettbewerbsrechtliche Bestimmungen des jeweiligen Landes, ein hoher Koordinationsaufwand, der mögliche Abfluss von technischem Wissen sowie Probleme durch unterschiedliche kulturelle Hintergründe der beteiligten Unternehmen.

### 4.1.1.3 Kartell

*Ein Kartell ist ein vertraglicher Zusammenschluss von Unternehmen des gleichen Wirtschaftszweiges, die rechtlich selbstständig bleiben, aber einen Teil ihrer wirtschaftlichen Selbstständigkeit aufgeben.*

Die Bandbreite der Ziele eines Kartells reicht von der Erhöhung der Wettbewerbsfähigkeit bis hin zum Ausschluss des Wettbewerbs im Markt. Im Vertrag verpflichten sich die Mitglieder, gemeinsam zu handeln und bei Verstoß gegen die Bestimmungen des Vertrages Vertragsstrafen zu zahlen.

**Arten von Kartellen**

Es werden folgende Arten von Kartellen unterschieden:

- **Preiskartelle** haben den Zweck, einheitliche Preise zu vereinbaren.
- **Konditionskartelle** vereinbaren einheitliche Geschäfts-, Liefer- und Zahlungsbedingungen.
- **Rabattkartelle** vereinbaren einheitliche Rabattsätze, die bei Lieferungen der Teilnehmer dieses Kartells an Abnehmer gewährt werden.

- **Rationalisierungskartelle** haben den Zweck, die Wirtschaftlichkeit der Mitglieder durch Vereinbarungen über betriebswirtschaftliche und technische Regeln zu verbessern (z. B. Normungs- und Typungskartelle).
- **Krisenkartelle** vereinbaren die Anpassung der Kapazitäten der Mitglieder an eine nachhaltig sinkende Nachfrage (**Strukturkrisenkartell**) oder vorübergehend sinkende Nachfrage (**Konjunkturkrisenkartell**) in einer Branche oder Region.
- **Beschaffungskartelle** vereinbaren einheitliche Einkäufe bei ihren Lieferanten zu gleichen Einkaufskonditionen (Lieferungs- und Zahlungsbedingungen, Rabatte).
- **Kalkulationskartelle** haben gleichartige Schemata zur Ermittlung der Selbstkosten der Mitglieder zum Inhalt.
- **Kontingentierungskartelle** treten entweder als
  - **Quotierungskartelle** auf, um die Absatzmenge eines Marktes auf die Mitglieder im Verhältnis zu der Kapazität aufzuteilen (Produktionskartelle), oder als
  - **Gebietskartelle**, um den Absatzmarkt räumlich auf die Mitglieder zu verteilen (Absatzkartell).
- **Einfuhr- und Ausfuhrkartelle** sollen durch gemeinsames Vorgehen auf den Auslandsmärkten die Ein- und Ausfuhren der Mitglieder absichern.
- **Syndikate** stellen gemeinsame Einkaufs- und/oder Verkaufseinrichtungen dar. Die Kunden oder Lieferanten haben nur mit dem Syndikat zu tun. Dies sichert den Mitgliedern auf der Beschaffungsseite günstigere Konditionen, auf der Absatzseite stabile Preise und Marktmacht.

### Kartellrecht

Aufgrund der Tatsache, dass Kartelle in hohem Maße in der Lage sind, den Wettbewerb einzuschränken, weil sie tendenziell stets die Position der Gegenseite verschlechtern, gibt es sowohl im deutschen als auch im europäischen Recht ein generelles Kartellverbot.

> § 1 des Gesetzes gegen Wettbewerbsbeschränkungen (GWB)
> **Verbot wettbewerbsbeschränkender Vereinbarungen**
> Vereinbarungen zwischen Unternehmen, Beschlüsse von Unternehmensvereinigungen und aufeinander abgestimmte Verhaltensweisen, die eine Verhinderung, Einschränkung oder Verfälschung des Wettbewerbs bezwecken oder bewirken, sind verboten.

Dieses Verbot bezieht sich insbesondere auf Preis-, Kalkulations- und Rabattkartelle, Kontingentierungskartelle, Ein- und Ausfuhrkartelle sowie Syndikate, weil diese Arten in besonderer Weise geeignet sind, den Wettbewerb einzuschränken oder auszuschließen.

Vom generellen Kartellverbot sind Ausnahmen zugelassen. So sind nach § 2 (1) GWB Vereinbarungen von Unternehmen oder Beschlüsse von Unternehmensvereinigungen freigestellt, die unter angemessener Beteiligung der Verbraucher an dem entstehenden Gewinn zur Verbesserung der Warenerzeugung oder -verteilung oder zur Förderung des technischen oder wirtschaftlichen Fortschritts beitragen, sofern

1. den beteiligten Unternehmen keine Beschränkungen auferlegt werden, die für die Verwirklichung dieser Ziele nicht unerlässlich sind, oder

2. den Unternehmen keine Möglichkeiten eröffnet werden, den Wettbewerb auszuschalten.

Diese Regel dürfte z. B. für Normungs- und Typungskartelle gelten, weil von deren Ergebnissen auch die Verbraucher profitieren.

Ausdrücklich lässt das GWB sogenannte Mittelstandskartelle zu. Das sind Vereinbarungen zwischen miteinander im Wettbewerb stehenden Unternehmen und Beschlüsse von Unternehmensvereinigungen, die die Rationalisierung wirtschaftlicher Vorgänge durch zwischenbetriebliche Zusammenarbeit zum Gegenstand haben, wenn

- dadurch der Wettbewerb auf dem betreffenden Markt nicht wesentlich beeinträchtigt wird
- und die Vereinbarung dazu dient, die Wettbewerbsfähigkeit kleiner oder mittlerer Unternehmen zu verbessern.

Sofern sich ein Kartell maßgeblich auf den Wettbewerb in mehreren Mitgliedstaaten der Europäischen Union (EU) auswirkt, ist für die Verfolgung grundsätzlich die Europäische Kommission zuständig. Liegt dagegen der Schwerpunkt einer Wettbewerbsbeschränkung in einem bestimmten Mitgliedstaat der EU, ist die Verfolgung den jeweiligen nationalen Kartellbehörden überlassen. Im europäischen Recht ist in Artikel 85 (3) des EG-Vertrages geregelt, dass die Europäische Kommission unter bestimmten Bedingungen Einzel- und Gruppenfreistellungen vom allgemeinen Kartellverbot gewähren kann.

### 4.1.1.4 Interessengemeinschaft (IG)

*Die Interessengemeinschaft ist ein horizontaler oder vertikaler Zusammenschluss von mehreren rechtlich selbstständigen Personen oder Unternehmen, die nach außen als solche nicht auftreten, nicht einheitlich geleitet werden und zumeist ihre Interessen in Form eines eingetragenen Vereins oder einer BGB-Gesellschaft betreiben.*

Typische Interessengemeinschaften werden gegründet, um
- Werbe- oder Öffentlichkeitsaktionen durchzuführen,
- Rohstoffvorkommen auszubeuten,
- Produktions- und Kommunikationseinrichtungen zu nutzen,
- technische und betriebswirtschaftliche Erfahrungen auszutauschen,
- Verwaltungsarbeiten gemeinsam durchzuführen.

**Beispiele:** *Interessengemeinschaft Jungfernstieg (Werbegemeinschaft), Interessengemeinschaft Bauernhaus e. V. (Erhalt historischer Baukultur), Interessengemeinschaft süddeutscher Unternehmer e. V. (Arbeitgebervereinigung)*

Die Unternehmen stehen partnerschaftlich in einem Gleichordnungsverhältnis zueinander und sind nicht kapitalmäßig miteinander verflochten. Die vertraglichen Abmachungen dienen der Förderung der gemeinsamen Interessen. Entsteht durch die IG ein Gewinn und ist von den Aktivitäten der IG der Gewinn der Mitglieder maßgeblich abhängig, wird häufig ein Gewinnpool vereinbart, aus dem die Mitglieder nach einem Schlüssel ihre Erträge erhalten. Eine Abgrenzung zum Kartell oder Konzern ist zuweilen schwierig. Die Interessengemeinschaft ist deshalb hinsichtlich der wirtschaftlichen Abhängigkeit der Mitglieder zwischen Kartell und Konzern anzusiedeln.

## 4.1.2 Ziele und Beurteilung der Kooperation

Kooperationen von Unternehmen sind aus wirtschaftspolitischer Sicht grundsätzlich zu begrüßen. Insbesondere führen Kooperationen dazu, dass eine große Anzahl kleiner und mittlerer Betriebe in ihrer Existenz gesichert ist und wettbewerbsfähig bleiben kann. Durch die gemeinschaftliche Nutzung des Instrumentariums der Kooperation im Einkauf oder im Marketing eröffnen sich Möglichkeiten, die ihnen als einzeln handelndes Unternehmen verwehrt bleiben.

Im Einzelnen verfolgen Kooperationen die folgenden Ziele:
- Austausch von technischem und wirtschaftlichem Wissen
- Senkung des unternehmerischen Risikos einzelner Unternehmen
- Verbesserung der betrieblichen Leistungen
- Ausgleich betrieblicher Über- oder Unterkapazitäten
- Stärkung der Position gegenüber ausländischen Mitbewerbern
- Stärkung der Position gegenüber oligopolistisch organisierten Anbietern
- Vereinigung zum Schutz gegen die Bedrohung von Großunternehmen
- Erschließung von neuen Auslandsmärkten

### Beurteilung der Kooperation von Unternehmen

**Vorteile** liegen in

- Preissenkungen durch kostensparende Verfahren, Rationalisierung und Massenproduktion in großen Fertigungseinheiten;
- der Förderung des technischen Fortschritts durch umfangreiche Forschungsmittel;
- der Sicherung der Arbeitsplätze durch Stärkung der Wettbewerbsfähigkeit;
- einer erhöhten Sicherheit einzelner Unternehmen bei Machtkämpfen auf internationaler Ebene.

**Nachteile** sind möglich durch

- überhöhte Preise durch Preisabsprachen der Anbieter von Waren;
- die Beschränkung des Wettbewerbs durch Ausschluss anderer Unternehmen;
- Wegfall von Arbeitsplätzen aufgrund der Rationalisierung von Fertigungsprozessen;
- den Missbrauch wirtschaftlicher Macht gegenüber Marktteilnehmern, die sich nicht an den Kooperationen beteiligen.

## 4.2 Formen der Konzentration

*Konzentration ist der Zusammenschluss mehrerer Unternehmungen, die ihre wirtschaftliche Selbstständigkeit aufgeben und sich einer einheitlichen zentralen Lenkung unterstellen (Konzern). Im Extremfall geht auch die rechtliche Selbstständigkeit verloren (Fusion).*

Nach der **Produktions- bzw. Wirtschaftsstufe** werden unterschieden:

| | |
|---|---|
| horizontale Konzentration | Diese Form ergibt sich, wenn sich Unternehmen auf der gleichen Produktions- oder Wirtschaftsstufe verbinden. Diese Form dient vor allem der Rationalisierung und der Nutzung von Einkaufsvorteilen.<br>***Beispiele:*** *Automobilhersteller, Einzelhandelsunternehmen* |

| | |
|---|---|
| vertikale Konzentration | Diese Form ergibt sich, wenn sich Unternehmen verschiedener (vor- oder nachgelagerter) Produktions- oder Wirtschaftsstufen verbinden. Diese Form dient vor allem der Absatzsicherung.<br>*Beispiel: Ein Küchenhersteller schließt sich mit einer Küchenhandelskette zusammen.* |
| diagonale/ anorganische Konzentration | Eine solche Konzentrationsform, auch als laterale Unternehmenskonzentration bezeichnet, ergibt sich, wenn sich Unternehmen verschiedener Produktions- oder Wirtschaftsstufen und Branchen zusammenschließen. Durch diese Konzentration entsteht ein Mischkonzern, der vor allem der Risikostreuung dient.<br>*Beispiele: Nahrungsmittelhersteller, Schifffahrtsunternehmen, Banken, Versicherungen, Getränkehersteller* |

Nach der Art der Übernahme eines Unternehmens wird unterschieden in:

| | |
|---|---|
| freundliche Übernahme | Bei dieser Form der Verbindung arbeiten Käufer und Verkäufer des zu übernehmenden Unternehmens aktiv zusammen, die Übernahme ist gewollt und hat Gründe, die beiden Partnern offensichtlich sind. Beide Partner profitieren zumeist von der Übernahme. |
| feindliche Übernahme | Bei dieser Form der Übernahme ist der Unternehmensleitung des zu übernehmenden Kandidaten die Absicht des übernehmenden Unternehmens zunächst nicht bekannt, denn dieses kauft auf dem Aktienmarkt zunächst verdeckt Anteile auf. Die Übernahme geschieht dann i. d. R. in der Weise, dass das übernehmende Unternehmen sich in Form eines öffentlichen Übernahmeangebotes an die Aktionäre des Unternehmens wendet, ohne die Einwilligung des Übernahmekandidaten eingeholt zu haben. Da der Begriff „feindlich" eher die Sicht des Managements des Übernahmekandidaten spiegelt, wäre es korrekter, von einer „unkoordinierten" Übernahme zu sprechen. |

### 4.2.1 Unterscheidung der einzelnen Konzentrationsformen

Im Wesentlichen treten Unternehmenskonzentrationen in folgenden Formen auf:

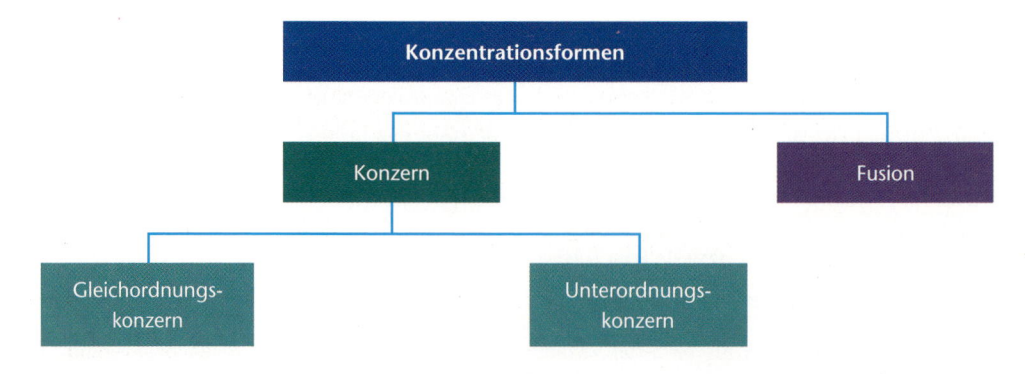

```
                    Konzentrationsformen
                    /                  \
                Konzern              Fusion
                /      \
    Gleichordnungs-   Unterordnungs-
       konzern           konzern
```

### 4.2.1.1 Konzern

*Der Konzern ist ein Zusammenschluss von Unternehmen, die ihre rechtliche Selbstständigkeit (Unternehmensform) behalten, ihre wirtschaftliche Selbstständigkeit aber zugunsten einer einheitlichen Leitung aufgegeben haben.*

Ziel dieser Verbindung ist die Erhöhung der Finanzkraft und die Verbesserung der Marktsituation durch eine bessere Abstimmung der wirtschaftlichen Interessen der Konzernunternehmen.

*Beispiel: Ein Möbelwerk als Konzernobergesellschaft erwirbt mehrheitlich die Anteile an einem Sägewerk, einem Spanplattenwerk, einer Möbelgroßhandlung und einem anderen Möbelhersteller. Die Produktion der beiden Herstellerfirmen kann rationalisiert und aufgeteilt werden. Die Beschaffung ist durch den Einfluss auf das Sägewerk und die Spanplattenherstellung gesichert, der Absatz der Produkte durch die Großhandlung.*

#### Unterordnungskonzern

Im Unterordnungskonzern werden ein herrschendes (Ober- bzw. Muttergesellschaft) und ein oder mehrere abhängige Unternehmungen (Unter- bzw. Tochtergesellschaften) durch die Leitung des herrschenden Unternehmens zusammengefasst. Die Unterordnung erfolgt entweder durch Beteiligung einer Obergesellschaft an den abhängigen Unternehmen durch Erwerb von mehr als 50 % des Grund- oder Stammkapitals oder durch die Bildung einer Holding, die als Dachgesellschaft fungiert und die Beteiligungen zusammenfasst. Eine Sonderform ist der Beherrschungsvertrag, mit dem sich ein Unternehmen ohne kapitalmäßige Verflechtung der Leitung eines anderen Unternehmens unterstellt.

#### Gleichordnungskonzerne

Gleichordnungskonzerne bilden Unternehmen, die rechtlich selbstständig bleiben und unter einer einheitlichen Leitung zusammengefasst sind, ohne dass das eine von dem anderen Unternehmen abhängig ist. Die einheitliche Leitung ergibt sich hier vor allem aus der gegenseitigen Abstimmung.

#### Sonderform der wechselseitigen Beteiligung

Bei der wechselseitigen Beteiligung vereinbaren Unternehmen, dass sie jeweils gegenseitig mehr als 25 % der Kapitalanteile des oder der anderen übernehmen (Sperrminorität).

Die Unternehmen behalten zwar ihre rechtliche Selbstständigkeit, geben aber einen Teil der wirtschaftlichen Selbstständigkeit auf. Dies geschieht dadurch, dass die jeweils andere Unternehmung über die Stimmabgabe in der Hauptversammlung einen gewissen Einfluss auf die Geschäftsführung ausüben kann (Schwestergesellschaften).

### 4.2.1.2 Fusion

*Eine Fusion ist ein Zusammenschluss (Verschmelzung) von zwei oder mehr Unternehmen, die sich unter Aufgabe der rechtlichen und wirtschaftlichen Selbstständigkeit vereinigen.*

Nach der Fusion besteht nur noch ein rechtlich selbstständiges Unternehmen. Die Fusion kann auf zwei Wegen geschehen:

- Aufnahme eines abhängigen Unternehmens in das herrschende Unternehmen. Die abhängige Unternehmung geht dann mit allen Vermögens- und Schuldteilen in der herrschenden Unternehmung auf und erlischt. Voraussetzung dafür ist ein Anteil von mehr als 75 %. Die Fusion erfolgt durch Beschluss der Hauptversammlungen.
- Neubildung durch Übertragung der Vermögens- und Schuldteile der sich verbindenden Unternehmung auf ein neu gegründetes Unternehmen. Die alten Gesellschaften erlöschen.

### 4.2.2 Ziele und Beurteilung der Konzentration

Der Zusammenschluss von Unternehmen, sei es in der Form eines Konzerns oder durch eine Fusion, folgt immer bestimmten Interessen der betroffenen Unternehmensleitungen. Die Motive des Managements sowohl eines Unternehmens, das sich in die „Obhut" eines anderen Unternehmens begibt, als auch des Managements, das ein anderes Unternehmen übernehmen will, sind zahlreich:

- Durch die Verbindung von zwei Unternehmen in ähnlichen Märkten kann eine verbesserte Expansion insbesondere im Ausland umgesetzt werden.
- Die Verbindung zweier Unternehmen mit gleichem Produktionsprogramm ermöglicht die Produktion größerer Stückzahlen, die nach dem Gesetz der Massenproduktion zur Senkung der Stückkosten führt. Ferner ermöglicht sie leichter die Entwicklung neuer Produktionsverfahren.
- Unternehmen, die vergleichbare Produkte herstellen, können durch die Konzentration der Forschungs- und Entwicklungsinvestitionen raschere und bessere Ergebnisse erzielen.
- Mit der Verbindung zweier Unternehmen erfolgt die Zusammenführung der Verwaltungs- und Vertriebsfunktionen. Dies eröffnet die Möglichkeit, Gemeinkosten zu reduzieren (Synergieeffekt).
- Die Zusammenführung von zwei Unternehmenskulturen kann zu Lerneffekten führen.
- Mischkonzerne sind in der Lage, bei Einbrüchen in einem Markt die entstandenen Defizite durch Ergebnisse in anderen Märkten aufzufangen (Prinzip der Risikostreuung).
- Durch die Verbindung zweier Unternehmen mit Produkten, die sich gegenseitig ergänzen, ist das neue Unternehmen in der Lage, eine größere Produktpalette anzubieten.
- Der Zusammenschluss von Unternehmen kann die Finanzierungsbasis verbreitern.

Den Zielen und damit letztlich den Vorteilen, die das Management der Unternehmen in einer Konzernbildung oder Fusion sieht, stehen jedoch auch Nachteile aus der Sicht der Verbraucher, der Arbeitnehmer und der Wettbewerbshüter entgegen:

- Die Zusammenlegung von Unternehmen führt in aller Regel zu Entlassungen, da bestimmte Funktionen im Verwaltungs- und Vertriebsbereich zusammengelegt werden.
- Das übernehmende Unternehmen kann u. U. aufgrund mangelnder Information über die technologischen Standards und den inneren Firmenwert des übernommenen Un-

ternehmens seine mit der Übernahme gesetzten Ziele nicht erreichen, was zu hohen Verlusten und sogar einer späteren – kostspieligen – Trennung führen kann. Als Beispiel hierfür stehen die gescheiterten Daimler-Chrysler- und die BMW-Rover-Verbindungen.

- Gleiches gilt – insbesondere bei internationalen Übernahmen – für die nicht zueinanderpassenden Unternehmenskulturen oder Leitbilder. Kämpfe im Management können die Folge sein, was letztlich wieder zu ineffektivem und damit unwirtschaftlichem Verhalten der Organisation führt.

- Große Unternehmenszusammenschlüsse können ihre marktbeherrschende Stellung ausnutzen, um gegenüber Lieferanten ein Preisdiktat in Form von Preisvorgaben auszuüben. Ein Beispiel hierfür ist das Verhältnis der Automobilindustrie zu ihren wesentlich kleineren Zulieferern.

- Auf der Absatzseite können Kunden, die von einem marktbeherrschenden Unternehmen abhängig sind, nicht zum Konkurrenten wechseln. Beispiel hierfür ist der Markt für Margarine, bei dem der größte Anbieter einen Marktanteil von über 60 % hält.

- Ebenfalls auf der Absatzseite kann ein Großanbieter durch kurz- bis mittelfristige Absenkung der Preise die Konkurrenz ruinieren, wodurch seine eigene Marktmacht weiter zunimmt.

- Sofern die Fusion oder Übernahme in der Weise finanziert wird, dass der zwischenfinanzierte Kaufpreis später aus den finanziellen Mitteln des übernommenen Unternehmens zurückgezahlt wird, kann dies für die übernommene oder fusionierte Unternehmung zu einer dauerhaften Finanzklemme führen bis hin zur Insolvenz. Ein Beispiel hierfür kann die Übernahme der Firma Continental durch die Schäffler-Gruppe sein.

- Große Unternehmenseinheiten führen in der Regel zu wirtschaftlicher Macht, die häufig auch der Entstehung politischer Macht Vorschub leistet (Lobbyismus).

In Deutschland unterliegen Fusionen von Unternehmen den Bestimmungen des Gesetzes gegen Wettbewerbsbeschränkungen und damit der Fusionskontrolle durch das Bundeskartellamt. Grenzüberschreitende Unternehmenszusammenschlüsse in der Europäischen Union werden von der Europäischen Kommission kontrolliert.

> **§ 19 GWB: Missbrauch einer marktbeherrschenden Stellung**
> (1) Die missbräuchliche Ausnutzung einer marktbeherrschenden Stellung durch ein oder mehrere Unternehmen ist verboten.

Das GWB verbietet den Missbrauch einer markbeherrschenden Stellung und beschreibt in den weiteren Absätzen des § 19 GWB, ab wann eine Marktbeherrschung vorliegt. Gleichwohl gilt nur der Missbrauch dieser Marktmacht als Verstoß gegen das GWB. Zu diesem Zweck führt das GWB in den §§ 19 und 20 aus, welche Aktionen insbesondere verboten sind. Dazu gehören das Diskriminierungsverbot, das Verbot der unbilligen Wettbewerbsbehinderung sowie das Boykottverbot und das Verbot sonstiger Wettbewerbsbeschränkungen (Generalklausel).

Das Bundeskartellamt kann Zusammenschlüsse von Unternehmen (Fusionen) untersagen, wenn zu erwarten ist, dass eine marktbeherrschende Stellung begründet oder verstärkt wird. Jedes Fusionsvorhaben von Unternehmen ab einer bestimmten Größenordnung muss beim Kartellamt angemeldet werden.

## Wiederholungsfragen

1. Nennen Sie fünf Gründe dafür, dass sich Unternehmen – gleich in welcher Form – zusammenschließen.
2. Unterscheiden Sie horizontale, vertikale und diagonale Zusammenschlüsse von Unternehmen.
3. Grundsätzlich werden die Kooperation und die Konzentration als mögliche Formen des Zusammenschlusses gewählt. Unterscheiden Sie diese Formen anhand von Beispielen.
4. Grenzen Sie die Arbeitsgemeinschaft und das Konsortium voneinander ab.
5. Was ist ein Kartell, und zu welchem grundlegenden Zweck wird es gebildet?
6. Nennen Sie sechs Beispiele für die Bildung von Kartellen.
7. Beurteilen Sie die rechtlichen Aspekte der Gründung von Kartellen.
8. Nennen Sie mögliche Ziele für eine Interessengemeinschaft.
9. In welcher Unternehmensform werden Interessengemeinschaften gerne gegründet und warum?
10. Erläutern Sie die Ziele der Kooperation von Unternehmen.
11. Was versteht man unter einem Konzern?
12. Erläutern Sie an einem Beispiel, zu welchem Zweck Konzerne gebildet werden.
13. Unterscheiden Sie Unterordnungskonzerne und Gleichordnungskonzerne als mögliche Erscheinungsformen des Konzerns.
14. Was versteht man unter einer „feindlichen Übernahme"?
15. Welche Möglichkeiten haben Unternehmen, zu fusionieren?
16. Nennen Sie je drei Vorteile und drei Nachteile der Bildung von Unternehmenszusammenschlüssen.
17. Was versteht man unter einem „Joint Venture"?
18. Unterscheiden Sie Equity Joint Venture und Contractual Joint Venture.
19. Zu welchem Zweck werden Joint Ventures gegründet?
20. Erläutern Sie generell die Zielsetzungen von Unternehmenskonzentrationen.
21. Welche Nachteile haben Unternehmenskonzentrationen für Verbraucher und Arbeitnehmer?

# Modul 2
# Rechnungswesen

1 Grundlegende Aspekte des Rechnungswesens

2 Finanzbuchhaltung

3 Kosten- und Leistungsrechnung

4 Auswertung der betriebswirtschaftlichen Zahlen

5 Planungsrechnung

# 1 Grundlegende Aspekte des Rechnungswesens

Privatpersonen sollten bereits dann eine gute Übersicht über ihre Finanzen haben, wenn sie ihre Kontoauszüge, Versicherungspolicen, Miet-, Kredit- und andere Verträge sowie ihre Rechnungen ordentlich abheften und sich ggf. noch eine Übersicht über ihre monatlichen festen Kosten erstellen.

In einem Unternehmen fallen jedoch täglich zahlreiche Vorgänge an, die sich entweder als Zahlungseingänge oder -ausgänge niederschlagen oder die innerbetriebliche Verschiebung, den Zugang oder den Abgang von Werten berühren.

*Beispiele: Ausgangsrechnungen, Eingangsrechnungen, Zahlungen für Personal, Material oder Zinsen, Verbrauch von Material, Reklamationen, Gutschriften, Abnutzung der Maschinen und Gebäude usw.*

Über alle Vorgänge des betrieblichen Leistungsprozesses, von der Beschaffung und Lagerhaltung über die tatsächliche Leistungserstellung (Produktion) und die Personalkosten bis hin zum Absatz der Produkte und/oder Dienstleistungen, muss jede Unternehmensleitung gut informiert sein. Sie verliert sonst schnell den Überblick über die Vermögens- und Ertragslage, sie weiß nicht, aus welchen Quellen sich der Erfolg des Unternehmens zusammensetzt, und sie verfügt nicht über Daten, um zukunftsgerichtete Entscheidungen zu treffen. Das Rechnungswesen hat die Aufgabe, dieses Zahlenmaterial zu liefern.

Dabei hat nicht nur die Unternehmensleitung ein Interesse daran, dass das Rechnungswesen seine Zahlen „im Griff" hat, sondern es gibt auch außerhalb des Unternehmens Personen und Gruppierungen, die ein Interesse an diesen Zahlen haben.

## 1.1 Bereiche des Rechnungswesens

Das Rechnungswesen heutiger Unternehmen enthält in mehr oder minder starker Ausprägung die folgenden Teilbereiche:

### Buchführung und Bilanz

- Die **Finanzbuchhaltung** erfasst in zeitlich und sachlich richtiger Gliederung alle Geschäftsfälle, die in irgendeiner Weise das Vermögen oder die Schulden betreffen und erfolgswirksam sind.
- Die **Inventur** ist die körperliche und buchmäßige Bestandsaufnahme aller Vermögens- und Schuldteile eines Unternehmens.
- Das **Inventar** enthält als Ergebnis der Inventur in Listenform alle erfassten Vermögens- und Schuldteile des Unternehmens. Sie liefert das Rohmaterial für die Bilanzierung.

# Grundlegende Aspekte des Rechnungswesens

- Die **Bilanzierung** hat die Aufgabe, am Ende des Geschäftsjahres den Jahresabschluss aufzustellen. Dieser besteht im Mindestmaß aus
  - einer Bilanz, die einen Überblick über das Vermögen und die Schulden des Unternehmens gibt,
  - und einer **Gewinn- und Verlustrechnung**, in der die Erträge und die Aufwendungen des Unternehmens gegenübergestellt werden und aus deren Saldo der Gewinn oder Verlust ermittelt wird.

## Kosten- und Leistungsrechnung

Die Aufgaben der KLR bestehen darin,
- die Kosten und Leistungen einer Abrechnungsperiode zu ermitteln,
- die Selbstkosten eines Erzeugnisses zu ermitteln,
- die Wirtschaftlichkeit der Betriebsprozesse und der Bereiche festzustellen,
- Unterlagen für Planungen und Entscheidungen zu liefern.

Drei Bereiche liefern diese Informationen:

| Die **Kostenartenrechnung** zeigt auf, welche Kosten entstanden sind. Sie gliedert die Kosten nach verschiedenen Gesichtspunkten. Dabei werden erste Einblicke in die Wirtschaftlichkeit möglich. | Die **Kostenstellenrechnung** ermittelt, in welchen Bereichen die Kosten entstanden sind. Im Idealfall stellt sie dabei die erbrachten Leistungen der Bereiche den verursachten Kosten gegenüber. | Die **Kostenträgerrechnung** schließlich ermittelt, welche Kostenträger (Produkte, Dienstleistungen) die Kosten verursacht haben und diese nun „tragen" müssen. Sie stellt ebenfalls fest, welcher Gewinn nach Abzug der Kosten pro Stück und insgesamt übrigbleibt. |
|---|---|---|

## Statistik als Auswertung von Zahlen

Die betriebliche Statistik beinhaltet alle Verfahren und Maßnahmen, mit deren Hilfe das betriebliche Geschehen zahlenmäßig erfasst und analysiert wird. Im Einzelnen erfüllt sie folgende Aufgaben

- **Sammeln:** Innerbetriebliches Zahlenmaterial wird systematisch gesammelt.
- **Aufbereiten:** Das Zahlenmaterial wird in tabellarischer und grafischer Form aufbereitet.
- **Innerbetriebliche Analyse:** Mithilfe der Tabellen und Grafiken werden betriebliche Tatbestände und Entwicklungen verglichen und analysiert (z. B. Zeitvergleich, Verfahrensvergleich, Soll-Ist-Vergleich).
- **Externe Analyse:** Außerbetriebliches Zahlenmaterial wird beschafft, um Betriebsvergleiche anzustellen und außerbetriebliche Trends zu erkennen (z. B. Benchmarking).

> **Planung**
>
> Die Planungsrechnung befasst sich mit der gedanklichen Vorwegnahme dessen, was zukünftig im Unternehmen und in einzelnen Bereichen gewollt ist.
> Es handelt sich um eine mehr oder weniger umfassende Vorschaurechnung – je nach Entwicklungsstand des Controllings im Unternehmen.

Zu unterscheiden sind dabei das externe und das interne Rechnungswesen:

- Das **externe Rechnungswesen** dient nicht nur zur Information der Unternehmensleitung, sondern richtet sich auch an externe Interessenten, wie die Finanzbehörden, die Aktionäre, die Banken und die interessierte Öffentlichkeit. Aus diesem Grunde unterliegt sie strengen gesetzlichen Vorschriften aus den Bereichen des Handels- und des Steuerrechts.

- Das **interne Rechnungswesen** folgt primär den Interessen des Managements. Insofern ist es in der Gestaltung des Aufbaus und der Ausprägung seiner Systeme relativ frei.

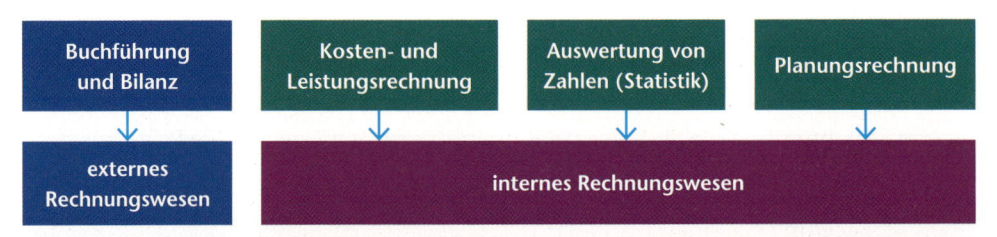

| Buchführung und Bilanz | Kosten- und Leistungsrechnung | Auswertung von Zahlen (Statistik) | Planungsrechnung |
|---|---|---|---|
| ↓ | ↓ | ↓ | ↓ |
| externes Rechnungswesen | internes Rechnungswesen | | |

**Das Rechnungswesen übernimmt dabei folgende Aufgaben im Detail:**

- **Dokumentation**, d. h. die Aufzeichnung aller Geschäftsfälle anhand von Belegen;
- **Bereitstellung von Information**, d. h. die Bereitstellung von Informationen gegenüber den Behörden, z. B. durch die Erstellung des Jahresabschlusses;
- **Kontrollfunktion**, d. h. die Überwachung der Rentabilität und der Liquidität;
- **Dispositionsaufgabe**, d. h. die Aufarbeitung der ermittelten und dokumentierten Zahlen für die unternehmerische Entscheidungsfindung.

## 1.2 Grundsätze ordnungsgemäßer Buchführung

Die Buchführung muss nach §§ 146, 147 AO sowie §§ 238, 239 HGB bestimmten formalen Anforderungen entsprechen. Dazu dient die Einhaltung der Grundsätze ordnungsmäßiger Buchführung (GoB):

- Sämtliche Geschäftsfälle sind **fortlaufend und vollständig**, **zeitgerecht und sachlich** geordnet zu buchen. Dazu gehört auch eine **lückenlose Inventur**.
- Die Buchführung muss **klar und übersichtlich** sein. Dazu gehört, dass
  - die Organisation der Buchführung sachgerecht und überschaubar ist,
  - der Jahresabschluss mit Bilanz und GuV übersichtlich gegliedert ist,
  - Buchungen nicht verrechnet werden (Saldierungsverbot),

# Grundlegende Aspekte des Rechnungswesens

- ein Kontenplan existiert,
- die Aufzeichnungen in einer lebenden Sprache gemacht werden,
- eindeutige Abkürzungen verwendet werden und
- Buchungen nicht unleserlich gemacht werden dürfen.

- Die Buchungen müssen **zeitnah**, das heißt in einer angemessenen Zeit erfolgen.

- Die Buchführung muss **periodengerecht** sein, d.h. Aufwendungen und Erträge müssen den Geschäftsjahren zugeordnet werden, in denen sie auch tatsächlich entstanden sind.

- Die Buchungen müssen **richtig** sein, das heißt inhaltlich und formal der Wahrheit entsprechen.

- Jeder Buchung muss ein **Beleg** zugrundeliegen, die Belege müssen laufend nummeriert sein und nachvollziehbar aufbewahrt werden.

- Die Buchführung muss **nachprüfbar** sein. Das bedeutet, dass sich ein sachkundiger Dritter (Steuerprüfer, Wirtschaftsprüfer) innerhalb eines angemessenen Zeitraums einen Überblick über die Buchführung verschaffen kann. Zu diesem Zweck müssen die Belege vollständig sein und die Buchführungsunterlagen den gesetzlichen Fristen entsprechend ordnungsgemäß aufbewahrt werden. Für Belege, Konten, Inventare, Bilanzen, Gewinn- und Verlustrechnungen, Anhänge und Lageberichte gilt eine Aufbewahrungsfrist von 10 Jahren.

Fehlt der Buchführung die Ordnungsmäßigkeit, hat das schwerwiegende Folgen:

**Steuerlich** ist mit folgenden Konsequenzen zu rechnen:

- Die Besteuerungsgrundlagen werden geschätzt, was u.U. wesentlich ungünstiger für den Steuerpflichtigen sein kann;
- es erfolgt eine Umkehrung der Beweislast für den Steuerpflichtigen;
- es gibt u.U. steuerrechtliche Zwangsmaßnahmen, wie Bußgelder und Steuerstrafverfahren.

**Zivil- und strafrechtlich** können folgende Konsequenzen eintreten:

- Die Geschäftsbücher verlieren ihren Beweiswert,
- fehlende oder stark mangelhafte Bücher stellen ein Insolvenzvergehen dar und sind strafbar;
- die Wirtschaftsprüfer versagen bei Kapitalgesellschaften den Bestätigungsvermerk, eine wesentliche Voraussetzung für die Entlastung des Vorstands bzw. der Geschäftsführung.

## 1.3 Buchführungspflichten nach Handels- und Steuerrecht

Wie beschrieben, gehören Buchführung und Bilanz zum externen Rechnungswesen, d.h. sie dienen nicht nur der Unternehmensleitung zur Information, sondern sind vor allem an externe Interessengruppen gerichtet. Diese Gruppen haben ein berechtigtes Interesse daran, dass Buchführung und Bilanz einheitlichen Vorschriften folgen, um Buchungen und Abschlüsse vergleichbar zu machen.

| Interessengruppen Gesellschafter (Aktionäre, Genossen), Gläubiger, interessierte Öffentlichkeit | Interessengruppe Finanzbehörden |
|---|---|
| **Handelsrecht** | **Steuerrecht** |
| – Handelsgesetzbuch HGB<br>– Aktiengesetz AktG<br>– GmbH-Gesetz GmbHG<br>– Genossenschaftsgesetz GenG | – Abgabenordnung AO<br>– Einkommensteuergesetz EStG<br>– Körperschaftsteuergesetz KStG<br>– Umsatzsteuergesetz UStG<br>– Durchführungsverordnungen |

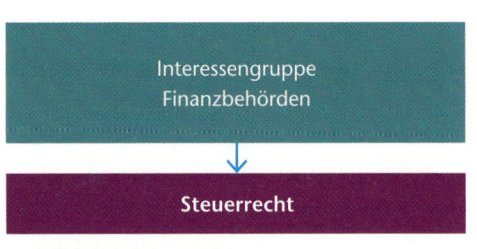

## 1.3.1 Buchführung nach Handelsrecht

> **§ 238 (1) HGB: Buchführungspflicht**
>
> Jeder *Kaufmann* ist verpflichtet, Bücher zu führen und in diesen seine Handelsgeschäfte und die Lage seines Vermögens nach den Grundsätzen ordnungsmäßiger Buchführung ersichtlich zu machen. Die Buchführung muss so beschaffen sein, dass sie einem sachverständigen Dritten innerhalb angemessener Zeit einen Überblick über die Geschäftsvorfälle und über die Lage des Unternehmens vermitteln kann. Die Geschäftsvorfälle müssen sich in ihrer Entstehung und Abwicklung verfolgen lassen.

Diese Vorschrift des HGB ist eine Art Generalklausel und verpflichtet alle Kaufleute, Bücher zu führen, und zwar nach den Grundsätzen ordnungsgemäßer Buchführung. Im Zweifel bedeutet dies, dass diese Unternehmen die doppelte Buchführung betreiben müssen, die z. B. einem Kontenplan folgt.

Wer Kaufmann ist, wird in § 1 HGB geregelt. Danach ist Kaufmann im Sinne des HGB, wer ein Handelsgewerbe betreibt. Was ein Handelsgewerbe ist, wird in § 1 (2) HGB erläutert. Danach ist ein Handelsgewerbe jeder Gewerbebetrieb, es sei denn, dass das Unternehmen keinen nach Art oder Umfang in kaufmännischer Weise eingerichteten Geschäftsbetrieb erfordert. Im § 2 HGB wird der Kreis erweitert, in dem deutlich gemacht wird, dass auch Kleinunternehmer, die sich jedoch im Handelsregister haben eintragen lassen (Kannkaufleute) Kaufleute im Sinne des HGB sind, also Buchführung betreiben müssen. § 6 HGB erweitert den Kreis der Kaufleute nochmals, indem er ausdrücklich alle Handelsgesellschaften (d. h. OHG, KG, GmbH und AG) einbezieht.

Ausgeschlossen aus dem Kreis der buchführungspflichtigen Kaufleute werden allerdings ausdrücklich Einzelkaufleute, die besondere Voraussetzungen erfüllen:

> **§ 241a HGB: Befreiung von der Pflicht zur Buchführung und Erstellung eines Inventars**
>
> Einzelkaufleute, die an den Abschlussstichtagen von zwei aufeinander folgenden Geschäftsjahren nicht mehr als 500 000 Euro Umsatzerlöse und 50 000 Euro Jahresüberschuss aufweisen, brauchen die §§ 238 bis 241 nicht anzuwenden. Im Fall der Neugründung treten die Rechtsfolgen schon ein, wenn die Werte des Satzes 1 am ersten Abschlussstichtag nach der Neugründung nicht überschritten werden.

*Buchführungspflichtig nach dem Handelsrecht sind alle Kaufleute, ob im Handelsregister eingetragen oder nicht, mit Ausnahme der Kleinunternehmer, die nicht im HR eingetragen sind sowie mit Ausnahme aller Einzelkaufleute, die die Voraussetzungen des § 241a HGB erfüllen.*

### 1.3.2 Buchführung nach Steuerrecht

Das Steuerrecht orientiert sich in vielen Punkten am Handelsrecht und macht dieses maßgeblich für steuerliche Zwecke. So auch im Fall der Definition der Steuerpflichtigen.

Zunächst besagt die Abgabenordnung als „Grundgesetz des Steuerrechts", dass alle, die schon nach handelsrechtlichen Vorschriften Bücher führen müssen, dies auch für steuerrechtliche Zwecke tun müssen.

> **§ 140 AO: Buchführungs- und Aufzeichnungspflichten nach anderen Gesetzen**
>
> Wer nach anderen Gesetzen als den Steuergesetzen Bücher und Aufzeichnungen zu führen hat, die für die Besteuerung von Bedeutung sind, hat die Verpflichtungen, die ihm nach den anderen Gesetzen obliegen, auch für die Besteuerung zu erfüllen.

Daraus folgt, dass alle im vorigen Abschnitt definierten Buchführungspflichtigen nach Handelsrecht auch für steuerliche Zwecke Bücher führen müssen. Das würde allerdings bedeuten, dass alle nach Handelsrecht ausgegrenzten Personen keine Bücher führen müssten. Deshalb fügt die AO noch eine Generalvorschrift ein, die alle folgenden Personen umfasst:

> **§ 141: Buchführungspflicht bestimmter Steuerpflichtiger**
>
> (1) Gewerbliche Unternehmer sowie Land- und Forstwirte, die nach den Feststellungen der Finanzbehörde für den einzelnen Betrieb
> 1. Umsätze einschließlich der steuerfreien *Umsätze, (...) von mehr als 500.000 Euro im Kalenderjahr* oder
> (...)
> 4. einen *Gewinn aus Gewerbebetrieb von mehr als 50.000 Euro* im Wirtschaftsjahr (...)
> gehabt haben, sind auch dann verpflichtet, für diesen Betrieb Bücher zu führen und auf Grund jährlicher Bestandsaufnahmen Abschlüsse zu machen, wenn sich eine Buchführungspflicht nicht aus § 140 ergibt.

Für alle, die sowohl vom Handelsrecht als auch von den vorstehenden Vorschriften der AO nicht erfasst werden, macht § 4 (3) EStG eine klare Aussage: Die Angehörigen der freien Berufe und die Kleingewerbetreibende (mit Einkünften aus selbstständiger Tätigkeit) sind generell von der Buchführungspflicht ausgenommen, für sie gilt eine vereinfachte Überschussrechnung (Überschuss der Einnahmen über die Ausgaben), also ein Wegfall der doppelten Buchführung und anderer Pflichten, was die Rechenschaftslegung gegenüber den Finanzbehörden im Rahmen der Steuererklärung wesentlich vereinfacht.

*Buchführungspflichtig nach dem Steuerrecht sind alle Kaufleute, die nach dem HGB Bücher führen müssen, sowie alle, die mehr als 500.000,00 EUR Umsatz oder einen Gewinn von mehr als 50.000,00 EUR im Wirtschaftsjahr ausweisen.*

## 1.4 Bilanzierungs- und Bewertungsgrundsätze

In diesem Teilkapitel werden die beiden folgenden Fragen geklärt:

1. *Welche Positionen (z.B. Forderungen, Gegenstände, Verbindlichkeiten) dürfen in die Bilanz aufgenommen werden?*
2. *Wie werden diese Positionen bewertet?*

Sofern Sie noch nicht genau wissen, was eine Bilanz ist, wie sie aufgebaut ist und welche Zusammenhänge dort bestehen, empfehlen wir Ihnen, zunächst das Teilkapitel 2.2.1 – Aufbau der Bilanz – durchzuarbeiten und anschließend zu diesem Kapitel zurückzukehren.

### 1.4.1 Formeller Bilanzansatz

Bevor ein bestimmter Posten in einer Bilanz bewertet werden kann, muss zunächst geprüft werden, ob er überhaupt in die Bilanz aufgenommen werden muss oder kann oder ob es ein Verbot dafür gibt.

Die Beantwortung dieser Frage bezeichnet man auch als die „**Bilanzierung dem Grunde nach**". Die Klärung wird in folgenden Schritten vorgenommen:

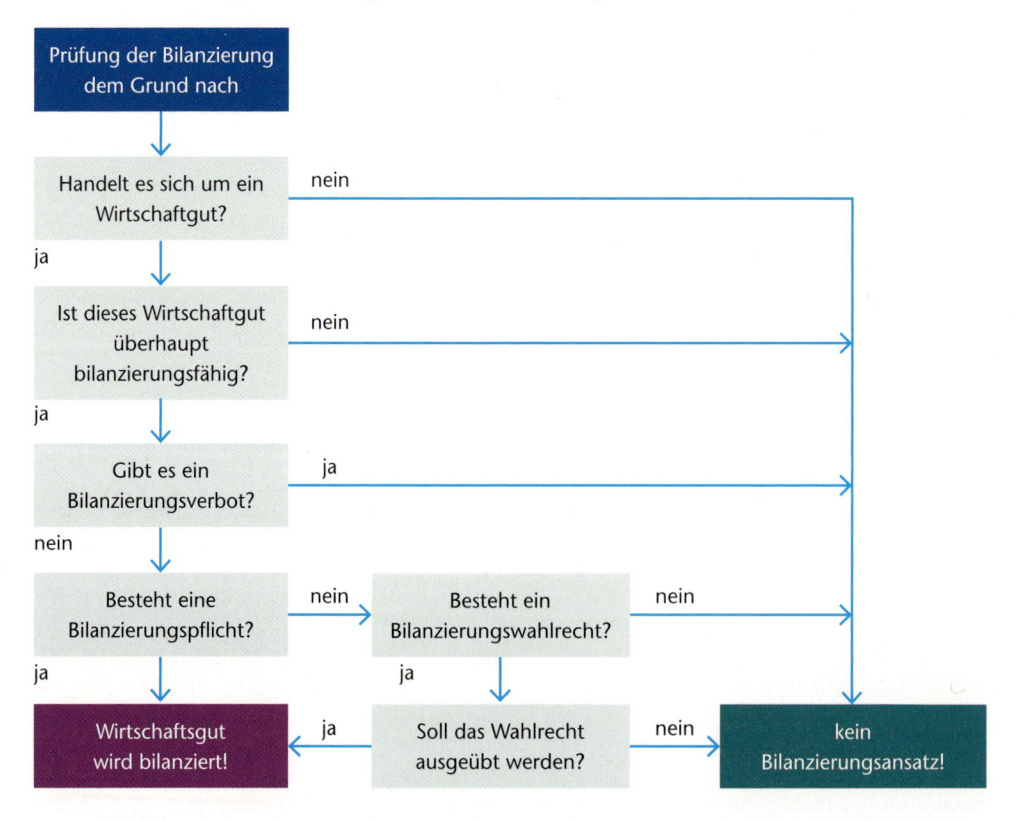

```
Prüfung der Bilanzierung
      dem Grund nach
              │
              ▼
   Handelt es sich um ein      nein
       Wirtschaftgut?      ─────────────────────────────────┐
              │ ja                                          │
              ▼                                             │
     Ist dieses Wirtschaftgut   nein                        │
          überhaupt         ─────────────────────────────────┤
       bilanzierungsfähig?                                   │
              │ ja                                          │
              ▼                                             │
        Gibt es ein           ja                            │
      Bilanzierungsverbot? ───────────────────────────────── ┤
              │ nein                                        │
              ▼                                             │
       Besteht eine           nein    Besteht ein       nein│
     Bilanzierungspflicht? ────────► Bilanzierungswahlrecht? ┤
              │ ja                       │ ja              │
              │                          ▼                 │
              │                    Soll das Wahlrecht   nein│
              │◄──────── ja ──────  ausgeübt werden?  ─────►│
              ▼                                             ▼
       Wirtschaftsgut                                      kein
       wird bilanziert!                            Bilanzierungsansatz!
```

Im Prinzip kann die Bilanzierung im Rahmen der Jahresabschlussarbeiten erst dann erfolgen, wenn die Ergebnisse der Inventur vorliegen, aufgezeichnet im Inventar.

Anhand des Inventars muss nun die Bilanzierungsfähigkeit der einzelnen Wirtschaftsgüter (das können Vermögensgegenstände oder Schuldpositionen sein) geprüft werden, denn hier entscheidet sich, ob ein Wirtschaftsgut in die Bilanz aufgenommen wird oder nicht. Dazu muss es zwei wesentliche Voraussetzungen erfüllen:
1. Es muss dem bilanzierenden Unternehmen zuzurechnen sein und
2. es muss grundsätzlich aktivierungs- oder passivierungsfähig sein.

Was im Prinzip zu bilanzieren ist, darüber macht das HGB eine klare Aussage:

> **§ 248 (1) HGB: Vollständigkeit**
>
> Der Jahresabschluss hat sämtliche Vermögensgegenstände, Schulden, Rechnungsabgrenzungsposten sowie Aufwendungen und Erträge zu enthalten, soweit gesetzlich nichts anderes bestimmt ist. Vermögensgegenstände sind in der Bilanz des Eigentümers aufzunehmen; ist ein Vermögensgegenstand nicht dem Eigentümer, sondern einem anderen wirtschaftlich zuzurechnen, hat dieser ihn in seiner Bilanz auszuweisen. Schulden sind in die Bilanz des Schuldners aufzunehmen. Mit dem Wort „sämtliche" ist ein Vollständigkeitsgebot gegeben. Mit dem Begriff „wirtschaftlich zuzurechnen" ist die Forderung nach einer wirtschaftlichen Betrachtungsweise bei der Bilanzierung gemeint. Im Normalfall kann der Kaufmann die Zugehörigkeit der Wirtschaftsgüter zu seinem Unternehmen durch Rechnungen (bei Waren und Anlagevermögen), Lieferscheine (bei Forderungen), Eingangsrechnungen (bei Verbindlichkeiten) nachweisen. In Zweifelsfällen muss immer geprüft werden, ob das Wirtschaftsgut dem Kaufmann wirtschaftlich zuzurechnen ist. Das ist immer dann der Fall, wenn der Kaufmann die tatsächliche Verfügungsgewalt über eine Sache hat.

*Beispiele:* Ein Lkw, der gemietet wurde, sich aber zum Zeitpunkt der Inventur auf dem Gelände des Unternehmens befand, darf nicht bilanziert werden, weil er wirtschaftlich zweifelsfrei dem Vermieter gehört. Dagegen müssen Waren, die unter Eigentumsvorbehalt geliefert wurden, oder eine der Bank sicherungsübereignete Maschine beim Kaufmann bilanziert werden, weil der darüber tatsächlich verfügt.

| Bilanzierungsgebote | Aktiva: | Passiva: |
|---|---|---|
| | – Sämtliche Vermögensgegenstände, die dem Bilanzierenden zuzurechnen sind, dazu gehören<br>  – materielle Vermögensgegenstände; hier gilt das Abgrenzungsgebot für das Anlagevermögen nach §247(2) HGB, wonach zum Anlagevermögen nur die Gegenstände gehören, die dauerhaft dazu bestimmt sind, dem Betrieb zu dienen;<br>  – immaterielle Vermögensgegenstände, wenn entgeltlich erworben<br>– aktive Rechnungsabgrenzungsposten nach §250(1) HGB<br>– entgeltlich erworbener Geschäfts- oder Firmenwert | – Schulden, das sind im Wesentlichen alle Waren- und Kreditverbindlichkeiten;<br>– passive Rechnungsabgrenzungsposten nach §250(2);<br>– Rückstellungen nach §249(1) vor allem für ungewisse Verbindlichkeiten und drohende Verluste aus schwebenden Geschäften, für im Geschäftsjahr unterlassene Aufwendungen für Instandhaltung, die im folgenden Geschäftsjahr innerhalb von drei Monaten nachgeholt werden, oder Aufwendungen für unterlassene Abraumbeseitigung sowie Gewährleistungen, die ohne rechtliche Verpflichtung erbracht werden (Kulanzrückstellungen); |

| | | |
|---|---|---|
| **Bilanzierungswahlrechte** | **Aktiva:**<br>– Selbst geschaffene immaterielle Vermögensgegenstände nach § 248 (2) HGB<br>– Damnum (Darlehensabgeld) nach § 250 (3) HGB | **Passiva:**<br>Hier existieren keine Wahlrechte mehr; früher gab es noch Wahlrechte für diverse Rückstellungen und Sonderposten, die durch das BilMoG von 2009 abgeschafft wurden. |
| **Bilanzierungsverbote** | **Aktiva:**<br>Aufwendungen für die Gründung eines Unternehmens nach § 248 (1) HGB | **Passiva:**<br>nach § 249 (2) sämtliche anderen Rückstellungen als diejenigen, die in § 249 (1) genannt sind |

### 1.4.2 Materieller Bilanzansatz (Bewertung)

Nachdem im Bereich der formellen Bilanzierung geprüft wurde, ob ein Posten in der Bilanz ausgewiesen wird, weil ein Gebot besteht oder der Kaufmann von einem Wahlrecht Gebrauch gemacht hat, wird im Bereich der materiellen Bilanzierung geprüft, mit welchem Wert das Wirtschaftsgut in der Bilanz anzusetzen ist. Man spricht hier von der „**Bilanzierung der Höhe nach**". Sofern keine Wahlmöglichkeit besteht, ist die Sache zweifelsfrei. Allerdings bestehen auch in diesem Bereich Wahlrechte, d. h. der Kaufmann hat die Möglichkeit, je nach Situation und Gegebenheiten zwischen unterschiedlichen Wertansätzen zu wählen.

*Beispiel:* Eine neue Maschine, für die eine Rechnung vorliegt, muss grundsätzlich mit den Anschaffungskosten bilanziert werden. Anders dagegen z. B. Warenpositionen, für die der Kaufmann zwischen verschiedenen Bewertungsverfahren wählen kann.

Ferner gibt es Positionen in der Bilanz, für die am Bilanzstichtag zwar unterschiedliche Werte vorliegen, bei denen der Kaufmann jedoch verpflichtet ist, den höheren oder niedrigeren Wert anzusetzen.

*Beispiel:* Wertpapiere des Umlaufvermögens weisen am Bilanzstichtag meist zwei Werte auf: Die Anschaffungskosten und den Tageswert. Hier ist der Kaufmann verpflichtet, den niedrigeren Wert anzusetzen.

#### Maßgeblichkeitsprinzip

> Ein Humorist unter den Experten des Rechnungswesens hat einmal folgenden Satz geprägt: Es gibt eigentlich drei Bilanzen: Die Bilanz, die der Bank vorzulegen ist, weist einen hohen Gewinn aus, weil davon die Kreditwürdigkeit abhängt; die Bilanz, die dem Finanzamt vorzulegen ist, weist einen möglichst niedrigen Gewinn aus, weil davon die Höhe der Steuern abhängt; die Bilanz, die für die Unternehmensleitung gemacht wird, sollte dann möglichst den objektiv richtigen Gewinn ausweisen.

Selbst wenn es sich hier um eine Glosse handelt, ein wenig Wahrheit steckt doch darin. Wie bereits gesehen, machen sowohl Handels- als auch Steuerrecht Aussagen zur Bilanz, so auch im Bereich der materiellen Bilanzierung. Das grundsätzliche Verhältnis zwischen Handels- und Steuerbilanz ist im § 5 EStG geregelt:

> **§ 5 (1) Satz 1 EStG: Gewinn bei Kaufleuten und bei bestimmten anderen Gewerbetreibenden**
>
> Bei Gewerbetreibenden, die auf Grund gesetzlicher Vorschriften verpflichtet sind, Bücher zu führen und regelmäßig Abschlüsse zu machen, (...) ist für den Schluss des Wirtschaftsjahres das Betriebsvermögen anzusetzen (§ 4 Absatz 1 Satz 1), das nach den handelsrechtlichen Grundsätzen ordnungsmäßiger Buchführung auszuweisen ist, es sei denn, im Rahmen der Ausübung eines steuerlichen Wahlrechts wird oder wurde ein anderer Ansatz gewählt.

Diese Aussage ist unmissverständlich: Für die Aufstellung einer steuerlich relevanten Bilanz sind grundsätzlich die Wertansätze der Handelsbilanz heranzuziehen. Dies kann nicht immer übereinstimmen, denn beide Bilanzen verfolgen unterschiedliche Ziele:

| Ziele der Handelsbilanz | Ziele der Steuerbilanz |
|---|---|
| Aus dem Grundsatz der kaufmännischen Vorsicht folgen:<br>1. Prinzip der nominellen Kapitalerhaltung, d. h. die Summe der Abschreibungen darf die Anschaffungskosten nicht übersteigen.<br>2. Prinzip des Gläubigerschutzes, d. h. es soll ein realistisches Bild des Unternehmens gezeigt werden.<br>3. Prinzip des Schutzes der Gesellschafter, d. h., der Gewinn soll nicht zu niedrig ausgewiesen werden. | Aus dem Grundsatz der Ermittlung des objektiv richtigen Gewinns folgt:<br>1. Der Gewinn soll den tatsächlichen wirtschaftlichen Gegebenheiten entsprechen.<br>2. Der Gewinn soll periodengerecht ermittelt werden. |

Durch das Bilanzmodernisierungsgesetz wurde das früher geltende klare Maßgeblichkeitsprinzip abgeschafft, bei dem grundsätzlich die Werte der Handelsbilanz für die Steuerbilanz maßgeblich waren; die Formulierung in § 5 (1) EStG „... es sei denn, im Rahmen der Ausübung eines steuerlichen Wahlrechts wird oder wurde ein anderer Ansatz gewählt" führt seit 2009 dazu, dass für die Aufstellung von Handels- und Steuerbilanz im Ergebnis folgende Grundsätze gelten:

| Handelsbilanz | Steuerbilanz | Rechtsfolge |
|---|---|---|
| Es bestehen verbindliche handelsrechtliche Vorschriften. | Es bestehen keine oder nur gleichlautende steuerrechtliche Vorschriften. | Steuerbilanz entspricht Handelsbilanz. |
| Es bestehen verbindliche handelsrechtliche Vorschriften. | Es bestehen steuerlich verbindliche abweichende Vorschriften. | Steuerbilanz weicht von der Handelsbilanz ab. |
| Es besteht ein handelsrechtliches Wahlrecht. | Es gibt eine steuerlich verbindliche Vorschrift. | Steuerbilanz kann von der Handelsbilanz abweichen, muss aber nicht. |

Kleinere und mittlere Unternehmen haben aufgrund der hohen Kosten für die Aufstellung einer Bilanz (Steuerberater, Wirtschaftsprüfer, eigene Bilanzbuchhalter) den Wunsch nach einer **Einheitsbilanz**. Damit ist gemeint, dass eine Bilanz aufgestellt wird, die sowohl vom Unternehmen veröffentlicht wird als auch den Finanzbehörden zu Besteuerungszwecken vorgelegt wird.

Eine solche Einheitsbilanz ist jedoch nur dann möglich, wenn die Wertansätze in der Handels- und in der Steuerbilanz übereinstimmen *dürfen*. Diesem Wunsch kann grundsätzlich entsprochen werden, wenn eine verbindliche steuerrechtliche Vorschrift auch im Handelsrecht vorgesehen ist. Bei einer großen Anzahl von Bilanzpositionen wird das auch der Fall sein. Allerdings gibt es dann Ausnahmen, wenn, wie in der vorstehenden Tabelle im zweiten Fall angegeben, für beide Bilanzen verpflichtende, aber abweichende Vorschriften gelten.

**Beispiel:** *Dies ist z. B. der Fall bei der Bildung einer Rückstellung für drohende Verluste aus schwebenden Geschäften, die für die Handelsbilanz nach § 249 (1) HGB vorgeschrieben ist, für die Steuerbilanz jedoch nach § 5 (4a) EStG untersagt ist.*

## Grundsätze ordnungsgemäßer Bilanzierung

Bei der Aufstellung eines Jahresabschlusses müssen allgemeine Grundsätze einer ordnungsgemäßen Bilanzierung beachtet werden.

| | |
|---|---|
| **Grundsatz der Bilanzklarheit** | Der Jahresabschluss muss in formaler Hinsicht klar und übersichtlich sein. Das bedeutet, dass die Gliederungsvorschriften des HGB für die Bilanz und die GuV einzuhalten sind. Der Klarheit dienen zusätzlich folgende Regeln:<br>– Die einzelnen Posten müssen eindeutig bezeichnet werden.<br>– Zu jeder Bilanz- und GuV-Position sind die Vorjahresbeträge anzugeben.<br>– Alle Werte müssen auf EUR lauten. Fremdwährungen sind umzurechnen. |
| **Grundsatz der Bilanzwahrheit** | Die in der Bilanz und GuV ausgewiesenen Werte müssen wahr und frei von Willkür sein. Dieser Grundsatz ist dann erfüllt, wenn die Werte nachprüfbar und objektiv richtig sind. Das dürfte dann der Fall sein, wenn die Wertansätze aus Belegen und Buchführung hergeleitet werden können. Sofern Ansatzgebote und -verbote eingehalten werden, ist das kein Problem. Lediglich bei Wahlrechten ist die Frage zu stellen, was der Wahrheit entspricht. Schätzungen sind für bestimmte Umstände zugelassen (z. B. bei der Inventur von Hölzern im Freilager einer Holzhandlung). |
| **Grundsatz der Bilanzidentität** | Die Schlussbilanz eines Jahres muss mit der Eröffnungsbilanz des folgenden Jahres in Bezug auf Positionen und Werte übereinstimmen. Dieser Grundsatz ist unmittelbar einleuchtend. Wie sollten sich auch z. B. in der Sekunde von Silvester des alten Jahres auf Neujahr des neuen Jahres irgendwelche Werte verändern? |
| **Grundsatz der Bilanzkontinuität** | Wer die Bilanzen eines Unternehmens vergleichen will, muss sich darauf verlassen können, dass an zwei oder mehr aufeinanderfolgenden Bilanzstichtagen die Art und Weise, wie der Jahresabschluss aufgestellt wird, übereinstimmen.<br>– **Grundsatz der formellen Bilanzkontinuität** Die Bilanz soll immer zum gleichen Stichtag, mit einem gleichen Aufbau und gleicher Gliederung, mit übereinstimmenden Positionsbezeichnungen und deren Inhalten aufgestellt werden.<br>– **Grundsatz der materiellen Bilanzkontinuität:** Die Bewertungsmethoden sollen an aufeinanderfolgenden Jahren nicht willkürlich gewechselt werden. Abweichungen von der Bilanzkontinuität sind im Detail zu begründen. |

| | |
|---|---|
| **Grundsatz der Einzelbewertung** | Jedes Wirtschaftsgut ist grundsätzlich einzeln zu bewerten. Das ist verständlich, wenn z. B. drei Maschinen des gleichen Typs, die zwar zum gleichen Zeitpunkt gekauft wurden, aber u. U. unterschiedliche Nutzungsdauern und Beanspruchungen haben und deshalb individuell bewertet werden müssen. Abweichungen von dieser Regel gelten für <br> – Gruppenbewertung oder Verbrauchsfolgebewertungen von Vorräten, <br> – Festbewertung von Positionen des AV, die sich selten verändern, <br> – pauschale Wertberichtigungen von Forderungen. |
| **Grundsatz der Vorsicht** | Dieses Prinzip soll insbesondere die Gläubiger und Anteilseigner schützen. Von einem Unternehmen, das dem Grundsatz der **kaufmännischen Vorsicht** folgt, wird erwartet, dass es bei der Aufstellung des Jahresabschlusses alle bis dahin erkennbaren Risiken und drohenden Verluste berücksichtigt. Zu diesem Zweck sollen die Vermögenspositionen möglichst niedrig, die Schulden hingegen möglichst hoch bewertet werden, um nicht etwa einen Gewinn auszuweisen, der (noch) nicht realisiert wurde. Dieses Prinzip wird auf der folgenden Seite noch einmal gesondert behandelt. |
| **Grundsatz der Periodenabgrenzung** | Dieses Prinzip soll sicherstellen, dass der Gewinn oder Verlust eines Jahres möglichst genau ermittelt wird. Zu diesem Zweck sind Sachverhalte, die das laufende Jahr und das zukünftige Jahr betreffen, genau abzugrenzen. <br> *Beispiel: Ein Unternehmen hat im Jahr 01 am 01.10. eine Versicherung mit 12.000,00 EUR für ein Jahr im Voraus bezahlt. Die Zahlung wird von der Bank belastet, der Aufwand fällt aber für 3.000,00 EUR im alten Jahr, für 9.000,00 EUR im neuen Jahr an. Deshalb ist dieser Vorgang abzugrenzen.* <br> Der Periodenabgrenzung dienen insbesondere <br> – aktive und passive Rechnungsabgrenzungsposten, <br> – sonstige Forderungen und sonstige Verbindlichkeiten, <br> – Rückstellungen. |
| **Stichtagsprinzip** | Der Jahresabschluss ist immer zum gleichen Stichtag aufzustellen und die Vermögens- und Schuldverhältnisse sind immer zum gleichen Stichtag zu bewerten. |
| **Grundsatz der Unternehmensfortführung** | Bei der Aufstellung des Jahresabschlusses ist davon auszugehen, dass das Unternehmen in der kommenden Periode fortgeführt wird. Die Wirtschaftgüter eines Unternehmens bilden in ihrem Zusammenspiel ein wirtschaftliches Ganzes. Würde man jeden Gegenstand isoliert betrachten, hätte er einen niedrigeren Wert. <br> *Beispiel: Eine Etikettiermaschine wurde nach 4 von 10 Jahren linear auf einen Wert von 60 % abgeschrieben. Würde man diese Maschine isoliert auf dem offenen Markt anbieten, bekäme man einen wesentlich geringeren Verkaufserlös.* |
| **Werterhellungsprinzip** | Dieses Prinzip verlangt, dass Sachverhalte und Ereignisse, die vor dem Bilanzstichtag eingetreten sind, dem Kaufmann aber erst nach dem Stichtag bekannt werden, im Jahresabschluss berücksichtigt werden müssen (werterhellende Tatsache). <br> Anders hingegen sieht es mit Ereignissen aus, die nach dem Stichtag eintreten und vor der Aufstellung des Jahresabschlusses bekannt werden (wertbeeinflussende Tatsachen). Sie dürfen grundsätzlich nicht berücksichtigt werden. <br> *Beispiel: Ein Kunde ist am 15. Dezember insolvent geworden. Der Kaufmann erhält die Mitteilung jedoch erst am 15.01. Für den Bilanzstichtag 31.12. ist dieser Vorgang von Bedeutung und die Forderung muss abgeschrieben werden.* |

Aus dem Grundsatz der Vorsicht lassen sich andere wichtige Grundsätze für die Bewertung nach Handelsrecht ableiten. Die folgende Übersicht macht die unterschiedliche Behandlung von Vermögenspositionen und Schulden deutlich:

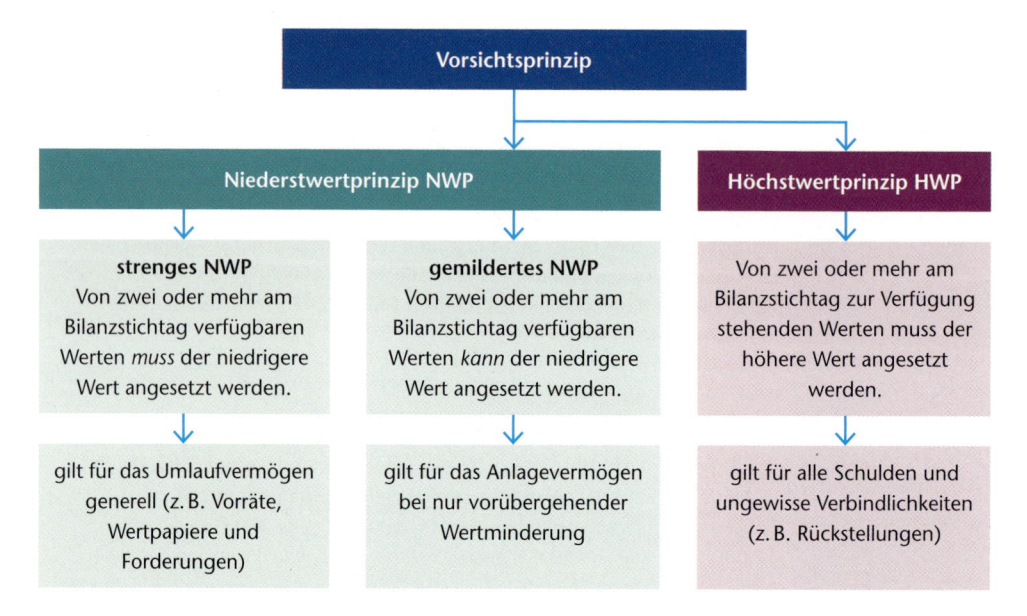

```
                        Vorsichtsprinzip
             ┌────────────────┴────────────────┐
     Niederstwertprinzip NWP            Höchstwertprinzip HWP
     ┌──────────┴──────────┐
  strenges NWP      gemildertes NWP
```

**strenges NWP**
Von zwei oder mehr am Bilanzstichtag verfügbaren Werten *muss* der niedrigere Wert angesetzt werden.

gilt für das Umlaufvermögen generell (z. B. Vorräte, Wertpapiere und Forderungen)

**gemildertes NWP**
Von zwei oder mehr am Bilanzstichtag verfügbaren Werten *kann* der niedrigere Wert angesetzt werden.

gilt für das Anlagevermögen bei nur vorübergehender Wertminderung

**Höchstwertprinzip HWP**
Von zwei oder mehr am Bilanzstichtag zur Verfügung stehenden Werten muss der höhere Wert angesetzt werden.

gilt für alle Schulden und ungewisse Verbindlichkeiten (z. B. Rückstellungen)

Die konsequente Anwendung dieser Prinzipien führt zu einer unterschiedlichen Behandlung von noch nicht realisierten Gewinnen und Verlusten. Die folgende Übersicht macht das deutlich.

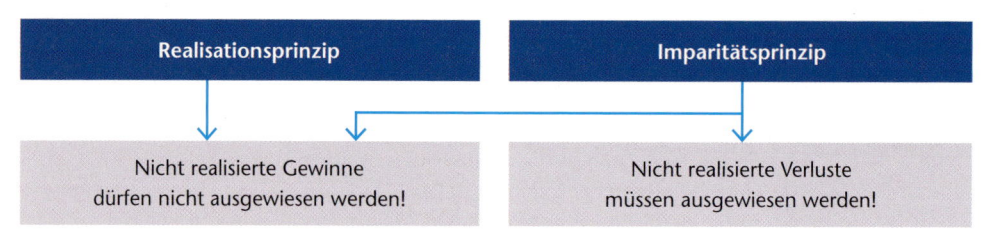

**Realisationsprinzip**
Nicht realisierte Gewinne dürfen nicht ausgewiesen werden!

**Imparitätsprinzip**
Nicht realisierte Verluste müssen ausgewiesen werden!

### Wertmaßstäbe

Wer in der Bilanz etwas bewerten will, braucht einen Wertmaßstab. Dem Bilanzierenden stehen unterschiedliche Wertmaßstäbe zur Verfügung, deren Anwendung z. T. vorgeschrieben ist:

- **Anschaffungskosten** sind nach §255 (1) HGB alle Aufwendungen bzw. Kosten, um einen Vermögensgegenstand zu erwerben und ihn in einen betriebsbereiten Zustand zu versetzen. Sie ergeben sich aus dem Kaufpreis (ohne USt.) abzüglich der Preisminderungen (Rabatt, Boni, Skonto) zuzüglich der Anschaffungsnebenkosten wie Transportkosten, Transportversicherung, Montage und ggf. Umbauten.

- **Herstellungskosten** sind nach §255 (2) HGB alle Aufwendungen, die durch den Verbrauch von Gütern und die Inanspruchnahme von Diensten für die Herstellung, Erweiterung oder Verbesserung entstehen. Dazu gehören die Materialkosten, die Fertigungskosten und die Sonderkosten der Fertigung sowie angemessene Teile der

Materialgemeinkosten, der Fertigungsgemeinkosten und der Abschreibungen, soweit diese durch die Fertigung veranlasst sind. Kosten der allgemeinen Verwaltung sowie Aufwendungen für soziale Einrichtungen des Betriebs, für freiwillige soziale Leistungen und für betriebliche Altersversorgung dürfen eingerechnet werden, soweit diese auf den Zeitraum der Herstellung entfallen. Forschungs- und Vertriebskosten dürfen nicht in die Herstellungskosten einbezogen werden.

- **Fortgeführte Anschaffungs- oder Herstellungskosten** sind die AK oder HK, reduziert um die planmäßigen Abschreibungen.

- Der **Börsen- oder Marktpreis** ist der Wert am Bilanzstichtag, der sich aufgrund von Werten an der Börse oder am Markt gebildet hat.

- Der **Zeitwert** entspricht nach § 255 (4) HGB dem Marktpreis. Soweit sich kein Marktpreis ermitteln lässt, ist der beizulegende Zeitwert mithilfe allgemein anerkannter Bewertungsmethoden zu bestimmen. Lässt sich der beizulegende Zeitwert nicht ermitteln, sind die Anschaffungs- oder Herstellungskosten fortzuführen.

### 1.4.2.1 Bewertung des Anlagevermögens

Die Bewertung des Anlagevermögens legt fest, mit welchem Wert die Anlagegüter in der Bilanz anzusetzen sind. Dabei wird zwischen abnutzbarem und nicht abnutzbarem Anlagevermögen unterschieden. Die Bewertung des Anlagevermögens ist ausführlich im HGB geregelt:

> **§ 253 HGB: Zugangs- und Folgebewertung**
> (1) Vermögensgegenstände sind höchstens mit den Anschaffungs- oder Herstellungskosten, vermindert um die Abschreibungen (…) anzusetzen.
> (…)
> (3) Bei Vermögensgegenständen des Anlagevermögens, deren Nutzung zeitlich begrenzt ist, sind die Anschaffungs- oder die Herstellungskosten um planmäßige Abschreibungen zu vermindern. Der Plan muss die Anschaffungs- oder Herstellungskosten auf die Geschäftsjahre verteilen, in denen der Vermögensgegenstand voraussichtlich genutzt werden kann. Ohne Rücksicht darauf, ob ihre Nutzung zeitlich begrenzt ist, sind bei Vermögensgegenständen des Anlagevermögens bei voraussichtlich dauernder Wertminderung außerplanmäßige Abschreibungen vorzunehmen, um diese mit dem niedrigeren Wert anzusetzen, der ihnen am Abschlussstichtag beizulegen ist. Bei Finanzanlagen können außerplanmäßige Abschreibungen auch bei voraussichtlich nicht dauernder Wertminderung vorgenommen werden. (…)

#### Bewertung des nicht abnutzbaren Anlagevermögens

Zu den nicht abnutzbaren Gegenständen des Anlagevermögens zählen vor allem Grundstücke und Beteiligungen. Sie sind höchstens mit den Anschaffungskosten zu bewerten. Da eine Wertminderung durch Gebrauch und Verschleiß nicht auftreten kann, können diese Gegenstände nicht planmäßig abgeschrieben werden.

Bei dauerhaften Wertminderungen muss eine Wertkorrektur durch außerplanmäßige Abschreibungen vorgenommen werden. Steigt das entsprechende Wirtschaftsgut später wieder im Wert, muss eine Zuschreibung vorgenommen werden. Wertobergrenze sind dann die ursprünglichen Anschaffungskosten.

*Beispiel:* Ein Unternehmen bilanziert ein Grundstück von 3.000 m², das einschließlich der Nebenkosten für 100,00 EUR/m² gekauft wurde (= Anschaffungskosten von 300.000,00 EUR). Vorgesehen war, dass das Grundstück an eine Zubringerstraße zur Autobahn angeschlossen werden sollte. Gegner des Autobahnzubringers setzten sich gerichtlich durch, der Zubringer wird nicht gebaut, der m²-Preis des Grundstücks sinkt nachhaltig auf 60,00 EUR/m². Folge: Das Grundstück muss per außerplanmäßiger Abschreibung um 3.000 · 40,00 EUR = 120.000,00 EUR abgewertet werden.

### Bewertung des abnutzbaren Anlagevermögens

Zu den Gegenständen des abnutzbaren Anlagevermögens gehören u. a. Maschinen, Fahrzeuge, die Betriebs- und Geschäftsausstattung. Sie verlieren ihren ursprünglichen Wert im Laufe der Zeit durch

- Abnutzung durch Gebrauch,
- Überalterung durch Zeitablauf,
- technischen Fortschritt, sofern wirtschaftlichere Neuentwicklungen auf den Markt gelangen.

Diese Gegenstände müssen jährlich in ihrem Wert korrigiert werden. Dies geschieht durch eine planmäßige Abschreibung, steuerlich auch AfA (Absetzung für Abnutzung) genannt. Die Höhe der Abschreibung richtet sich nach der **betriebsgewöhnlichen Nutzungsdauer**. Orientierung hierfür geben die von der Finanzverwaltung herausgegebenen Abschreibungstabellen, die für nahezu alle Wirtschaftgüter Vorgaben machen. (www.bundesfinanzministerium.de)

*Beispiele:* Lkw: 9 Jahre, Pkw und Kombiwagen: 6 Jahre, Drehbänke: 16 Jahre, Mobilfunkendgeräte, gemeint sind wohl Handys: 5 Jahre, Büromöbel: 13 Jahre, Getränkeautomaten: 7 Jahre, Bürogebäude: 30 Jahre

Wohlgemerkt, hierbei handelt es sich um die betriebsgewöhnliche Nutzungsdauer. Sofern ein Betrieb von der durchschnittlichen täglichen Nutzung abweicht, z. B. durch Doppelschichten oder durch einen Non-Stopp-Betrieb 365 Tage im Jahr, kann er die **betriebsindividuelle Nutzungsdauer** ansetzen, das bedeutet eine kürzere Nutzungsdauer und eine höhere Abschreibung pro Jahr.

### Abschreibungsverfahren

Grundsätzlich gilt, dass die Abschreibung planmäßig erfolgen soll. Der Abschreibungsplan ist in der Anlagenbuchhaltung zu hinterlegen, wo für jeden Vermögensgegenstand ein Datensatz anzulegen ist.

Grundsätzlich werden drei Verfahren unterschieden, von denen gegenwärtig ein Verfahren nicht mehr zulässig ist. Da dieses Verfahren allerdings im Verordnungswege jederzeit wieder in Kraft gesetzt werden kann, soll es hier ebenfalls mit behandelt werden.

| lineare Abschreibung | Bei der linearen Abschreibung sind die jährlichen Abschreibungsbeträge konstant. Hierbei wird der Wert des Anlagegutes abzüglich seines Restwerts gleichmäßig auf die Perioden der Nutzung verteilt.<br>Der Afa-Satz wird ermittelt, indem der abzuschreibende Wert durch die Anzahl der Jahre der geplanten Nutzung geteilt wird. |
|---|---|

| | |
|---|---|
| degressive Abschreibung | Bei der degressiven Abschreibung sinken die Abschreibungsbeträge von Nutzungsperiode zu Nutzungsperiode, da immer ein bestimmter Prozentsatz vom Restbuchwert abgeschrieben wird. Das übliche Verfahren ist das geometrisch-degressive Verfahren. Dabei wird ein Mehrfaches des linearen Satzes jährlich vom verbleibenden Restwert abgeschrieben.<br>Bis zum 31.12.2005 durfte das Zweifache der linearen Afa, maximal 20 %, vom 01.01.2006 bis 31.12.2007 das Dreifache der linearen AfA, höchstens 30 %, vom 01.01.2009 bis 31.12.2010 das 2,5-fache der linearen AfA, maximal 25 % abgeschrieben werden.<br>In den folgenden Jahren wurde bzw. wird der jeweilige Prozentsatz von dem am Schluss des Wirtschaftsjahres noch vorhandenen Restwert abgeschrieben. Das degressive Verfahren ist seit dem 01.01.2011 für neue Anlagegegenstände nicht mehr möglich.<br>Bei der Abschreibung nach dieser Methode wird der jährliche Abschreibungsbetrag immer kleiner, er kann den Wert 0 folglich nicht erreichen. Aus diesem Grund wechselt man bei diesem Verfahren von der degressiven zur linearen Methode, wenn der jährliche Abschreibungsbetrag bei degressiver Abschreibung kleiner ist als der Wert, der sich bei linearer Abschreibung des noch zur Verfügung stehenden Restbuchwerts auf die restliche Nutzungsdauer ergibt. |
| Abschreibung nach Leistungseinheiten | Bei diesem Verfahren orientiert sich die Abschreibung an der jährlichen Beanspruchung. Zur Anwendung sind zwei Voraussetzungen zu erfüllen:<br>– Die Gesamtleistung des Aggregats (Maschine, Fahrzeug) muss bekannt sein.<br>– Das Verfahren muss sich wirtschaftlich begründen lassen und die Nutzungseinheiten müssen nachvollziehbar aufgezeichnet werden können.<br>Berechnet wird der Abschreibungsbetrag, indem die AK/HK durch die Anzahl der maximal möglichen Leistungseinheiten dividiert wird und diese Größe mit der jährlich erbrachten Leistung multipliziert wird.<br>Im Ergebnis führt diese Methode u. U. zu schwankenden Abschreibungsbeträgen. |

### Sachverhalt

Ein Unternehmen beschafft einen Lkw zu Anschaffungskosten von 320.000,00 EUR. Der Lkw hat eine betriebsindividuelle Nutzungsdauer von 8 Jahren. Der Lkw hat nach Werksangaben eine Gesamtleistungskapazität von 1,6 Mio. km. In den einzelnen Jahren leistet er folgende Kilometer: 1. Jahr: 160.000, 2. Jahr 180.000, 3. Jahr: 200.000, 4. Jahr: 210.000, 5. Jahr: 230.000, 6. Jahr: 220.000, 7. Jahr: 205.000, 8. Jahr 200.000. Der Lkw wird am Ende der Nutzungsdauer nicht verschrottet, sondern noch zur Reserve behalten.
1. Wie ist der Abschreibungsverlauf bei linearer Abschreibung?
2. Wie wird dieser Lkw bei Anwendung der Leistungsabschreibung abgeschrieben?
3. Wie könnte – unterstellt es gäbe eine degressive Abschreibung mit dem 2-fachen der linearen Satzes, maximal 20 % – der degressive Abschreibungsverlauf aussehen?
4. In welchem Jahr sollte bei degressiver Abschreibung sinnvollerweise der Wechsel zur linearen Abschreibung erfolgen?

|  | Lineare Abschreibung | | Leistungs-abschreibung | | Degressive Abschreibung | | Übergang auf lineare AfA |
|---|---|---|---|---|---|---|---|
|  | %-Satz | EUR | Leistung (km) | EUR | %-Satz | EUR | EUR |
| AK |  | 320.000,00 |  | 320.000,00 |  | 320.000,00 |  |
| – AfA 1. Jahr | 12,5% | 40.000,00 | 160.000 | 32.000,00 | 20% v. RBW | 64.000,00 |  |
| = RBW 1. Jahr |  | 280.000,00 |  | 288.000,00 |  | 256.000,00 |  |
| – AfA 2. Jahr | 12,5% | 40.000,00 | 180.000 | 36.000,00 | 20% v. RBW | 51.200,00 |  |
| = RBW 2. Jahr |  | 240.000,00 |  | 252.000,00 |  | 204.800,00 |  |
| – AfA 3. Jahr | 12,5% | 40.000,00 | 200.000 | 40.000,00 | 20% v. RBW | 40.960,00 |  |
| = RBW 3. Jahr |  | 200.000,00 |  | 212.000,00 |  | 163.840,00 |  |
| – AfA 4. Jahr | 12,5% | 40.000,00 | 210.000 | 42.000,00 | 20% v. RBW | 32.768,00 |  |
| = RBW 4. Jahr |  | 160.000,00 |  | 170.000,00 |  | 131.072,00 | 131.072,00 |
| – AfA 5. Jahr | 12,5% | 40.000,00 | 230.000 | 46.000,00 | 20% v. RBW | 26.214,00 | 32.768,00 |
| = RBW 5. Jahr |  | 120.000,00 |  | 124.000,00 |  | 104.858,00 | 98.304,00 |
| – AfA 6. Jahr | 12,5% | 40.000,00 | 220.000 | 44.000,00 | 20% v. RBW | 20.972,00 | 32.768,00 |
| = RBW 6. Jahr |  | 80.000,00 |  | 80.000,00 |  | 83.886,00 | 65.536,00 |
| – AfA 7. Jahr | 12,5% | 40.000,00 | 205.000 | 41.000,00 | 20% v. RBW | 16.777,00 | 32.768,00 |
| = RBW 7. Jahr |  | 40.000,00 |  | 39.000,00 |  | 67.109,00 | 32.768,00 |
| – AfA 8. Jahr | 12,5% | 39.999,00 | 200.000 | 38.999,00 | 20% v. RBW | 13.722,00 | 32.767,00 |
| = RBW 8. Jahr |  | 1,00 |  | 1,00 |  | 53.387,00 | 1,00 |

RBW = Restbuchwert

Es ist unmittelbar nachzuvollziehen, dass ein Unternehmen bei einer grundsätzlich guten Gewinnsituation das Abschreibungsverfahren wählen wird, bei dem es die höchsten Abschreibungen, mithin die höchste steuermindernde Wirkung erzielen wird.

*Das Anlagevermögen, dessen Nutzung zeitlich begrenzt ist, wird mit den um planmäßige Abschreibungen verminderten AK/HK bilanziert. Für das gesamte Anlagevermögen gilt das gemilderte Niederstwertprinzip, das bedeutet, dass bei voraussichtlich dauernder Wertminderung außerplanmäßige Abschreibungen vorzunehmen sind. Bei Finanzanlagen können außerplanmäßige Abschreibungen auch bei voraussichtlich nicht dauernder Wertminderung vorgenommen werden.*

## 1.4.2.2 Bewertung des Umlaufvermögens

Zum Umlaufvermögen gehören folgende Positionen

| Vorräte: | Forderungen: | Wertpapiere: | liquide Mittel: |
|---|---|---|---|
| Roh-, Hilfs- und Betriebsstoffe, halbfertige und fertige Erzeugnisse, Handelswaren, Anzahlungen auf Vorräte | überwiegend Forderungen aus Lieferungen und Leistungen und sonstige Forderungen | kurzfristige Anlagen, eigene Anteile und Anteile an verbundenen Unternehmen | Schecks, Kassenbestand, Bankguthaben |

### Strenges Niederstwertprinzip

Für alle Positionen des Umlaufvermögens gilt das **strenge Niederstwertprinzip.** Hierbei wird nicht wie im Anlagevermögen zwischen dauerhafter und vorübergehender Wertminderung unterschieden, sondern es gilt die Regel: Liegt ein Grund für eine Wertminderung vor, so wird abgeschrieben und der niedrigere Wertansatz aktiviert. Der niedrigere Tageswert ergibt sich als Börsen-, Markt- oder Wiederbeschaffungswert. Bei Vorräten wird i. d. R. der Börsen- oder Marktpreis herangezogen, bei unfertigen und Fertigerzeugnissen der geschätzte Verkaufspreis abzüglich der noch entstehenden Kosten für Weiterverarbeitung, Montage, Verpackung, Vertrieb und Verwaltung.

Das strenge NWP kommt insbesondere zum Zuge bei

- Schwund, Verderb oder Vernichtung von Vorräten,
- voraussichtlichem Ausfall von ausstehenden Forderungen durch Insolvenz,
- Verlusten bei Wertpapieren durch Kursrückgang,
- Devisenkursverlusten bei ausländischen Wertpapieren oder Zahlungsmitteln.

### Sachverhalt

Ein Unternehmen hat im abgelaufenen Jahr zum 01.08. zur kurzfristigen Anlage 2.000 Aktien zum Preis von 40,00 EUR je Aktie gekauft.
Wie ist am Schluss des Wirtschaftsjahres zu bewerten, wenn die Aktien am Bilanzstichtag
a. einen Wert von 48,00 EUR/Stück
b. einen Wert von 35,00 EUR/Stück haben?

**Lösung zu a.:** Hier gilt die Obergrenze der Anschaffungskosten von 40,00 EUR/Stück.

**Lösung zu b.:** Hier gilt das strenge Niederstwertprinzip, d. h. der niedrigere Wert von 35,00 EUR/Stück ist anzusetzen.

Der Gesetzgeber hat zur Vereinfachung der Bewertung der Gegenstände des Vorratsvermögens die Gruppenbewertung und die Verbrauchsfolgebewertung zugelassen.

## Gruppenbewertung

> **§ 240 (4) HGB**
>
> Gleichartige Vermögensgegenstände des Vorratsvermögens (…) können jeweils zu einer Gruppe zusammengefasst und mit dem gewogenen Durchschnittswert angesetzt werden.

### Sachverhalt:

Von einem Rohstoff liefert die Buchhaltung folgende Daten:

| Datum  | Vorgang    | kg    | AK/kg in EUR | Gesamtwert EUR |
|--------|------------|-------|--------------|----------------|
| 01.01. | AB         | 300   | 10,00        | 3.000,00       |
| 15.03. | Zugang     | 1.200 | 11,00        | 13.200,00      |
| 20.07. | Zugang     | 1.500 | 12,00        | 18.000,00      |
| 31.12. | Buchbestand| 3.000 | ?            | 34.200,00      |

Die Inventur zum Bilanzstichtag ergibt einen Schlussbestand von 800 kg.
a. Mit welchem Wert wird der Endbestand bewertet?
b. Wie hoch ist der Verbrauch an diesem Rohstoff im Laufe des Wirtschaftsjahres?

Lösung:

a. Der gewichtete Durchschnittswert des Rohstoffes beträgt 34.200 · 3.000 = 11,40 EUR. Mit diesem Wert wird der vorhandene Endbestand bewertet: 800 kg · 11,40 EUR = 9.120,00 EUR

b. Der Verbrauch beträgt 3.000 – 800 = 2.200 kg · 11,40 EUR = 25.080,00 EUR

## Sammelbewertung

> **§ 256 HGB: Bewertungsvereinfachungsverfahren**
>
> Soweit es den Grundsätzen ordnungsmäßiger Buchführung entspricht, kann für den Wertansatz gleichartiger Vermögensgegenstände des Vorratsvermögens unterstellt werden, dass die zuerst oder dass die zuletzt angeschafften oder hergestellten Vermögensgegenstände zuerst verbraucht oder veräußert worden sind. (…)

Bei der Sammelbewertung von Vorräten wird eine bestimmte Verbrauchsfolge unterstellt. Dabei geht man davon aus, dass bei bestimmten Vorräten, entweder

- die zuerst gekauften zuerst verbraucht werden (First In – First Out = Fifo),
- oder die zuletzt gekauften zuerst verbraucht werden (Last In – First Out = Lifo),

ohne dies durch eine körperliche Bestandsaufnahme zu ermitteln.

Wie im Gesetzestext zu sehen, sind nach dem HGB nur noch Lifo- und Fifo-Verfahren erlaubt. Das EStG lässt nach § 6 (1) Nr. 2a Lifo als einziges Verbrauchsfolgeverfahren in der Steuerbilanz zu.

### Sachverhalt

Es werden die Zahlen des vorherigen Beispiels zugrundegelegt.

| Datum | Vorgang | kg | AK/kg in EUR | Gesamtwert EUR |
|---|---|---|---|---|
| 01.01. | AB | 300 | 10,00 | 3.000,00 |
| 15.03. | Zugang | 1.200 | 11,00 | 13.200,00 |
| 20.07. | Zugang | 1.500 | 12,00 | 18.000,00 |
| 31.12. | Buchbestand | 3.000 | | 34.200,00 |
| 31.12. | Inventurbestand | 800 | ? | ? |
| 31.12. | Verbrauch | 2.200 | ? | ? |

Zu ermitteln sind Verbrauch und Bilanzansatz
a. nach dem Lifo-Verfahren,
b. nach dem Fifo-Verfahren.

a. Der Verbrauch von 2.200 kg wird mit den Preisen der zuletzt gekauften Waren bewertet, der Schlussbestand hingegen mit den ersten Werten des Jahres:

| Bewertung des Verbrauchs von 2.200 kg | | Bewertung des Schlussbestandes von 800 kg | |
|---|---|---|---|
| 1.500 · 12,00 EUR | 18.000,00 EUR | 300 · 10,00 EUR | 3.000,00 EUR |
| 700 · 11,00 EUR | 7.700,00 EUR | 500 · 11,00 EUR | 5.500,00 EUR |
| 2.200 kg SB | 25.700,00 EUR | 800 kg SB | 8.500,00 EUR |
| 1 kg Verbrauch | 11,68 EUR | 1 kg SB | 10,63 EUR |

b. Der Verbrauch von 2.200 kg wird mit den Preisen der zuerst gekauften Waren bewertet, der Schlussbestand hingegen mit den Werten der zuletzt gekauften Waren:

| Bewertung des Verbrauchs von 2.200 kg | | Bewertung des Schlussbestandes von 800 kg | |
|---|---|---|---|
| 300 · 10,00 EUR | 3.000,00 EUR | 800 · 12,00 EUR | 9.600,00 EUR |
| 1.200 · 11,00 EUR | 13.200,00 EUR | | |
| 700 · 12,00 EUR | 8.400,00 EUR | | |
| 2.200 kg SB | 24.600,00 EUR | 800 kg SB | 9.600,00 EUR |
| 1 kg Verbrauch | 11,18 EUR | 1 kg SB | 12,00 EUR |

Aus dem Beispiel ist unmittelbar zu erkennen, dass wie hier bei steigenden Preisen das Lifo-Prinzip zu einer niedrigeren Bewertung am Stichtag führt. Umgekehrt führt eine Bewertung nach dem Fifo-Prinzip bei steigenden Preisen zu einer eher höheren Bewertung.

### Bewertung von Forderungen

**Einwandfreie Forderungen** werden mit dem erzielten Nominalwert bilanziert, d. h. dem Rechnungsbetrag. Sofern sie auf fremde Währungen lauten, die zum Bilanzstichtag einem Kursverlust unterliegen, ist wegen des strengen Niederstwertprinzips der niedrigere Tageswert (= Kurswert) anzusetzen.

**Zweifelhafte Forderungen** ergeben sich, wenn objektive Anhaltspunkte dafür vorliegen, dass unsere Kunden nicht mehr alles zahlen können. Dies wird dann der Fall sein, wenn über das Vermögen des Kunden das Insolvenzverfahren eröffnet wurde oder der Kunde einen Vergleich angeboten hat. In einem solchen Fall ist die Forderung mit dem wahrscheinlichen Wert anzusetzen. Dieser Wert ist relativ schwer zu bestimmen, eventuell macht der Insolvenzverwalter eine Aussage. Bei Vergleichen hingegen ist die Ausfallquote bekannt. Der voraussichtlich ausgefallene Forderungsbetrag ist abzuschreiben.

**Uneinbringliche Forderungen** sind sofort in voller Höhe abzuschreiben. Dies wird immer dann der Fall sein, wenn das Insolvenzverfahren mangels Masse eingestellt wird.

Die Abschreibung auf Forderungen kann erfolgen

- als **Einzelwertberichtigung** für ein besonders hohes einzelnes Ausfallrisiko,
- als **Pauschalwertberichtigung** als allgemeines Ausfallrisiko für die Fälle, für die noch keine Verdachtsmomente bestehen, wo aber aufgrund der Erfahrung anzunehmen ist, dass jedes Jahr ein bestimmter Prozentsatz der Forderungen ausfällt, z. B. bei einem Unternehmen mit einer Vielzahl von Kunden.

*Bei der Bewertung des Umlaufvermögens gilt das strenge Niederstwertprinzip. Das bedeutet, dass von zwei oder mehr verschiedenen Werten, die am Bilanzstichtag für einen Gegenstand des Umlaufvermögens vorliegen, der jeweils niedrigere Wert anzusetzen ist.*

*Zur Vereinfachung der Vorratsbewertung kann die Gruppenbewertung in Form der Durchschnittsbewertung oder die Sammelbewertung in Form der Verbrauchsfolgebewertung herangezogen werden.*

*Forderungen werden in einwandfreie, zweifelhafte und uneinbringliche Forderungen eingeteilt. Forderungen, die voraussichtlich uneinbringlich sind, sind abzuschreiben.*

### 1.4.2.3 Bewertung der Verbindlichkeiten

Verbindlichkeiten sind schuldrechtliche Verpflichtungen des Unternehmens als Schuldner gegenüber seinen Gläubigern aufgrund eines schuldrechtlichen Vertrages. Der Verpflichtungsgrund, die Höhe und die Fälligkeit sind bekannt. Von den Verbindlichkeiten streng abzugrenzen sind die Rückstellungen als Verpflichtungen, die zwar dem Grund, nicht aber der Höhe und/oder der Fälligkeit nach feststehen.

Die auf EUR lautenden Verbindlichkeiten werden grundsätzlich mit ihrem Nominalwert passiviert. Dazu zählen z. B. die Verbindlichkeiten aus Lieferungen und Leistungen, Umsatzsteuerverbindlichkeiten gegenüber dem Finanzamt, erhaltene Anzahlungen auf Bestellungen, kurzfristige Kredite und überzogene Bankkonten.

Sofern am Bilanzstichtag allerdings für eine Verbindlichkeit zwei Werte in Frage kommen, gilt das Höchstwertprinzip.

Dies gilt vor allem für Verbindlichkeiten in fremder Währung. Dazu zählen Verbindlichkeiten aus LL oder aus Kreditgeschäften gegenüber Gläubigern außerhalb des Euro-Raumes. Für diese Verbindlichkeiten gilt, dass von zwei am Bilanzstichtag zur Verfügung stehenden Werten der jeweils höhere Wert aus Vorsichtsgründen anzusetzen ist.

### Sachverhalt

Ein Unternehmen hatte am 15.10. eine Lieferung von Fenstern aus der Schweiz bezogen im Wert von 25.000,00 SFR, zahlbar nach 90 Tagen. Bei Rechnungseingang galt ein Kurs von 0,65 EUR für einen Schweizer Franken. Die Verbindlichkeit wurde folglich zum 15.10. gebucht mit einem Wert von 16.250,00 EUR. Zum Bilanzstichtag desselben Jahres war der Kurs auf 0,80 EUR pro einem Schweizer Franken gestiegen. Die Verbindlichkeit muss nun mit 25.000 · 0,80 = 20.000,00 EUR bilanziert werden. Das entspricht einem Kursverlust von 3.750,00 EUR als zusätzlichem Aufwand.

Das Prinzip, dass Verbindlichkeiten mit ihrem voraussichtlichen höheren Rückzahlungswert anzusetzen sind, gilt auch für Darlehensschulden. Insbesondere dann, wenn im Darlehensvertrag ein Damnum als Vorauszahlung von Kreditzinsen vereinbart wurde. Der Schuldner bekommt eine niedrigere Auszahlungssumme, muss jedoch den vollen Darlehensbetrag als Rückzahlungsbetrag ansetzen. Das gleiche Prinzip gilt für Anleihen, die das Unternehmen herausgibt. Sie werden zu einem niedrigeren Betrag als dem Nominalwert ausgegeben, jedoch zum Nominalwert wieder zurückgenommen. Auch hier entsteht ein Disagio, auch hier ist der voraussichtliche Rückzahlungsbetrag der Anleihe zu passivieren.

*Für Verbindlichkeiten gilt grundsätzlich das Höchstwertprinzip, d. h. von zwei möglichen Werten ist am Bilanzstichtag der höhere Tageswert anzusetzen. Verbindlichkeiten werden grundsätzlich mit dem voraussichtlichen Rückzahlungsbetrag bilanziert.*

## Wiederholungsfragen

1. Aus welchen Teilbereichen besteht das Rechnungswesen?
2. Man unterscheidet das interne und das externe Rechnungswesen. Was ist darunter zu verstehen und welche Teilgebiete gehören jeweils dazu?
3. Welche Aufgaben hat das interne Rechnungswesen?
4. Nennen Sie fünf Grundsätze ordnungsgemäßer Buchführung.
5. Jede Buchführung muss nachprüfbar sein. Was bedeutet das im Detail?
6. Wann ist eine Buchführung periodengerecht?
7. Mit welchen Folgen ist zu rechnen, wenn eine Buchführung nicht ordnungsgemäß ist?
8. Beschreiben Sie den Kreis der buchführungspflichtigen Unternehmen nach dem Handelsrecht.
9. Wie ist die Buchführungspflicht nach dem Steuerrecht geregelt?
10. Unterscheiden Sie die Begriffe formeller und materieller Bilanzansatz.
11. Um ein Wirtschaftgut in die Bilanz aufzunehmen, müssen zwei wesentliche Voraussetzungen erfüllt sein. Welche sind das?
12. Man unterscheidet Bilanzierungsgebote, Bilanzierungsverbote und Bilanzierungswahlrechte. Was ist darunter zu verstehen? Geben Sie für jeden Begriff jeweils für die Aktiv- und die Passivseite ein Beispiel.
13. Was versteht man allgemein unter dem Maßgeblichkeitsprinzip?
14. Im Rahmen der Bewertung von Bilanzpositionen verfolgen Handels- und Steuerbilanz unterschiedliche Ziele. Nennen Sie jeweils zwei Ziele.
15. Nennen Sie drei Grundsätze ordnungsgemäßer Bilanzierung.
16. Was ist unter dem Vorsichtsprinzip bei der Bilanzierung zu verstehen und welche Auswirkungen hat es auf die Bewertung der unterschiedlichen Positionen der Bilanz?
17. Was besagt das Imparitätsprinzip? Erläutern Sie dies an zwei Beispielen.
18. Nennen Sie drei wesentliche Wertmaßstäbe.
19. Welcher Grundsatz gilt für die Bewertung des nicht abnutzbaren Anlagevermögens?
20. Durch welche Einflüsse verliert das abnutzbare Anlagevermögen seinen Wert?
21. Nennen Sie drei theoretisch mögliche Abschreibungsverfahren.
22. Worin unterscheidet sich die lineare von der degressiven Abschreibung?
23. Beschreiben Sie die Vorgehensweise bei der Abschreibung nach Leistungseinheiten.
24. Ein Unternehmen hat eine neue Spezialmaschine für Etikettierungen gekauft. Wo kann der Buchhalter erfahren, mit welcher Nutzungsdauer er das Wirtschaftsgut abschreiben soll?
25. Welcher Grundsatz gilt für die Bewertung des Umlaufvermögens? – Begründen Sie den Sinn dieser Vorschrift.

26. Was versteht man unter einer Gruppenbewertung?
27. Nennen Sie Möglichkeiten der Sammelbewertung.
28. Wie ist bei der Bewertung nach dem LiFo-Prinzip vorzugehen?
29. Zu welchem Ergebnis kommt eine Bewertung nach dem Fifo-Prinzip bei steigenden Preisen?
30. Bei der Bewertung von Forderungen werden drei Arten von Forderungen unterschieden. Welche sind das?
31. Was ist der Unterschied zwischen Pauschalwertberichtigungen und Einzelwertberichtigungen, und für welche Fälle dürfen sie angewendet werden?
32. Wie werden Verbindlichkeiten in der Bilanz bewertet?

# 2 Finanzbuchhaltung

## 2.1 Grundlagen

Wie bereits zu Beginn des 1. Kapitels dieses Moduls gezeigt, ist die Finanzbuchhaltung ein Teil des betrieblichen Rechnungswesens. In diesem Kapitel soll die Finanzbuchhaltung als das externe Rechnungswesen des Unternehmens näher betrachtet werden. Die Finanzbuchhaltung zeichnet sowohl die Güterbewegungen in einem Unternehmen und seinen Betriebsteilen auf als auch die entsprechenden Zahlungsvorgänge. Die Tätigkeit der Finanzbuchhaltung erstreckt sich damit auf das gesamte Unternehmen. Sämtliche Geschäftsfälle werden hier erfasst, bearbeitet und verbucht. Dabei werden einerseits die Veränderungen bei den Vermögens- und Schuldteilen, andererseits die Aufwendungen und Erträge aufgezeichnet und einander gegenübergestellt. Aus der Zusammenführung dieser Zahlen entsteht am Ende eines Wirtschaftsjahres der Jahresabschluss.

Ziel der Rechenschaftslegung der Finanzbuchhaltung ist es, jederzeit Auskunft über die Vermögens-, Ertrags- und Finanzlage des Unternehmens geben zu können sowie die Grundlagen für die Besteuerung des Unternehmens zu schaffen.

### 2.1.1 Adressaten der Finanzbuchhaltung

Wenn die Finanzbuchhaltung das externe Rechnungswesen darstellt, d.h. nach außen gerichtet ist, dann muss es eine Reihe von Interessenten geben, an deren Adresse sich Buchführung und vor allem Jahresabschluss richten.

| Kapitalgeber/ Gesellschafter | Die Kapitalgeber eines Unternehmens, z.B. die Gesellschafter einer GmbH oder einer KG, aber auch stille Gesellschafter, verlangen den Jahresabschluss als Rechenschaftsbericht, um den erfolgreichen Einsatz ihrer Geldmittel zu kontrollieren. In nahezu allen Vorschriften über die Rechtsformen der Gesellschaften lassen sich Vorschriften über das Kontrollrecht der Gesellschafter finden. Diesem Kontrollrecht folgt die Übermittlung und/oder Veröffentlichung des Jahresabschlusses. |
|---|---|
| Kapitalmarkt | Der Kapitalmarkt muss die Möglichkeit bekommen, die Angemessenheit des Börsenkurses zu beurteilen und seine Entwicklungsmöglichkeiten einzuschätzen. Dies gilt insbesondere für die Rating-Agenturen. |
| Gläubiger | Die Gläubiger wollen sich über die wirtschaftliche Lage des Unternehmens als Schuldner informieren. Die Finanzbuchhaltung und der Jahresabschluss müssen den Ansprüchen des Gläubigerschutzes genügen. Da viele Unternehmen mit teilweise mehr als 70% Fremdkapital arbeiten, ist es nur verständlich, dass der Gläubigerschutz im HGB auch bei den Bilanzierungs- und Bewertungsvorschriften eine wesentliche Rolle spielt. |

| | |
|---|---|
| Fiskus | Für die Finanzverwaltung sind Bilanz, GuV und ggf. die Buchführung die Grundlage für die Ermittlung der Steuern, vor allem Einkommensteuer, Körperschaftsteuer und Umsatzsteuer. |
| Arbeitnehmer | Die Arbeitnehmer sind durch Arbeitsverhältnisse i. d. R. langfristig an ihr Unternehmen gebunden. Sie haben ein existenzielles Interesse am Bestand ihres Arbeitsplatzes. Diesem Interesse wird durch das Betriebsverfassungsgesetz und das Mitbestimmungsgesetz mit den darin verankerten Informationspflichten des Arbeitgebers Genüge getan. |
| Öffentlichkeit | Schließlich meldet die Öffentlichkeit, im Wesentlichen vertreten durch die Medien, ein Interesse an den Ergebnissen einzelner Unternehmen im Rahmen ihrer volkswirtschaftlichen Betrachtungen und Berichterstattung an. |

## 2.1.2 Bereiche der Finanzbuchhaltung

Die Finanzbuchhaltung ist klassischerweise in die beiden Bereiche Buchführung und Jahresabschluss gegliedert.

### 2.1.2.1 Bereich Buchführung

| | | | |
|---|---|---|---|
| Grundbuch/ Journal | – Das Grundbuch hat die Aufgabe, alle Buchungen in zeitlich (chronologisch) richtiger Reihenfolge zu erfassen.<br>– Damit wird ermöglicht, jeden Geschäftsfall im Rahmen der Aufbewahrungsfristen bis zum Beleg und Konto zurückzuverfolgen.<br>– Das Journal dokumentiert somit die Vollständigkeit aller Buchungen. | | |
| Hauptbuch/ Sachkonten | – Das Hauptbuch hat die Aufgabe, die Buchungen in sachlich richtiger Weise auf den Sachkonten des Unternehmens nach einem betriebsindividuellen Kontenplan zu verbuchen.<br>– Es ordnet die Buchungen damit nach sachlichen Kriterien in bestandswirksame und erfolgswirksame Buchungen. | | |
| | Bestandskonten | Sie werden am Ende des Jahres über das **Schlussbilanzkonto** abgeschlossen. Zwei Arten werden unterschieden: | |
| | | **Aktive Bestandskonten** nehmen die Positionen der Aktivseite einer Bilanz auf, z. B. Fuhrpark, Forderungen, Kasse, Vorräte | **Passive Bestandkonten** nehmen die Positionen der Passivseite einer Bilanz auf, z. B. Eigenkapital, Verbindlichkeiten, Rückstellungen |
| | Erfolgskonten | Sie werden am Ende des Jahres über das **Gewinn- und Verlustkonto** abgeschlossen | |
| | | **Aufwandskonten** nehmen alle Positionen auf, die den Gewinn mindern, z. B. Miete, Gehälter | **Ertragskonten** nehmen alle Positionen auf, die den Gewinn erhöhen, z. B. Umsatzerlöse, Zinserträge |

| Nebenbücher | Einzelne Sachkonten sind besonders wichtig und nehmen einen großen Teil der täglichen Buchungen auf. Die Inhalte dieser Sachkonten müssen deshalb detailliert oder namentlich erläutert werden und es müssen zusätzliche Informationen gegeben werden. | |
|---|---|---|
| | Sachbuchkonto | Nebenbuch |
| | Forderungen aus LL | **Debitorenbuchhaltung** als Kontokorrentbuch, in der für jeden Kunden ein Konto geführt wird. |
| | Verbindlichkeiten aus LL | **Kreditorenbuchhaltung** als Kontokorrentbuch, in der für jeden Lieferanten ein Konto geführt wird. |
| | Bestandkonten für Roh- Hilfs- und Betriebsstoffe | **Lagerbuchführung:** In dieser Nebenbuchführung werden für jedes einzelne Bauteil, jeden Roh-, Hilfs- oder Betriebsstoff und für jede Position Handelsware in einem Datensatz (oder veraltet: in einer Lagerkarteikarte) der Bestand und die Zu- und Abgänge dieser Vorratsposition geführt. |
| | Löhne und Gehälter | **Lohn- und Gehaltsbuchhaltung:** Für jeden Mitarbeiter wird ein Lohn- oder Gehaltskonto geführt, in dem die Bruttobezüge, die Nettolohnberechnung sowie alle Abzüge nachvollziehbar pro Monat und kumuliert aufgeführt sind. |
| | Anlagekonten | **Anlagenbuchhaltung:** Für jeden Gegenstand des Anlagevermögens gibt es eine Anlagenkarte oder einen Datensatz, wo die Anschaffungskosten, die Nutzungsdauer, die Abschreibungen und der Restbuchwert zum Bilanzstichtag verzeichnet sind. |

### 2.1.2.2 Bereich Jahresabschluss

Während die Buchführung das gesamte Zahlenwerk eines Unternehmens im Laufe eines Wirtschaftsjahres erfasst, bearbeitet und verbucht, hat der Bereich Jahresabschluss als in der Regel gesonderter Bereich/Abteilung die Aufgabe, die Bilanz und die Gewinn- und Verlustrechnung zu erstellen. Das erforderliche Zahlenmaterial auf Basis der im Lauf des Jahres getätigten Buchungen erhält dieser Bereich von der Buchführung.

## 2.1.3 Aufgaben der Finanzbuchhaltung

Die Aufgaben einer Finanzbuchhaltung sind umfangreich. Sie lassen sich den beiden Bereichen wie folgt zuordnen:

| Bereich Buchführung | Bereich Jahresabschluss/Bilanzierung |
|---|---|
| – Erfassen aller Geschäftsfälle<br>– Bearbeitung aller Geschäftsfälle durch Rechnungsprüfung/Kontierung der Belege<br>– Buchen der Belege in zeitlich und sachlich richtiger Hinsicht<br>– Abstimmung von Konten<br>– Vorname von Korrekturbuchungen<br>– Bereitstellen von Daten für die Kosten- und Leistungsrechnung, Statistik und Planung<br>– Bereitstellen von Beweismitteln für Rechtsstreitigkeiten anhand geeigneter Belege | – Ermittlung des jährlichen Erfolgs des Unternehmens durch die Aufstellung einer Gewinn- und Verlustrechnung<br>– Darstellung des Vermögens und der Schulden zu bestimmten Zeitpunkten (definitiv zum Ende des Wirtschaftsjahres) in einer Bilanz<br>– Bereitstellung von Auswertungen des Jahresabschlusses für dispositive Zwecke<br>– Ermittlung der Steuerschulden |

## 2.2 Jahresabschluss

*Durch einen Jahresabschluss wird die wirtschaftliche Situation des Unternehmens zu einem bestimmten Zeitpunkt, dem Bilanzstichtag, dargestellt und der Erfolg des Unternehmens im abgelaufenen Geschäftsjahr gemessen.*

Jahresabschluss heißt dieses Instrument des Rechnungswesens deshalb, weil ein Geschäftsjahr *abgeschlossen* wird. In den meisten Fällen stimmt das Geschäftsjahr mit dem Kalenderjahr überein, es kann allerdings auch abweichende Geschäftsjahre geben, z.B. vom 01.10. bis zum 31.09. des Folgejahres. Das HGB schreibt nach §242 einen Jahresabschluss für alle Kaufleute vor.

Ein Jahresabschluss kann folgende Teile enthalten:

| Bilanz | GuV | Anhang | Lagebericht |
|---|---|---|---|
| Die Bilanz ist eine Gegenüberstellung von Vermögen und Kapital eines Unternehmens zu einem Bilanzstichtag. Aus ihr kann die Finanzlage des Unternehmens entnommen werden. Sie ist eine *Zeitpunktbetrachtung*. | Die Gewinn- und Verlustrechnung stellt die Aufwendungen den Erträgen gegenüber und stellt somit den Erfolg des Unternehmens in der angelaufenen Geschäftsperiode dar. Sie ist eine *Zeitraumbetrachtung*. | Der Anhang erhält aufgrund der Knappheit von Bilanz und GuV zusätzliche Erläuterungen und Tabellen zu einzelnen Positionen aus diesen Rechenwerken sowie Erläuterungen zu den Bewertungsmethoden, z.B. Abschreibungen. | Der Lagebericht informiert über Entwicklungen im abgelaufenen Geschäftsjahr des Unternehmens und der Branche sowie über Umstände, die in der Zukunft bedeutsam für das Unternehmen werden könnten. |

Der *Umfang des Jahresabschlusses* ist allerdings davon abhängig, um welche Rechtsform es sich handelt und wie groß das Unternehmen ist.

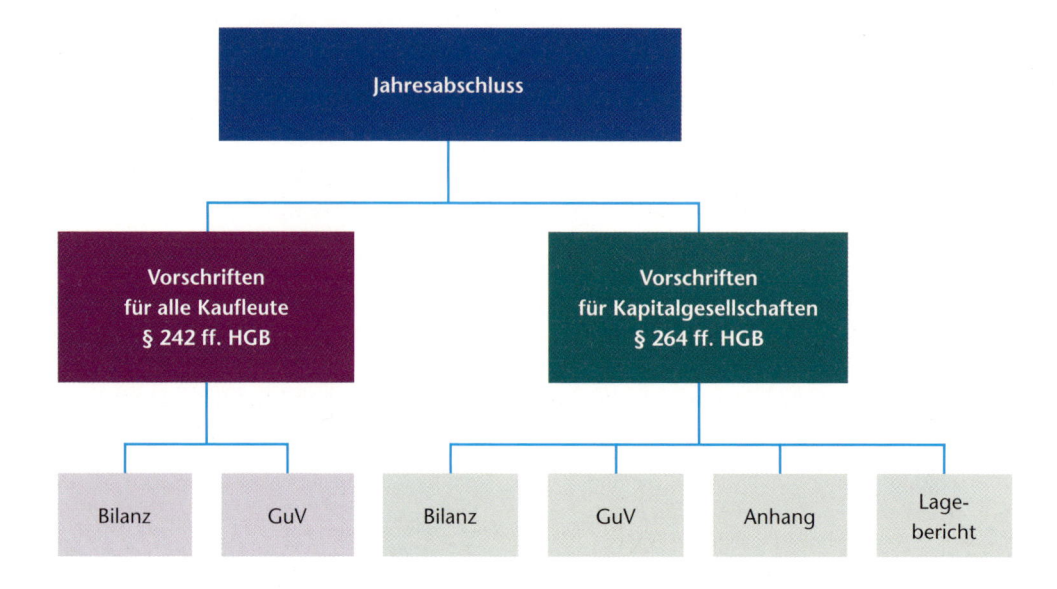

```
                    Jahresabschluss
                    /            \
    Vorschriften              Vorschriften
   für alle Kaufleute      für Kapitalgesellschaften
     § 242 ff. HGB              § 264 ff. HGB
      /      \              /    |     |       \
   Bilanz   GuV          Bilanz GuV  Anhang  Lage-
                                              bericht
```

Nach § 325 HGB ist grundsätzlich jede Kapitalgesellschaft und jede Personenhandelsgesellschaft ohne natürliche Person (z. B. eine GmbH & Co. KG) verpflichtet, ihren Jahresabschluss offenzulegen und ggf. mit dem Bestätigungsvermerk des Wirtschaftsprüfers im Elektronischen Bundesanzeiger zu publizieren (www.unternehmensregister.de).

Ziel dieser Maßnahme ist es, den Stakeholdern (Lieferanten, Mitarbeitern, Anteilseignern) zu ermöglichen, sich über die wirtschaftliche Lage zu informieren. Bei den Kapitalgesellschaften wird jedoch zwischen verschiedenen Größenklassen unterschieden. Die Einordnung einer Gesellschaft wird nach § 267 HGB definiert.

| | |
|---|---|
| **Klein** sind Gesellschaften, die mindestens zwei der drei nachstehenden Merkmale *nicht* überschreiten:<br>– 4.840.000,00 EUR Bilanzsumme<br>– 9.680.000,00 EUR Umsatzerlöse pro Jahr<br>– 50 Arbeitnehmer | Für diese Gesellschaften gilt:<br>– Die Bilanz kann verkürzt werden.<br>– Der Anhang kann gekürzt werden.<br>– Es muss keine GuV und kein Lagebericht veröffentlicht werden. |
| **Mittelgroß** sind Gesellschaften, die mindestens zwei der drei nachstehenden Merkmale *nicht* überschreiten:<br>– 19.250.000,00 EUR Bilanzsumme<br>– 38.500.000,00 EUR Umsatzerlöse pro Jahr.<br>– 250 Arbeitnehmer | Für diese Gesellschaften gilt:<br>– Die Bilanz kann verkürzt werden.<br>– Die GuV muss das Rohergebnis nicht genau aufgliedern.<br>– Der Anhang kann gekürzt werden. |
| **Groß** sind alle anderen Gesellschaften sowie alle börsennotierten Gesellschaften | Für diese Gesellschaften gilt:<br>Sie müssen ihren Jahresabschluss durch einen Wirtschaftsprüfer prüfen lassen und detailliert mit allen Teilen veröffentlichen. |

## 2.2.1 Aufbau der Bilanz

### 2.2.1.1 Inventur und Inventar

Um uns der Bilanz und ihrem Aufbau zu nähern, ist es sinnvoll, zunächst auf die Begriffe Inventur und Inventar einzugehen.

Jeder Kaufmann ist verpflichtet, das Vermögen und die Schulden seines Unternehmens festzustellen, und zwar
- bei Gründung oder Übernahme eines Unternehmens,
- für den Schluss eines Geschäftsjahres
- bei Auflösung oder Veräußerung des Unternehmens.

Daher muss er zu den genannten Terminen alles zählen, messen, wiegen, registrieren und aufschreiben, was er an Vermögensgegenständen und Schulden zum Stichtag in seinem Unternehmen hat. Er führt eine Inventur durch.

*Die Inventur ist eine Bestandsaufnahme, bei der alle Vermögensteile und Schulden zu einem Inventurstichtag aufgenommen werden. Dazu gehört die Aufnahme aller Positionen nach Art, Menge und Wert.*

Drei Arten von Inventuren werden dabei unterschieden.

| Stichtagsinventur | Verlegte Inventur | Permanente Inventur |
| --- | --- | --- |
| Die Bestandsaufnahme erfolgt zum Bilanzstichtag am Ende des Geschäftsjahres. Die Aufnahme muss dabei zeitnah erfolgen, d.h. innerhalb einer Frist von 10 Tagen vor oder nach dem Bilanzstichtag. | Die mengenmäßige Erfassung der Vorräte erfolgt auch zu einem Stichtag, der jedoch „verlegt" wird auf einen Zeitpunkt innerhalb der letzten drei Monate vor oder der ersten zwei Monate nach dem Bilanzstichtag. Das setzt allerdings eine Fortschreibung bzw. eine Rückrechnung der Vorräte voraus. | Zum Bilanzstichtag wird auf die Ergebnisse der Lagerbuchführung zurückgegriffen. Es werden also keine Ist-Bestände, sondern Buchbestandsmengen erfasst bzw. übernommen. Dazu besteht jedoch die Verpflichtung, jede Buchposition mindestens einmal pro Geschäftsjahr auf ihre Übereinstimmung mit dem Ist-Bestand zu überprüfen. |

Die durch die Inventur durch Zählen, Messen, Wiegen, Schätzen und Aufschreiben ermittelten Positionen müssen anschließend in einem umfangreichen Verzeichnis aufgelistet werden, dem Inventar.

*Das Inventar ist ein ausführliches Bestandsverzeichnis, das alle Vermögensteile und Schulden eines Unternehmens zu einem bestimmten Zeitpunkt nach Art, Menge und Wert ausweist.*

Es besteht aus drei Teilen:

- Das **Vermögen** des Unternehmens wird im Inventar nach der Flüssigkeit geordnet, d.h. nach der Möglichkeit, diese Vermögensgegenstände zu Geld zu machen. Es besteht aus zwei Gruppen:
  - Das **Anlagevermögen** ist dazu bestimmt, dem Unternehmen langfristig zu dienen.

- Das **Umlaufvermögen** ist dazu bestimmt, nur kurzfristig im Unternehmen zu verbleiben, weil es im Rahmen des Umsatzprozesses ständig umgeformt und umgesetzt wird.

- Die **Schulden** des Unternehmens sind nach dem Gläubiger aufzuführen, innerhalb der Gläubiger nach der Fristigkeit. Man unterscheidet demnach
  - Verbindlichkeiten gegenüber Kreditinstituten
  - Verbindlichkeiten aus Lieferungen und Leistungen

- Das **Reinvermögen (Eigenkapital)** ist die Differenz zwischen dem vorhandenen Vermögen und den bestehenden Schulden.

Der Zusammenhang zwischen Inventar und Bilanz soll an einem einfachen Beispiel dargestellt werden. Die folgende Übersicht stellt die Zusammenfassung eines Inventars dar. Es ist deutlich zu sehen, dass sie jeweils bei den verschiedenen Positionen auf Zähllisten, Saldenlisten oder ähnlichen Unterlagen basiert. Insofern kann ein Inventar sehr umfangreich sein und zahlreiche Ordner füllen. Man denke nur an ein Unternehmen, das 50.000 verschiedene Einzelteile als Großhändler auf Lager hat. Bei 25 Positionen pro DIN A 4-Seite ergäbe das bereits eine stattliche Summe von 2.000 Seiten nur für die Lagerbestände!

| **Inventar** der Firma Svenja Althoff OHG, Köln zum 31.12.20.. (Werte in EUR) | |
|---|---:|
| A. Vermögenswerte | |
|   I. Anlagevermögen | |
|     1. Grundstück Wilmersdorfer Straße | 250.400,00 |
|     2. Geschäftsgebäude Wilmersdorfer Straße | 280.000,00 |
|     3. Maschinen u. Anlagen lt. Anlagenliste (Anlage 1) | 280.200,00 |
|     4. Betriebsausstattung lt. Anlagenliste (Anlage 2) | 145.500,00 |
|     5. Fuhrpark lt. Anlagenliste (Anlage 3) | 87.300,00 |
|   II. Umlaufvermögen | |
|     1. Roh-, Hilfs- und Betriebsstoffe lt. Zählliste (Anlage 4) | 134.700,00 |
|     2. Erzeugnisse lt. Zählliste (Anlage 5) | 45.700,00 |
|     3. Forderungen aus LL lt. Saldenliste (Anlage 6) | 40.400,00 |
|     4. Wertpapiere lt. Depotauszug vom 31.12. .. | 36.000,00 |
|     5. Kassenbestand lt. Kassenbuch S. 430 | 2.300,00 |
|     6. Bankguthaben Sparkasse lt. Bankauszug v. 31.12. .. | 20.400,00 |
|     7. Bankguthaben Volksbank lt. Bankauszug v. 31.12. .. | 25.300,00 |
| **Summe Vermögen** | **1.348.200,00** |
| B. Schulden | |
|     1. Grundschuld Volksbank lt. Saldenbestätigung v. 31.12. .. | 705.400,00 |
|     2. Bankdarlehen Sparkasse lt. Kontoauszug vom 31.12. .. | 123.300,00 |
|     3. Verbindlichkeiten aus LL lt. Saldenliste (Anlage 7) | 124.300,00 |
| **Summe Schulden** | **953.000,00** |
| C. Ermittlung des Reinvermögens | |
|   Summe Vermögen | 1.348.200,00 |
|   – Summe Schulden | 953.000,00 |
| **Reinvermögen** | **395.200,00** |

Das Inventar stellt mit seinen Aufzeichnungen aus der Inventur die Ist-Bestände zum Bilanzstichtag zur Verfügung. Anhand dieser Listen können die Debitoren- und die Kreditorenbuchhaltung, die Anlagenbuchhaltung und die Lagerbuchführung (sofern es sich nicht um die Bestandübernahmen der Buchbestände bei der permanenten Inventur handelt) ihre Soll-Bestände mit den Ist-Beständen abgleichen und ggf. Korrekturbuchungen veranlassen. Die Abweichungen zwischen Soll- und Ist-Beständen bezeichnet man als Inventurdifferenzen. Sie entstehen durch Diebstahl, Schwund, falsche Buchungen u. Ä.

### 2.2.1.2 Bilanz

Selbst eine Übersicht über das Inventar kann für ein Unternehmen bereits sehr umfangreich sein. Es besteht aber sowohl bei der Unternehmensführung als auch bei den Stakeholdern als externen Interessenten das Bedürfnis, dass die Vermögens- und Schuldsituation in einer knappen und übersichtlichen Form dargestellt wird. Aus Sicht des Gesetzgebers besteht das Interesse, dass die Bilanzen vergleichbar sind und deshalb nach einem einheitlichen Schema aufgestellt werden.

Die Bilanz ist eine Gegenüberstellung des Vermögens einerseits und der Verbindlichkeiten und des Eigenkapitals andererseits. Sie ist damit eine Kurzfassung des Inventars in Kontenform.

#### Sachverhalt

Auf der Basis des oben vorgelegten Inventars der Firma Svenja Althoff OHG, Köln, ist eine Bilanz mit einer einfachen Gliederung unter Berücksichtigung der Gliederungsvorschriften aufzustellen.

**Bilanz der Firma Svenja Althoff OHG, Köln zum 31.12.20..**

| Aktiva | | Passiva | |
|---|---:|---|---:|
| A. Anlagevermögen | | A. Eigenkapital | |
|   1. Grundstücke und Gebäude | 530.400 |   1. Gesellschafter in Althoff | 245.000 |
|   2. Maschinen und Anlagen | 280.200 |   2. Gesellschafter Nürten | 150.200 |
|   3. Betriebs- und Geschäftsausst. | 145.500 | B. Verbindlichkeiten | |
|   4. Fuhrpark | 87.300 |   1. Verbindlichkeiten geg. Kreditinst. | 828.700 |
| B. Umlaufvermögen | |   2. Verbindlichkeiten aus LL | 124.300 |
|   1. Vorräte | 180.400 | | |
|   2. Forderungen aus LL | 40.400 | | |
|   3. Wertpapiere des UV | 36.000 | | |
|   4. Kasse | 2.300 | | |
|   5. Bank | 45.700 | | |
| **Bilanzsumme** | **1.348.200** | **Bilanzsumme** | **1.328.200** |

Die Bilanz ermöglichst es, auf einen Blick festzustellen, aus welchen Quellen das Kapital stammt, mit dem das Unternehmen arbeitet (Passivseite) und in welchen Vermögensteilen dieses Kapital investiert ist (Aktivseite). Dies wird deutlich an folgender Bilanzgleichung:

| Aktiva | = | Passiva |
|---|---|---|
| Anlagevermögen<br>+ Umlaufvermögen | | Eigenkapital<br>+ Fremdkapital |
| = Summe des Vermögens | | = Summe des Kapitals |
| = Mittelverwendung<br>(„Wie ist das Kapital investiert?")<br>↓<br>Investierung | | = Mittelherkunft<br>(„Woher stammt das Kapital?")<br>↓<br>Finanzierung |

Der Gesetzgeber hat in § 266 (2) u. (3) HGB eine genaue Gliederung für große und mittelgroße Kapitalgesellschaften vorgeschrieben.

### Gliederung der Jahresbilanz für große und mittelgroße Kapitalgesellschaften nach § 266 HGB

| Aktiva | Passiva |
|---|---|
| **A. Anlagevermögen**<br>  I. Immaterielle Vermögensgegenstände<br>    1. Selbst geschaffene gewerbliche Schutzrechte und ähnliche Rechte und Werte<br>    2. entgeltlich erworbene Konzessionen, gewerbliche Schutzrechte und ähnliche Rechte und Werte sowie Lizenzen an solchen Rechten und Werten<br>    3. Geschäfts- oder Firmenwert<br>    4. geleistete Anzahlungen<br>  II. Sachanlagen<br>    1. Grundstücke, grundstücksgleiche Rechte und Bauten einschließlich der Bauten auf fremden Grundstücken<br>    2. technische Anlagen und Maschinen<br>    3. andere Anlagen, Betriebs- und Geschäftsausstattung<br>    4. geleistete Anzahlungen und Anlagen im Bau<br>  III. Finanzanlagen<br>    1. Anteile an verbundenen Unternehmen<br>    2. Ausleihungen an verbundene Unternehmen<br>    3. Beteiligungen<br>    4. Ausleihungen an Unternehmen, mit denen ein Beteiligungsverhältnis besteht<br>    5. Wertpapiere des Anlagevermögens<br>    6. sonstige Ausleihungen | **A. Eigenkapital**<br>  I. Gezeichnetes Kapital<br>  II. Kapitalrücklage<br>  III. Gewinnrücklagen<br>    1. gesetzliche Rücklage<br>    2. Rücklage für Anteile an einem herrschenden oder mehrheitlich beteiligten Unternehmen<br>    3. satzungsmäßige Rücklagen<br>    4. andere Gewinnrücklagen<br>  IV. Gewinnvortrag/Verlustvortrag<br>  V. Jahresüberschuss/Jahresfehlbetrag<br><br>**B. Rückstellungen:**<br>  1. Rückstellungen für Pensionen und ähnliche Verpflichtungen<br>  2. Steuerrückstellungen<br>  3. sonstige Rückstellungen |

| Aktiva | Gliederung der Jahresbilanz für große und mittelgroße Kapitalgesellschaften nach § 266 HGB | Passiva |
|---|---|---|
| B. **Umlaufvermögen**<br>  I. Vorräte<br>    1. Roh-, Hilfs- und Betriebsstoffe<br>    2. unfertige Erzeugnisse, unfertige Leistungen<br>    3. fertige Erzeugnisse und Waren<br>    4. geleistete Anzahlungen<br>  II. Forderungen und sonstige Vermögensgegenstände<br>    1. Forderungen aus Lieferungen und Leistungen<br>    2. Forderungen gegen verbundene Unternehmen<br>    3. Forderungen gegen Unternehmen, mit denen ein Beteiligungsverhältnis besteht<br>    4. sonstige Vermögensgegenstände<br>  III. Wertpapiere:<br>    1. Anteile an verbundenen Unternehmen<br>    2. sonstige Wertpapiere<br>  IV. Kassenbestand, Bundesbankguthaben, Guthaben bei Kreditinstituten und Schecks<br>C. **Rechnungsabgrenzungsposten** | | C. **Verbindlichkeiten:**<br>  1. Anleihen,<br>     davon konvertibel<br>  2. Verbindlichkeiten gegenüber Kreditinstituten<br>  3. erhaltene Anzahlungen auf Bestellungen<br>  4. Verbindlichkeiten aus Lieferungen und Leistungen<br>  5. Verbindlichkeiten aus der Annahme gezogener Wechsel und der Ausstellung eigener Wechsel<br>  6. Verbindlichkeiten gegenüber verbundenen Unternehmen<br>  7. Verbindlichkeiten gegenüber Unternehmen, mit denen ein Beteiligungsverhältnis besteht<br>  8. sonstige Verbindlichkeiten<br>     davon aus Steuern<br>     davon im Rahmen der sozialen Sicherheit.<br>D. **Rechnungsabgrenzungsposten** |

Kleine Kapitalgesellschaften müssen die Bilanz nicht in dieser umfassenden Form vorlegen. Bei ihnen reicht es, wenn sie nur die mit Buchstaben und römischen Ziffern versehenen Positionen ausweisen.

Einzelunternehmen und Personengesellschaften unterliegen nicht den strengen Gliederungsvorschriften, die für Kapitalgesellschaften gelten. Hier gilt lediglich die Minimalvorschrift des § 247 HGB:

> **§ 247 (1) HGB Inhalt der Bilanz**
>
> In der Bilanz sind das Anlage- und das Umlaufvermögen, das Eigenkapital, die Schulden sowie die Rechnungsabgrenzungsposten gesondert auszuweisen und hinreichend aufzugliedern.

Es ist anzunehmen, dass sich Bilanzbuchhalter und Steuerberater auch bei Einzelunternehmen und Personengesellschaften an der aufgezeigten Gliederung für Kapitalgesellschaften orientieren.

## Erläuterungen zu den einzelnen Positionen der Bilanz

**Aktivseite**

### A. Anlagevermögen

*Das Anlagevermögen umfasst alle Wirtschaftsgüter, die dazu bestimmt sind, dem Unternehmen langfristig zu dienen. Es stellt die Betriebsbereitschaft her.*

**Immaterielle Vermögensgegenstände** sind Rechte, die für das Unternehmen einen bestimmten Wert besitzen und dazu bestimmt sind, dem Unternehmen langfristig zu dienen. Im Einzelnen gehören dazu:

- Selbst geschaffene gewerbliche Rechte sind z. B. Patente, Urheberrechte sowie Gebrauchsmuster und Warenzeichen.

- Entgeltlich erworbene Konzessionen und gewerbliche Schutzrechte sind Rechte, die von anderen Personen oder Unternehmen erworben wurden, um sie gewerblich zu nutzen.

- Der Geschäfts- oder Firmenwert ist der Betrag, den das Unternehmen als Käufer eines anderen Unternehmens bei Übernahme als Ganzes unter Berücksichtigung künftiger Ertragserwartungen über den Wert der einzelnen Vermögensgegenstände nach Abzug der Schulden hinaus zu zahlen bereit ist.

- Geleistete Anzahlungen auf die hier genannten Werte müssen ebenfalls bilanziert werden. Kommt es zum endgültigen Eigentumsübergang, wird mit der entsprechenden Position getauscht und die Anzahlung verschwindet aus der Bilanz.

**Sachanlagen** sind alle nicht abnutzbaren und abnutzbaren Wirtschaftsgüter, die im engeren und weiteren Sinn dem Produktionsprozess des Unternehmens dienen.

**Anzahlungen auf Anlagen** sind Vorleistungen des Unternehmens auf schwebende Geschäfte, mit denen Anlagegüter gekauft werden sollen. Dies gilt insbesondere für große Maschinenanlagen und Bauten, deren Fertigstellung länger als eine Periode in Anspruch nimmt und bei denen der Lieferant finanzielle Vorleistungen verlangt.

**Finanzanlagen** sind monetäre Vermögensgegenstände, deren Zweck es ist, dauernd dem Geschäftsbetrieb zu dienen. Dazu gehören im Detail folgende Positionen:

- Anteile an verbundenen Unternehmen entstehen, wenn das Unternehmen sich an einem anderen Unternehmen mit mehr als 50 % beteiligt.

- Beteiligungen liegen vor, wenn die Anteile am anderen Unternehmen zwischen 20 % und 50 % liegen. Bei Anteilen und Beteiligungen handelt es sich um Mitgliedschaftsrechte an anderen Unternehmen, die Vermögensrechte (z. B. Anspruch auf Gewinn) und Verwaltungsrechte (z. B. Mitsprache- und Informationsrechte) umfassen. Sie sind jedoch mehr als eine Kapitalanlage.

- Ausleihungen sind langfristige Finanz- und Kapitalforderungen an diese Unternehmen.

- Wertpapiere des Anlagevermögens sind Wertpapiere, die langfristig dem Geschäftsbetrieb dienen, ohne dass eine Beteiligungsabsicht besteht (z. B. Wertpapiere mit langen Laufzeiten).

- Sonstige Ausleihungen sind sämtliche langfristigen Finanz- und Kapitalforderungen, die nicht gegenüber Beteiligungs- oder verbundenen Unternehmen bestehen, z. B. langfristige Darlehen an Mitarbeiter.

## B. Umlaufvermögen

*Zum Umlaufvermögen eines Unternehmens zählen alle Vermögensgegenstände, die im Rahmen des betrieblichen Umsatzprozesses eingesetzt werden, deren Bestand sich durch Zu- und Abgänge permanent verändert und die nur für kurze Zeit im Unternehmen verbleiben.*

**Vorräte** sind Vermögensgegenstände, die im Rahmen des normalen Geschäftsablaufs eines Unternehmens entweder zum Verkauf gehalten werden (Handelswaren), sich im Herstellungsprozess für einen Verkauf befinden (fertige und unfertige Erzeugnisse) oder dazu bestimmt sind, im Herstellungsprozess verbraucht zu werden.

- Rohstoffe sind Stoffe, die unmittelbar in das Fertigungsprodukt eingehen und dessen Hauptbestandteil bilden, z. B. Holz, Stahl, Stoff.
- Hilfsstoffe sind Stoffe, die in das Erzeugnis eingehen, jedoch lediglich eine Hilfsfunktion erfüllen, um die Rohstoffe zu binden oder zusammenzufügen, z. B. Kleber, Nieten, Schweißdraht, Schrauben.
- Betriebsstoffe gehen nicht in das fertige Erzeugnis ein, werden aber mittelbar oder unmittelbar bei der Herstellung des Erzeugnisses verbraucht, z. B. Schmieröl, Kühlwasser, elektrische Energie.
- Unfertige Erzeugnisse sind noch nicht verkaufsfähige Baugruppen oder Zwischenprodukte, durch deren Herstellung aber im Unternehmen bereits Aufwendungen angefallen sind, z. B. eine fertige Tischplatte oder eine Karosserie.
- Fertigerzeugnisse sind verkaufsfähige, verpackte und versandfertige Produkte, die im eigenen Unternehmen hergestellt wurden.
- Waren sind Produkte fremder Herkunft, die ohne eine wesentliche Weiterverarbeitung weiterverkauft werden sollen. Sie werden auch als Handelswaren bezeichnet und kommen vor allem in Handelsbetrieben vor.
- Geleistete Anzahlungen enthalten Anzahlungen auf Vorräte, die noch nicht geliefert und berechnet worden sind.

**Forderungen und sonstige Vermögensgegenstände** sind im Wesentlichen schuldrechtliche Ansprüche, die aus einem Vertragsverhältnis zwischen dem Unternehmen und anderen Personen beruhen.

- Forderungen aus Lieferungen und Leistungen sind Ansprüche, die durch Kaufverträge und andere schuldrechtliche Verträge entstanden sind. Sie verkörpern den Gegenwert für die erbrachte Lieferung oder Leistung. Nach dem BGB ist der Gläubiger berechtigt, vom Schuldner den vereinbarten Preis zu fordern. Dieses Forderungsrecht wird hier bilanziert.
- Aus Gründen der Bilanzklarheit sind in diesem Zusammenhang alle Forderungen gegenüber verbundenen Unternehmen und gegenüber Unternehmen, mit denen ein Beteiligungsverhältnis besteht, gesondert auszuweisen.

- Sonstige Vermögensgegenstände sind alle Vermögensgegenstände des Umlaufvermögens, die keinem anderen Posten zuzuordnen sind. Es sind jedoch auch in der Regel Forderungsrechte, z. B. kurzfristige Darlehen an Mitarbeiter, gezahlte Vorschüsse, Zinsansprüche.

**Wertpapiere** im Umlaufvermögen sind alle Positionen, die nur zu vorübergehenden Zwecken gehalten werden.

- Anteile an verbundenen Unternehmen werden hier bilanziert, wenn das Unternehmen Anteile an einem herrschenden oder mit Mehrheit beteiligten Unternehmen erworben hat. Diese Anteile sind nur kurzfristiger Natur.
- Sonstige Wertpapiere sind alle Wertpapiere, die nicht zum Anlagevermögen gehören und meist alle Wertpapiere umfassen, die zu kurzfristigen Zwecken als Liquiditätsreserve gehalten werden.

**Kassenbestand, Bundesbankguthaben, Guthaben bei Kreditinstituten und Schecks** repräsentieren die täglich bereitstehende Liquidität des Unternehmens, die erforderlich ist, um laufende Zahlungen sicherzustellen.

### C. Aktive Rechnungsabgrenzungsposten

*Diese Positionen dienen der periodengerechten Gewinnermittlung. Es handelt sich um Ausgaben vor dem Bilanzstichtag, soweit sie Aufwendungen für eine bestimmte Zeit nach diesem Tag darstellen. Es besteht Aktivierungspflicht für alle Kaufleute.*

Im Wesentlichen gehören hierher Zahlungen, die das Unternehmen für etwas geleistet hat, für das es aber noch keine Gegenleistung erhalten hat. Das Unternehmen „fordert" also noch eine Leistung.

*Beispiel: Das Unternehmen hat eine Jahresmietvorauszahlung für die Zeit vom 01.07. bis 30.06. des Folgejahres gleistet. Dann steht ihm am Bilanzstichtag noch ein halbes Jahr die Überlassung der Räumlichkeiten zu. Der dadurch entstehende Mietaufwand wird mit dem Rechnungsabgrenzungsposten in das folgende Jahr verschoben.*

## Passiva

### A. Eigenkapital

*Das Eigenkapital stellt den Saldo zwischen der Summe aller Vermögensteile (Aktiva) und den Schulden des Unternehmens dar. Es handelt sich letztlich um finanzielle Mittel, die dem Unternehmen von seinen Eigentümern ohne zeitliche Begrenzung zur Verfügung gestellt werden.*

Das Eigenkapital ist bei großen Kapitalgesellschaften mit den folgenden Positionen auszuweisen:

- **Gezeichnetes Kapital** ist das Kapital, auf das die Haftung der Unternehmung gegenüber ihren Gläubigern beschränkt ist. Bei der AG ist es das Grundkapital, bei der GmbH das Stammkapital.
- **Kapitalrücklagen** stellen die Differenz zwischen dem Nennwert und dem (höheren) Ausgabekurs dar, die dem Unternehmen bei der Ausgabe von Aktien und Wandelschuldverschreibungen als Aufgeld (Agio) zufließt und nach § 272 (2) AktG hier ausgewiesen werden muss

*Beispiel:* Wenn eine neue Aktie bei einem Nennwert von 5,00 EUR einen Ausgabekurs (Kurswert) von 8,00 EUR erzielt, entsteht ein Aufgeld, das die Gesellschaft der Kapitalrücklage zuführen muss.

- **Gewinnrücklagen** sind Beträge, die im laufenden oder einem früheren Geschäftsjahr aus dem Jahresergebnis gebildet worden sind.
  - Gesetzliche Rücklagen treten nur bei der AG oder der KGaA auf. In diesen Rücklagen sind nach § 150 (1) AktG so lange 5% des um einen Verlustvortrag aus dem Vorjahr geminderten Jahresüberschusses einzustellen, bis die gesetzliche Rücklage und die Kapitalrücklage zusammen 10% des Grundkapitals erreichen.
  - Rücklage für Anteile an einem herrschenden oder mehrheitlich beteiligten Unternehmen ist ein korrespondierender Posten zu den Anteilen an verbundenen Unternehmen in den Wertpapieren des Umlaufvermögens. Bei Aufstellung der Bilanz ist in gleicher Höhe eine Rücklage zu bilden. Die Rücklagenbildung darf aus den „frei verfügbaren Rücklagen" gebildet werden. Frei verfügbare Rücklagen sind Kapital- und Gewinnrücklagen, die weder durch Gesetz noch durch Satzung zweckgebunden sind bzw. einer Ausschüttungssperre unterliegen.
  - Satzungsmäßige Rücklagen umfassen die Gewinnrücklagen, zu deren Bildung eine Gesellschaft aufgrund ihrer Satzung verpflichtet ist.
  - Andere Gewinnrücklagen beinhalten als Restgröße all jene Gewinnrücklagen, die nicht gesondert zu erfassen sind, z.B. die Rücklagen, die von der Hauptversammlung beschlossen werden.
- Der **Gewinnvortrag** ist eine Restgröße. Er ergibt sich aus der Beschlussfassung der Hauptversammlung über die Verwendung des Gewinns des Vorjahres. Der Verlustvortrag stellt den Bilanzverlust des Vorjahres dar.
- Der **Jahresüberschuss/Jahresfehlbetrag** entspricht dem Posten Nr. 20 in der Gewinn- und Verlustrechung (GuV). Er zeigt das Ergebnis des Unternehmens als Saldo zwischen den Erträgen und den Aufwendungen.

Bei Personengesellschaften und Einzelunternehmen wird das Eigenkapital lediglich in den Kapitalkonten der Inhaber des Unternehmens ausgewiesen. Dort existieren keine Rücklagen.

## B. Rückstellungen

*Rückstellungen sind Verbindlichkeiten, Verluste oder Aufwendungen, die dem Grunde nach bekannt sind, hinsichtlich ihrer Entstehung, ihrer Fälligkeit oder Höhe jedoch ungewiss.*

Durch die Bildung der Rückstellungen sollen die später zu leistenden Ausgaben den Perioden ihrer Verursachung zugerechnet werden. Damit sind Rückstellungen ebenfalls ein Instrument zur periodengerechten Gewinnermittlung.

Typische Rückstellungen sind Pensionsverpflichtungen. So ist ein Unternehmer, der seinen Mitarbeitern eine Pensionszusage gemacht hat, zwar dem Grunde nach eine Verbindlichkeit für die Zukunft eingegangen, die im aktuellen Geschäftsjahr auch zu Aufwendungen führt (Aufwendungen für die Altersversorgung), deren exakte Höhe und Fälligkeit jedoch noch nicht feststeht. So kann der Mitarbeiter 70, 80 oder 90 Jahre alt werden, er kann aber auch schon vor Renteneintritt sterben.

## C. Verbindlichkeiten

*Verbindlichkeiten entstehen durch Verträge und stellen eine schuldrechtliche Verpflichtung des Unternehmens gegenüber seinen Gläubigern dar. Verbindlichkeiten sind dem Grunde nach bekannt und stehen hinsichtlich der Entstehung, der Fälligkeit und der Höhe genau fest.*

Verbindlichkeiten sind hinsichtlich Gläubiger und Fristigkeit zu unterscheiden:
- Anleihen sind alle langfristigen Darlehen, die am öffentlichen Kapitalmarkt aufgenommen werden, z. B. Schuldverschreibungen, Wandelschuldverschreibungen, Optionsanleihen.
- Konvertible Anleihen gewähren dem Inhaber ein Umtausch- oder Bezugsrecht.
- Verbindlichkeiten gegenüber Kreditinstituten sind normale Schulden bei Banken aufgrund von Darlehensverträgen oder eingeräumten Dispositionskrediten.
- Erhaltene Anzahlungen auf Bestellungen entstehen, wenn ein Vertragspartner (z. B. Kunde) Zahlungen aufgrund eines abgeschlossenen Lieferungs- oder Leistungsvertrags getätigt hat, für den die eigene Lieferung oder Leistung noch aussteht.
- Zu den Verbindlichkeiten aus Lieferungen und Leistungen zählen alle Verpflichtungen aus dem normalen Geschäftsverkehr mit Lieferanten, z. B. für Material oder Dienstleistungen.
- Verbindlichkeiten aus der Annahme gezogener Wechsel und der Ausstellung eigener Wechsel sind Verbindlichkeiten, die durch Waren- oder Finanzwechsel entstehen.
- Verbindlichkeiten aus Lieferungen und Leistungen gegenüber verbundenen Unternehmen sowie gegenüber Unternehmen, mit denen ein Beteiligungsverhältnis besteht, müssen der Bilanzklarheit halber gesondert ausgewiesen werden.
- Sonstige Verbindlichkeiten stellen einen Sonderposten dar, unter dem alle Schulden erfasst werden, die keinem anderen Posten der Verbindlichkeiten zugerechnet werden können.

## D. Passive Rechnungsabgrenzungsposten

*Hier handelt es sich um Einnahmen vor dem Bilanzstichtag, soweit sie Erträge für eine bestimmte Zeit nach diesem Tag darstellen.*

Diese Positionen dienen ebenso wie die aktiven Rechnungsabgrenzungsposten einer periodengerechten Gewinnermittlung. Es besteht Passivierungspflicht für alle Kaufleute.

### 2.2.1.3 Bilanzveränderungen

Man kann die Bilanz auch als eine Waage bezeichnen, die niemals aus dem Gleichgewicht gerät. Per Definition bleiben beide Seiten immer gleich groß. Veränderungen der Vermögensteile oder Schulden bringen die Bilanz nie aus dem Gleichgewicht. Die Veränderungen in einer Bilanz lassen sich immer auf vier Grundformen zurückführen.

# Finanzbuchhaltung

## Sachverhalt

Ausgangssituation ist folgende Bilanz in Tabellenform:

| Aktiva | | | | Passiva | | |
|---|---|---|---|---|---|---|
| Waren | Forderungen | Kasse | Gesamt | Gesamt | Eigenkapital | Verbindlichkeiten |
| 30.000 | 20.000 | 10.000 | 60.000 | 60.000 | 25.000 | 35.000 |

Wie verändern die folgenden Geschäftsfälle diese Bilanz?

1. Eine Forderung über 5.000,00 EUR wird von einem Kunden bar bezahlt.
2. Der Inhaber bezahlt von seinem privaten Bankkonto aus eine Verbindlichkeit des Unternehmens (3.000,00 EUR).
3. Es werden Waren auf Ziel gekauft für 10.000,00 EUR.
4. Es wird eine Verbindlichkeit in Höhe von 4.000,00 EUR bar bezahlt.

Lösung:

| | | |
|---|---|---|
| 1. Der Kassenbestand nimmt zu, die Forderungen nehmen ab. | Ein Aktivkonto nimmt zu, ein Aktivkonto nimmt ab. | Aktiv-Tausch |
| 2. Das Eigenkapital nimmt zu (Einlage), die Verbindlichkeiten nehmen ab. | Ein Passivkonto nimmt zu, ein Passivkonto nimmt ab. | Passiv-Tausch |
| 3. Die Waren nehmen zu, die Verbindlichkeiten nehmen zu. | Ein Aktivkonto nimmt zu, ein Passivkonto nimmt zu. | Aktiv-Passiv-Mehrung |
| 4. Die Verbindlichkeiten nehmen ab, die Kasse nimmt auch ab. | Ein Passivkonto nimmt ab, ein Aktivkonto nimmt ab. | Aktiv-Passiv-Minderung |

Die Geschäftsfälle verändern die Bilanz wie folgt:

| | Aktiva | | | | Passiva | | |
|---|---|---|---|---|---|---|---|
| | Waren | Forderungen | Kasse | Gesamt | Gesamt | Eigenkapital | Verbindlichkeiten |
| | 30.000,00 | 20.000,00 | 10.000,00 | 60.000,00 | 60.000,00 | 25.000,00 | 35.000,00 |
| 1. | 30.000,00 | 15.000,00 | 15.000,00 | 60.000,00 | 60.000,00 | 25.000,00 | 35.000,00 |
| 2. | 30.000,00 | 15.000,00 | 15.000,00 | 60.000,00 | 60.000,00 | 28.000,00 | 32.000,00 |
| 3. | 40.000,00 | 15.000,00 | 15.000,00 | 70.000,00 | 70.000,00 | 28.000,00 | 42.000,00 |
| 4. | 40.000,00 | 15.000,00 | 11.000,00 | 66.000,00 | 66.000,00 | 28.000,00 | 38.000,00 |

Auf diese vier Bilanzveränderungen lassen sich letztlich alle Geschäftsfälle reduzieren. Gleichwohl kommen sie zuweilen in kombinierter Form vor.

## 2.2.2 Bestandskonten und Erfolgskonten

Eine ausschließliche Aufzeichnung der Geschäftsfälle eines Unternehmens in der Bilanz oder gar die Aufstellung einer neuen Bilanz nach jedem Geschäftsfall würde in das Chaos und zu völlig unübersichtlichen Darstellungen führen. Aus diesem Grund löst man die Bilanz in Konten auf und zeichnet auf diesen jede Veränderung auf, sofern ein Geschäftsfall dieses Konto betrifft. Entsprechend ihrer Funktion und ihrem Inhalt werden verschiedene Konten unterschieden:

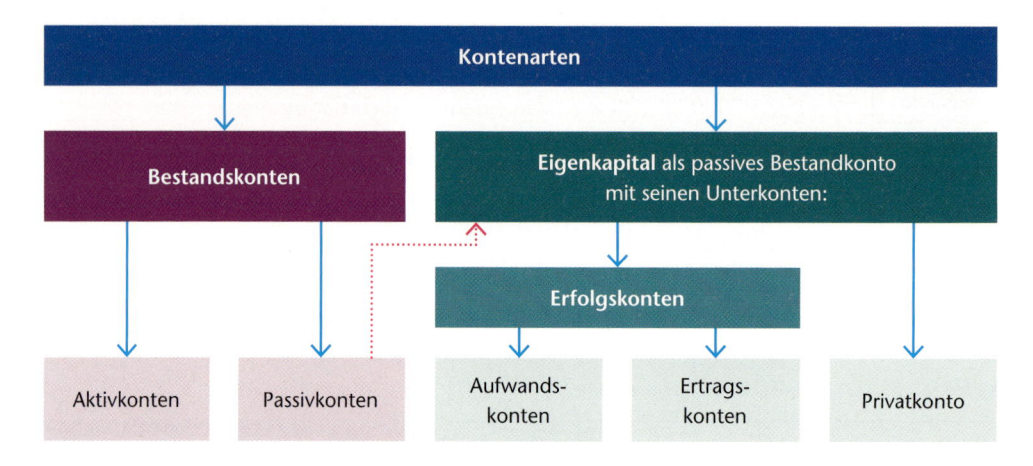

```
                            Kontenarten
                    ↓                       ↓
           Bestandskonten          Eigenkapital als passives Bestandkonto
                                          mit seinen Unterkonten:
                                               ↓
                                         Erfolgskonten
        ↓           ↓                ↓          ↓           ↓
   Aktivkonten  Passivkonten    Aufwands-   Ertrags-   Privatkonto
                                 konten      konten
```

### 2.2.2.1 Buchung auf Bestandskonten

Bestandkonten werden aus der Bilanz abgeleitet und über ein spezielles Eröffnungsbilanzkonto eröffnet. Zu diesem Zweck werden von allen Beständen (Forderungen, Waren, Bank, Verbindlichkeiten) die Anfangsbestände in den Konten vorgetragen. Im Laufe des Jahres erfolgen dann die laufenden Buchungen, und immer dann, wenn eine Position sich verändert (Mehrung oder Minderung), wird auf dem entsprechenden Konto eine Buchung vorgenommen. Dabei gelten für die Buchungen einige einfache Regeln:

| Soll | Aktives Bestandskonto | Haben | | Soll | Passives Bestandskonto | Haben |
|---|---|---|---|---|---|---|
| Anfangsbestand | | Abgänge | | Abgänge | | Anfangsbestand |
| Zugänge | | Schlussbestand | | Schlussbestand | | Zugänge |

Die beiden Seiten eines Kontos heißen „Soll" und „Haben". Diesen Begriffen kommt keine besondere Bedeutung bei. Es ist eine Festlegung, ähnlich wie bei Seglern nicht von rechts oder links, sondern von „Steuerbord" und „Backbord" gesprochen wird.

Der Schlussbestand eines Kontos wird in der Buchführung auch als Saldo bezeichnet. Er ergibt sich rechnerisch wie folgt:

> Anfangsbestand + Zugänge − Abgänge = **Schlussbestand/Saldo**

Da bei jedem Vorgang mindestens zwei Positionen angesprochen werden, erfolgt die Buchung einmal im Soll und einmal im Haben. Durch vier Fragen kann jeder Geschäftsfall in einen sogenannten Buchungssatz umgeformt werden. In einem Buchungssatz wird immer zuerst das Soll-Konto und dann das Haben-Konto angesprochen.

*Beispiel:* Für den Geschäftsfall: „Es werden Waren gegen bar gekauft" ist der Buchungssatz zu bilden.

Lösung:

| 1. Frage: | Welche Positionen sind betroffen? | Waren | Kasse |
|---|---|---|---|
| 2. Frage: | Was sind das für Positionen? | Aktivkonto | Aktivkonto |
| 3. Frage: | Wie verändern sich diese Positionen? | Mehrung (+) | Minderung ( – ) |
| 4. Frage: | Wo muss auf diesen Konten gebucht werden? | Soll | Haben |
| 5. Frage: | Wie lautet folglich der Buchungssatz? | Waren an Kasse ||

**Sachverhalt: Gleiches Beispiel wie oben mit folgenden Geschäftsfällen:**

1. Eine Forderung über 5.000,00 EUR wird von einem Kunden bar bezahlt.
2. Der Inhaber bezahlt von seinem privaten Bankkonto aus eine Verbindlichkeit des Unternehmens (3.000,00 EUR).
3. Es werden Waren auf Ziel gekauft für 10.000,00 EUR.
4. Es wird eine Verbindlichkeit in Höhe von 4.000,00 EUR bar bezahlt.

Lösung:

| Fall 1 ||
|---|---|
| Forderungen | Kasse |
| Aktivkonto | Aktivkonto |
| – | + |
| Haben | Soll |
| Kasse an Forderungen ||

| Fall 2 ||
|---|---|
| Verbindlichkeiten | Eigenkapital |
| Passivkonto | Passivkonto |
| – | + |
| Soll | Haben |
| Verbindlichkeiten an Eigenkapital ||

| Fall 3 ||
|---|---|
| Waren | Verbindlichkeiten |
| Aktivkonto | Passsivkonto |
| + | + |
| Soll | Haben |
| Waren an Verbindlichkeiten ||

| Fall 4 ||
|---|---|
| Kasse | Verbindlichkeiten |
| Aktivkonto | Passivkonto |
| – | – |
| Haben | Soll |
| Verbindlichkeiten an Kasse ||

In dem nachfolgenden Schaubild wird gezeigt, wie ein kompletter Buchungsgang nur auf Bestandskonten im Prinzip funktioniert.

1. Am Jahresanfang werden alle Konten eröffnet, indem die Anfangsbestände auf den Konten eingetragen werden. In der Realität erfolgt dies, indem die – korrigierten – Salden der Schlussbilanz des vergangenen Jahres „auf neue Rechnung" übernommen werden.
2. Es folgen die Buchungen im Laufe einer Periode, die in Form von Zugängen oder Abgängen gebucht werden. Wie oben bereits deutlich geworden ist, muss die Summe der Sollbuchungen immer der Summe der Habenbuchungen entsprechen. Die Bilanz muss also im Gleichgewicht bleiben.
3. Am Schluss der Periode werden die Salden (= Schlussbestände der Konten) auf die Schlussbilanz übernommen.

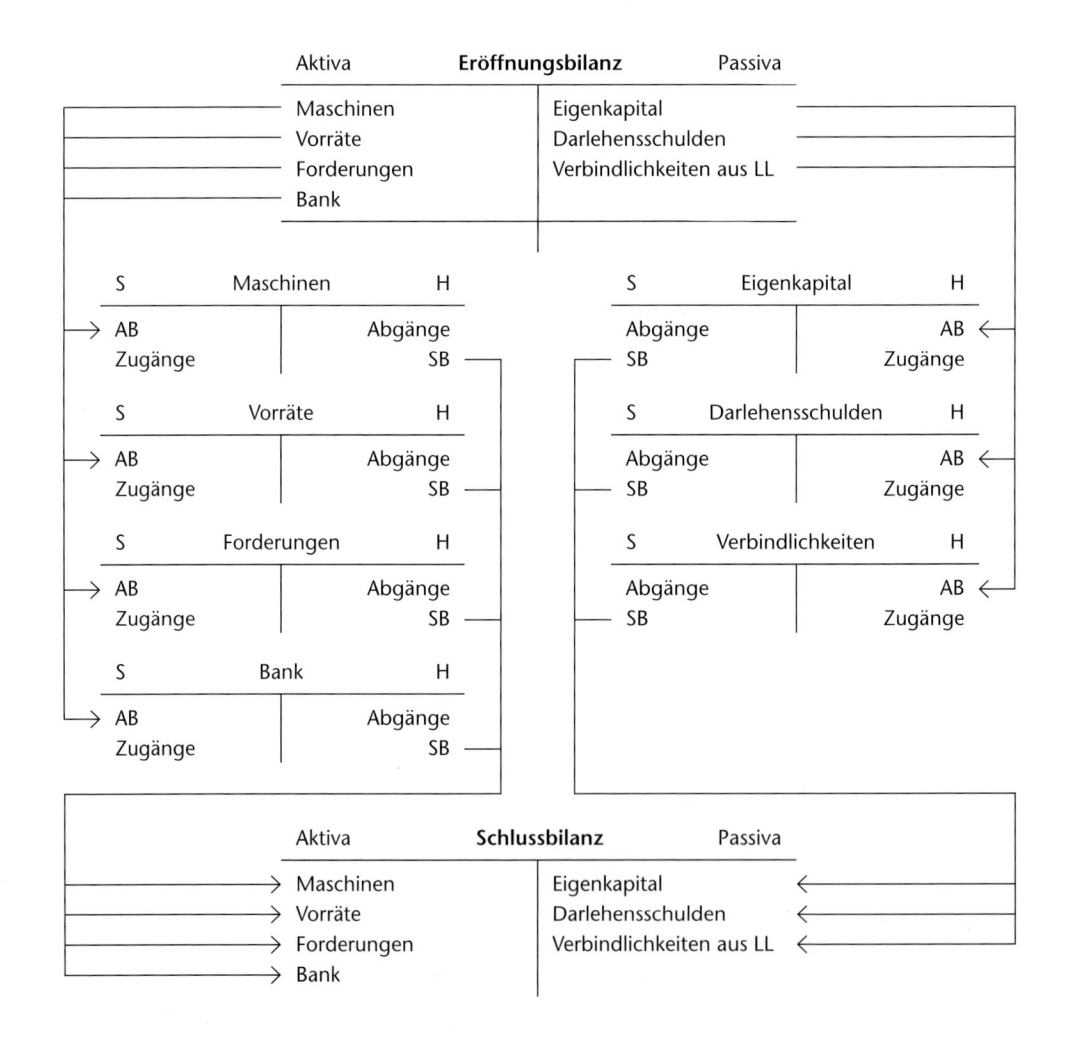

|  | Aktiva | **Eröffnungsbilanz** | Passiva |  |
|---|---|---|---|---|
|  | Maschinen | | Eigenkapital | |
|  | Vorräte | | Darlehensschulden | |
|  | Forderungen | | Verbindlichkeiten aus LL | |
|  | Bank | | | |

| S | Maschinen | H | | S | Eigenkapital | H |
|---|---|---|---|---|---|---|
| → AB | | Abgänge | | | Abgänge | AB ← |
| Zugänge | | SB | | | SB | Zugänge |

| S | Vorräte | H | | S | Darlehensschulden | H |
|---|---|---|---|---|---|---|
| → AB | | Abgänge | | | Abgänge | AB ← |
| Zugänge | | SB | | | SB | Zugänge |

| S | Forderungen | H | | S | Verbindlichkeiten | H |
|---|---|---|---|---|---|---|
| → AB | | Abgänge | | | Abgänge | AB ← |
| Zugänge | | SB | | | SB | Zugänge |

| S | Bank | H |
|---|---|---|
| → AB | | Abgänge |
| Zugänge | | SB |

|  | Aktiva | **Schlussbilanz** | Passiva |  |
|---|---|---|---|---|
|  | → Maschinen | | Eigenkapital | ← |
|  | → Vorräte | | Darlehensschulden | ← |
|  | → Forderungen | | Verbindlichkeiten aus LL | ← |
|  | → Bank | | | |

## 2.2.2.2 Buchung auf Erfolgskonten

Werden Buchungen – wie die bisherigen Beispiele – nur auf Bestandskonten vorgenommen, so ergibt sich keine Wirkung auf den Erfolg des Unternehmens. Diese Art von Geschäftsfällen und deren Buchungen bezeichnet man deshalb als „erfolgsneutral": Sie führen zu keiner Veränderung des Erfolgs.

Erwerbswirtschaftliche Unternehmen streben jedoch einen Gewinn an. Der Gewinn ist bekanntlich die Differenz zwischen den Erträgen eines Unternehmens und den dafür getätigten Aufwendungen.

Wie werden diese „erfolgswirksamen" Geschäftsfälle nun in der Finanzbuchhaltung erfasst?

### Sachverhalt

Folgende Geschäftsfälle sind zu buchen:

1. Die Briefmarken für Ausgangspost werden bar bezahlt (35,00 EUR).
2. Das Unternehmen erhält Zinsen für das Geschäftskonto gutgeschrieben (570,00 EUR).

Lösung:

In beiden Geschäftsfällen wird scheinbar nur ein Bestandskonto angesprochen, im Fall 1 die Kasse, im Fall 2 die Bank. Andere Bestandskonten sind nicht unmittelbar erkennbar.

Fall 1: In diesem Geschäftsfall findet ein Geldabfluss statt, dem kein Wertzuwachs in gleicher Weise entspricht. Das bedeutet, dass hier ein Wertverlust vorliegt. Wir sprechen von einem Aufwand. Aufwendungen mindern das Eigenkapital.

Fall 2: Hier findet ein Geldzufluss statt, dem kein unmittelbarer Wertabfluss in einem anderen Bereich entspricht. Das bedeutet, dass hier ein Wertzuwachs vorliegt. Wir sprechen von einem Ertrag, der das Eigenkapital erhöht.

Solange keine anderen Konten als Bestandskonten vorhanden sind, würden die beiden Vorgänge wie folgt gebucht.

Fall 1:

| S | Eigenkapital | | H |
|---|---|---|---|
| (1) 35,00 | | AB | |

| S | Kasse | | H |
|---|---|---|---|
| AB | | (1) 35,00 | |

Fall 2

| S | Bank | | H |
|---|---|---|---|
| AB | | | |
| (2) 35,00 | | | |

| S | Eigenkapital | | H |
|---|---|---|---|
| | | AB | |
| | | (1) 35,00 | |

Es versteht sich von selbst, dass bei einer großen Anzahl von erfolgswirksamen Buchungen, die alle nur auf dem Konto Eigenkapital gebucht würden,

- dieses Konto in unangemessener Weise so häufig angesprochen werden müsste, dass der Buchhalter die Übersicht darüber verlieren würde,
- gegen die Grundätze von Klarheit und Nachprüfbarkeit in der Buchführung verstoßen würde.

Die Lösung liegt darin, dass das Konto Eigenkapital genauso häufig „dupliziert" wird, wie es Aufwands- und Ertragsarten im Unternehmen gibt. Es werden also so viele Konten errichtet, wie für eine klare und übersichtliche Buchführung benötigt werden. Insofern stellen die Aufwands- und Ertragskonten Unterkonten des Kontos Eigenkapital dar.

| Aufwendungen | Erträge |
|---|---|
| *Aufwendungen stellen einen Wertverlust innerhalb des Unternehmens dar.* Sie vermindern das Eigenkapital und werden im Soll gebucht. | *Erträge stellen einen Wertzuwachs innerhalb des Unternehmens dar.* Sie mehren das Eigenkapital und werden im Haben gebucht. |

| *Beispiele für Aufwendungen:* | *Beispiele für Erträge:* |
|---|---|
| – Aufwendungen für Material<br>– Personalaufwendungen<br>– Abschreibungen<br>– Mietaufwendungen<br>– fremde Dienstleistungen<br>– Versicherungsbeiträge | – Umsatzerlöse aus dem Verkauf von Produkten und Dienstleistungen<br>– Provisionseinnahmen<br>– Mieteinnahmen<br>– Zinserträge<br>– Erträge aus Wertpapieren |

Die Erfolgskonten werden der Übersichtlichkeit halber jedoch nicht über das Konto Eigenkapital direkt abgeschlossen, sondern über ein Zwischenkonto mit dem Namen Gewinn- und Verlustkonto. Der Saldo des GuV-Kontos wird dann über das Eigenkapitalkonto abgeschlossen.

Die folgende vereinfachte grafische Darstellung macht den Zusammenhang deutlich:

| S | Material | H | | S | Umsatzerlöse | H |
|---|---|---|---|---|---|---|
| 3.000 | | 7.500 Saldo | | Saldo | 30.000 | 18.000 |
| 4.500 | | | | | | 12.000 |

| S | Personal | H | | S | Zinserträge | H |
|---|---|---|---|---|---|---|
| 12.000 | | 18.000 Saldo | | Saldo | 2.400 | 800 |
| 6.000 | | | | | | 1.600 |

| S | Miete | H | | S | Provisionserträge | H |
|---|---|---|---|---|---|---|
| 2.000 | | 4.000 Saldo | | Saldo | 6.500 | 4.000 |
| 2.000 | | | | | | 2.500 |

| S | Abschreibung | H |
|---|---|---|
| 3.000 | | 3.000 Saldo |

| Soll | GuV-Konto | | Haben |
|---|---|---|---|
| Material | 7.500 | Umsatzerlöse | 30.000 |
| Personal | 18.000 | Zinserträge | 2.400 |
| Miete | 4.000 | Provisionen | 6.500 |
| Abschreibung | 3.000 | | |
| Gewinn | 6.400 | | |
| | 38.900 | | 38.900 |

| Soll | Eigenkapital | | Haben |
|---|---|---|---|
| SB | 26.400 | AB | 20.000 |
| | | GuV | 6.400 |

Anmerkung: Eigentlich ist der Name Gewinn- und Verlustkonto irreführend. Denn es müsste korrekterweise Gewinn- oder Verlustkonto heißen, weil dieses Konto

- entweder einen Gewinn ausweist; das ist dann der Fall, wenn die Erträge größer sind als die Aufwendungen;
- oder einen Verlust ausweist; das ist der Fall, wenn die Erträge kleiner sind als die Aufwendungen.

## 2.2.3 Gewinn- und Erfolgsrechnung

Wie gesehen und wie aus dem Namen hervorgeht, handelt es sich bei der GuV um ein Konto. Das hat den einfachen Sinn, dass es im Rahmen des Buchungskreislaufes als Gegenkonto zu den Aufwands- und Ertragskonten verwendet wird und deren Salden aufnimmt. Dennoch kann der formale Aufbau im Jahresabschluss unterschiedlich sein, die GuV kann veröffentlicht werden in Konten- oder in Staffelform.

In Kontenform nimmt die GuV auf der Sollseite die Salden der Aufwandskonten auf, auf der Habenseite die Salden der Ertragskonten. Die Differenz zwischen den Erträgen und den Aufwendungen zeigt sich auf dem GuV-Konto selbst als Saldo: Auf der Sollseite bei Gewinn, auf der Habenseite bei Verlust.

| Soll | GuV | Haben | Soll | GuV | Haben |
|---|---|---|---|---|---|
| Aufwendungen | | Erträge | Aufwendungen | | Erträge |
| **Gewinn** | | | | | **Verlust** |

Die Staffelform ordnet die Positionen der GuV nach einem vorgeschriebenen Schema untereinander an und beginnt mit den Erträgen. Davon werden schrittweise die verschiedenen Aufwandsarten abgezogen und man gelangt auf diese Weise in mehreren Zwischenschritten zum Periodenergebnis.

Eine einmal gewählte Form der GuV muss in der Regel beibehalten werden, etwaige Abweichungen müssen im Anhang begründet werden. Dies hat mit der formalen Kontinuität als Grundsatz ordnungsgemäßer Bilanzierung zu tun, denn die Personen, die die Jahresabschlüsse im Zeitablauf analysieren, müssen im Zeitablauf vergleichbare Positionen vorfinden.

Die Staffelform ist in § 275 HGB nur für Kapitalgesellschaften und für Personengesellschaften mit Haftungsbegrenzung (z. B. GmbH & Co KG) vorgeschrieben. Gleichwohl gibt es eine Wahlfreiheit für die Unternehmen in Bezug auf die inhaltlichen Aussagen der GuV:

> **§ 275 HGB: Gliederung der GuV**
>
> (1) Die Gewinn- und Verlustrechnung ist in Staffelform nach dem Gesamtkostenverfahren oder dem Umsatzkostenverfahren aufzustellen. (…)

| Gesamtkostenverfahren | Umsatzkostenverfahren |
|---|---|
| Beim Gesamtkostenverfahren werden zunächst die verschiedenen Leistungen zusammengestellt und Umsatzerlöse, Eigenleistungen und Bestandsveränderungen ermittelt. Davon werden alle Aufwendungen abgezogen, die in der Periode bei der betrieblichen Leistungserstellung entstanden sind (Gesamtkosten). | Das Umsatzkostenverfahren verzeichnet als Leistungen lediglich die Umsatzerlöse. Diesen Umsatzerlösen werden dann nur diejenigen Kosten gegenübergestellt, die für die tatsächlich verkauften Produkte angefallen sind (Umsatzkosten). |
| Das Gesamtkostenverfahren berichtet über die **Aufwendungen nach Aufwandsarten** (für Material, Personal, Abschreibungen, Zinsen). | Das Umsatzkostenverfahren berichtet über die **Aufwendungen nach Funktionsbereichen** (Herstellkosten der verkauften Erzeugnisse, Vertriebskosten, Verwaltungskosten). |
| Das Gesamtkostenverfahren orientiert sich an den Bedürfnissen der Finanzbuchhaltung, weil der Abschluss nach den Erlös- und Aufwandsarten der Buchhaltung erfolgt. | Das Umsatzkostenverfahren ist stärker am Controlling ausgerichtet und setzt eine Kostenstellenrechnung voraus oder aber eine funktionsorientierte Buchführung. |

Im Prinzip müssen beide Arten der GuV zum gleichen Ergebnis führen.

Für eine unterjährige, z. B. eine monatliche Berichterstattung über das Ergebnis ist das Umsatzkostenverfahren aussagefähiger, denn es kann intern noch nach Produktgruppen gegliedert werden. Damit ist es betriebswirtschaftlich aussagefähiger, denn das Gesamtkostenverfahren liefert nur eine Gesamtzahl als Ergebnis ohne Informationen darüber, aus welchen Quellen der Erfolg kommt.

## Gliederung der GuV in Staffelform nach dem Gesamtkostenverfahren nach § 275 (2) HGB

1. Umsatzerlöse
2. Erhöhung oder Verminderung des Bestands an fertigen und unfertigen Erzeugnissen
3. andere aktivierte Eigenleistungen
4. sonstige betriebliche Erträge
5. Materialaufwand:
   a) Aufwendungen für Roh-, Hilfs- und Betriebsstoffe und für bezogene Waren
   b) Aufwendungen für bezogene Leistungen
6. Personalaufwand:
   a) Löhne und Gehälter
   b) soziale Abgaben und Aufwendungen für Altersversorgung und für Unterstützung, davon für Altersversorgung
7. Abschreibungen:
   a) auf immaterielle Vermögensgegenstände des Anlagevermögens und Sachanlagen
   b) auf Vermögensgegenstände des Umlaufvermögens, soweit diese die in der Kapitalgesellschaft üblichen Abschreibungen überschreiten
8. sonstige betriebliche Aufwendungen
9. Erträge aus Beteiligungen, davon aus verbundenen Unternehmen
10. Erträge aus anderen Wertpapieren und Ausleihungen des Finanzanlagevermögens, davon aus verbundenen Unternehmen
11. sonstige Zinsen und ähnliche Erträge, davon aus verbundenen Unternehmen
12. Abschreibungen auf Finanzanlagen und auf Wertpapiere des Umlaufvermögens
13. Zinsen und ähnliche Aufwendungen, davon an verbundene Unternehmen

**14. Ergebnis der gewöhnlichen Geschäftstätigkeit**

15. außerordentliche Erträge
16. außerordentliche Aufwendungen

**17. außerordentliches Ergebnis**

18. Steuern vom Einkommen und vom Ertrag
19. sonstige Steuern

**20. Jahresüberschuss/Jahresfehlbetrag**

## Gliederung der GuV in Staffelform nach dem Umsatzkostenverfahren nach § 275 (3) HGB

1. Umsatzerlöse
2. Herstellungskosten der zur Erzielung der Umsatzerlöse erbrachten Leistungen
3. Bruttoergebnis vom Umsatz
4. Vertriebskosten
5. allgemeine Verwaltungskosten
6. sonstige betriebliche Erträge
7. sonstige betriebliche Aufwendungen
8. Erträge aus Beteiligungen, davon aus verbundenen Unternehmen
9. Erträge aus anderen Wertpapieren und Ausleihungen des Finanzanlagevermögens, davon aus verbundenen Unternehmen
10. sonstige Zinsen und ähnliche Erträge, davon aus verbundenen Unternehmen
11. Abschreibungen auf Finanzanlagen und auf Wertpapiere des Umlaufvermögens
12. Zinsen und ähnliche Aufwendungen, davon an verbundene Unternehmen

**13. Ergebnis der gewöhnlichen Geschäftstätigkeit**

(die restlichen Punkte bis zum Jahresüberschuss/Jahresfehlbetrag sind gegliedert wie oben)

## Wiederholungsfragen

1. An welche Adressaten richten sich die Ergebnisse der Finanzbuchhaltung?
2. Jede Finanzbuchhaltung ist grundsätzlich in zwei Bereiche gegliedert. Welche sind das?
3. Unterscheiden Sie im Rahmen der Buchführung die Aufgaben von Grundbuch und Hauptbuch.
4. Nennen Sie je zwei Beispiele für Bestandkonten und Erfolgkonten.
5. Welche Nebenbücher der Buchführung gibt es, und welchem Sachkonto sind diese jeweils logisch zuzuordnen?
6. Was versteht man unter der Debitoren- und der Kreditorenbuchhaltung?
7. Welche Aufgaben hat die Finanzbuchhaltung eines Unternehmens?
8. Was versteht man allgemein unter einem Jahresabschluss?
9. Aus welchen Teilen kann ein Jahresabschluss minimal und maximal bestehen? Benennen Sie die einzelnen Teile.
10. Was versteht man unter einem Anhang?
11. Welche Inhalte werden in einem Lagebericht veröffentlicht?
12. Unterscheiden Sie inhaltlich die Begriffe Inventur und Inventar.
13. Welche Arten von Inventuren werden unterschieden?
14. Erläutern Sie die Vorgehensweise einer permanenten Inventur.
15. Aus welchen Teilen besteht ein Inventar?
16. Nennen Sie drei Unterschiede zwischen Inventar und Bilanz.
17. Beschreiben Sie inhaltlich die Positionen Anlagevermögen, Umlaufvermögen und Aktive Rechnungsabgrenzungsposten.
18. Aus welchen drei wesentlichen Teilen besteht das Umlaufvermögen?
19. Was versteht man unter immateriellen Vermögensgegenständen?
20. Wann sind Wertpapiere im Anlagevermögen, wann im Umlaufvermögen zu bilanzieren?
21. Unterscheiden Sie die Positionen Rücklagen, Rückstellungen, Verbindlichkeiten und passive Rechnungsabgrenzungsposten.
22. Wie ist das Eigenkapital einer AG aufgebaut?
23. Nennen Sie die grundsätzlich möglichen Veränderungen einer Bilanz.
24. Geben Sie je ein Beispiel für einen Aktiv-Tausch und einen Passiv-Tausch.
25. Bei einer Aktiv-Passiv-Mehrung spricht man auch von einer Bilanzverlängerung. Erklären Sie den Zusammenhang.
26. Was sind Erfolgskonten?
27. Geben Sie vier Beispiele für Aufwandkonten.

28. Was sind Erträge?
29. Geben Sie vier Beispiele für Erträge eines Unternehmens.
30. Worüber werden die Erfolgskonten abgeschlossen?
31. Unterscheiden Sie das Gesamtkostenverfahren und das Umsatzkostenverfahren bei der Aufstellung einer GuV.

# 3 Kosten- und Leistungsrechnung

## 3.1 Einführung in die Kosten- und Leistungsrechnung

### 3.1.1 Ausrichtung der Kosten- und Leistungsrechnung

Die Finanzbuchhaltung erfasst, unabhängig von deren Entstehung, aber unter Berücksichtigung der handels- und steuerrechtlichen Gesetzesvorgaben, die Aufwendungen und Erträge eines Unternehmens. Damit ist die Finanzbuchhaltung mit ihren Belegbuchungen die Basis, aus der sich der gesetzlich vorgeschriebene Jahresabschluss (GuV und Bilanz) eines Unternehmens ableitet.

Dieser Jahresabschluss ist an externe Adressaten eines Unternehmens gerichtet, zu denen beispielsweise Steuerbehörden, Finanzinstitutionen, Kapitalgeber sowie Arbeitnehmer gehören.

Im Unterschied dazu steht bei der Kosten- und Leistungsrechnung der Ort des Leistungsprozesses eines Unternehmens, der Betrieb im Fokus der Betrachtung. Dabei wird die Leistung (Erstellung von Gütern/Erbringung von Dienstleistungen) den damit verbundenen Kosten gegenübergestellt, frei von allen gesetzlichen Vorgaben, denen die Finanzbuchhaltung unterworfen ist.

Die Kosten- und Leistungsrechnung ist an interne Adressaten eines Unternehmens gerichtet, zu denen zum Beispiel Geschäftsleitung, Betriebsleitung, Vertriebsleitung sowie Entwicklungsleitung gehören.

Die Finanzbuchhaltung ist **unternehmensbezogen.** Sie ermittelt das Gesamtergebnis einer Unternehmung:

Erträge > Aufwendungen = Unternehmensgewinn

Erträge < Aufwendungen = Unternehmensverlust

Die Kosten- und Leistungsrechnung ist **betriebsbezogen.** Sie ermittelt das Betriebsergebnis einer Unternehmung:

Leistungen > Kosten = Betriebsgewinn

Leistungen < Kosten = Betriebsverlust

Kosten und Leistungen sind die Größen zur Beurteilung der Wirtschaftlichkeit des betrieblichen Leistungsprozesses:

$$\text{Wirtschaftlichkeit} = \frac{\text{Leistung}}{\text{Kosten}}$$

### 3.1.2 Bereiche der Kosten- und Leistungsrechnung

Die Kosten- und Leistungsrechnung setzt sich aus den folgenden drei Bereichen zusammen.

| Kostenartenrechnung | Kostenstellenrechnung | Kostenträgerrechnung |
| --- | --- | --- |
| Sie zeigt auf, welche Arten von Kosten entstanden sind, indem sie diese erfasst, berechnet, gliedert und nach verschiedenen Gesichtspunkten darstellt. Sie ermöglicht eine erste Beurteilung der Wirtschaftlichkeit der betrieblichen Leistungserstellung. | Sie ermittelt, in welchen Funktionsbereichen/Abteilungen des Betriebes die Kosten angefallen sind, und stellt diese den in den Bereichen erbrachten Leistungen gegenüber. Sie ermittelt damit die Wirtschaftlichkeit der Kostenstellen. | Zeigt, welche Kostenträger (Produkte/Dienstleistungen) die Kosten zu tragen haben bzw. diese verursacht haben. Sie stellt fest, welcher Gewinn nach Abzug der Kosten vom Marktpreis für das Produkt, die Produktgruppe und das gesamte Unternehmen übrigbleibt. |

### 3.1.3 Aufgaben und Ziele der Kosten- und Leistungsrechnung

Die Kosten- und Leistungsrechnung erfüllt neben dem Ziel der möglichst vollständigen und verursachungsgerechten Kosten- und Leistungserfassung nachstehend aufgeführte, wesentliche Aufgaben.

#### Aufgaben der Kosten- und Leistungsrechnung (Internes Rechnungswesen)

Wesentlichen Aufgaben der Kosten- und Leistungsrechnung:

- **Ermittlung des Betriebsergebnisses:** Durch die Gegenüberstellung der betrieblich erbrachten Leistungen und der damit verbundenen Kosten einer beliebigen Abrechnungsperiode wird das Ergebnis des betrieblichen Leistungsprozesses ermittelt.
- **Preiskalkulation auf Basis von Selbstkosten:** Die Ermittlung der Selbstkosten der Kostenträger ist die Basis zur Kalkulation der Verkaufspreise.
- **Wirtschaftlichkeitskontrolle:** Mit einer regelmäßigen Gegenüberstellung der Kosten und Leistungen kann die Entwicklung der Wirtschaftlichkeit des betrieblichen Leistungsprozesses beobachtet werden, um rechtzeitig Korrekturmaßnahmen einzuleiten.
- **Bestandsbewertungen:** Mithilfe der zur Verfügung stehenden Kalkulationsverfahren kann die Kosten- und Leistungsrechnung Bestandsbewertungen der fertigen und unfertigen Erzeugnisse für den Jahresabschluss liefern.
- **Informationsaufbereitung für Planungen und Entscheidungen:** Mit den zur Verfügung gestellten Ergebnissen des betrieblichen Leistungsprozesses unterstützt die Kosten- und Leistungsrechnung unternehmerische Entscheidungen.

*Ziel der Kosten- und Leistungsrechnung ist die möglichst vollständige und verursachungsgerechte Kosten- und Leistungserfassung der betrieblichen Tätigkeit einer Abrechnungsperiode.*

Im Rahmen dieser Zielsetzung gelten folgende Grundsätze der Kostenerfassung:

- **Eindeutigkeit:** Alle Kostenarten werden klar definiert, so ist deren Gegenstand eindeutig.
- **Überschneidungsfreiheit:** Es ist eindeutig festgelegt, welcher Kostenbetrag welcher Kostenart zugeordnet ist.
- **Vollständigkeit:** Alle Kostenbeträge werden eindeutig einer jeweiligen Kostenart zugeordnet.

### 3.1.4 Abgrenzungsrechnung von der Finanzbuchhaltung zur Kosten- und Leistungsrechnung

Die Kosten- und Leistungsrechnung bezieht ihre Informationen aus der – auf das Unternehmen bezogenen – Finanzbuchhaltung mit den Rechenwerken Buchführung und Gewinn- und Verlustrechnung (Unternehmensrechnung) einer Unternehmung.

#### 3.1.4.1 Begriffe der Unternehmensrechnung

Wesentliche Begriffe der **Unternehmensrechnung** sind Aufwendungen und Erträge:

*Aufwand ist jeglicher Verzehr von Werten für Güter und Dienstleistungen in einem Unternehmen. Jeder Aufwand wirkt sich gewinnmindernd aus.*

Dabei wird unterschieden:

- **ordentlicher Aufwand** als regelmäßig anfallender Werteverbrauch im Betrieb, z. B. Löhne und Materialien, auch als Zweckaufwand bezeichnet;
- **außerordentlicher Aufwand** als Werteverbrauch im Betrieb aufgrund einmaliger, nicht gewöhnlicher Vorfälle, z. B. Brandschaden an einer Fabrikhalle oder höhere Forderungsausfälle;
- **periodenfremder Aufwand**, der zwar in der Periode entstanden ist, dessen Ursache jedoch in einer früheren Periode liegt, z. B. Steuernachzahlungen;
- **betriebsfremder Aufwand** als Werteverbrauch, der mit dem eigentlichen Betriebszweck und der damit verbundenen Betriebstätigkeit in keinem Zusammenhang steht (z. B. Spenden, Verluste aus Wertpapiergeschäften).

*Ertrag ist jeglicher Zuwachs von Werten in einem Unternehmen, gleich durch welche Ursache. Jeder Ertrag wirkt sich gewinnerhöhend aus.*

Dabei wird unterschieden:

- **ordentlicher Ertrag** als regelmäßig anfallender Wertezuwachs im Betrieb, z. B. Umsatzerlöse für Waren oder Dienstleistungen, Eigenleistungen;
- **außerordentlicher Ertrag** als Wertezuwachs im Betrieb aufgrund einmaliger, nicht gewöhnlicher Vorfälle, z. B. Anlageverkauf über Buchwert;

- **periodenfremder Ertrag**, der in der Periode dem Unternehmen zuwächst, jedoch in einer früheren Periode verursacht wurde, z. B. Auflösung einer Rückstellung, Rückzahlung von Gewebesteuern;
- **betriebsfremder Ertrag** als Wertezuwachs im Betrieb, der mit der eigentlichen Betriebstätigkeit in keinem Zusammenhang steht, z. B. Gewinne aus Kurssteigerungen bei Wertpapieren oder Erträge aus Wohnungsvermietung.

### 3.1.4.2 Begriffe der Kosten- und Leistungsrechnung

Wesentliche Begriffe der **Kosten- und Leistungsrechnung** sind Kosten und Leistungen:

*Kosten sind der bewertete Verzehr von Produktionsfaktoren zur Erstellung und Verwertung betrieblicher Leistungen in einer Periode.*

*Beispiel: Wenn ein Mitarbeiter einer Leuchtenfabrik unter dem Einsatz von 25 l Speziallack 16 Stunden lang in einer Spritzkabine 2.000 Reflektoren lackiert, dann hat ein Verbrauch von Produktionsfaktoren stattgefunden: 16 Stunden Arbeit, 25 l Spezialllack und 16 Maschinenstunden Nutzung der Spritzkabine. Diese Leistung dient der Fertigstellung der Leuchten, d. h., es ist eine betriebliche Leistung. Der Verbrauch dieser Produktionsfaktoren lässt sich bewerten mit dem Lohnkostensatz, dem Einstandspreis für den Lack, dem Maschinenstundensatz für die Spritzkabine. Der Verzehr findet in der aktuellen Periode statt, für die die Leuchten hergestellt werden. Wir haben es hier also mit einem typischen Beispiel für Kosten zu tun.*

*Leistungen sind das Ergebnis der betrieblichen Leistungserstellung innerhalb einer Periode.*

Dabei werden unterschieden:

- **Absatzleistungen** in Form von Umsatzerlösen,
- **Lagerleistungen** in Form von Bestandsveränderungen,
- **Eigenleistungen** in Form von selbst erstellten Erzeugnissen, die im eigenen Unternehmen Verwendung finden,
- unentgeltliche Entnahmen von Erzeugnissen für private Zwecke, die auch zu den Absatzleistungen gerechnet werden können.

### 3.1.4.3 Abgrenzung der Begriffe aus Unternehmens- und Kosten- und Leistungsrechnung

Die Begriffe der Unternehmensrechnung und der Kosten- und Leistungsrechnung sind inhaltlich voneinander abzugrenzen, weil sie, wie oben gesehen, unterschiedlichen Zwecken dienen.

Ausgangspunkt der Begriffsabgrenzungen ist, dass Aufwendungen der Finanzbuchhaltung betrieblich bedingt sein können oder nicht.

- Aufwendungen, die betrieblich bedingt sind, bezeichnet man als **Zweckaufwendungen.** Ihnen stehen Kosten in gleicher Höhe gegenüber, daher werden diese Aufwendungen auch Grundkosten genannt.

- Aufwendungen, die in keinem Zusammenhang mit der betrieblichen Leistungserstellung stehen, werden als **neutrale Aufwendungen** bezeichnet. Sie stellen keine Kosten dar und werden in folgende Kategorien unterteilt:
    - **betriebsfremde Aufwendungen**, die mit dem eigentlichen Betriebszweck in keinerlei Zusammenhang stehen
    - **periodenfremde Aufwendungen**, die betriebsbedingt sind, deren Entstehung aber vor der Betrachtungsperiode lag
    - **außerordentliche Aufwendungen**, die betriebsbedingt sind, die aber die Aussage einer Betriebsergebnisrechnung beeinträchtigen, da sie schwankend anfallen, nicht vorhersehbar eintreten und in außerordentlicher Höhe anfallen.

Aufwendungen zerfallen damit in **Zweckaufwendungen**, die Kosten sind, und **neutrale Aufwendungen**, die keine Kosten sind.

Gleiches gilt aus Sicht der Kosten. Es gibt neben den Kosten, die Aufwendungen darstellen, auch Kosten, denen keine oder aber Aufwendungen in anderer Höhe gegenüberstehen. In diesen Fällen spricht man von den **kalkulatorischen Kosten**. Hier unterscheidet man

- **Anderskosten**, denen zwar Aufwendungen in der Finanzbuchhaltung gegenüberstehen, allerdings mit einem anderen Wert, und
- **Zusatzkosten**, denen keinerlei Aufwendungen in der Finanzbuchhaltung gegenüberstehen, sogenannte „aufwandslose Kosten".

Nachstehendes Schaubild stellt die Zusammenhänge grafisch dar.

| Aufwand | | | | | |
|---|---|---|---|---|---|
| betriebs-fremder Aufwand | betrieblicher Aufwand | | | | |
| | periodenfremder Aufwand | außerordentlicher Aufwand | Zweckaufwand = | Anders-kosten | Zusatz-kosten |
| neutraler Aufwand | | | Grundkosten | kalkulatorische Kosten | |
| | | | Kosten | | |

So, wie man Aufwendungen und Kosten inhaltlich voneinander abgrenzt, werden auch Erträge und Leistungen inhaltlich voneinander abgegrenzt:

Ausgangspunkt der Begriffsabgrenzungen ist dabei, dass Erträge der Finanzbuchhaltung ebenfalls betrieblich bedingt sein können oder nicht.

- Erträge, die betrieblich bedingt sind, bezeichnet man als **Zweckerträge**, denen Leistungen in gleicher Höhe gegenüberstehen. Dazu gehören die Umsatzerlöse, die positiven Bestandsmehrungen bei unfertigen und/oder fertigen Erzeugnissen sowie aktivierte Eigenleistungen. Diese Erträge nennt man auch Grundleistungen.
- Erträge, die in keinem Zusammenhang mit der betrieblichen Leistungserstellung stehen, werden **neutrale Erträge** genannt. Sie stellen keine Leistungen dar und werden in folgende Kategorien unterteilt:
    - **betriebsfremde Erträge**, die mit dem eigentlichen Betriebszweck in keinerlei Zusammenhang stehen,

- **periodenfremde Erträge**, die betriebsbedingt sind, deren Entstehung aber vor der Betrachtungsperiode lag,
- **außerordentliche Erträge**, die betriebsbedingt sind, die aber zufällig, einmalig und möglicherweise in außerordentlicher Höhe anfallen.

Erträge zerfallen damit in Zweckerträge, die Grundleistungen darstellen und in neutrale Erträge, die keine Leistungen darstellen.

Gleiches gilt aus Sicht der Leistungen. Es gibt neben den Leistungen, die Erträge darstellen, auch Leistungen, denen keine Erträge gegenüberstehen. In diesem Fall spricht man von Zusatzleistungen, für die zwar Kosten entstehen, denen aber kein Ertrag in der Finanzbuchhaltung gegenübersteht.

Nachstehendes Schaubild stellt die Zusammenhänge grafisch dar.

| Ertrag | | | | | |
|---|---|---|---|---|---|
| betriebs-fremder Ertrag | Betrieblicher Ertrag | | | | |
| | periodenfremder Ertrag | außerordentlicher Ertrag | Zweckertrag | Anders-leistungen | Zusatz-leistungen |
| neutraler Ertrag | | | Grund-leistung | kalkulatorische Leistungen | |
| | | | **Leistungen** | | |

*Die Gewinn- und Verlustrechnung als Bestandteil des externen Rechnungswesens verfolgt den sogenannten* **pagatorischen Ansatz:**

*Rechengrößen sind Aufwendungen und Erträge, der Abrechnungszeitraum ist in der Regel das Geschäftsjahr und Abrechnungsgegenstand ist das Unternehmen.*

*Die Kosten- und Leistungsrechnung als internes Rechnungswesen verfolgt den sogenannten* **kalkulatorischen Ansatz:**

*Rechengrößen sind Kosten und Leistungen, der Abrechnungszeitraum ist in aller Regel ein Monat und Abrechnungsgegenstand ist der Betrieb.*

### Sachverhalt

Es sollen folgende Sachverhalte geklärt werden:
1. Arten von neutralen Aufwendungen
2. Zweckaufwand, der gleichzeitig Kosten darstellt
3. Anderskosten
4. Zusatzkosten
5. Arten von neutralen Erträgen
6. Zweckertrag, der gleichzeitig eine Leistung darstellt
7. Andersleistung
8. Zusatzleistung

Aufgabe: Nennen Sie Beispiele, die die Sachverhalte verdeutlichen.

Lösung: (Beispiele, die keinen Anspruch auf Vollständigkeit stellen)

Zu 1.: betriebsfremder Aufwand: Spenden
periodenfremde Aufwendungen: Steuer- und Gehaltsnachzahlungen, Garantiezahlungen
außerordentlicher Aufwand: Reparaturen, Feuerschäden, Katastrophenschäden

Zu 2.: Zweckaufwand = Kosten: Materialkosten, Personalkosten

Zu 3.: Anderskosten: kalkulatorische Abschreibung, kalkulatorische Zinsen

Zu 4.: Zusatzkosten: kalkulatorische Miete, kalkulatorischer Unternehmerlohn

Zu 5.: betriebsfremder Ertrag: Erlös aus dem Verkauf von Finanzanlagen in einem Industriebetrieb
periodenfremder Ertrag: Steuerrückerstattung, Forderungseingang
außerordentlicher Ertrag: Erlös aus bilanziell abgeschriebenem Anlagegut

Zu 6.: Zweckertrag = Leistung: Umsatzerlöse für eigene Erzeugnisse

Zu 7.: Andersleistung: kalkulatorische Bewertung von Beständen an fertigen Erzeugnissen

Zu 8.: Zusatzleistung: Gratisproben, technische Bemusterungen

Auf Basis der Begriffsabgrenzungen der Unternehmensrechnung und der Kosten- und Leistungsrechnung erfolgt die Werteabgrenzung in Form einer Abgrenzungsrechnung.

### 3.1.4.4 Durchführung der Abgrenzungsrechnung

Die Abgrenzungen werden in einem sogenannten Zweikreissystem tabellarisch mit dem Instrument der Ergebnistabelle durchgeführt. Hier wird zunächst der Inhalt des GuV-Kontos (Rechnungskreis I) mit den Aufwendungen und Erträgen dargestellt. Diesem Rechnungskreis wird nun der Rechnungskreis II (Abgrenzungsbereich und KLR-Bereich) gegenübergestellt.

Durch die Gegenüberstellung der Begriffspaare werden nun die einzelnen Positionen des GuV-Kontos zugeordnet, aufgrund von Zusatzinformationen ggf. korrigiert und entsprechend im Rechnungskreis II verbucht.

Nachstehende Abbildung stellt die Systematik der Abgrenzungsrechnung mit dem Instrument der Ergebnistabelle dar.

| Rechnungskreis I | | | | Rechnungskreis II | | | | | |
|---|---|---|---|---|---|---|---|---|---|
| Finanzbuchhaltung (GuV) | | | | Abgrenzungsrechnung | | | | KLR-Bereich | |
| | | | | Unternehmensbezogene Abgrenzung | | Kostenrechnerische Korrekturen | | Betriebsergebnisrechnung | |
| Pos. | Bezeichnung | Aufwendungen | Erträge | Neutrale Aufwendungen | Neutrale Erträge | Aufwendungen Fibu | Verrechnete Kosten | Kosten | Leistungen |
| | Zweckaufwand | (1) | | | | | | | |
| | Neutraler Aufwand | (2) | | | | | | | |
| | Anderskosten | (3) | | | | | (4) | (4) | |
| | Zusatzkosten | | | | | | | | |
| | Zweckertrag | | (5) | | | | | | |
| | Neutraler Ertrag | | (6) | | | | | | |
| | Gesamtergebnis | | | Ergebnis aus unternehmensbezogener Abgrenzung | | Ergebnis aus kostenrechnerischen Korrekturen | | Betriebsergebnis | |
| | | | | Neutrales Ergebnis | | | | | |
| | | | | Gesamtergebnis | | | | | |

Erläuterungen:
(1) Zweckaufwand: wird in gleicher Höhe als Kosten in den KLR-Bereich übernommen
(2) neutraler Aufwand: wird in gleicher Höhe als neutraler Aufwand unter die unternehmensbezogene Abgrenzung übernommen
(3) Anderskosten: werden in gleicher Höhe als Kosten in den KLR-Bereich übernommen und unter der kostenrechnerischen Korrektur den dazugehörigen Aufwendungen gegenübergestellt
(4) Zusatzkosten: werden in gleicher Höhe als Kosten in den KLR-Bereich übernommen und als kostenrechnerische Korrektur übernommen
(5) Zweckertrag: wird in gleicher Höhe als Leistung in den KLR-Bereich übernommen
(6) neutraler Ertrag: wird in gleicher Höhe als neutraler Ertrag in die unternehmensbezogene Abgrenzung übernommen

## Sachverhalt

Ein Industrieunternehmen weist am Ende einer beliebigen Abrechnungsperiode folgende Gewinn- und Verlustrechnungspositionen auf:

(alle Werte in EUR)

| | |
|---|---:|
| Umsatzerlöse | 1.300.000,00 |
| Aufwendungen für Bestandsveränderungen | 71.000,00 |
| aktivierte Eigenleistungen | 18.000,00 |
| Erträge aus Vermögensabgang | 67.000,00 |
| Erträge aus Beteiligungen | 100.000,00 |
| Zinserträge | 164.000,00 |
| Mieterträge | 30.000,00 |
| Aufwendungen für Roh-, Hilfs- und Betriebsstoffe | 578.000,00 |
| Fremdinstandhaltung | 45.000,00 |
| Löhne | 208.000,00 |
| Gehälter | 80.000,00 |
| Sozialabgaben | 60.000,00 |
| Abschreibungen Sachanlagen | 67.000,00 |
| Mietaufwendungen | 34.000,00 |
| Büromaterial | 12.000,00 |
| Spenden | 40.000,00 |
| Abschreibungen auf Forderungen aus LL | 72.000,00 |
| Verluste aus Vermögensabgang | 63.000,00 |
| Gewerbesteuer | 19.000,00 |
| Verluste aus Wertpapiergeschäften | 14.000,00 |
| Zinsaufwendungen | 18.000,00 |

Zusätzlich liegen für die Aufstellung der Ergebnistabelle noch folgende Informationen vor:

(1) Der Rohstoffverbrauch wird aufgrund schwankender Marktpreise zu festen Verrechnungspreisen angesetzt mit 612.000,00 EUR.

(2) In den Löhnen sind Urlaubsnachzahlungen in Höhe von 14.000,00 EUR aus dem Vorjahr enthalten.

(3) Die kalkulatorischen Abschreibungen auf das Sachanlagevermögen betragen 135.000,00 EUR.

(4) Die kalkulatorischen Zinsen auf das betriebsnotwendige Kapital betragen 36.000,00 EUR.

(5) Der kalkulatorische Unternehmerlohn ist mit 150.000,00 EUR angesetzt.

(6) Basierend auf Vergangenheitswerten rechnet das Unternehmen mit Forderungsausfällen in Höhe von 3,00 % vom Umsatz.

Aufgabe:
Es soll das Unternehmensergebnis, das neutrale Ergebnis und das Betriebsergebnis mithilfe einer Ergebnistabelle in Form einer Abgrenzungsrechnung ermittelt werden.

Lösung:

| | Rechnungskreis I | | | Rechnungskreis II | | | | | |
|---|---|---|---|---|---|---|---|---|---|
| | Zahlen der Geschäftsbuchhaltung | | | Abgrenzungsbereich | | | | KLR-Bereich | |
| | | | | Unternehmensbezogene Abgrenzung | | Kostenrechnerische Korrekturen | | Betriebsergebnisrechnung | |
| Pos. | Bezeichnung | Aufwendungen | Erträge | Aufwendungen | Erträge | Aufwendungen Fibu | Verrechnete Kosten | Kosten | Leistungen |
| 01 | Umsatzerlöse | | 1.300.000,00 | | | | | | 1.300.000,00 |
| 02 | Bestandsveränderungen | 71.000,00 | | | | | | 71.000,00 | |
| 03 | Aktivierte Eigenleistungen | | 18.000,00 | | | | | | 18.000,00 |
| 04 | Erträge Vermögensabgang | | 67.000,00 | | 67.000,00 | | | | |
| 05 | Erträge aus Beteiligungen | | 100.000,00 | | 100.000,00 | | | | |
| 06 | Zinserträge | | 164.000,00 | | 164.000,00 | | | | |
| 07 | Mieterträge | | 30.000,00 | | 30.000,00 | | | | |
| 08 | Aufwendungen RHB | 578.000,00 | | | | 578.000,00 | 612.000,00 | 612.000,00 | |
| 09 | Fremdinstandhaltung | 45.000,00 | | | | | | 45.000,00 | |
| 10 | Löhne | 208.000,00 | | | | 208.000,00 | 194.000,00 | 194.000,00 | |
| 11 | Gehälter | 80.000,00 | | | | | | 80.000,00 | |
| 12 | Sozialabgaben | 60.000,00 | | | | | | 60.000,00 | |
| 13 | Abschreibungen Sachanlagen | 67.000,00 | | | | 67.000,00 | 135.000,00 | 135.000,00 | |
| 14 | Mietaufwendungen | 34.000,00 | | | | | | 34.000,00 | |
| 15 | Büromaterial | 12.000,00 | | | | | | 12.000,00 | |
| 16 | Spenden | 40.000,00 | | 40.000,00 | | | | | |
| 17 | Abschreibungen FLL | 72.000,00 | | | | 72.000,00 | 39.000,00 | 39.000,00 | |
| 18 | Verluste Vermögensabgang | 63.000,00 | | 63.000,00 | | | | | |
| 19 | Gewerbesteuer | 14.000,00 | | | | | | 14.000,00 | |
| 20 | Verluste Wertpapiergeschäfte | 19.000,00 | | 19.000,00 | | | | | |
| 21 | Zinsaufwendungen | 18.000,00 | | | | 18.000,00 | 36.000,00 | 36.000,00 | |
| | kalk. Unternehmerlohn | | | | | | 150.000,00 | 150.000,00 | |
| | Summe (1) | 1.381.000,00 | 1.679.000,00 | 122.000,00 | 361.000,00 | 943.000,00 | 1.166.000,00 | 1.482.000,00 | 1.318.000,00 |
| | Saldo | 298.000,00 | – | 239.000,00 | – | 223.000,00 | – | – | 164.000,00 |
| | Summe (2) | 1.679.000,00 | 1.679.000,00 | 361.000,00 | 361.000,00 | 1.166.000,00 | 1.166.000,00 | 1.482.000,00 | 1.482.000,00 |

Die Abstimmung der Ergebnisse ergibt (Angaben in EUR):

| Gesamtergebnis Rechnungskreis I | | 298.000,00 |
|---|---|---|
| Ergebnis aus unternehmensbezogener Abgrenzung | 239.000,00 | |
| Ergebnis aus kostenrechnerischen Korrekturen | 223.000,00 | |
| Neutrales Ergebnis | 462.000,00 | |
| Betriebsergebnis | –164.000,00 | |
| Gesamtergebnis Rechnungskreis II | 298.000,00 | |

**Interpretation der Ergebnisse:** Die Abstimmungsübersicht zeigt, dass das Ergebnis der unternehmerischen Tätigkeit (= Unternehmensergebnis des Rechnungskreises I) mit 298.000,00 EUR positiv ist: Das gesamte Unternehmen mit allen Erträgen und Aufwendungen hat einen Gewinn erwirtschaftet.

Im Bereich der unternehmensbezogenen Abgrenzung ist ein Überschuss von 239.000,00 EUR der neutralen Erträge gegenüber den neutralen Aufwendungen erwirtschaftet worden. Das liegt an den hohen betriebsfremden und außerordentlichen Erträgen: So erzielte das Unternehmen allein aus Zinsen und Erträgen aus Beteiligungen 264.000,00 EUR und 67.000,00 EUR aus dem Abgang von Vermögensgegenständen (z. B. Verkaufspreis alter Anlagen > Buchwert). Diesen hohen Erträgen standen nicht in gleichem Maße betriebsfremde Erträge und Aufwendungen gegenüber.

Das Ergebnis der betrieblichen Tätigkeit (= Betriebsergebnis des Rechnungskreises I) weist mit 164.000,00 EUR ein negatives Ergebnis aus: Der betriebliche Leistungsprozess erwirtschaftete einen Verlust.

Der Grund für das negative Betriebsergebnis ist in den kostenrechnerischen Korrekturen zu finden. Es wurden deutlich höhere kalkulatorische Kosten in der Betriebsergebnisrechnung verrechnet, als Aufwendungen in der Finanzbuchhaltung als Aufwendungen verbucht wurden. So machen alleine die kalkulatorischen Abschreibungen und der kalkulatorische Unternehmerlohn saldiert eine Ergebnisverschlechterung um 218.000,00 EUR aus.

Erst die Abgrenzungsrechnung zeigt hier auf, dass das Unternehmen im Rahmen der betrieblichen Leistungserstellung nicht wirtschaftlich arbeitet. Dies belegt die Berechnung der Wirtschaftlichkeit.

*Unter der Wirtschaftlichkeit wird das Verhältnis zwischen den erbrachten betrieblichen Leistungen und den für diese Leistungen aufgewendeten Mittel, also den Kosten, verstanden.*

$$\text{Wirtschaftlichkeit} = \frac{\text{Leistung}}{\text{Kosten}}$$

*Wirtschaftlichkeit > 0: positives Betriebsergebnis*

*Wirtschaftlichkeit < 0: negatives Betriebsergebnis*

Die Wirtschaftlichkeit des durch die Abgrenzungsrechnung ermittelten Ergebnisses der betrieblichen Leistungserstellung beträgt:

$$\text{Wirtschaftlichkeit} = \frac{\text{Leistung}}{\text{Kosten}} = \frac{1.318.000}{1.482.000} = 0{,}89$$

Damit wird ausgedrückt, dass für 1,00 EUR Kosten zur Durchführung der betrieblichen Leistungserstellung 0,89 EUR Leistungen (Erlöse) erwirtschaftet werden, also 0,11 EUR Verlust je eingesetztem 1,00 EUR Kosten erzielt werden.

*Wiederholungsfragen*

1. *Beschreiben Sie den Unterschied zwischen dem externen und dem internen Rechnungswesen.*
2. *Nehmen Sie Stellung zu folgender Aussage: „Die Kosten- und Leistungsrechnung unterliegt umfangreichen rechtlichen Regelungen."*
3. *Nennen Sie die wesentlichen Aufgaben der Kosten- und Leistungsrechnung als internes Rechnungswesen.*
4. *Formulieren Sie die Zielsetzung der Kosten- und Leistungsrechnung.*
5. *Definieren Sie die Begriffe Aufwand und Ertrag.*
6. *Definieren Sie die Begriffe Kosten und Leistung und grenzen Sie diese zu den Begriffen Aufwand und Ertrag ab.*
7. *Nennen Sie die betrieblichen Leistungsarten.*
8. *Beschreiben Sie die Zielsetzung der Abgrenzungsrechnung.*
9. *Nehmen Sie Stellung zu der Aussage: „Die betriebswirtschaftliche Kennzahl der Wirtschaftlichkeit dient der Bewertung des betrieblichen Leistungsprozesses mit Geldeinheiten."*

# 3.2 Kostenartenrechnung

## 3.2.1 Erfassung der Kosten

Mithilfe der Abgrenzungsrechnung und dem Instrument der Ergebnistabelle sind aus den Aufwendungen und Erträgen des Gewinn- und Verlustkontos die neutralen Aufwendungen und Erträge abgegrenzt und in die unternehmensbezogene Abgrenzung übernommen worden.

Das Ergebnis der Abgrenzungsrechnung sind die nach Entstehungsarten gegliederten Kosten und Leistungen des Unternehmens.

*In der Kostenartenrechnung werden alle Kosten einer Abrechnungsperiode vollständig und periodengerecht nach ihren Arten erfasst und gegliedert.*

*Kosten, die den entstehenden Leistungen aus dem betrieblichen Leistungsprozess direkt zugeordnet werden können, gehen direkt in die Kostenträgerrechnung ein.*

*Kosten, die den entstehenden Leistungen aus dem betrieblichen Leistungsprozess nicht direkt zugeordnet werden können, gehen in die Kostenstellenrechnung ein.*

*Mithilfe dieser Kosten werden Ergebnisrechnungen, Produktkostenkalkulationen, Verkaufspreiskalkulationen und Kostenkontrollen durchgeführt.*

### 3.2.1.1 Erfassung der Grundkosten und Leistungen

Wie bereits ausgeführt, kommt ein wesentlicher Teil der Informationen für die Kosten- und Leistungsrechnung aus der Finanzbuchhaltung. Dies gilt insbesondere für die Grundkosten und die Leistungen. Erfahrungsgemäß können zwischen 70 und 90 % der Kosten und Leistungen des betrieblichen Geschehens aus der Finanzbuchhaltung bzw. den vorgelagerten Nebenbuchführungen übernommen werden:

| Benötigte Daten für die KLR | Quelle aus der FiBu und anderen Rechenwerken |
|---|---|
| Umsatzerlöse nach Produkten/Produktgruppen/Kunden/Vertriebsgebieten | gebuchte Umsatzerlöse der FiBu/Umsatzstatistiken des Vertriebsbereichs |
| betriebliche Eigenleistungen | interne Belege des Betriebsbüros/Verbrauchsbelege |
| Materialkosten | Eingangsrechnungen der Kreditorenbuchhaltung/Materialentnahmescheine/Verbrauchslisten vom Lager |
| Personalkosten | Lohn- und Gehaltsbuchhaltung/Personalaufwendungen |
| Abschreibungen | Anlagenbuchhaltung |
| fremde Leistungen | Eingangsrechnungen/Verträge |
| betriebliche Steuern | Steuerbescheide |
| Versicherungen | Versicherungsverträge |

Die Übernahme von Massendaten, z. B. der Löhne und Gehälter, des Materials oder der fremden Leistungen, erfolgt über Schnittstellen zwischen Finanzbuchhaltung und Kosten- und Leistungsrechnung. Dafür ist es erforderlich, dass die Belege in der Finanzbuchhaltung sinnvoll und umfassend vorkontiert und diese Informationen in geeigneten Datensätzen gespeichert werden. Dazu gehört auch, dass nicht nur die Aufwands- bzw. Kostenart vorkontiert wird, sondern zwecks weiterer Verarbeitung auch die Kostenstelle, in der die entsprechende Position verbraucht wurde (Kostenstellenrechnung) sowie ggf. der Kostenträger, der den Verbrauch verursacht hat (für die Kostenträgerrechnung). Je früher und effektiver die Belegbearbeitung und deren Erfassung erfolgt, desto leichter hat es später die Kosten- und Leistungsrechnung bei der Verarbeitung der Daten.

Bei den Aufwendungen, die aus der Finanzbuchhaltung übernommen werden, handelt es sich im Wesentlichen um pagatorische Aufwendungen, weil ihnen ein Zahlungsvorgang zugrundeliegt.

### 3.2.1.2 Kalkulatorische Kosten

Kalkulatorische Kosten können nicht aus der Gewinn- und Verlustrechnung entnommen werden, sondern sie müssen gesondert ermittelt werden.

- **Anderskosten:** Zum einen stehen den kalkulatorischen Kosten zwar Aufwendungen in der Gewinn- und Verlustrechnung gegenüber, aber in anderer Höhe, als sie in der Kosten- und Leistungsrechnung berücksichtigt werden müssen; hier spricht man von Anderskosten. Dazu zählen vor allem kalkulatorische Abschreibungen, kalkulatorische Zinsen und kalkulatorische Wagnisse.
- **Zusatzkosten:** Zum anderen stehen kalkulatorischen Kosten keine Aufwendungen in der Gewinn- und Verlustrechnung gegenüber; hier spricht man von Zusatzkosten. Dazu zählen vor allem der kalkulatorische Unternehmerlohn und die kalkulatorische Miete.

*Kalkulatorische Kosten setzen sich aus Anderskosten und Zusatzkosten zusammen. Sie dienen genaueren Kalkulationen und der besseren Vergleichbarkeit zwischen Unternehmen.*

### Kalkulatorische Abschreibungen

Ziel der bilanziellen Abschreibung ist die Ausnutzung der gesetzlichen Möglichkeiten bei der Festsetzung der Abschreibungsbeträge für die Abschreibung der Vermögensgegenstände des Anlagevermögens. Die Kosten- und Leistungsrechnung stellt dagegen den realistischen Werteverzehr der Vermögensgegenstände des Anlagevermögens in den Vordergrund der Betrachtung.

Dies hat zur Folge, dass sowohl in der Abschreibungsbasis, der Nutzungsdauer als auch im Abschreibungsverfahren andere Ansätze (Anderskosten) in der Kosten- und Leistungsrechnung Anwendung finden als bei der bilanziellen Abschreibung in der Finanzbuchhaltung:

| Bilanzielle Abschreibung | Kalkulatorische Abschreibung |
|---|---|
| Abschreibung des gesamten Anlagevermögens | Abschreibung des Anlagevermögens, das betrieblich genutzt wird |
| Abschreibung auf Basis von Anschaffungs- oder Herstellungskosten | Abschreibung auf Basis von Wiederbeschaffungskosten |

| Bilanzielle Abschreibung | Kalkulatorische Abschreibung |
|---|---|
| Abschreibung bis auf den Erinnerungswert | Abschreibung über den gesamten Nutzungszeitraum |
| degressive oder lineare Abschreibung je nach Gesetzeslage | lineare Abschreibung |
| beeinflusst das neutrale und das Gesamtergebnis | beeinflusst nur das Betriebsergebnis |

*Kalkulatorische Abschreibungen berücksichtigen, unabhängig von den gesetzlichen Abschreibungsmöglichkeiten, den tatsächlichen Werteverzehr der betrieblich genutzten Gegenstände des Anlagevermögens. Dies geschieht auf Basis von Wiederbeschaffungswerten und über die tatsächliche Nutzungsdauer der Vermögensgegenstände.*

### Kalkulatorische Zinsen

Im Betrieb ist immer Kapital gebunden, dessen Zurverfügungstellung Kosten verursacht, sogenannte Kapitalbindungskosten. In der Gewinn- und Verlustrechnung werden die Zahlungen für die Nutzung des von Kreditinstituten zur Verfügung gestellten Fremdkapitals über den Zinsaufwand berücksichtigt.

Nicht berücksichtigt wird die Verzinsung des eingesetzten Eigenkapitals, also die Verzinsung, die erzielt werden könnte, wenn man das Eigenkapital alternativ am Kapitalmarkt gewinnbringend anlegen würde.

*Kalkulatorische Zinsen berücksichtigen eine angemessene Verzinsung des eingesetzten Eigenkapitals und berücksichtigen keine Zinsbestandteile, die für nicht betriebsbezogene Investitionen in einem Unternehmen anfallen.*

Die kalkulatorischen Zinsen können mit dem folgenden Schema ermittelt werden.

| Anlagevermögen | Beispiele |
|---|---|
| – nicht betrieblich genutztes Anlagevermögen | *stillgelegte Maschinen, vermietete Gebäude* |
| = (1) betriebsnotwendiges Anlagevermögen | |
| Umlaufvermögen | |
| – nicht betrieblich verursachtes Umlaufvermögen | *Geldanlagen, Beteiligungen, Wertpapiere* |
| = (2) betriebsnotwendiges Umlaufvermögen | |
| betriebsnotwendiges Vermögen (1) + (2) | |
| – Abzugskapital (= zinslos zur Verfügung stehendes Fremdkapital) | *Verbindlichkeiten aus LL (ohne Möglichkeit der Skontierung), Anzahlungen von Kunden* |
| = **betriebsnotwendiges Kapital** | |
| * durchschnittlicher Zinssatz für langfristige Darlehen | |
| = Kalkulatorische Zinsen | |

## Kalkulatorische Wagnisse

Unternehmerische, hier betriebliche Aktivitäten, sind in der Regel mit Wagnissen (Risiken) verbunden, die man unterscheiden kann in das **allgemeine Unternehmerrisiko** und **allgemeine Wagnisse**.

Das allgemeine Unternehmerrisiko (z. B. Konjunkturschwankungen oder technischer Fortschritt) ist nicht kalkulierbar und wird über den Gewinn abgegolten.

Allgemeine Wagnisse hängen direkt mit der betrieblichen Leistungserstellung zusammen und sind über Erfahrungswerte kalkulierbar.

Nachstehende Tabelle zeigt die verschiedenen Wagnisse im Rahmen der betrieblichen Leistungserstellung auf.

| Art des Wagnisses | Bezugsgröße | Beispiele |
| --- | --- | --- |
| Anlagenwagnis | Anschaffungs- oder Wiederbeschaffungswert (kalkulatorischer Ansatz) | *zeitlich begrenzter oder endgültiger Nutzungsausfall von Anlagegütern im Rahmen der betrieblichen Leistungserstellung* |
| Bestandswagnis | Bewertungskosten | *Schwund, Verderb, Wertminderung* |
| Fertigungswagnis | Fertigungskosten | *Ausschuss, Nacharbeit* |
| Entwicklungswagnis | Entwicklungskosten | *Fehlentwicklungen* |
| Vertriebswagnis | Forderungsbestand | *Forderungsausfälle, Währungsverluste* |
| Transportwagnis | Verkaufswert | *Transportschäden* |
| Gewährleistungswagnis | Selbstkosten, Umsatz | *Kostenlose Ersatzlieferung* |
| sonstige Wagnisse | Bewertungskosten | *Montage- oder Abbrucharbeiten* |

*Kalkulatorische Wagnisse stellen die Kosten dar, die für nicht versicherte Einzelwagnisse entstehen können. Sie werden in der Regel über einen Prozentsatz bezogen auf eine Bezugsgröße verrechnet. Vielfach werden die Wagniskosten auf Basis von Erfahrungswerten berücksichtigt.*

## Kalkulatorischer Unternehmerlohn

Die möglichst exakte Kostenermittlung und Vergleichbarkeit von Betriebsergebnisen (Vergleich mit anderen Unternehmen der gleichen Branche) macht es notwendig, den kalkulatorischen Unternehmerlohn in die Kosten- und Leistungsrechnung mit einfließen zu lassen.

Gewinn- und Verlustrechnungen von Kapitalgesellschaften weisen die Arbeitsleistungen der Geschäftsführungen als Aufwendungen aus.

Gewinn- und Verlustrechnungen von Personengesellschaften dürfen dies nicht, denn hier gilt jede Auszahlung von Gehältern an die Geschäftsführer als verdeckte Gewinnausschüttung und wird von der Betriebsprüfung wieder rückgängig gemacht. Damit die eingangs genannten Anforderungen an die Kosten- und Leistungsrechnung – exakte Kostenermittlung und Betriebsvergleichbarkeit – erreicht werden können, muss in die Kosten- und Leistungsrechnung von Personengesellschaften diese Arbeitsleistung als Kostenfaktor einfließen.

Der Werteansatz für den kalkulatorischen Unternehmerlohn ist die Vergütung einer vergleichbaren Position in einem Unternehmen gleicher Größe, Branche und Region.

*Mit dem kalkulatorischen Unternehmerlohn wird die Arbeitsleistung der Inhaber von Einzelunternehmen und Personengesellschaften in der Kosten- und Leistungsrechnung berücksichtigt.*

### Kalkulatorische Miete

Die kalkulatorische Miete sollte dann als Kostenbestandteil in der Kosten- und Leistungsrechnung berücksichtigt werden (Branchenvergleich), wenn Einzelunternehmer oder Personengesellschafter Privaträume oder ganze Privatgebäude zur betrieblichen Nutzung zur Verfügung stellen.

*Kalkulatorische Miete wird dann in Ansatz gebracht, wenn Unternehmer private Räumlichkeiten unentgeltlich für betriebliche Zwecke überlassen; der Werteansatz ist dabei die ortsübliche Miete für vergleichbare gewerblich genutzte Räumlichkeiten.*

### 3.2.2 Gliederung der Kosten

Die Kosten, die in einer Abrechnungsperiode über die Ergebnistabelle ermittelt wurden, lassen sich allgemein nach folgenden Kriterien gliedern:

| Kriterium | Unterteilung | Beispiele |
|---|---|---|
| **Produktionsfaktor** | Materialkosten | *Roh-, Hilfs- sowie Betriebsstoffe, Zukaufteile, Handelswaren* |
| | Personalkosten | *Löhne, Gehälter, Sozialkosten* |
| | Maschinenkosten | *kalkulatorische Abschreibungen, Instandhaltung, Wartung* |
| | Kapitalkosten | *kalkulatorische Zinsen* |
| | Fremdleistungskosten | *Mieten, Versicherungen, Beratungskosten, Reisekosten* |
| | Öffentliche Abgaben | *Steuern, Gebühren, Beiträge* |
| | Wagnisse | *kalkulatorische Abschreibungen auf Forderungen* |
| **Kostenträger** | Einzelkosten | *Werkstoffkosten, Fertigungslöhne* |
| | Sondereinzelkosten | *Sondermodellausführung* |
| | Gemeinkosten | *Abschreibungen, Gehälter* |
| **Beschäftigungs-änderung** | Fixkosten | *Keine Reaktion auf Beschäftigungsänderungen (Kosten der Betriebsbereitschaft)* |
| | variable Kosten | *Reaktion auf Beschäftigungsänderungen (Kosten der Betriebsdurchführung)* |
| | Mischkosten | *Zusammensetzung aus fixen und variablen Kosten* |

| Kriterium | Unterteilung | Beispiele |
|---|---|---|
| **Zeitbezug** | Istkosten | tatsächlich angefallene Kosten einer Abrechnungsperiode |
| | Normalkosten | Durchschnittswert der Istkosten mehrerer vorangegangener Abrechnungsperioden |
| | Plankosten | voraussichtliche bzw. vorgegebene Kosten für die kommende Periode |
| **Bezugsgrundlage** | Gesamtkosten | Kosten aller betrachteten Kostenträger in einer Zeiteinheit |
| | Stückkosten (Kosten je Leistungseinheit) | Kosten pro Maßeinheit/Kostenträger |

Um die Arbeit in der Kosten- und Leistungsrechnung zu erleichtern, hat man sich – wie in anderen Funktionsbereichen des Unternehmens auch – auf eine Reihe von Abkürzungen geeinigt, die im Folgenden sowohl inhaltlich als auch grafisch dargestellt werden sollen.

Bei den Kosten und Erlösen gibt es immer

- eine Gesamtbetrachtung, die Abkürzungen dafür werden in großen Buchstaben geschrieben,
- eine Stückbetrachtung, die Abkürzungen hierfür werden in kleinen Buchstaben geschrieben.

| | Gesamtbetrachtung | Stückbetrachtung |
|---|---|---|
| Kosten | $K$ | $k$ |
| Fixkosten | $K_f$ | $k_f$ |
| variable Kosten | $K_v$ | $k_v$ |
| Erlöse | $E$ | $e$ oder $p$ (für Preis) |

Zwischen den einzelnen Kosten bestehen – nachvollziehbare – Beziehungen, die durch die folgenden Gleichungen dargestellt werden können. Die Menge wird meistens mit dem Buchstaben x ausgedrückt.

| Gleichung | Erklärung |
|---|---|
| $K = K_f + K_v$ | Gesamtkosten = Summe aus gesamten Fixkosten und gesamten variablen Kosten |
| $k = \dfrac{K}{x}$ | Stückkosten = Gesamtkosten geteilt durch die Menge |
| $k_f = \dfrac{K_f}{x}$ | fixe Stückkosten = gesamte Fixkosten geteilt durch die Menge |
| $k_v = \dfrac{K_v}{x}$ | variable Stückkosten = gesamte variable Kosten geteilt durch die Menge |
| $K_v = k_v \cdot x$ | variable Gesamtkosten = variable Stückkosten mal Menge |
| $K = k \cdot x$ | Gesamtkosten = Stückkosten mal Menge |
| $K = K_f + (k_v \cdot x)$ | Grundformel der Kosten- und Leistungsrechnung: Gesamtkosten = fixe Gesamtkosten plus variable Stückkosten mal Menge |
| $E = e \cdot x$ | Gesamterlöse = Stückerlös/Preis mal Menge |
| $G = E - K$ | Betriebsgewinn = Erlöse minus Kosten |

### Sachverhalt

Für einen Produktion liegen folgende Daten vor:
fixe Gesamtkosten: 15.000,00 EUR
variable Stückkosten : 200,00 EUR
Erlös: 350,00 EUR

Aufgabe: Die stückbezogenen und gesamten Werte sind sowohl tabellarisch als auch grafisch für folgende Mengen darzustellen: 1, 25, 50 ,75, 100, 150, 200, 220

Lösung:

| Menge | $k_v$ | $k_f$ | $k$ | $K_v$ | $K_f$ | $K$ | $e$ | $E$ | $g$ | $G$ |
|---|---|---|---|---|---|---|---|---|---|---|
| 1 | 200 | 15.000 | 15.200 | 200 | 15.000 | 15.200 | 300 | 300 | –14.900 | –14.900 |
| 25 | 200 | 600 | 800 | 5.000 | 15.000 | 20.000 | 300 | 7.500 | –500 | –12.500 |
| 50 | 200 | 300 | 500 | 10.000 | 15.000 | 25.000 | 300 | 15.000 | –200 | –10.000 |
| 75 | 200 | 200 | 400 | 15.000 | 15.000 | 30.000 | 300 | 22.500 | –100 | –7.500 |
| 100 | 200 | 150 | 350 | 20.000 | 15.000 | 35.000 | 300 | 30.000 | –50 | –5.000 |
| 150 | 200 | 100 | 300 | 30.000 | 15.000 | 45.000 | 300 | 45.000 | 0 | 0 |
| 200 | 200 | 75 | 275 | 40.000 | 15.000 | 55.000 | 300 | 60.000 | 25 | 5.000 |
| 250 | 200 | 60 | 260 | 50.000 | 15.000 | 65.000 | 300 | 75.000 | 40 | 10.000 |

*Für die Menge (x) wird in manchen Formelsammlungen auch m eingesetzt.*

## Kostenkurven gesamt

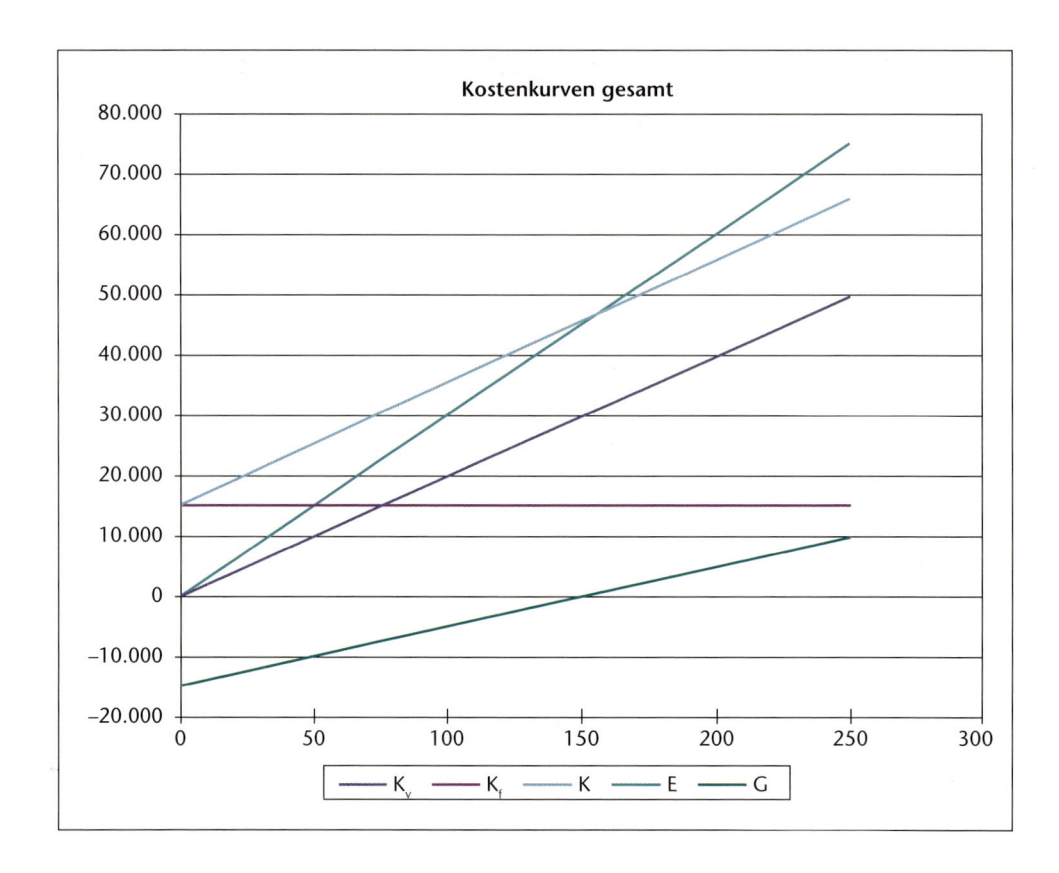

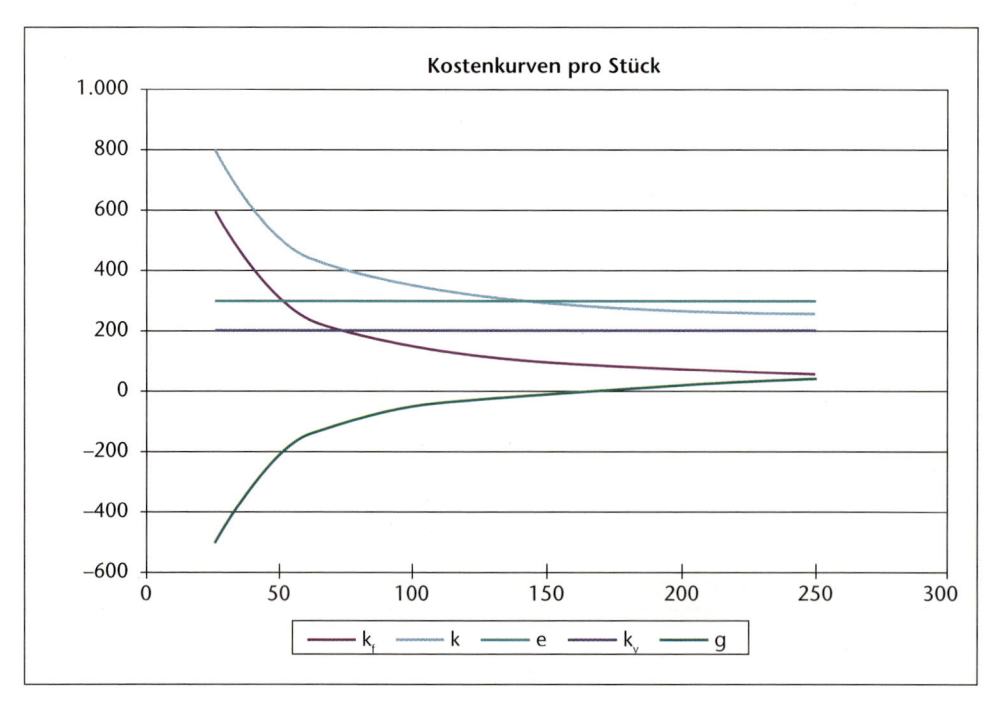

## Kostenkurven pro Stück

## Wiederholungsfragen

1. Wie erfolgt sinnvollerweise die Erfassung von Grundkosten und Leistungen?
2. Erläutern Sie den Unterschied zwischen Anders- und Zusatzkosten.
3. Nennen Sie die kalkulatorischen Kostenarten der Kosten- und Leistungsrechnung.
4. Nennen Sie Merkmale, welche die Abschreibungen als Anderskosten gegenüber den bilanziellen Abschreibungen in die Betriebsergebnisrechnung einfließen lassen.
5. Begründen Sie den Ansatz der kalkulatorischen Zinsen in der Kosten- und Leistungsrechnung und stellen Sie das Schema zur Berechnung der kalkulatorischen Zinsen dar.
6. Begründen Sie die Notwendigkeit der Berücksichtigung eines kalkulatorischen Unternehmerlohns bei Kapitalgesellschaften im Rahmen der Kosten- und Leistungsrechnung.
7. Begründen Sie die Notwendigkeit der Berücksichtigung einer kalkulatorischen Miete bei Personengesellschaften im Rahmen der Kosten- und Leistungsrechnung.
8. Beschreiben Sie, nach welchen Kriterien die Kosten in der Kosten- und Leistungsrechnung gegliedert sind.
9. Nennen Sie fünf wichtige Kostenarten.
10. Beschreiben Sie den Unterschied zwischen Normal- und Istkosten.
11. Erläutern Sie den Unterschied zwischen fixen und variablen Kosten im Zusammenhang mit Beschäftigungsänderungen.
12. Formulieren Sie die Kriterien, nach denen Kostenarten in die Kostenträger- bzw. Kostenstellenrechnung einfließen.

## 3.3 Kostenstellenrechnung

*Kostenstellen sind die Orte in einem Betrieb, an denen die Kosten entstehen.*

Sie werden für die Kosten- und Leistungsrechnung gebildet, da die verschiedenen Erzeugnisse die betriebliche Leistungserstellung unterschiedlich in Anspruch nehmen.

*Eine Kostenstelle ist ein nach bestimmten Gesichtspunkten abgegrenzter Bereich des Betriebs, in dem Kosten verursacht werden.*

Kostenstellen können nach Verantwortungsbereichen (Abteilungen, Hauptabteilungen), betrieblichen Funktionsbereichen (Einkauf, Produktion, Verwaltung, Vertrieb) oder Verrechnungsgesichtspunkten (Hilfskostenstellen, Hauptkostenstellen) gebildet werden.

*Die Kostenstellenrechnung erfasst die Kostenarten für die gebildeten Kostenstellen und ermöglicht damit eine effektive Kostenkontrolle der damit verbundenen Betriebsbereiche.*

### 3.3.1 Kostenzurechnung auf die Kostenstellen im Betriebsabrechnungsbogen (BAB)

Wenn alle Kosten aus der Kostenartenrechnung vorliegen, stellt sich die Frage, wie diese Kosten den einzelnen Kostenträgern, von denen sie verursacht werden, zugeordnet werden können. Denn eine wichtige Aufgabe der Kosten- und Leistungsrechnung ist die Ermittlung der Selbstkosten.

An dieser Stelle müssen die Kosten separiert werden:

| Einzelkosten | Gemeinkosten |
| --- | --- |
| Dazu zählen alle Kostenarten aus der Kostenartenrechnung, die den betrieblichen Leistungseinheiten direkt zugeordnet werden können. Sie gehen direkt in die Kostenträgerrechnung zur Selbstkostenermittlung der betrieblichen Leistung ein. | Dazu zählen alle Kostenarten aus der Kostenartenrechnung, die den betrieblichen Leistungseinheiten nicht direkt zugeordnet werden können. Sie gehen in die Kostenstellenrechnung ein, um über Zuschlagssätze die Selbstkostenermittlung der betrieblichen Leistung zu vervollständigen. |

*Bei der Kostenstellenrechnung geht es um die Erfassung und die Verteilung der Gemeinkosten auf die einzelnen Kostenstellen.*

Die Kostenstellenrechnung beantwortet die Frage: „Wo sind die Kosten entstanden?", um nach Beantwortung dieser Frage für jeden Kostenbereich Zuschlagssätze (Gemeinkostenzuschlagssätze in Prozent) zu ermitteln, die dann in die Kostenträgerrechnung zu kalkulatorischen Zwecken einfließen.

*Das Instrument der Kostenstellenrechnung zur Verteilung der Gemeinkosten auf die einzelnen Kostenstellen eines Betriebes ist der Betriebsabrechnungsbogen (BAB).*

Im BAB kann zunächst ein großer Teil der Gemeinkosten direkt über die Zuordnung von Kostenbelegen auf die einzelnen Kostenstellen erfolgen. Diese Kosten werden deshalb Kostenstelleneinzelkosten genannt.

Andere Gemeinkosten lassen sich nicht direkt den Kostenstellen zuordnen. Diese Gemeinkosten werden indirekt auf der Basis von Mengen- und Werteschlüsseln über Schlüssel auf die Kostenstellen verteilt. Diese Kosten werden als Kostenstellengemeinkosten bezeichnet.

Nachstehende Tabelle zeigt einige Beispiele für Kostenstelleneinzel- und Kostenstellengemeinkosten auf.

| Kostenstellen-einzelkosten | – Materialentnahmescheine zur Verteilung von Hilfs- und Betriebsstoffkosten<br>– Lohn- und Gehaltslisten bei Hilfslöhnen und Gehältern<br>– Rechnungen für Fremdleistungen aller Art<br>– kostenstellenbezogene Anlagenbuchhaltung |
|---|---|
| Kostenstellen-gemeinkosten | – Grundgebühren der Telekommunikation<br>– Kosten der Energieversorgung<br>– Mietkosten<br>– Steuern und Versicherungen<br>– kalkulatorische Zinsen |

Das folgende Schaubild verdeutlicht noch einmal die Zusammenhänge:

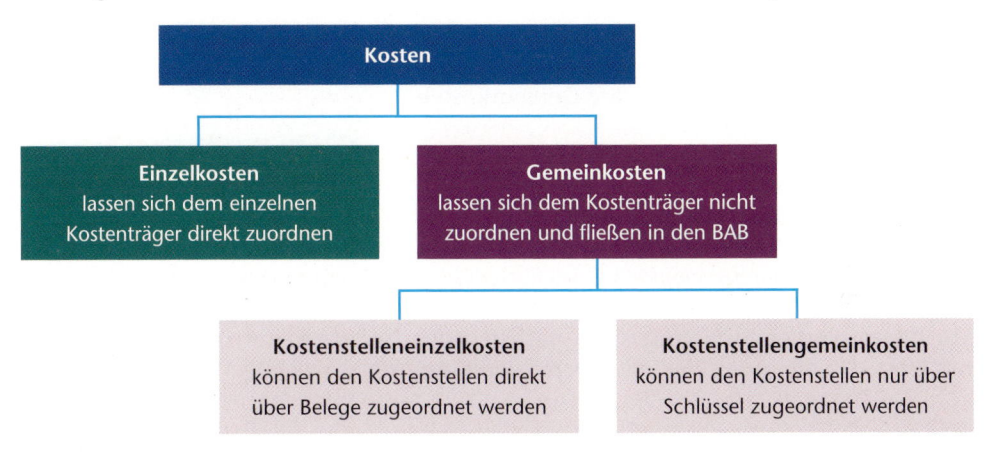

**Kosten**

- **Einzelkosten** lassen sich dem einzelnen Kostenträger direkt zuordnen
- **Gemeinkosten** lassen sich dem Kostenträger nicht zuordnen und fließen in den BAB
  - **Kostenstelleneinzelkosten** können den Kostenstellen direkt über Belege zugeordnet werden
  - **Kostenstellengemeinkosten** können den Kostenstellen nur über Schlüssel zugeordnet werden

Nachdem alle Kosten direkt oder indirekt zugeordnet wurden, bildet man die Summe und erhält die Summe der **primären Gemeinkosten** der einzelnen Kostenstellen. Es werden im BAB drei Arten von Kostenstellen unterschieden:

**Allgemeine Kostenstellen** erbringen innerbetriebliche Leistungen für nahezu alle anderen Kostenstellen. Dazu gehören z. B. Kantine, betriebseigene Energieversorgung, Betriebsrat. Ihre primären Kosten müssen im Rahmen einer innerbetrieblichen Umlage bzw. Leistungsverrechnung auf die anderen Kostenstellen umgelegt werden, welche die Leistungen empfangen haben.

**Hauptkostenstellen** sind die Kostenstellen, die am Wertschöpfungsprozess unmittelbar beteiligt sind. Dazu gehören in der Industrie in der Regel

- der **Materialbereich** mit Einkauf, Lager und innerbetrieblichem Transport;
- die **Fertigung** mit den einzelnen Fertigungsstellen, wie Rohstoffbearbeitung, Oberfläche, Montage;

- der **Vertrieb** mit Marketing, Auftragsbearbeitung, Außendienst, Fertigwarenlager, Versand;
- die **Verwaltung** mit Geschäftsführung, Organisation, EDV, Personal- und Finanzabteilung.

**Hilfskostenstellen** erbringen nur für bestimmte andere Kostenstellen innerbetriebliche Leistungen. So erbringt die Hilfskostenstelle „Arbeitsvorbereitung" nur Leistungen für mehrere Kostenstellen in der Fertigung, die Hilfskostenstelle „Vertriebscontrolling" nur Leistungen für den Vertriebsaußendienst.

Nach Ermittlung der Summe der primären Kosten werden diese in drei Schritten auf die Kostenstellen verteilt:

1. Im ersten Schritt werden die Kosten der Allgemeinen Kostenstellen auf die anderen Kostenstellen umgelegt und dann die neu entstandenen Summen ermittelt.
2. Im zweiten Schritt die werden die Kosten der Hilfskostenstellen auf die Hauptkostenstellen umgelegt.
3. Im dritten Schritt werden dann die Summen der Hauptkostenstellen gebildet. Es dürfen am Ende des BAB keine Kosten mehr auf den Allgemeinen Kostenstellen und den Hilfskostenstellen vorhanden sein.

Die Kosten, die im Rahmen der innerbetrieblichen Leistungsverrechnung umgelegt werden, bezeichnet man als **sekundäre Gemeinkosten**.

*Der Betriebsabrechnungsbogen (BAB) gliedert den Betrieb in die Hauptkostenstellen Material, Fertigung, Verwaltung und Vertrieb sowie die Allgemeinen Kostenstellen, die Leistungen für alle Kostenstellen erbringen, und die Hilfskostenstellen, die nur Leistungen für andere Hauptkostenstellen erbringen. Diese erbrachten Leistungen müssen im Rahmen einer innerbetrieblichen Leistungsverrechnung den empfangenden Kostenstellen zugerechnet werden.*

Vor diesem Hintergrund ergibt sich nachstehende Grundstruktur des Betriebsabrechnungsbogens, hier nur mit einer Allgemeinen Kostenstelle abgebildet.

| Gemeinkostenarten | Zahlen der Betriebsergebnisrechnung | Allgemeine Kostenstelle(n) | Hauptkostenstellen ||||
|---|---|---|---|---|---|---|
| | | | Material-kostenstelle(n) | Fertigungs-kostenstelle(n) | Verwaltung | Vertrieb |
| | | | | | | |
| | | | | | | |
| Summe Gemeinkosten: | | | | | | |
| Umlage(n) der Hilfskostenstelle(n) | | ↑ | | | | |
| Summe Gemeinkosten: | | | MGK | FGK | VwGK | VtGK |
| Zuschlagsgrundlagen (Einzelkosten): | | | FM | FL | HKU | |
| Zuschlagssätze (%): | | | MGKZ | FGKZ | VwGKZ | VtGKZ |

**Erläuterung der Grundstruktur:** Auf der rechten Seite des BAB werden die einzelnen Kostenstellen tabellarisch angeordnet. Auf der linken Seite werden die Gemeinkosten zeilenweise aufgelistet (hier durch eine exemplarische leere Zellenzeile dargestellt). Die Verteilung der jeweiligen Gemeinkostenart auf die einzelnen Kostenstellen erfolgt über Verteilungsschlüssel als Kostenstelleneinzel- oder Kostenstellengemeinkosten.

Sind die primären und sekundären Gemeinkostenarten gemäß Verteilungsgrundlage auf die einzelnen Kostenstellen verteilt, wird für jede der Hauptkostenstelle die Summe der Gemeinkosten gebildet. Nach der Zugehörigkeit zu den einzelnen Kostenstellen werden in der Summenzeile unterschieden:

- **Materialgemeinkosten (MGK):** Gemeinkosten, die im Zusammenhang mit der Verwaltung und Lagerung der Werkstoffe entstehen. Die zugehörige Zuschlagsgrundlage ist folglich die Summe des in der Periode verbrauchten Fertigungsmaterials (FM).
- **Fertigungsgemeinkosten (FGK):** Gemeinkosten, die im Zusammenhang mit der betrieblichen Leistungserstellung entstehen. Die zugehörige Zuschlagsgrundlage ist der in der Fertigung verbrauchte Fertigungslohn (FL).
- **Verwaltungsgemeinkosten (VwGK):** Gemeinkosten, die im Zusammenhang mit der Unternehmensverwaltung anfallen.
- **Vertriebsgemeinkosten (VtGK):** Gemeinkosten, die im Zusammenhang mit dem Absatz der fertigen Erzeugnisse anfallen. Zuschlagsgrundlage für den Vertrieb und die Verwaltung sind die Herstellkosten des Umsatzes (HKU).

*Die Summe der Gemeinkosten des Betriebsabrechnungsbogens muss mit der Summe der Gemeinkosten der Betriebsergebnisrechnung der Ergebnistabelle übereinstimmen.*

### 3.3.2 Ermittlung der Zuschlagssätze

Im Anschluss an die Sekundär- und Primärkostenrechnung erfolgt über den Betriebsabrechnungsbogen die Ermittlung der Gemeinkostenzuschlagssätze je Kostenstelle. Dies ist notwendig, damit mit deren Hilfe die Gemeinkosten den verschiedenen Kostenträgern zugerechnet werden können. Die Berechnung der Zuschlagssätze erfolgt auf Grundlage der ermittelten Gemeinkostensummen. Dabei werden die Gemeinkostensummen der einzelnen Kostenstellen auf die jeweiligen Zuschlagsgrundlagen der Kostenstellen bezogen:

- **Materialgemeinkostenzuschlagssatz (MGKZ):** Es wird unterstellt, dass sich die Gemeinkosten des Materialbereichs im gleichen Verhältnis wie die Materialeinzelkosten (FM) verändern.

- **Fertigungsgemeinkostenzuschlagssatz (FGKZ):** Es wird unterstellt, dass sich die Gemeinkosten des Fertigungsbereichs im gleichen Verhältnis wie die Fertigungseinzelkosten (FL) verändern.

- **Verwaltungsgemeinkostenzuschlagssatz (VwGKZ):** Die Verwaltungsgemeinkosten werden nicht von den erzeugten, sondern von den abgesetzten Erzeugnissen verursacht. Als Zuschlagsgrundlage dienen deshalb die Herstellkosten des Umsatzes.

Die Herstellkosten des Umsatzes ermitteln sich nach folgendem Schema:

|   | Fertigungsmaterial (FM) |
|---|---|
| + | Materialgemeinkosten (MGK) |
| + | Fertigungslöhne (FL) |
| + | Fertigungsgemeinkosten (FGK) |
| = | **Herstellkosten der Erzeugung (HKE)** |
| + | Bestandsminderungen an unfertigen und fertigen Erzeugnissen |
| − | Bestandsmehrungen an unfertigen und fertigen Erzeugnissen |
| = | **Herstellkosten des Umsatzes (HKU)** |

Es wird unterstellt, dass sich die Gemeinkosten des Verwaltungsbereichs im gleichen Verhältnis wie die Herstellkosten des Umsatzes (HKU) verändern.

- **Vertriebsgemeinkostenzuschlagssatz (VtGKZ):** Es wird unterstellt, dass sich die Gemeinkosten des Vertriebsbereichs im gleichen Verhältnis wie die Herstellkosten des Umsatzes (HKU) verändern.

Die Zuschlagssätze werden mathematisch nach den folgenden Formeln ermittelt:
- Materialgemeinkostenzuschlagssatz: $MGKZ = MGK \cdot 100 : FM$
- Fertigungsgemeinkostenzuschlagssatz: $FGKZ = FGK \cdot 100 : FL$
- Verwaltungsgemeinkostenzuschlagssatz: $VwGKZ = VwGK \cdot 100 : HKU$
- Vertriebsgemeinkostenzuschlagssatz: $VtGKZ = VtGK \cdot 100 : HKU$

Die Zuschlagssätze stellen Prozentzahlen dar, können aber mathematisch auch als Dezimalzahlen genutzt werden.

*Die Erstellung eines Betriebsabrechnungsbogens erfolgt in folgenden Schritten:*

*(1) Übernahme der Gemeinkostenarten aus der Betriebsergebnisrechnung der Ergebnistabelle.*

*(2) Verteilung der Gemeinkosten auf die Kostenstellen (Haupt- und Hilfskostenstellen).*

*(3) Umlage der sekundären Gemeinkosten auf die Hauptkostenstellen.*

*(4) Ermittlung der Gesamtsummen der Gemeinkosten je Kostenstelle.*

*(5) Ermittlung der Herstellkosten des Umsatzes in einer Nebenrechnung.*

*(6) Ermittlung der Zuschlagssätze je Kostenstelle (Istzuschlagssätze).*

## Sachverhalt

Ein Industrieunternehmen arbeitet mit einer Vollkostenrechnung. Für die vorangegangene Abrechnungsperiode liegt folgende Kostenstellenrechnung vor.

Allgemeine Kostenstelle: Hilfs- und Betriebsstoffe 800,00 EUR, Hilfslöhne 6.800,00 EUR, Gehälter 5.200,00 EUR, sonstige Kosten 8.750,00 EUR und kalkulatorische Kosten 2.400,00 EUR.

Materialkostenstelle: Hilfs- und Betriebsstoffe 9.800,00 EUR, Hilfslöhne 10.500,00 EUR, Gehälter 6.800,00 EUR, sonstige Kosten 18.950,00 EUR und kalkulatorische Kosten 5.600,00 EUR.

Hilfskostenstelle Fertigung: Gehälter 8.100,00 EUR, sonstige Kosten 3.600,00 EUR und kalkulatorische Kosten 2.800,00 EUR.

Fertigungskostenstelle: Hilfs- und Betriebsstoffe 36.400,00 EUR, Hilfslöhne 68.800,00 EUR, Gehälter 21.600,00 EUR, sonstige Kosten 57.450,00 EUR und kalkulatorische Kosten 63.500,00 EUR.

Verwaltungskostenstelle: Hilfs- und Betriebsstoffe 600,00 EUR, Hilfslöhne 5.300,00 EUR, Gehälter 70.300,00 EUR, sonstige Kosten 8.400,00 EUR und kalkulatorische Kosten 4.800,00 EUR.

Vertriebskostenstelle: Hilfs- und Betriebsstoffe 900,00 EUR, Hilfslöhne 5.400,00 EUR, Gehälter 72.300,00 EUR, sonstige Kosten 5.450,00 EUR und kalkulatorische Kosten 4.900,00 EUR.

Umlage der Allgemeinen Kostenstell: Material 1.940,00 EUR, Hilfskostenstelle 2.540,00 EUR, Fertigung 15.800,00 EUR, Verwaltung 4.250,00 EUR und Vertrieb 1.420,00 EUR.

Die Hilfskostenstelle Fertigung wird komplett auf die Kostenstelle Fertigung umgelegt.

Aufgabe: Ermittlung der Gemeinkostenzuschlagssätze.

Lösung:

| Kostenart | Summe (EUR) | Allgemeine Kostenstelle (EUR) | Material (EUR) | Hilfskostenstelle Fertigung (EUR) | Fertigung (EUR) | Verwaltung (EUR) | Vertrieb (EUR) |
|---|---|---|---|---|---|---|---|
| Hilfs- und Betriebsstoffe | 48.500,00 | 800,00 | 9.800,00 | 0,00 | 36.400,00 | 600,00 | 900,00 |
| Hilfslöhne | 96.800,00 | 6.800,00 | 10.500,00 | 0,00 | 68.800,00 | 5.300,00 | 5.400,00 |
| Gehälter | 184.300,00 | 5.200,00 | 6.800,00 | 8.100,00 | 21.600,00 | 70.300,00 | 72.300,00 |
| Sonstige Kosten | 102.600,00 | 8.750,00 | 18.950,00 | 3.600,00 | 57.450,00 | 8.400,00 | 5.450,00 |
| Kalkulatorische Kosten | 84.000,00 | 2.400,00 | 5.600,00 | 2.800,00 | 63.500,00 | 4.800,00 | 4.900,00 |
| **Zwischensumme Istgemeinkosten** | **516.200,00** | **23.950,00** | **51.650,00** | **14.500,00** | **247.750,00** | **89.400,00** | **88.950,00** |
| Umlage Allgemeine KSt. | | ⟶ | 1.940,00 | 540,00 | 15.800,00 | 4.250,00 | 1.420,00 |
| Umlage Hilfskostenstelle | | | | ⟶ | 15.040,00 | | |
| **Summe Istgemeinkosten** | | | **53.590,00** | | **278.590,00** | **93.650,00** | **90.370,00** |
| Zuschlagsgrundlage | | | 297.000,00 | | 185.800,00 | 814.980,00 | 814.980,00 |
| Zuschlagssatz (%) | | | 18,04 | | 149,94 | 11,49 | 11,09 |

Herstellungskosten = Materialeinzelkosten + Materialgemeinkosten + Fertigungseinzelkosten + Fertigungsgemeinkosten

Herstellungskosten = 297.000,00 EUR + 53.590,00 EUR + 185.800,00 EUR + 278.590,00 EUR = 814.980,00 EUR

Materialgemeinkostenzuschlagssatz (%) = 53.590,00 EUR · 100 : 297.000,00 EUR = 18,04

Fertigungsgemeinkostenzuschlagssatz (%) = 278.590,00 EUR · 100 : 185.800,00 EUR = 149,94

Verwaltungsgemeinkostenzuschlagssatz (%) = 93.650,00 EUR · 100 : 814.980,00 EUR = 11,49

Vertriebskostengemeinkostensatz (%) = 90.370,00 EUR · 100 : 814.980,00 EUR = 11,09

Die Kosten, auf deren Grundlage aktuelle Zuschlagssätze ermittelt werden, nennen sich Istkosten. Die erforderlichen Ist-Zuschlagssätze werden jedoch erst am Ende einer Abrechnungsperiode ermittelt.

Es stellt sich die Frage, mit welchen Zuschlagssätzen ein Kaufmann für die vor ihm liegende Periode kalkulieren soll. Hier behilft sich die Kosten- und Leistungsrechnung mit sogenannten Normalkosten. Die erforderlichen Normal-Zuschlagssätze ergeben sich aus dem Durchschnitt der vergangenen Perioden.

Am Ende einer Abrechnungsperiode stellt die Kosten- und Leistungsrechnung die – in den Vorkalkulationen verrechneten – Normalkosten den tatsächlich angefallenen Istkosten gegenüber, um Kostendeckungen (Kostenabweichungen) zu erkennen und entsprechende Maßnahmen ergreifen zu können.

### Kostenüberdeckung und Kostenunterdeckungen

Um feststellen zu können, in welchem Maße die Istkosten (Betriebsergebnis) durch die auf Normalkostenbasis kalkulierten Umsatzerlöse (Umsatzergebnis) gedeckt sind, wird die Kostendeckung in Form einer Kostenüber- oder Kostenunterdeckung bestimmt.

$$\text{Kostenüberdeckung: Normalgemeinkosten} - \text{Istgemeinkosten} > 0$$

$$\text{Kostenunterdeckung: Normalgemeinkosten} - \text{Istgemeinkosten} < 0$$

### Sachverhalt

Der aktuelle erweiterte, mehrstufige Betriebsabrechnungsbogen eines Industriebetriebs weist für die betrachtete Abrechnungsperiode folgende Summen an Gemeinkosten aus:

Kostenstelle Material 120.000,00 EUR, Kostenstelle Fertigung 1.250.000,00 EUR, Kostenstelle Verwaltung 450.000,00 EUR sowie Kostenstelle Vertrieb 210.000,00 EUR.

Die Einzelkosten Materialbereich belaufen sich auf 1.140.000,00 EUR und die Einzelkosten im Fertigungsbereich auf 580.000,00 EUR. Zu berücksichtigen ist, dass die vorkalkulierten und die Einzelkosten des aktuellen Betriebsabrechnungsbogens übereinstimmen.

Folgende Bestandsveränderungen sind zu berücksichtigen: Minderbestand an unfertigen Erzeugnissen 20.000,00 EUR und Mehrbestand an fertigen Erzeugnissen 185.000,00 EUR.

In der vergangenen Abrechnungsperiode wurden für die Vorkalkulationen folgende Normalzuschlagssätze genutzt: Material 9,50 %, Fertigung 195,00 %, Verwaltung 15,00 % und Vertrieb 8,50 %.

Aufgabe: Ermittlung der Kostendeckungen je Kostenstelle.

Lösung:

|  | Material | Fertigung | Verwaltung | Vertrieb |
|---|---:|---:|---:|---:|
| Istgemeinkosten (EUR) | 120.000,00 | 1.250.000,00 | 450.000,00 | 210.000,00 |
| Zuschlagsgrundlagen (EUR) | 1.140.000,00 | 580.000,00 | 2.925.000,00 | |
| Normalzuschlagssätze (%) | 9,50 | 195,00 | 15,00 | 8,50 |
| Normalgemeinkosten (EUR) | 108.300,00 | 1.131.000,00 | 433.050,00 | 245.395,00 |
| Kostendeckung (EUR) | -11.700,00 | -119.000,00 | -16.950,00 | 35.395,00 |
| Istzuschlagssätze (%) | 10,53 | 215,52 | 15,38 | 7,18 |

*Nebenrechnung zur Ermittlung der Herstellkosten des Umsatzes (EUR):*

|  |  |
|---|---:|
| Fertigungsmaterial (FM) | 1.140.000,00 |
| + Materialgemeinkosten (MGK) | 114.000,00 |
| + Fertigungslöhne (FL) | 580.000,00 |
| + Fertigungsgemeinkosten (FGK) | 1.218.000,00 |
| = Herstellkosten der Erzeugung (HKE) | 3.052.000,00 |
| − Bestandsmehrungen an unfertigen und fertigen Erzeugnissen | 185.000,00 |
| + Bestandsminderungen an unfertigen und fertigen Erzeugnissen | 20.000,00 |
| = Herstellkosten des Umsatzes (HKU) | 2.887.000,00 |

Für die Kostenstellen Material, Fertigung und Verwaltung liegt jeweils eine Kostenunterdeckung vor. Das Umsatzergebnis reicht nicht aus, um die tatsächlich angefallenen Istkosten der Kostenstelle zu decken.

Für die Kostenstelle Vertrieb liegt eine Kostenüberdeckung vor. Das Umsatzergebnis reicht aus, die tatsächlich angefallenen Istkosten der Kostenstelle zu decken.

Folgende Gründe können für Abweichung von den Normalkosten verantwortlich sein:

- **Preisabweichungen:** Preiserhöhungen (Preissenkungen) im Bereich der Gemeinkosten führen zu einer höheren (niedrigeren) Belastung der Kostenstellen und damit zu höheren (niedrigeren) Gemeinkostenzuschlagssätzen.
- **Beschäftigungsabweichungen:** Die Ausweitung (Rückgang) der Produktion führt zu einer höheren (niedrigeren) Belastung der Kostenstellen und damit zu höheren (niedrigeren) Gemeinkostenzuschlagssätzen.
- **Verbrauchsabweichungen:** Die Überschreitung (Unterschreitung) des Materialeinsatzes (Stückliste) und der Fertigungszeiten (Arbeitsplan) führt zu steigenden (fallenden) Gemeinkosten und damit zu höheren (niedrigeren) Gemeinkostenzuschlagssätzen.

*Wiederholungsfragen*

1. Beschreiben Sie, was man unter einer Kostenstelle versteht und welche Kostenstellenarten unterschieden werden.

2. Beschreiben Sie, wozu ein Betriebsabrechnungsbogen im Rahmen der Kostenstellenrechnung eingesetzt wird.

3. Nennen Sie die typischen Hauptkostenstellen, zwei allgemeine Hilfskostenstellen und eine Hilfskostenstelle, die ihre Leistungen einer Hauptkostenstelle zur Verfügung stellt.

4. Erläutern Sie den Unterschied zwischen Kostenstelleneinzelkosten und Kostenstellengemeinkosten.

5. Beschreiben Sie die Verteilung der primären und sekundären Gemeinkosten als Schritte der Gemeinkostenverteilung.

6. Erläutern Sie den Zweck von Gemeinkostenzuschlagssätzen.

7. Formulieren Sie den Grund, warum in regelmäßigen Abständen eine Gegenüberstellung von Istkosten und Normalkosten erfolgt.

8. Nennen Sie die Gründe für Kostenabweichungen.

## 3.4 Kostenträgerzeit- und Kostenträgerstückrechnung

Die Kostenträgerrechnung hat die Aufgabe, die im Rahmen des betrieblichen Leistungsprozesses entstandenen Kosten möglichst genau und verursachungsgerecht den Kostenträgern zuzurechnen. Zu diesem Zweck übernimmt sie die Einzelkosten direkt aus der Kostenartenrechnung und die Gemeinkosten aus der Kostenstellenrechnung.

*Kostenträger sind die Leistungen des Betriebes, deren Erstellung die ermittelten Kosten verursachen.*

**Beispiel:** *Gleich, welche Produkte oder Dienstleistungen ein Unternehmen auf dem Markt anbietet: Seien es Wattestäbchen, Pkws, Schiffe oder Beratungsleistungen: Die Frage: „Was kostet das Produkt oder die Dienstleistung, die wir hergestellt haben und verkaufen wollen?" muss jeder Betrieb beantworten, da er nur durch den Vergleich der am Markt erzielten Preise mit den Selbstkosten erfahren kann, wie viel Gewinn er pro Stück, pro Produktgruppe und insgesamt gemacht hat.*

In einem Industriebetrieb sind die Kostenträger die hergestellten und verkauften Produkte, in einem Handelsbetrieb die angekauften und dann verkauften Waren und in einem Dienstleistungsbetrieb die erbrachten Dienstleistungen.

Die Kostenträgerrechnung unterscheidet die Kostenträgerzeit- und Kostenträgerstückrechnung.

| Kostenträgerzeitrechnung | Kostenträgerstückrechnung |
|---|---|
| *Die Kostenträgerzeitrechnung ermittelt die gesamten Selbstkosten einer Abrechnungsperiode.* | *Die Kostenträgerstückrechnung ermittelt die Selbstkosten eines Produkts oder einer Dienstleistung innerhalb einer Abrechnungsperiode.* |
| Dabei werden mithilfe des Kostenträgerblatts als Periodenrechnung die Selbstkosten nach Kostenträgern getrennt ermittelt. Unter Berücksichtigung der Verkaufserlöse (netto, ohne Umsatzsteuer) stellt das Kostenträgerblatt die Erfolgsrechnung aller Produkte dar. Das Kostenträgerblatt wird auch Betriebsabrechnungsbogen II (BAB II) genannt. | Dabei werden im Rahmen von verschiedenen Kalkulationsverfahren als Stückrechnung die Selbstkosten einzelner Produkte oder Dienstleistungen ermittelt. Die Kostenträgerstückrechnung wird auch als Kalkulation bezeichnet. |

Je nach Fertigungstyp werden in einem Industriebetrieb folgende Kalkulationsverfahren unterschieden:

| Fertigungstyp | Kalkulationsverfahren |
|---|---|
| Einzel- oder Serienfertigung unterschiedlicher Produkte | Zuschlagskalkulation |
| Fertigungstypen mit intensivem Maschineneinsatz, z. B. teilautomatisierte Fertigung | Maschinenstundensatzkalkulation |
| Massenfertigung | Divisionskalkulation |
| Sortenfertigung | Äquivalenzziffernkalkulation |

## 3.4.1 Kostenträgerzeitrechnung

Die Kostenträgerzeitrechnung nutzt das Kostenträgerblatt als Instrument der Selbstkosten- und Betriebsergebnisermittlung.

Schematischer Aufbau des Kostenträgerblattes:

| | | Kostenträger Gesamt (EUR) | je Kostenträger eine separate Spalte (EUR) | | |
|---|---|---|---|---|---|
| | | | Produktgruppe 1 | Produktgruppe 2 | Produktgruppe 3 |
| 1 | Fertigungsmaterial | | | | |
| 2 | Materialgemeinkosten | | | | |
| 3 | **Materialkosten (1 + 2)** | | | | |
| 4 | Fertigungslöhne | | | | |
| 5 | Fertigungsgemeinkosten | | | | |
| 6 | **Fertigungskosten (4 + 5)** | | | | |
| 7 | **Herstellkosten der Fertigung (3 + 6)** | | | | |
| 8 | Bestandsveränderungen an unfertigen Erzeugnissen | | | | |
| 9 | Bestandsveränderungen an fertigen Erzeugnissen | | | | |
| 10 | **Herstellkosten des Umsatzes (7 + 8 + 9)** | | | | |
| 11 | Verwaltungsgemeinkosten | | | | |
| 12 | Vertriebsgemeinkosten | | | | |
| 13 | **Selbstkosten des Umsatzes (10 + 11 + 12)** | | | | |
| 14 | Netto-Verkaufserlöse | | | | |
| 15 | **Umsatzergebnis (14 −13)** | | | | |
| 16 | Kostendeckung (aus BAB) | | | | |
| 17 | **Betriebsergebnis (15 + 16)** | | | | |

- *Die Ermittlung der Selbstkosten des Umsatzes im Rahmen des Kostenträgerblatts bezeichnet man als die Kostenträgerzeitrechnung.*
- *Die Ermittlung des Umsatzergebnisses und die Ermittlung des Betriebsergebnisses bezeichnet man im Rahmen der Kostenträgerzeitrechnung als Ergebnisrechnung.*

## Sachverhalt

Ein Industrieunternehmen stellt die Produkte A und B her. Für die betrachtete Abrechnungsperiode liegen folgende, auf Normalkosten basierende Daten vor:
- Fertigungsmaterial: 120.000,00 EUR (Produkt A) und 90.000,00 EUR (Produkt B)
- Fertigungslöhne: 60.000,00 EUR (Produkt A) und 75.000,00 EUR (Produkt B)
- Minderbestand an unfertigen Erzeugnissen: 14.000,00 EUR (Produkt A) und 7.000,00 EUR (Produkt B)
- Mehrbestand an fertigen Erzeugnissen: 20.000,00 EUR (Produkt A) und 12.000,00 EUR (Produkt B)
- Netto-Verkaufserlöse: 460.000,00 EUR (Produkt A) und 455.000,00 EUR (Produkt B)
- Gemeinkostenzuschlagssätze für die Kostenstellen: Material 5,00 %, Fertigung 200,00 %, Verwaltung 10,00 % und Vertrieb 15,00 %.

Aus dem Betriebsabrechnungsbogen der betrachteten Abrechnungsperiode wurde eine Unterdeckung der Gemeinkosten in Höhe von 8.735,00 EUR ermittelt.

Aufgabe:
Erstellung der Kostenträgerzeitrechnung und Durchführung der Ergebnisrechnung mithilfe eines Kostenträgerblatts.

| | Verrechnete Normalkosten | Kostenträger Gesamt (EUR) | Produkt A (EUR) | Produkt B (EUR) |
|---|---|---|---|---|
| 1 | Fertigungsmaterial | 210.000,00 | 120.000,00 | 90.000,00 |
| 2 | Materialgemeinkosten | 10.500,00 | 6.000,00 | 4.500,00 |
| 3 | **Materialkosten (1 + 2)** | **220.500,00** | **126.000,00** | **94.500,00** |
| 4 | Fertigungslöhne | 135.000,00 | 60.000,00 | 75.000,00 |
| 5 | Fertigungsgemeinkosten | 270.000,00 | 120.000,00 | 150.000,00 |
| 6 | **Fertigungskosten (4 + 5)** | **405.000,00** | **180.000,00** | **225.000,00** |
| 7 | **Herstellkosten der Fertigung (3 + 6)** | **625.500,00** | **306.000,00** | **319.500,00** |
| 8 | Bestandsveränderungen an unfertigen Erzeugnissen | 21.000,00 | 14.000,00 | 7.000,00 |
| 9 | Bestandsveränderungen an fertigen Erzeugnissen | –32.000,00 | –20.000,00 | –12.000,00 |
| 10 | **Herstellkosten des Umsatzes (7 + 8 + 9)** | **614.500,00** | **300.000,00** | **314.500,00** |
| 11 | Verwaltungsgemeinkosten | 61.450,00 | 30.000,00 | 31.450,00 |
| 12 | Vertriebsgemeinkosten | 92.175,00 | 45.000,00 | 47.175,00 |
| 13 | **Selbstkosten des Umsatzes (10 + 11 + 12)** | **768.125,00** | **375.000,00** | **393.125,00** |
| 14 | Netto-Verkaufserlöse | 915.000,00 | 460.000,00 | 455.000,00 |
| 15 | **Umsatzergebnis (14 -13)** | **146.875,00** | **85.000,00** | **61.875,00** |
| 16 | Kostendeckung (aus BAB) | –8.735,00 | | |
| 17 | **Betriebsergebnis (15 + 16)** | **138.140,00** | | |

Das Betriebsergebnis, das dem Saldo des KLR-Bereich in der Ergebnistabelle entspricht, liegt unter dem Umsatzergebnis. Der Grund liegt in der Kostenunterdeckung. Die im Kostenträgerblatt verrechneten Normalkosten liegen unter den im Betriebsabrechnungsbogen verrechneten Istkosten. Dies führt im Rahmen der Ergebnisrechnung zu einem geringeren Betriebsergebnis.

### 3.4.2 Zuschlagskalkulation

Die Zuschlagskalkulation ermittelt in Industriebetrieben mit Einzel- oder Serienfertigung – von im Wesentlichen unterschiedlichen Produkten – die Selbstkosten einzelner Kostenträger entsprechend der Kostenverursachung. Im Rahmen der Zuschlagskalkulation werden unterschieden:

| Summarische Zuschlagskalkulation | Differenzierte Zuschlagskalkulation |
| --- | --- |
| Die Gemeinkosten der betrieblichen Leistungserstellung werden zu einem Wert zusammengefasst und auf die Einzelkosten aufgeschlagen. Dieses einfache Verfahren zur Ermittlung der Selbstkosten bedarf keiner vorgelagerten Kostenstellenrechnung zur Ermittlung von Zuschlagssätzen, da die Gemeinkosten auf Basis eines einheitlichen Zuschlagssatzes den gesamten Einzelkosten aufgeschlagen werden. Dieses Verfahren ist relativ ungenau und kommt allenfalls in kleinen Industrie- oder Handwerksbetrieben zur Anwendung. | Die Gemeinkosten der betrieblichen Leistungserstellung werden auf Basis von mehreren Zuschlagssätzen – getrennt nach Kostenstellen – den Einzelkosten aufgeschlagen. Dieses Verfahren zur Ermittlung der Selbstkosten ist ein wesentlich genaueres Verfahren als das der summarischen Zuschlagskalkulation, benötigt aber zwingend eine vorgelagerte Kostenstellenrechnung zur Ermittlung der Zuschlagssätze. |

| Schema der differenzierten Zuschlagskalkulation | EUR |
| --- | --- |
| 1  Fertigungsmaterial (Einzelkosten)<br>2  Materialgemeinkosten | |
| **3  Materialkosten (1 + 2)** | |
| 4  Fertigungslöhne (differenziert nach Fertigungskostenstellen)<br>5  Fertigungsgemeinkosten (differenziert nach Fertigungskostenstellen)<br>6  Sondereinzelkosten der Fertigung | |
| **7  Fertigungskosten (4 + 5 + 6)** | |
| **8  Herstellkosten des Kostenträgers (3 + 7)** | |
| 9  Verwaltungsgemeinkosten<br>10  Vertriebsgemeinkosten<br>11  Sondereinzelkosten des Vertriebs | |
| **12  Selbstkosten des Kostenträgers (8 + 9 + 10 + 11)** | |

Die Zuschlagskalkulation kann als Vorkalkulation oder Nachkalkulation durchgeführt werden.

- Als **Vorkalkulation** dient sie zur Kalkulation von Angebotspreisen und basiert auf Normalkosten (Kalkulation vor der Produktion).
- Als **Nachkalkulation** dient sie zur Kostenkontrolle, die den Normalkosten der Vorkalkulation die Istkosten (Kalkulation nach der Produktion) gegenüberstellt.

### 3.4.2.1 Zuschlagskalkulation als Angebotskalkulation (Vorkalkulation)

Zur Kalkulation eines Angebotspreises (Listenverkaufspreis) für einen Kostenträger muss die differenzierte Zuschlagskalkulation erweitert werden.

| | | |
|---|---|---|
| 12 | Selbstkosten des Kostenträgers | |
| 13 | Gewinnzuschlag (vH) | (1) |
| **14** | **Barverkaufspreis (12 + 13)** | |
| 15 | Vertriebsprovision (iH) | (2) |
| 16 | Skonto (Kundenskonto) (iH) | (2) |
| **17** | **Zielverkaufspreis (14 + 15 + 16)** | |
| 18 | Rabatt (Kundenrabatt) (iH) | (3) |
| **19** | **Listenverkaufspreis des Kostenträgers (17 + 18)** | |

Erläuterungen:

(1) Der Gewinnzuschlag erfolgt prozentual als Vom-Hundert-Wert (vH) zu den Selbstkosten des Kostenträgers.

(2) Vertriebsprovision und Skonto als Nachlässe sollen den Gewinn nicht mindern. Daher müssen diese Nachlässe in den Listenverkaufspreis des Kostenträgers mit einkalkuliert werden.
Der Zielverkaufspreis ist für denjenigen, der das Angebot annimmt (Käufer), und denjenigen, der den Auftrag möglicherweise vermittelt (Vertreter, Reisender), die Rechenbasis (100,00 %) zur Berechnung der Vertriebsprovision bzw. des Skontobetrags. Derjenige, der das Angebot kalkuliert, muss in umgekehrter Richtung denken: Für ihn entspricht der Barverkaufspreis dem verminderten Grundwert (100,00 % – Prozentsatz Vertriebsprovision – Prozentsatz Skonto); beide Nachlässe werden als Im-Hundert-Werte (iH) dem Barverkaufspreis zugerechnet.

(3) Die gleiche Argumentation gilt für den Kundenrabatt. Für denjenigen, der das Angebot anfordert, ist der Listenverkaufspreis die Rechenbasis (100,00 %) für den Abzug des Rabatts.
Für denjenigen, der das Angebot kalkuliert, entspricht der Zielverkaufspreis dem verminderten Grundwert (100,00 % – Prozentsatz Rabatt); dieser Nachlass wird ebenfalls als Im-Hundert-Wert (iH) dem Zielverkaufspreis zugerechnet.

#### Sachverhalt

Ein Industrieunternehmen erhält eine Marktanfrage zur Abgabe eines Angebotspreises über 150 Stück eines seiner Produkte.

Zur Kalkulation des Angebotspreises liegen folgende betriebsinterne Kosteninformationen vor, jeweils bezogen auf ein Stück:

Materialkosten 100,00 EUR, Fertigungslohn Abteilung A 50,00 EUR, Fertigungslohn Abteilung B 60,00 EUR.

Gemeinkostenzuschlagssätze für die Kostenstellen: Material 100,00 %, Fertigungsabteilung A 50,00 %, Fertigungsabteilung B 200,00 %, Verwaltung 4,00 % und Vertrieb 6,00 %.

Bei der Kalkulation des Angebotspreises sollen berücksichtigt werden: Gewinnzuschlag 15,00 %, Vertriebsprovision 3,00 %, Skonto 2,00 % und ein Rabatt von 10,00 %.

Aufgabe: Kalkulation des Listenverkaufspreises (Nettoverkaufspreis).

Lösung:

| Bezeichnung | Wert (EUR) | % | % |
|---|---|---|---|
| Fertigungsmaterial (Einzelkosten) | 100,00 | 100,00 | |
| Materialgemeinkosten | 20,00 | 20,00 | |
| **Materialkosten** | **120,00** | **108,00** | |
| Fertigungslohn Abteilung A (Einzelkosten) | 50,00 | | 100,00 |
| Fertigungsgemeinkosten Abteilung A | 50,00 | | 100,00 |
| **Fertigungskosten Abteilung A** | **100,00** | | **200,00** |
| Fertigungslohn Abteilung B (Einzelkosten) | 60,00 | | 100,00 |
| Fertigungsgemeinkosten Abteilung B | 120,00 | | 200,00 |
| **Fertigungskosten Abteilung B** | **180,00** | | **300,00** |
| **Fertigungskosten** | **280,00** | | |
| **Herstellkosten** | **400,00** | **100,00** | |
| Verwaltungsgemeinkosten | 16,00 | 4,00 | |
| Vertriebsgemeinkosten | 24,00 | 6,00 | |
| **Selbstkosten** | **440,00** | **110,00** | **100,00** |
| Gewinnzuschlag (vH) | 66,00 | | 15,00 |
| **Barverkaufspreis** | **506,00** | **93,00** | **115,00** |
| Vertriebsprovision (iH) | 27,21 | 5,00 | |
| Skonto (Kundenskonto) (iH) | 10,88 | 2,00 | |
| **Zielverkaufspreis** | **544,09** | **100,00** | **90,00** |
| Rabatt (Kundenrabatt) (iH) | 60,45 | | 10,00 |
| **Listenverkaufspreis** | **604,54** | | **100,00** |

### 3.4.2.2 Zuschlagskalkulation als Nachkalkulation

Im Rahmen der Vorkalkulation wird mit den Durchschnittswerten vorangegangener Abrechnungsperioden (Normalkosten) gearbeitet. Die Zuschlagskalkulation als Nachkalkulation stellt die mit der Auftragsabwicklung tatsächlich angefallenen Kosten (Istkosten) den vorkalkulierten Kosten gegenüber, um Abweichungen erkennen zu können. Die Abweichungen (Kostenüber- oder Kostenunterdeckungen) müssen dann im Einzelnen analysiert, gewertet und daraus betriebswirtschaftliche Maßnahmen abgeleitet werden.

**Sachverhalt**

Auf der Grundlage der Informationen des Sachverhalts zur Vorkalkulation soll eine Nachkalkulation unter Verwendung nachstehender Informationen für die Nachkalkulation durchgeführt werden.

Materialeinzel- und Fertigungseinzelkosten entsprechen für die Nachkalkulation denen der Vorkalkulation. Der vorkalkulierte Verkaufspreis konnte realisiert werden.

Der aktuelle Betriebsabrechnungsbogen weist folgende Istzuschlagssätze für die Kostenstellen aus: Material 16,00 %, Fertigungsabteilung A 105,00 %, Fertigungsabteilung B 200,00 %, Verwaltung 4,00 % und Vertrieb 4,00 %.

Aufgabe: Durchführung der Nachkalkulation und Erläuterung der Ergebnisse der Nachkalkulation.

Lösung:

| | Vorkalkulation | | Nachkalkulation | |
|---|---|---|---|---|
| **Kalkulationsschema** | % | EUR | % | EUR |
| Fertigungsmaterial (Einzelkosten) | | 100,00 | | 100,00 |
| Materialgemeinkosten | 20,00 | 20,00 | 16,00 | 16,00 |
| **Materialkosten** | | 120,00 | | 116,00 |
| Fertigungslohn Abteilung A (Einzelkosten) | | 50,00 | | 50,00 |
| Fertigungsgemeinkosten Abteilung A | 100,00 | 50,00 | 105,00 | 52,50 |
| **Fertigungskosten Abteilung A** | | 100,00 | | 102,50 |
| Fertigungslohn Abteilung B (Einzelkosten) | | 60,00 | | 60,00 |
| Fertigungsgemeinkosten Abteilung B | 200,00 | 120,00 | 200,00 | 120,00 |
| **Fertigungskosten Abteilung B** | | 180,00 | | 180,00 |
| **Fertigungskosten** | | 280,00 | | 282,50 |
| **Herstellkosten** | | 400,00 | | 398,50 |
| Verwaltungsgemeinkosten | 4,00 | 16,00 | 4,00 | 16,00 |
| Vertriebsgemeinkosten | 6,00 | 24,00 | 4,00 | 15,94 |

|  | Vorkalkulation | | Nachkalkulation | |
|---|---|---|---|---|
| Selbstkosten |  | 440,00 |  | 430,44 |
| Gewinnzuschlag (vH) | 15,00 | 66,00 | 17,55 | 75,56 |
| Barverkaufspreis |  | 506,00 |  | 506,00 |
| Vertriebsprovision (iH) | 3,00 | 27,21 |  |  |
| Skonto (Kundenskonto) (iH) | 2,00 | 10,88 |  |  |
| Zielverkaufspreis |  | 544,09 |  |  |
| Rabatt (Kundenrabatt) (iH) | 10,00 | 60,45 |  |  |
| Listenverkaufspreis |  | 604,54 |  |  |

### Auswertung der Nachkalkulation

Die Selbstkosten auf Istkostenbasis fallen um 9,56 EUR geringer aus als die Selbstkosten auf Normalkostenbasis. Da der Angebotspreis mit 604,54 EUR erzielt wurde, ergibt sich nach Abzug von Rabatt, Skonto und Vertriebsprovision ein erzielter Barverkaufspreis von 506,00 EUR.

Die Differenz zwischen den geringeren Selbstkosten und diesem Barverkaufspreis ergibt 75,56 EUR. Das entspricht in Prozent von den Selbstkosten einem Gewinn von 17,55 %.

Die Kostenüberdeckung resultiert aus jeweils geringeren Istgemeinkosten der Kostenstellen Material und Vertrieb.

### 3.4.3 Maschinenstundensatzkalkulation

Dieses Kalkulationsverfahren findet immer dann Anwendung, wenn es um maschinenintensive Fertigungen geht. Als Problem solcher Produktionen für die Kalkulationen hat sich in den vergangenen 50 Jahren die zunehmende Maschinisierung und Automatisierung erwiesen. Während die Einzelkosten (= Fertigungslöhne) immer mehr abnahmen, nahmen die Gemeinkosten (z. B. Abschreibungen, kalkulatorische Zinsen, Wartung) im Verhältnis immer mehr zu. Das führte dazu, dass in einigen Betrieben die Gemeinkostensätze extrem hoch wurden (300 bis 600 %). Es ist unmittelbar nachzuvollziehen, dass dies bei einem Irrtum in den erfassten und kalkulierten Einzelkosten zu schweren Fehlern in der Kalkulation führt.

Die Lösung lag darin, dass man den gesamten Gemeinkostenblock einer Fertigungskostenstelle aufteilt in maschinenabhängige Hauptgemeinkosten und fertigungslohnabhängige Restgemeinkosten.

- Zu den **maschinenabhängigen Kosten** zählen in erster Linie Abschreibungen, Zinsen, Kosten für Instandhaltung, Energie, Betriebsstoffe, Miete, Werkzeuge und Versicherungen.
- Zu den **fertigungslohnabhängigen Restgemeinkosten** zählen in erster Linie Hilfslöhne, Gehälter sowie Sozialabgaben.

Je nach Fertigungsorganisation (Werkstatt-, Werkstätten-, Reihen-, Fließ- oder Gruppenfertigung) können individuell maschinenabhängige sowie fertigungslohnabhängige Gemeinkosten hinzukommen. Bei der Maschinenstundensatzkalkulation wird jede Maschine als eigene Kostenstelle oder Kostenplatz betrachtet und für jede dieser Kostenstelle ein Stundensatz ermittelt.

### Maschinenstundensatz

Die Summe der maschinenabhängigen Kosten wird ins Verhältnis zu den durchschnittlich in Anspruch genommenen Maschinenstunden gesetzt. Der **Maschinenstundensatz** berechnet sich als

$$\text{Maschinenstundensatz} = \text{Maschinenkosten} : \text{Maschinenstunden}$$

Maschinen mit übereinstimmenden Maschinenstundensätzen werden zu Gruppen zusammengefasst.

Im Betriebsabrechnungsbogen (BAB) werden im Fertigungsbereich für Maschinen oder Maschinengruppen eigene Kostenstellen gebildet. Die nicht über den Maschinenstundensatz erfassten Restfertigungsgemeinkosten einer Maschinenkostenstelle werden Regiekosten genannt.

### Sachverhalt

Für ein Industrieunternehmen liegen für eine Fertigungsstelle folgende Informationen über eine eingesetzte Maschine vor:

Anschaffungskosten 450.000,00 EUR, kalkulatorische Nutzungsdauer 10 Jahre, kalkulatorischer Zinssatz 9,50 %, monatliche Instandhaltungskosten 1.200,00 EUR, monatliche Raumkosten 105,00 EUR, Energiekosten pro Stunde 1,80 EUR.

Die Maschine ist bei 230 Arbeitstagen je 8 Stunden in Betrieb.

Aufgabe: Ermittlung des Maschinenstundensatzes.

Lösung:

| Bezeichnung | Berechnung | Wert (EUR) |
|---|---|---|
| Abschreibungen | 450.000,00 : 10 | 45.000,00 |
| Instandhaltung | 1.200,00 · 12 | 14.400,00 |
| Raumkosten | 105,00 · 12 | 1.260,00 |
| Energiekosten | 1,80 · 230 · 8 | 3.312,00 |
| Summe: | | 63.972,00 |
| Maschinenstundensatz: | 63.972,00 : 230 · 8 | 34,77 |

### Sachverhalt

Für eine Auftragskalkulation liegen in einem Industrieunternehmen folgende Informationen vor:

Materialeinsatz 1.500,00 EUR, Fertigungslöhne 4.500,00 EUR, Maschinenlaufzeit Maschine A 240 Stunden zum Maschinenstundensatz von 32,50 EUR, Maschinenlaufzeit Maschine B 130 Stunden zum Maschinenstundensatz von 11,50 EUR.

Zuschlagssätze: Material 35,00 %, Fertigung 170,00 %, Verwaltung und Vertrieb jeweils 8,00 %.

Aufgabe: Ermittlung der auftragsbezogenen Selbstkosten.

Lösung:

|  | Vorkalkulation | |
|---|---|---|
| Kalkulationsschema | % | EUR |
| Fertigungsmaterial (Einzelkosten) |  | 1.500,00 |
| Materialgemeinkosten | 35,00 | 525,00 |
| **Materialkosten** |  | **2.025,00** |
| Maschinenkosten Maschine A (240 · 32,50) |  | 7.800,00 |
| Maschinenkosten Maschine B (130 · 11,50) |  | 1.495,00 |
| **Maschinenkosten** |  | **9.295,00** |
| Fertigungslöhne |  | 4.500,00 |
| Fertigungsgemeinkosten | 170,00 | 7.650,00 |
| **Fertigungskosten** |  | **12.150,00** |
| **Herstellkosten** |  | **23.470,00** |
| Verwaltungsgemeinkosten | 8,00 | 1.877,60 |
| Vertriebsgemeinkosten | 8,00 | 1.877,60 |
| **Selbstkosten** |  | **27.225,20** |

### 3.4.4 Divisionskalkulation

Bei Fertigungsverfahren der Einproduktfertigung (Massenfertigung) findet dieses Kalkulationsverfahren Anwendung, da keine gesonderte Zuordnung der Gemeinkosten zu Kostenstellen erforderlich ist.

#### 3.4.4.1 Einstufige Divisionskalkulation

Ist die Produktion in einem Einproduktbetrieb dadurch gekennzeichnet, dass es keine Bestandsveränderungen an fertigen und unfertigen Erzeugnissen gibt, dient die einstufige Divisionskalkulation zur Selbstkostenermittlung.

> Selbstkosten je Leistungseinheit (Abrechnungsperiode) =
> Gesamtkosten : Leistungsmenge

### Sachverhalt

Ein Einproduktbetrieb produziert in einer Abrechnungsperiode 6.400 Einheiten bei Gesamtkosten in Höhe von 1.568.000,00 EUR.

Selbstkosten je Leistungseinheit = 1.568.000,00 EUR : 6.400 Einheiten = 245,00 EUR je Einheit.

#### 3.4.4.2 Mehrstufige Divisionskalkulation

Ist die Produktion in einem Einproduktbetrieb dadurch gekennzeichnet, dass es Bestandsveränderungen an unfertigen und fertigen Erzeugnissen gibt, dient die mehrstufige Divisionskalkulation zur Selbstkostenermittlung.

> Selbstkosten je Leistungseinheit (Abrechnungsperiode) =
> Herstellkosten : Leistungsmenge +
> Verwaltungs- und Vertriebskosten : abgesetzte Menge

### Sachverhalt

Ein Einproduktbetrieb produziert in einer Abrechnungsperiode 6.400 Einheiten bei Gesamtkosten in Höhe von 1.568.000,00 EUR; der Anteil der Verwaltungs- und Vertriebskosten an den Gesamtkosten beläuft sich auf 10,00 %.

Von der Produktionsmenge werden 80,00 % abgesetzt.

Aufgabe: Ermittlung der Selbstkosten.

Lösung:

Selbstkosten je Leistungseinheit = 1.411.200,00 EUR : 6.400 Einheiten + 156.800,00 EUR : 5.120 Einheiten = 220,50 EUR je Einheit + 30,63 EUR je Einheit = 251,13 EUR je Einheit.

### 3.4.5 Äquivalenzziffernkalkulation

Ist die betriebliche Leistungserstellung dadurch gekennzeichnet, dass Varianten eines gleichen Grundproduktes gefertigt werden (Sortenfertigung), und stehen die Kosten der Produktion der verschiedenen Varianten in einem nachvollziehbaren und messbaren Verhältnis zueinander, so kann die Kalkulation der Selbstkosten mit Äquivalenzziffern durchgeführt werden.

*Voraussetzung für die Anwendung der Äquivalenzziffernkalkulation:*
*(1) Sortenfertigung und*
*(2) Verhältnismäßigkeit der Kosten der einzelnen Produkte (Varianten) zueinander.*

Es entstehen im Rahmen des betrieblichen Leistungsprozesses unterschiedliche Kosten je Sorte, da die Einsatzmengen der Produktionsfaktoren bei einer Sortenfertigung variantenbezogen variieren.

Diese Variationen – und damit auch die mit dem betrieblichen Leistungsprozess verbundenen Kosten – stehen in einem festen Verhältnis zueinander. Die Verhältnisse der Variantenkosten zueinander werden mithilfe von Äquivalenzziffern ausgedrückt.

*Äquivalenzziffern sind Verhältniszahlen, die das Kostenverhältnis der einzelnen Kostenträger (Sorten) zueinander zum Ausdruck bringen.*

Die wichtigste Sorte erhält dabei die Äquivalenzziffer 1 (Richtsorte) und die verbleibenden Sorten einen Zuschlag, der die Kostenverursachung ausdrückt (Äquivalenzziffer > 1) oder Abschlag (Äquivalenzziffer < 1). Sind die Voraussetzungen erfüllt, kann die Äquivalenzziffernkalkulation in folgenden Schritten durchgeführt werden:

(1) Zuordnung der Äquivalenzziffern zu den verschiedenen Sorten

(2) Ermittlung von Recheneinheiten zur Vergleichbarkeit der verschiedenen Sorten

**Recheneinheit = Sortenmenge · Äquivalenzziffer**

(3) Berechnung der Stückkosten je Recheneinheit

**Stückkosten je Recheneinheit = Gesamtkosten : Summe Recheneinheiten**

(4) Berechnung der Selbstkosten je Stück für jede Sorte

**Selbstkosten je Stück = Stückkosten je Recheneinheit · Äquivalenzziffer**

(5) Berechnung der Gesamtselbstkosten je Sorte

**Gesamtselbstkosten je Sorte = Selbstkosten je Stück · Sortenmenge**

### Sachverhalt

Ein Industrieunternehmen produziert in Sortenfertigung die Produkte A, B und C.

Produktionsmengen: 1.400 (Produkt A), 2.400 (Produkt B) und 1.800 (Produkt C)

Aus Erfahrungswerten ist bekannt, dass die drei Sorten zueinander in folgendem Kostenverhältnis stehen: 1,40 (A) : 1,00 (B) : 0,80 (C)

Die gesamten Selbstkosten der drei Sorten sind über den Betriebsabrechnungsbogen mit 725.000,00 EUR ermittelt worden.

Aufgabe:
Durchführung einer Äquivalenzziffernkalkulation zur Ermittlung der Selbstkosten je Stück und Sorte.

Lösung:

| Sorte | Produktions-menge | Äquivalenz-ziffern | Recheneinheiten | Selbstkosten je Stück (EUR) | Selbstkosten je Sorte (EUR) |
|---|---|---|---|---|---|
| A | 1.400 | 1,40 | 1.400 · 1,40 = 1.960 | 175,00 | 245.000,00 |
| B | 2.400 | 1,00 | 2.400 · 1,00 = 2.400 | 125,00 | 300.000,00 |
| C | 1.800 | 0,80 | 1.800 · 0,80 = 1.440 | 100,00 | 180.000,00 |
| | Summe Recheneinheiten: | | 5.800 | Selbstkosten:: | 725.000,00 |

Kosten je Recheneinheit = 725.000,00 EUR : 5.800 Recheneinheiten = 125,00 EUR/Recheneinheit

Selbstkosten je Stück (Sorte A) = 125,00 EUR/Recheneinheit · 1,40 Recheneinheiten = 175,00 EUR

Selbstkosten je Stück (Sorte B) = 125,00 EUR/Recheneinheit · 1,00 Recheneinheiten = 125,00 EUR

Selbstkosten je Stück (Sorte A) = 125,00 EUR/Recheneinheit · 0,80 Recheneinheiten = 100,00 EUR

### 3.4.6 Handelswarenkalkulation

Handelsbetriebe oder Industriebetriebe mit Handelswaren (Handel mit bereits produzierten Produkten = Handelsware) verwenden in der Regel die Zuschlagskalkulation mit Handlungskostenzuschlag zur Ermittlung des Listenverkaufspreises.

| Allgemeines Schema einer Handelswarenkalkulation | EUR |
|---|---|
| 1  Listeneinkaufspreis | |
| 2  Lieferantenrabatt | |
| 3  **Zieleinkaufspreis (1 − 2)** | |
| 4  Skonto (Lieferantenskonto) | |
| 5  **Bareinkaufspreis (3 − 4)** | |
| 6  Bezugskosten | |
| 7  **Bezugspreis (Einstandspreis) (5 + 6)** | |
| 8  Handlungskosten | |
| 9  **Selbstkosten (7 + 8)** | |
| 10  Gewinn (vH) | |
| 11  **Barverkaufspreis (9 + 10)** | |
| 12  Skonto (Kundenskonto) (iH) | |
| 13  Vertriebsprovision (iH) | |

| Allgemeines Schema einer Handelswarenkalkulation | EUR |
|---|---|
| 14  Zielverkaufspreis (11 + 12 + 13) | |
| 15  Rabatt (Kundenrabatt) (iH) | |
| 16  Verkaufspreis (14 + 15) | |

Die Handelswarenkalkulation als Zuschlagskalkulation gliedert sich in die folgenden drei Teilbereiche:

(1) Bezugskalkulation zur Ermittlung des Bezugspreises (Einstandspreis),

(2) Interne Kalkulation zur Ermittlung des Barverkaufspreises und

(3) Absatzkalkulation (Verkaufspreiskalkulation) zur Ermittlung des Listenverkaufspreises (Nettoverkaufspreis).

Alle drei Kalkulationsverfahren berücksichtigen bei der Beschaffung und dem Absatz der Handelswaren nicht das Umsatzsteuersystem.

Für die Berechnung des Listeneinkaufspreises (netto) gilt:

$$\text{Listeneinkaufspreis} = \text{Bruttoeinkaufpreis (inkl. USt)} : (1 + \text{Vorsteuersatz})$$

Für Berechnung des Bruttoverkaufspreises (Auszeichnungspreis im Einzelhandel) gilt:

$$\text{Bruttoverkaufspreis} = \text{Verkaufspreis} \cdot (1 + \text{Umsatzsteuersatz})$$

Beträgt die Vor- bzw. Umsatzsteuer 19,00 %, ergibt sich als Vorsteuer- bzw. Umsatzsteuersatz 0,19; die gleiche Umrechnung gilt für die verminderte Vor- bzw. Umsatzsteuer von 7,00 %.

### 3.4.6.1 Bezugspreiskalkulation zur Ermittlung des Bezugspreises

**Sachverhalt**

Ein Handelsunternehmen bezieht bei einem Industrieunternehmen unter anderem ein Produkt als Handelsware. Bezugskonditionen:

Listenpreis 850,00 EUR je Stück. Auf diesen Listenpreis gewährt der Lieferant einen Rabatt von 5,00 %. Die Zahlungsbedingung lautet „8 Tage 3,00 % Skonto, 30 Tage netto.".

Die Handlungskosten (Gemeinkosten) belaufen sich auf 15,00 % des Einstandspreises.

Aufgabe: Ermittlung des Bezugspreises je Stück.

Lösung:

| Kalkulationsschema | %-Satz | Wert (EUR) |
|---|---|---|
| 1  Listeneinkaufspreis |  | 850,00 |
| 2  Lieferantenrabatt (vH) | 5,00 | 42,50 |
| 3  **Zieleinkaufspreis (1 – 2)** |  | 807,50 |
| 4  Skonto (Lieferantenskonto) (iH) | 3,00 | 24,22 |
| 5  **Bareinkaufspreis (3 – 4)** |  | 783,28 |
| 6  Bezugskosten |  | 12,72 |
| 7  **Bezugspreis (Einstandspreis) (5 + 6)** |  | 796,00 |

*Im Rahmen der Bezugspreiskalkulation stellen die Bezugskosten Einzelkosten dar, da ein fester Bezugspreis mit der Lieferung der Handelsware verbunden ist (Position der Eingangsrechnung).*

### 3.4.6.2 Interne Kalkulation zur Ermittlung der Selbstkosten

**Sachverhalt**

Das Handelsunternehmen führt einen Betriebsabrechnungsbogen, bei dem die Warengruppen des Absatzprogramms die Kostenstellen bilden.

Die Summenzeile der Gemeinkosten ergibt für die Warengruppe der hier bezogenen Handelsware einen Wert von 48.000,00 EUR bei einem Wareneinsatz von 320.000,00 EUR.

Aufgabe: Ermittlung des Handlungskostenzuschlagssatzes, der Handlungskosten und der Selbstkosten des Handelsprodukts.

Lösung:

Zuschlagssatz Handlungskosten = 48.000,00 · 100 : 320.000,00 = 15,00 %

| Kalkulationsschema | %-Satz | Wert (EUR) |
|---|---|---|
| 7  **Bezugspreis (Einstandspreis)** |  | 796,00 |
| 8  Handlungskosten (vH) | 15,00 | 119,40 |
| 9  **Selbstkosten (7 + 8)** |  | 915,40 |

*Im Rahmen der internen Kalkulation der Selbstkosten stellen die Handlungskosten Gemeinkosten dar, da sie als Verhältniswert zum Bezugspreis berechnet werden (Zuschlagssatz aus dem Betriebsabrechnungsbogen).*

### 3.4.6.3 Absatzkalkulation (Verkaufspreiskalkulation)

Mithilfe der Absatzkalkulation (Verkaufspreiskalkulation) kann man

- den Verkaufspreis ausgehend von den Selbstkosten (Vorwärtskalkulation),
- den Gewinn, ausgehend vom Bezugspreis und Verkaufspreis (Differenzkalkulation) oder
- den Bezugspreis ausgehend vom Verkaufspreis (Rückwärtskalkulation)

berechnen.

**Vorwärtskalkulation**

| Sachverhalt |
|---|
| Das Handelsunternehmen arbeitet im Rahmen der Angebotskalkulation des Verkaufspreises für ein Produkt mit folgenden Werten: |
| Gewinnzuschlag 15,00%, Skonto (Kundenskonto) 2,00% und Rabatt (Kundenrabatt) 10,00%. |
| Der Absatz des Handelsprodukts erfolgt im Direktvertrieb. |
| Es gilt ein Umsatzsteuersatz von 19,00%. |
| Aufgabe: Ermittlung des Verkaufspreises und des Bruttoverkaufspreises. |

Lösung (Vorwärtskalkulation):

| Kalkulationsschema | %-Satz | Wert (EUR) |
|---|---|---|
| 9  Selbstkosten | | 915,40 |
| 10  Gewinn (vH) | 15,00 | 137,31 |
| 11  Barverkaufspreis ( 9 + 10) | | 1.052,71 |
| 12  Skonto (Kundenskonto) (iH) | 2,00 | 21,48 |
| 13  Vertriebsprovision (iH) | 0,00 | 0,00 |
| 14  Zielverkaufspreis (11 + 12 + 13) | | 1.074,19 |
| 15  Rabatt (Kundenrabatt) (iH) | 10,00 | 119,35 |
| 16  Verkaufspreis (14 + 15) | | 1.193,54 |

*Für die Berechnungen des Gewinns gilt die Vom-Hundert-Wert-Berechnung; für die Berechnung der Werte für Skonto, Vertriebsprovision und Rabatt die Im-Hundert-Wert-Berechnung.*

Bruttoverkaufspreis = Verkaufspreis · (1 + Umsatzsteuersatz)

Umsatzsteuersatz = 19,00% : 100 = 0,19

Bruttoverkaufspreis = 1.193,54 · (1 + 0,19) = 1.193,54 · 1,19 = 1.420,31

## Differenzkalkulation

Es gibt Situationen, in denen sowohl die Beschaffungsmärkte als auch die Absatzmärkte dem Anbieter Listeneinkaufs- bzw. Verkaufspreise vorgeben, die eine den Kostenstrukturen entsprechende Vorkalkulation nicht möglich machen.

Hier bleibt dem Anbieter im Rahmen der Handelswarenkalkulation nur die Möglichkeit, den aus den Vorgaben resultierenden Gewinn oder Verlust zu ermitteln (Handelswarenkalkulation als Differenzkalkulation).

### Sachverhalt

Der Wettbewerb bietet das Handelsprodukt zu einem Bruttoverkaufspreis von 1.299,00 EUR an.

Das Handelsunternehmen möchte auf diesen Verkaufspreis eingehen.

Aufgabe: Beurteilung der Wettbewerbssituation aus Sicht des Handelsunternehmens in Bezug auf die Ergebnissituation.

Lösung (Differenzkalkulation):

Verkaufspreis = Bruttoverkaufspreis : (1 + Umsatzsteuersatz)

Verkaufspreis = 1.299,00 EUR : 1,19 = 1.091,60 EUR

| | | | |
|---|---|---|---|
| 9 | Selbstkosten | | 915,40 |
| 10 | Gewinn (vH) | 5,18 | 47,39 |
| 11 | Barverkaufspreis (9 + 10) | | 962,79 |
| 12 | Skonto (Kundenskonto) (iH) | 2,00 | 19,65 |
| 13 | Vertriebsprovision (iH) | 0,00 | 0,00 |
| 14 | Zielverkaufspreis (11 + 12 + 13) | | 982,44 |
| 15 | Rabatt (Kundenrabatt) (iH) | 10,00 | 109,16 |
| 16 | Verkaufspreis (14 + 15) | | 1.091,60 |

Als Differenz zwischen Barverkaufspreis und Selbstkosten ergibt sich ein Betrag von 47,39 EUR; dies entspricht einem Gewinnzuschlag in der aktuellen Wettbewerbssituation von 5,18 %.

Das Handelsunternehmen hat nun zwei Möglichkeiten, um die alte Gewinnsituation von 15,00 % wieder herzustellen.

- Die erste Möglichkeit ist ein Verzicht auf die Vergabe von Rabatten und/oder Kundenskonti. Damit wäre der Gewinnzuschlag von 15,00 % weiterhin gewährleistet. Die Realisierung einer solchen absatzpolitischen Maßnahme erscheint sehr aufwendig und ist möglicherweise mit wenig Erfolg verbunden.

- Die zweite Möglichkeit ist die Weitergabe der durch den Wettbewerb entstandenen Gewinnschmälerung an den Beschaffungsmarkt.

## Rückwärtskalkulation

Es gibt Situationen, in denen durch den Absatzmarkt aus wettbewerbspolitischen Gründen der Listenverkaufspreis bereits vorab festliegt.

Hier bleibt dem Anbieter im Rahmen der Handelswarenkalkulation die Möglichkeit, den Einstandspreis zu ermitteln, der in dieser Situation erzielt werden muss, um das gesetzte Betriebsergebnis zu erzielen (Handelswarenkalkulation als Rückwärtskalkulation). Diese Kalkulationsform wird auch retrograde (lat. retrogradus = rückläufig) Kalkulation genannt.

### Sachverhalt

Das Handelsunternehmen möchte trotz der Wettbewerbssituation auf seinen ursprünglichen Gewinn von 10,00 % nicht verzichten.

Aufgabe: Ermittlung des Bezugspreises in der der Wettbewerbssituation.

Lösung (Rückwärtskalkulation):

| Kalkulationsschema | %-Satz | Wert (EUR) | | |
|---|---|---|---|---|
| 11  Barverkaufspreis | | 1.052,70 | 110,00 | |
| 10  Gewinn (vH) | 10,00 | 95,70 | 10,00 | |
| 9  Selbstkosten (11 – 10) | | 957,00 | 100,00 | 115,00 |
| 8  Handlungskosten (aH) | 15,00 | 124,83 | | 15,00 |
| 7  Bezugspreis (9 – 8) | | 832,17 | | 100,00 |

### 3.4.6.4 Vereinfachung der Handelswarenkalkulation

In einem Handelsbetrieb kommt es in der Kommunikation mit Kunden und Lieferanten auf schnelle Entscheidungen an.

*Beispiel: Ein Kunde fragt in einem Einzelhandelsgeschäft danach, ob er einen bestimmten Artikel auch 5 % günstiger haben könnte. Ein Großhändler bietet einem Einzelhändler einen Posten Ware an, die der Einzelhändler bisher noch nicht verkauft hat. Ein Einzelhändler muss auf die Preise seiner Mitbewerber reagieren.*

In diesen Fällen kann der Einzelhändler seine Kalkulationen nicht Position für Position durchrechnen. Das würde zu lange dauern. Für diese Fälle bieten sich folgende Vereinfachungen an:

### Kalkulationszuschlag

Um die Kalkulationen zu vereinfachen, kann man die nacheinander zu verrechnenden Zuschläge (Handlungskostenzuschlag, Gewinnzuschlag) und die Erlösminderungen (Kundenskonto, Vertriebsprovision, Kundenrabatt) zu einem Kalkulationszuschlag zusammenfassen.

*Der Kalkulationszuschlagssatz setzt sich zusammen aus den Zuschlagssätzen für Handlungskosten sowie Gewinn und den Zuschlagssätzen der Erlösminderungen durch Kundenskonti, Vertriebsprovisionen und Kundenrabatte.*

Der Kalkulationszuschlagssatz berechnet sich wie folgt:

$$\text{Kalkulationszuschlagssatz} = (\text{Verkaufspreis} - \text{Bezugspreis}) \cdot 100 : \text{Bezugspreis}$$

Mithilfe des Kalkulationszuschlagssatzes vereinfacht sich die Vorwärtskalkulation im Rahmen der Absatzkalkulation.

### Sachverhalt

Zur Erinnerung: Das Handelsunternehmen kalkuliert mit folgenden Werten:

Handlungskostenzuschlag 15,00 %, Gewinnzuschlag 15,00 %, Skonto (Kundenskonto) 2,00 % und Rabatt (Kundenrabatt) 10,00 %

Aufgabe: Ermittlung des Kalkulationszuschlagssatzes

Lösung:

Zur Vereinfachung der Berechnung des Kalkulationszuschlagssatzes wird mit einem Bezugspreis von 100,00 EUR gerechnet.

| Kalkulationsschema | %-Satz | Wert (EUR) |
|---|---|---|
| 7  Bezugspreis (Einstandspreis) | | 100,00 |
| 8  Handlungskosten (vH) | 15,00 | 15,00 |
| 9  Selbstkosten (7 + 8) | | 115,00 |
| 10  Gewinn (vH) | 15,00 | 17,25 |
| 11  Barverkaufspreis (9 + 10) | | 132,25 |
| 12  Skonto (Kundenskonto) (iH) | 2,00 | 2,70 |
| 13  Vertriebsprovision (iH) | 0,00 | 0,00 |
| 14  Zielverkaufspreis (11 + 12 + 13) | | 134,95 |
| 15  Rabatt (Kundenrabatt) (iH) | 10,00 | 14,99 |
| 16  Verkaufspreis (14 + 15) | | 149,94 |

Kalkulationszuschlagssatz = (149,94 − 100) · 100 : 100 = 49,94 %

Bezogen auf den Sachverhalt des Handelsunternehmens:

   Verkaufspreis = Bezugspreis · 1,4994 = 796,00 EUR · 1,4994 = 1.193,52 EUR.

Die Differenz von 0,02 EUR zur Vorwärtskalkulation ergibt sich durch Rundungsdifferenzen der Rechenwege.

## Handelsspanne

In der betrieblichen Praxis wird häufig der Verkaufspreis vom Nachfrager vorgegeben, oder aber die Wettbewerbssituation begründet einen bestimmten Verkaufspreis. In solchen Situationen ist es für ein Handelsunternehmen wichtig zu wissen, ob aufgrund der Kostensituation der Verkaufspreis ausreichend ist, den gewünschten Gewinnzuschlag und den vom Beschaffungsmarkt vorgegebenen Bezugspreis zu decken.

*Die Handelsspanne ist der Prozentsatz, nach dessen Abzug vom Verkaufspreis der gewünschte Gewinnzuschlag noch realisiert werden kann und der Bezugspreis gedeckt ist.*

Die Handelsspanne berechnet sich wie folgt:

$$\text{Handelsspanne} = (\text{Verkaufspreis} - \text{Bezugspreis}) \cdot 100 : \text{Verkaufspreis}$$

Mithilfe der Handelsspanne vereinfacht sich die Rückwärtskalkulation im Rahmen der Absatzkalkulation.

### Sachverhalt

Zur Erinnerung: Das Handelsunternehmen kalkuliert mit folgenden Werten:

Rabatt (Kundenrabatt) 10,00 %, Skonto (Kundenskonto) 2,00 %, Gewinnzuschlag 15,00 % und Handlungskostenzuschlag 10,00 %.

Aufgabe: Ermittlung der Handelsspanne.

Lösung:

Zur Vereinfachung der Berechnung der Handelsspanne wird mit einem Verkaufspreis von 100,00 EUR gerechnet.

| Kalkulationsschema | %-Satz | Wert (EUR) |
|---|---|---|
| 16  Verkaufspreis | | 100,00 |
| 15  Rabatt (Kundenrabatt) (vH) | 10,00 | 10,00 |
| 14  Zielverkaufspreis | | 90,00 |
| 13  Vertriebsprovision | 0,00 | 0,00 |
| 12  Skonto (Kundenskonto) (vH) | 2,00 | 1,80 |
| 11  Barverkaufspreis | | 88,20 |
| 10  Gewinn (aH) | 15,00 | 11,50 |
| 9  Selbstkosten | | 76,70 |
| 8  Handlungskosten (aH) | 15,00 | 10,00 |
| 7  Bezugspreis (Einstandspreis) | | 66,70 |

Handelsspanne = (100 − 66,70) · 100 : 100 = 33,30%

Bezogen auf den Sachverhalt des Handelsunternehmens:

Bezugspreis = Verkaufspreis · (1 − 0,333) = 1.193,54 EUR · 0,667 = 796,09 EUR.

Die Differenz von 0,09 EUR zur Bezugspreiskalkulation ergibt sich durch Rundungsdifferenzen der Rechenwege.

## Wiederholungsfragen

1. Erläutern Sie den Unterschied zwischen Umsatzergebnis und Betriebsergebnis im Rahmen der Kostenträgerzeitrechnung.
2. Stellen Sie das wesentliche Schema der Zuschlagskalkulation dar.
3. Begründen Sie den Einsatz der Maschinenstundensatzkalkulation und beschreiben Sie die Vorgehensweise zur Berechnung eines Maschinenstundensatzes.
4. Beschreiben Sie, für welche Fälle die einstufige bzw. mehrstufige Divisionskalkulation zur Kalkulation der Selbstkosten verwendet wird.
5. Beschreiben Sie, wann die Äquivalenzziffernkalkulation eingesetzt wird, und erläutern Sie die Durchführungsschritte dieser Kalkulationsvariante.
6. Beschreiben Sie, was unter Vorwärts-, Differenz- und Rückwärtskalkulation im Rahmen der Handelswarenkalkulation verstanden wird.
7. Begründen Sie, wann und warum man bei der Absatzkalkulation (vH) und wann (iH) rechnen muss.

## 3.5 Vergleich von Vollkosten- und Teilkostenrechnung

### 3.5.1 Begründung der Teilkostenrechnung

Die Vollkostenrechnung verfolgt das Ziel der Kosten- und Leistungsrechnung, alle Kostenarten auf die Kostenträger zu verteilen. Die Vollkostenrechnung unterscheidet Einzelkosten und Gemeinkosten. Die Einzelkosten werden den Kostenträgern direkt zugewiesen.

Über die Kostenstellenrechnung und deren Instrument des Betriebsabrechnungsbogens werden die Gemeinkosten zunächst auf die Hauptkostenstellen verteilt und daraus Gemeinkostenzuschlagssätze ermittelt. Diese Gemeinkostenzuschlagssätze fließen abschließend in die Kostenträgerstückrechnung ein, um dann im Rahmen von Vor- und Nachkalkulationen ihren Einsatz zu finden.

Gemeinkostenzuschlagssätze sind Verhältniszahlen, die ausdrücken, in welchem Verhältnis Gemeinkosten zu Einzelkosten bei aktuellem Beschäftigungsgrad (Beschäftigungsgrad als Quotient aus tatsächlicher Beschäftigung zur Normalbeschäftigung mit 100%) berücksichtigt werden müssen.

Dabei wird für die Beziehung zwischen Einzelkosten und Gemeinkosten immer ein proportionales Verhältnis angenommen. Es wird unterstellt, dass eine Variation der Einzelkosten eine proportionale Variation der Gemeinkosten zur Folge hat.

Hier setzt die Begründung der Teilkostenrechnung an: Bestandteil der Gemeinkosten sind auch fixe Gemeinkosten, die sich eben nicht proportional zu den beschriebenen Beschäftigungsänderungen verhalten, sondern unabhängig davon in gleicher Höhe weiter bestehen. Deshalb werden in der Teilkostenrechnung die gesamten Kosten in die fixen (beschäftigungsunabhängigen) Kosten und die variablen (beschäftigungsabhängigen) Kosten aufgeteilt.

Damit wird vermieden, dass ein sinkender Beschäftigungsgrad überhöhte Stückkosten bzw. ein steigender Beschäftigungsgrad zu niedrige Stückkosten zur Folge hat. Die Stückkosten verändern sich, da die nicht veränderten fixen Kosten auf eine entsprechend andere Produktions- und damit Absatzmenge verteilt werden. Dies ist sinnvoll, da sonst Stückkosten Grundlage von Preiskalkulationen wären, die zu Marktpreisen führen, die sich konträr zum Marktgeschehen entwickeln würden.

Ein sinkender Beschäftigungsgrad lässt auf einen Rückgang der Nachfrage schließen. Dies sollte zu einem Rückgang des Marktpreises führen. Die Vollkostenrechnung signalisiert das Gegenteil; damit ist ein weiterer Nachfragerückgang zu erwarten.

Auch wird durch die Teilkostenrechnung vermieden, dass es zu einer undifferenzierten Produktpolitik kommt. Ein Produkt, das aus Sicht der Vollkostenrechnung einen Verlust erwirtschaftet, muss nicht zwingend aus dem Produktprogramm eliminiert werden, da auf eine Deckung der Fixkosten aus der Differenz der Nettoerlöse und der variablen Kosten dieses Produktes verzichtet wird.

Damit ist die Teilkostenrechnung eine marktorientierte Variante der Kosten- und Leistungsrechnung in Form einer Teilkostenrechnung, die die Kosten in fixe und variable Kosten aufteilt (Kennzeichen einer Teilkostenrechnung). Beschäftigungsschwankungen werden über die damit verbundenen variablen Kosten berücksichtigt, und erst in

Hinblick auf die Ermittlung des Betriebsergebnisses werden die fixen Kosten berücksichtigt.

Es spricht nichts gegen die Notwendigkeit der Vollkostenrechnung, insbesondere ist die Abgrenzungsrechnung ein wesentliches Element. Dennoch birgt sie Schwächen verbunden mit der Schlüsselung von Gemeinkosten und der Proportionalisierung von Fixkosten. Auch zeigt die Vollkostenrechnung Schwächen in der kurzfristigen Bereitstellung von Informationen für betriebliche Entscheidungen.

*Die Teilkostenrechnung in Form der Deckungsbeitragsrechnung begründet sich in den Mängeln der Vollkostenrechnung:*
1. *Gemeinkosten werden (nur) teilweise verursachungsgerecht auf die Kostenträger verteilt.*
2. *Es findet eine Fixkostenproportionalisierung statt.*
3. *Verkaufspreise werden produktionsorientiert und nicht marktorientiert kalkuliert.*
4. *Es fehlen kurzfristig Informationen für Entscheidungen, in erster Linie für den Absatzbereich.*

Aus den genannten Argumenten hat sich die Deckungsbeitragsrechnung als alternatives Kostenrechnungssystem entwickelt

### Aufgaben der Deckungsbeitragsrechnung

Die Deckungsbeitragsrechnung als Teilkostenrechnungssystem wird genutzt, um
1. perioden- oder stückbezogene Ergebnisrechnungen durchzuführen,
2. Gewinnschwellen zu ermitteln,
3. Preisuntergrenzen im Absatzbereich festzulegen,
4. Entscheidungen über Zusatzaufträge zu treffen,
5. das Produktionsprogramm zu optimieren und
6. Entscheidungen über Eigenfertigung oder Fremdbezug (Make-or-Buy) zu treffen.

### 3.5.2 Absolute einstufige Deckungsbeitragsrechnung

*Allgemeiner Gegenstand der Deckungsbeitragsrechnung ist die Ermittlung von Deckungsbeiträgen, die sich als Differenz aus Nettoverkaufserlösen und den damit verbundenen variablen Kosten ergeben.*

Die errechneten Deckungsbeiträge tragen zunächst zur Deckung der an dieser Stelle noch nicht berücksichtigten fixen Kosten bei.

Mathematisches Grundschema der Deckungsbeitragsrechnung:

```
  Umsatzerlöse
– variable Kosten

= Deckungsbeitrag
```

### 3.5.2.1 Deckungsbeitragsrechnung für einen Einproduktbetrieb

#### Deckungsbeitragsrechnung als Periodenrechnung

Bei der einstufigen Deckungsbeitragsrechnung als Periodenrechnung werden zur Ermittlung des Betriebsergebnisses die fixen Kosten als Ganzes von der Deckungsbeitragssumme (Differenz aus Umsatzerlösen und variablen Kosten) subtrahiert.

Mathematisches Schema der Periodenrechnung:

> Umsatzerlöse (E)
> − variable Kosten ($K_v$)
>
> = Deckungsbeitrag (DB)
> − fixe Kosten ($K_f$)
>
> = Betriebsergebnis (BE)

#### Deckungsbeitragsrechnung als Stückrechnung

Bei der einstufigen Deckungsbeitragsrechnung als Stückrechnung werden zur Ermittlung des Betriebsergebnisses die fixen Stückkosten von dem Stückdeckungsbeitrag (Differenz aus Stückerlös und variablen Stückkosten) subtrahiert.

Mathematisches Schema der Stückrechnung:

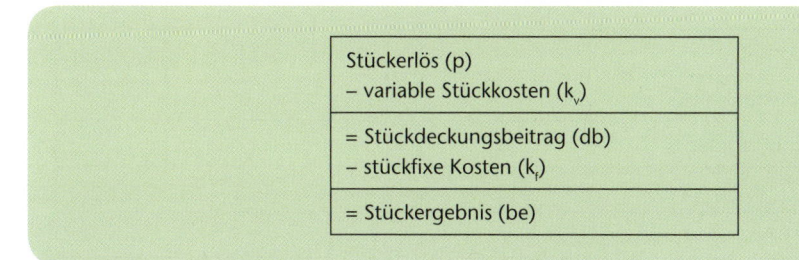

> Stückerlös (p)
> − variable Stückkosten ($k_v$)
>
> = Stückdeckungsbeitrag (db)
> − stückfixe Kosten ($k_f$)
>
> = Stückergebnis (be)

#### Sachverhalt

Ein Industrieunternehmen setzt in der betrachteten Abrechnungsperiode 6.500 Stück seines Produkts ab:

Stückerlös 340,00 EUR, variable Stückkosten betragen 85,00 % des Stückerlöses, und die gesamten fixen Kosten in der betrachteten Abrechnungsperiode belaufen sich auf 299.000,00 EUR.

Aufgabe: Ermittlung des Perioden- und Stückergebnisses.

Lösung:

Mathematisches Schema der Periodenrechnung (EUR):

| Umsatzerlöse (E) | (6.500 · 340,00) = 2.210.000,00 |
|---|---|
| – variable Kosten ($K_v$) | (6.500 · 340,00 · 0,85) = 1.878.500,00 |
| = Deckungsbeitrag (DB) | 331.500,00 |
| – fixe Kosten ($K_f$) | 299.000,00 |
| = Betriebsergebnis (BE) | 32.500,00 |

Mathematisches Schema der Stückrechnung (EUR):

| Stückerlös (p) | 340,00 |
|---|---|
| – variable Stückkosten ($k_v$) | 289,00 |
| = Stückdeckungsbeitrag (db) | 51,00 |
| – Stückfixe Kosten ($k_f$) | (299.000,00 : 6.500) = 46,00 |
| = Stückergebnis (be) | 5,00 |

### 3.5.2.2 Deckungsbeitragsrechnung in Mehrproduktbetrieben

Die Deckungsbeitragsrechnung zur Ermittlung des Betriebsergebnisses in Mehrproduktbetrieben erfolgt nach folgendem Schema:

| Produkt | A | B | C | ... | Z |
|---|---|---|---|---|---|
| Umsatzerlöse (Produktgruppe) | | | | | |
| – variable Kosten (Produktgruppe) | | | | | |
| = Deckungsbeitrag (Produktgruppe) | | | | | |
| = DB gesamt | | | | | |
| – $K_f$ | | | | | |
| = BE | | | | | |

### Sachverhalt

Ein Industrieunternehmen stellt drei Produkte (A, B, C) her, für die in der zu betrachtenden Abrechnungsperiode folgende Informationen vorliegen:

Variable Herstellungskosten: 260.000,00 EUR (Produkt A), 240.000,00 EUR (Produkt B) und 210.000,00 EUR (Produkt C).

Hergestellte und verkaufte Produktmenge: 2.000 Stück (Produkt A), 2.200 Stück (Produkt B) und 600 Stück (Produkt C).

Stückerlös je Produkt: 250,00 EUR (Produkt A), 200,00 EUR (Produkt B) und 300,00 EUR (Produkt C).

Die fixen Kosten für alle drei Produkte zusammen belaufen sich auf 360.000,00 EUR.

Aufgabe: Ermittlung des Betriebsergebnisses.

Lösung:

| Produkt/Werteangaben (EUR) | A | B | C |
|---|---|---|---|
| Umsatzerlöse (Produktgruppe) | 500.000,00 | 440.000,00 | 180.000,00 |
| – variable Kosten (Produktgruppe) | 260.000,00 | 240.000,00 | 210.000,00 |
| = Deckungsbeitrag (Produktgruppe) | 240.000,00 | 200.000,00 | –30.000,00 |
| = DB | | | 410.000,00 |
| – $K_f$ | | | 360.000,00 |
| = BE | | | 50.000,00 |

### 3.5.2.3 Break-Even-Analyse (Gewinnschwellenmenge)

Die Deckungsbeiträge geben an, in welcher Höhe die Verkaufserlöse die variablen Kosten übersteigen.

*Die Gewinnschwellenmenge ist die Produktionsmenge, bei deren Absatz der damit verbundene Deckungsbeitrag ausreicht, die fixen Kosten zu decken; das Betriebsergebnis ist kostendeckend.*

Übersteigt die abzusetzende Produktionsmenge die Gewinnschwellenmenge, ergibt sich ein positives Betriebsergebnis (Gewinn), unterschreitet die abzusetzende Produktionsmenge die Gewinnschwellenmenge, ergibt sich ein negatives Betriebsergebnis (Verlust).

*Mathematisch ergibt sich die Gewinnschwellenmenge (BEP) als Quotient aus $K_f$ : db.*

Dies kann wie folgt hergeleitet werden:

An der Gewinnschwellenmenge entspricht der Erlös (Leistung) den damit verbundenen Kosten. Deshalb werden zur Ermittlung der Gewinnschwellenmenge die Erlöse und die Kosten gleichgesetzt:

$E(x_{BEP}) = K(x_{BEP})$ mit $x_{BEP}$ als Gewinnschwellenmenge

$p \cdot x_{BEP} = K_f + K_v = K_f + k_v \cdot x_{BEP}$

$p \cdot x_{BEP} - k_v \cdot x_{BEP} = K_f$

$(p - k_v) \cdot x_{BEP} = K_f \mid p - k_v = db$

$db \cdot x_{BEP} = K_f$

$x_{BEP} = K_f : db$

**Variablenerläuterung:**

$E(x_{BEP})$ Erlöse Gewinnschwellenmenge, $K(x_{BEP})$ Kosten Gewinnschwellenmenge, $p$ Stückerlös, $x_{BEP}$ Gewinnschwellenmenge, $K_f$ Fixkosten gesamt, $k_v$ variable Stückkosten.

Die Formel sagt aus, dass es zu einer Kostendeckung bei der Produktion kommt, wenn so viele Produkte produziert und abgesetzt sind, dass die Summe der Stückdeckungsbeiträge die fixen Kosten deckt.

Der Umsatz, der an der Gewinnschwelle erzielt wird, berechnet sich wie folgt:

$$E(x_{BEP}) = p \cdot x_{BEP}$$

### Sachverhalt

Der Stückerlös netto für ein produziertes und absetzbares Produkt beträgt 2.400,00 EUR bei Stückkosten der Betriebsdurchführung von 1.650,00 EUR; die fixen Kosten belaufen sich für die betrachtete Abrechnungsperiode auf 228.000,00 EUR.

Aufgabe: Mathematische Ermittlung der Gewinnschwellenmenge (Break-Even-Point) und des Gewinnschwellenmengenumsatzes.

Lösung:

$E(x_{BEP}) = K(x_{BEP})$

$p \cdot x_{BEP} = K_f + K_v = K_f + k_v \cdot x_{BEP}$

$2.400 \cdot x_{BEP} = 228.000 + 1.650 \cdot x_{BEP}$

$2400 \cdot x_{BEP} - 1.600 \cdot x_{BEP} = 228.000$

$750 \cdot x_{BEP} = 228.000$

$x_{BEP} = 304$

Mit:

$E(x_{BEP}) = p \cdot x_{BEP} = 304 \cdot 2.400,00 = 729.600,00$

Die Gewinnschwellenmenge liegt bei einer abzusetzenden Produktionsmenge von 304 Stück und einem damit realisierbaren Umsatz von 729.600,00 EUR bei Gesamtkosten von 729.600,00 EUR.

Dabei ergibt sich als Betriebsergebnis:

$2.400 \cdot 304 - (228.000 + 1.650 \cdot 304) = 729.600 - 729.600 = 0$

Damit entspricht das Betriebsergebnis dem über der abzusetzenden Produktionsmenge erzielten Deckungsbeitrag, der ausreicht, die fixen Kosten zu decken, nachdem die variablen Kosten bereits gedeckt sind.

Bei einer abzusetzenden Produktionsmenge von 303 Stück ergibt sich als Betriebsergebnis:

$2.400 \cdot 303 - (228.000 + 1.650 \cdot 303) = 727.200 - 727.950 = -750$

Damit entspricht das Betriebsergebnis einem Verlust in Höhe des Stückdeckungsbeitrages.

Bei einer abzusetzenden Produktionsmenge von 305 Stück ergibt sich als Betriebsergebnis:

2.400 · 305 − (228.000 + 1.650 · 305) = 732.000 − 731.250 = 750

Damit entspricht das Betriebsergebnis einem Gewinn in Höhe des Stückdeckungsbeitrages.

### 3.5.2.4 Optimales Produktionsprogramm

Ein produzierendes Unternehmen unterliegt ständigen Veränderungen, was die Produkte des Produktionsprogramms angeht. Es kommen aufgrund von technischen Entwicklungen oder sonstigen Einflüssen Anfragen über Neuprodukte und es verschwinden Produkte aus dem Produktionsprogramm, etwa weil sie nicht mehr marktfähig sind. Abhängig von der konjunkturellen Lage eines Unternehmens gilt es zu entscheiden, welche Produkte im Falle von Produktionsengpässen produziert werden sollen.

Für alle diese Szenarien gilt ganz allgemein, dass die Entscheidung (mit oder ohne Vorliegen von Produktionsengpässen) für die Produkte zu treffen ist, die den höchsten Deckungsbeitrag liefern.

Unterschieden werden dabei die Betrachtung der absoluten Deckungsbeiträge (Produktionsentscheidungen bei nicht voll ausgelasteten Kapazitäten) und die Betrachtung der relativen Deckungsbeiträge (Produktionsentscheidungen bei Produktionsengpässen). Für beide Szenarien wird angenommen, dass die Produktionsmenge der einzelnen Produkte, nach der Entscheidung, welche Produkte produziert werden, auch abgesetzt wird.

#### Produktionsentscheidung bei freien Kapazitäten

Hier ist die zu berücksichtigende Annahme, dass weitere Produkte aus dem aktuellen Produktionsprogramm produziert und abgesetzt werden können. Damit stellt sich die Frage, welche Produkte es sind, die vorranging produziert werden sollen.

*Für die Produktionsentscheidung bei freien Kapazitäten gilt:*

*Die Entscheidung wird auf die Produkte fallen, mit denen der höchste Stückdeckungsbeitrag erzielt werden kann. Die Rangfolge der Stückdeckungsbeiträge legt gleichzeitig die Produktionsabfolge fest.*

---

**Sachverhalt**

Ein Industrieunternehmen stellt vier Produkte (A, B, C, D) her, für die in der zu betrachtenden Abrechnungsperiode folgende Informationen vorliegen:

Variable Herstellungskosten: 100,00 EUR (Produkt A), 160,00 EUR (Produkt B), 240,00 EUR (Produkt C) und 470,00 EUR (Produkt D).

Absetzbare Produktmenge: 200 Stück (Produkt A), 200 Stück (Produkt B), 500 Stück (Produkt C) und 300 Stück (Produkt D).

Fertigungszeiten pro Stück je Produkt: 2,00 Stunden (Produkt A), 3,00 Stunden (Produkt B), 0,75 Stunden (Produkt C) und 0,30 Stunden (Produkt D).

Stückerlös je Produkt: 200,00 EUR (Produkt A), 400,00 EUR (Produkt B), 330,00 EUR (Produkt C) und 500,00 EUR (Produkt D).

Die Kapazität dreier technologisch identischer Maschinen in der Endmontage beträgt 1.500 Stunden.

Die gesamten Fixkosten belaufen sich auf 50.000,00 EUR.

Aufgabe: Ermittlung des optimalen Produktionsprogramms.

Lösung:

Benötigte Kapazität zur Produktion der Produkte:

Kapazität = (200 · 2,00 + 200 · 3,00 + 500 · 0,75 + 300 · 0,30) Stunden = 1.465,00 Stunden

Es steht eine freie Kapazität von 35 Stunden zur Verfügung; damit kann die Produktionsentscheidung (Rangfolge der Produktion der Produkte) nach den absoluten Deckungsbeiträgen getroffen werden.

| Produkt | A | B | C | D |
|---|---|---|---|---|
| Stückerlös | 200,00 | 400,00 | 330,00 | 500,00 |
| − variable Herstellungskosten | 100,00 | 160,00 | 240,00 | 470,00 |
| = Stückdeckungsbeitrag | 100,00 | 240,00 | 90,00 | 30,00 |
| Rangfolge der Produktion | 2 | 1 | 3 | 4 |

Die Rangfolge, in der die einzelnen Produkte produziert werden, lautet: B, A, C, D.

Daraus resultiert nachstehendes Betriebsergebnis (in EUR):

| Produkt | A | B | C | D |
|---|---|---|---|---|
| Umsatzerlöse (Produktgruppe) | 40.000,00 | 80.000,00 | 165.000,00 | 150.000,00 |
| − variable Kosten (Produktgruppe) | 20.000,00 | 32.000,00 | 120.000,00 | 141.000,00 |
| = Deckungsbeitrag (Produktgruppe) | 20.000,00 | 48.000,00 | 45.000,00 | 9.000,00 |
| = DB | | | | 122.000,00 |
| − $K_f$ | | | | 50.000,00 |
| = BE | | | | 72.000,00 |

### Produktionsentscheidung bei nicht ausreichenden Kapazitäten (Engpassplanung)

Engpässe innerhalb einer Produktion können in verschiedenen Abteilungen entstehen und haben immer zur Folge, dass die Produktion den möglichen Absatz nicht decken kann. Damit stellt sich die Frage, wie lange die einzelnen Produkte den Engpass zeitlich in Anspruch nehmen und welcher Deckungsbeitrag je in Anspruch genommener Zeiteinheit dabei von den einzelnen Produkten erzielt wird.

Als Maßzahl gilt der Stückdeckungsbeitrag je Produktionseinheit (Minute, Stunde oder Maßeinheiten, wie l, kg) für jedes Produkt (relativer Deckungsbeitrag).

*Für die Produktionsentscheidung bei nicht ausreichenden Kapazitäten (Engpassplanung) gilt:*

*Die Entscheidung wird auf die Produkte fallen, mit denen der höchste relative Stückdeckungsbeitrag erzielt werden kann.*

*Die Rangfolge der relativen Stückdeckungsbeiträge legt gleichzeitig die Produktionsabfolge fest.*

*Zu beachten ist, dass nicht notwendigerweise die gesamte Produktionskapazität ausgenutzt werden kann, da es nach Festlegung der Produktionsreihenfolge in einer Engpasssituation zu nicht genutzten Fertigungszeiten kommen kann.*

### Sachverhalt

Fortsetzung des vorherigen Sachverhaltes: Für die Folgeperiode gelten die identischen Annahmen wie bei der Bestimmung des optimalen Produktionsprogramms bei freien Kapazitäten.

Allerdings ist eine der drei Maschinen ausgefallen und kann auch für die hier betrachtete Abrechnungs- bzw. Produktionsperiode nicht ersetzt bzw. repariert werden.

Aufgabe: Ermittlung des optimalen Produktionsprogramms der Engpasssituation.

Lösung:

Es entsteht ein betrieblicher Engpass, weil nur noch 1.000 Produktionsstunden zur Verfügung stehen. Damit ist die Produktionsreihenfolge über die relativen Deckungsbeiträge der Produkte, unter Berücksichtigung der zur Verfügung stehenden Kapazität, festzulegen.

| Produkt | A | B | C | D |
|---|---|---|---|---|
| Stückdeckungsbeitrag (EUR) | 100,00 | 240,00 | 90,00 | 30,00 |
| Fertigungszeit pro Stück [Std.] | 2,00 | 3,00 | 0,75 | 0,30 |
| Relativer Deckungsbeitrag (EUR) | 50,00 | 60,00 | 120,00 | 100,00 |
| Rangfolge der Produktion | 4 | 3 | 1 | 2 |

Die Produktionsrangfolge in der Engpasssituation lautet: C, D, B, A.

Im Anschluss an die Festlegung der Produktionsrangfolge in der Enpasssituation wird nun das korrespondierende Betriebsergebnis ermittelt. Die Einlastung der Produkte erfolgt gemäß der Rangfolge in die Produktion

| Rangfolge | Produkt | Produktionszeit | Produktionszeit kumuliert |
|---|---|---|---|
| 1 | C | 375,00 | 375,00 |
| 2 | D | 90,00 | 465,00 |
| 3 | B | 600,00 | 1.065,00 |
| 4 | A | 400,00 | 1.465,00 |

Die Produkte C und D können in vollem Umfang produziert werden.

Produkt B kann nicht in der absetzbaren Menge produziert werden, da hier bereits ein Engpass von 65 Stunden vorliegt. Es kann nur eine Teilmenge (535 Stunden : 3 Stunden/Stück) = 178 Stück produziert werden.

Zur Produktion des Produktes A steht in der jetzigen Situation keine Kapazität mehr zur Verfügung.

Daraus resultiert nachstehendes Betriebsergebnis:

| Produkt | C | D | B |
|---|---|---|---|
| Produktionsmenge (Produktgruppe) | 500 | 300 | 178 |
| = Deckungsbeitrag (Produktgruppe) | 45.000,00 | 9.000 | 42.720,00 |
| = DB | | | 96.720,00 |
| – $K_f$ | | | 50.000,00 |
| = BE | | | 46.720,00 |

### Entscheidung über Zusatzaufträge

Unter einem Zusatzauftrag wird ein Auftrag verstanden, über dessen Annahme entschieden werden muss, da der Verkaufspreis für diesen Auftrag unterhalb des aktuellen Verkaufspreises liegt.

Die Produktion ist bei der Entscheidung über einen Zusatzauftrag dadurch gekennzeichnet, dass ausreichend Kapazitäten vorhanden sind, den Zusatzauftrag zu produzieren (nicht ausgelastete Produktionskapazitäten). Die Entscheidung fällt dann für die Annahme des Zusatzauftrages, wenn es zu einem positiven Einfluss auf das Betriebsergebnis kommt, also der Nettoerlös des Zusatzauftrages über den mit dem Auftrag verbundenen variablen Kosten liegt.

Die Fixkosten werden bei der Entscheidungsfindung nicht berücksichtigt, da diese in jedem Fall anfallen, unabhängig davon, ob der Zusatzauftrag angenommen wird oder nicht. Damit ist alleiniges Entscheidungskriterium für die Annahme eines Zusatzauftrags ein positiver Deckungs- bzw. Stückdeckungsbeitrag.

*Für die Entscheidung über die Annahme eines Zusatzauftrages auf Basis von Deckungsbeiträgen gilt:*
*Deckungsbeitrag > 0: Annahme des Zusatzauftrages*
*Deckungsbeitrag < 0: Ablehnung des Zusatzauftrages*

*Für die Entscheidung über die Annahme eines Zusatzauftrages auf Basis von Stückdeckungsbeiträgen gilt:*
*Stückdeckungsbeitrag > 0: Annahme des Zusatzauftrages*
*Stückdeckungsbeitrag < 0: Ablehnung des Zusatzauftrages*

### Sachverhalt

Es liegt eine Kundenanfrage über einen einmaligen Zusatzauftrag von 80 Stück des vom Industrieunternehmen zu variablen Stückkosten von 580,00 EUR produzierten Produkts vor.

Die Preisvorstellung (der Stückerlös) des Kunden liegt bei 680,00 EUR je Stück.

Aufgabe: Entscheidung über die Annahme des Zusatzauftrages vorbereiten.

Lösung:

Die Annahme dieses Zusatzauftrags setzt zunächst voraus, dass die Kapazitätsauslastung des Industrieunternehmens die Produktion der Absatzmenge von 80 Stück gewährleistet. Kann diese Frage positiv beurteilt werden, ist als nächstes zu klären, welchen Beitrag der Zusatzauftrag zur Deckung der fixen Kosten leistet. Dazu wird der Stückdeckungsbeitrag (db) ermittelt:

db = p − $k_v$ = 680,00 EUR − 580,00 EUR = 100,00 EUR.

Der Stückdeckungsbeitrag ist positiv (> 0) und trägt zur Deckung der Fixkosten bei. Die Entscheidung kann getroffen werden, den Zusatzauftrag anzunehmen.

Für den Fall, dass ausreichend Kapazitäten zur Verfügung stehen und der vom Kunden zu erwartende Stückerlös unter den variablen Stückkosten liegt, ist der Zusatzauftrag abzulehnen. Denn wenn der Stückdeckungsbeitrag negativ ist (< 0), trägt er nicht zur Deckung der fixen Kosten bei. Es werden dann nicht einmal die variablen Stückkosten der Produktion des Zusatzauftrages gedeckt.

*Chancen bieten Zusatzaufträge dann für Unternehmen, wenn deren Produktionskapazitäten nicht ausgelastet sind.*

*Risiken sind damit verbunden, wenn Kunden einen Zusatzauftrag zu niedrigeren Preisen platzieren, als sie sonst Aufträge erteilt haben.*

*Kritisch sind Zusatzaufträge auch dann zu betrachten, wenn sie dazu führen, dass andere Kunden und Interessenten darüber Kenntnis erhalten, dass Produkte deutlich preiswerter bezogen werden können, als man sie derzeit bezieht.*

### 3.5.2.5 Preisuntergrenzen

Die Thematik von Preisuntergrenzen kommt immer dann zum Tragen, wenn Preisverhandlungen im Verkauf geführt werden.

Die Kenntnis dieser Grenzen ist absolut hilfreich bzw. notwendig beim Abschluss neuer Geschäfte, Folgeverhandlungen, Entscheidungen über Zusatzaufträge oder die Entscheidung, eine Geschäftsbeziehung zu beenden.

Es werden die kurzfristige (absolute) und die langfristige Preisuntergrenze unterschieden.

Bei der kurzfristigen Preisuntergrenze soll das Produkt einen positiven Deckungsbeitrag erwirtschaften, der die variablen Stückkosten abdeckt; fixe Kosten werden in die Betrachtung nicht mit einbezogen. Es ergibt sich dann ein negatives Betriebsergebnis in Höhe der fixen Kosten (Kosten der Betriebsbereitschaft).

*Die kurzfristige (absolute) Preisuntergrenze liegt bei den variablen Kosten: p = $k_v$.*

Bei der langfristigen Preisuntergrenze soll das Produkt einen Verkaufserlös erzielen, der die Stückkosten des Produkts deckt; fixe Stückkosten werden hier mit einbezogen. Es ergibt sich dann ein kostendeckendes Betriebsergebnis.

*Die langfristige Preisuntergrenze liegt bei den Stückkosten p = $K_f$ : x + $k_v$ mit x als Absatzmenge.*

## Sachverhalt

Ein Industrieunternehmen stellt 12.000 Stück eines Erzeugnisses zu variablen Stückkosten von 80,00 EUR bei fixen Kosten von 240.000,00 EUR her.

Aufgabe: Bestimmung der kurzfristigen (absoluten) und langfristigen Preisuntergrenzen.

Lösung:

Kurzfristige (absolute) Preisuntergrenze: $p = k_v = 80{,}00$ EUR/Stück

Langfristige Preisuntergrenze:

$p = K_f : x + k_v = 240.000{,}00$ EUR $: 12.000$ Stück $+ 80{,}00$ EUR/Stück

$= 20{,}00$ EUR/Stück $+ 80{,}00$ EUR/Stück $= 100{,}00$ EUR/Stück

*Die langfristige Preisuntergrenze sinkt mit steigender Absatzmenge (Fixkostendegression/Gesetz der Massenproduktion), während die kurzfristige Preisuntergrenze davon unberührt bleibt.*

| Chancen von Preisuntergrenzen | Risiken von Preisuntergrenzen |
|---|---|
| • Eine Preissenkung kann dazu genutzt werden, neue Abnehmer zu gewinnen, die später auch die übrigen Produkte kaufen. Dadurch wird eine Umsatz- und Gewinnsteigerung erzielt.<br><br>• Auch wird die Absatzpolitik flexibler; mit Kenntnis der variablen Stückkosten kann in umkämpften Absatzgebieten der Preis entsprechend geringer gewählt werden und in guten Absatzgebieten ein Preis erzielt werden, der über dem vorgegebenen Deckungsbeitrag liegt. | • Es kann bei dieser Form der Preisfindung über die Deckungsbeiträge ein insgesamt niedrigeres Preisniveau zustande kommen, da man sich nur an einem positiven Deckungsbeitrag orientiert, ohne Kenntnis davon, in welchem Maße die fixen Kosten gedeckt werden und ob damit ein positives Betriebsergebnis erwirtschaftet wird.<br><br>• Die Nutzung des Deckungsbeitrags als absolute Preisuntergrenze ist nur kurzfristig sinnvoll, da die Folgen einer solchen Preispolitik Liquiditätsengpässe bis hin zur Insolvenz sein können.<br><br>• Auch sprechen sich solche Preise unter den Abnehmern herum und können bei zukünftigen Preisverhandlungen von Nachteil sein, da Abnehmer, die zu solchen Preisen gekauft haben, auch weiter zu diesen Preisen kaufen wollen, und Abnehmer, die die Produkte zu bisher höheren Preisen gekauft haben, nun auch zu diesen Preisen kaufen wollen. |

### 3.5.2.6 Make-or-Buy-Entscheidungen

Die Entscheidungsfindung der Eigenerstellung (Make) oder des Fremdbezugs (Buy) bezieht sich auf den Bereich der Leistungserstellung eines Unternehmens, also den Betrieb. Hier ist zu entscheiden, ob es kostengünstiger ist, Teile oder Baugruppen selbst zu fertigen oder von externen Betrieben zu beziehen.

Im Folgenden werden für diesen Entscheidungsprozess zwei Szenarien betrachtet:

(1) Ein Industriebetrieb mit freien Kapazitäten, der plant, bisher fremdbezogene Vorprodukte zur Kapazitätsauslastung selbst zu produzieren, und

(2) ein Industrieunternehmen, das Kapazitäten für die Produktion eines neuen Produkts schaffen will, indem Vorprodukte, die bisher selbst hergestellt wurden, an Zulieferer ausgelagert werden.

*Bei freien Kapazitäten ist die Eigenfertigung dem Fremdbezug vorzuziehen (Make-or-Buy), wenn die variablen Herstellkosten unter dem Einstandspreis des Fremdbezugs liegen.*

#### Sachverhalt

Ein Industrieunternehmen mit freien Kapazitäten steht vor der Entscheidung, eine Baugruppe, die zurzeit von einem Zulieferer bezogen wird, selbst zu produzieren.

Der Fremdbezug verursacht Kosten in Höhe von 180,00 EUR je Baugruppe. Die variablen Kosten der Eigenfertigung sind mit 165,00 EUR ermittelt worden.

Lösung:
Die Entscheidung Make-or-Buy wird hier für die Eigenfertigung fallen:
$k_v < p$, mit p als Einstandspreis

*Bei ausgelasteten Kapazitäten ist die Eigenfertigung dem Fremdbezug vorzuziehen (Make-or-Buy), wenn die variablen Kosten der Eigenfertigung zuzüglich des Deckungsbeitrags des ausgelagerten Produkts (Opportunitätskosten) unter dem Einstandspreis des Fremdbezugs liegen.*

#### Sachverhalt

Ein Industrieunternehmen mit ausgelasteten Kapazitäten steht vor der Entscheidung, eine Baugruppe, die zurzeit von einem Zulieferer bezogen wird, selbst zu produzieren und dafür die Eigenproduktion einer älteren Baugruppe aufzugeben.

Der Fremdbezug verursacht Kosten in Höhe von 180,00 EUR je Baugruppe. Die variablen Herstellkosten der Eigenfertigung der älteren Baugruppe belaufen sich auf 135,00 EUR und der anteilige Deckungsbeitrag der älteren Baugruppe beläuft sich auf 34,00 EUR.

Lösung:
Die Entscheidung Make-or-Buy wird hier für die Eigenfertigung der neuen Baugruppe fallen:
$k_v + db < p$, mit db als anteiligem Deckungsbeitrag

*Wiederholungsfragen*

1. Erläutern Sie kritisch die Unterschiede zwischen Vollkostenrechnung und Teilkostenrechnung.
2. Nennen Sie Einsatzmöglichkeiten der Deckungsbeitragsrechnung als Teilkostenrechnungssystem.
3. Erläutern Sie das Schema zur Berechnung des Stückdeckungsbeitrages.
4. Stellen Sie die Berechnung der Gewinnschwellenmenge mathematisch dar und erläutern Sie das Ergebnis.
5. Beschreiben Sie den Einsatz von absoluten und relativen Deckungsbeiträgen.
6. Erläutern Sie, wie relative Deckungsbeiträge ermittelt werden.
7. Formulieren Sie, was man unter einem Zusatzauftrag versteht.
8. Nennen Sie die Voraussetzung und das Entscheidungskriterium für die Annahme eines Zusatzauftrages.
9. Formulieren Sie die Entscheidungsregeln für Make-or-Buy-Entscheidung im Rahmen der Teilkostenrechnung.

# 4 Auswertung der betriebswirtschaftlichen Zahlen

In der Finanzbuchhaltung, der Kosten- und Leistungsrechnung und in anderen Funktionsbereichen eines Unternehmens fallen in großem Umfang Zahlen und Unterlagen jeglicher Art an.

**Beispiele:** *Umsätze, Produktionsausstoß, Lagerbestände, Eingangsrechnungen, Berichte von Reisenden, Auswertungen von Messen usw.*

Wenn das Management auf den verschiedenen Ebenen des Unternehmens daraus Erkenntnisse ziehen will, dann müssen diese Zahlen ausgewertet werden. Mit diesem Bereich des Rechnungswesens befasst sich die betriebliche Statistik.

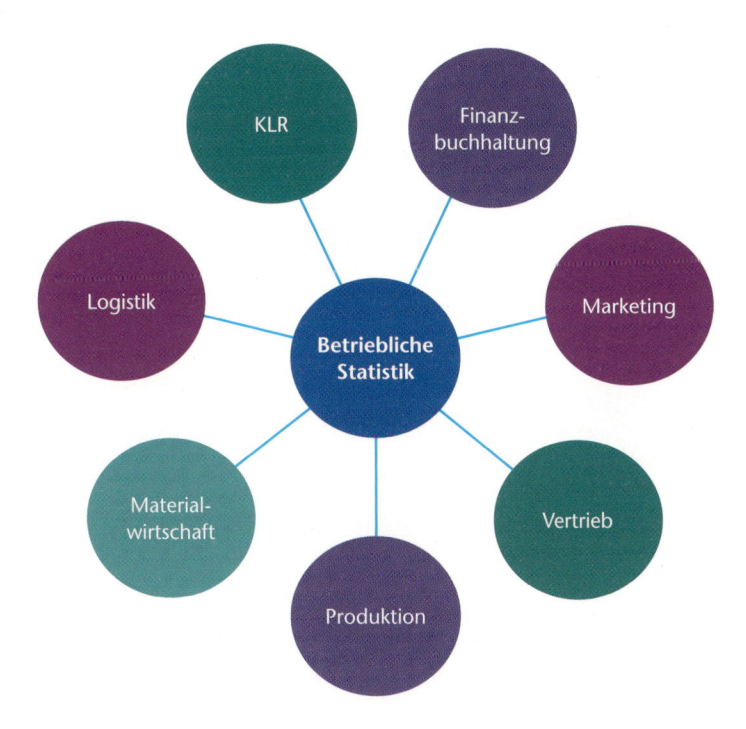

*Die betriebliche Statistik beinhaltet alle Verfahren, Methoden und technischen Einrichtungen, mit deren Hilfe das betriebliche Geschehen zahlenmäßig erfasst und analysiert werden kann.*

Die **Aufgaben der betrieblichen Statistik** bestehen darin,

- das innerbetriebliche Zahlenmaterial systematisch zu sammeln,
- das gesammelte Zahlenmaterial zu sortieren und zu selektieren,
- das Zahlenmaterial in tabellarischer und grafischer Form aufzubereiten,
- mit Hilfe dieser Tabellen und Schaubilder innerbetriebliche Entwicklungen zu vergleichen und zu analysieren,
- die Basis für betriebliche Entscheidungen zu liefern,
- außerbetriebliches Zahlenmaterial zu beschaffen, um Betriebsvergleiche anstellen zu können und außerbetriebliche Trends zu erkennen.

Die Ergebnisse der betrieblichen Statistik sind für das Management auf den verschiedenen Stufen des Unternehmens deshalb so wichtig, weil sie Erkenntnisse aus der relativ unübersichtlichen Menge an Einzeldaten ermöglichen und den Fokus auf die wirklich wichtigen Daten lenken.

## 4.1 Aufbereitung und Auswertung der Zahlen

Das betriebliche Zahlenmaterial muss in zweierlei Hinsicht ausgewertet werden:

- Einerseits werden unterschiedliche Adressaten sowohl innerbetrieblich auf verschiedenen Ebenen als auch außerhalb des Unternehmens angesprochen. Das wirft die Frage nach einem aussagefähigen Berichtssystem auf.
- Andererseits werden Zahlen aus den unterschiedlichen Sachgebieten des Unternehmens verarbeitet. Das wirft die Frage nach dem Inhalt und der Aussagekraft von Zahlen auf.

### 4.1.1 Adressaten der Auswertungen

#### 4.1.1.1 Innerbetriebliche Adressaten

Das **Management sowie die Gesellschafter** eines Unternehmens werden durch das interne Berichtswesen informiert, das i. d. R. von der Abteilung Controlling erstellt wird.

*Das interne Berichtswesen umfasst alle Maßnahmen, Tätigkeiten und Einrichtungen eines Unternehmens zur Sammlung, Selektion, Verdichtung, Speicherung und Weiterleitung von Informationen über das Unternehmen und seine Umwelt in Form von Berichten.*

Folgende **Inhalte** können in einem internen Berichtssystem enthalten sein:

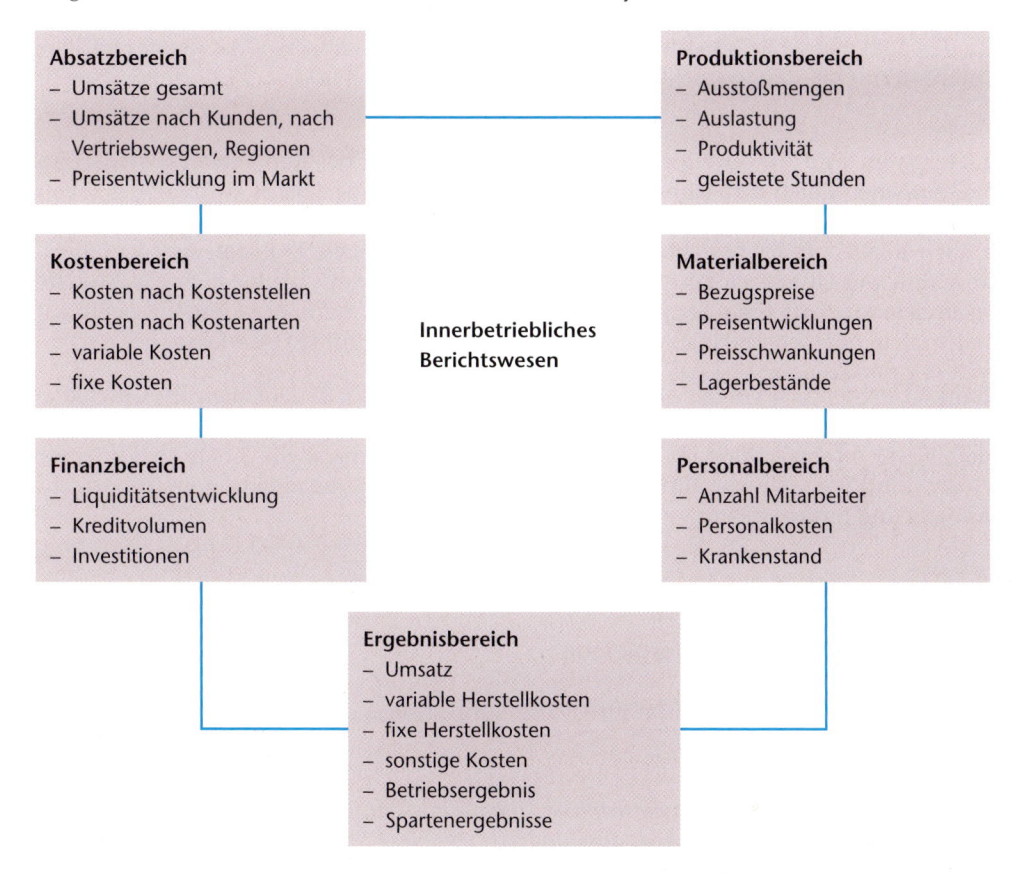

**Absatzbereich**
- Umsätze gesamt
- Umsätze nach Kunden, nach Vertriebswegen, Regionen
- Preisentwicklung im Markt

**Produktionsbereich**
- Ausstoßmengen
- Auslastung
- Produktivität
- geleistete Stunden

**Kostenbereich**
- Kosten nach Kostenstellen
- Kosten nach Kostenarten
- variable Kosten
- fixe Kosten

**Innerbetriebliches Berichtswesen**

**Materialbereich**
- Bezugspreise
- Preisentwicklungen
- Preisschwankungen
- Lagerbestände

**Finanzbereich**
- Liquiditätsentwicklung
- Kreditvolumen
- Investitionen

**Personalbereich**
- Anzahl Mitarbeiter
- Personalkosten
- Krankenstand

**Ergebnisbereich**
- Umsatz
- variable Herstellkosten
- fixe Herstellkosten
- sonstige Kosten
- Betriebsergebnis
- Spartenergebnisse

Das Berichtswesen sollte folgenden **Anforderungen** genügen: Es sollte

- sich auf die wesentlichen Informationen beschränken,
- nur die für den Empfänger relevanten Informationen enthalten,
- für den Empfänger verständlich und rasch zu lesen sein,
- in einem wiederkehrenden Rhythmus erfolgen,
- möglichst zeitnah zum Periodenende vorliegen.

Der **Betriebsrat** ist ebenfalls ein interner Adressat, aber mit einem nicht ganz so umfassenden Informationsanspruch wie das Management. In Unternehmen mit mehr als 100 Mitarbeitern ist der Betriebsrat vertreten durch seinen Wirtschaftsausschuss. Dieser hat nach den §§ 106 ff. BVG ein Informationsrecht über wirtschaftliche Angelegenheiten, jedoch z. B. nicht das Recht, in den Verteiler des monatlichen Berichtssystems aufgenommen zu werden. Der Betriebsrat muss zwar anhand geeigneter Unterlagen über die finanzielle und wirtschaftliche Lage informiert werden, jedoch dürfte der Schwerpunkt der Informationen eher auf solchen Sachverhalten und Zahlen liegen, die mit der Arbeit des Betriebsrates unmittelbar zusammenhängen, z. B. Personalangelegenheiten, Arbeitsschutz, Rationalisierungsvorhaben oder Betriebsveränderungen.

#### 4.1.1.2 Außerbetriebliche Adressaten

Zu den außerbetrieblichen Adressaten zählen Lieferanten, Banken, Kapitalmarkt und die interessierte Öffentlichkeit. Hier ist vom Informationsbedarf und vom Informationsrecht her zu unterscheiden.

**Lieferanten und die interessierte Öffentlichkeit** sowie der Kapitalmarkt werden im Wesentlichen durch den Jahresabschluss informiert. Aus den darin enthaltenen Teilen Bilanz, GuV und Anhang lässt sich eine Reihe von Bilanzkennzahlen und Erfolgskennzahlen ableiten. Dabei besteht allerdings für die Empfänger das Problem, dass der Jahresabschluss nur einmal im Jahr erstellt und veröffentlicht wird, häufig auch erst Monate nach dem Bilanzstichtag. Ferner handelt es sich um hoch verdichtete Zahlen, deren Inhalt zudem noch von bilanzpolitischen Zielsetzungen beeinflusst sein kann.

**Banken** werden sich vor der Ausreichung von Krediten oder in der laufenden Geschäftsbeziehung mit Unternehmen nicht mit dem Jahresabschluss begnügen. Sie verlangen detaillierte Informationen über die Ertragslage und die finanzielle Situation sowie vor Neuinvestitionen, die von ihnen finanziert werden sollen, detaillierte Investitionsrechnungen und Businesspläne.

### 4.1.2 Betriebs- und Zeitvergleiche

Die Auswertung von Zahlen und ihre Darstellung erfolgen in der Regel durch Kennzahlen.

*Betriebliche Kennzahlen stellen betriebliche Tatbestände dar, indem sie eine große Zahl von Einzelinformationen so verdichten, dass dadurch komplexe Sachverhalte dargestellt werden können.*

Die **Aufgaben von Kennzahlen** im Unternehmen sind vielfältig. Mit Kennzahlen

- lässt sich die Entwicklung im Zeitablauf auf der Basis von Zeitreihenanalysen beurteilen,
- kann der aktuelle Standort des Unternehmens im Wettbewerb durch den Vergleich mit Branchenkennzahlen oder mit Kennzahlen anderer Unternehmen genauer bestimmt werden,
- wird die Basis für unternehmerische Entscheidungen geschaffen,
- können unternehmerische Zielsetzungen formuliert werden, z. B. als Rentabilitätsziele,
- kann im Rahmen eines Plan-Soll-Ist-Vergleichs die Kontrolle darüber erfolgen, ob die gesetzten Ziele auch erreicht wurden,
- lassen sich die eher unübersichtlichen Bereiche eines Unternehmens und seine Mitarbeiter besser steuern.

Es werden folgende Arten von Kennzahlen unterschieden:

| Absolute Kennzahlen | Absolute Kennzahlen sind tatsächlich festgestellte statistische Ursprungswerte. Ihr Informationsgehalt für den Empfänger ist durch die Aussagekraft des jeweiligen Werts selbst definiert. Man unterscheidet:<br>– **Einzelwerte,** z. B. Preis eines Produkts, Arbeitszeit eines Mitarbeiters,<br>– **Summenwerte,** z. B. Umsatz eines Verkaufsgebiets,<br>– **Differenzwerte,** z. B. Deckungsbeitrag als Differenz zwischen Umsatz und variablen Kosten, Stückgewinn als Differenz zwischen Preis und Kosten,<br>– **Mittelwerte,** z. B. durchschnittlicher Lagerbestand, durchschnittliche Personalkosten je Mitarbeiter. | |
|---|---|---|
| **Relative Kennzahlen** | Relative Kennzahlen, auch als Verhältniszahlen bekannt, erhält man, wenn Zahlen aufgegliedert und zueinander ins Verhältnis gesetzt oder Veränderungen dargestellt werden. Zu diesem Zweck werden die absoluten Zahlen rechnerisch umgeformt, indem sie in Bruchform zueinander ins Verhältnis gesetzt werden. Wird diese Bruchzahl dann noch mit 100 multipliziert, erhält man eine Prozentzahl, welche die häufigste Erscheinungsform von relativen Zahlen ist. Die Aussagekraft einer relativen Kennzahl hängt vom sachlichen Zusammenhang der zu vergleichenden Größen ab. | |
| | **Gliederungs-zahlen** | Sie entstehen, wenn eine Teilmasse zu ihrer Gesamtmasse ins Verhältnis gesetzt wird (gleichartige Massen). Es wird also festgestellt, wie sich die Teilmasse prozentual zur Gesamtmasse (= 100 %) verhält.<br>*Beispiele: Anteil einer Artikelgruppe am Gesamtumsatz, Anteil des Eigenkapitals an der Bilanzsumme, Anteil der variablen Kosten an den Gesamtkosten einer Kostenstelle* |
| | **Messzahlen** | Sie entstehen dann, wenn sachlich gleiche Massen zueinander ins Verhältnis gesetzt werden, die jedoch verschiedene Merkmalswerte aufweisen. Ins Verhältnis gesetzt werden können entweder Teilmasse zu Teilmasse oder Gesamtmasse zu Gesamtmasse.<br>*Beispiele: fehlerhafte zu fehlerfreien Erzeugnissen, Eigenkapital zu Fremdkapital, Steigerung der Bilanzsumme in Prozent* |
| | **Indexzahlen** | Indexzahlen entstehen durch den Vergleich gleichartiger Zahlen mit unterschiedlichem Zeitbezug. Indexzahlen beziehen sich immer auf einen Basiszeitpunkt, z. B. auf ein Jahr in der Vergangenheit. Dieses wird gleich 100 gesetzt, um so die Entwicklung im Zeitverlauf gegenüber dem Basiszeitpunkt analysieren zu können.<br>*Beipiele: Veränderung der Rohstoffpreise, bezogen auf das Basisjahr 2000, Umsatzentwicklung der einzelnen Filialen, bezogen auf das Basisjahr 2005* |
| | **Beziehungs-zahlen** | Sie entstehen, wenn man verschiedenartige Zahlen, die jedoch in einem logischen Zusammenhang stehen, aufeinander bezieht. Dann entstehen neue Begriffe, die für die Empfänger von hoher Bedeutung sind.<br>*Beispiele: Umsatz je m² Verkaufsfläche, Betriebsunfälle je 1.000 Beschäftigte, Reklamationen je 1.000 Umsatzpositionen* |

Im Rahmen der Statistik sind Zeitvergleiche und Betriebsvergleiche zu unterscheiden:

- Ein **Zeitvergleich** erfolgt durch die Zahlen der laufenden Periode mit den Zahlen vergangener Perioden. Häufig werden erst durch einen Zeitvergleich Entwicklungen und Trends sichtbar.

    *Beispiele:* Umsatzwachstum, Umsatzanteile verschiedener Produkte im Zeitablauf, Veränderung des Anteils der variablen Kosten an den Gesamtkosten, Fremdfinanzierungsanteil im Zeitablauf, Entwicklung der Lagerbestände

- Ein **Betriebsvergleich** erfolgt durch den Vergleich der im Unternehmen ermittelten Kennzahlen mit vergleichbaren Kennzahlen anderer Unternehmen. Dabei muss man sich entweder auf die Veröffentlichungen der anderen Unternehmen stützen, die im Wesentlichen nur aus dem Jahresabschluss stammen, oder man findet Unternehmen, die – zumindest in Teilbereichen – zu einer Kooperation in Form eines Benchmarkings bereit sind. Bei diesem zwischenbetrieblichen Vergleich werden aus bestimmten Bereichen nach gleichen Kriterien erarbeitete Kennzahlen miteinander verglichen, um einen Anschluss an Spitzenunternehmen der Branche und Anregungen für die Verbesserung von Prozessen im eigenen Unternehmern zu bekommen. Weitere Vergleichsmöglichkeiten bieten sich, wenn der Branchenverband branchenbezogene Zahlen herausgibt, an denen das Unternehmen sich messen kann.

Für das innerbetriebliche Berichtswesen haben sich Kennzahlensysteme als sehr aussagefähig erwiesen:

*Ein Kennzahlensystem ist eine nach bestimmten Kriterien geordnete Menge von Kennzahlen, die in einer Beziehung zueinander stehen und über das gesamte Unternehmen oder seine Teilbereiche eine relativ geschlossene und rasche Übersicht bieten.*

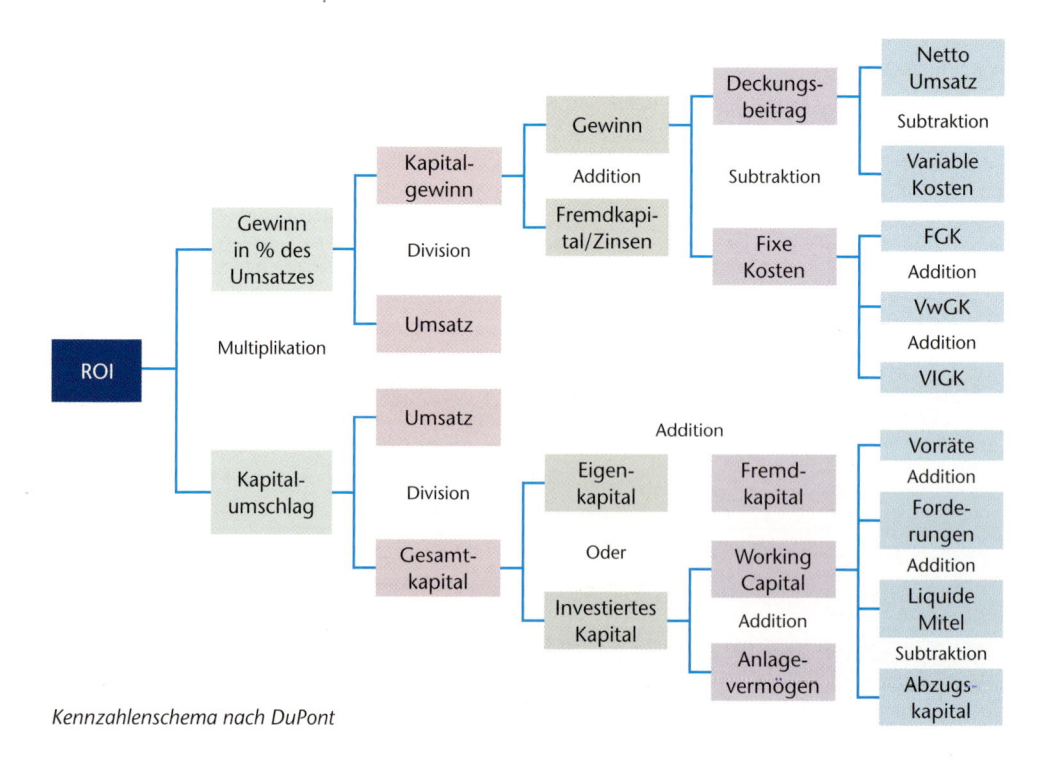

*Kennzahlenschema nach DuPont*

Eines der ältesten und bekanntesten Systeme ist das von dem amerikanischen Unternehmen DuPont de Nemours entwickelte Kennzahlensystem, das in idealer Weise hierarchisch aufgebaut ist und mit dem Return on Investment (ROI) beginnt. Dabei handelt es sich im Prinzip um den deutschen Begriff der „Gesamtkapitalrentabilität" (siehe folgende Kapitel). In jeder nachgeordneten Stufe stehen die Kennzahlen, aus denen sich die höher angesiedelte Kennzahl zusammensetzt. Auf diese Weise werden die Einsatz- und Erfolgsgrößen in einen sinnvollen Zusammenhang gebracht.

## 4.2 Rentabilitätsrechnungen

Typische Fragestellungen im ökonomischen Bereich sind: „Wie rentabel arbeitet diese Anlage oder Maschine?" oder „Hat sich der Einsatz meines Kapitals rentiert?" oder „Wie viel Gewinn bleibt mir von meinem Umsatz?"

Diese Fragen zielen auf den Begriff der **Rentabilität** ab. Dabei handelt es sich um eine zentrale Kennzahl des Managements. Grundlage dieser Kennzahl ist der Gewinn. Der Gewinn ist jedoch eine absolute Größe und gibt selbst noch wenige Informationen.

*Beispiel: Zwei befreundete Unternehmer tauschen sich über die Gewinne ihrer Unternehmen in der vergangenen Periode aus und stellen überrascht fest, dass sie beide 600.000,00 EUR Gewinn vor Steuern erzielt haben. Sind beide deshalb gleich erfolgreich gewesen?*

Erst der Vergleich des Gewinns mit verschiedenen anderen Größen des Unternehmens macht die Gewinngröße vergleichbar und führt zu einer Aussage über die Rentabilität.

In ihrer einfachsten Form bedeutet Rentabilität das Verhältnis zwischen dem erzielten Gewinn und dem dafür eingesetzten Kapital.

$$R = \frac{\text{Gewinn} \cdot 100}{\text{eingesetztes Kapital}}$$

Da diese Kennzahl noch etwas undifferenziert ist, sollen hier die verschiedenen Versionen und ihr innerer Zusammenhang dargestellt werden.

Als Ausgangslage dienen die folgenden Daten der zwei im Beispiel angesprochenen Unternehmer:

|  | Unternehmen A | Unternehmen B |
|---|---|---|
| Gewinn | 600.000,00 EUR | 600.000,00 EUR |
| Eigenkapital | 3.000.000,00 EUR | 4.000.000,00 EUR |
| Gesamtkapital | 10.000.000,00 EUR | 6.000.000,00 EUR |
| Fremdkapitalzinsen | 280.000,00 EUR | 75.000,00 EUR |
| Umsatzerlöse | 20.000.000,00 EUR | 15.000.000,00 EUR |
| Summe Abschreibungen | 400.000,00 EUR | 250.000,00 EUR |

## 4.2.1 Eigenkapitalrentabilität

Verfeinert man die o. g. Grundformel, indem man den Gewinn ins Verhältnis setzt zum eingesetzten Eigenkapital, ergibt sich die folgende Formel für die Eigenkapitalrentabilität:

$$R_{EK} = \frac{\text{Gewinn} \cdot 100}{\text{Eigenkapital}}$$

Bezogen auf unser Beispiel zeigen sich folgende Ergebnisse:

|  | Unternehmen A | Unternehmen B |
|---|---|---|
|  | $\frac{600.000 \cdot 100}{3.000.000}$ | $\frac{600.000 \cdot 100}{4.000.000}$ |
| **Eigenkapitalrentabilität** | 20 % | 15 % |

Das bedeutet: Bezogen auf die Eigenkapitalrentabilität liegt Unternehmer A vorne, denn sein eingesetztes Eigenkapital hat sich mit 20 % „verzinst". Nun ist kein Unternehmer gezwungen, sein Geld in ein Unternehmen zu investieren. Er könnte es auch auf dem Markt für langfristige Anleihen oder auf dem Markt für Aktien- oder Immobilienfonds anlegen. Die Kennzahl Eigenkapitalrentabilität ist also aus Sicht des Unternehmers zu vergleichen mit der Rendite von langfristigen Anlagen auf dem Kapitalmarkt, denn das wäre seine alternative Anlagemöglichkeit. Liegt seine Eigenkapitalrentabilität darüber, hat sich seine Investition in das Unternehmen gelohnt. Die Eigenkapitalrentabilität wird deshalb auch als „**Unternehmerrentabilität**" bezeichnet.

Da das Eigenkapital am Ende des Geschäftsjahres u. U. eine andere Höhe ausweist als zu Beginn des Geschäftsjahres, wird häufig als Bezugsgröße das durchschnittliche Eigenkapital angesetzt.

Dies wird wie folgt ermittelt:

(EK am Anfang des Geschäftsjahres + EK am Ende des Geschäftsjahres) : 2

## 4.2.2 Gesamtkapitalrentabilität

Bei einem Investment, ob es ein Einzelinvestment oder ein Unternehmen ist, muss allerdings auch nach der Verzinsung des gesamten darin investierten Kapitals gefragt werden. Diese Frage beantwortet die Gesamtkapitalrentabilität. Die Formal lautet:

$$R_{GK} = \frac{(\text{Gewinn} + \text{Fremdkapitalzinsen}) \cdot 100}{\text{Gesamtkapital}}$$

Die Ansprüche an das Kapital werden durch den Gewinn gegenüber den Eigenkapitalgebern und die Fremdkapitalzinsen gegenüber den Fremdkapitalgebern befriedigt. Allerdings sind die Fremdkapitalzinsen bereits in den Aufwendungen verbucht und mindern den ausgewiesenen Gewinn. Sie müssen folglich für die Ermittlung der erwirtschafteten Gesamtrendite in der Formel wieder hinzugezählt werden.

In unserem Beispiel zeigt sich folgendes Ergebnis:

|  | Unternehmen A | Unternehmen B |
|---|---|---|
|  | $= \dfrac{(600.000 + 280.000) \cdot 100}{10.000.000}$ | $= \dfrac{(600.000 + 75.000) \cdot 100}{6.000.000}$ |
| Gesamtkapitalrentabilität | 8,8 % | 11,25 % |

Das bedeutet, bei der Gesamtkapitalrentabilität liegt Unternehmer B vorne. Das Gesamtkapital seines Unternehmens erwirtschaftet eine höhere Rendite.

Die Gesamtkapitalrentabilität bezieht sich auf das ganze Unternehmen und bietet deshalb bei Betriebsvergleichen bessere Möglichkeiten zur Beurteilung der Leistungsfähigkeit von Unternehmen. Die Gesamtkapitalrentabilität wird deshalb auch als „**Unternehmensrentabilität**" bezeichnet.

Auch hier gilt, dass das durchschnittliche Gesamtkapital als Bezugsgröße eine genauere Aussage macht. Dies setzt voraus, das beide Größen bekannt sind, um einen Durchschnitt zu bilden.

### 4.2.3 Umsatzrentabilität

Die Eingangs gestellte Frage: „Wie viel bleibt mir von meinen Umsatzerlösen?" kann mit der Umsatzrentabilität beantwortet werden. Hierbei wird der erzielte Gewinn ins Verhältnis gesetzt zu den Umsatzerlösen.

$$R_U = \frac{\text{Gewinn} \cdot 100}{\text{Umsatzerlöse}}$$

Bezogen auf unser Beispiel ergibt sich folgendes Ergebnis:

|  | Unternehmen A | Unternehmen B |
|---|---|---|
|  | $= \dfrac{600.000 \cdot 100}{20.000.000}$ | $= \dfrac{600.000 \cdot 100}{15.000.000}$ |
| Umsatzrentabilität | 3 % | 4 % |

Unternehmer B liegt hier also wieder vorne. Er behält – um es bildlich auszudrücken und unsere Eingangsfrage zu beantworten – von je einem Euro Umsatz 4 Cent als Gewinn übrig. Eine Umsatzrentabilität mithin von 4 %. Bei Unternehmer A sind es nur 3 %.

Die Umsatzrentabilität hängt eng mit der Branche zusammen, in der das betrachtete Unternehmen tätig ist. Sie wird vor allem durch das Leistungsprogramm und die Kostenstruktur bestimmt. In einem Dienstleistungsbetrieb, z. B. einer Werbeagentur oder Wirtschaftsprüfungsgesellschaft, kann sie sehr hoch sein (über 30 %), im industriellen Sektor liegt sie zwischen 5 und 10 %, im Handel ist sie – ja nach Sortiment – sehr gering (zwischen 1 und 5 %).

Es ist also nur sinnvoll, Betriebe in derselben Branche mit vergleichbaren Produkten, vergleichbarer Leistungs- und Kostenstruktur und Mitarbeiteranzahl zu vergleichen.

In gleicher Weise wie die Gesamtkapitalrentabilität kann auch die Umsatzrentabilität bezogen werden auf den „Gesamtverdienst", also Gewinn zuzüglich der verdienten Fremdkapitalzinsen.

Das Ergebnis sieht wie folgt aus:

|  | Unternehmen A | Unternehmen B |
|---|---|---|
|  | $= \dfrac{(600.000 + 280.000) \cdot 100}{20.000.000}$ | $= \dfrac{(600.000 + 75.000) \cdot 100}{15.000.000}$ |
| Umsatzrentabilität (vor Zinsen) | 4,4 % | 4,5 % |

### 4.2.4 Zusammenhänge

Die drei erläuterten Rentabilitäten stehen je nach Sichtweise in einem engen Zusammenhang, der im Folgenden näher untersucht werden soll.

#### 4.2.4.1 Leverage-Effekt

Fasst man die Ergebnisse zu dem eingangs formulierten Beispiel zusammen, ergibt sich folgendes Bild:

|  | Unternehmen A | Unternehmen B |
|---|---|---|
| Eigenkapitalrentabilität | 20 % | 15 % |
| Gesamtkapitalrentabilität | 8,8 % | 11,25 % |

Fazit war, dass Unternehmer A eine höhere Eigenkapitalrentabilität erzielt, Unternehmer B hingegen eine höhere Gesamtkapitalrentabilität. Der Zusammenhang zwischen beiden wird hergestellt durch das eingesetzte Fremdkapital. Es ergibt sich als Differenz zwischen Gesamtkapital und Eigenkapital:

|  | Unternehmen A | | Unternehmen B | |
|---|---|---|---|---|
| Eigenkapital | 3.000.000,00 EUR |  | 4.000.000,00 EUR |  |
| Gesamtkapital | 10.000.000,00 EUR |  | 6.000.000,00 EUR |  |
| Fremdkapital | 7.000.000,00 EUR | 70 % | 2.000.000,00 EUR | 33,3 % |
| Fremdkapitalzinsen | 280.000,00 EUR |  | 75.000,00 EUR |  |
| Zinssatz auf das Fremdkapital | 4 % |  | 3,75 % |  |

Es fällt auf, dass Unternehmen A wesentlich mehr Fremdkapital eingesetzt hat als Unternehmer B, der offensichtlich stärker auf Eigenfinanzierung setzt.

Vergleicht man nun die Rentabilitäten miteinander, so fällt auf, dass bei beiden Unternehmen die Eigenkapitalrentabilitäten wesentlich höher sind als die Gesamtkapitalrentabilitäten. – Warum?

Der Schlüssel liegt in dem Anteil an Fremdkapital und seinen Zinsen. Denn in beiden Fällen liegt die Rentabilität des Gesamtkapitals wesentlich höher als der zu zahlende Zins für das Fremdkapital. Man spricht hier vom Hebel-Effekt des Fremdkapitals.

*Der Leverage-Effekt besagt: Ist die Rentabilität des Gesamtkapitals größer als der aktuelle Fremdkapitalzins, so lohnt sich der weitere Einsatz von Fremdkapital.*

In unserem Fall trifft das zu. Und weil Unternehmer A einen wesentlich höheren Anteil an Fremdkapital hat, wirkt sich dieser Effekt so stark aus, dass seine Eigenkapitalrentabilität wesentlich größer ist als die von Unternehmen B, der über einen prozentual wesentlich geringeren Anteil an Fremdkapital verfügt.

Das folgende Beispiel soll das noch einmal verdeutlichen:

Drei Unternehmen hatten im letzten Geschäftsjahr folgende Werte:

| Werte in Tsd. EUR | A | B | C |
|---|---|---|---|
| Gesamtkapital | 2.000 | 2.000 | 2.000 |
| Eigenkapital | 2.000 | 500 | 100 |
| Betriebsergebnis | 250 | 250 | 250 |
| – Fremdkapitalzinsen (10 %) | 0 | 150 | 190 |
| Gewinn | 250 | 100 | 60 |
| **Eigenkapitalrentabilität** | **12,5 %** | **20,0 %** | **60,0 %** |
| Gesamtkapitalrentabilität | 12,5 % | 12,5 % | 12,5 % |

Alle drei Unternehmen weisen eine identische Gesamtkapitalrentabilität auf, sind also in gleicher Weise leistungsfähig. Allerdings differieren ihre Eigenkapitalrentabilitäten sehr stark voneinander. Dieser Unterschied ist jedoch nur durch die unterschiedliche Kapitalstruktur zustande gekommen:

Während Unternehmer A ausschließlich Eigenmittel nutzt, hat Unternehmer C in hohem Maße Fremdmittel eingesetzt (95 %). Das zahlt sich bei seiner Eigenkapitalrendite in entsprechend hohem Maße aus.

Die bundesdeutsche Wirklichkeit liegt beim Anteil des Eigenkapitals an der Bilanzsumme bei ca. 20 bis 25 % und differiert von Unternehmen zu Unternehmen sehr stark. Während Klein- und Mittelbetriebe häufig ein noch geringeres Eigenkapital aufweisen (10–15 %), liegen börsennotierte Unternehmen weit darüber.

Es soll nicht verschwiegen werden, dass der Leverage-Effekt auch umkippen kann. Man spricht dann vom Leverage Risk, wenn sich die Refinanzierungssituation dermaßen verschlechtert, dass das Unternehmen einen höheren Prozentsatz an Fremdkapitalzins zahlen muss, als es an Gesamtkapitalrentabilität aufweist. In diesem Fall wird die Eigenkapitalrentabilität relativ rasch mit dem Hebeleffekt verschlechtert.

### 4.2.4.2 ROI und Kapitalumschlag

Der Return on Investment (ROI) ist eine Kennzahl, die unserer bereits geschilderten Gesamtkapitalrentabilität sehr nahekommt. Hier ist die Basis jedoch nicht das Gesamtkapital, sondern das investierte Kapital, was allerdings in vielen Fällen auf das Gleiche herauskommt. Aus diesem Grund wollen wir hier von identischen Begriffen ausgehen.

Zusätzlich wird eine neue Kennzahl eingeführt, die für viele Betriebe von Bedeutung ist. Gemeint ist der Kapitalumschlag. Dabei wird gefragt: Wie oft hat sich das investierte Kapital im Umsatz „umgeschlagen"?

$$\text{Kapitalumschlag} = \frac{\text{Umsatzerlöse}}{\text{Gesamtkapital}}$$

Die Höhe des Kapitalumschlags sagt etwas darüber aus, ob die Umsatzprozesse im Unternehmen rasch verlaufen oder eher langsam.

**Beispiel:** Bei Lebensmitteldiscountern werden relativ hohe Umschlagzahlen zu erwarten sein, während bei Juwelieren sehr niedrige Umschläge festgestellt werden.

Bezogen auf unser Ausgangsbeispiel gibt das folgende Ergebnisse:

|  | Unternehmen A | Unternehmen B |
|---|---|---|
| Gesamtkapital | 10.000.000,00 EUR | 6.000.000,00 EUR |
| Gesamtkapitalrentabilität/ROI | 8,8 % | 11,25 % |
| Umsatzerlöse | 20.000.000,00 EUR | 15.000.000,00 EUR |
| Umsatzrentabilität (vor Zinsen) | 4,4 % | 4,5 % |
| Kapitalumschlag | 2 | 2,5 |

Der innere Zusammenhang ergibt sich aus folgender Formel:

$$\frac{\text{ROI}}{\text{Gesamtkapitalrentabilität}} = \text{Umsatzrentabilität (vor Zinsen)} \cdot \text{Kapitalumschlag}$$

Die drei Kennzahlen ROI, Umsatzrentabilität und Kapitalumschlag weisen einen inneren Zusammenhang auf. Wie im vorigen Teilkapital bereits dargestellt, bildet dieses Dreieck an Kennzahlen die Spitze der Kennzahlenpyramide nach DuPont.

Gelingt es einem Unternehmen, einen hohen Kapitalumschlag zu realisieren, indem es die Umsatzprozesse erheblich beschleunigt, kann es mit einer relativ geringen Umsatzrendite zufrieden sein. Es erreicht mitunter die gleiche Gesamtkapitalrendite wie für ein Unternehmen, das eine hohe Umsatzrendite bei einem geringen Kapitalumschlag realisiert.

**Beispiel:** Ein Lebensmitteldiscounter hat eine Umsatzrentabilität von 2 % und einen Kapitalumschlag von 9. Das ergibt eine Gesamtkapitalrentabilität von 18 %.

Ein Juwelier hat dagegen eine Umsatzrentabilität von 12 %, aber nur einen Kapitalumschlag von 1,5. Er erzielt damit jedoch die gleiche Gesamtkapitalrentabilität wie der Lebensmitteldiscounter.

## Wiederholungsfragen

1. Was versteht man allgemein unter dem Begriff „Betriebliche Statistik"?
2. Nennen Sie drei wesentliche Aufgaben, die die Statistik in einem Unternehmen erfüllt.
3. Wer sind die innerbetrieblichen Adressaten der betrieblichen Statistik?
4. Welche Anforderungen sollte ein innerbetriebliches Berichtswesen erfüllen?
5. Welche außerbetrieblichen Adressaten könnten Interesse an betrieblichem Zahlenmaterial haben?
6. Was ist – allgemein ausgedrückt – eine Kennzahl?
7. Welche Aufgaben erfüllen Kennzahlen?
8. Kennzahlen können sehr unterschiedlich sein. Welche zwei Gruppen von Kennzahlen werden unterschieden?
9. In welchen Formen können relative Kennzahlen auftreten?
10. Was ist eine Indexzahl und wie wird sie ermittelt?
11. Welche Vergleiche können anhand von Kennzahlen erstellt werden?
12. Was versteht man unter einem Kennzahlensystem?
13. Was ist allgemein unter dem Begriff Rentabilität zu verstehen?
14. Warum ist dieser Begriff für das Management so wichtig?
15. Was besagt die Eigenkapitalrentabilität?
16. Was versteht man unter der Gesamtkapitalrentabilität?
17. Unterscheiden Sie Unternehmerrentabilität und Unternehmensrentabilität.
18. Wie berechnet man die Umsatzrentabilität?
19. Ein Zusammenhang zwischen der Eigenkapital- und der Gesamtkapitalrentabilität wird häufig durch den Leverage-Effekt hergestellt. Was besagt dieser Effekt?
20. Durch welche Kennzahl stellen Sie den Zusammenhang her zwischen dem ROI und der Umsatzrentabilität? Erläutern Sie den Zusammenhang.

# 5 Planungsrechnung

Alle Entscheidungen der Unternehmensführung – sei es im Absatz-, Beschaffungs-, Investitions- oder Finanzbereich – wirken für die Zukunft. Wie erfolgreich sie sind, zeigt sich erst im Laufe und vor allem am Ende des Geschäftsjahres in der Gewinn- und Verlustrechnung. Fehlinvestitionen können nicht vorhergesehen werden. Mit Intuition und Fingerspitzengefühl allein lässt sich ein Unternehmen nicht führen.

Die Betriebsführung muss deshalb versuchen, die möglichen Auswirkungen solcher Entscheidungen unter Berücksichtigung möglichst vieler innerbetrieblicher und externer Einflussfaktoren im Voraus zu gestalten. Ihr wichtigstes Hilfsmittel dafür ist die betriebliche Planung.

*Planung ist die gedankliche Vorwegnahme dessen, was zukünftig gewollt ist. Dazu gehört, aus den möglichen Vorgehensweisen in einer betrieblichen Ausgangssituation diejenigen Handlungsalternativen auszuwählen, die den größten Erfolg versprechen.*

## 5.1 Inhalt der Planungsrechnung

Die Planungsrechnung stellt eine mengen- und wertmäßige Schätzung der erwarteten betrieblichen Entwicklung auf und hat die Aufgabe, zukünftige Ausgaben und Einnahmen, Leistungen und Kosten zahlenmäßig zu konkretisieren.

Zu diesem Zweck bedient sie sich auf der einen Seite der Zahlen der Vergangenheit aus der Buchhaltung, der Bilanz, der Kosten- und Leistungsrechnung und der betriebswirtschaftlichen Statistik. Da jedoch jede Planung in die Zukunft gerichtet ist, müssen auf der anderen Seite die Erwartungen des Managements und der Mitarbeiter berücksichtigt werden. Es versteht sich von selbst, dass die Unsicherheiten und die Risiken einer Planung umso größer sind, je unvollkommener die Informationen der Mitarbeiter und der Unternehmensführung sind.

Die Planung hat sich immer am Zielsystem des Betriebs auszurichten. Im Wesentlichen wird dies das Gewinnziel sein, es können jedoch auch flankierende Ziele sein, die sich auf den Marktanteil, auf die Finanzierung oder auf soziale Ziele des Unternehmens richten.

## 5.1.1 Aufgaben der Planung

Die Planung erfüllt je nach Art und Größe des Unternehmens in mehr oder weniger großem Umfang die folgenden Aufgaben:

- Sie verfolgt eine gedankliche Durchdringung und Erfassung der betrieblichen Zukunft. Es sollen möglichst keine Handlungsfelder dem Zufall überlassen bleiben.
- Sie bietet bei rationaler Betrachtung und Vorgehensweise eine bestmögliche Vorschau auf die Zukunft des Unternehmens mit positiven und negativen Aspekten. Damit schafft sie für die Unternehmensführung einen Handlungsspielraum auch in Krisensituationen.
- Sie dient mit Zahlen als Grundlage für Entscheidungen, die in die Zukunft wirken.
- Sie dient als Grundlage zur Lenkung der betrieblichen Realisation, ist also gewissermaßen eine Handlungsanweisung für die Mitarbeiter.
- Sie wird benötigt als Vergleichsmaßstab und ist Grundlage für die am Ende einer betrachteten Periode durchzuführende Kontrolle. Hierdurch versetzt sie das Controlling in die Lage, Schwachstellen und Verlustquellen zu identifizieren.
- Sie hat durch die Auseinandersetzung mit dem Budget und dem anschließenden Plan-Soll-Ist-Vergleich eine erzieherische Wirkung auf die Mitarbeiter und das Management des Unternehmens.
- Sie ist ein Instrument für mögliche Leistungsanreize: Bei Erfüllung der Planzahlen können für Mitarbeiter Prämien oder sonstige Gratifikationen ausgelobt werden.

## 5.1.2 Arten und Wesen der Planung

Je nach angewendetem Kriterium werden folgende Arten der Planung unterschieden:

| Zeithorizont und Bedeutung | **Strategische Planung** <br> Sie ist eine langfristige Planung mit einem Planungshorizont von ca. 3 bis 5 Jahren, in Großunternehmen u. U. auch bis 10 Jahre. Inhaltlich befasst sich die strategische Planung mit grundsätzlichen und wegweisenden Bereichen. <br> *Beispiele: Geschäftsfelder, Produktportfolios, Standort, Betriebsgröße, Forschungsvorhaben, Finanzstruktur, Änderungen der Unternehmensform, grundlegende Personalpolitik* <br><br> **Taktische Planung** <br> Sie ist eine mittelfristige Planung mit einem Horizont von 1 bis 3 Jahren. Inhaltlich befasst sie sich mit den grundlegenden Maßnahmen, die geeignet sind, die strategischen Ziele zu erreichen. <br> *Beispiele: Produktentwicklung, Investitionen, Finanzierung, Personalentwicklung, Eigenfertigung oder Fremdbezug, Bestellpolitik, Rationalisierung* <br><br> **Operative Planung** <br> Die operative Planung ist eine kurzfristige Planung mit einem Planungshorizont von bis zu einem Jahr. Es ist eine Detailplanung, die für alle Mitarbeiter und das Management eine Art Handlungsanweisung für die kommenden Monate abgibt. <br> *Beispiel: Absatzplan der kommenden Monate, Kostenbudget einzelner Abteilungen nach Monaten, aber auch sehr kurzfristige Planungen, wie Maschinenbelegungspläne, Personaleinsatzpläne, Materialbereitstellungspläne usw.* |
|---|---|

| | |
|---|---|
| **Umfang** | **Gesamtplanung**<br>Von einem Gesamtplan wird dann gesprochen, wenn die betriebliche Planung sämtliche Teilpläne und damit sämtliche Bereiche des Unternehmens umfasst. Die Gesamtplanung muss immer in koordinierter Weise erfolgen. Die Teilpläne werden i. d. R. vom Controlling zur Gesamtplanung zusammengeführt.<br><br>**Teilplanung**<br>Ein Teilplan betrachtet immer nur einen Teilbereich des betrieblichen Geschehens. Es gibt durchaus Unternehmen, die über keine Gesamtplanung verfügen, aber dennoch in Teilbereichen Pläne anfertigen, z. B. im Absatz-, Material-, Produktions- oder Personalbereich. |
| **Inhalt** | **Werteplanung/Budgetierung**<br>Die Planung beinhaltet konkrete betriebliche Planwertgrößen als absolute oder relative Zahlen.<br>– **Absolute Werte** sind Angaben in Euro, t, kg, Stück u. Ä.<br>   *Beispiel:* Der Absatz der Warengruppe C21 im Verkaufsgebiet Nord soll im 1. Quartal des kommenden Jahres 700.000 Stück betragen.<br>   Die Personalkosten der Kostenstelle Vertrieb werden im kommenden Jahr insgesamt 670.000,00 EUR betragen.<br>– **Relative Zahlen**, die sich auf andere Angaben der Planung in Prozent beziehen.<br>   *Beispiel:* Die variablen Kosten der Produktgruppe C21 dürfen 30 % des Verkaufspreises nicht überschreiten. Die Personalkosten im Produktionsbereich dürfen von diesem auf das nächste Jahr um maximal 5 % steigen.<br><br>**Maßnahmen- bzw. Aktionsplanung**<br>Sie enthält alle Angaben zu den Maßnahmen, mit denen die Planwerte erreicht werden sollen. Es sind zumeist Handlungsanweisungen in verbaler Form.<br>*Beispiel:* Um die Kundenzufriedenheit als eine Voraussetzung für das geplante Umsatzwachstum zu erreichen, werden alle Verkäufer an einer Schulung in telefonischer Gesprächsführung teilnehmen. |

### Wesen der Planung

- Jede Planung ist immer zukunftsbezogen.
- Jede Planung muss Annahmen über die Rahmenbedingungen machen, sogenannte Planungsprämissen.
- In jedem Planungsprozess müssen die folgenden Fragen beantwortet werden:
  – Von welchen Planungsprämissen/Faktoren sind die zu planenden Größen abhängig?
  – Wie verändern sich diese Größen, wenn sich die Einflussfaktoren verändern, welches Ursache-Wirkungs-Verhältnis liegt also dem einzelnen Planungsbereich zugrunde?
  – Wie werden sich die Größen zukünftig verhalten?
- Jede Planung ist mit einem mehr oder weniger großen Grad an Unsicherheit behaftet.
- Teilpläne dürfen nicht isoliert betrachtet und geplant werden, denn es gibt vielfältige Beziehungen zwischen den einzelnen Teilplänen (siehe unten unter: Interdependenz der Teilpläne).
- Jede Planung muss genug Raum für Improvisation geben, sonst ist sie zu starr. Wie sagte doch Konfuzius so treffend: *„Wer kleine Widrigkeiten nicht erträgt, verdirbt sich damit große Pläne."*

## 5.1.3 Interdependenz der Teilpläne

Planung vollzieht sich nicht in Form einer gleichzeitigen Planung des gesamten Betriebsgeschehens. Zumeist werden für die einzelnen Bereiche Teilpläne erstellt, weil nur die Spezialisten vor Ort in der Lage sind, die Detailprobleme zu überschauen. Andererseits können die Teilpläne nicht isoliert erstellt werden. Jeder Teilplan ist bis auf wenige Ausnahmen von einem anderen abhängig. Man spricht hier von der Interdependenz (= gegenseitige Abhängigkeit) der Teilpläne. Für den Planungsprozess bedeutet das, dass sich in dem Moment, in dem eine Annahmegröße oder ein Input-Plan geändert wird, einige davon abhängige Teilpläne ändern, im schlimmsten Fall alle Pläne. Der Zusammenhang der Teilpläne kann vereinfacht durch das folgende Schaubild dargestellt werden:

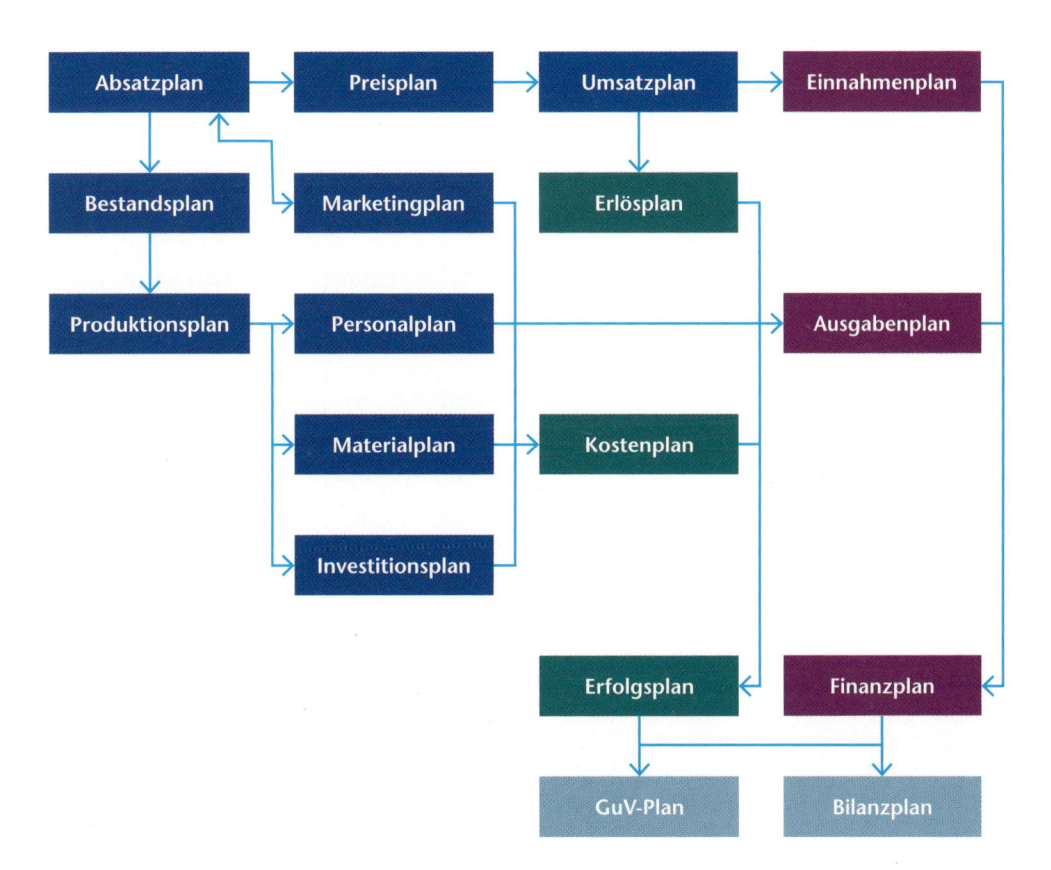

Man unterscheidet hinsichtlich der **Inhalte** folgende Interdependenzen:

- Von **indirekter oder sachlicher Interdependenz** spricht man, wenn ein Teilplan vom anderen sachlich abhängig ist, z. B. der Produktions- und der Personalplan vom Absatzplan.
- Von **direkter oder Erfolgsinterdependenz** wird dann gesprochen, wenn sich aufgrund der Veränderung eines Teilplanes der Erfolg des Unternehmens verändert. So wird z. B. eine Erhöhung des Absatzplanes oder eine Senkung der Kostenplanung eine Erhöhung des Gewinns zur Folge haben.

Hinsichtlich der **zeitlichen Dimension** von Planung unterscheidet man wie folgt:

- Eine **zeitlich horizontale Interdependenz** liegt vor, wenn die gleiche Planungsperiode betroffen ist, z. B. wird eine Veränderung des Absatzplanes im Jahre 01 unweigerlich eine Veränderung des Produktionsplanes im Jahr 01 nach sich ziehen.
- Eine **zeitlich vertikale Interdependenz** liegt vor, wenn unterschiedliche Planungsperioden betroffen sind. So wird z. B. eine geplante Investition im Jahr 01 nicht nur das Jahr 01 berühren, sondern wegen der finanziellen Folgen (Kredite) und der Kostenstruktur auch Auswirkungen auf die Pläne für 02 und folgende Jahre haben.

Das Interdependenzproblem kann über folgende Vorgehensweisen gelöst werden:

- **Sukzessivplanung:** Hierbei wird das Gesamtplanungsproblem nach sachlichen und/oder zeitlichen Kriterien in Teilprobleme zerlegt und schrittweise gelöst.
- **Hierarchische Planung:** Hierbei erfolgt ein geordnetes Nebeneinander von zentralen und dezentralen Teilplänen.

### 5.1.4 Planungsprozess

In der Regel läuft ein Planungsprozess in einem Unternehmen unter Berücksichtigung der vorgenannten Interdependenzen wie folgt ab:

Ausgangspunkt der Planung ist zumeist der Absatzbereich, dieser wird nach Produkten, Gebieten und ggf. nach Kunden geplant. Steht dieser fest, lassen sich über den Preisplan die Umsätze der Planperiode im Umsatzplan ermitteln. Der Absatzplan muss in enger Abstimmung mit dem Marketingplan erstellt werden, weil nur durch den Einsatz des geeigneten Marketingmix (z.B. Werbung, Preispolitik) die Absatzzahlen erreicht werden können.

Die Zahlen des Absatzplanes führen – unter Einbeziehung des Bestandsplans – zu den zu produzierenden Stückzahlen der einzelnen Produkte, die dann im Produktionsplan fixiert werden. Durch Auflösung der Stücklisten und Arbeitspläne und über geeignete Kapazitätsberechnungen lassen sich dann die Bedarfspläne für die Produktionsfaktoren ermitteln: Materialbedarfsplan, Personalbedarfsplan und Investitionsplan.

Aus diesen Plänen lassen sich durch Bewertung mit geschätzten Preisen die Kosten ableiten und gleichfalls können die benötigten Auszahlungen für die Produktionsfaktoren im Ausgabenplan festgehalten werden. Der Umsatzplan führt einerseits zu den voraussichtlichen Erlösen, andererseits unter Berücksichtigung der Zahlungsziele zu den voraussichtlichen Einnahmen der Planperiode. Erlös- und Kostenplan münden dann in den Ergebnisplan, Einnahmen und Ausgabenplan führen zum Finanzplan, der den Finanzbedarf der Periode festlegt. Über sinnvolle Korrekturen gelangt man dann zum GuV-Plan sowie zur Bilanzplanung der Planperiode.

### 5.1.5 Planungsrealisierung

Die Planung erfolgt entweder im Gesamtsystem des angewendeten Software-Programms oder mit einer selbst entwickelten Planungssoftware. In kleinen und mittleren Unternehmen wird heute häufig noch die Unternehmensplanung unter Einsatz von Tabellenkalkulationsprogrammen wie MS Excel oder Datenbankprogrammen wie ACCESS, durchgeführt.

Die folgende Darstellung zeigt die Kostenplanung einer einzigen Kostenstelle. Es wird deutlich, dass bei einem Unternehmen mit mehren 100 Kostenstellen und den oben gezeigten Planungsbereichen die Planung einen großen Teil der Aufgaben des Managements ausmacht.

| Kostenstelle | Lackiererei | | KSt-Verantwortlicher | M. Lehmann | |
|---|---|---|---|---|---|
| Planperiode | Juli 20 .. | | | | |
| | | | | | |
| | Menge | | Planpreis | fix | variabel | Gesamt |
| Planbeschäftigung | 80.000 | Stck. | | | | |
| | | | | | | |
| Rohstoffe | 200 | kg | 25,00 | | 5.000,00 | 5.000,00 |
| Fertigungslöhne | 320 | Std. | 15,00 | | 4.800,00 | 4.800,00 |
| Lohnnebenkosten | 20 | % | 3,00 | | 960,00 | 960,00 |
| Hilfslöhne | 80 | Std. | 15,00 | 720,00 | 480,00 | 1.200,00 |
| Lohnnebenkosten | 80 | % | 12,00 | 576,00 | 384,00 | 960,00 |
| Betriebsstoffe | | | | 120,00 | 480,00 | 600,00 |
| Energie | | | | 300,00 | 900,00 | 1.200,00 |
| Reparaturen | | | | 800,00 | 400,00 | 1.200,00 |
| kalkulatorische Abschreibung | | | | 2.500,00 | 1.200,00 | 3.700,00 |
| kalkulatorische Zinsen | | | | 1.200,00 | | 1.200,00 |
| sonst. Gemeinkosten | | | | 300,00 | 400,00 | 700,00 |
| Summe der KSt | | | | 6.516,00 | 15.004,00 | 21.520,00 |

| Plankostenverrechnungssatz | | | | | 0,19 | 0,27 |
|---|---|---|---|---|---|---|

## 5.2 Zeitliche Ausgestaltung

Die Frage nach der zeitlichen Ausgestaltung kann in verschiedene Richtungen gehen:

| Für welchen Zeitraum wird geplant? | In welchen zeitlichen Rhythmen wird geplant? | Nach welchen Prinzipien wird geplant? |
|---|---|---|
| ↓ | ↓ | ↓ |
| Planungshorizont | Planungsrhythmus | Verfahren/Prinzipien |

## 5.2.1 Planungshorizont

Wer im vorherigen Kapitel unter Planungsarten bereits besprochen, werden folgende Planungshorizonte unterschieden:

- **Strategische Planung**: Sie ist eine langfristige Planung, die sich über einen Zeitraum der kommenden 3 bis 5 Jahre erstreckt, u. U. auch länger. Sie erfolgt unter Einbeziehung des Controllings auf der oberen Führungsebene des Unternehmens.
- **Taktische Planung:** Sie ist eine mittelfristige Planung für den kommenden Zeitraum von 1 bis 3 Jahren und wird aus der strategischen Planung abgeleitet. Hier werden die wesentlichen Maßnahmen festgelegt, um die strategischen Ziele zu erreichen. Die taktische Planung ist praktisch das Bindeglied zwischen der strategischen und der operativen Planung.
- **Operative Planung:** Sie ist eine kurzfristige Planung mit einem Horizont von bis zu einem Jahr. Hier werden die Ziele und Maßnahmen formuliert, die zur Umsetzung der taktischen Planung erforderlich sind und im Prinzip die Handlungsanweisungen für die untere Führungsebene und die ausführenden Mitarbeiter sind. Operative Pläne sind sehr detailliert und sehr konkret. Sie legen in den Budgets die Werte fest und gleichzeitig die Maßnahmen, mit denen diese Werte erreicht werden sollen.

## 5.2.2 Planungsrhythmus

Der Planungsrhythmus kann unterschiedlich gestaltet werden.

- Bei der **zyklischen Planung** wird eine feste Planungsperiode gewählt, an die sich eine gleich lange Planungsperiode anschließt (Planungsperiode = Planungshorizont).

    *Beispiel: Die meisten Unternehmen planen i. d. R. im letzten Quartal eines Geschäftsjahres für die Planperiode des folgenden Geschäftsjahres. Planungsperiode und Planungshorizont ist ein Jahr.*

- Bei der **rollierenden Planung** ist die Planungsperiode kürzer als der Planungshorizont, der verbleibende Teil des alten Planungshorizonts wird neu geplant.

    *Beispiel: In der Produktionsplanung eines Unternehmens wird jeden Monat eine Dreimonatsplanung für die Produktion erstellt. Der Planungshorizont ist immer drei Monate, die Planperiode immer ein Monat.*

| JAN | FEB | MAR |     |     |     |
|-----|-----|-----|-----|-----|-----|
|     | FEB | MAR | APR |     |     |
|     |     | MAR | APR | MAI |     |
|     |     |     | APR | MAI | JUN |

## 5.2.3 Planungsverfahren/Planungsprinzipien

Je größer das Unternehmen, desto komplexer wird die Aufgabe der Koordination der Planung, denn die Planungsprozesse können in den seltensten Fällen simultan, also gleichzeitig erfolgen. Um die einzelnen Teilpläne und den damit verbundenen Planungsprozess in zeitlicher, personeller und inhaltlicher Hinsicht zu koordinieren, hat die betriebliche Praxis drei Planungsverfahren entwickelt.

| | |
|---|---|
| Top-down-Planung | Bei der Top-down-Planung werden auf der obersten Hierarchiestufe die wesentlichen Ziele für die Planperiode formuliert und dann von oben nach unten „heruntergebrochen", das bedeutet, die jeweils nächste Hierarchiestufe differenziert die Planungen weiter aus, bis auf der untersten Stufe detaillierte Teilpläne erstellt werden können. Der Vorteil liegt hier darin, dass die nachgeordneten Unternehmensbereiche quasi in einer Zielhierarchie ihre Teilziele und Maßnahmen einordnen können. Nachteilig wirkt sich aus, dass die Unternehmensleitung zwar wohlfeile Ziele formulieren kann, ob diese aber realistisch sind, kann im Wesentlichen nur die mittlere und untere Ebene des Managements wissen und entscheiden. Mitarbeiter und untere Führungseben identifizieren sich nicht so leicht mit „verordneten Planzahlenzahlen". |
| Bottom-up-Planung | Bei der Bottom-up-Planung werden die Teilpläne auf der unteren Stufe des Unternehmens entwickelt und dann nach oben hin weiter verdichtet, bis sich auf der obersten Stufe ein Gesamtbild ergibt. Vorteil dieses Verfahren ist, dass die unteren Ebenen realistisch die Machbarkeiten einschätzen und sich mit ihren eigenen Zahlen identifizieren können. Nachteilig wirkt sich aus, dass die unterschiedlichen Bereiche einen hohen Grad an Kommunikation benötigen, um die Teilpläne untereinander anzustimmen, und dass die verdichteten Teilpläne u. U. nicht in der Lage sind, das gesamtunternehmerische Zielniveau zu erreichen. |
| Gegenstrom-Planung | Das Gegenstrom-Verfahren nutzt die Vorteile beider Systeme und „vereint" praktisch beide Verfahren: Das Top-Management beginnt mit der Formulierung der Gesamtziele für die kommende Planperiode. In mehreren Schritten werden diese Ziele als Teilpläne bis zur unteren Ebene heruntergebrochen. In der unteren Ebene findet dann ein Prozess der Prüfung, Identifikation und Plausibilitätsprüfung statt. Dies ist häufig eingebunden in die sogenannten „Jahresgespräche" oder „Zielvereinbarungsgespräche" eines Management by Objectives oder vergleichbaren Management-Techniken. Anschließend erfolgt eine Verdichtung der so geprüften Teilpläne stufenweise nach oben, um zu sehen, ob die Gesamtzielsetzungen tatsächlich erreicht werden. Ist das nicht der Fall, kann es zu einem zweiten Durchgang kommen, der sogenannten „Knetphase", in der geprüft wird, welche zusätzlichen Maßnahmen doch noch zu einer Gesamtzielerreichung führen können. Dieses Planungsverfahren verlangt einen hohen Koordinationsgrad, der zumeist von der Abteilung Controlling geleistet wird. |

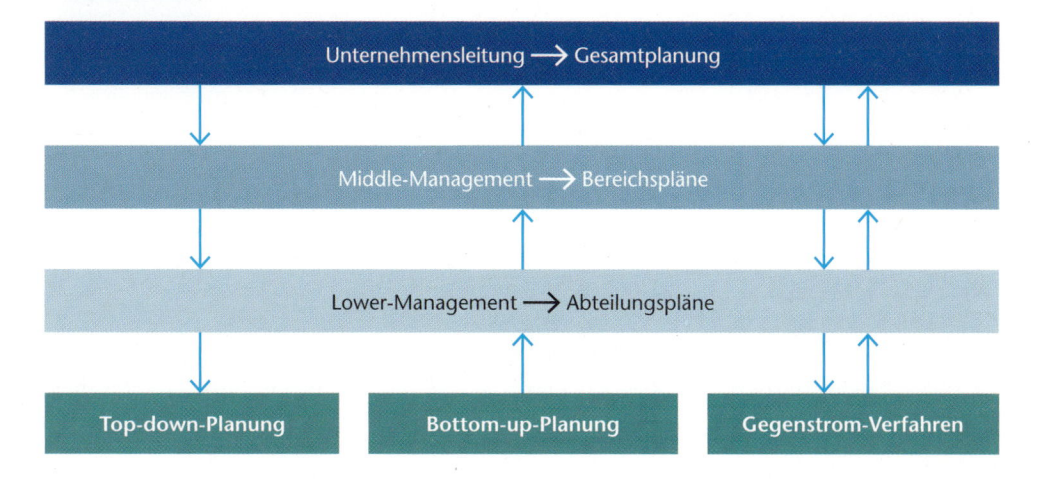

## Wiederholungsfragen

1. Was versteht man allgemein unter dem Begriff „Planung"?
2. Nach welchen Gesichtspunkten kann man die verschiedenen Planungen eines Unternehmens unterscheiden?
3. Nennen Sie drei wesentliche Aufgaben der Planung.
4. Was ist das Wesen einer jeden Planung? Nennen Sie drei Merkmale.
5. Unterscheiden Sie Maßnahmen- und Werteplanung anhand eines Beispiels.
6. Was verstehen Sie unter dem Problem der „Interdependenz der Teilpläne"?
7. Welche Arten von Interdependenzen zwischen den Teilplänen lassen sich unterscheiden?
8. Was versteht man unter einem Planungshorizont, was unter einer Planungsperiode?
9. Nach dem Planungshorizont lassen sich drei Planungen unterscheiden. Welche sind das?
10. Erläutern Sie den Unterschied zwischen strategischer und operativer Planung.
11. Beschreiben Sie die zyklische und die rollierende Planung.
12. Erläutern Sie die drei verschiedenen Planungsverfahren.
13. Die meisten Unternehmen planen nach dem Gegenstrom-Verfahren. Nennen Sie dafür zwei wesentliche Gründe.

# Sachwortverzeichnis

**A**

Abgrenzungsrechnung 315
Absatzlogistik 186
absatzpolitisches Instrumentarium 187
Abschreibung 272
Abschreibungen, kalkulatorische 322
Abschreibungsverfahren 272
Abschwung 118
AG & Co. OHG 238
Aktiengesellschaft AG 230
Aktiv-Passiv-Mehrung 297
Aktiv-Passiv-Minderung 297
Aktiv-Tausch 297
ALPEN-Methode 32
Anderskosten 313, 322
Angebot 74
Angebot, Einflussfaktoren 75
Angebotskalkulation 344
Angebotsmonopol 67
Angebotsoligopol 67
Angebotsüberhang 79
Angebot, volkswirtschaftliches 74
Anhang 285
Anlageinvestitionen 59
Anlagevermögen 292
Anlagevermögen, Bewertung 271
Anmeldung des Unternehmens 217
Anschaffungskosten 270
Äquivalenzziffernkalkulation 350
Arbeislosenquote 128
Arbeit 55
Arbeitsgemeinschaft 247
Arbeitslosigkeit 56
Arbeitsplatz 22
Arbeitsteilung 52
Arbeitsteilung, berufliche 52
Arbeitsteilung, betriebliche 52
Arbeitsteilung, familiäre 52
Arbeitsteilung, internationale 53, 156
Arbeitsteilung, volkswirtschaftliche 53
audiovisuelle Medien 36
Aufbereitung von betrieblichen Zahlen 376
Aufgabe der EZB 132
Aufschwung 118
Aufsichtsrat 232
Aufwand 311
Aufwendungen 302
Außenbeitrag 129
Außenfinanzierung 194
Außenhandel, Bedeutung 154
Außenwirtschaft 154
außenwirtschaftliches Gleichgewicht 129
Außenwirtschaftspolitik 157

**B**

BAB 330
Bedarf 50
Bedarfsprinzip 106
Bedürfnis 48
Beratung 213
Berichtswesen 376
Berufsbildung 52
Berufsspaltung 52
Beschaffungslogistik 185
Beschäftigungspolitik 144
Beschäftigungsstand 126
Bestandskonten 298
Betrieb 178
Betriebsabrechnungsbogen 330
Betriebsvergleich 380
Bewertung des Umlaufvermögens 275
Bewertungsgrundsätze 264
Bezugspreis 354
BGB-Gesellschaft 227
Bilanz 192, 289
Bilanzansatz, formell 264
Bilanzansatz, materiell 266, 267
Bilanzgliederung 290
Bilanzierungsgrundsätze 264
Bilanzveränderungen 296
Bildungspolitik 142
BIP 100
BIP pro Kopf 129
Boden 55
Boom 118
Börsen- oder Marktpreis 271
Bottom-up-Planung 395
Break-Even-Analyse 365
Bruttoinlandsprodukt 101
Bruttoinlandsprodukt, nominales 103
Bruttoinlandsprodukt, reales 103
Bruttoinvestitionen 59
Bruttonationalprodukt 101
Bruttowertschöpfung 99
Buchführung 192, 258
Buchführung nach Handelsrecht 262
Buchführung nach Steuerrecht 263
Buchführungspflichten 261
Buchgeldschöpfung 133
Bürgschaften 158
Businessplan 214

**C**

Cluster 26
Computer Based Learning 35
Controlling 196

**D**

Debatte 44
Deckungsbeitragsrechnung, einstufige 362
Deckungsbeitragsrechnung für einen Einproduktbetrieb 363
Deckungsbeitragsrechnung in Mehrproduktbetrieben 364
Depression 118
Devisenbilanz 169
Dienstleistungen 50
Differenzkalkulation 356
Direktorium der EZB 131
Diskussion 44
Diskussionstechniken 44
Disput 44
Distributionspolitik 190
Divisionskalkulation 349

**E**

Eigenkapital 294
Eigenkapitalrentabilität 382
Einkommenskonto, nationales 99
Einkommensverteilung 105
Einkommensverteilung, funktionale 107
Einkommensverteilung, personelle 108
Einkommen, verfügbares 58
Einlagefazilität 135
Einzelkosten 330
Einzelunternehmung 222
Eisenhower-Prinzip 32
E-Learning 35
Entsorgungslogistik 186
Erfolgskonten 301
Ergebnistabelle 315
Ersatzinvestitionen 59
Ertrag 311
Erträge 302
Erweiterungsinvestitionen 59
Erwerbslosenquote 127
Erwerbsquote 127
Erwerbstätigenquote 127
Europäische Investitionsbank 162
Europäische Kommission 161
Europäischer Binnenmarkt 162
Europäischer Gerichtshof 161
Europäischer Rat 161
Europäischer Rechnungshof 161
Europäisches Parlament 161
Europäische Union 159
Europäische Wirtschafts- und Währungsunion 163
Europäische Zentralbank 130, 162
EWWU 163
Existenzgründung 206
Expansion 118
EZB-Rat 131

**F**

Faktoreinkommen 98
Faktormärkte 65
Finanzbuchhaltung, Adressaten 282
Finanzbuchhaltung, Aufgaben 285
Finanzierung 194
Finanzierungskonto, nationales 100
Finanzplanung 195
Finanzwirtschaft 193

# Sachwortverzeichnis

Fiskalismus 150
Fiskalpolitik 139
Fiskalpolitik, Probleme der 141
Flip-Chart 35
Flussdiagramm 26
Forderungen, Bewertung von 278
Freihandel 155
Friedman, Milton 150
Fusion 253
Fusionskontrolle 90

## G

Garantien 158
Gegenstrom-Planung 395
Geldkapital 57
Geldmenge 124, 132
Geldpolitik 130
Geldpolitik, Instrumente 135
Geldpolitik, Wirksamkeit der 138
Geldschöpfung 132
Geldschöpfung, primäre 133
Geldschöpfung, sekundäre 133
Geldschöpfungsmultiplikator 134
Geldstrom 61
Gelegenheitsgesellschaft 247
Gemeinkosten 330
Gemeinkostenzuschlagssätze 334
Genossenschaft 238
Gesamtkapitalrentabilität 382
Gesamtkostenverfahren 304
Geschäftsführer 235
Geschäftsidee 213
geschlossener Markt 66
Gesellschaft des bürgerlichen Rechts 227
Gesellschaften 223
Gesellschafterversammlung 235
Gesellschaft mit beschränkter Haftung 234
Gesetzes gegen Wettbewerbsbeschränkungen 249
Gesetz gegen Wettbewerbsbeschränkungen 87
Gewerbeanmeldung 210
Gewerbefreiheit 209
Gewinnquote 108
Gewinnschwellenmenge 365
Gewinn- und Erfolgsrechnung 303
Gewinnverteilung einer OHG 225
Giralgeldschöpfung 133
Gleichgewichtspreis 77
Gleichgewichtspreis, Funktionen 78
Gleichheitsprinzip 106
Gleichordnungskonzerne 253
GmbH 234
GmbH & Co KG 237
GmbH & Co. OHG 238
Gossensche Gesetze 72
Grenzanbieter 80
Grenznachfrager 79
Grundbuch 283
Grundsätze ordnungsgemäßer Bilanzierung 268

Grundsätze ordnungsgemäßer Buchführung 260
Gruppenarbeit 34, 37
Gruppenbewertung 276
Güter 50
Güter, inferiore 71
Gütermärkte 65
Güterstrom 61
GuV 303

## H

Handelsspanne 359
Handelsvolumen 124
Handelswarenkalkulation 352
Happy Planet Index 112
Hartz-Konzept 145
Hauptbuch 283
Hauptkostenstellen 331
Hauptrefinanzierungsgeschäfte 135
Hauptversammlung 233
Herstellkosten der Erzeugung 334
Herstellkosten des Umsatzes 334
Herstellungskosten 270
heterogene Güter 51
Hilfskostenstellen 332
Hochkonjunktur 118
Höchstpreise 92
Höchstwertprinzip 270
homogene Güter 51
Human Development Index 112

## I

Imparitätsprinzip 270
Index of Sustainable Economic Welfare 111
Informationslogistik 186
Innenfinanzierung 195
Interdependenz der Teilpläne 391
Interessengemeinschaft 250
internationale Organisationen 164
internationaler Handel 154
Internationaler Währungsfond 164
Internes Rechnungswesen 310
Inventar 287
Inventur 287
Inventurarten 287
Investieren 58
Investition 195
Investitionsanlässe 196
Investitionsarten 196
IWF 164

## J

Jahresabschluss 285
Joint Venture 248

## K

Kalkulation mit Maschinenstundensätzen 347
Kalkulationszuschlag 357
Kalkulation von Bezugspreisen 353
kalkulatorische Kosten 322
Kapital 57
Kapitalbedarf 207

Kapitalbildung 57
Kapitalgesellschaften 229
Kapitalstock 59
Kapitalumschlag 386
Kapitalverkehrsbilanz 167
Kartell 87, 248
Kartellarten 87
Kartellrecht 87, 249
Käufermarkt 79
Kennzahlen, absolute 379
Kennzahlen, relative 379
Kennzahlensystem 380
Keynes, John Maynard 140, 150
KG 226
KGaA 236
Klärungsdiskussion 44
Kombination der Produktionsfaktoren 59
Kommanditgesellschaft 226
Kommanditgesellschaft auf Aktien 236
Kommunikationspolitik 189
komplementäre Güter 50
Kondratieff-Wellen 117
Konjunktur 116
Konjunkturdämpfung 141
Konjunkturdiagnose 119
Konjunkturförderung 141
Konjunkturforschung 119
Konjunkturindikatoren 119
Konjunkturpolitik, flankierende Maßnahmen 142
Konjunkturprognose 119
Konjunkturschwankungen 117
Konjunkturtheorien 120
Konjunkturzyklus 117
Konjunkturzyklus, Dauer 119
Konsortium 247
Konsum 58
Konsumentenrente 79
Konsumgüter 50
Konsumquote 109
Konsumverzicht 57
Kontrahierungspolitik 190
Kontrolle 198
Konzentration 251
Konzern 253
Kooperation 245
Kooperationsformen 247
Koordination 199
Kosten 312
Kostenartenrechnung 310, 321
Kostenerfassung 321
Kosten, Gliederung der 325
Kosten, maschinenabhängige 347
Kostenstelle 330
Kostenstelleneinzelkosten 331
Kostenstellengemeinkosten 331
Kostenstellenrechnung 310, 330
Kostenträgerrechnung 310, 340
Kostenträgerstückrechnung 340
Kostenträgerzeitrechnung 340, 341
Kostenüberdeckung 337

# Sachwortverzeichnis

Kosten- und Leistungsrechnung 192, 259
Kosten- und Leistungsrechnung, Aufgaben 310
Kosten- und Leistungsrechnung, Bereiche 310
Kostenunterdeckung 337
Kostenvorteil, absolut 156
Kostenvorteil, komparativ 156
Krediterleichterungen 158

## L

Lagebericht 285
Lagerlogistik 185
Lehrgespräch 34
Leistungen 312
Leistung : Kosten 309
Leistungsbilanz 167
Leistungsprinzip 105
Leittextmethode 35
Leitzinsen 136
lernen 13
Lernerfolg 14
Lerngruppe 39
Lernkartei 28, 29
Lernkartei anlegen 27
Lernmedien 34
Lernmethoden 34
Lernmotivation 14
Lern-Pausen-Rhythmus 21
Lernrhythmus 20
Lernstoff erfassen 24
Lernstoff lernen 28
Lernstoff, Quellen 24
Lernstoff reduzieren 27
Lernstoff strukturieren 25
Lernstörung 23
Lerntypen 18
Lernumgebung 22
Leverage-Effekt 384
Logistik 183
Lohnquote 107
Lohnquote, bereinigt 107
Lorenzkurve 108

## M

Make-or-Buy-Entscheidungen 373
Manuskript 43
Marketing 187
Markt 65
Marktarten 65
Marktbeherrschung 89
Marktchancen 206
Marktformen 66
Marktforschung 188
marktkonforme Maßnahmen 91
Markttypen 66
Marktungleichgewichte 78
Markt, unvollkommener 81
Maschinenstundensatz 348
Maslow, Abraham 15
Maßgeblichkeitsprinzip 266
Maximalprinzip 51
Mengenbeeinflussung 91

Mengennotierung 170
Miete, kalkulatorische 325
Mindestpreise 93
Mindestreserve 137
Mindestreservesatz 134
Mindmap 26
Minimalprinzip 51
Missbrauchsaufsicht 89
Mitbestimmung 233
Mittelstandskartelle 88
Monetarismus 150
Monopol, bilaterales 67
Motiv 15
Motivation, extrinsisch 16
Motivation, intrinsisch 16
Motivationsprozess 15
Motivationsstörungen 17

## N

Nachfrage 50, 67
Nachfrage, Einflussfaktoren der 68
Nachfragemonopol 67
Nachfrageoligopol 67
Nachfrageüberhang 79
Nachfrageverhalten 69
Nachfrage, volkswirtschaftliche 67
Nachkalkulation 346
Natur 55
Nebenbücher 284
Net Economic Welfare 111
Nettonationaleinkommen 101
Nettowertschöpfung 99
neutrale Aufwendungen 313
nicht marktkonforme Maßnahmen 91
Niederstwertprinzip 270
Normalkosten, verrechnete 342
Nutzen eines Gutes 71

## O

OECD 165
Offene Handelsgesellschaft 223
offener Markt 66
Offenmarktpolitik 135
öffentliche Haushalte 54
OHG 223
ökonomisches Prinzip 51
Oligopol, bilaterales 67
Organisation für wirtschaftliche Zusammenarbeit und Entwicklung 165
Overheadprojektor 36

## P

PartG 240
Partnerschaftsgesellschaft 240
Passiv-Tausch 297
Pause 21
Personalbeschaffung 200
Personalbetreuung 201
Personalbeurteilung 201
Personaleinsatz 200
Personalentlohnung 201
Personalentwicklung 201

Personalplanung 200
Personalverwaltung 201
Personalwesen 199
Personengesellschaften 223
Pinnwand 35
Planspiel 34
Planung 193, 197, 260, 388
Planung, Aufgaben der 389
Planung, operative 394
Planungsarten 389
Planungshorizont 394
Planungsprozess 392
Planungsrealisierung 392
Planungsrechnung 388
Planungsrhythmus 394
Planung, strategische 394
Planungsverfahren 394
Planung, taktische 394
Planung, Wesen der 390
Polypol 67
Präsentation 41
Präsentationstechnik 40
Preisabsprachen 85
Preisbeeinflussung 91
Preisbildung 67
Preisbildung auf dem vollkommenen Markt 76
Preisbildung im unvollkommenen Monopol 85
Preisbildung im unvollkommenen Oligopol 84
Preisbildung im unvollkommenen Polypol 83
Preisdifferenzierung 82
Preiselastizität 69
Preisführerschaft 84
Preismechanismus 76
Preisnivaubestimmung 124
Preisniveau 124
Preisniveaustabilität 123
Preisnotierung 170
Preispolitik, staatliche Eingriffe 91
Preisstrategien im Oligopol 84
Preisuntergrenzen 371
primärer Sektor 53
Primärverteilung 106
private Haushalte 54
Problemlösungsdiskussion 44
Produktentwicklung 181
Produktion 179
Produktionsfaktor Arbeit 56
Produktionsfaktoren, betriebliche 180
Produktionsfaktoren, Kombination der 181
Produktionsfaktoren, limitationale 60
Produktionsfaktoren, substitutionale 59
Produktionsfaktoren, volkswirtschaftliche 54
Produktionsgüter 50
Produktionskonto, nationales 98
Produktionskontrolle 183

# Sachwortverzeichnis

Produktionslogistik 185
Produktionsplanung 182
Produktionsprogramm, optimales 367
Produktionsprogrammplanung 181
Produktionssteuerung 182
Produktpolitik 189
Produzentenrente 80
Protektionismus 155
Protokolltechnik 24

**Q**
qualitatives Wachstum 105

**R**
Randnotizen 27
Rat der Europäischen Union 161
Realisationsprinzip 270
Realkapital 57
Rechnungsabgrenzungsposten, aktive 294
Rechnungsabgrenzungsposten, passive 296
Rechnungswesen 190
Rechnungswesen, Bereiche 258
Rechnungswesen, externes 260
Rechnungswesen, internes 260
Rechte 50
Rechtsformen 221
Rechtsformen, Übersicht 241
Redetechnik 40
Rentabilität 381
Restgemeinkosten 347
Return on Investment 386
Rezession 118
ROI 386
Rollenspiel 34
Rückstellungen 295
Rückwärtskalkulation 357
ruinöse Konkurrenz 84

**S**
Sachgüter 50
Sachkapital 57
Sachkonten 283
Sammelbewertung 276
Sättigungsgrenze 71
Sektoren, volkswirtschaftliche 53
sekundärer Sektor 54
Sekundärverteilung 106
Selbstkosten im Handel 354
Seminarmitschrift 25
soziale Indikatoren 113
Sozialprodukt, alternative Ansätze 110
Sparen 58
Sparquote 109
Spitzenrefinanzierungsfazilität 135
Staatsausgaben 140
Staatseinnahmen 140
Stabilitätsgesetz 122
Stabilitätspolitik 122

ständige Fazilitäten 135
Standort 208
Standortfaktoren 208
Statement 40
Statistik 192, 259, 375
Steuerbilanz 267
Steuerung 198
Stille Gesellschaft 228
Streitgespräch 44
Strenges Niederstwertprinzip 275
Strukturbaum 25
Strukturpolitik 143
Substitutionsgüter 50
Subventionen 157
Subventionspolitik 143

**T**
Talsohle 118
Tarifabschlüsse 144
Tarifpolitik 143
tatsächliche Lohnquote 107
Teilkostenrechnung 361
Teilpläne 391
tertiärer Sektor 54
Top-down-Planung 395
Transportlogistik 186

**U**
Umlaufgeschwindigkeit des Geldes 124
Umlaufvermögen 293
Umsatzkostenverfahren 304
Umsatzrentabilität 383
umweltökonomische Gesamtrechnung 113
Umweltpolitik 146
Umweltpolitik, Instrumente 148
Unterbeschäftigung 126
Unternehmensformen 221
Unternehmensformen, Übersicht 241
Unternehmenszusammenschlüsse 245
Unternehmergesellschaft 235
Unternehmerlohn, kalkulatorischer 324
Unterordnungskonzern 253
Urerzeugung 53

**V**
Veränderungen des Gleichgewichtspreises 80
Verbindlichkeiten 296
Verbindlichkeiten, Bewertung von 278
Verbraucherpreisindex 124
Verkäufermarkt 79
Vermögensänderungskonto, nationales 99
Vermögenspolitik 143
Versicherungsverein auf Gegenseitigkeit 240

Verteilungspolitik 109
VGR 97
Volkseinkommen 103
volkswirtschaftliche Gesamtrechnung 97
volkswirtschaftliches Wachstum 103
Vollbeschäftigung 128
vollkommener Markt 66
Vorkalkulation 344
Vorleistungen 98
Vorratsinvestitionen 59
Vorsichtsprinzip 270
Vorstand 232
Vorwärtskalkulation 355
VVaG 240

**W**
Wachstum 103
Wachstumskritik 110
Wachstumspolitik 142
Wagnisse, kalkulatorische 324
Warenkorb 125
Wechselkurs 170
Wechselkurs, flexibel 171
Wechselkurs mit Bandbreiten 173
Wechselkurs, starr 172
Wechselkurssysteme 170
Weltbank 164
Wertmaßstab 270
Wertschöpfung 181
Wertschöpfungskette 184
Wettbewerb 87
Wettbewerbsfähigkeit 207
Wettbewerbspolitik 87, 143
Wirtschaftlichkeit 309
Wirtschaftsbereiche 53
Wirtschaftskreislauf, einfacher 60
Wirtschaftskreislauf, erweiterter 61
Wirtschaftspolitik, angebotsorientierte 151
Wirtschaftspolitik, nachfrageorientierte 151
Wirtschaftspolitik, Ziele 122
Wirtschaftsschwankungen 117
Wirtschaftswachstum 128
World Trade Organization 165
WTO 165

**Z**
Zahlungsbilanz 167
Zeitknappheit 31
Zeitmanagement 31
Zeitvergleich 380
Zielkonflikt zwischen Ökonomie und Ökologie 146
Zinsen, kalkulatorische 323
Zölle 157
Zusatzauftrag, Entscheidung über 370
Zusatzkosten 313, 322
Zuschlagskalkulation 343
Zweckaufwendungen 312